BIOGRAPHIE

NOUVELLE

DES CONTEMPORAINS.

Les soussignés déclarent que les Exemplaires non revêtus de leurs signatures seront réputés contrefaits.

RÉDACTEURS DE LA BIOGRAPHIE DES CONTEMPORAINS.

DE L'IMPRIMERIE DE PLASSAN, RUE DE VAUGIRARD, N° 15,
DERRIÈRE L'ODÉON.

BIOGRAPHIE NOUVELLE

DES

CONTEMPORAINS,

OU

DICTIONNAIRE

HISTORIQUE ET RAISONNÉ

DE TOUS LES HOMMES QUI, DEPUIS LA RÉVOLUTION FRANÇAISE, ONT ACQUIS DE LA CÉLÉBRITÉ

PAR LEURS ACTIONS, LEURS ÉCRITS, LEURS ERREURS OU LEURS CRIMES,

SOIT EN FRANCE, SOIT DANS LES PAYS ÉTRANGERS;

Précédée d'un Tableau par ordre chronologique des époques célèbres et des événemens remarquables, tant en France qu'à l'étranger, depuis 1787 jusqu'à ce jour, et d'une Table alphabétique des assemblées législatives, à partir de l'assemblée constituante jusqu'aux dernières chambres des pairs et des députés.

PAR MM. A. V. ARNAULT, ANCIEN MEMBRE DE L'INSTITUT; A. JAY; E. JOUY, DE L'ACADÉMIE FRANÇAISE; J. NORVINS, ET AUTRES HOMMES DE LETTRES, MAGISTRATS ET MILITAIRES.

ORNÉE DE 300 PORTRAITS AU BURIN, D'APRÈS LES PLUS CÉLÈBRES ARTISTES.

TOME SIXIÈME.

DID—EZ

A. PÉTER,
Directeur de pensionnat.

PARIS,

A LA LIBRAIRIE HISTORIQUE, RUE SAINT-HONORÉ, N° 123,
HÔTEL D'ALIGRE, OU RUE BAILLEUL, N° 12.

1822.

BIOGRAPHIE

NOUVELLE

DES CONTEMPORAINS.

DID

DIDELOT (N., baron). Après la révolution du 18 brumaire an 8 (9 novembre 1799), il fut nommé préfet du Finistère; passa, quelque temps après, à la préfecture du département de l'Allier, et, en 1804, fut nommé commandant de la légion-d'honneur et ministre plénipotentiaire près de l'électeur de Wurtemberg. Nos troupes s'étant emparées d'Ulm, le corps autrichien qui traversait la Franconie enleva M. Didelot, en octobre 1805, et le conduisit à l'archiduc Ferdinand, qui le fit mettre en liberté après avoir exprimé ses vifs regrets d'une mesure si contraire au droit des gens. Le ministre français revint dans sa patrie, et, en 1807, partit pour Copenhague, en qualité d'ambassadeur; il fut autorisé à porter la décoration de l'ordre de Dannebrog. Chambellan de l'empereur Napoléon en 1811, et préfet du département du Cher en mars 1813, M. Didelot fut maintenu dans ces dernières fonctions après les événemens politiques de 1814. Pendant les *cent jours*, Napoléon le nomma, le 6 avril 1815, préfet du département de la Dordogne. Il cessa d'être employé après la seconde restauration.

DIDIER (Jean-Paul), né en 1758, à Upie, département de la Drôme. Après avoir fait des études brillantes, il fut reçu avocat au parlement de Grenoble, où ses talens et ses qualités honorables le firent remarquer. Les persécutions de 1793 le forcèrent un moment d'émigrer; mais son retour fut prompt, et son travail le mit bientôt à même de racheter ses biens vendus pendant son absence. Nommé tour-à-tour, par l'estime de ses concitoyens, membre du conseil de la ville de Grenoble, du conseil d'arrondissement, du collége électoral du département, et candidat au corps-législatif; il présida souvent les députations envoyées au chef du gouvernement. Ce fut dans ces occasions qu'il sollicita et obtint l'ouverture dans les Alpes d'une route de communication entre la France et l'Italie par le mont Genèvre et par Grenoble; l'établissement dans cette ville d'une école de droit, d'une école d'artillerie, et plusieurs décrets pour opérer le desséchement de vastes marais situés entre Lyon et Bourgoin. Cette grande entreprise rendit à l'agriculture 20,000 arpens d'un terrain précieux. Nommé directeur de l'école de droit, il fit prospérer cet établissement jusqu'à la création de l'université, époque où il donna sa démission. Toujours occupé d'utiles travaux, il exploitait les mines d'argent, de plomb et de fer, situées dans les Alpes auprès de sa propriété, quand les désastres de la campagne de Russie renversèrent le gouvernement impérial. Didier fut nommé par le roi maître des requêtes, membre de la légion d'honneur et conseiller à la cour de cassation, ce qu'il refusa. Les opinions qu'il émit au conseil déplurent aux ministres de cette époque, par leur modération. Au 20 mars, il refusa de suivre le roi à Gand, mais il n'accepta pendant les *cent jours* aucune fonction. Après les désastres de Waterloo, le despotisme furibond de la chambre introuvable poussa Didier au désespoir. A la suite de nombreux voyages dans plusieurs départemens et en Italie, il conçut le projet de s'emparer de Grenoble, de marcher sur Lyon, de s'y joindre aux hommes dont le mouvement avait échoué au mois de janvier précédent, et d'y former un gouvernement provisoire. Ce fut dans la nuit du 3 au 4 mai que Didier se présenta sous les murs de Grenoble, où il ne put entrer. Après sa défaite, il resta 3 jours dans les environs de cette ville, pour favoriser la fuite de ses partisans, et se retira lui-même en Savoie, où il fut arrêté et livré sans hésitation par le gouvernement sarde. Ramené à Grenoble, il fut mis en jugement, condamné, et exécuté le 11 juillet 1816. Didier mourut avec une sérénité et un courage qui firent une vive impression. Son fils, homme d'un vrai mérite, a été auditeur au conseil-d'état, sous-préfet de Grenoble pendant 6 ans, et préfet des Basses-Alpes durant les *cent jours*. Après la mort de son père, il fut détenu sans jugement à Paris une année entière.

DIDOT (François-Ambroise). Le premier imprimeur du nom de cette famille célèbre dans l'art typographique, est François Didot, imprimeur-libraire, père de François-Ambroise et de Pierre-François, qui lui succédèrent; François-Ambroise, comme imprimeur, et Pierre-François, comme libraire. François fit donner à ses enfans une éducation soignée, et fortifia par ses leçons et par ses exemples leurs heureuses dispositions. Il fut l'ami de l'abbé Prévôt et des plus honorables littérateurs de son époque. François-Ambroise montra dès sa jeunesse un goût très-prononcé pour la profession d'imprimeur, et sentit que, pour se distinguer dans un art susceptible de tant de progrès, et où il se proposait d'égaler les Ibarra et les Baskerville, qu'il surpassa bientôt, il devait unir au génie de l'artiste les connaissances de l'homme instruit. Il étudia son art jusque dans les plus petits détails, inventa les garnitures en fonte, et, en 1777, la presse à un coup. Cette dernière invention lui fut, à ce qu'il paraît, injustement disputée par le directeur de l'imprimerie royale, E. A. J. Anisson Duperron (*voyez* ce nom). François-Ambroise Didot établit une fonderie, d'où sortirent les plus beaux types que l'on eût encore vus en France. Ce fut aussi dans son imprimerie que furent faites les premières impressions sur papier vélin. Il essaya de substituer à la dénomination insignifiante de caractères cicéro, saint-augustin, etc., une nomenclature plus judicieuse, plus simple, et naturellement indiquée par le nombre de points ou de sixièmes de lignes de chaque caractère. Cette nomenclature fut dédaignée, comme toutes les choses nouvelles qui contrarient la routine et la paresse. L'habile typographe ne s'attacha pas exclusivement aux beautés de formes, il voulut que les textes ne fussent pas moins remarquables par l'exactitude et la correction; estimant, comme il le dit lui-même, qu'un beau livre sans correction ressemble à une coquette, dont la toilette ne sert qu'à faire remarquer les défauts. Chargé par Louis XVI de la réimpression d'un choix de classiques français, destinés à l'éducation du dauphin, il porta cette collection, format in-18, à 18 volumes; format in-8° à 17 volumes; format in-4° à 12 volumes,

dans lesquels est comprise la *Biblia sacra*. François-Ambroise Didot imprima également pour le comte d'Artois un choix d'ouvrages français désignés par ce prince, et dont la collection se monte à 64 vol. in-18. François-Ambroise Didot, qui était né en 1730, mourut le 10 juillet 1804 : dès l'année 1789, il avait cédé son imprimerie à son fils aîné Pierre, et sa fonderie à son second fils Firmin.

DIDOT (PIERRE-FRANÇOIS), frère du précédent. François Didot, son père, lui céda sa maison de librairie, comme il avait cédé son imprimerie à François-Ambroise. A des connaissances personnelles très-étendues, il joignit celles du bibliographe. Il acheta, en 1777, une imprimerie; devint imprimeur de *Monsieur*, aujourd'hui Louis XVIII; établit une manufacture de papier, se mit à la tête d'une fonderie, et contribua aux progrès de l'art typographique, tant par des améliorations aux caractères, que par des éditions très-remarquables, parmi lesquelles on cite l'*Imitation de Jésus-Christ*, in-8°, 1788; le *Télémaque* et la *Bible* in-4°, et le *Tableau de l'empire ottoman*, in-folio. Il mourut le 7 décembre 1795, à l'âge de 63 ans, laissant quatre fils: le premier, Pierre-Nicolas Firmin Didot, prit la direction de son imprimerie; et le second, Henri Didot, est connu comme graveur et fondeur de caractères.

DIDOT L'AÎNÉ (PIERRE), imprimeur et fondeur de caractères. Le nom des Didot, comme tous ceux des hommes qui se sont placés au premier rang dans leur art, et cette remarque a lieu plus particulièrement pour les membres vivans de cette famille, porte avec lui son plus bel éloge ; François-Ambroise Didot, père de celui dont il est ici question, commença d'abord à illustrer son nom. Il contribua au perfectionnement de l'imprimerie française, par l'invention de la presse à un coup, qu'on a vainement tenté de lui contester, comme nous l'avons dit plus haut à l'article de Fr. Amb. Didot. Ce fut lui aussi qui, vers 1779, imita le premier le procédé anglais pour la fabrication du papier vélin, dans laquelle, grâces à ses conseils, MM. Johannot-d'Annonay ne connurent bientôt plus de rivaux. M. Pierre Didot l'aîné naquit à Paris au mois de janvier 1761, et succéda à son père en 1789. Il s'occupa d'abord de terminer la belle collection in-4° pour l'éducation du dauphin, dont son père avait publié 17 volumes, et qu'il porta jusqu'à 31; mais il devait bientôt atteindre dans ses travaux à un plus haut degré de perfection. Entraîné par le mouvement général que la révolution avait imprimé aux arts, et stimulé en même temps par un sentiment d'émulation nationale, à la vue des éditions de Bodoni, M. Pierre Didot résolut d'enlever à l'Italie la palme nouvelle qu'elle voulait conquérir. Ce fut en 1795, au milieu des orages politiques et des difficultés de tout genre que l'embarras des transactions commerciales opposait au succès de son entreprise, qu'il conçut le projet de sa belle collection in-folio. Aucun sacrifice, même celui d'une partie de sa fortune, ne lui coûta, pour donner aux magnifiques éditions qui la composent, tout l'éclat et tous les ornemens qu'elles auraient pu recevoir dans des temps plus prospères. Les plus célèbres graveurs furent appelés, pour les embellir, à reproduire les brillantes compositions des David, des Gérard, des Girodet, des Prudhon, des Chaudet et des Percier. Tant d'efforts méritaient plus que des éloges : aussi, en 1797, le ministre de l'intérieur fit-il donner à M. Pierre Didot, à titre d'encouragement et de récompense nationale, le local occupé anciennement par l'imprimerie royale au Louvre. Le célèbre imprimeur se montra bientôt digne d'une distinction aussi flatteuse, par la publication de son *Virgile*, qui parut en 1798. Il publia successivement, et dans le même format, *Horace*, en 1799, *Racine*, en 1801 : ce dernier ouvrage, déclaré par le jury des arts « la plus belle pro- »duction typographique de tous »les pays et de tous les âges, » valut à M. Pierre Didot la médaille d'or. Les *Fables de La Fontaine* parurent en 1802; tous les exemplaires de ces diverses éditions, tirées à 250 seulement, sont numérotés et signés par l'éditeur. Outre les nombreux ouvrages qui sont sortis de ses presses, soit pour les principaux libraires, soit pour les particuliers, il faut remarquer *le Voyage d'Égypte* (première édition), et *l'Iconographie grecque et romaine*, de M. Visconti, imprimés aux frais du gouvernement. C'est pour le tirage de ces belles éditions, que M. Pierre

Didot a inventé des supports à ressorts, propres à empêcher le foulage toujours désagréable des bordures de pages. A la réputation européenne qu'il s'était acquise comme imprimeur, M. Pierre Didot voulut, comme Baskerville, joindre celle de fondeur de caractères. Il apporta, pour y parvenir, ces soins éclairés et cette persévérance active qui lui avaient déjà valu de si honorables succès. Dix années consécutives furent consacrées à perfectionner et à faire graver sous ses yeux, par M. Vibert, les types de dix-huit caractères différens, gradués dans une proportion nouvelle. C'est avec ces caractères que M. Pierre Didot a imprimé en 1819 *Boileau* et *la Henriade*, in-folio, tirés à 125 exemplaires. Éditeur éclairé et savant grammairien, ce n'est pas seulement en artiste habile, c'est encore en littérateur distingué que M. P. Didot exerce l'art admirable qui multiplie les chefs-d'œuvre du génie; attentif à choisir avec discernement entre les différentes versions des auteurs qu'il reproduit, et à les dégager des fautes dont l'ignorance ou la négligence les ont surchargées, c'est autant par la pureté et la correction du texte, que par la magnificence de l'impression, que M. Pierre Didot cherche à rendre ses éditions recommandables. Rien de ce qui peut concourir à les perfectionner n'échappe à ses soins minutieux. L'innovation qu'il a tout récemment introduite dans l'emploi des accens, mérite l'examen et peut-être la sanction de l'académie française, occupée à recueillir dans la nouvelle édition de son dictionnaire toutes les améliorations de détail dont notre langue écrite ou parlée peut être susceptible. M. Pierre Didot a remarqué que dans la plupart des dictionnaires, même les plus estimés, l'accent aigu et l'accent grave étaient appliqués sur un grand nombre de mots, avec une variation si arbitraire, que non-seulement l'*e* marqué d'un accent aigu dans tel Dictionnaire, l'était d'un accent grave dans tel autre, mais que l'on rencontrait cette opposition jusque dans les éditions diverses d'un même Dictionnaire. C'est ainsi que l'on trouve dans le Dictionnaire de Trévoux *sacrilège* avec un accent grave, et dans le Dictionnaire de l'académie *sacrilége* avec un accent aigu; *féve* avec un accent aigu dans le premier, et *fève* avec un accent grave dans le second. C'est encore ainsi que, dans le Dictionnaire de l'académie, édition de Nîmes, 1778, *secrétement* est écrit avec l'accent aigu, tandis que l'édition de Paris, 1811, a marqué le même mot d'un accent grave. Le mot *complète* est écrit dans l'une et dans l'autre avec un accent grave, et *complétement* avec un accent aigc. Les mots *protège* et *bibliothèque* ont un accent grave dans l'édition de 1778, et un accent aigu dans l'édition de 1811. « D'après nos » meilleures autorités, dit M. Pier- » re Didot, pour rendre plus sen- » sible la nécessité de son innova- » tion, il faudrait prononcer avec » la même ouverture les deux *e* » graves qui se trouvent dans cha- » cune des petites phrases suivan- » tes : *il mène très-bien ; il se pro-*

» *mène avec sa mère; il cède à son pè-*
» *re.* » C'est pour faire disparaître des contrastes choquans dans des ouvrages qui devraient se distinguer par une immuable fixité de principes, et pour indiquer d'une manière certaine, surtout aux étrangers, la véritable prononciation, que M. Pierre Didot a employé dans sa collection des classiques français, et engage à adopter généralement un accent nouveau, dont la forme perpendiculaire marque un terme moyen entre l'accent grave et l'accent aigu, et s'applique sur les *e* qui semblent, dans la prononciation, devoir participer de l'*e* fermé et de l'*e* ouvert. M. Pierre Didot s'est fait connaître dans la littérature par deux préfaces écrites en latin, qu'il a placées à la tête de ses éditions in-folio de *Virgile* et d'*Horace;* elles sont remarquables par l'élégance et la pureté du style; il a publié de plus: *Epître sur les progrès de l'imprimerie,* 1784; *Essai de fables nouvelles,* 1786; *Traduction en vers du premier livre des odes d'Horace,* 1796; *Inscriptions morales, ou Recueil de quatrains moraux,* 1806; et enfin sous le titre de *Specimen des nouveaux caractères de la fonderie et de l'imprimerie de Pierre Didot l'aîné,* quelques poésies légères, qui portent, comme les autres productions de leur auteur, le cachet d'un talent quelquefois un peu négligé, mais toujours facile et gracieux. M. Pierre Didot a dédié ce *Specimen* à son fils, qu'il y désigne pour son successeur prochain. Espérons que M. Jules Didot, à la tête d'une imprimerie aujourd'hui la plus belle et la plus complète de l'Europe, se montrera digne de ses aïeux, et nous offrira le remarquable exemple de trois générations également distinguées dans le même art. Les récompenses et les marques honorifiques, réservées aux hommes qui honorent à la fois leur profession et leur patrie, ne pouvaient échapper à M. Pierre Didot; il en a reçu de tous les gouvernemens qui se sont succédé en France. Logé au Louvre aux frais de l'état, en 1797, il fut décoré par l'empereur de la croix de la réunion, et il a été nommé par Louis XVIII chevalier de l'ordre de Saint-Michel.

DIDOT (Firmin), frère du précédent, imprimeur du roi et de l'institut de France, graveur et fondeur. Comme son frère, il cultive honorablement les lettres, et a soutenu la réputation de sa famille par la correction des ouvrages qu'il a imprimés, par l'invention d'une écriture *expédiée* qui rivalise avec succès l'écriture *anglaise,* et par les caractères stéréotypes pour lesquels il a obtenu, le 6 nivôse an 6 (1797), un brevet d'invention, trois jours après celui qui fut accordé à M. Herhan. Les ouvrages littéraires de M. Firmin Didot sont : 1° *Premier chant de Tyrtée,* traduction en vers français, avec le texte servant de *specimen* d'un nouveau caractère grec, in-4°, 1800; 2° *Lettre à mon frère P. Didot, sur les perfectionnemens de l'art typographique;* 3° *Traduction* en vers français des *Bucoliques* de Virgile, précédées de plusieurs idylles de Théocrite, de Bion et de Moschus, in-8° et in-12, 1806. M. Firmin Didot a publié en outre une tragédie d'*Annibal*, faite d'abord en cinq actes, puis réduite en trois. On y remarque de fort belles scènes et une poésie élégante et harmonieuse.

DIDOT (Henri), cousin des deux précédens et fils de Pierre François Didot. Il se signala de bonne heure dans l'art de graver les caractères d'imprimerie, et il était très-jeune lorsque pour son début il grava les caractères qui servirent à imprimer la belle édition in-fol° de l'*Imitation de Jésus-Christ*, publiée par son père en 1788. Ce coup d'essai fut généralement regardé comme un chef-d'œuvre; et l'étonnante supériorité que l'on y remarqua sur ce qui s'était fait jusqu'alors, fut le présage des perfectionnemens ultérieurs et progressifs dont l'art est principalement redevable à Henri Didot, et qui l'ont fait placer au premier rang des graveurs de l'Europe pour les caractères d'imprimerie. Mais pendant que cet artiste semblait exclusivement occupé de la gravure des caractères, il cherchait à en perfectionner la fonderie; et grâce à ses découvertes, cet art qui depuis son origine n'avait fait aucun progrès marquant, vient de subir une révolution qui en fait, pour ainsi dire, un art nouveau. L'ancien moule, employé encore aujourd'hui dans la fonderie ordinaire, ne donne qu'une seule lettre à la fois; mais comme l'action de la main, nécessaire pour obtenir ce produit, ne peut pas être d'une régularité précise et continue; comme, d'un autre côté, à l'imperfection du moule lui-même se joint la nécessité d'en employer plusieurs pour les mêmes fontes, on n'est jamais assuré, avec un pareil moyen, d'avoir les mêmes forces de corps, les mêmes approches, les mêmes lignes et les mêmes hauteurs; défectuosités radicales qui avaient laissé l'art jusqu'à ce jour dans une espèce d'enfance. M. Henri Didot commença le perfectionnement qu'il méditait par l'invention d'un *moule à refouloir*, qui parut à l'exposition des produits de l'industrie française, en 1806, et qui fut jugé digne d'un prix d'encouragement. Par ce procédé, on pouvait fondre une à une, et avec la plus grande netteté, les lettres de deux points; résultat qui ne s'obtient jamais qu'imparfaitement du moule ordinaire. C'était un grand pas de fait; mais ce qui était le point le plus important, le moule à refouloir recélait le principe du problème que l'inventeur s'était proposé de résoudre; et, ce problème, le voici : multiplier les produits à l'aide d'un moyen unique, sans le concours incertain de la main, et par l'action rigoureusement précise de la mécanique; fixer et assurer en même temps la perfection de ces produits multipliés; appliquer ces résultats à tous les détails de l'imprimerie, depuis les caractères microscopiques jusqu'aux grosses de fonte, depuis le filet jusqu'aux vignettes de la plus grande dimension. Après 10 années d'expériences et de sacrifices pécuniaires, M. Henri Didot a trouvé la solution complète de ce problème. Déjà tous les obstacles opposés, ou par la routine ou par des intérêts individuels, ont cédé aux avantages immenses que l'imprimerie doit recueillir de la *fonderie polyamatipe* (c'est le nom donné au nouvel établissement de M. Henri Didot), sous le rapport de la célérité des fontes, de la perfection des produits comme des économies de main-d'œuvre; et il paraît impossible qu'avant 10 ans, et plus tôt peut-être, l'ancien mode de fonderie, repoussé à la fois et par l'intérêt de l'art et par l'intérêt commercial, ne soit pas généralement abandonné. Cette découverte, que l'opinion publique signale déjà comme l'une des plus importantes du siècle, a valu à son auteur une médaille d'or à l'exposition des produits de l'industrie nationale de 1819. Cet artiste ingénieux a conçu la pensée d'appliquer son procédé à la fonte des corps penchés et des caractères d'écriture, sans interruption dans les liaisons. Ses premiers essais, dans ce genre, ont répondu à ses espérances; et il continue avec toute sécurité, parce qu'il voit de près le but qu'il a voulu atteindre. C'est par ignorance, sans doute, et non par malveillance, que l'on a inséré dans plusieurs de ces ouvrages qui, en se copiant les uns les autres, multiplient et propagent les erreurs, que ce procédé avait été apporté d'Angleterre.

DIDOT SAINT-LÉGER (N.), ancien propriétaire de la manufacture de papier d'Essone, est inventeur du papier - mécanique qui a été exporté en Angleterre, et qui, exposé au Louvre l'année dernière, lui a valu la *médaille d'or*. Il est aussi l'inventeur d'une machine très-utile et très-économique pour la fonte des caractères.

DIESBACH (JEAN), savant jésuite né à Prague en 1729, et mort à Vienne, en Autriche, le 2 décembre 1792, a publié les ouvrages suivans : 1° *Institutiones philosophicæ de corporum attributis*, Prague, 1761 et 1764, in-8°; 2° *Exegesis entomologica de Ephemerarum apparitione*, Prague, 1765, in-8°. Très-versé dans les mathématiques, Diesbach les professa à Vienne, où il les enseigna à l'archiduc François, aujourd'hui empereur d'Autriche.

DIETRICK (PHILIPPE - FRÉDÉRIC, BARON DE), savant minéralogiste et premier maire constitutionnel de Strasbourg, né dans cette ville en 1748, se destinait à la carrière des sciences, quand la révolution lui fit obtenir un autre genre de célébrité qui lui devint funeste. Jeune encore après avoir voyagé dans presque tous les pays de l'Europe, il en avait étudié les mœurs, l'industrie, le sol et les productions. Il était, en 1789, membre de l'académie des sciences, commissaire des mines et des forêts du royaume, et secrétaire-général des Suisses et Grisons dont le comte d'Artois était colonel. Il embrassa avec ardeur les principes de la révolution, ce qui le fit nommer bientôt maire de Strasbourg. On remarqua, pendant le cours de son administration, beaucoup de variation dans sa conduite : ce fut lui qui rédigea l'adresse du conseil municipal de Strasbourg, après la journée du 10 août 1792, dans laquelle on demandait la punition des auteurs de cette journée et de celle du 20 juin. Mandé, par un décret, à la barre de la convention, il ne jugea pas à propos de s'y rendre, et chercha un refuge en Suisse. Cependant, après avoir écrit de ce pays à l'assemblée conventionnelle, il rentra en France, vint à Paris, et se constitua prisonnier à l'Abbaye dans les premiers jours de novembre. Le 20 de ce mois, on le traduisit au tribunal de Strasbourg, et, par suite, à celui de Besançon. Ce dernier l'acquitta de toutes les charges portées contre lui; mais ses ennemis parvinrent à le faire retenir en prison au moyen de la liste des émigrés sur laquelle ils le portèrent. Dietrick, ramené à Paris et traduit devant le terrible tribunal révolutionnaire, fut condamné le 28 décembre 1793. Encore à la fleur de l'âge, entouré d'une famille qui lui était chère, l'arrêt qui le privait de la vie ne put ébranler son courage; et, près de marcher au supplice, il disait, dans une lettre adressée à ses parens : « L'avenir me justifiera; » j'attends ma fin avec un calme » qui doit vous servir de consola- » tion : l'innocent peut seul l'en- » visager ainsi. » Dietrick a publié les ouvrages suivans : 1° *Vindiciæ dogmatis Grotiani de rescriptione,* Strasbourg, 1767, in-8°; 2° *Traduction des Lettres de Ferber sur la minéralogie, et sur divers autres sujets d'histoire naturelle,* Strasbourg, 1776, in-8°; 3° *Traité chimique de l'air et du feu, par Schéele,* Paris, 1781, in-8°; 4° *Supplément au Traité de l'air et du feu,* Paris, 1785, in-12; 5° *Description des gîtes de minerai des forges et des salines des Pyrénées, suivie d'ob-* *servations sur le fer mazé et sur les mines des Sards en Poitou,* Paris, 1786, 2 vol. in-4°; 6° *Traduction des Observations de M. de Trébra sur l'intérieur des montagnes,* ornée de cartes et de gravures coloriées, Paris, 1787, in-fol°. Dietrick avait fait, en allemand, sur la minéralogie, plusieurs *Dissertations* qui font partie des *Mémoires* publiés par la société des Curieux de Berlin, dont il était membre. Il aimait passionnément la musique; et c'est en s'occupant de cet art que, pendant un an, il charma les ennuis de sa captivité.

DIETRICHSTEIN (LE COMTE JOSEPH DE), ancien ministre de l'empereur d'Autriche, fut disgracié, puis rappelé au ministère en 1804, et, peu de temps après, fut nommé vice-chancelier de la cour. Après la paix de Vienne, en 1809, il fut appelé aux fonctions de maréchal de la Basse-Autriche, et, en 1810, à celles de grand-maréchal des états provinciaux de l'empire. Vers la fin de 1811, la première assemblée plénière ayant été convoquée pour la discussion des impôts, il la présida, et passa de là à la régence de l'archiduché, dont il fut nommé président. Au mois d'octobre 1816, il fut choisi pour régent de la banque de l'empire d'Autriche, et occupe encore aujourd'hui cet honorable emploi.

DIETRICKSTEIN (FRANÇOIS-JOSEPH, PRINCE DE), l'un des officiers-généraux, au service de l'Autriche, les plus illustres par leur naissance, est né dans le mois d'avril 1767. Il embrassa de bonne heure la profession des armes, servit avec distinction dans les armées de la première coalition contre la France; se fit particulièrement remarquer, en 1793, au siége de Valenciennes, et devint successivement colonel, général-major, chevalier de la Toison-d'Or, conseiller intime de l'archiduc François d'Este, et grand-maître de sa cour. Chargé, par l'empereur d'Autriche, d'aller complimenter Paul Ier sur son avénement au trône de Russie, il se rendit à Saint-Pétersbourg pour y remplir sa mission, et épousa dans cette ville, au mois de juillet 1797, la comtesse Alexandrine de Schouwaloff. En mai 1808, il obtint, par droit de succession, les titres et apanages de son père.

DIEUDONNÉ (CHRISTOPHE), naquit, en 1757, dans le département des Vosges. Destiné, par sa famille, à suivre la carrière du barreau, il reçut une éducation distinguée et analogue à cette profession, pour laquelle, dès sa jeunesse, il montra un goût très-prononcé. Il était avocat à Saint-Diey, même département, lorsque la révolution éclata. Son aptitude pour les affaires, sa probité et l'estime générale qui l'environnait, le firent nommer administrateur du département des Vosges, qu'il fut bientôt chargé de représenter à l'assemblée législative, où ses travaux furent plus utiles que brillans. Ce corps lui-même n'était point appelé à jouir d'un grand éclat. L'assemblée constituante avait élevé l'édifice constitutionnel; l'assemblée législative, se bornant à le conserver, renonça volontairement à la fatale célébrité que la convention nationale a acquise en l'ébranlant. Dieudonné rentra dans ses foyers, fut rappelé aux fonctions d'administrateur, et choisi en l'an 5, par le gouvernement du directoire-exécutif, pour exercer près de cette administration les fonctions de son commissaire central. En l'an 7, il fut nommé membre du conseil des anciens, où il siégeait encore lors de la célèbre journée du 18 brumaire an 8 (9 novembre 1799). Il était membre du tribunat lorsque le premier consul Bonaparte, à qui il avait été désigné comme l'un des plus dignes de sa confiance, le nomma, le 4 pluviôse an 9, préfet du département du Nord. Ce fut dans ce poste que Dieudonné déploya tous les talens dont il avait déjà fait preuve dans ses précédentes administrations. Le département du Nord était l'un des plus importans de la France par sa population et son industrie; il avait beaucoup souffert par le voisinage du théâtre de la guerre et par les excès inévitables d'une grande révolution : Dieudonné, jaloux de justifier le choix du premier chef de l'état, et naturellement sage et modéré dans ses opinions et dans sa conduite, s'attacha à ranimer la confiance dans le cœur des citoyens, et à y faire renaître l'espérance; il recréa les institutions et établissemens publics, rétablit les manufactures, encouragea l'agriculture, enfin fortifia l'esprit public. Il eut le bonheur de réussir dans ses nobles tentatives; et il reçut une digne récompense de son zèle dans la décoration de la légion-d'honneur, qui lui fut accordée le 25 prairial an 12. Il mourut peu de temps après, le 3 ventôse an 13, vivement regretté de ses administrés.

DIEULAFOY (N.), auteur dramatique connu par des productions agréables représentées avec succès sur différens théâtres de la capitale, a fait en société, entre autres parodies et vaudevilles: 1° *Dans quel siècle sommes-nous!* 2° *Jean La Fontaine;* 3° *Milton;* 4° *Rabelais;* 5° (seul) *Le moulin de Sans-Souci,* vaudeville joué en 1798; 6° *Défiance et malice,* comédie en un acte et en vers, à deux personnages, jouée par Mlle Mézerai et Saint-Phal: cette jolie pièce, représentée en 1801 sur le Théâtre-Français, est restée au courant du répertoire; 7° *Le portrait de Michel Cervantes,* comédie en 3 actes et en prose, représentée en 1803 sur le théâtre de Louvois; 8° enfin, en société avec M. Brifaut, *Les dieux rivaux,* opéra en un acte, musique de MM. Persuis, Spontini, Berton et Kreutzer, représenté sur le théâtre de l'Académie royale de musique en 1816; et, avec le même auteur, *Olympie,* opéra en 3 actes, musique de M. Spontini, représenté sur le même théâtre en 1820. M. Dieulafoy fait insérer des chansons et des pièces de poésie dans les recueils annuels.

DIGEON (LE VICOMTE ALEXANDRE-ÉLISABETH-MICHEL), fils d'un ancien fermier-général, est né à Paris le 26 juin 1771. Il entra dans la carrière militaire en janvier 1792, en qualité de sous-lieutenant d'infanterie, mais quitta bientôt cette arme pour servir dans la cavalerie. Plusieurs actions d'éclat lui valurent de l'avancement sur le champ de bataille, et en 1802, il fut nommé colonel à Austerlitz, et reçut bientôt la croix de commandant de la légion-d'honneur. Au commencement de 1807, après les campagnes de Pologne et de Prusse, le colonel Digeon, nommé général de brigade, fut envoyé en Espagne. Le général Digeon, nommé, en 1813, général de division, fut chargé du commandement de la cavalerie et d'une division d'infanterie dans l'armée mise sous les ordres du maréchal Suchet. Nommé chevalier de Saint-Louis en 1814, le général Digeon se voua tout à coup à la cause royale. En 1815, il refusa de servir durant les *cent jours;* et au retour du roi, il fut employé comme inspecteur-général de cavalerie, et ensuite rappelé près de S. A. R. *Monsieur* en qualité d'aide-de-camp, place qu'il occupe encore aujourd'hui. Le général Digeon a été créé, par le roi, pair de France et vicomte. La violence de ses opinions l'a rendu tristement célèbre dans les procès de conspiration soumis au jugement de la chambre des pairs. Une conscience devenue subitement si implacable présente un contraste frappant avec la douceur de son administration en Espagne, et les souvenirs de sa carrière militaire en France.

DIGEON (ARMAND-JOSEPH-HENRY), frère du précédent, né à Paris sur la fin de 1778, entra fort jeune dans l'arme de l'artillerie; nommé lieutenant à dix-neuf ans, il fit la campagne d'Égypte sous les ordres du général Bonaparte. Blessé à Saint-Jean-d'Acre, il fut employé, à son retour, dans la garde des consuls, et devint, en 1803, chef d'escadron d'artillerie légère. Il obtint successivement, par sa bravoure et ses talens militaires, les grades de colonel et de général de brigade; le premier, dans les campagnes d'Espagne, et le second, en janvier 1814, à la grande-armée. Le colonel Digeon fut nommé, au retour du roi, lieutenant des gardes-du-corps; et comme son frère, n'ayant pas servi durant les *cent jours*, il reçut du roi le commandement de l'artillerie de sa garde.

DIGNEFFE (Weinant), né à Liége, avait embrassé les principes de la révolution française dès son origine, ce qui lui valut la disgrâce du prince-évêque de son pays. Condamné à l'exil, Digneffe ne rentra dans sa patrie que sur la fin de 1792, à l'époque où l'armée française y pénétra pour la première fois. Obligé de suivre le mouvement rétrograde que fit cette armée l'année suivante, ce ne fut qu'en 1794 qu'il retourna à Liége, lorsque cette principauté fut réunie à la France, et forma le département de l'Ourthe. Digneffe ayant été nommé l'un des députés de ce département au conseil des cinq-cents, en 1799, y dénonça le directeur Merlin, de Douai, comme chef d'une faction *liberticide*, et fit, en faveur de son pays, plusieurs propositions qui ne furent point accueillies. N'étant pas dans le secret de la journée du 18 brumaire, il vit avec une grande surprise les événemens mémorables de cette époque. Réélu député, il devint ensuite conseiller de préfecture; et plus tard, directeur des droits-réunis dans son département. Nommé de nouveau membre du corps-législatif, et se trouvant dans cette assemblée en avril 1814, il signa la déchéance de Napoléon, accepta le nouvel ordre de choses, et n'en profita point, attendu que le peuple liégeois ne resta point sous le gouvernement des Bourbon.

DIGOINE DU PALAIS.(le marquis Ferdinand-Alphonse-Honoré), né à Dunkerque en 1750, élève de l'école Militaire, lieutenant d'artillerie, et enfin, capitaine de cavalerie, était établi à Autun, au commencement de la révolution, et fut nommé député de la noblesse de cette ville aux états-généraux. Il siégea avec la minorité de cette assemblée, s'opposa à toute espèce d'innovations, et signa les protestations du mois de septembre 1791 contre la constitution que le roi accepta le 13 du même mois. M. Digoine émigra, devint aide-de-camp de *Monsieur*, et ne rentra en France qu'après le 18 brumaire. Employé bientôt après dans les bureaux de l'administration du cadastre, il y était encore lors de la rentrée de Louis XVIII, qui le fit maréchal-de-camp et chevalier de Saint-Louis. Admis à la retraite en 1815, le général Digoine a publié, la même année, *Quelques réflexions sur la situation de la France et sur la charte*, in-8°, ouvrage qui se ressent de l'époque où il a été écrit, et qu'il est inutile de consulter si l'on ne pense pas comme son auteur.

DIJON (le comte de), né à Nérac, département de Lot et-Garonne, jouit de 100,000 francs de rente. Nous disons qu'il en jouit, parce qu'il fait un noble usage de ses richesses, et qu'il connaît la bienfaisance. Possesseur d'un des plus beaux troupeaux de mérinos qui soient en France, le comte de Dijon rend de très-grands services au commerce et aux manufactures; et, sous ce rapport, on peut le regarder comme un philanthrope éclairé. Nérac lui doit sa statue d'Henri IV, qui ornera la grande place de cette ville. M. le comte de Nérac siége et vote avec le côté droit de la chambre des députés; et il semble s'être fait un point de conscience de croire à l'infaillibilité des ministres, dont il approuve et accepte indifféremment toutes les lois.

DILLON (JEAN-TALBOT), naturaliste et chevalier anglais qui a parcouru l'Allemagne, l'Italie et l'Espagne, est auteur d'observations sur l'histoire et les antiquités de ce dernier royaume. Son ouvrage, composé d'après les *Mémoires de don Bowles*, qu'il a traduits en anglais, est divisé en deux parties : la première comprend son voyage à Madrid par la Navarre, la description du nord de l'Espagne, et ce qu'il a trouvé de remarquable dans l'Arragon, la Biscaye et la Castille; la seconde traite des provinces d'Estramadure, d'Andalousie, de Grenade, de Murcie, de Valence et de Catalogne. Dillon a joint à son écrit une suite de planches exactes et bien dessinées, qui ne sont pas la partie la moins intéressante de ses travaux, et donnent une idée favorable de ses observations particulières, indépendamment de celles qu'il a puisées dans son guide, D. Bowles. Dillon mourut au commencement de 1806, dans un âge très-avancé.

DILLON (LE COMTE ÉDOUARD DE), était colonel du régiment de Provence et gentilhomme de M. le comte d'Artois, avant la révolution. Émigré et rentré à la suite de Louis XVIII, il fut fait lieutenant-général et premier maître de la garde-robe de *Monsieur* en 1815. Nommé ministre du roi près la cour de Saxe, en 1816, il s'est rendu à son poste dans le courant de juillet de la même année.

DILLON (N.), curé de Pouzauge, fut nommé député par le clergé du Poitou aux états-généraux, et se réunit l'un des premiers de son ordre à celui du tiers-état. Partisan zélé des idées nouvelles, il appuya franchement, et avec une éloquence persuasive, la motion déjà si lumineuse de M. Talleyrand-Périgord, proposant la vente des biens du clergé. Le département de la Vendée le nomma député au conseil des cinq-cents, d'où il passa au corps-législatif en 1800. Il termina sa carrière politique en 1803, et se retira dans ses foyers.

DILLON (L'ABBÉ HENRI), grand-vicaire de Dijon, abbé d'Oigny et doyen de la Sainte-Chapelle, avant la révolution, écrivit une virulente protestation contre les décrets de l'assemblée nationale, relatifs au clergé, et contre le serment que les prêtres, membres de cette assemblée, prêtèrent le 27 décembre 1790. L'écrit de l'abbé Dillon fut brûlé : et l'auteur, pour éviter les persécutions, quitta la France, où il ne rentra qu'en 1804. Il a été nommé l'un des conservateurs de la bibliothèque Mazarine, en 1816, et a publié les ouvrages suivans : 1° *Guide des études historiques*, 1812, in-8°; 2° *Histoire universelle, contenant le synchronisme des histoires de tous les peuples contemporains, tant anciens que modernes*, 1816, 8 vol. in-8°, avec continuation ; 3° *Mémoire sur l'esclavage colonial, la nécessité des colonies et l'abolition de la traite des Nègres*, 1814, in-8°; 4° une *Lettre*, signée Coquillard, adressée à M. Dumolard, en 1814, *sur la liberté de la presse*.

DILLON (ROBERT-GUILLAUME, COMTE DE), maire de Livry sous le gouvernement impérial, fut autorisé par Napoléon, en 1807, à porter la décoration de l'ordre militaire de Bavière. Depuis la rentrée de Louis XVIII, il est devenu chevalier de Saint-Louis et de la légion-d'honneur, et lieutenant-général, membre du conseil d'administration de l'hôtel royal des Invalides.

DILLON (LE COMTE ARTHUR DE), né à Braywick, en Angleterre, le 3 septembre 1750, était petit-fils du comte Arthur Dillon, qui ayant suivi la fortune de Jacques II, passa au service de France, en 1690, à la tête du régiment de son nom. Celui qui fait le sujet de cette notice, aussi brave peut-être, mais moins heureux que son aïeul, et, comme lui, colonel, commença ses premières campagnes dans la guerre d'Amérique. Il s'y distingua par sa bravoure et ses talens militaires. Nommé, en 1789, député de la Martinique aux états-généraux, il se prononça contre les privilèges, et se rangea du côté de la majorité, qui voulait la réforme des abus. Il est cependant à remarquer qu'il avait des opinions particulières sur lesquelles il ne consultait personne, et qu'il les soutenait imperturbablement, même contre ses meilleurs amis. Plus habile militaire que bon politique, il dut au souvenir de ses succès dans le Nouveau-Monde d'être nommé général en chef de l'armée du Nord, au mois de juin 1792. La journée du 10 août le consterna; toutefois, après cet événement, il fit prêter aux troupes qu'il commandait un nouveau serment de fidélité à la nation, à la loi et au roi. Arthur Dillon voulait une monarchie constitutionnelle ; et cette opinion, à laquelle il était inébranlablement attaché, le mit dans une position d'autant plus dangereuse qu'il en prévit les suites sans vouloir les éviter. Fidèle à ses devoirs, il se conduisit de manière à prouver qu'il n'avait pas moins d'horreur pour une invasion étrangère que pour les excès de l'anarchie. Une disgrâce, qu'il éprouva bientôt, loin d'abattre son courage et son amour pour sa patrie, ne fit que les enflammer davantage. On le mit sous les ordres de Dumouriez, qui naguère était sous les siens. Il continua de se signaler dans les combats, et particulièrement contre les Prussiens, dans les plaines de Champagne et au siége de Verdun. Enfin, abreuvé de dégoûts, et le gouvernement monarchique étant renversé, il écrivit à la convention pour demander l'examen de sa conduite : on lui répondit par un acte d'accusation. Prisonnier au Luxembourg, ce fut en vain qu'il sollicita la faveur de retourner dans les îles, et plus vainement encore que Camille Desmoulins prit sa défense. Arthur Dillon eut la douleur de voir périr son généreux défenseur 9 jours avant lui, et tomba sous la hache révolutionnaire le 14 avril 1794, à peine âgé de 43 ans. Son frère aîné, Charles, lord, vicomte et pair d'Angleterre, a abjuré la religion catholique pour entrer au parlement, où il vote avec le parti ministériel.

DILLON (LE COMTE THÉOBALD DE), originaire, comme le précédent, d'une famille irlandaise, était aussi colonel au service de France, avant la révolution. A l'époque de la déclaration de guerre que la France fit à l'Autriche, au mois d'avril 1792, le comte Théobald fut envoyé en Flandre en qualité de maréchal-de-camp. Ayant reçu l'ordre de partir de Lille pour aller attaquer Tournay, il se mit à la tête de ses troupes, et rencontra l'ennemi à peu près à moitié chemin. Une terreur panique s'étant emparée des deux armées, qui se voyaient pour la première fois, les Autrichiens et les Français rebroussèrent chemin en toute hâte et en désordre pour retourner au point d'où ils étaient partis; mais ceux-ci, indisciplinés, ou croyant laver leur honte dans le sang de leur général, crièrent à la trahison, et au moment où il rentrait à Lille, l'assassinèrent malgré les efforts que firent ses officiers pour lui sauver la vie.

DIMSDALE (THOMAS), médecin anglais, petit-fils d'un quaker contemporain de Guillaume Penn, avec lequel il avait coopéré à la fondation de l'état de Pensylvanie. Thomas prit une autre route pour s'illustrer, et choisit l'étude de la médecine. Né en 1712, il fut un des premiers et des plus zélés propagateurs de l'inoculation de la petite vérole. Il se rendit en Russie, en 1768, sur l'invitation de Catherine qui se fit inoculer, et voulut que son fils, le grand-duc Paul, subît la même opération. L'impératrice paya ses services en souveraine grande et généreuse. Elle appela une seconde fois Dimsdale à sa cour; il s'y rendit en 1781, pour inoculer les grands-ducs Alexandre et Constantin. De retour en Angleterre, il publia différens ouvrages sur l'inoculation, dont la plupart ont été traduits en français par Fouquet, célèbre professeur de médecine à Montpellier. Dimsdale mourut à Oxford, le 30 décembre 1800.

DINIZ-DA-CRUX (ANTOINE), poète distingué, naquit en 1730 à Castello-di-Vide, bourg de la province d'Alentejo, en Portugal. Après avoir fait sa rhétorique chez les jésuites d'Evora, il étudia le droit à la célèbre université de Coimbre. La lecture des poètes grecs et latins, et particulièrement celle des auteurs de son pays, donnèrent plus d'étendue à ses connaissances, et enflammèrent son imagination. Il continua à cultiver les belles-lettres, et s'annonça d'une manière brillante, par une ode qu'il composa sur l'événement qui fut prêt à faire perdre au roi Joseph, en 1759, la couronne et la vie. Ce début, qui déjà était un chef-d'œuvre, fut suivi d'un recueil d'héroïdes; Diniz s'attachait principalement à célébrer les grands hommes de son pays : cependant il s'écarta un moment de la ligne qu'il s'était tracée, en composant un poëme sur *le Goupillon*. Cette idée lui fut suggérée par une dispute scandaleuse, qui eut lieu entre l'évêque et le doyen de la cathédrale d'Elvas, pendant le séjour qu'il fit dans cette ville, où il avait été envoyé en qualité d'auditeur de guerre. Diniz se fit remarquer encore par des compositions légères, pleines de grâces, intitulées *Métamorphoses;* ce sont des dithyrambes, des sonnets, des idylles et des poésies érotiques, dans lesquels on reconnaît la touche du génie. Diniz s'est acquis aussi une réputation honorable dans la carrière de la magistrature. Il a rempli successivement des emplois dans les tribunaux de Portugal et des colonies; Rio-Janeiro l'a possédé comme chancelier de la Relaçam; et il mourut dans cette ville vers la fin du 18ᵐᵉ siècle, dont il a été l'un des poètes les plus célèbres. Il avait reçu la croix de chevalier de l'ordre royal d'Aviz, et avait été créé membre de l'académie royale des sciences de Lisbonne.

DION (LE COMTE LOUIS-FRANÇOIS DE), né le 15 mai 1771, entra jeune encore dans la garde du roi, compagnie des gendarmes. Au commencement de la révolution, il émigra et prit du service à l'armée de Condé, où quelquefois il fut employé avec succès aux avant-postes, dans la campagne de 1792. Le comte de Dion fut envoyé à Saint-Domingue, et y devint lieutenant-colonel des chasseurs de la reine. au service d'Angleterre. Nommé chevalier de Saint-Louis en 1796, en 1797 lieutenant-colonel au service de France, breveté par S. A. R. *Monsieur,* il ne rentra en France qu'en 1814, et employa les loisirs de son séjour à Londres, à la composition de quelques ouvrages, parmi lesquels on distingue le *Tableau de l'Histoire universelle jusqu'à l'ère chrétienne,* Londres, 1807. Cette production, dédiée à la princesse de Galles, est écrite en vers français.

DIONIS DU SÉJOUR (ACHILLE-PIERRE), magistrat et mathématicien célèbre, naquit à Paris le 11 janvier 1734. Son père, conseiller à la cour des aides, le fit entrer de bonne heure chez les jésuites où il passa 7 ans; et ce fut là qu'il s'établit entre lui et le jeune Godin, son compagnon d'études, une liaison qui ne finit qu'avec leur vie. Ils avaient longtemps étudié ensemble les mathématiques, pour lesquelles le jeune Dionis surtout se sentait un goût décidé; et ils débutèrent ensemble, dans le monde savant, par la publication de deux ouvrages qu'ils avaient composés en commun. Le premier est un *Traité des courbes algébriques,* qui parut en 1756, et l'autre a pour titre : *Recherches sur la gnomonique, les rétrogradations des planètes et les éclipses du soleil,* Paris, 1761. Dionis était âgé de 15 ans quand il sortit de chez les jésuites, et il n'en avait que 24 quand il fut reçu conseiller au parlement, à la 4ᵐᵉ chambre des enquêtes. Il ne passa à la grand'chambre qu'en 1779. Il entra, en 1765, à l'académie comme associé libre, et entreprit l'exécution d'un travail dans lequel il appliquait l'analyse à l'observation et à l'étude des phénomènes célestes. Cet ouvrage, qui le plaça parmi les premiers géomètres de son temps, contient une foule d'observations ingénieuses sur l'histoire des comètes, des éclipses et de l'anneau de Saturne; et la méthode qu'il a employée pour les faire peut encore servir à la résolution de plusieurs problèmes de physique, relatifs aux phénomènes qu'il a observés. Les détails de la plupart de ses travaux sont consignés dans les *Mémoires de l'académie*, depuis 1761 jusqu'en 1774. On y trouve annoncées pour le 8 décembre 1874 et pour le 6 décembre 1882, les deux éclipses qui doivent résulter du passage de Vénus sur le soleil. Lalande avait fait, en 1773, un *Mémoire sur les comètes*, qu'il ne put lire à l'académie, comme il se l'était proposé; mais le titre en ayant été connu du public, on s'avisa de supposer que cet astronome y traitait du choc d'une comète qui devait rencontrer la terre. Il se répandit alors en France une terreur générale qui égaya les esprits sensés, et surtout les astronomes, qui connaissent les lois éternelles et immuables de l'univers. Quoi qu'il en soit, la consternation était si grande alors qu'on crut devoir employer tous les moyens possibles pour la faire cesser, et Dionis publia, *sur les comètes qui peuvent s'approcher de la terre*, un *Essai*

dans lequel il déclara hardiment que la rencontre fatale n'aurait pas lieu avant un grand nombre de siècles; et les esprits se rassurèrent. Dionis fit paraître, l'année suivante, un autre *Essai sur les phénomènes relatifs aux disparitions de l'anneau de Saturne*, et ramena toute cette théorie à une équation transcendante. Dans un ouvrage ayant pour titre : *Traité analytique des mouvemens apparens des corps célestes*, 2 vol. in-4°, 1786-89, Dionis avait rassemblé et perfectionné tous les mémoires qu'il avait successivement insérés dans les collections de l'académie. C'était une espèce de cours d'astronomie analytique qu'on estime encore beaucoup aujourd'hui, et où l'on ne peut guère reprocher à l'auteur que d'avoir donné une préférence trop exclusive à l'analyse sur la synthèse, ce qui l'a mis souvent dans la nécessité de s'entretenir beaucoup plus des phénomènes généraux que de ceux qui sont particuliers et qui se rattachent plus ou moins essentiellement aux premiers. Dionis mourut à l'âge de 60 ans, des suites d'une fièvre maligne. Il était membre des académies de Stockholm, de Gœttingue et de la société royale de Londres. Député par la noblesse de Paris à l'assemblée constituante, il manifesta constamment des principes sans exagération. Il était d'un caractère doux et humain, et partageait tout son temps entre l'étude des sciences exactes et les fonctions que lui imposait sa profession d'homme de loi; et personne n'apporta plus d'impartialité et de désintéressement dans les fonctions de la magistrature. Dionis s'était beaucoup occupé de la résolution des équations, et il avait sur celles du 5° degré un très-beau *mémoire* qui a été perdu à sa mort.

DIONISI (Philippe-Laurent), né à Rome en 1711, avait des connaissances très-étendues dans les langues latine, grecque et hébraïque, dans les anciens canons, et dans tout ce qui était du ressort de l'état ecclésiastique, auquel il appartenait. Il eut une grande part à la formation du *Bulla Vaticano*. On a de lui, 1° *Sacrarum Vaticanæ basilicæ cryptarum monumenta*, Rome, 1773, in-fol. avec 83 planches; 2° *Antiquissimï vesperarum paschalium ritûs expositio, de sacro inferioris ætatis processu dominicæ resurrectionisChristi ante vesperas in vaticanæ basilicæ utituto conjectura*, ib., 1780, in-fol. Il a aussi laissé en manuscrit quelques ouvrages sur ceux qui l'avaient précédé dans la place de bénéficier de la basilique du Vatican, qu'il remplit jusqu'à sa mort, arrivée à Rome le 11 mars 1789.

DITMAR (Théodore-Jacques), professeur allemand, né à Berlin en 1734, a composé quelques ouvrages sur l'histoire et la géographie, qu'il enseignait dans ses cours. Les principaux sont: 1° *De methodo quâ historia universalis doceri queat*, Berlin, 1779, in-4°, en allemand; 2° *Description de l'ancienne Egypte*, Nuremberg, 1784, in-8°; 3° *Sur l'état du pays de Chanaan, de l'Arabie et de la Mésopotamie, depuis Abraham jusqu'à la sortie d'Egypte*, Berlin, 1786, in-8°; 4° *Histoire des Israélites jusqu'à Cyrus, avec un supplément, qui contient l'histoire ancienne des Assyriens, des Mèdes, des Babyloniens, des Perses, des Libyens, des Phrygiens, des Hellènes, des Pélasges et d'Osiris*, Berlin, 1788, in-8°; 5° *Sur les peuples anciens du Caucase, patrie des Chaldéens et des Phéniciens*, seconde édition, Berlin, 1790, in-8°. Ditmar est mort à Berlin le 7 juillet 1791.

DITTERS DE DITTERSDORF (Charles), né à Vienne en 1739, fut un des plus célèbres compositeurs de l'Allemagne. Il montra dès l'enfance une passion ardente pour la musique, et étudia d'abord le violon sous les premiers maîtres de l'école allemande. Un jour qu'il exécutait un solo sur cet instrument dans une musique d'église, le fameux corniste Hubaczck, qui était présent, fut tellement frappé des talens de ce jeune artiste, qu'il en parla au prince Hildburghausen avec un enthousiasme qui porta celui-ci à admettre Ditters au nombre de ses pages, quoiqu'il n'eût pas encore douze ans. Ce fut à la petite cour de son bienfaiteur qu'il devint l'ami de Métastase. Il en sortit pour passer au théâtre de la cour de Vienne, puis en Italie, où, à la suite d'un concerto de violon qu'il avait exécuté avec beaucoup de succès, il reçut de Farinelli un billet anonyme accompagné d'une montre fort riche. Il revint à Vienne où il se lia avec le célèbre Haydn, et, en 1765, après s'être distingué à Francfort au couronnement de Joseph II, il passa au service de l'évêque de Gross-Wardein en

Hongrie. Il mit alors en musique quatre *oratorio* de Métastase (*Job, Isaac, David, Esther*), qui obtinrent de grands succès à Vienne. Il avait aussi élevé un petit théâtre, pour lequel il travaillait beaucoup; mais Marie-Thérèse le fit supprimer, comme contraire à la gravité épiscopale. Il voyagea ensuite en Allemagne, et s'arrêta quelque temps auprès du prince-évêque de Breslau, qui le nomma, en 1770, maître des forêts de la principauté, puis capitaine du pays de Frayenwaldau. Ce fut aussi cet évêque qui lui obtint de la cour impériale des lettres de noblesse et le nom de Dittersdorf, qu'il ne porta que depuis cette époque, c'est-à-dire lorsqu'il était à peu près âgé de 30 ans. Il perdit quelques années les bonnes grâces de son protecteur; et comme il ne s'était jamais beaucoup attaché à acquérir de la fortune, il se vit, sur la fin de ses jours, près d'être réduit à la plus profonde misère, quand le baron Ignace de Stillfried vint à son secours, et le reçut dans son château, en Bohême, où il mourut le 1er octobre 1799. Deux jours avant sa mort, il avait achevé de dicter à son fils l'*Histoire de la vie*, ouvrage très-original, qui fut publié en allemand à Leipzick, 1801, in-8°. Il a composé, sur des paroles allemandes, un grand nombre d'opéra, parmi lesquels on distingue surtout celui qui a pour titre *le Docteur et l'Apothicaire*: il obtint un prodigieux succès sur le théâtre de Vienne, où il fut représenté en 1786 et 1787.

DIXMERIE (Nicolas-Bricaire de la), né en Champagne vers 1731, et mort subitement à Paris le 26 novembre 1791, a publié un grand nombre d'ouvrages, dont nous nous bornerons à citer les titres : 1° *Contes philosophiques et moraux*, 1765, 2 vol. in-12; 1769, 3 vol. in-12; 2° *Les deux âges du goût et du génie, sous Louis XIV et sous Louis XV*, 1769, in-8°; 3° *Le Lutin*, 1770, in-12; 4° *L'Espagne littéraire*, 1774, 4 vol. in-12; 5° *L'Ile taciturne et l'Ile enjouée*, 1759, in-12; 6° *Le Livre d'airain, histoire indienne*, 1759, in-12; 7° *Lettres sur l'état présent de nos spectacles*, 1765, in-12; 8° *Mémoires pour la loge des neuf sœurs*, 1779, in-4°; 9° *Sauvage de Taïti aux Français*, 1770, in-12; 10° *Toni et Clairette*, 1773, réimpression en 1797, 4 vol. in-18; 11° *La Comète, conte en l'air*, 1753, in-18; 12° *La Sybille gauloise, ou la France telle qu'elle fut, telle qu'elle est, et telle à peu près qu'elle pourra être*, 1775, in-8°; 13° *Les Dangers d'un premier choix, ou Lettres de Laure à Emilie*, 1777, 2 volumes; 1783, 3 volumes in-12; 14° *Eloge de Voltaire*, 1779, in-12; 15° *Eloge analytique et historique de Michel Montaigne, suivi de notes, d'observations sur le caractère de son style et le génie de notre langue; avec un dialogue entre Montaigne, Bayle et J.-J. Rousseau*, 1780, in-12; 16° *Le géant Isoire, ou le sire de Montsouris*, 1788, 2 vol. in-12; 17° *Quelques dialogues des morts dans le Mercure*. Dixmerie a fait aussi insérer des Mémoires et quelques poésies dans divers ouvrages périodiques. M. Cubières-Palmaiseaux, qui a fait l'éloge de cet auteur, raconte de lui quelques traits de bienfaisance, et dit généralement beaucoup de bien de tous les ouvrages que nous venons de citer.

DIXON (George), capitaine de vaisseau de la marine anglaise. Le gouvernement d'Angleterre ayant ordonné, en 1785, un voyage autour du monde, le capitaine Dixon fut chargé du commandement du vaisseau *la reine Charlotte,* qui fit partie de cette expédition. A son retour, il en a publié une relation intitulée : *Voyage autour du monde, mais plus particulièrement aux côtes nord-ouest de l'Amérique, par les capitaines Portlock et Dixon;* Londres, 1789, un vol. in-4°. Lebas a donné une traduction française de cet ouvrage, qui a eu deux éditions, l'une en un vol. in-4°, l'autre en 2 vol. in-8°. Le capitaine Dixon a publié aussi, sur les voyages de John Meares, quelques remarques intéressantes, propres à rectifier certains faits allégués par ce dernier avec trop de légèreté, et relatifs à la géométrie et au commerce.

DJEZZAR (Ahmed), surnommé le boucher (*Djesser*), possédait, à un degré éminent, cette férocité de caractère qui distingue généralement tous les sectateurs de Mahomet. Il naquit en Bosnie, et s'étant vendu lui-même, dans sa jeunesse, à un marchand d'esclaves, il fut amené en Égypte et acheté par Ali-bey. Il sut tellement s'insinuer dans les bonnes grâces de son maître, qu'il fit une fortune extrêmement rapide, et parvint à la dignité de gouverneur du Caire. Après les désastres d'Ali-bey, en 1793, l'émir Yousouf, son patron, le nomma commandant de Bairout en Syrie, et ce fut dans ce poste qu'il commença à se faire connaître par les cruautés qui l'ont rendu si fameux. Il débuta, dans son gouvernement, par s'emparer de 50,000 piastres qui appartenaient au prince Yousouf, et déclara qu'il ne reconnaissait d'autre maître que le sultan. Yousouf, irrité de l'ingratitude et de la perfidie de Djezzar, et surtout de la protection tacite que lui accordait le pacha de Damas, fit alliance avec Dhâer, chef arabe, célèbre par ses talens et son courage, et avec la cour de Russie. Aidé du secours de ces alliés, il vint aussitôt par terre mettre le siège devant Bairout, qu'une flotte russe bombardait par mer. Djezzar, forcé de céder à cette double attaque, se remit entre les mains de Dhâer qui le conduisit à Acre, d'où il parvint aisément à s'échapper. Dhâer étant mort en 1775, Hassan, capitan-pacha, éleva Djezzar à la dignité de pacha d'Acre et de Saïde, en le chargeant aussi du soin d'achever la ruine des rebelles. Le nouveau pacha remplit ces derniers ordres avec un zèle digne de la confiance de son maître. Il parvint d'abord à exterminer entièrement la famille du chéikh, son bienfaiteur, en employant pour cela tantôt la force et tantôt la ruse. Un seul des fils de Dhâer, nommé Ali, lui résista assez longtemps; mais cette résistance fut vaincue par la trahison. Djezzar dispersa aussi les Bédouins de Sagr, et les Druses, peuple du Liban, qui avaient lutté avec avantage contre la force ottomane, et parvint à détruire presque totalement les Mutualis, si redoutables par leur cavalerie, qui avait obtenu les plus grands succès sous les ordres de Dhâer. Cette conduite lui mérita de nouvelles faveurs de la Porte, et vers l'année 1785, il reçut les trois queues, le titre de vizir, et eut sous son commandement tout le pays situé entre le Nahr-el-Keb et Caissa-rich. La Porte, comme cela arrive en pareil cas, prit bientôt ombrage de la puissance et surtout du caractère entreprenant de ce pacha. Celui-ci, qui, de son côté, méprisait souverainement le *royal lacet*, ne négligea rien pour maintenir sa puissance, et il sut la conserver jusqu'à sa mort. Depuis 20 ans, il exerçait les plus horribles vexations en Syrie quand l'armée française débarqua en Égypte. Djezzar n'attendit point les ordres de la Porte qu'il connaissait depuis long-temps, pour se déclarer contre les Français. Il congédia sans réponse un officier que le général Bonaparte lui avait envoyé, et fit mettre aux fers tous les Français qui se trouvaient à Saint-Jean-d'Acre. Élevé dans le même temps, par la Porte, à la dignité de pacha d'Égypte, il fut battu, chassé de toutes ses places, et forcé de se retirer à Saint-Jean-d'Acre, qu'il était même sur le point d'abandonner, quand Sidney-Smith ranima son courage en l'incitant à résister dans cette place, dont la défense fut commise aux soins de M. Philippeaux, émigré français. Cet ingénieur déploya un rare talent dans cette circonstance, et sut tellement diriger l'emploi des forces musulmanes que les Français furent obligés de lever le siége après 61 jours de tranchée, le 21 mai 1799. Djezzar avait fait plusieurs sorties dans lesquelles il avait montré une rare valeur. Lors de l'arrivée du grand-vizir en Syrie, il s'éleva, entre lui et le pacha, des querelles si violentes que leur armée en vint plusieurs fois aux mains, ce qui retarda l'expédition contre l'Égypte. Un voyageur anglais qui a vu Djezzar à Acre en 1801, en a fait un portrait que nous rapporterons ici : « Djezzar était à la »fois son ministre, son chance-»lier, son trésorier et son secré-»taire, souvent même son cuisi-»nier, son jardinier, et quelque-»fois juge et bourreau..... L'inté-»rieur de son harem était inac-»cessible à tout le monde, excep-»té à lui. On ne connaissait point »le nombre de ses femmes; celles »qui entraient une fois dans cette »prison mystérieuse, étaient per-»dues pour le monde : on n'en »entendait plus parler. On leur »envoyait leur dîner par un tour »à l'entrée du harem : si l'une »d'elles tombait malade, Djezzar »amenait un médecin à cette ou-»verture; la malade présentait »son bras pour que le médecin tâ-»tât son pouls; ensuite le tyran »la ramenait, et personne ne sa-»vait ce que devenait la malade. »Dans les anti-chambres, on voyait »des domestiques mutilés de tou-»tes les manières. L'un avait per-»du une oreille, l'autre un bras, »l'autre un œil. Les Anglais furent »annoncés par un juif, jadis son »secrétaire, qui avait payé une »indiscrétion par la perte d'un œil »et d'une oreille. Après un pèle-»rinage de la Mecque, Djezzar

» tua de sa main 7 femmes de son » harem, soupçonnées d'infidélité. » Il avait 60 ans, mais sa vigueur » était encore celle d'un homme » dans la force de l'âge. Nous le » trouvâmes assis sur une natte » dans une chambre sans meu- » bles ; il portait le vêtement d'un » simple Arabe, et sa barbe blan- » che descendait sur sa poitrine. » Dans sa ceinture, il portait un » poignard garni de diamans, » comme marque d'honneur de son » gouvernement. Quand nous en- » trâmes, il était occupé à tracer » avec son ingénieur des plans de » fortification sur le sol; il acheva » cette occupation avant de nous » parler. Lorsque son ingénieur » fut parti, il eut avec nous une » longue conversation pendant la- » quelle il découpait avec des ci- » seaux toutes sortes de figures en » papier : c'était son occupation » toutes les fois qu'on lui présen- » tait des étrangers. Il donna au » capitaine Culverhouse un canon » de papier, en lui disant : *Voilà* » *le symbole de votre profession.* » Djezzar, comme presque tous les Orientaux, se servait souvent d'al- légories et de paraboles dans ses conversations. Nous n'en citerons qu'un exemple entre mille : c'est un apologue par lequel il expli- quait les raisons qui l'avaient por- té à résister aux Français : « Un » esclave noir, disait-il, après un » long voyage où il avait souffert » tous les genres de privations, » arrive dans un petit champ de » cannes à sucre. Il s'y arrête, s'a- » breuve de cette liqueur délicieu- » se, et se détermine à s'établir » dans ce champ. Un moment a- » près, passèrent deux voyageurs » qui se suivaient. Le premier lui » dit : *salamaleck* (le salut soit a- » vec toi). — Le diable t'emporte, » lui répondit l'esclave. Le second » voyageur s'approche de lui, et » lui demande pourquoi il avait si » mal accueilli un propos plein de » bienveillance. — J'avais de bon- » nes raisons pour cela, répliqua- » t-il : si ma réponse eût été ami- » cale, cet homme m'aurait accos- » té, se serait assis auprès de moi. » Il aurait partagé ma nourriture, » l'aurait trouvée bonne, et aurait » cherché à en avoir la propriété » exclusive. » Nous pourrions rap- porter ici un grand nombre de traits de barbarie de ce pacha qui se glorifiait du nom de *Boucher*, qu'il méritait mieux que personne. Le colonel Sébastiani fut chargé, par le gouvernement français, vers la fin de l'an 10, d'une mission auprès de ce pacha, et la récep- tion qu'il en reçut fut des plus cu- rieuses. Le drogman de Djezzar l'introduisit auprès de son maître qui était seul dans un apparte- ment, ayant près de lui un pisto- let à quatre coups, une carabine à vent, une hache et un long sa- bre. Après avoir interrogé M. Sé- bastiani sur l'état de sa santé, il lui demanda s'il était bien per- suadé que lorsque l'heure de la mort avait sonné pour un homme, rien ne pouvait changer sa desti- née ; sur quoi, le colonel ayant répondu par l'affirmative, Djezzar continua la conversation dans le même sens, et parut tenir beau- coup à se laver des crimes qu'on lui imputait. « Savez-vous, dit-il » ensuite à M. Sébastiani, pour- » quoi je vous reçois et j'ai du plai- » sir à vous voir ? c'est parce que

» vous venez sans firman; je ne
» fais aucun cas des ordres du di-
» van, et j'ai le plus profond mé-
» pris pour son vizir borgne. On
» dit que Djezzar est un Bosnien
» cruel, un homme de rien; mais
» en attendant, je n'ai besoin de
» personne, et l'on me recherche.
» Je suis né pauvre; mon père ne
» m'a légué que son courage, et je
» me suis élevé à force de travaux:
» mais cela ne me donne pas d'or-
» gueil, car tout finit, et aujour-
» d'hui, peut-être dès demain,
» Djezzar finira; non pas qu'il soit
» vieux comme le disent ses enne-
» mis (et il se mit alors à faire le
» maniement des armes comme
» les Mamelucks, avec beaucoup
» d'agilité), mais parce que Dieu
» l'a ainsi ordonné, etc. » Il mourut en 1804, après avoir eu des
guerres longues et sanglantes à
soutenir, sur la fin de sa vie, avec
le pacha de Jaffa, nommé Abou-
marck, homme aussi cruel que
lui, et surtout avec le grand-vizir,
dont il était détesté.

DMOCHOVZKI (François),
célèbre littérateur polonais, naquit en 1762 dans les environs de
Thorn, et fit d'abord partie de la
congrégation des *écoles pies;* mais
il quitta bientôt les ordres, et se
maria quelques années avant sa
mort, arrivée en 1808. Lors de
l'insurrection des Polonais, en
1794, il y prit une part active, et
fut élu membre du gouvernement. Il a traduit l'*Iliade* en vers
polonais, et cette version d'Homère est généralement regardée
comme une des meilleures qui
existe dans les langues modernes.
On a encore de lui une imitation
de l'*Art poétique*, 1788; le *Juge-*
ment dernier d'Young, et une
grande partie du *Paradis perdu.*
Dmochovzki avait également tenté
une traduction de l'*Enéide;* mais
il n'en put achever que les 9 premiers livres, et le reste fut traduit par Jkanbowski, qui fit imprimer le tout à Varsovie, en
1809. Il rédigea aussi quelques
années le *Mémorial,* journal polonais, et donna une édition en dix
volumes des œuvres de Kravichi.

DOBNER (Gélase), né à Prague en 1749, et mort dans la même ville le 24 mai 1790, fut d'a-
bord professeur dans la congrégation des *écoles pies*, et ensuite dans
les colléges de son ordre à Leib-
nick, à Vienne, à Schlau et à
Prague, ou il devint recteur de
l'université. Il a publié un grand
nombre d'ouvrages qui décèlent
généralement beaucoup d'érudition et une critique très-judi-
cieuse. Voici les titres des principaux: *Winceslai Hagek annales*
Bohemorum, e bohemicâ editione
latinè redditi, notis illustrati, di-
plomatibus, litteris publicis, re
genealogicâ, nummariâ variique ge-
neris, monumentis aucti, Prague, 1762-63-65-72-77-82, 6 vol.
in-4°; *Epistola quâ gentis Czechicæ*
origo à veteribus Zecchis Asiæ po-
pulis, et Ponti-Euxini, Mæotidis-
que accolis vindicatur, seu Appen-
dix et elucidatio prodromi anna-
lium hageccianorum, Prague, 1767,
in-4°; *Monumenta historicæ Bohe-*
miæ nusquam antehac edita, ibid.,
1764-86, 6 vol. in-4°. Cet ouvrage tient la première place parmi
ceux de Dobner. *Examen criticum*
quo ostenditur nomen Czechorum
repetendum esse, etc., Prague,
1769, in-4°. En allemand: *Dis-*

cussion critique sur le temps auquel la Moravie a été un margraviat, et qui a été son premier margrave, Olmutz, 1781, in-8°, 2° édit.; *Limites de l'ancienne Moravie, ou du pays de ce nom, tel qu'il était dans le neuvième siècle*, Prague, 1793, in-8°, 2° édit.; *Histoire du prince Ulrick, et lois anciennes qu'il a données à la ville de Bruun*, ibid.; *Famille de Théobald, duc de Bohême*, ibid, tom. 3, 1787, etc. Dobner a fait aussi insérer plusieurs Mémoires dans la collection de la société des sciences de Prague.

DOBRITZHOFFER (Martin), jésuite allemand, fut envoyé comme missionnaire dans l'Amérique méridionale, où il passa vingt-deux ans. A son retour en Europe, il fit paraître un ouvrage ayant pour titre: *Historia de Abiponibus, equestri bellicosaque Paraquariæ natione*, etc., Vienne, 1783-84, 3 vol. in-8°, avec cartes et figures. Le premier volume, qui est le plus intéressant, contient, entre autres choses, la description du Paraguay, où l'auteur fut presque constamment employé pendant sa mission. Les descriptions géologiques et d'histoire naturelle y sont, en général, traitées avec beaucoup de détails; mais l'histoire des Abipons, comme celle du Paraguay par Charlevoix, est plutôt destinée à prôner les faits de la compagnie des jésuites, qu'à donner des lumières sur le pays dont il est question. Tout l'ouvrage, d'ailleurs, est rédigé avec assez peu d'ordre, quoique l'auteur, cependant, n'ait nulle part cité sciemment à faux. Don Félix Azara, Espagnol qui a long-temps demeuré au Paraguay, prétend même que Dobritzhoffer n'a jamais pénétré dans l'intérieur des pays qu'il a voulu décrire, et qu'il n'a fait que rapporter très-prolixement ce qu'il avait entendu dire à Buenos-Ayres ou à l'Assomption. Ce jésuite mourut en 1791.

DOBROWSKY (Joseph), né à Jersnet, en Hongrie, en 1754, fit de fort bonnes études, fut admis dans l'ordre religieux des jésuites, et devint gouverneur des enfans du comte de Nostilz, résidant à Prague. Nommé sous-directeur du séminaire général d'Olmutz, il fut, en 1789, recteur de cet établissement. M. Dobrowsky a publié plusieurs ouvrages, en latin et en allemand, fruits de ses recherches laborieuses sur la littérature de la Moravie et de la Bohême. Tels sont: 1° *Littérature bohémienne et morave, pour les années 1779-80*, Prague, 2 vol. in-8°; 2° *Magasin littéraire pour la Bohême et la Moravie*, Prague, 1786-87, 3 cahiers in-8°; 3° *Histoire de la langue et de la littérature bohémiennes*, Prague, 1792, in-8°; 4° *de la Formation de la langue esclavonne*, Prague, 1799, in-8°; 5° *Slawin, Message adressé de la Bohême à tous les peuples esclavons, ou Mémoire pour servir à la connaissance de la littérature esclavonne dans tous ses dialectes*, Prague, 1806, in-8°; 6° *Glagolitica, sur la Littérature glagolitique, l'âge de la Bukwitza, son modèle d'après lequel elle s'est formée, sur l'origine de la liturgie romano-esclavonne, et la traduction de cette liturgie en langue dalmatienne, qu'on a attribuée à saint Jérôme*, Prague, 1807, in-8°, avec 2 planches. Cet ouvrage est un supplément au Slawin. 7° *Fragmentum pragense evangelii S. Marci, vulgò authographi, edidit lectionesque variantes criticè recensuit*, Prague, 1778, in-4°; 8° *Corrigenda in Bohemiâ doctâ Balbini juxta editionem P.-Raph. Ungar*, Prague, in-8°; 9° *de antiquis Hebræorum characteribus dissertatio, in quâ speciatim Origenis Hieronymique fides testimonio Josephi Flavii défenditur*, Prague, 1783, in-8°; 10° *Pŕikrel grammatica linguæ Brahmanicæ*, Prague, 1799, in-8°; 11° *de Sacerdotum in Bohemiâ celibatu narratio historica, cui constitutionés concilii moguntini Fritzlariæ, 1244 celebrati adnexæ sunt*, Prague, 1787, in-8°. M. Dobrowsky a publié encore d'autres écrits fort intéressans, et a orné plusieurs ouvrages de Michaëlis de notes, de variantes, et de dissertations très-curieuses sur les usages, les mœurs et la langue des anciens Esclavons.

DOCHE-DE-LILLE (René), fut, en 1798, député par le département de la Charente au conseil des cinq-cents, et y parla sur quelques mesures de finance. Il demanda que le directoire eût le droit de déporter à sa volonté ceux qui troubleraient l'ordre public. Le 20 juillet 1799, il fut élu secrétaire de l'assemblée, et insista pour qu'on déclarât la patrie en danger. Exclu du conseil la même année, comme s'opposant à la révolution du 18 brumaire, il n'eut pas plus tôt vu la nouvelle révolution consolidée, qu'il se hâta d'y donner son adhésion, par des lettres qui furent rendues publiques; et en décembre 1799, il obtint la place de directeur des contributions indirectes de son département, qu'il a occupée jusqu'en 1815.

DODÉ DE LA BRUNERIE, baron, lieutenant-général du génie, commandant de la légion-d'honneur, etc., contribua, en 1812, après les désastres de la campagne de Russie, à la défense de Glogau, où il s'était renfermé. Le roi le créa chevalier de Saint-Louis en 1814; Napoléon l'avait déjà nommé, en 1807, officier de la légion-d'honneur, et ce ne fut qu'en juillet 1814 qu'il reçut la décoration de commandant de la même légion. En 1815, il était encore au nombre des généraux en activité. Il fut l'un des commissaires chargés, par ordonnance du 28 octobre, de déterminer le classement des places de guerre du royaume, et de diriger les travaux d'armement et de restauration qu'exigeait leur situation.

DODSON (Michel), né à Malboroug, dans le comté de Wilt, en 1732, et mort à Londres en 1799, se livra à l'étude du barreau, où il se distingua plutôt par la sagesse de son conseil que par les qualités qui font un orateur brillant. En 1770, il fut nommé l'un des commissaires des banqueroutes, et occupa cette place jusqu'à sa mort. Il était membre d'une société instituée en 1783 pour propager l'étude de la Bible, et l'on remarqua toujours qu'une de ses occupations favorites était l'étude des livres saints. On a de lui quelques ouvrages, entre autres la *Vie de sir Michel Foster, son oncle*, réimprimée dans la nouvelle édition de la *Biographia britannica*, in-fol., une traduction complète d'*Isaïe* avec des notes, etc.

DOEDERLEIN (JEAN-CHRISTOPHE), célèbre théologien, né à Winsheim, en Franconie, le 20 janvier 1746. Il fit dans cette ville ses humanités, étudia plusieurs langues orientales, les mathématiques, l'histoire, et passa en 1764 à l'université d'Altdorf, où il acheva ses études et prit ses degrés. Il fut rappelé à Windsheim à l'âge de 22 ans, pour y remplir les fonctions de diacre dans la principale église. Doué d'une mémoire heureuse, d'une imagination vive, et surtout d'une grande facilité à saisir les questions et à les envisager sous toutes les faces, Doederlein consacra les loisirs que lui laissait son emploi à la lecture des pères et des théologiens. Il s'était déjà fait connaître par quelques opuscules de critique sacrée quand il fut mandé, en 1792, à l'université d'Altdorf, pour y remplir une chaire vacante de théologie. Il resta attaché à cette école pendant 20 ans, et s'y rendit si célèbre qu'il n'était bruit que de lui dans toutes les universités : toutes aussi lui firent-elles diverses propositions pour l'attirer dans leur sein, mais celle d'Iéna parvint seule à le posséder. Doederlein y remplaça le célèbre critique Griesbach dans la seconde chaire de théologie ; et cette place lui fut rendue si avantageuse, qu'il se fixa pour toujours à Iéna. Il y poursuivit avec une activité incroyable les travaux théologiques qu'il avait entrepris depuis tant d'années, et s'occupa surtout de l'interprétation des livres sacrés, qui offrent quelquefois, comme dans l'Apocalypse, des histoires sublimes représentées par des images qui ne sont pas toujours à la portée de l'intelligence humaine ordinaire. Doederlein fit successivement paraître un grand nombre d'ouvrages, parmi lesquels on distingue une traduction latine des *Prophéties d'Isaïe*, avec des notes critiques ; *les Proverbes de Salomon*, traduits en allemand avec des notes, Altdorf, 1778, in-8°, réimpr. en 1782 et 1786 ; et une autre traduction de *l'Ecclésiaste* et du *Cantique des cantiques*, Iéna, 1784-92, in-8°. Les autres ouvrages du même auteur sont : *Institutio theologi christiani, in capitibus religionis theoriticis, nostris temporibus accommodata*, Altdorf, 1780-81, in-8° : il en a paru quatre autres éditions en 1782-84-87-91 ; *Summa institutionis theologi christiani*, Altdorf et Nuremberg, in-8°, 1782-87-93-97 ; *Opuscula theologica*, Leipsick, 1789, in-8° ; *Bibliothéque théologique*, ibid., continuée sous le nom de *Journal théologique*, de 1780 à 1792 ; *Biblia hebraica.... cum variis lectionibus*, Leipsick, 1793, in-8°, etc. Doederlein a encore composé un grand nombre d'opuscules, de sermons, de programmes, etc. Il a cherché à prouver, dans une dissertation, que la version de l'Ancien Testament, citée par plusieurs anciens sous le nom de *Syrus*, n'est autre chose que la traduction grecque de la version latine de saint Jérôme ; et cette opinion est aujourd'hui adoptée par les meilleurs critiques. Doederling mourut à Iéna le 2 décembre 1792, âgé seulement de 47 ans. C'est un des novateurs qui ont le plus contribué à introduire en Allemagne le nouveau système de théologie, adopté aujourd'hui dans le plus grand nombre des universités luthériennes. Nous devons néanmoins convenir qu'il n'a toujours émis ses opinions sur ce sujet qu'avec beaucoup de réserve.

DOERNBERG ou DOERRENBERG (LE BARON DE), issu d'une famille noble de la Hesse, entra, comme colonel, dans les chasseurs de la garde du roi de Westphalie (Jérôme), et ne tarda pas à s'y liguer avec plusieurs familles nobles qui voyaient, comme lui, impatiemment qu'un autre joug que le leur pesât sur la Westphalie. La guerre de l'Autriche avec la France, en 1809, leur fournit une occasion de tenter le coup de main qu'ils méditaient. Lorsque le bourg de Walhawen eut arboré le drapeau de la révolte, Jérôme, croyant de bonne foi aux protestations de Doernberg, qui lui avait prêté serment de fidélité, envoya ce colonel contre les rebelles pour les réduire. Doernberg, au lieu d'exécuter les ordres du roi, conçut le dessein de faire prisonnier le roi lui-même, et voulut se porter sur Cassel à la tête de son corps. Les soldats, effrayés du projet de leur chef, l'abandonnèrent, et vinrent faire au gouvernement le rapport de ce qu'on avait tenté contre lui. Doernberg resta donc seul avec quelques paysans, qui ne se souciaient guère de se couper la gorge pour avoir un maître plutôt qu'un autre, et, poursuivi de tous côtés par les troupes qu'on envoyait contre lui, il se réfugia à la hâte en Bohême, où résidaient alors l'électeur de Hesse-Cassel et le duc de Brunswick-Oels, avec lequel il traversa la Saxe et la Westphalie pour aller s'embarquer, tandis qu'on lui faisait son procès à Cassel, où il fut condamné à mort par contumace. Il servit encore à l'armée en 1812, et l'année suivante il attaqua, vers Lunébourg, le corps français du général Morand. Il a été depuis élevé au grade de général.

DOGUEREAU (LE CHEVALIER JEAN-PIERRE), naquit à Orléans, le 11 janvier 1774, et embrassa de bonne heure l'état militaire, où il obtint un avancement rapide qu'il ne dut pas moins à son intelligence qu'à sa bravoure. Nommé d'abord lieutenant à l'armée du Rhin en 1794, il fit la campagne d'Égypte en qualité de capitaine, et revint en France avec le grade de chef de bataillon, dont il ne fut redevable qu'au courage qu'il déploya dans les différentes affaires où il eut occasion de se trouver. Employé ensuite sur les côtes de l'Océan, puis à la grande-armée, il obtint le grade de colonel et le titre de commandant de la légion-d'honneur. Il servit aussi en Espagne jusqu'en 1813, et fut nommé par le roi, en 1816, directeur de l'artillerie de Paris, et le 8 juillet de la même année, chevalier de Saint-Louis.

DOGUEREAU (Louis, BARON DE), maréchal-de-camp, chevalier de Saint-Louis, etc., est frère cadet du précédent, dont il a presque constamment partagé la fortune et les honneurs. Né à Dreux, en 1777, il entra à l'école d'artillerie à l'âge de 17 ans, et fut d'abord employé comme lieutenant à l'armée du Rhin, puis comme capitaine à celle d'Égypte, en 1799. Peu de temps après son retour, il fut nommé chef de bataillon, puis major de la garde impériale, et colonel en 1807. Il servit en Espagne comme chef d'état-major de l'artillerie du corps d'armée sous les ordres du général Sébastiani, et se distingua surtout à la bataille de Talaveyra, où il eut un cheval tué sous lui. En 1811, il donna sa démission, revint en France, et prit de nouveau du service en 1813, époque à laquelle il fut employé à l'armée du Nord comme colonel d'artillerie à cheval dans la garde de l'empereur. Le premier retour du roi lui valut le grade de maréchal-de-camp, le titre de chevalier de Saint-Louis et la croix de commandant de la légion-d'honneur. Napoléon, après son débarquement, en 1815, le nomma commandant de l'artillerie du 3ᵉ corps à Mézières; et enfin M. Doguereau dut au second retour du roi le commandement de l'école d'artillerie à Metz.

DOHM (CHRÉTIEN-CONRARD-GUILLAUME DE), publiciste, né à Lemgo dans le comté de la Lippe, le 11 décembre 1751, fut ministre du roi de Prusse. Il se voua de bonne heure à l'étude de la philosophie et de la politique, et se fit connaître des savans de l'Allemagne, par une traduction de l'*Essai de psychologie*, de Charles Bonnet. Il devint ensuite instituteur des pages de Frédéric II, roi de Prusse; mais il se démit bientôt de cet emploi qui n'était pas de son goût, et retourna à Leipsick, où il publia une belle édition de l'*Histoire du Japon* de Kœmpfer, d'après le manuscrit de l'auteur. Il traduisit ensuite les *Voyages d'Edward Ives en Perse et aux Indes*, et entreprit un ouvrage sur les établissemens français et hollandais dans les Indes orientales, mais il ne l'a point encore achevé. Il fut ensuite nommé professeur des sciences statistiques à Cassel, et s'acquitta de cette fonction d'une manière très-distinguée, ce qui était d'autant plus difficile que la statistique n'était guère alors connue qu'en Italie, et que les leçons du professeur allemand lui demandaient beaucoup de recherches. M. Dohm travaillait encore pendant ce temps à la rédaction de quelques ouvrages périodiques dans lesquels il disposait ses compatriotes à recevoir favorablement le système physiocratique qui commençait à s'introduire en Allemagne. Lors de la paix qui termina la guerre de la succession de Bavière, en 1779, M. Dohm publia l'histoire de cette guerre, et cet ouvrage politique engagea le roi de Prusse à l'attirer à son service. Ce prince voulut d'abord le charger de l'institution de son petit-neveu; mais Dohm, qui parlait d'ailleurs trop mal français pour être le précepteur du fils du prince royal de Prusse, trouva les appointemens qui lui furent offerts insuffisans, et cette dernière considération l'eût aussi empêché d'accepter une autre tâche qui lui fut offerte, celle de mettre en ordre les papiers relatifs aux provinces nouvellement acquises, tant en Silésie qu'en Pologne, lors du partage de ce dernier pays : mais on joignit à cet emploi les émolumens d'une place de secrétaire au ministère des relations extérieures, et les revenus de ces deux espèces de charges satisfirent enfin l'ambition de M. Dohm. Il se montra aussi vers le même temps défenseur des Israélites si maltraités sous Frédéric II, et publia un ouvrage sur l'*Amélioration de la condition civile des juifs*. Quoique cet ouvrage dont on a défendu la publication en France n'ait pas produit tout l'effet qu'en attendait l'auteur, et qu'il ait même été très-mal reçu de quelques personnes, il a néanmoins beaucoup influé sur l'opinion publique, et préparé la liberté que les gouvernemens d'Allemagne viennent d'accorder aux juifs. La confédération germanique, établie quelques mois avant la mort de Frédéric II, mécontenta le cabinet de Vienne ; et le baron Gemminges ayant attaqué cette alliance dans un écrit intitulé l'*Allemagne*, M. de Dohm la défendit dans un autre ouvrage qui avait pour titre *Sur l'union des princes allemands*. En 1786, Frédéric II le nomma son ministre à la cour de Cologne; et après la mort de ce prince, Dohm reçut des lettres de noblesse du successeur de Frédéric II, et fut chargé successivement de divers emplois plus ou moins importans, et au milieu desquels il se livra surtout à l'étude de la politique, sous le vieux ministre Hertzberg. Il déploya un grand talent dans la révolution de Liége, où il fut employé comme négociateur. Nommé, en 1796, ambassadeur du roi de Prusse auprès des cercles du Haut et du Bas-Rhin, il présida comme ministre prussien et directorial l'assemblée du cercle de la Basse-Saxe, dans laquelle on délibéra sur les moyens de conserver un cordon de troupes pour former la ligne de démarcation établie par la paix de Bâle. Il assista au congrès de Rastadt comme ministre du roi de Prusse, et rédigea, en 1799, sur l'assassinat des ministres français, le rapport qui fut envoyé à l'archiduc Charles. Lorsque la Westphalie passa en 1807 sous la domination de Jérôme Bonaparte, Dohm, qui avait été en 1804 nommé président de la chambre d'Heiligenstadt, dans le pays d'Eichsfeld, fut envoyé comme ambassadeur et ministre plénipotentiaire à la cour de Saxe, de la part du nouveau roi, qui lui avait aussi donné le titre de grand-cordon de l'ordre de Westphalie, après l'avoir élevé à la dignité de conseiller-d'état. La faiblesse de sa santé le contraignit de donner sa démission en 1811. Dohm, outre les œuvres dont nous avons déjà parlé, a encore publié en allemand un grand nombre d'autres ouvrages, parmi lesquels nous citerons seulement les principaux : 1° *Matériaux pour la statistique*, Lemgo, 1777-85, 5 livraisons in-8°; 2° *Exposition succincte du système physiocratique*, ibid. 1778, in-4°; 3° *De la révolution de Liége en 1789, et de la conduite du roi de Prusse en cette occasion*, Berlin, 1790, in-8°; 4° *Événemens remarquables, pendant ma vie, depuis 1763*, 1814-15, 2 vol., etc. M. Dohm est encore aujourd'hui l'un des principaux collaborateurs d'un grand nombre de journaux et d'autres ouvrages périodiques qui paraissent en Allemagne. Nous terminerons cette notice en citant une réflexion qu'il insérait dans un de ses écrits, et qui prouvera jusqu'à quel point la liberté de la presse était tolérée même sous le gouvernement militaire de Frédéric II. « C'est « donc le bien des peuples, disait- » il, que le souverain doit préférer » à tout autre intérêt. Le souverain » bien loin d'être le maître absolu » des peuples qui sont sous sa domi- » nation, n'en est lui-même que » le premier domestique. » Le roi de Prusse avait lui-même avancé cet axiome dans l'*Anti-Machiavel*, qu'il composa et publia à l'époque où il n'était encore que prince royal.

DOLDER (JEAN-RODOLPHE), né d'une famille de laboureurs, à Meilen, dans le canton de Zurich, et mort en 1806, a joué un grand rôle dans la révolution helvétique. Il se voua d'abord au commerce, qu'il abandonna bientôt pour figurer sur un plus vaste théâtre; et il fut nommé par le peuple, en 1798, membre du sénat helvétique. Il n'avait reçu que peu d'éducation, mais il avait beaucoup de moyens naturels, et possédait surtout cette souplesse de caractère, si propre à faire réussir dans les affaires où l'on a besoin du ministère des autres. Il parvint à intéresser vivement à lui le commissaire Rapinat, qui le fit nommer membre du directoire helvétique; mais, peu après, Dolder rentra au sénat, où il eut l'adresse de se ménager tous les partis, et de se faire nommer une seconde fois, l'année suivante, à la place où Rapinat l'avait élevé et n'avait pu le maintenir. Dolder étant de nouveau membre du directoire, étendit sa fortune sur ses amis, et parvint à leur faire obtenir presque à tous des places plus ou moins importantes dans les diverses branches d'administration. Cette conduite qui n'avait rien que de louable en elle-même (si l'affection de Dolder n'eût pas toujours tenu lieu de toute espèce de mérite dans ses protégés), fut désapprouvée des électeurs de 1801; et comme il n'avait point obtenu assez de suffrages pour se maintenir dans sa dignité, il usa si habilement des ressources de son esprit, qu'il parvint à opérer dans le mode d'élection un changement d'après lequel fut composé un nouveau sénat, dont Reding fut nommé président. Cette circonstance prévint la chute totale de Dolder, qui put alors choisir parmi les premières dignités de son pays. Il se contenta d'être nommé ministre des finances, et ne quitta ce poste que pour être élevé à la dignité de landamman, après une nouvelle réorganisation du sénat, qui eut encore lieu quelque temps après. Le sénat voulut même alors lui conférer une espèce de dictature; mais plusieurs jeunes gens de Berne et de Zurich se transportèrent chez lui, le contraignirent de signer sa démission, et l'obligèrent à partir pour Jagistorff. Il revint deux jours après reprendre ses fonctions sous la protection immédiate de la France. Nommé, en 1803, président du grand et petit conseil de l'Argovie, il pas-

Mr. Dolomieu.

Fremy del et Sculp.

sa ensuite à la tête de l'administration d'un des cantons, dignité qu'il conserva jusqu'à sa mort.

DOLGOROUKI (LE PRINCE GEORGES), général-major russe, né de l'illustre famille de ce nom, commandait, en 1794, l'armée russe dirigée contre les Polonais. Il s'empara de Wilna l'année suivante, et fut nommé commissaire à l'armée de Finlande. Il commanda aussi à Corfou, en 1804, un corps de 8500 Russes, et fut, deux ans après, envoyé à Vienne pour régler les comptes entre la cour de Russie et celle d'Autriche. Il fut aussi nommé, en 1808, ambassadeur près la cour de Hollande.

DOLOMIEU (Déodat-Guy-Sylvain-Tancrède Gratet de), géologiste et minéralogiste célèbre. Fils du marquis de Dolomieu, d'une très-ancienne famille du Dauphiné, il naquit à Dolomieu, près de la Tour-du-Pin, département de l'Isère, le 24 juin 1750, et fut admis dès le berceau dans l'ordre de Malte. Embarqué pour la première fois, à l'âge de 18 ans, sur une des galères de l'ordre, il fut obligé, étant près de Gaëte, de repousser par les armes une offense grave qu'il avait reçue d'un de ses confrères, et il eut le malheur de le tuer. Les statuts de l'ordre prononçaient les peines les plus sévères contre les chevaliers qui, pendant leur service militaire, tournaient leurs armes contre d'autres ennemis que ceux de la chrétienté. Dolomieu avait été, dans son combat sur le territoire napolitain, soustrait à la juridiction du gouvernement de ce pays par le commandant de la galère : de retour à Malte, malgré l'estime qu'on lui portait, il fut jugé et condamné à mort. Le grand-maître lui fit grâce; toutefois cette grâce devait être confirmée par le pape, que d'anciennes préventions contre l'ordre rendaient peu favorable à la cause d'un chevalier. La confirmation de la décision du grand-maître fut refusée, même à la sollicitation de plusieurs puissances de l'Europe; et Dolomieu aurait perdu la vie, si le cardinal Torregiani, auquel il écrivit, n'eût demandé et obtenu ce qu'on avait refusé à des têtes couronnées. Clément XIII s'écartait difficilement de cette sévérité, dont un autre Clément (V^e du nom) avait donné des exemples si déplorables dans le procès des templiers. Après neuf mois de captivité, pendant lesquels son esprit avait acquis une grande maturité, et pendant lesquels aussi ses études changèrent de direction, Dolomieu fut rétabli dans tous ses droits. A l'âge de 22 ans, il suivit à Metz le régiment de carabiniers, où il avait été nommé officier à l'âge de 15 ans. Il était dans cette ville pendant un hiver des plus rigoureux, lorsqu'une nuit un violent incendie éclate à l'hôpital militaire. La rivière était gelée à une grande profondeur; on manquait d'eau, les progrès de l'incendie étaient effrayans; les travailleurs refusent de continuer un service qui devient inutile. Dolomieu ne consulte que son courage; armé d'une hache et suivi de deux de ses camarades, il s'élance au milieu des flammes, monte sur les toits embrasés, et parvient à couper les communications : les malades lui durent la vie et la ville sa conservation. A cette époque, Dolomieu recevait des leçons de chimie et d'histoire naturelle de Thirion, célèbre pharmacien de Metz; ce fut pendant cette étude qu'il traduisit en italien l'ouvrage de Bergmann sur les substances volcaniques, ouvrage auquel il ajouta des notes, ainsi qu'à la traduction italienne de la minéralogie de Cronstedt. Il publia, en 1775, des recherches sur la pesanteur des corps, à différentes distances de la terre. Dolomieu s'était lié dans cette ville d'une tendre amitié avec le duc de La Rochefoucault, à qui il communiquait la plupart de ses travaux minéralogiques. L'illustre philanthrope y reconnut la main d'un naturaliste appelé à une grande célébrité. Peu de temps après le départ du duc de La Rochefoucault, Dolomieu reçut de l'académie des sciences de Paris des lettres de correspondant, faveur à laquelle il était loin de s'attendre, et dans laquelle il reconnut la sollicitude de l'amitié; c'était en effet le duc de La Rochefoucault qui les lui avait fait obtenir. L'encouragement que lui accordait l'académie, le détermina à se livrer exclusivement aux sciences naturelles, et à quitter le service militaire. Il partit pour la Sicile, étant à peine âgé de 26 ans; il parcourut les environs de l'Etna, dont il rechercha les bases primitives; examina les laves entassées, contempla les ruines, gravit les sommets. Il dirigea ensuite ses pas vers le Vésuve, la chaîne des Apennins, les montagnes de l'ancien Latium, les Hautes-Alpes, les pics et les torrens. En 1783, il publia la description des îles de Lipari, qui avaient été l'objet particulier de ses recherches. La même année, un tremblement de terre ayant eu lieu en Calabre, il se rendit dans cette contrée, la parcourut au milieu des ruines et des décombres, et publia en 1784 des observations sur cette catastrophe, et sur les tremblemens de terre en général. Il prouva par des faits que, dans la partie de la Calabre la plus ravagée par l'effet de la commotion, toutes les montagnes sont calcaires, sans aucune apparence de matières volcaniques. En 1788, il publia un Mémoire sur les îles Ponces, et un catalogue raisonné des produits de l'Etna. De retour dans sa patrie, après le 14 juillet 1789, il se rangea avec le duc de La Rochefoucault parmi les amis du nouvel ordre de choses : mais indépendant de toute fonction publique, il put continuer de se livrer à ses paisibles occupations, et il publia dans les premières années de la révolution plusieurs ouvrages, l'un sur l'origine du basalte, un autre sur un genre de pierres calcaires qui n'avait point encore été distingué, et auquel, par reconnaissance, les naturalistes ont donné le nom de *Dolomie;* un troisième sur les roches; un quatrième sur les pierres composées; enfin un cinquième sur l'huile de pétrole et sur les fluides élastiques tirés du quartz. La révolution, dans sa marche rapide, s'était détournée de sa véritable direction. Destinée à détruire les abus et à donner au corps social une nouvelle et plus grande énergie, sous le règne de la terreur elle devint oppressive et sanguinaire. Le 14 septembre 1792, elle frappa le duc de La Rochefoucault dans les bras de sa famille, et de Dolomieu qui, lui-même proscrit, fut obligé de se cacher et d'errer de retraite en retraite. Du sein même de la proscription, il publia encore deux Mémoires, l'un sur les pierres figurées de Florence, et l'autre sur la constitution physique de l'Égypte. Dans ce dernier Mémoire, il eut le courage, bien grand à cette époque, de déplorer la perte de son illustre ami, et de flétrir les proscripteurs, alors tout-puissans. En l'an 3, l'horizon politique parut se rasséréner : les sciences, les lettres, les arts cessent d'être exilés de la France, et ceux qui les cultivent, d'être traités en ennemis. L'école des mines à peine fondée, Dolomieu y est appelé comme ingénieur, et comme chargé d'y professer la géologie. Il fit imprimer différens Mémoires sur la distribution méthodique de toutes les matières dont l'accumulation forme les montagnes volcaniques. L'institut national, destiné à remplacer les anciennes académies, ayant été établi, il en fit partie dès son organisation. En moins de trois années, Dolomieu publia dix-sept nouveaux Mémoires, dont plusieurs sont du plus haut intérêt. Il fit un voyage dans la France méridionale et dans les Hautes-Alpes, qu'il parcourut le marteau à la main. Après six mois d'absence, il revint à Paris, riche d'une collection précieuse de roches, de pierres, etc., qu'il communiqua à l'institut, et il fit imprimer le compte qu'il en avait rendu à cette savante compagnie. Cet ouvrage seul aurait fait la réputation d'un naturaliste. Il disait souvent à ses amis : « Dieu sait si »ma vie suffira pour toutes les »recherches que je médite. » En 1797, l'expédition d'Égypte, dont la politique, le génie militaire, le commerce et la philosophie avaient inspiré le projet, fut enfin exécutée par le héros qui l'avait conçue. Dolomieu en fit partie; mais il ignorait que l'île de Malte dût être la première conquête de l'armée française; et lorsqu'il l'apprit, effrayé de l'idée que l'on pouvait le soupçonner d'avoir concouru à une opération hostile contre son ordre, il résolut de ne pas sortir du *Tonnant*, sur lequel il était monté. Le grand maître lui rendait plus de justice. Il le fit demander au général en chef, comme l'un des pacificateurs: sa demande lui fut sur-le-champ accordée; et la lettre du grand-maître à Dolomieu, dans laquelle il lui exprimait toute sa confiance, est déposée à la bibliothèque du roi, rue de Richelieu. Dans cette négociation, Dolomieu donna à la fois des preuves de son attachement à ses anciens confrères, et de dévouement à sa patrie. L'expédition remit à la voile et arriva sur les côtes d'Égypte. Dolomieu visite Alexandrie, le Delta, le Caire, les Pyramides, une partie des montagnes qui bordent les longues vallées du Nil. Mais sa santé se dérange, et il est forcé de repasser en Europe. Le 7 mars 1799, le lendemain même de son départ d'Alexandrie, le bâtiment qu'il montait fut assailli par une violente tempête, et l'eau y pénétra en abondance. Dolomieu soutint en vain, par son exemple et par ses conseils, le courage de l'équipage. Tous les efforts devenaient inutiles. L'expédient d'un vieux patron napolitain sauva le bâtiment d'une submersion inévitable : après huit jours d'inquiétude et de dangers, le vaisseau fut poussé par la tempête dans le golfe de Tarente, et entra dans le port au moment où il allait s'entr'ouvrir. D'autres dangers attendaient les malheureux naufragés. Depuis plusieurs jours la Calabre était en pleine contre-révolution. Dolomieu, Cordier, son élève, jeune naturaliste, les généraux Dumas et Manscour, et 53 de leurs compatriotes, sont jetés dans un cachot, et chaque jour la populace en fureur vient demander leur tête, ou menacer de briser les portes de leur prison pour les massacrer. Ils durent la vie à un émigré corse nommé *Buca Campo*, qui, par sa fermeté et son courage, s'opposa toujours avec succès, mais non sans de grands risques pour lui-même, aux violences de ces forcenés. L'arrivée des troupes républicaines triomphantes, améliora le sort des prisonniers; mais ces troupes ayant été rappelées de Naples, les prisonniers eurent de nouveau tout à craindre pour leur vie. Cependant, après les avoir dépouillés de tout ce qu'ils possédaient, et ce fut ainsi que Dolomieu perdit ses collections et ses manuscrits, on les embarqua pour la Sicile. A peine étaient-ils arrivés à Messine, que Dolomieu apprit qu'on l'avait dénoncé comme un *jacobin, traître à son ordre, et cause première de la reddition de Malte;* et son dénonciateur était un émigré français, ancien commandeur de Malte, attaché à la police du gouvernement napolitain, et depuis l'un des grands-prévôts dont la France fut couverte en 1815. Les prisonniers étaient encore retenus dans le vaisseau qui les avait amenés à Messine. Un petit navire maltais était auprès : on offrit à Dolomieu de le monter, et de se soustraire à ses persécuteurs; mais comme il fallait tuer la sentinelle si elle résistait, il refusa de recouvrer la liberté à ce prix. Il remit au jeune Cordier des lettres pour sa famille et ses amis, et des observations importantes sur le niveau de la Méditerranée ; puis il se livra aux satellites qui l'attendaient. Plongé dans un cachot profond, éclairé par une seule ouverture que l'on avait encore la barbarie de fermer tous les soirs, il était obligé de passer une partie des jours et des nuits à s'agiter en tous sens, à secouer violemment les haillons qui le couvraient, pour donner à l'air un mouvement qui l'empêchât de cesser d'entretenir sa respiration. Le jeune Cordier arrive heureusement en France, et se hâte de remettre les lettres dont il est porteur. Aussitôt que le gouvernement est informé de la captivité de Dolomieu, il s'interpose pour lui faire rendre la liberté ; l'institut de France, la société royale de Londres, le réclament vivement; tous les savans de l'Europe invoquent en sa faveur la justice et l'humanité ; des Danois donnent ordre à leurs correspondans de tenir des fonds à sa disposition. Le roi d'Espagne écrit deux fois en sa faveur ; le chevalier d'Azzara, ce célèbre ministre espagnol, cet illustre protecteur des sciences, seconda de tout son crédit les démarches des parens de l'infortuné Français : vains efforts de l'humanité contre la haine et la vengeance ! Dolomieu n'est point rendu à la liberté. Un homme généreux, un simple citoyen des États-Unis d'Amérique, obtient ce qu'ont vainement réclamé des puissances, des corps savans, et les personnages les plus illustres. M. Predbend (ou Broadbent), d'origine anglaise, consul-général américain en Sicile, en visitant les prisons de Messine pour s'assurer de la situation des matelots américains qui y étaient détenus pour quelques délits, vit un jour le geôlier sortir mystérieusement d'un souterrain. Il le questionna sur le motif des précautions qu'il paraissait prendre, et il apprit qu'elles avaient pour objet un prisonnier d'une grande importance, mais dont il ignorait le nom ainsi que le motif de sa détention. « Au » surplus, ajoute le geôlier, il est » malade, et bientôt j'en serai débarrassé ; *je ne dois compte que* » *de ses os !* » M. Predbend, au moyen de quelques sacrifices pécuniaires, intéressa le geôlier, écrivit au prisonnier, et apprit qui il était. De ce moment, il n'eut plus de repos qu'il n'eût procuré à cette victime du pouvoir arbitraire une prison plus commode ; mais pour y parvenir, il dut mettre dans ses intérêts et dans son secret plusieurs personnes, entre autres le général des troupes anglaises qui commandait alors à Messine. Le prince della Scaletta, gouverneur napolitain, ne céda qu'à la crainte de compromettre sa propre responsabilité et son gouvernement envers l'Angleterre, si Dolomieu venait à mourir dans sa prison. Tant que sa détention fut un mystère, sa mort était desirée et hâtée par toutes sortes de moyens. Mais, du moment que la captivité de Dolomieu fut publiquement connue, elle excitait l'intérêt de l'Europe, et la politique du gouvernement napolitain devait céder à des considérations supérieures. Le prince della Scaletta fut sans doute déterminé par ces motifs, en ordonnant de transférer le savant français dans une prison plus commode, et où sa vie ne fût plus compromise par l'humidité et le défaut d'air. Peu de temps après, la France ayant accordé la paix à Naples, un des premiers articles du traité, fut la remise de Dolomieu au gouvernement consulaire. Après 21 mois de captivité, il fut rendu à sa patrie le 15 mars 1801. Dolomieu apprit, en passant à Florence, quel était son dénonciateur. Il écrivit de cette ville à son ami M. Predbend : « Je » viens enfin de me procurer la » lettre originale par laquelle le » chevalier..... (nous omettons » volontairement le nom) m'a dé-» noncé ; mon âme en est révol-» tée. Mon premier soin, auprès » du gouvernement, sera de lui » demander justice de cet excès

»d'atrocité. » Il ne le fit pas, et oublia jusqu'au nom de son dénonciateur. En arrivant à Paris, Dolomieu apprit que la place que Daubenton occupait au Museum d'histoire naturelle, et qui était devenue vacante par la mort de ce savant, venait de lui être accordée à l'unanimité par les professeurs, le 6 janvier 1799 ; il avait pour concurrent le célèbre Haüy. Il vint occuper cette place honorable ; et son cours eut pour objet la *philosophie minéralogique*, dont il avait conçu l'idée et médité le plan dans sa prison de Messine, et qu'il écrivit en partie sur les marges de quelques feuillets de livres, au moyen d'un petit morceau de bois qui lui servait de plume, et de la fumée de sa lampe, dont il s'était fait une espèce d'encre. Après avoir terminé son cours, il partit pour aller visiter de nouveau les Alpes, qu'il appelait *ses chères montagnes*. M. Brunn-Neergaard, savant Danois, et M. d'Eymar, préfet du département du Léman, l'accompagnèrent. Il revint à Lyon par Lucerne, les glaciers de Grindelwald, Genève, et se rendit à Châteauneuf, où s'étaient fixés son frère Alphonse de Dolomieu, sa sœur et son beau-frère, M. le comte de Drée, bien digne de seconder ses travaux par ses connaissances en minéralogie. La maladie dont Dolomieu avait contracté le germe dans son cachot de Messine, et qui s'était développée dans son dernier voyage en Suisse, donna bientôt de vives inquiétudes à sa famille. C'était dans son sein que le ciel semblait lui avoir réservé la consolation de mourir. Il expira le 7 frimaire an 10 (26 novembre 1801), à l'âge de 51 ans. Voici la liste des ouvrages de Dolomieu, dans l'ordre de leur publication : 1° *Voyage aux îles de Lipari*, suivi d'un *mémoire* sur une espèce de volcan d'air, et d'un autre *mémoire* sur la température du climat de Malte, 1783, Paris, vol. in-8°; 2° *Mémoire sur le tremblemnet de terre de la Calabre*, 1784. Rome, in-8°; 3° *Mémoire sur les îles Ponces*, et catalogue raisonné des produits de l'Etna, 1788, Paris, in-8°; 4° dans le *Voyage pittoresque de Naples et de Sicile*, par l'abbé de Saint-Non, en 1785, *Mémoire sur les volcans éteints du Val di Noto*; 5° dans le même ouvrage, *Précis d'un voyage fait à l'Etna en juin 1781* ; 6° enfin, *Description des îles des Cyclopes ou de la Trizza*; 7° dans l'édition italienne qu'il donna à Florence, en 1789, des *OEuvres* de Bergmann, des *notes* sur la dissertation relative aux substances volcaniques ; 8° plusieurs *morceaux* dans le *Journal de physique* de 1790 à 1794 ; 9° une *lettre* dans le *Journal des mines* de 1796; 10° *Observations sur les prétendues mines de charbon de terre de Saint-Martin-la-Garenne* (*Journal des mines*, 1795, tom. 2); 11° *Description de la mine de manganèse de Romanesche* (même journal, 1796, tom. 4); 12° *Rapport* fait à l'institut sur les voyages que Dolomieu a faits en Auvergne et aux Alpes (*Journal de physique*, 1798): 13° *Notes sur la géologie et la lithologie des montagnes des Vosges* (*Journal des mines*, 1798, tom. 7); 14° *Rapport sur les mines du département de la Lozère* (même journal, tom. 8); 15° *Lettre à M.*

Picot LaPeyrouse, *sur un genre de pierres calcaires très-peu effervescentes* (insérée dans le *Journal de physique* de l'année 1791 : c'est cette pierre que les savans ont nommée la *dolomie*); 16° *Sur l'huile de pétrole dans le quartz* (même journal, 1792); 17° *Sur les pierres figurées de Florence* (ibid., 1793); 18° *Description du béril* (*Journal des mines*, 1796, tom. 3); 19° *Sur la leucite ou grenat blanc* (même journal, 1796, tom. 5); 20° *Sur la strontiane sulfatée* (*Journal de physique*, 1798); 21° *Sur la substance dite pyroxène* (même journal); 22° *Mémoires sur la nécessité d'unir les connaissances chimiques à celles de minéralogiste* (*Journal des mines*, 1797, tom. 5); 23° *Sur l'art de tailler les pierres à fusil* (même journal, 1797, tom. 6); 24° enfin, *Philosophie minéralogique*, in-8°, 1802. Les écrits de Dolomieu sont tous remarquables par l'exactitude des faits et des détails, par un jugement sain, un esprit observateur et judicieux, et un style simple et facile. M. de Lacépède a lu à l'institut, le 6 juillet 1802, comme secrétaire de la classe des sciences, un excellent *Eloge historique* de ce savant; M. Brunn-Neergaard a publié, dans la même année, le *Journal du dernier voyage du citoyen Dolomieu dans les Alpes* (Paris, in-8°); M. le comte de Drée prépare une édition complète des *OEuvres de Dolomieu*, où seront insérées différentes pièces inédites, et qui sera accompagnée de notes de l'éditeur.

DOMAIRON (Louis), né le 25 août 1745 dans la jolie petite ville de Béziers en Languedoc, étudia sous les jésuites, qui lui ayant reconnu d'excellentes dispositions, cherchèrent à le faire entrer dans leur ordre. Il commençait son noviciat à Toulouse, lors de la destruction du corps dont il faisait partie. Appelé à Montauban pour y achever son éducation, il se rendit ensuite à Paris, où il travailla au *Journal des beaux-arts*. En 1778, professeur à l'école royale militaire, il occupa cette place jusqu'à la suppression de l'école; et lors du rétablissement du collège de Dieppe, il en fut nommé professeur de belles-lettres et principal. Un an après, il fut créé membre de la commission des livres classiques, puis inspecteur de l'instruction publique. Il a publié plusieurs ouvrages qui décèlent des connaissances assez étendues, et une saine littérature. On cite particulièrement sa *rhétorique* et ses *rudimens de l'histoire*. Il est également l'auteur d'un *Recueil historique et chronologique de faits mémorables, pour servir à l'histoire générale de la marine et à celle des découvertes*, 1777-81, 2 vol. in-12; et d'un autre ouvrage intitulé : *Principes généraux des belles-lettres*, 1785, 2 vol. in-12; 1802, 3 vol. in-12. Il a aussi publié, avec l'abbé Fontenay, 17 vol. (tom. 25 à 42) du *Voyageur français, ou la connaissance de l'ancien et du nouveau monde*, etc., etc. Domairon mourut à Paris, le 16 janvier 1807. Il était aussi recommandable par ses mœurs et son caractère personnel, que par les facultés de son esprit.

DOMBAY (François de), né à Vienne en 1758, et mort dans la même ville le 2 décembre 1810, s'appliqua de bonne heure à l'étude des langues orientales, dans le collége fondé à Vienne par Marie-Thérèse. Il fut, en 1783, employé comme interprète de frontière, d'abord à Maroc, puis à Madrid, et enfin à Agram, en Croatie. En 1792, nommé conseiller en la chancellerie secrète de cour et d'état à Vienne, il occupa ce poste jusqu'à sa mort. Il a publié un grand nombre d'ouvrages très-estimés, et qui roulent tous sur l'histoire et la littérature orientales. En voici les titres : 1° *Histoire des rois de Mauritanie*, 2 vol. in-8°, Agram, 1794-95, en allemand : cet ouvrage est la traduction abrégée d'une histoire arabe intitulée : *Kartas Saghir, petit Kartas* ; 2° *Philosophie populaire des Arabes, des Persans et des Turcs*, in-8°, Agram, 1797, en allemand; 3° *Grammatica linguæ mauro-arabicæ*, in-4°, Vienne, 1800; 4° *Histoire des chérifs*, c'est-à-dire des princes de la maison régnante de Maroc, Agram, 1801, in-8°; 5° *Description des monnaies qui ont cours dans l'empire de Maroc*, Vienne, 1802, in-8°, en allemand; 6° *Grammatica linguæ persicæ*, in-4°, Vienne, 1804; 7° *Ebn Medini Mauri Fessani, sententiæ quædam arabicæ*, Vienne, 1805, in-8°.

DOMBEY (Joseph), botaniste célèbre né à Mâcon en 1742, a rendu à l'histoire naturelle d'importans services, et en a été mal récompensé. Ses parens, peu fortunés, ne lui donnèrent qu'une éducation proportionnée à leurs moyens, et le traitèrent même avec une sévérité qui le détermina à fuir la maison paternelle. Il se retira à Montpellier, chez un de ses parens, et contracta dans cette ville le goût de la botanique, qui bientôt devint chez lui une passion. Il fit plusieurs herborisations dans le midi de la France, et consacra aussi une partie de son temps à l'étude de la médecine. Revenu dans sa famille, en 1768, avec le titre de docteur, il fit encore diverses herborisations dans la Bresse, le Bugey, le Jura, les Alpes dauphinoises et la Suisse, où il eut occasion de voir le célèbre Haller, qui s'étonna de l'étendue des connaissances de ce jeune naturaliste. Dombey, possesseur d'une précieuse collection de végétaux, vint à Paris en 1772, et y suivit quelque temps les cours de Jussieu et de Lemonnier. Il retourna ensuite herboriser en Suisse; mais il fut après rappelé à Paris, où il reçut de Turgot le brevet de médecin-botaniste correspondant du Jardin des Plantes, avec ordre de voyager dans l'Amérique espagnole, pour y reconnaître les végétaux utiles de cette contrée susceptibles d'être naturalisés dans nos climats. Cette entreprise demandait l'assentiment de la cour de Madrid, ce qui ne s'obtint qu'avec beaucoup de peine; et, le 20 octobre 1797, Dombey s'embarqua à Cadix avec Ruiz et Pavon, deux botanistes espagnols. Il débarqua six mois après au Callao, et commença aussitôt ses courses, qu'il consacra, avec autant de zèle que de courage, aux observations utiles dont il enrichit la botanique; il y en eut surtout un grand nombre relatives au quinquina. Il était à Huanaco, en 1780, lors de la fameuse insurrection de Tupac-Amaru, qui coûta la vie à plus de 100,000 hommes ; et il offrit au conseil de la ville, qui était tout entière dans la consternation, une somme de 1000 piastres et 20 charges de grain. Cette proposition ayant été rejetée, quoiqu'on l'eût d'abord entendue avec le plus grand enthousiasme, et qu'elle eût excité le zèle des officiers, qui s'engagèrent à fournir l'argent nécessaire pour soutenir les troupes, Dombey ne voulut pas garder ce qu'il avait offert, et le fit remettre à l'hôpital de Saint-Jean-de-Dieu. L'insurrection étant calmée, il revint à Lima, où il apprit que le vaisseau qui portait ses collections en Europe était tombé au pouvoir des Anglais, et les objets d'art qu'il portait dispersés. Cette contrariété ne fut pas la seule qu'il éprouva pendant son voyage. En effet, peu après son arrivée à Callao, les originaux de 300 plantes qu'il avait fait dessiner lui furent enlevés sous prétexte qu'ils étaient l'ouvrage d'artistes espagnols ; on ne lui permit pas même d'en prendre quelques copies qu'il voulait envoyer à ses amis. Voulant parcourir le Chili avant de revoir l'Europe, il eut recours à ses amis, qui lui procurèrent 50,000 liv. pour subvenir aux frais de ce voyage. Il arriva à la Conception au commencement de 1782, dans le temps qu'une maladie contagieuse ravageait cette ville. L'histoire offre peu d'exemples d'un dévouement aussi généreux que celui avec lequel il se consacra aux traitemens des pauvres de la Conception : c'était lui qui leur fournissait à ses frais des alimens, des remèdes, des gardes ; et quoique sa vie fût exposée à un danger continuel, il ne cessa pas de leur administrer des soins et des secours jusqu'au moment où l'on parvint à arrêter les progrès de la contagion. Il refusa ensuite la place de premier médecin de la ville, qui lui fut offerte avec 10,000 fr. d'appointemens, et se rendit à San-Jago, où il fut chargé par le gouvernement espagnol de la recherche de plusieurs mines de mercure. Ce travail lui avait coûté 15,000 fr., et il eut la délicatesse d'en refuser le remboursement, en disant qu'il ne pouvait rendre ses comptes qu'au gouvernement français dont il tenait sa mission. De retour à Lima, il y fut accusé d'intelligence avec les Anglais ; et ce soupçon, qui n'était rien moins que fondé, occasiona un jour une scène très-vive entre lui et le visiteur-général. Il s'embarqua enfin pour l'Europe, avec une collection immense dont le seul emballage lui avait coûté 18,000 livres. Le 22 février 1785, il débarqua à Cadix, et eut encore de nouveaux chagrins à essuyer. D'abord, ses caisses furent visitées à Cadix ; et l'Espagne, peu reconnaissante de la délicatesse généreuse de Dombey, lui confisqua, au profit du roi, la moitié des objets qui composaient sa collection. On ne se borna pas à cette vexation : comme les botanistes espagnols qui l'avaient accompagné ne devaient revenir que dans 4 ans, on lui arracha la promesse de ne rien publier de ses voyages avant leur retour. Le gouvernement espagnol joignit même l'insulte à l'injustice; et, ce qui paraîtra incroyable, on attenta aux jours de Dombey, et un homme qu'on prit pour lui fut assassiné. Ce naturaliste, sous la protection du consul de France, parvint à s'embarquer et revint à Paris, où Buffon le sollicita en vain de publier ses découvertes : Dombey ne put jamais se résoudre à violer la parole que lui avait arrachée la force; et il eut cette délicatesse envers une nation qui s'était rendue coupable envers lui de la plus odieuse violation du droit des gens. Cependant l'Héritier se chargea de cette publication, qui n'eut lieu qu'après la mort de l'auteur. Toutes les peines qu'avait éprouvées Dombey le dégoûtèrent de l'histoire naturelle, et il refusa de se mettre sur les rangs pour remplir la place de Guettard à l'académie des sciences. Il avait formé le dessein de se retirer dans le Jura, chez un montagnard qu'il avait connu lors de son premier voyage; mais il changea de résolution, et fixa son séjour dans le Dauphiné, puis à Lyon, où il était encore lors du siége de cette ville, en 1793. Il revint à Paris, où il demanda et obtint une mission pour les États-Unis. Un orage força le vaisseau qu'il montait de relâcher à la Guadeloupe; et Dombey, pendant le peu de séjour qu'il fit dans cette île, pensa y périr victime d'une émeute populaire. A peine fut-il rembarqué, que deux corsaires s'emparèrent de son bâtiment. Il fut traîné dans les prisons de Mont-Serrat, où les mauvais traitemens et la misère terminèrent sa vie. Il était âgé de 52 ans. Dombey doit être regardé comme un des premiers botanistes du dernier siècle; et, outre les services importans qu'il a rendus à la partie de l'histoire naturelle dont il s'est spécialement occupé, on lui doit plusieurs découvertes en minéralogie et en zoologie. Il a inséré quelques *mémoires* dans plusieurs ouvrages périodiques. Son herbier, composé de 1500 plantes, parmi lesquelles il y a 60 genres nouveaux, a été déposé au muséum d'histoire naturelle. On regrette que e découragement où il était tombé lui ait fait détruire, avant la publication de l'ouvrage de l'Héritier sur la botanique, des notices précieuses qui devaient y figurer. Dombey fut plus recommandable encore par ses qualités personnelles que par l'étendue de ses connaissances en histoire naturelle. Il poussait le désintéressement à l'excès, et nous pourrions en rapporter ici plusieurs exemples. Les ambassadeurs d'Espagne et de Russie lui firent plusieurs propositions avantageuses qu'il ne voulut point accepter, et il refusa aussi une gratification de 80,000 liv. que lui offrit Calonne, en disant que cette somme pouvait être employée plus utilement. Personne ne porta non plus la bienfaisance à un si haut degré : elle semblait être un besoin pour lui. Buffon lui avait fait accorder une pension de 6000 liv., et il en donnait la moitié à sa famille, partageant encore le reste avec les indigens. Il disait, quand il avait eu occasion de satisfaire le désir qu'il avait d'obliger : « Je » suis content; j'ai pu aujourd'hui » faire du bien à quelqu'un. »

DOMBIDAU-DE-CROUSEIL-

Le Gal Dombrowski

Fremy del. et sculp.

LES (PIERRE-VINCENT), baron, évêque de Quimper, etc., est né à Pau, dans le département des Basses-Pyrénées, le 19 février 1751. Il fut sacré, en 1805, évêque de Quimper, dignité qu'il obtint à la suite du concordat de 1802. Peu d'ecclésiastiques ont manifesté un zèle aussi ardent que celui de M. Dombidau pour la cause de Napoléon. On en peut juger par les mandemens qu'il adressait aux ouailles de son diocèse. « C'est avec raison, disait-il » en 1807 aux réfractaires, que » vos pasteurs refusent de vous ad- » mettre à la table sainte, tant que » vous persisterez dans des réso- » lutions aussi contraires à la re- » ligion et à la patrie qu'aux sen- » timens d'honneur et de bravoure » qui distinguent de vrais Fran- » çais. » Et après avoir fait un pompeux éloge de l'empereur; il ajoutait dans le même mandement, en s'adressant toujours aux conscrits qui faisaient quelque difficulté de joindre leurs drapeaux : « Si vous quittez des parens ché- » ris, vous retrouverez dans votre » auguste empereur le père le plus » tendre. Avec quelle sollicitude » il veille à adoucir les fatigues de » ses braves soldats! Et lorsque » des infirmités ou d'honorables » blessures les retiennent dans les » hôpitaux, quels soins, quels gé- » néreux secours ne leur prodi- » gue-t-il pas! Ne l'a-t-on pas vu » honorer leur dévouement et leur » bravoure en pansant de ses » mains royales ces héroïques et » touchantes victimes de la guerre? » Quel est le Français qui ne bé- » nisse pas avec transports la Pro- » vidence, d'avoir donné pour em- » pereur et roi à ce magnifique » empire, le seul homme qui pût » en réparer les malheurs et en » rehausser la gloire? etc., etc. » Le langage et les sentimens de M. l'évêque de Quimper changèrent à l'époque où changea la fortune de Napoléon, et la légitimité hérita de tout l'amour qu'il avait manifesté pour l'usurpateur. Lors de l'arrivée des missionnaires à Brest, en 1820, le peuple ayant refusé de les recevoir, M. Dombidau, qui les avait accompagnés, prononça plusieurs discours excellens, mais qui ne furent pas goûtés. On lui rappela les mandemens de 1807; et malgré les efforts de M. l'évêque, les missionnaires furent contraints de quitter la ville.

DOMBROWSKI, général polonais, servit d'abord dans les régimens de l'électeur de Saxe, lors de la diète patriotique de 1788, qui devait régénérer la Pologne. Il revint servir son pays, et prit part à la trop courte campagne de 1792; mais c'est pendant la guerre d'insurrection en 1794, qu'il sut se faire remarquer parmi ses compagnons d'armes. Kosciuszko lui ayant confié l'aile droite du camp retranché devant Varsovie, il repoussa les attaques réitérées des Prussiens sur le point important de Pawonski. Lorsque l'insurrection populaire de la grande Pologne eut forcé le roi de Prusse de lever le siége de Varsovie, Dombrowski fut envoyé avec un corps volant pour soutenir et organiser les attroupemens partiels des différens palatinats. Il fit preuve de beaucoup d'habileté dans cette expédition, et la couronna par la prise d'assaut de Bromberg, où s'était retranché son adversaire le partisan prussien Schekouli. Kosciuszko lui envoya un sabre d'honneur en récompense de cet exploit; mais bientôt tout changea de face, le désastre de Macie-ie-Vice, où Kosciuszko fut fait prisonnier, fit rappeler Dombrowski à la défense de la capitale. Cette retraite offrait de grandes difficultés : trois corps prussiens, dont chacun était supérieur à celui de Dombrowski, avaient l'ordre précis de l'envelopper. Il sut les tromper par d'habiles manœuvres, et revint devant Varsovie avec un immense convoi dont il n'avait pas perdu un chariot. Toujours fécond en expédiens, il proposa dès lors au grand-conseil, et nommément au général Wauwrzecki, successeur de Kosciuszko, un projet d'évacuation militaire de tous les postes sur la Vistule, désormais intenable devant la prépotence russe; pour se diriger sur Piotrkow et Czenstochowa, et enfin se frayer une route à travers l'Allemagne jusqu'en France. Le roi, et tout ce qui pouvait représenter un gouvernement national, devait suivre ce mouvement de l'armée. Certes, si un tel projet avait pu réussir, il serait devenu un des plus grands événemens de l'histoire moderne. Il eût été beau de voir les restes d'une nation, son roi à la tête, sortir à main armée du pays qu'une force usurpatrice venait de lui arracher, et une république ennemie des rois accorder un asile à un souverain détrôné. Le projet ne fut pas goûté; le gouvernement polonais ne croyait pas sa position assez désespérée

pour devoir abandonner sans coup férir la capitale au pouvoir de l'ennemi. On fortifia à la hâte le faubourg de Praga, et l'on espérait résister aux Russes, comme on avait résisté précédemment aux Prussiens ; mais les circonstances n'étaient plus les mêmes : la perte de Kosciuszko avait gâté le moral de l'armée; en outre elle manquait de vivres, de vêtemens, et commençait déjà à se ressentir de l'intempérie de l'arrière-saison. A peine arrivé devant Praga, Souvarow donna l'assaut et l'emporta en quelques heures; il avait 40,000 hommes de bonnes troupes à opposer aux 15,000 déjà à moitié désorganisées de Zaiacczek; mais s'il y avait peu de gloire à vaincre, la conduite de Souvarow, après l'assaut, eût déparé même le plus beau triomphe. Dombrowski ne prit point de part à l'affaire de Praga, il était opposé aux Prussiens dans la direction de Rava. Varsovie ayant capitulé, les différens corps polonais de la rive gauche de la Vistule vinrent le joindre, ainsi que le général en chef Wawrzecki, et on voulut alors revenir au projet de Dombrowski, mais il était trop tard: l'armée offrait tous les symptômes d'une prochaine dissolution; le roi était resté à Varsovie au pouvoir des Russes; tous ceux qu'on désignait du nom de parti royal avaient quitté les drapeaux; Dombrowski fut du nombre de ceux qui persévérèrent jusqu'au dernier moment. Cependant l'état de l'armée empirait de jour en jour; on abandonnait les canons faute de chevaux pour les traîner. Découragés, manquant de tout, les soldats se débandaient de tous côtés ; les corps russes, prussiens et autrichiens qui les cernaient, n'avaient besoin que de les suivre pas à pas pour recueillir leurs tristes dépouilles ; enfin, l'armée polonaise de 1794 finit comme celle de Napoléon en 1812, moins par les coups de l'ennemi que par la misère et un principe intérieur de destruction. Dombrowski fut fait prisonnier ainsi que les autres généraux polonais : amené devant Souvarow, il en fut reçu avec la plus grande distinction; il sollicita et obtint des passe-ports pour l'Allemagne. Tandis que les trois puissances se disputaient les restes de la malheureuse Pologne, le gouvernement prussien offrait une place de lieutenant-général à Dombrowski : il refusa ; il roulait déjà dans sa tête un projet qui devait le plus contribuer à sa gloire, et qui, en effet, l'assurera à jamais dans les annales militaires et civiques de la Pologne. Il se rendit en France, et fut longtemps à solliciter auprès du gouvernement de la république, l'autorisation de former une légion Polonaise à sa solde. Il ne s'agissait pas seulement d'ouvrir une carrière à des guerriers qui ne voulaient servir que sous les drapeaux et avec les couleurs polonaises : Dombrowski voulait en faire comme le germe d'une renaissance nationale, selon que les circonstances permettraient plus ou moins de mettre au jour les véritables intentions des Polonais. Il est probable que dans cette négociation, comme dans toutes celles de même nature, les parties contractantes, tout en tombant d'accord de quelques démarches ostensibles, étaient fort loin d'ailleurs de convenir des conséquences ultérieures. Quoi qu'il en soit, le directoire autorisa enfin la création d'une légion Polonaise à l'armée d'Italie : elle fut formée comme par enchantement; au premier signal donné, de toutes les parties de la Pologne, sous quelque gouvernement qu'elle se trouvât, on voyait les officiers et soldats de l'ancienne armée traverser les plus longues distances et surmonter les plus grands obstacles pour prendre part à ce simulacre, tel quel, de la nationalité perdue. La légion Polonaise d'Italie participa à tous les exploits des Français pendant les campagnes de 1797, 98, 99 et 1800. A l'instar de la légion d'Italie, le général Kniasiewiez en forma plus tard une autre en Allemagne; mais la première idée de l'entreprise n'est due qu'au général Dombrowski. La paix de Lunéville, en 1801, vint enfin déjouer toutes les espérances des Polonais. Le gouvernement consulaire, en paix avec les puissances du continent, et qui, par conséquent, semblait donner son assentiment au partage de la Pologne, ne pouvait plus convenablement garder à son service un corps de troupes dont le but politique était si manifestement contraire à ce partage. On contraignit une partie de la légion Polonaise, non sans une forte résistance de sa part, à passer au service du roi d'Étrurie ; l'autre moitié fut enveloppée dans la malheureuse expédition de Saint-Domingue : elle y périt tout entière. Lorsqu'en 1806 des circonstances inouies eurent enfin réalisé l'espoir si long-temps chimérique d'une réhabilitation de la Pologne par la France, Dombrowski reparut après 15 ans d'absence dans ces mêmes palatinats de la grande Pologne, qu'il avait si bien su électriser lors de l'insurrection de Kosciuszko. L'ordre de Napoléon, de lui fournir 30,000 hommes armés, fut exécuté en moins de deux mois; ces nouvelles légions, plus heureuses que les précédentes, puisqu'elles étaient formées sur le sol même de la patrie, prirent part à toutes les victoires de l'armée française jusqu'à la paix de Tilsit; ce traité n'accordait cependant qu'une partie de la Pologne à ceux qui croyaient l'avoir méritée tout entière. Dans la guerre de 1809, l'armée autrichienne, plus forte du quadruple, ayant forcé le prince Poniatowski d'évacuer Varsovie et la rive gauche de la Vistule, Dombrowski, à qui la guerre de partisan était de tout temps dévolue, se chargea de former des corps volans à dos de l'ennemi. Il parvint bientôt à réunir jusqu'à 10,000 hommes, qui rejoignirent le prince Poniatowski lorsqu'il poursuivait les Autrichiens dans leur retraite vers Cracovie. En 1812, Dombrowski commanda une des trois divisions du corps polonais dont le prince Poniatowski était général en chef; il fut détaché vers la droite pour faire le blocus de la forteresse de Bobroïsk, et ne prit point de part aux opérations de la grande-armée. A l'époque de la retraite, il fut chargé de maintenir les communications avec Minsk et Wilna, et de retenir l'armée de Tchytchakou; ce fut principalement sa division qui, avec les débris du corps de Poniatowski, ouvrit le passage de la Bérézina à la grande-armée déjà désorganisée; Dombrowski y fut grièvement blessé. En 1813, tandis que le prince Poniatowski réorganisait son armée à Cracovie, Dombrowski formait un autre corps de Polonais sur les bords du Rhin, et reparut dans la seconde partie de la campagne, annexé au septième corps d'armée. Sa division se distingua aux affaires de Teltof et Juterbok, malgré leur issue malheureuse; il ne fut pas moins utile à la bataille de Leipsick, en défendant avec une grande intrépidité le faubourg de Halle contre les attaques des Prussiens. Après l'abdication de Napoléon en 1814, l'empereur Alexandre ayant gagné l'armée polonaise par le seul langage qu'elle puisse entendre, c'est-à-dire en lui faisant entrevoir l'espoir d'une patrie, le général Dombrowski passa, comme tous les autres généraux, au service du nouveau roi de Pologne. En 1815, lors de l'établissement définitif du royaume, Dombrowski fut élevé au grade de colonel-général de la cavalerie; il reçut en même temps la nomination de sénateur-palatin à la diète de Pologne. Depuis ce temps, libre du service militaire auquel son âge et ses infirmités ne le rendaient plus propre, il s'est occupé à mettre en ordre ses mémoires, entre autres son histoire de la légion Polonaise d'Italie, qu'il a dédiée à l'Académie des sciences et belles-lettres de Varsovie. En effet, aucun des généraux polonais n'a tant raisonné ses opérations et laissé tant de notices manuscrites sur ses campagnes; elles seront précieuses pour l'historien qui saura en faire usage. Dombrowski est mort en 1819, et à voulu être enterré avec l'uniforme qu'il portait à la tête de la légion d'Italie, et avec le sabre d'honneur que Kosciuszko lui avait envoyé pour la prise de Bromberg.

DOMEIER (JEAN-GABRIEL), historien, né à Moringen en 1717, et mort le 24 janvier 1790, a publié plusieurs *Dissertations grammaticales* sur diverses langues, et quelques autres ouvrages, parmi lesquels nous citerons, 1° *Histoire de la ville et du bailliage de Moringen, appartenant à l'électorat de Brunswick-Lunebourg, tirée des archives et des monumens du pays*, Hanovre, 1785, in-4°, seconde édition: 2° *Histoire de la ville et du bailliage de Hardegesen*, Zelle, 1771, in-4°. Domeier avait été chef de la magistrature dans la ville de Moringen, et député aux états-généraux de Lunebourg, par les petites villes de la principauté de Goëttingen.

DOMERGUE (FRANÇOIS-URBAIN), grammairien distingué, membre de l'institut, est né en 1745 à Aubagne, près de Toulon. Après avoir étudié chez les doctrinaires, il y exerça avec succès les fonctions de professeur, jusqu'en 1784, époque à laquelle il alla s'établir à Lyon. Il entreprit aussitôt dans cette ville un *Journal de la langue française*, qui réussit par la justesse des principes, et par le choix des remarques sur les principales difficultés du langage. Mais, malgré tout son zèle et celui de ses coopérateurs, MM. Morel, Brunel et autres, cette feuille, purement littéraire, ne put soutenir la concurrence avec les journaux politiques, quand la révolution vint absorber tous les goûts et toutes les passions. Domergue se rendit alors à Paris, où il fonda une société des amateurs et régénérateurs de la langue française, laquelle avait pour objet de ramener à sa pureté la langue des Racine et des Voltaire, que les Mercier et les Rétif-de-la-Bretonne dénaturaient par un néologisme barbare. Il entreprit avec ses co-sociétaires, M. Thurot et d'autres hommes de lettres, un nouveau *Journal de la langue française*, qui n'eut pas moins de succès que le premier. Lorsqu'en 1796, les anciennes académies furent remplacées par un institut national, Domergue, admis dans cette société, fit partie de la classe de littérature, section de grammaire. Membre de la commission chargée de revoir le Dictionnaire de l'académie française, il coopéra beaucoup à la dernière édition de cet ouvrage. Il obtint ensuite la chaire de grammaire générale à l'école centrale des Quatre-Nations, lorsque le gouvernement réorganisa l'instruction publique; et plus tard il fut appelé au lycée Charlemagne, comme professeur d'humanités. La manie de juger avec toute la sévérité des lois de la grammaire, les licences poétiques des grands auteurs, et surtout celles de ses contemporains, souleva contre Domergue le *genus irritabile vatum*; il fut particulièrement en butte aux épigrammes sanglantes du *Pindare français* (Lebrun), et le quatrain suivant eut entre autres beaucoup de succès:

> Ce pauvre Urbain que l'on taxe
> D'un pédantisme assommant ,
> Joint l'esprit de la syntaxe
> Aux grâces du rudiment.

Ce qui, dans cette polémique littéraire, ne contribua pas peu à mettre les rieurs du côté des adversaires nombreux que Domergue s'était suscités, ce furent les essais malheureux qu'il publia de la *Traduction en vers des églogues de Virgile*, et de quelques *Odes d'Horace* : ils servirent à confirmer l'opinion généralement reçue, que l'esprit méthodique et pour ainsi dire compassé des grammairiens, n'est guère compatible avec la verve poétique qui doit animer les favoris des muses. Domergue mourut le 29 mai 1810, à l'âge de 65 ans; son éloge funèbre fut prononcé par M. Daru, traducteur d'Horace, et il eut pour successeur à l'institut M. de St.-Ange, traducteur d'Ovide. Les principaux ouvrages de Domergue sont : 1° *Éléazar*, poëme, 1771, in-8°; c'est la seule de ses productions qui n'ait pas l'étude de la langue pour objet; 2° *Grammaire française simplifiée élémentaire*, 1778 à 1791, quatre éditions in-12. Quelques raisonnemens trop métaphysiques, et surtout les nouvelles dénominations des parties du discours, que l'auteur voulait substituer aux anciennes, nuisirent beaucoup au succès de cette grammaire, où l'on remarque toutefois d'excellens préceptes et des exemples bien choisis. 3° *Mémorial du jeune orthographiste:* c'est une nomenclature des mots à difficultés, avec leurs homonymes. 4° *La Prononciation française, déterminée par des signes invariables*, 1796, in-8°. Cet ouvrage, également connu sous le titre de *Prononciation notée*, présente des vues utiles; mais la multiplicité des accens et des points dont l'auteur propose de surcharger les mots, rend son système inadmissible. 5° *Exercices orthographiques*, in-8°. Ils offrent une grande ressource pour faciliter l'étude de l'orthographe. 6° *Décisions révisées du journal de la langue française*, in-8°; c'est un des meilleurs ouvrages de Domergue. 7° *Grammaire générale analytique*, distribuée en différens Mémoires lus et discutés à l'institut, 1798, in-8°; 8° *Manuel des étrangers amateurs de la langue française*, avec la traduction en vers français des églogues de Virgile, de 2 odes d'Horace, etc., 1805, in-8°; 9° *Solutions grammaticales*, 1808, in-8°. Elles se composent soit des décisions d'un conseil grammatical que l'auteur avait établi chez lui, soit des articles principaux de son *Journal de la langue française :* on peut consulter cet ouvrage avec fruit.

DOMMANGET (LE BARON JEAN-BAPTISTE), officier de la légion-d'honneur, chevalier de Saint-Louis, etc., servit d'abord comme colonel dans le 10ᵐᵉ régiment de dragons en 1806, puis comme général de brigade en 1811. Ce fut en cette qualité qu'il prêta serment à l'empereur, le 15 mars 1812. Il fut ensuite chargé de découvrir les routes de Breda et de Bois-le-Duc, à la tête d'un corps de 2000 hommes, et reçut, en mars 1813, la croix de commandant de la légion-d'honneur. Le 31 juillet de l'année suivante, il reçut le brevet de chevalier de Saint-Louis. Après le 20 mars 1815, il faisait encore partie de l'armée du Nord, où il commandait le 3.me corps d'observation de la 5.me division de cavalerie.

DOMMARTIN, général d'artillerie, a terminé sa carrière militaire en 1799, époque où il servait en qualité de général de brigade dans le 6.me arrondissement de l'artillerie. Il s'était distingué, le 17 avril 1796, au combat de Mondovi, et, le 4 septembre suivant, à l'affaire de Roveredo; il avait même beaucoup contribué au succès de ces deux journées: ce fut lui qui enleva la gorge de Cagliano.

DONDEAU (N.), avocat à Douai, devint ministre de la police en 1798, après avoir été employé, dans ce même ministère, comme chef de bureau. Il avait été auparavant maire de Douai, administrateur du département du Nord, et juge au tribunal criminel du même département. Il fut nommé administrateur des loteries au mois de mai 1798, et juge au tribunal de Melun en l'année 1806.

DONNISSAN (LA MARQUISE DE), jouissait avant la révolution d'une existence très-brillante; dame d'atours de madame Victoire, son esprit et la faveur que lui accordait cette princesse, en faisaient une des femmes les plus distinguées de la cour. Sa maison à Versailles était fréquentée par les personnages du plus haut rang,

surtout par ceux que leur dévouement liait à la cause de Louis XVI et de sa famille. A l'époque où le roi fut amené à Paris, M.me de Donnissan suivit Mesdames à Bellevue, et se rendit en Gascogne après le départ des princesses pour l'Italie. Elle revint ensuite à Paris avec sa fille, qui avait épousé M. de Lescure son parent. Dans la nuit qui succéda à la journée du 10 août 1792, ce ne fut qu'à l'aide d'un déguisement qu'elle et sa fille échappèrent par la fuite aux dangers qui les menaçaient. Le sort affreux de la princesse de Lamballe la pénétra de la plus vive douleur. Elle était au château de Clisson, quand des gendarmes envoyés par le district de Bressuire vinrent pour arrêter M. et M.me de Lescure. N'écoutant alors que la tendresse qu'elle avait pour sa fille, M.me Donnissan aima mieux l'accompagner en prison que de s'en séparer; mais bientôt elle fut délivrée avec le reste de sa famille par une troupe de Vendéens qui entrèrent à Bressuire. Peu de temps après, M. de Donnissan son mari, étant devenu l'un des chefs de l'armée royale, elle le suivit à Châtillon. Elle trembla bien des fois pour les jours de son gendre qu'elle crut tombé au pouvoir des républicains, lorsqu'ils surprirent Parthenay. M.me de Donnissan, après s'être vue forcée de prendre la fuite à Chollet, et de traverser, le 18 octobre, une partie de la Loire à gué, se décida à suivre le sort de l'armée. Elle ne tarda pas à éprouver le chagrin le plus sensible en recevant le dernier soupir de M. Lescure, son gendre, qui expira dans ses bras. A Dinan, un jeune Vendéen, la prenant pour une républicaine, voulait l'égorger, quand elle fut arrachée à la mort par M. de Marigny, qui, fort heureusement, passait près du lieu où son assassin allait la frapper. Elle resta ensuite cachée avec sa fille, aux environs de Guérande, dans la maison d'un paysan, jusqu'après la bataille de Savenay. Ce fut à la suite de cette bataille que M. Donnissan fut tué en cherchant à repasser la Loire. Mᵐᵉ Donnissan et sa fille ne durent alors leur salut qu'à l'humanité des paysans bretons. Enfin, ces deux femmes si intéressantes, après avoir échappé à des dangers sans nombre, et avoir résisté à des peines et à des fatigues qui semblaient être au-dessus de leurs forces, se réfugièrent chez M. Dumoustier, où elles restèrent jusqu'en 1794, époque de l'amnistie accordée à l'armée royale. Mᵐᵉ Donnissan se rendit ensuite dans la Gascogne, puis revint en Poitou, où Mᵐᵉ Lescure épousa en secondes noces M. Louis de Laroche-Jaquelin. L'arrivée du duc d'Angoulême, en 1814, vint combler les vœux de Mᵐᵉ Donnissan, qui vit triompher une cause à laquelle s'étaient sacrifiés les objets de ses plus vives affections. Elle revint alors à Paris, d'où elle fut encore une fois forcée de partir au mois de mars 1815. Pendant les *cent jours*, elle fut gardée à vue à Nérac où elle s'était retirée, et eut la douleur de perdre M. de Laroche-Jaquelin son second gendre, mort comme M. de Lescure, et en combattant pour la même cause.

DONNADIEU (Gabriel, vicomte), né à Nîmes le 11 décembre 1777, fit les premières campagnes de la révolution comme officier. Capitaine de dragons en 1793, il servit en 1796 sous les ordres du général Moreau, à l'armée du Rhin, et, le 15 juillet, commandant un détachement du 8ᵉ régiment de hussards, il fut blessé à Haslach. Il était parvenu au grade de lieutenant-colonel, lorsqu'il fut arrêté, renfermé d'abord au Temple, et ensuite conduit dans le département des Hautes-Pyrénées, au château fort de Lourdes, où il resta long-temps prisonnier. Les uns ont attribué cette arrestation à la haine que lui portait le général Bonaparte; d'autres lui ont donné des motifs beaucoup plus graves, et que nous laissons au temps le soin d'éclaircir. Après quelques années de captivité, M. Donnadieu fut mis en liberté et envoyé à l'armée des côtes de Brest. Nommé adjudant-général, au mois de septembre 1806, il servit dans la guerre contre la Prusse et l'Autriche en qualité de colonel du 47ᵉ régiment d'infanterie. Le 16 août 1811, il fut fait général de brigade et envoyé, en cette qualité, à l'armée d'Espagne. Ce fut à cette époque qu'arrêté de nouveau, et traduit devant un conseil de guerre, il fut privé de tous ses emplois. Envoyé à Tours, il y resta sous la surveillance de la haute police, jusqu'à l'époque du rétablissement des Bourbon. Condamné sous l'empereur, il s'empressa de se dévouer au gouvernement du roi, et fut nommé commandant du département d'Indre-et-Loire. A l'époque du 20 mars, abandonné par les troupes qu'il commandait, et dont il était loin de posséder la confiance, il se rendit d'abord à Bordeaux, où était la duchesse d'Angoulême, et de là à Gand, où il fut élevé au grade de lieutenant-général. Revenu en France avec les étrangers, il obtint le commandement de la 7ᵉ division militaire. La tribune nationale, la France, l'Europe entière, retentirent du bruit des sinistres événemens qui affligèrent la ville de Grenoble sous le commandement de M. Donnadieu: une population exaspérée par les désastres de deux invasions fut encore irritée par des mesures violentes, et peut-être égarée par des suggestions perfides. Quoi qu'il en soit, dès les premiers jours de mai il se forma, du côté de Vizille et de Lamure, des rassemblemens dont le but était, dit-on, de tenter un coup de main sur la ville, dans la nuit du 4 au 5. M. Donnadieu, instruit de tout ce qui se passait, donna des ordres pour que les maisons fussent illuminées, et quitta Grenoble vers les 10 heures du soir. On avait eu soin de distribuer des cartouches à toutes les troupes. Les paysans, égarés, étaient rassemblés au nombre de 1000 à 1200, mal armés, mal dirigés sur un point du département nommé Ébin. M. Donnadieu se précipita sur eux avec les deux légions de l'Isère et de l'Hérault, un détachement des dragons de la Seine et une compagnie de grenadiers de la garde nationale. Les malheureux paysans, attaqués à la baïonnette, lâchèrent pied dès le premier choc;

il en fut tué une soixantaine, le reste se débanda, prit la fuite, et on les poursuivit pendant toute la nuit. Cette victoire ne parut pas suffisante au général Donnadieu: une commission militaire fut organisée à Grenoble, et le sang ruissela long-temps après que la révolte était calmée. Le titre de vicomte et la dignité de commandeur de l'ordre de Saint-Louis furent d'abord les récompenses accordées au zèle de M. Donnadieu; mais bientôt une mesure moins favorable lui retira le commandement de la 7ᵉ division. Par la suite, prévenu de complicité dans un projet attribué à M. Canuel, pour opérer le renversement des ministres, M. Donnadieu parvint à sortir de ce mauvais pas; et, en 1820, nommé député par le département des Bouches-du-Rhône, il manifesta la haine la plus violente contre les ministres; on l'entendit même défendre des principes de liberté, parce que c'était un moyen d'attaque contre ses ennemis personnels. Depuis, la France a changé de ministres, et M. Donnadieu a changé de langage.

DONNANT (Denis-François), né à Paris en 1769, chef de bureau à la comptabilité nationale, réunit, comme écrivain, l'élégance du style à la justesse de l'expression. Nous avons de lui les ouvrages suivans: *Considérations sur les rapports qui lient les hommes en société, ou des élémens de l'organisation sociale,* traduit de l'anglais du docteur Brown, in-8°; *Elémens de statistique,* traduits de l'anglais de Playfer, in-8°, 1806; *Elémens de cosmographie,* traduits de l'anglais de M. Turner, in-8°, 1802; *Le contemplatif, ou pensées libres sur la morale, la politique et la philosophie*, in-8°, 1803; *Théories élémentaires de la statistique*, in-8°, 1805; *Introduction à la science de statistique*, 1805, in-8°.

DONNE (Benjamin), né à Bidefort, dans le comté de Devon, en 1729, auteur anglais qu'on peut mettre au nombre des savans, mourut au mois de juin 1798; les journaux de sa nation n'ont fait aucune mention de sa mort, et son nom n'est inscrit dans aucune Biographie anglaise : ses ouvrages ont cependant obtenu du succès. Gardien de la bibliothèque publique de Bristol, et professeur royal de mécanique, il a publié, en 1791, 1° une *Description du comté de Devon*, pour laquelle il obtint de la société d'encouragement des arts et du commerce, un prix de cent livres sterling ; 2° *Carte du Devonshire*, en 12 feuilles, 1765; 3° *Carte de la ville de Bristol et des environs, jusqu'à onze milles de distance*, en 4 feuilles, 1770; 4° *Essais de mathématiques*, un vol. in-8°; 5° *Abrégé de physique expérimentale*, in-12, 1771; 6° *Guide du marin anglais*, 1774; 7° un *Traité de la manière de tenir les comptes;* 8° *Quelques Traités de géométrie et de trigonométrie.*

DONNISSANT (J.-G.), marquis de), au moment de la révolution, était commandeur de l'ordre de Malte et maréchal-de-camp. Il fut arrêté comme suspect en 1793; mais lors de la première explosion qui eut lieu dans la Vendée, Stoflet le tira des prisons de Bressuire, où il était enfermé. Nommé, quelque temps après, gouverneur de la Vendée et membre du conseil militaire de l'armée royale, il tomba entre les mains des républicains, et fut fusillé le 8 janvier 1794, en exécution d'un jugement rendu par la commission militaire établie à Angers.

DONOP (Frédéric-Guillaume, baron de), fut nommé, le 8 février 1810, officier de la légion-d'honneur. Le 25 décembre 1813, il fut élevé au grade de maréchal-de-camp de cavalerie, et, le 13 août 1814, il fut décoré de la croix de Saint-Louis. Au mois de juin 1815, il fut employé au 4me corps de l'armée de la Moselle, où il commandait la 2me division de réserve de cavalerie. Il est né le 3 juin 1773.

DONOVAN (E.), naturaliste anglais, a publié différens ouvrages qui ne sont pas sans mérite; on a de lui : 1° *Histoire naturelle des insectes de la Grande-Bretagne*, 15 vol. in-8°, 1792, 1809; 2° *Instruction pour recueillir et conserver des sujets d'histoire naturelle*, 2me édition, in-8°, 1794; 3° *Histoire naturelle des coquillages anglais*, 5 vol. in-8°, de 1794 à 1798; 4° *Histoire naturelle des poissons de la Grande-Bretagne*, 5 vol. in-8°, de 1802 à 1808; 5° *Abrégé de l'histoire naturelle des insectes de la Chine, de l'Inde et de la Nouvelle-Hollande*, 3 vol. in-8°, de 1799 à 1805; 6° *Excursions descriptives dans le midi du comté de Galles, et dans le comté de Monmouth*, 2 vol. in-8°. Presque tous ces ouvrages sont accompagnés de gravures fort soignées.

DONZELOT (François-Xavier, le baron), né le 7 janvier 1764,

servit en Allemagne sous le général Moreau, qui le fit nommer général de brigade. En 1804 et 1805, il était chef de l'état-major du maréchal Augereau. Le 6 décembre 1807, il fut nommé général de division; il avait, dans cette dernière année et en 1806, fait la guerre contre les Prussiens et les Russes. Après avoir été employé à l'armée de Naples, il fut nommé gouverneur-général des îles Ioniennes. Le 15 août 1812, il célébra l'anniversaire de la naissance de l'empereur avec une magnificence toute particulière. Fait chevalier de Saint-Louis le 8 juillet 1814, le 23 août suivant, il fut décoré du titre de grand-officier de la légion-d'honneur, et, au mois de juin 1815, il obtint le commandement d'une subdivision militaire.

DOPPET (François-Amédée) essaya différentes carrières, et ne se distingua dans aucune. Partisan zélé des idées républicaines, il ne fut pas exempt d'exaltation; mais d'un caractère doux et humain, il n'aimait pas le mal, et plus d'une fois on le vit s'opposer aux excès de la révolution. Né à Chambéry au mois de mars 1753, il s'engagea d'abord dans un régiment de cavalerie, qu'il quitta bientôt pour entrer dans les gardes-françaises. Après être resté trois ans dans ce corps, il abandonna le service, étudia la médecine, et se fit recevoir docteur à l'université de Turin. Là il tenta, dit-on, de s'introduire à la cour; mais ayant échoué dans ce projet, il parcourut différens cantons de la Suisse, et se rendit à Paris. Il commença par publier plusieurs ouvrages sur la médecine, écrivit ensuite contre le magnétisme, publia des romans et des poésies; mais toutes ses productions ne firent pas fortune. N'ayant pu obtenir de succès à Paris, il alla s'établir à Grenoble. Revenu de nouveau à Paris sous les auspices d'Aubert-du-Bayet, il devint l'un des rédacteurs des *Annales patriotiques de Carra.* Par les discours qu'il prononça à la tribune des jacobins, il ne contribua pas peu à la journée du 10 août; mais plusieurs Suisses, dans cette journée, lui furent redevables de la vie. L'assemblée législative le nomma ensuite, par un décret, lieutenant-colonel de la légion des Allobroges, dont il avait provoqué la formation. Envoyé, en 1792, par la ville de Chambéry à l'assemblée nationale de la Savoie, il fut du nombre des députés qui vinrent solliciter à la convention la réunion de ce pays à la France. Doppet, nommé général de brigade, puis envoyé à l'armée du Midi, que commandait Cartaux, devint général en chef de l'armée des Alpes. Chargé ensuite de diriger le siége de Lyon, il entra dans cette ville le 9 octobre 1793. Doppet, dans cette circonstance, fit tous ses efforts pour empêcher le pillage et le massacre des malheureux et braves Lyonnais. Appelé au commandement de l'armée envoyée devant Toulon, il commença les opérations du siége, et reçut l'ordre de se rendre à l'armée des Pyrénées-Orientales; obtint quelques avantages sur les Espagnols, et leur enleva le camp de Villelongen; mais une maladie assez grave le força de quitter l'armée : on lui donna pour successeur le général Dugommier. Après son rétablissement, Doppet fut mis à la tête des troupes envoyées dans les deux Cerdagnes; eut d'abord quelques succès en Catalogne, et bientôt éprouva de grands revers, qu'il attribua injustement aux généraux Delâtre et D'Aoust. Sa santé l'ayant contraint de quitter le commandement, il resta sans emploi depuis le 28 septembre 1794 jusqu'en 1796. A cette époque, nommé commandant de Metz, il n'occupa ce poste que peu de temps, et fut, après le 18 fructidor, élu, par le département du Mont-Blanc, membre du conseil des cinq-cents. Mais son élection fut annulée nommément par la loi du 22 floréal an 6. Depuis cette époque, Doppet a disparu entièrement de la scène politique. Si la bravoure suffisait pour faire un général, il aurait pu mériter ce titre. Aussi médiocre comme littérateur que comme militaire, il a publié : *Réflexions historiques et pratiques sur les élections des Romains*, et *Mémoires historiques et militaires*. Doppet est mort en 1800, dans la ville d'Aix en Savoie.

DOPSENT (C. E.), se trouvant président de la section de la cité, en 1793, contribua à l'insurrection du 31 mai de la même année. Ce fut par suite de cette insurrection que Pache et Chaumette furent rétablis, l'un dans la place de maire, et l'autre dans celle de procureur de la commune; que les sections de Paris cassèrent toutes les autorités, et qu'elles tirèrent de prison Hébert et les autres jacobins. Dopsent devint juge, et ensuite président du tribunal révolutionnaire; et, au mois d'avril 1795, il fut destitué par le comité de sûreté générale, qui ordonna même son arrestation ; mais il fut relâché peu de temps après.

DORANGE (Jacques-Nicolas-Pierre), avait montré dès sa jeunesse du goût et du talent pour la poésie. Né à Marseille le 9 juin 1786, il mourut le 9 février 1811, à la fleur de son âge. Il s'était fait connaître avantageusement à Paris, où il vint en 1808. Nous avons de lui : 1° trois *odes sur les victoires des Français en Allemagne*, qui font honneur à son patriotisme; elles ont été imprimées en 1809 sous le titre de *Bouquet lyrique;* 2° une *traduction nouvelle, en vers français, des Bucoliques de Virgile*, in-8°, 1810. M. Dennebaron, a recueilli et publié de lui, en 1812, in-18, différens *fragmens* des Géorgiques et de l'Énéide de Virgile, et de la Jérusalem délivrée du Tasse.

DORDELIN (N., comte), est né et fut élevé à Lorient. Il fit ses premières campagnes sous les yeux et sous la direction de son père, capitaine de vaisseau de la compagnie des Indes. Nommé, à son retour en France, enseigne de vaisseau, il servit dans l'escadre commandée par le bailli de Suffren, et eut l'honneur de fixer l'attention de ce célèbre marin. En 1786, il devint lieutenant de vaisseau. Son courage le fit également remarquer de l'amiral Villaret-Joyeuse qui désira se l'attacher, et qui l'employa toujours avec succès. M. Dordelin commandait un vaisseau de 74 dans les combats qui précédèrent celui du 13 prairial an 2, auquel il ne put prendre part. ayant été entièrement démâté. Ses honorables services le firent élever au grade de contre-amiral, créer comte de l'empire, et nommer commandant de la légion-d'honneur. Il est depuis long-temps en retraite.

DORIA (LE MARQUIS DE), fut, en 1815, nommé, par le département de Saône-et-Loire, membre de la chambre des députés. En 1816, lors de la discussion du projet de loi sur les élections, il demanda qu'à l'avenir les députés ne reçussent ni traitement ni indemnité, article qui fut adopté. Il avait été en 1815 membre de la commission chargée de présenter le projet de loi relatif aux journaux. Le département de Saône-et-Loire le nomma de nouveau à la session de 1816.

DORIA-PAMPHILI (JEAN), naquit à Rome le 11 novembre 1751. Sorti de l'illustre famille génoise dont il porte le nom, il n'avait que 20 ans quand il fut nommé archevêque. Lors de la naissance du prince des Asturies, il fut envoyé en Espagne pour présenter à ce jeune prince le lange papal. A son retour de France, où il était venu en qualité de nonce, il fut créé cardinal du titre de Sainte-Marie. En 1799, il devint secrétaire-d'état; il occupait cette place quand le général français Duphot fut assassiné à Rome. Toutes les démarches qu'il fit pour apaiser cette affaire furent infructueuses : les armées françaises marchèrent sur Rome, et y entrèrent. Le cardinal Doria fut alors arrêté; mais. ayant bientôt été mis en liberté, il se retira à Gènes, puis à Venise, et revint à Rome quand le gouvernement du pape y fut rétabli.

DORION, auteur dont le style a de la noblesse et de l'éclat, s'est exercé dans le genre épique. Son poëme *sur la bataille d'Hastings*, imprimé en 1806, a obtenu de l'institut une mention honorable dans le rapport sur les prix décennaux. On a encore du même auteur un ouvrage intitulé: *Chant de Salmula*, imitation d'Ossian, in-8°, 1802; *Palmyre conquise*, en 12 chants, in-8°, 1815; et *Ode sur les montagnes*, cantate d'Amphion, in-8°, 1816. Dorion avait occupé, avant la révolution, une place au ministère des affaires étrangères.

DORISY (E.), procureur-syndic du district de Vitry, département de la Marne, fut, au mois d'avril 1792, élu président de l'assemblée législative, dont il était membre. Royaliste modéré, il eut pour ennemis les *girondins*, qui l'apostrophèrent dans plusieurs circonstances. Il s'occupa particulièrement des finances, et fit rendre pendant la session quelques décrets relatifs aux assignats et à la comptabilité en général.

DORNIER (C. P.), était maître de forges et négociant à Dampierre. Au commencement de la révolution, il fut nommé administrateur du département de la Haute-Saône, passa de là à l'assemblée législative, et fut ensuite envoyé à la convention, où il vota, sans appel et sans sursis, la mort de Louis XVI. Il était du nombre des commissaires qui, en 1795, signèrent l'armistice avec l'armée royale de la Vendée. Il devint ensuite membre du conseil des cinq-cents, en sortit au mois de mai 1797, et y rentra au mois de mars 1798. Là s'est bornée sa carrière législative. Retiré avec une fortune considérable, il a vécu ensuite éloigné des affaires.

DORSCH (Antoine - Joseph), littérateur distingué, naquit, sur les bords du Rhin, à Oppenheim. Après avoir été professeur de philosophie à Mayence, il fut, en 1791, professeur de théologie à Strasbourg et grand-vicaire de l'évêque. Revenu ensuite à Mayence, il mit au grand jour son adhésion aux principes de la révolution, et se prononça de telle sorte que le général Custine, après s'être emparé de la ville, le chargea d'organiser un club. Il fut ensuite président de la convention mayençaise; mais, obligé de prendre la fuite quand les Prussiens entrèrent dans Mayence, il se réfugia à Paris. M. Dorsch y fut employé d'abord dans les bureaux, et ensuite à la bibliothèque du ministère des relations extérieures. De là, il fut nommé commissaire du directoire près l'administration centrale de la Roër; passa ensuite, sous l'empereur, à la sous-préfecture de Clèves; et, en 1805, obtint la direction des droits-réunis du département du Finistère. Le grand nombre d'ouvrages qu'il a publiés, tant en latin qu'en allemand, prouve en même temps l'étendue de ses connaissances et son amour pour le travail. Il ne s'est pas borné à la philosophie et à la théologie, il a encore écrit sur la politique. On a de lui, entre autres : *Dissertatio theologica de auctoritate SS. Ecclesiæ patrum*, in-4°, 1781, Mayence; *De legitimo usu intellectûs humani*, Mayence, in-4°; *Mémoires pour servir à l'étude de la philosophie*, id., in-8°, 1787-1791; *Statistique du département de la Roër*, gros in-8°, Cologne, an 12. Parmi plusieurs autres *mémoires*, on peut citer celui qui, placé sous le n° 15 des *mémoires* (allemands), fut couronné, et a pour objet l'extension des frontières de la république française jusqu'au Rhin. On trouve des détails intéressans sur la vie de M. Dorsch, dans le n° 3 du tome 2 des *Nouvelles politiques les plus récentes* (allemand).

DORSENNE (le général comte), originaire de Picardie, ne dut son élévation militaire qu'à son mérite, et, avant d'être fait général, passa par tous les grades. Il s'enrôla, en 1791, dans un bataillon de volontaires du Pas-de-Calais; se trouva, au mois d'avril 1792, au premier combat que les Français livrèrent aux Autrichiens, entre Lille et Tournay, et y fut blessé; accompagna le général Bonaparte en Égypte; servit, en qualité de chef de bataillon, dans la division Desaix, et reçut une seconde blessure. En 1804, il fut fait colonel du 61°· régiment de ligne; et, au mois de janvier 1805, Napoléon le nomma major des grenadiers à pied de la garde. La valeur qu'il déploya à la bataille d'Austerlitz fut récompensée par le grade de général de brigade. Devenu commandant de la garde impériale, il servit, en cette qualité, contre les Prussiens et les Russes pendant les campagnes de 1806 et de 1807. En 1808, il fut employé dans la guerre contre l'Autriche. A la bataille d'Essling, à celle de Wagram et au combat de Ratisbonne, il montra une bravoure qui fut généralement remarquée. Ses talens militaires lui ayant valu, en 1811, le grade de général de division, il fut de nouveau envoyé en Espagne. Un mois après son arrivée (août 1811), il commanda l'armée d'observation de la partie du nord, battit les Espagnols, les mit dans une déroute complète, et vint établir son quartier-général à Valladolid, après avoir traversé sans obstacle la Navarre et la Biscaye. Le général Dorsenne ne dissimula jamais son opinion sur cette guerre dont les résultats furent si funestes; on peut juger, par ses rapports, quelle était sa manière de penser à cet égard. Fatigué depuis long-temps par des douleurs violentes, suites d'une contusion qu'il avait reçue à la tête, il se décida à souffrir l'opération dangereuse et pénible du trépan; mais les résultats n'en furent pas heureux. Ses souffrances n'ayant fait que s'accroître, il revint à Paris, et y termina ses jours le 24 juillet 1812.

DORTHES (Jacques-Anselme), médecin, naturaliste distingué, naquit à Nîmes, département du Gard, le 19 juillet 1759. Ses parens le destinant à l'état ecclésiastique, il commença des études dans lesquelles il fit assez de progrès pour être jugé digne de recevoir les ordres; mais, au moment où ils allaient lui être conférés, il quitta brusquement le séminaire et embrassa la profession de médecin, plus conforme à l'indépendance de son caractère et à la disposition de son esprit. Il s'occupa plus particulièrement de l'histoire naturelle, pour laquelle il avait une véritable vocation. Il étudia avec succès toutes les parties de cette science, et fournit à l'ancienne société royale différens mémoires sur les insectes, considérés dans leurs rapports avec la médecine, l'agriculture et les arts. Observateur infatigable, il découvrit plusieurs petits insectes qui jusqu'alors avaient échappé à l'attention des autres naturalistes. Il donna en 1784 la description d'une espèce, l'*orthesia-characias*, ainsi appelée de son nom, par reconnaissance pour la découverte qu'il en avait faite. La société royale de médecine de Montpellier ayant mis au concours, dans la même année, l'*Éloge de Richer de Belleval*, fondateur du jardin des plantes de cette ville, Dorthes non seulement obtint le prix, mais il fut encore admis en qualité de membre de la société. Il fut aussi correspondant de la société royale d'agriculture de Paris et de la société linnéenne de Londres, Dorthes a publié, avec le baron de Servières, un *Mémoire sur les cailloux roulés du Rhône*, et différentes dissertations analytiques sur des pierres des environs de Nîmes. Dévoué à son pays, et voulant rendre ce dévouement le plus utile possible, il partit volontairement, pour l'armée des Pyrénées, comme médecin attaché aux hôpitaux, et mourut dans l'exercice de ses fonctions en 1794, à peine âgé de 35 ans.

DORVIGNI (N.), acteur et auteur comique, composa pour les théâtres subalternes une multitude de petites pièces, qu'il nommait proverbe, parade, farce, folie, etc.; plusieurs eurent un succès étonnant, telles que *Jeannot, ou les battus payent l'amende,* 1799; on en donna jusqu'à deux représentations par jour; *l'Intendant comédien; les fausses Consultations; le désespoir de Jocrisse; on fait tout ce qu'on peut et non pas tout ce qu'on veut,* etc., etc. Il fit représenter, en 1794, sur le théâtre de la Cité, le *Tu et le toi, ou la parfaite égalité,* comédie en 3 actes et en prose, pièce de circonstance, et sans contredit une des meilleures de l'auteur, mais que la nature du sujet fit rejeter de la scène. De son vivant, Dorvigni dut à ses pièces un peu de réputation, et beaucoup d'argent qu'il dépensait encore plus vite qu'il ne le gagnait; aussi se trouvait-il presque toujours dans une pénurie si grande, qu'il aliénait la propriété de ses comédies pour la plus légère somme. Cet auteur mourut dans une profonde misère. Les comédies de Dorvigni sont en général spirituelles et gaies; mais dans ses romans, la gaieté est grossière et l'esprit rare; les principaux sont : *Ma tante Geneviève, ou je l'ai échappé belle,* 1801, 4 vol. in-18; *le Ménage diabolique, Histoire pour quelques-uns, roman pour quelques autres, sujet à réflexions pour tous,* 1801, 2 vol. in-12; *le nouveau Roman comique, ou voyages et aventures d'un souffleur, d'un perruquier et d'un costumier de spectacle,* 1799, 2 vol. in-12, etc., etc. Dorvigni naquit vers 1734, et mourut au commencement de 1812.

DORVO (Hyacinthe), né le 3 novembre 1756, fils d'un procureur au parlement de Bretagne, a fait des romans et des pièces de théâtre; ses romans sont : 1° *Mon histoire ou la tienne, avec des notes historiques et géographiques,* 3 vol. in-12, 1802; 2° *Ainsi va le monde, ou les Dangers de la séduction,* 4 vol. in-12, 1804. Parmi un grand nombre de pièces de théâtre, on distingue celles qui suivent : *les trois Héritiers,* comédie en 3 actes et en vers; *le faux Député,* en 3 actes et en vers. Cet ouvrage, qui fut accueilli avec enthousiasme, et qui attaquait ouvertement les principes révolutionnaires, exposa les jours de Dorvo : *l'Envieux,* comédie en 5 actes et en vers. Cette pièce, jouée sur le théâtre de l'Odéon le 28 ventôse an 7, n'eut aucun succès. Le caractère du principal personnage parut défectueux dans son ensemble; mais on reconnut dans l'ouvrage des détails intéressans, des vers heureux, et un très-bon style comique. Une circonstance remarquable, c'est que la salle du théâtre de l'Odéon devint la proie des flammes, dans la nuit même qui suivit la représentation de *l'Envieux. Élisabeth, ou les exilés de Sibérie,* drame historique : le sujet de cette pièce est le même que celui du roman de madame Cottin; *Frédéric à Spandau; Gonzalve de Cordoue; le Père ambitieux,* en 5 actes et en vers; *la mort de Duguesclin; les Parens; les Querelles du ménage; je cherche mon père;* c'est cette pièce qui a commencé la réputation de Brunet à Paris, et celle de Potier en province, cependant on ne la joue pas au théâtre des Variétés. *M. Lamentin, ou la manie de se plaindre.* Cette pièce, qui parut en 1807, contient des détails comiques, mais on lui reproche le défaut d'action. *Figaro, ou tel père tel fils.* A 22 ans, Dorvo fit *le Patriote du 10 août;* mais cet ouvrage, joué le 12 novembre 1792, n'a jamais été repris. On a également attribué au même auteur une pièce intitulée *le Temporiseur.* Quoique tombée à l'Odéon en 1813, elle présente cependant beaucoup de traits heureux. M. Dorvo tient maintenant à Paris un café, qui a pour enseigne *les deux Philibert.*

DORVO - SOULASTRE partit en qualité de commissaire des guerres, en 1798, avec le général Hédouville, chargé de l'expédition de Saint - Domingue ; mais les armes de Toussaint-Louverture rendirent inutiles tous les efforts des Français, et M. Soulastre s'embarqua pour Calcutta. Le bâtiment qu'il montait ayant été pris par des pirates, il fut abandonné, ainsi que tout l'équipage, dans une île dont il ne s'échappa qu'après de grands dangers et de longues souffrances. Dans un ouvrage qu'il a publié en 1809, et qui est intitulé : *Voyage par terre de Santo-Domingo, capitale de la partie espagnole de Saint-Domingue, au cap Français, capitale de la partie française de la même île,* il s'étend beaucoup sur les mines du pays, sur ses aventures personnelles, et ne consacre qu'un petit nombre de pages au sujet annoncé par le titre de sa relation:

DOSSONVILLE (JEAN-BAPTISTE), commissaire de police à Paris, a été employé pendant 30 ans et toujours en chef dans la haute-police, par les gouvernemens qui ont régi la France, et il les a fidèlement servis. Né le 1ᵉʳ janvier 1753, il fut nommé officier de paix en 1791, et, vers le milieu de l'année suivante, Louis XVI, à qui il avait été désigné par le ministre Laporte, le chargea d'aller à Londres, pour prémunir le gouvernement britannique contre des insinuations perfides auxquelles la famille des Bourbon était en butte. Au retour de cette mission, il en fut récompensé par le roi. Le 20 juin 1792, lorsque le peuple insurgé des faubourgs Saint-Antoine et Saint-Marceau pénétra dans les appartemens du roi pour lui faire prendre le bonnet rouge, M. Dossonville se rendit au palais des Tuileries avec un renfort de troupes, afin de garantir ce prince et sa famille. Ce fut encore lui qui, le 10 août, vint prévenir la cour de se tenir sur ses gardes, en lui annonçant l'attaque prochaine dont elle était menacée. Aussi fut-il arrêté dès le lendemain de cette journée désastreuse. On le conduisit au tribunal institué pour juger les *crimes du 10 août,* et il eut le bonheur d'être acquitté le 28 du même mois : il entra ensuite dans la police du comité de sûreté générale de la convention nationale, organisée après la révolution du 31 mai 1793. Autorisé par ce comité à prendre dans les cartons des divers bureaux des administrations publiques, tous les papiers qu'il jugeait lui être nécessaires, M. Dossonville usa souvent d'une prérogative si précieuse, à cette époque d'injustes proscriptions, pour soustraire des pièces accusatrices, et par ce moyen sauver la vie à une foule de victimes contre lesquelles alors il ne restait plus de preuves. Après la journée du 9 thermidor an 2 (27 juillet 1794), à laquelle il prit part, il eut ordre de mettre en arrestation les principaux partisans de Robespierre, ainsi que les Villate, et plus tard les Antonelle, les Javogue, etc. Mais toujours mu par le même sentiment de justice et d'humanité, M. Dossonville, chargé de saisir les conspirateurs, bien loin de tendre des piéges à ceux qu'il avait sous sa surveillance, les prévenait de ne pas céder aux suggestions de provocateurs perfides. Dénoncé par Tallien en 1796, comme suppôt de la royauté et agent de la terreur, il fut défendu par le ministre de la police Cochon, qui justifia hautement sa conduite. Mais il ne put échapper à la proscription qui suivit la journée du 18 fructidor an 5 (4 septembre 1797). Déporté à la Guiane avec plusieurs députés et généraux, il parvint à s'évader en même temps que Pichegru et quelques autres. Il se réfugia en Angleterre, où il lia connaissance avec le secrétaire de Miranda. Informé que le gouvernement britannique obtenait de ce général les moyens d'enlever le Mexique aux Espagnols, M. Dossonville se rendit en Allemagne, pour en instruire les ministres d'Espagne. Mais le gouvernement autrichien, suspectant cette démarche, le fit enfermer dans la citadelle d'Olmutz, en Moravie, où il resta détenu jusqu'en 1801, après la conclusion de la paix de Lunéville. Le général Bonaparte, qui était premier consul à cette époque, confia à M. Dossonville la direction de sa police secrète, et bientôt cet agent supérieur se fit aider, moyennant un ample salaire, par des émigrés rentrés, des nobles et même des prêtres, qui remplirent avec un zèle ardent les devoirs du genre d'inspection qui leur était confiée. En février 1804, le général Pichegru, qui était venu secrètement d'Angleterre à Paris, avec George Cadoudal et d'autres conjurés, pour attenter à la personne du premier consul, fut arrêté dans cette capitale; M. Dossonville, qui avait été l'agent du général à l'époque du 18 fructidor, et depuis son compagnon d'exil, fut mis lui-même en état d'arrestation, sur le soupçon d'avoir voulu le favoriser, en ne donnant pas avis de sa présence à Paris. Mais, faute de preuves, il fut relâché au bout de quelques jours de détention, et on l'exila de la capitale. Lorsqu'en 1814, les troupes étrangères firent leur première invasion en France, M. Dossonville, qui se trouvait à Melun, se prononça en faveur des Bourbon, et fut appelé, en récompense de son dévouement, aux fonctions de commissaire de police de l'arrondissement de l'île Saint-Louis, à Paris. Dans ce nouveau poste, son zèle se manifesta, en mars 1815, par une proclamation violente qu'il publia contre Napoléon quatre jours avant sa rentrée à Paris. M. Dossonville dut nécessairement cesser ses fonctions, mais il ne fut point forcé de fuir, comme le prétendent les biographes Michaud : il resta au contraire à Paris durant les *cent jours*, et n'y fut nullement inquiété. Au second retour du roi, M. Dossonville fut réintégré dans le poste qu'il occupe encore à l'île Saint-Louis.

DOTRENGE (Théodore), avocat distingué, naquit à Bruxelles en l'année 1761. Le goût prononcé qu'il eut dès sa jeunesse pour la carrière du barreau, l'engagea à ne négliger aucune des connaissances qui pouvaient contribuer à le mettre en état de remplir avec distinction les fonctions auxquelles il se destinait. Reçu avocat à Louvain, il se fit connaître de la manière la plus avantageuse. Les sentimens patriotiques qu'il n'a jamais cessé de manifester, commencèrent à se développer à l'époque de la révolution de la Belgique, révolution à laquelle il voua le plus vif intérêt; mais la direction que prirent alors les affaires publiques, le détermina à ne s'occuper que de sa profession. Quand les provinces belges, conquises par les armées françaises, eurent été réunies à la France, M. Dotrenge eut, en l'an 4, une question importante à traiter. Le directoire exécutif avait appliqué la loi du 25 brumaire an 3 sur l'émigration, aux absens des départemens réunis. M. Dotrenge, dans un Mémoire où il développa ses profondes connaissances, chercha à prouver que ces absens ne pouvaient en rien être assimilés aux émigrés de l'ancien territoire français; mais cette tentative fut sans succès : par un arrêté du 4 fructidor, le gouvernement déclara qu'il n'y avait pas lieu à délibérer. Cependant l'autorité étant passée en d'autres mains, les consuls prirent à l'égard des absens belges des décisions beaucoup plus favorables. Lorsque après les événemens de 1814, la Belgique eut été mise sous l'autorité de la maison de Nassau, M. Dotrenge fut du nombre de ceux que le roi chargea de la rédaction de la loi fondamentale, et, à l'époque de la formation des états-généraux, il fut député à la seconde chambre par les provinces méridionales. Il eut bientôt occasion de mettre au grand jour ses principes sur la liberté individuelle et sur le droit d'asile, en proposant, le 20 août 1816, qu'il fût fait une adresse au roi relativement à l'extradition de M. L. N. Simon, Français réfugié. Lors de la discussion de la loi sur la liberté de la presse, M. Dotrenge fut un de ceux qui s'opposèrent le plus fortement à ce qu'on restreignît cette liberté, et, dans toutes les occasions, il prouva son inviolable attachement aux institutions libérales. Le 13 décembre 1816, il combattit le projet de loi qui accordait au gouvernement le droit de compléter en temps de guerre la milice, suivant les circonstances. Il ne s'éleva pas avec moins de force contre le projet de loi concernant le droit de chasse considéré comme régulier, et en général contre tout ce qui tient aux prérogatives féodales. Le 18 février 1818, il contribua au rejet d'une loi qui tendait à mettre de nouvelles restrictions à la liberté de la presse. Il développa dans une autre circonstance, avec autant de talent que de vérité, les effets funestes des lois et des tribunaux d'exception; enfin il s'est constamment montré le zélé défenseur des libertés publiques, sans jamais s'éloigner de la ligne constitutionnelle. Le roi des Pays-Bas l'a décoré de l'ordre du Lion belgique, récompense due à son mérite, mais qui n'a rien ajouté à la considération que ne peuvent lui refuser ceux même dont il combattit les opinions.

DOTTEVILLE (JEAN-HENRY), membre de la congrégation de l'Oratoire, naquit, le 22 décembre 1716, à Palisseau, près de Versailles. On prétend qu'il était fils naturel de l'ambassadeur d'une puissance étrangère près la cour de France; quoi qu'il en soit, il fut d'un caractère aussi simple que modeste, et peut, à juste titre, être compté parmi les pères de l'Oratoire qui ont illustré cette congrégation. Il a vécu, pendant la révolution, absolument ignoré. Nous avons de lui : 1° *La traduction de Salluste, avec la vie de l'historien et des notes critiques*, in-12, 5° édition, 1806 : cette traduction est regardée comme le meilleur ouvrage du Père Dotteville ; 2° *Histoire de Tacite*, en latin et en français, avec des notes sur le texte, 2 vol. in-12, 1772; 3° *Annales de Tacite, règne de Claude et de Néron*, 1774, 2 vol. in-12 ; 4° *Règne de Tibère et de Caligula*, 2 vol, in-12, 1779. On sollicita vainement le P. Dotteville, pour le déterminer à traduire les mœurs des Germains et la vie d'Agricola ; cependant il donna une *Traduction complète de Tacite:* mais dans cet ouvrage, il inséra, sans y faire presque aucun changement, la vie de Tacite avec les mœurs des Germains, et la vie d'Agricola, qui sont de l'abbé de La Bletterie. Le P. Dotteville a aussi traduit une comédie de Plaute, intitulée *Mostellaria,* avec le texte revu sur plusieurs manuscrits : il paraît qu'il avait fait une traduction complète des œuvres de cet auteur latin, mais elle n'a pas été rendue publique par l'impression; il en a été de même d'une traduction de Tite-Live et d'une autre de Pline. Le P. Dotteville mourut dans les environs de Versailles, le 25 octobre 1807.

DOUBLET (FRANÇOIS), docteur-régent de la Faculté de médecine de Paris, né en 1751 à Chartres, département de l'Eure, s'acquit une brillante réputation par sa philanthropie et ses connaissances. Il avait à peine secoué la poussière des colléges, qu'il s'échappa de la maison paternelle, entraîné par les conseils d'un de ses condisciples, et séduit par la lecture des livres de voyages. Mais il revint bientôt dans sa patrie, désabusé de ses erreurs, et surtout dégoûté d'une vie errante et vagabonde. Il se livra alors à l'étude de la médecine avec tant d'assiduité, et y fit des progrès si rapides, que trois ans après avoir été reçu docteur, il fut nommé médecin de l'hôpital de la Charité de Saint-Sulpice. Doublet s'occupa surtout d'améliorer les hôpitaux confiés à ses soins, et publia des Mémoires importans relatifs à cette partie de l'administration publique. Il fit aussi plusieurs fragmens remarquables dans l'Encyclopédie méthodique; nous citerons principalement les articles : *air des hôpitaux, consultations de médecine.* Mais de tous ses ouvrages, celui qui fait le plus bel éloge de son humanité, c'est sans contredit son *Mémoire sur la nécessité d'établir une réforme dans les prisons, et sur les moyens de l'opérer,* Paris, 1791. Il enseignait la pathologie interne à l'école de santé de Paris, aujourd'hui la Faculté de médecine, lorsqu'une fièvre ataxique cérébrale l'enleva le onzième jour de sa maladie le 5 juin 1795, à l'âge de 44 ans.

DOUCET (LE BARON PIERRE), adjudant-général, officier de la légion-d'honneur, dut son avancement à la révolution, qui l'éleva d'abord, de l'état de marchand de vin, au grade d'aide-de-camp de M. de La Fayette. Devenu suspect, il fut incarcéré en 1793. Remis en liberté et employé l'année suivante, quelque temps après le 9 juillet, dans la garde nationale de Paris, il fut, en 1795, adjoint du commandant temporaire de cette même ville, et, en 1799, officier de l'état-major sous le général Andréossi. De là il passa successivement par les grades d'adjudant-commandant, de chef d'état-major, de maréchal-de-camp, etc., et commanda la place d'Erfurt en 1813. Si la révolution fut le premier moteur de l'élévation de M. Doucet, son courage et son aptitude contribuèrent à le pousser et à le maintenir dans la route que lui avait tracée la fortune. Il est né le 10 mars 1761.

DOUDEAUVILLE (MICHEL, DUC DE), pair de France depuis 1814, a constamment appuyé tous les projets de loi ayant pour but de restreindre la liberté de la presse et celle des journaux, et s'est attaché à faire ressortir tous les inconvéniens qui peuvent résulter de cette liberté, sans avoir égard aux avantages qu'elle procure. Selon lui, ce n'est qu'à l'aide de la censure qu'on peut espérer de voir l'abîme des révolutions se refermer entièrement. M. de Doudeauville a soutenu vigoureusement la proposition de M. Barthélemy tendant à modifier la loi des élections ; et s'il fallait prendre à la lettre toutes les assertions de M. Doudeauville, on serait tenté de croire, ce qu'à Dieu ne plaise, qu'il y a une parfaite incompatibilité entre le gouvernement monarchique et les libertés du peuple. Au surplus, le duc de Doudeauville, fondateur de l'hospice de Montmirail, est renommé par sa bienfaisance.

DOUGADOS (FRANÇOIS), bien plus connu sous le nom de *père Venance,* naquit en 1764, dans les environs de Carcassonne. Épris, dans sa jeunesse, de l'amour le plus violent pour une femme qui le trompa, il se jeta de désespoir dans une communauté de capucins. L'idée des devoirs qu'il avait à remplir, se mêlant à des sentimens religieux, calma d'abord son esprit; mais bientôt le dégoût de l'état monastique vint mettre le comble à ses ennuis. Il se livra alors à l'étude, et devint passionné pour la poésie : uniquement livré à ce nouveau genre d'occupation, il oublia non-seulement son amour, mais encore les obligations de son état. Sa nouvelle passsion devint pour lui une source de désagrémens, tels qu'il fut obligé de demander à changer de maison. L'ayant obtenu, il choisit un couvent de Montpellier. Le supérieur de cette communauté, homme instruit, le reçut avec bonté, et le laissa absolument libre de se livrer au penchant invincible qu'il avait pour les belles-lettres. Ses poésies, pleines de grâces et de naturel, en lui donnant de la réputation, lui procurèrent des connaissances intéressantes et des protecteurs puissans, au moyen desquels il parvint à se faire séculariser. Devenu libre, il fut pris pour secrétaire par une princesse polonaise qui l'emmena à Gênes, et lui fit, lorsqu'ils se séparèrent, un présent de 12,000 liv. Dougados était professeur d'éloquence à Perpignan, lorsque après avoir arraché des mains de la populace un malheureux qu'elle voulait sacrifier, il s'enrôla dans un bataillon de volontaires. Bientôt il devint officier; et, après avoir été élevé au grade de colonel, il parvint à celui d'adjudant-général, et fut envoyé en cette qualité à l'armée des Pyrénées. Dougados, attaché aux vrais principes de la liberté, mais ennemi des excès révolutionnaires, avait adopté le parti des *girondins*. A l'époque du 31 mai 1793, faisant tous ses efforts pour en protéger les débris, il facilita la fuite de Biroteau, devint lui-même victime de ses opinions, et traduit au tribunal révolutionnaire, le 13 janvier 1794, fut condamné à mort.

Il avait alors tout au plus 30 ans.

DOUGLAS (sir Andrew), amiral anglais d'une famille noble d'Écosse, fit paraître dès son enfance un goût décidé pour la marine, et laissa prévoir ce qu'il pourrait être un jour. Il accompagna le capitaine Meares dans son voyage sur la côte nord-ouest de l'Amérique, depuis la rivière de Cook jusqu'au-delà du port de Noutka ; et ajouta aux découvertes de La Peyrouse et de Cook celles de plusieurs petits ports du passage qui sépare le continent de l'ancien détroit de Fuca et des îles de la reine Charlotte. En avril 1793, lorsqu'il commandait la frégate *le Phaéton*, faisant partie de la flotte confiée au commandement de l'amiral Gell, il rencontra et prit, dans les environs du cap Lézard, le corsaire français *le Dumouriez*, chargé de 685 caisses d'argent, d'or en barres, et de plus de 800,000 liv. sterl. de marchandises les plus précieuses, que ce bâtiment venait lui-même, quelques jours auparavant, de capturer sur un vaisseau espagnol. L'Angleterre n'avait encore jamais vu de prise aussi considérable entrer dans ses ports : on jugera sans peine de la joie qu'elle y causa. Douglas remporta de nouveau une victoire signalée sur les Français, près d'Ouessant, en 1794 ; il servait alors, comme capitaine en second, sur le vaisseau amiral *la Reine-Charlotte*, commandé par lord Howe. En 1816, ayant été élu amiral et chef de la station de la Jamaïque, il sollicita vivement et interposa ses bons offices pour obtenir la liberté de ce lord et celle de sa famille, faite prisonnière par le vaisseau espagnol *le Neptune.*

DOUGLAS (LE COMTE ARCHAMBAUD DE), descendant de l'illustre famille originaire d'Écosse, dont il porte le nom, était, au mois de septembre 1815, président du collége d'arrondissement de Nantua. Nommé, par le département de l'Ain, à la chambre des députés, il y vota avec la majorité. Il ne fut pas réélu en 1816, et cessa même à cette époque de présider le collége de son arrondissement.

DOULCET, *voyez* PONTÉCOULANT.

DOUMERC (LE COMTE JEAN-PIERRE), lieutenant-général de cavalerie, mérite et occupe une place distinguée comme brave et habile militaire. Né le 7 octobre 1767, il était encore fort jeune quand il entra dans un régiment de cavalerie. Le 4 décembre 1804, il fut fait colonel du 9° régiment de cuirassiers. Après la bataille d'Austerlitz, il fut décoré du titre de commandant de la légion-d'honneur, en récompense de la belle conduite qu'il avait tenue pendant cette journée mémorable. Il ne se distingua pas moins dans la guerre contre la Prusse, et passa successivement, du rang de colonel d'abord, au grade de général de brigade, puis à celui de général de division : le premier lui fut accordé le 31 décembre 1806, et le second le 30 novembre 1811. Le général Doumerc se créa de nouveaux titres d'honneur dans la célèbre et malheureuse campagne de Russie, et se distingua, les 26 et 27 août 1813, à la bataille de Dresde, et, le 4 février 1814, au combat de Vauchamp. Louis XVIII, après sa rentrée en France, le nomma inspecteur-général des 9°, 10° et 11° divisions militaires; le décora, le 1er juin 1814, de la croix de Saint-Louis; et, le 17 janvier 1815, du titre de grand-officier de la légion-d'honneur. Lors du retour de Napoléon, au mois d'avril 1815, il fut fait inspecteur-général de la 1re division militaire, et membre de la commission créée pour examiner les nominations qui avaient eu lieu pendant le gouvernement du roi. Depuis la seconde rentrée des Bourbon, le général Doumerc n'a pas été employé.

DOUMERC (D.), fut, en 1795, député par le département du Lot au conseil des cinq-cents. Son nom se trouvant inscrit sur la liste des émigrés, il fut forcé, au commencement du mois de mars 1796, de se retirer du corps-législatif; mais il y rentra à la fin du même mois, étant facilement parvenu à se faire rayer. Après avoir été condamné à la déportation le 18 fructidor an 5 (4 septembre 1797), et avoir échappé à l'exil de Cayenne, au mois de décembre 1799, il fut rappelé. Il se rangea constamment du parti des modérés.

DOUSSIN-DUBREUIL (JACQUES-LOUIS), docteur en médecine, né à Saintes, département de la Charente-Inférieure, d'une famille honorable. Il fit ses études médicales sous la direction de son père qui était lui-même un médecin distingué. M. Doussin-Dubreuil est le premier qui ait reconnu dans la matière de la transpiration un acide qui la coagulait lorsqu'elle refluait sur les viscères, acide dont l'existence avait déjà été soupçonnée par le célèbre chimiste Lavoisier. Membre, depuis sa fondation, de la société centrale de vaccine et du comité établi près du gouvernement, il est un des deux premiers médecins français qui ont inoculé la vaccine à leurs propres enfans, exemple qui bientôt a été suivi par plusieurs de ses confrères, et qui a beaucoup contribué à la propagation de cette heureuse découverte. On lui doit l'idée des dépôts de vaccin qui sont établis en France, dans l'intention d'arrêter promptement les progrès d'une épidémie variolique. Il a fondé ou concouru à fonder plusieurs sociétés savantes ou d'utilité publique, telles que, dans le premier cas, la société royale académique des sciences de Paris, sous la présidence perpétuelle de M. le duc d'Angoulême ; et, dans le second, la société d'encouragement pour l'industrie nationale, et la société galvanique. M. Doussin-Dubreuil est membre de diverses sociétés de médecine. Il a publié : 1° *Des Glaires, de leurs causes, de leurs effets et des moyens pour les combattre*, 1 vol. in-8°, Paris, 1822, 8me édition ; 2° *De l'Épilepsie en général, et particulièrement de celle qui est déterminée par des causes morales*, 1 vol. in-8°, Paris, 1800 ; 3° *De la gonorrhée bénigne et des fleurs blanches*, 1 vol. in-8°, Paris, 1814, 3me édition ; 4° *Lettres sur les dangers de l'onanisme, et Conseils relatifs au traitement des maladies qui en résultent*, 1 vol. in-12, Paris, 1813 ;

5° *Nouveaux aperçus sur les causes et les effets des glaires*, 1 vol. in-8°, Paris, 1816, 2me édition.

DOUSSIN DE VOYER (Jacques-Louis-Simon), frère aîné du précédent, né en 1753. Il embrassa, à l'âge de 20 ans, l'état ecclésiastique, et fut nommé, à l'âge de 33, prieur de Sainte-Marie en l'île de Ré. Il était en Bretagne à l'époque de nos dissentions civiles ; mais il n'y exerça qu'un ministère de paix, et il a obtenu le suffrage des deux partis. Mme la marquise de La Roche-Jaquelin le cite dans ses Mémoires comme ayant sauvé par son courage et par son humanité 240 soldats républicains enfermés dans l'église d'Antrain, et qui n'en devaient sortir que pour être fusillés. Le prieur de Sainte-Marie, informé du sort qui leur est réservé, va trouver le général Stofflet, qui avait porté peine de mort contre quiconque demanderait la grâce des républicains. Stofflet, entouré de son état-major, refuse d'écouter ce digne ecclésiastique, et, instruit de sa demande, le menace violemment lui-même. L'abbé Doussin de Voyer ne se décourage pas ; il insiste, et arrache au général vendéen non-seulement la grâce, mais encore la mise en liberté des prisonniers. Quelque temps après, il est traduit au tribunal révolutionnaire de Rochefort. Au moment où l'on va prononcer contre lui la peine de mort, un des soldats qu'il a sauvés, raconte au tribunal la belle action de l'abbé Doussin de Voyer, et obtient que la liberté lui sera rendue : heureux échange de générosité !

DOUTREPONT (Charles-Lambert), né à Bruxelles, s'était destiné, dès sa première jeunesse, à la carrière du barreau, dans laquelle il débuta en 1771. Déjà il s'était fait connaître sous les rapports les plus avantageux au conseil souverain du Brabant, lorsqu'en 1780 il osa attaquer ouvertement un corps puissant et redoutable alors. Dans un écrit intitulé *Essai historique sur l'origine des dîmes*, il développa des connaissances profondes et un jugement aussi sain que solide, en démontrant le ridicule des prétentions extraordinaires du clergé de la Belgique. C'est assez faire l'éloge de cet ouvrage que de dire qu'il fut traduit en plusieurs langues. Doutrepont publia, en 1783, un autre ouvrage intitulé: *Discours sur l'autorité du droit romain dans les Pays-Bas* : ce discours, fait à l'occasion d'une question que l'académie avait mise au concours, obtint l'accessit. Doutrepont se montra un des partisans les plus zélés de la révolution qui s'opéra dans la Belgique. Fortement attaché aux principes sur lesquels elle était fondée, il s'opposa constamment à l'influence trop puissante du clergé, et la noble loyauté avec laquelle il manifesta son opinion faillit lui devenir funeste, car on parvint à soulever contre lui la populace, à la fureur de laquelle il n'échappa qu'avec beaucoup de peine. Lorsque les Français entrèrent pour la seconde fois, dans la Belgique, Doutrepont fut nommé membre de l'administration centrale de ce pays. Après avoir fait partie de la commission chargée de diviser en départemens les provinces conquises sur l'Autriche et le pays de Liége ; après avoir rempli les fonctions de commissaire du gouvernement près le tribunal criminel du département de la Dyle, et avoir été envoyé au congrès de Rastadt comme commissaire chargé de poursuivre la liquidation de la dette de la Belgique, il fut, en l'an 6, nommé, par son département, membre du conseil des cinq-cents. Le 1er fructidor de la même année, il prononça, relativement aux lois des 4 juin 1793 et 12 brumaire an 2, qui assimilent en tout, pour le droit de successibilité, les enfans naturels aux enfans légitimes, un discours qui prouva combien étaient grandes ses connaissances en fait de législation, et qui ajouta encore à la réputation qu'il s'était déjà acquise. Il ne se distingua pas moins en défendant la liberté de la presse par des argumens aussi justes que solides. Au mois de brumaire an 5, le sénat-conservateur le nomma juge au tribunal de cassation, place dans laquelle il continua de faire preuve de ses grands talens et de son attachement inviolable aux principes fondamentaux sur lesquels repose la liberté individuelle et générale. Enfin, entouré de la plus honorable considération, il termina ses jours en 1809 : le premier président de la cour de cassation prononça son oraison funèbre.

*DOYEN (Gabriel-François), peintre, fils d'un tapissier, valet-de-chambre à la cour, naquit à Paris en 1726. Il témoigna, dès son bas-âge, de la répugnance pour l'état de son père ; mais il montra un goût si prononcé pour le dessin, et fit concevoir de si grandes espérances, qu'avant l'âge de 12 ans il fut admis à l'école de Vanloo. Doué d'un génie pénétrant et d'une conception vive, il s'adonna à la composition étant très-jeune encore, car à peine avait-il 20 ans quand il obtint, au concours, le grand prix de peinture. Il témoigna autant de reconnaissance que d'attachement à son maître, qui avait aussi pour lui l'amitié la plus sincère. Arrivé à Rome en 1748, il passait la plus grande partie de son temps dans la galerie Farnèse, s'occupant sans cesse à dessiner et à peindre d'après les superbes bustes d'Annibal Carrache, dont les ouvrages avaient particulièrement fixé son attention. Il fut l'admirateur du Cortone, et peignit dans un tableau de sept pieds, tout au plus, le plafond de la galerie si remarquable du palais Burberini, sans omettre les plus légers détails; cet ouvrage prouva jusqu'où pouvait aller sa patience. Jules Romain, Polydore, et particulièrement Michel-Ange, peintres qui s'étaient distingués par un grand caractère de dessin et par la force de l'expression, attiraient continuellement son admiration et devenaient l'objet de ses études. De Rome, Doyen se rendit à Naples; là, il admira les ouvrages de Solimêne, et ensuite revint en France après avoir visité Venise, Bologne, Parme, Plaisance et Turin. Doyen refusa de très-grands avantages qui lui furent offerts dans tous ces pays, et consacra ses talens à sa patrie. Il avait 29 ans quand il arriva à Paris; étranger à l'intrigue et à tous les petits moyens qu'on met en usage pour se produire, ne voulant rien devoir qu'à lui-même, il resta long-temps sans occupation. Ce fut alors qu'il fit son tableau de la mort de Virginie. Ce tableau lui coûta deux années entières de travail ; long d'environ quarante pieds, il offrait avec des beautés de style l'expression fidèle de la physionomie des Romains. On prétend qu'il en fit un nombre considérable d'esquisses. Enfin, ce tableau obtint un succès qui ne fut point douteux, puisqu'il fit admettre son auteur à l'académie de peinture en 1758. Doyen fit ensuite, pour l'église de Saint-Roch, le tableau de la peste des Ardens, qui fut une nouvelle preuve de son génie. Avant de le commencer, il voulut se pénétrer des beautés qu'il devait y peindre, et pour mieux réussir, il visita les chefs-d'œuvre de l'école flamande. Il allait étudier dans les hôpitaux la physionomie et le caractère des hommes souffrans, des malades et des mourans, afin de donner plus de vérité à ses personnages. Souvent il détruisait en un instant le travail de plusieurs jours. Cette grande et précieuse composition offre de beaux caractères de tête. On y trouve des figures bien groupées et d'une pensée profonde. La vérité avec laquelle est rendue l'expression de la douleur est frappante ; et en général, la couleur du tableau est forte et vigoureuse. La beauté en pleurs et richement parée, placée au milieu des victimes du fléau destructeur qui semble choisir préférablement les cadavres nus et décharnés, présente un spectacle qui est l'expression d'une grande pensée. Lorsque ce tableau, qu'on peut regarder comme le chef-d'œuvre de Doyen, fut exposé au salon du Louvre, la nouveauté du style et du sujet attira tous les curieux et les connaisseurs. C'est un des plus beaux qui ornent maintenant l'église de Saint-Roch. Vanloo, qui était chargé de peindre la chapelle de Saint-Grégoire aux Invalides, et qui avait déjà exposé ses esquisses au salon, mourut dans ce temps-là. Doyen fut choisi pour remplacer son ami et son maître; et ce choix fut d'autant plus honorable pour lui, que le travail présentait de grandes difficultés, car il fallait peindre à l'huile sur des murs de pierre qui sont peu propres à conserver la fraîcheur du coloris. Doyen manqua perdre la vie en travaillant à ce grand ouvrage; il tomba par une trappe qui avait été laissée ouverte dans l'échafaudage sur lequel il était exhaussé. On le crut mort dans les premiers instans; cependant il n'y eut point à craindre pour ses jours, mais il fut couvert de contusions et de meurtrissures. Après avoir gardé le lit pendant quelque mois, il reprit son ouvrage et le termina. Chargé, quelque temps après, de faire, avec d'autres peintres, différens tableaux pour la cour, le hasard lui destina le *Triomphe de Thétis sur les eaux;* il l'exécuta avec un goût entièrement nouveau, et y mit tant d'art et tant de grâces qu'il excita l'admiration générale.

On peut encore regarder comme une de ses belles conceptions le grand tableau de *la Mort de saint Louis,* qu'il fit pour la chapelle de l'école Militaire, et qui fut jugé comme le meilleur de tous ceux avec lesquels il fut comparé. Depuis long-temps l'impératrice de Russie sollicitait Doyen, et l'engageait à passer dans ses états, où il était assuré de trouver d'amples moyens pour faire briller toute l'étendue de ses talens. La révolution qui arriva alors le décida à prendre ce parti. Il reçut de la czarine l'accueil le plus flatteur et le plus obligeant; 1200 roubles de pension et un logement dans un des palais de l'impératrice, lui furent accordés. Nommé ensuite professeur de l'académie de peinture à Saint-Pétersbourg, avec de nouveaux appointemens, il fut chargé de l'ornement des palais de Catherine II. Paul Ier, qui succéda à sa mère, donna de nouvelles marques d'estime à Doyen, en augmentant sa pension. Ce prince s'étant aperçu que Doyen n'avait pas de voiture, en mit une à ses ordres, ne voulant pas qu'il fût obligé de s'exposer aux intempéries des saisons. Doyen fut ensuite chargé, par le prince, de peindre le plafond de la grande salle connue sous le nom de Saint-George, celui de la bibliothéque de l'ermitage, celui de sa chambre, et celui de l'une des galeries de Pawluwki. Quoique ce genre de peinture convînt le mieux au génie de Doyen, il ne négligea pas les autres. Il ne cessa de travailler qu'à l'époque où les infirmités de la vieillesse lui en ôtèrent la possibilité; et après un séjour de 16 ans à Saint-Pétersbourg, il mourut dans cette ville le 5 juin 1806.

DOYLE (John), baron et lieutenant-général anglais, fils d'un avocat distingué de Dublin, où il naquit en 1756. Il suivit pendant quelque temps le barreau à Londres; mais, à l'époque de la mort de son père, il céda au penchant qui l'entraînait vers l'état militaire. Il prit du service, et fut d'abord enseigne et ensuite lieutenant dans le 48e régiment. Après avoir fait la guerre en Amérique, et être resté dans ce pays jusqu'en 1775, il fut nommé capitaine dans les volontaires irlandais. Lors de la retraite dans les Jerseys, il était major de brigade. Doyle devint ensuite adjudant-général, et fut successivement secrétaire du général Gould, du général Stuart et du lieutenant-général Lesley. Avec un corps de cavalerie légère, qu'il avait levé parmi une peuplade de Sauvages connus sous le nom de Back-Woodsmen, et qu'il avait réuni à son régiment désigné dans la ligne sous le n° 105, il se distingua en plusieurs occasions. Il s'était également fait et se fit honorablement remarquer durant la guerre d'Amérique. En 1782, il revint en Angleterre chargé de dépêches pour le ministre, et se fit nommer membre du parlement par Mullingar. Dans cette nouvelle carrière, il fut constamment du parti de l'opposition; mais rien ne lui fit plus d'honneur que la manière avec laquelle il parla de la bravoure et de la fidélité des Irlandais, et que la demande qu'il fit d'augmenter les revenus de l'établissement formé en faveur des soldats blessés de cette nation. Doyle voulait aussi la réforme du parlement, et insista vivement pour obtenir l'émancipation des catholiques d'Irlande. Le prince de Galles, qui ne l'estimait pas moins pour ses talens oratoires que pour ses talens militaires, le nomma son secrétaire particulier. La guerre s'étant rallumée en 1793, il leva un régiment qui prit et qui porta le nom de régiment du prince de Galles, se mit à la tête de ce corps, et accompagna lord Moir, à cette époque lord Randon, sur le continent. Une blessure grave, qu'il reçut auprès d'Aost, le força de revenir en Irlande. Bientôt après, il fut mis à la tête du département de la guerre; et il occupa cette place sous le comte de Fitz William et sous lord Camden. En 1796, il fut fait brigadier-général, et envoyé au Texel pour y commander les forces de terre. Ayant, en 1797, reçu l'ordre de se rendre à Gibraltar, il y joignit Abercrombie, avec lequel il se rendit à Minorque et en Égypte. Là, il se trouva à l'affaire de Rahamanié; et, après avoir enlevé un convoi français destiné pour le Caire, il ne contribua pas peu à la prise de cette ville et à celle d'Alexandrie. Bientôt après, il fut envoyé à Guernesey en qualité de lieutenant-gouverneur, avec le grade de major-général. Les habitans de Guernesey ont un nombre infini de priviléges qui entravent presque toujours les opérations du gouvernement; le général Doyle sut, dans cet emploi difficile, vaincre tous les obstacles, et parvint même, par sa droiture et la franchise de son caractère, à gagner la confiance et l'amour des habitans. Nommé, par le roi de la Grande-Bretagne, général en pied de l'île de Guernesey, il a obtenu, avec le titre de baronet, l'autorisation de porter l'ordre du Croissant, dont l'avait décoré le grand-seigneur.

DRACKE (sir), écuyer, ancien chargé d'affaires de S. M. britannique à Copenhague. De Venise, où il avait été envoyé comme ministre, en septembre 1792, il passa avec le même titre à Gênes, au mois de juillet 1793. Au mois de septembre suivant, il fut chargé de négocier avec les mécontens de l'île de Corse. Ayant vainement tenté, au mois d'octobre, de déterminer le gouvernement génois à se déclarer pour la coalition, il quitta Gênes après avoir ordonné à tous les vaisseaux anglais et napolitains qui se trouvaient dans le port, de lever l'ancre. En 1795, il retourna à Gênes avec le même titre que la première fois. Il se comporta, envers les petits états d'Italie, avec une hauteur et une dureté que lui ont reprochées même ses compatriotes. En 1803, il fut envoyé auprès de la cour électorale de Bavière. Mehée, agent de la police française, qui, pendant le séjour qu'il venait de faire à Londres, était parvenu à obtenir du ministère une recommandation, se rendit à cette époque à Munich. Non-seulement Dracke l'accueillit favorablement, mais il lui remit encore des sommes considérables, et lui fit la proposition d'entretenir une correspondance secrète avec lui. Mehée sonda avec adresse, à différentes fois, l'agent anglais; mais n'ayant pu obtenir de lui les confidences qu'il désirait, il donna connaissance au ministre Talleyrand des propositions qui lui avaient été faites, et ensuite se vanta, dans un pamphlet intitulé *Alliance des jacobins avec le ministère anglais*, d'avoir dupé Dracke. Sur la demande du gouvernement français, Dracke, déjà humilié, fut obligé de quitter Munich. Depuis ce moment, toutes relations cessèrent entre la Bavière et l'Angleterre. On a aussi accusé Dracke d'avoir eu, en Italie, des correspondances avec les Français partisans de la royauté; mais on ne peut guère prononcer sur cette assertion, rendue publique par les pamphlets de Montgaillard. Pour terminer, il est constant que Dracke joua, dans plusieurs circonstances, plutôt le rôle d'un agent de police secrète que celui d'un ambassadeur; et qu'ainsi, en se compromettant lui-même, il jetait une sorte de déconsidération sur la diplomatie du cabinet de Londres.

DRALET (N.), membre de la légion-d'honneur, conservateur des eaux-et-forêts à Toulouse, où il exerce cet emploi depuis plusieurs années. Écrivain laborieux, il a publié un assez grand nombre d'ouvrages qui ont eu pour la plupart plusieurs éditions. On lui doit : 1° *l'Art du taupier*, suivant les procédés du C. Aurignac, 1798, in-8°; 3° édition, 1807. On voit par le nombre des réimpressions de cet ouvrage en aussi peu d'années, qu'il réunit toutes les qualités désirables pour atteindre le but que l'auteur s'est proposé; et c'est en effet le meilleur traité dans ce genre qui ait été livré au public. 2° *Plan détaillé de topographie, suivi de la topographie du département du Gers,* 1801, in-8°; cet ouvrage a remporté le prix, au jugement de la société d'agriculture du département de la Seine. 3° *Traité de l'aménagement des bois et forêts,* 1807, in-12; l'auteur en a donné une nouvelle édition, revue et corrigée, en 1812. 4° *Traité des délits et des peines, et des procédures en matière d'eaux et forêts,* 1807, in-12; nouvelle édition, 1810. 5° *Traité du régime forestier,* servant d'introduction au *Traité des délits et des peines,* etc., 1812, 2 vol. in-8°. M. Dralet, en publiant ces trois traités, a rendu un véritable service non-seulement à l'administration des eaux-et-forêts et aux employés, mais encore aux personnes qui, par des délits involontaires, se trouvent soumises à cette jurisprudence. 6° *Description des Pyrénées,* 1812, 2 vol. in-8°.

DRAPARNAUD (JACQUES-PHILIPPE-RAIMOND), professeur d'histoire naturelle à l'école de médecine de Montpellier, naquit en cette ville le 3 juin 1773. Il possédait le latin, l'italien, l'espagnol, l'anglais et l'allemand ; il était assez fort helléniste, et savait passablement l'hébreu. En cultivant les connaissances sérieuses, il ne négligea pas les arts d'agrément, car il était en même temps musicien agréable et assez bon peintre. Les figures qui se trouvent dans ses ouvrages précieux sur l'histoire naturelle, ont été dessinées par lui-même. Destiné dès l'enfance à la profession d'avocat, il préféra la médecine, et il s'adonna particulièrement à l'étude de l'histoire naturelle. Après avoir professé pendant deux ans, au collége de Sorèze, la chimie, la physique et l'histoire naturelle, il concourut pour la chaire de grammaire générale à l'école centrale de l'Hérault, et l'obtint. Les sciences physiques ne l'empêchèrent pas de se livrer à la méditation des ouvrages de Locke et de Condillac; rien ne le prouve mieux que la lettre que lui adressa, le 22 ventôse an 8, le ministre de l'intérieur, et dans laquelle il lui disait que « son discours était le meil-
» leur programme qui eût été sou-
» mis à l'examen du conseil d'ins-
» truction publique ; qu'il l'avait
» présenté à l'institut comme un
» travail digne de l'attention gé-
» nérale ; et qu'il l'invitait à exé-
» cuter un ouvrage qui devait être
» fait d'après un si beau plan. »
Cette lettre fut écrite à l'occasion de la demande faite par le ministre, à tous les professeurs de grammaire générale, du plan de leur cours. Il est probable que Draparnaud a exécuté le travail qui lui fut demandé; mais il n'a point encore été livré à l'impression. Le jury d'instruction publique offrit ensuite à Draparnaud la chaire d'histoire naturelle qui vint à vaquer. Pendant qu'il professait cette dernière science, il publia plusieurs *mémoires* sur l'histoire naturelle, qu'il avait enrichie par des recherches profondes et par les observations les plus heureuses. Parmi ces *mémoires,* on remarqua surtout celui qui traite d'un phénomène très-curieux qu'on nomme le *mirage,* et sur lequel il se trouva d'une opinion

contraire à celle de M. Monge. En 1802, Draparnaud fut nommé conservateur du cabinet de l'école de médecine de Montpellier; et il obtint en même temps le titre de professeur d'histoire naturelle, avec la direction d'une portion du jardin de l'école. Ce ne fut qu'après cette époque qu'il songea à se faire recevoir docteur en médecine. La thèse qu'il soutint alors sur les avantages de l'histoire naturelle en médecine fut digne de lui : elle offrit des aperçus neufs et ingénieux qui la firent mettre au nombre de celles qui ont le mieux mérité d'être conservées. Il se fit, en l'an 11, d'après un nouveau règlement, dans toutes les écoles spéciales de médecine, des changemens qui réduisirent à très-peu de chose les fonctions attribuées au naturaliste de Montpellier. Draparnaud se décida, dans cette circonstance, à renoncer à la chaire qu'il occupait depuis une année. Une affection morale fort vive qu'il éprouva alors, jointe à la phthisie pulmonaire dont il était affecté depuis long-temps, l'enleva à son pays et à ses amis, le 1er février 1805. A 30 ans, âge où la plus grande partie des hommes se fait à peine remarquer, Draparnaud avait atteint toute sa maturité; déjà il avait professé pendant neuf années, et donné quatre opuscules qui ont été traduits en langues étrangères. Nous avons de lui 30 *mémoires* sur la physique et l'histoire naturelle. Ses travaux furent plus d'une fois applaudis par l'institut : à l'élégance, son style réunissait la noblesse et la fermeté. Il est à croire qu'il eût pris rang parmi nos plus grands écrivains, si sa carrière avait été de plus longue durée. Il travailla pendant quinze ans à deux ouvrages qu'il n'a pas eu le temps de terminer, et qui étaient le résultat de recherches immenses. Ces deux ouvrages entièrement neufs, dans lesquels il traitait des mollusques et des couferves, pouvaient seuls lui établir une haute réputation. Le docteur Cloz a fait imprimer le premier sous le titre d'*Histoire naturelle des mollusques terrestres et fluviales de la France*, Paris, 1805, in-4°; et M. Bory de Saint-Vincent a pris l'engagement de publier le second.

DREUX-BRÉZÉ, *voyez* Brézé.

DREVET (A.), professeur au collége royal d'Henri IV, et sous-bibliothécaire de Sainte-Geneviève. On a de lui : 1° un *Nouveau Dictionnaire des rimes*, in-8°, publié en 1812; 2° *L'Art de parler et d'écrire correctement la langue française, ou Grammaire philolosophique et littéraire*, par l'abbé Levisac, qu'il a revisée en 1809, 2 vol. in-8°.

DRIESEN (le baron de), lieutenant-général au service de la Russie, et ancien gouverneur de Mittau. Les émigrés français eurent beaucoup à se louer de ses bons traitemens. Louis XVIII, à qui il fut présenté le 10 décembre 1814, lui fit l'accueil le plus flatteur, et lui dit, en lui prenant la main : « Je revois avec un vérita- »ble plaisir le bon ami des Fran- »çais, celui qui nous a tous si »bien traités. » Après être resté en France, par goût et par inclination, jusqu'à la fin de 1816, il retourna en Russie, et emporta les regrets de ceux qui l'avaient connu.

DRIESSEN (Pierre), professeur de médecine et de chimie à l'académie de Gronningue, naquit, en cette ville, l'année 1753. Attaché, depuis 1778, à l'académie d'Exbord, sous le titre de lecteur, ensuite comme professeur extraordinaire, puis comme professeur ordinaire de médecine et de botanique, il ne dut sa chaire qu'aux profondes connaissances et aux grands talens dont il avait continuellement fait preuve. Dans les voyages qu'il fit dans sa jeunesse pour perfectionner son instruction, il obtint les suffrages de deux hommes célèbres, MM. Pringh et Daubenton. Il a publié un discours sur les avantages que les arts et les sciences peuvent retirer de l'étude de la chimie; un *traité* sur la magnésie et les lessives matrices de sel marin; un discours *de Arte pharmaceuticâ ad majorem dignitatem evehendâ*; et des *observations* sur la physique et la chimie. Il s'est aussi occupé de la *pharmacopæa batava*. Maintenant membre de l'institut des sciences, des lettres et des arts des Pays-Bas, et de plusieurs sociétés savantes, il travaille à la *pharmacopæa belgica*.

DROBECQ (l'abbé), naquit vers l'an 1750. Avant la révolution, il était instituteur, et, après avoir été successivement employé au ministère de la justice et au bureau de la guerre, il a fini par être professeur de belles-lettres. Nous avons de lui : *La clef de la langue latine*, imprimée à Paris en 1779; un *Précis de la prononciation anglaise, en prose et en vers*, 1 vol. in-8°, ibid., 1786; *les Élémens de la langue latine, ramenés par l'analyse à leur simplicité primitive*, 1 vol. in-8°, ibid., 1790; *le Gouvernement du Lion*, fable allégorique adressée à Napoléon, mai 1800; *les Styles comparés*, en vers et en prose, in-8°. Il a fourni à l'*Almanach des Muses* et au *Journal de Paris* quelques pièces de vers agréables par leur originalité.

DROUAIS (Jean-Germain), peintre, annonça, dès ses premières années, des dispositions extraordinaires pour l'art qu'il pratiqua avec tant de succès, qu'on peut le regarder comme un des peintres les plus distingués de l'école française. Il eut pour premier maître Henri Drouais, son père, qui peignait le portrait. Il prit ensuite des leçons de Brenet, et fit sous lui des progrès si rapides, qu'à l'âge de vingt ans il concourut pour le grand prix de peinture. On rapporte qu'il déchira le tableau qu'il avait fait à cette occasion, parce qu'il le crut inférieur à ceux de ses concurrens. Cependant, au jugement de M. David, il eût infailliblement remporté le prix. Il fit ensuite son tableau de *la Cananéenne aux pieds de Jésus-Christ*. Cet ouvrage, qui est maintenant au musée du Louvre, et qu'on peut regarder comme un chef-d'œuvre, frappa les juges d'admiration. Drouais travaillait jours et nuits, sans prendre garde qu'il altérait sa santé. D'une figure agréable, noble et régulière, et fait pour obtenir des succès de tout genre, il les fuyait, parce qu'il faut, disait-il, « mériter » la gloire avant de songer au plai-

»sir. » Il fut envoyé très-jeune à Rome, où il apprit bientôt à imiter les grands maîtres. Ce fut là qu'il fit le tableau de *Marius à Minturnes*, et celui de *Philoctète*. Épuisé par le travail, il mourut le 13 février 1788. Il était né à Paris en 1763.

DROUET (COMTE D'ERLON), né à Reims le 29 juillet 1765, débuta dans la carrière militaire par être soldat dans un bataillon de volontaires nationaux, où il s'enrôla en 1792. Son courage et son intelligence l'ayant fait distinguer par le général Lefebvre, il devint son aide-de-camp; il fit sous lui, aux armées de la Moselle et de Sambre-et-Meuse, les campagnes de 1793, 1794, 1795 et 1796. En 1799, il fut nommé général de brigade, et après avoir servi dans l'armée de Hanovre, en 1803, il fut élevé au grade de général de division. En 1805, le corps qu'il commandait pénétra par la Franconie dans la Bavière. Le 14 octobre 1806, il était à la bataille d'Iéna, et contribua à la défaite du prince de Wurtemberg et à la prise de Halle. Il se signala le 14 juin 1807 à la bataille de Friedland, où il fut blessé, et où il se trouvait en qualité de chef d'état-major-général de l'armée aux ordres du général Lannes. Le 29 mai, il fut décoré du titre de grand-officier de la légion-d'honneur. En 1809, il contribua à soumettre le Tyrol; et chargé ensuite du commandement du 9e corps de l'armée d'Espagne, il obtint en 1810 des succès en Portugal, et fit sa jonction avec Masséna le 26 décembre 1811. Au mois de décembre 1812, il contraignit le général anglais Hill à se retirer sous les murs de Lisbonne. En 1813, il commandait l'armée du centre, et obtint des succès sur la Guenna. Malgré la vigoureuse résistance des Espagnols, vers la fin du mois de juillet il emporta de vive force la position du Col-de-Maya. Après la déroute de Vittoria, il fut fait lieutenant du maréchal Soult. A l'époque de l'invasion de l'armée anglaise dans le Midi, il se trouva aux batailles de l'Adour, d'Orthez et de Toulouse, et à toutes celles qui eurent lieu pour arrêter les progrès de Wellington. Lors de la rentrée du roi en France, il fut nommé commandant de la 16e division militaire et chevalier de Saint-Louis. Le roi confirma, le 20 septembre, le titre de grand-cordon de la légion-d'honneur, que lui avait accordé le duc de Berri : le conseil de guerre qui acquitta le général Excelmans fut présidé par lui. Le général Lefebvre-Desnouettes ayant alors formé le projet de rassembler toutes les forces qui se trouvaient dans le nord de la France, pour tenter un coup de main sur Paris, le général Drouet fut accusé de complicité et arrêté le 13 mars 1815, par ordre du duc de Feltre, alors ministre de la guerre. Les événemens qui se succédèrent lui procurèrent bientôt sa liberté. Il s'empara alors de la citadelle de Lille, où il se maintint jusqu'au 20 mars. Le 28 du même mois, Napoléon fut proclamé et reconnu, par ses ordres, souverain de la France, et tous les généraux et officiers signèrent une adresse où ces sentimens étaient exprimés avec énergie. Le comte d'Erlon fut, le 2 juin, nommé pair de France, et obtint le commandement du 1er corps d'armée. Ce fut avec cette armée qu'il fit à Fleurus et à Waterloo des prodiges de valeur que la fortune rendit inutiles. Le général Drouet commanda ensuite l'aile droite de l'armée sous Paris, et après la capitulation, il se rendit au-delà de la Loire. Se trouvant compris dans l'ordonnance du roi du 24 juillet, il quitta secrètement son corps d'armée, et fut assez heureux pour arriver à Bayreuth, où il trouva un asile. Le conseil de guerre de la 11e division a dû le juger par contumace le 22 juin 1816; mais la procédure fut abandonnée à défaut de preuves suffisantes. Le général Drouet est toujours en exil.

DROUET (JEAN-BAPTISTE), naquit le 8 janvier 1763; il servit d'abord dans un régiment de dragons, et devint ensuite maître de poste à Sainte-Ménéhould. Louis XVI ayant passé par cette ville lorsqu'il fuyait Paris avec sa famille, pour se rendre à Montmédy, fut reconnu par Drouet, à cause de sa ressemblance avec le portrait empreint sur les assignats. Drouet prend une route détournée, et devance la voiture du roi. Arrivé à Varennes, il commence par obstruer un pont qui se trouvait sur la route, réunit le maire, le commandant de la garde nationale, et fait arrêter le roi le 21 juin 1791. Pour le récompenser, l'assemblée nationale lui accorda, le 28 août suivant, une gratification de 30,000 fr., mais il ne voulut point l'accepter, et il se contenta de solliciter un grade dans la gendarmerie. En septembre 1792, il fut nommé, par le département de la Marne, député à la convention : il vota sans sursis la mort de Louis XVI. Joignant un esprit peu cultivé à un caractère irritable, il se fit remarquer, tant qu'il fut député, par son exagération : Lanjuinais et les Girondins trouvèrent en lui un ennemi implacable, et il prit une part très-active à la journée du 31 mai. En septembre 1793, il fut envoyé à l'armée du Nord. Se trouvant cerné par les Autrichiens, dont il avait lieu de craindre la vengeance, il fut pris par eux au moment où il cherchait son salut dans la fuite. Renfermé dans une forteresse de Moravie, il voulut se sauver, mais il ne fut pas heureux dans cette tentative, car il se cassa le pied en tombant, et se trouva de nouveau entre les mains de ses ennemis. Échangé à Bâle, au mois de novembre 1795, avec Camus, Lamarque et autres députés, contre la fille de Louis XVI, il reprit sa place au conseil des cinq-cents. Une conspiration dirigée par Babeuf se tramait alors contre le gouvernement; Drouet se joignit aux conspirateurs, et fut arrêté avec eux dans la nuit du 10 au 11 mai 1796, et conduit à l'Abbaye. Prêt à être traduit devant la haute-cour convoquée à Vendôme, il parvint à se sauver. Dans la nuit du 23 au 24 fructidor, il était du nombre de ceux qui cherchèrent à soulever le camp de Grenelle contre le directoire; et il n'échappa à la mort qu'en se cachant sous de la paille, dans la charrette d'une laitière. Voyant que toutes ses

Le Comte Drouot,
Lieutenant Général.

Dessiné d'après Nature par F.***   Déposé.

tentatives étaient infructueuses, il alla d'abord en Suisse, et partit ensuite pour les Indes; mais à l'instant où il débarquait au pic de Ténériffe, l'île était attaquée par les Anglais; on se battit vigoureusement, et Drouet, dans cette circonstance, montra véritablement du courage. Il rentra ensuite en France, ayant été acquitté pour l'affaire de Babeuf. Le directoire l'envoya en qualité de commissaire dans son département, et en 1798 il fut élu par le collége électoral du département de la Marne, candidat au corps législatif. Nommé, au mois de septembre 1799, sous-préfet à Sainte-Ménéhould, il a occupé cette place jusqu'à la rentrée du roi. Après avoir été membre de la chambre des députés pour le département de la Marne, pendant les *cent jours*, il sortit de France, en exécution de la loi portée contre les conventionnels, ayant voté la mort du roi.

DROUOT (Antoine, comte), lieutenant-général et grand-officier de la légion-d'honneur. Né à Nanci le 11 janvier 1774, admis en 1793 à l'école d'artillerie, fut nommé, le 1er juillet de la même année, lieutenant au 1er régiment d'artillerie, fit d'une manière brillante toutes les campagnes de la révolution, gagna son avancement sur le champ de bataille, et en 1808 fut nommé colonel-major de l'artillerie à pied de la garde impériale. Les services que Drouot rendit à la tête de ce corps d'élite sont mentionnés dans le bulletin de la bataille de Wagram et dans ceux de la campagne de Russie. Ils durent être appréciés et récompensés par Napoléon, qui, en mars 1813, l'appela auprès de lui en qualité d'aide de-camp, l'honora d'une confiance particulière, justifiée depuis si noblement dans les jours malheureux, et le chargea, sous le titre d'aide-major, du travail de la garde. Drouot était alors général de brigade, et fit parler de lui à la bataille de Lutzen, où il commandait la fameuse artillerie légère de la garde. Après la bataille de Bautzen, où il gagna le grade de général de division, il commanda à Wachau l'artillerie de réserve, et remporta sur l'ennemi un avantage de la plus haute importance pour le salut de l'armée. Le 30 octobre suivant, il fit éprouver, en avant de Hanovre, un échec considérable aux Bavarois, qui vinrent aussi inquiéter la retraite des drapeaux sous lesquels ils avaient été réunis. Cette trahison inhospitalière de la fédération germanique fut punie momentanément par Drouot, mais elle ne devait pas être vengée. Le 17 février 1814, ce général se distingua à l'affaire de Nangis, et le 17 mars, il franchit le défilé de Vauclor sous le feu de 60 pièces de canon. Cette action héroïque tient une belle place parmi les hauts-faits d'armes qui ont immortalisé les derniers momens de notre gloire militaire. Après le traité de Fontainebleau, le général Drouot continua sa fidélité à Napoléon, le suivit à l'île d'Elbe, et en fut nommé gouverneur. Le 1er mars 1815, il débarqua avec lui au golfe Juan, et signala l'arrivée de Napoléon sur le sol français par une proclamation à l'armée.

Le général Drouot commanda l'avant-garde, pendant le voyage de Napoléon d'Antibes à Paris, où il reprit son service dans la garde. Le 2 juin il fut nommé pair, et peu de jours après il partit pour l'armée. Après la funeste journée de Waterloo, il consentit à se séparer momentanément de Napoléon, pour prendre le commandement en chef des débris de la garde impériale. Dans la séance du 23 juin de la chambre des pairs, ne désespérant point de la patrie ni de son salut, le général Drouot chercha à détruire, dans une improvisation remarquable, la fâcheuse impression que le maréchal Ney avait pu produire la veille, par le tableau décourageant qu'il avait tracé de la situation de l'armée. « La dernière catastro- »phe, disait le brave Drouot, ne »doit pas décourager une nation »grande et forte comme la nôtre; »si nous déployons dans cette »circonstance critique toute l'é- »nergie nécessaire, ce dernier »malheur ne fera que relever no- »tre gloire.... Après la bataille de »Cannes, le sénat romain vota »des remercîmens au général »vaincu, parce qu'il n'avait pas »désespéré du salut de la répu- »blique... Dans une circonstance »infiniment moins critique, les »représentans de la nation se lais- »seront-ils abattre, et oublieront- »ils les dangers de la patrie pour »s'occuper de discussions intem- »pestives? etc. » La commission du gouvernement confia le même jour au général Drouot le commandement de la garde. Le 25 il se rendit à son poste, et ne s'occupa plus que de la défense de Paris : mais Paris était déjà livré; et en vertu de la capitulation qui eut lieu peu de jours après, le général Drouot dut se retirer sur la Loire avec la garde, dont il partagea la constance et l'adversité. Compris dans l'ordonnance du 14 juillet 1815, il se rendit à Paris, et se constitua volontairement prisonnier à l'Abbaye. Le 6 avril de l'année suivante, il fut traduit devant le premier conseil de guerre de la première division, et trouva des défenseurs dans tous les témoins appelés à déposer contre lui. De ce nombre était le maréchal Macdonald, qui se plut à rendre un hommage éclatant à la loyauté du général Drouot. Une défense noble et simple honora le caractère de l'accusé. Après avoir retracé avec franchise la sainteté du devoir qui l'attachait à la fortune de Napoléon malheureux, il termina ainsi : « Quand j'ai con- »nu l'ordonnance du 14 juillet, je »me suis rendu volontairement, »et j'ai couru au-devant du juge- »ment que je devais subir. Si je »suis condamné par les hommes, »qui ne jugent les actions que sur »les apparences, je serai absous »par mon juge le plus implacable, »ma conscience. Tant que la fidé- »lité aux sermens sera sacrée par- »mi les hommes, je serai justifié. »Mais, quoique je fasse le plus »grand cas de leurs opinions, je »tiens encore plus à la paix de »ma conscience : j'attends votre »décision avec calme. Si vous »croyez que mon sang soit utile »à la tranquillité de la France, »mes derniers momens seront »encore doux.» Drouot fut acquitté, à la majorité seulement de quatre voix contre trois. Le ministère public reçut la défense positive du roi de se pourvoir en révision, et l'ordre formel de rendre sur-le-champ le général acquitté à sa famille et à ses amis. Drouot partit de suite pour Nanci, sa patrie, n'ayant consenti ni à recevoir aucun traitement, ni à reprendre du service; il attend dans la plus honorable obscurité le moment où la France pourrait l'appeler au nombre de ses défenseurs.

DROZ (Pierre Jacquet), destiné à l'état ecclésiastique presque dès sa naissance, ayant terminé ses études à l'académie de Bâle avant d'avoir atteint l'âge requis pour recevoir l'institution pastorale, revint en attendant chez ses parens, où il trouva une de ses sœurs qui travaillait à l'horlogerie. Bientôt il prit pour cette profession un goût si prononcé, qu'il résolut de s'y livrer entièrement. Il fit dans cet art des progrès surprenans. Dès les commencemens, il s'occupa de perfectionner quelques pièces, et peu de temps après, il adapta, presque sans frais, des jeux de flûte et des carillons aux horloges les plus communes. Son imagination s'exaltant ensuite, il se persuada de pouvoir trouver le mouvement perpétuel. Il travailla donc à résoudre ce grand problème; mais quelques découvertes intéressantes furent le seul résultat de cette entreprise chimérique. Déchu de ses espérances de ce côté-là, il réussit parfaitement à faire une pendule qui, au moyen de deux métaux inégalement dilatables, marchait sans être remontée tant que les pièces n'étaient pas détériorées par le frottement. Cette pendule, présentée au roi d'Espagne, valut à son auteur les éloges les plus flatteurs de la part des artistes qui furent chargés de l'examiner. A son retour d'Espagne, où il avait emporté plusieurs autres mécaniques curieuses, Droz fit son automate écrivain, qui est de tous ses ouvrages celui qui parut le plus surprenant, et qui demandait en même temps le plus de génie et le plus de patience. Cette figure, dont le mécanisme était intérieur, avait les mouvemens des articulations de la main et des doigts si sensibles, et ces mouvemens étaient si réguliers, que l'automate écrivait des caractères très-bien formés. Droz travaillait à une pendule astronomique, quand il s'aperçut, mais trop tard, que les veilles et les fatigues avaient épuisé sa santé. Vainement il chercha à la rétablir dans un voyage qu'il fit exprès à Genève. Né le 28 juillet 1721 à la Chaux-de-Fond, dans le comté de Neufchâtel, il mourut à Bienne le 28 novembre 1790.

DROZ (Henri-Louis Jacquet) suivit la même carrière que Pierre Jacquet Droz, son père, et ne devint pas moins célèbre que lui. Né à la Chaux-de-Fond le 13 octobre 1752, il fit ses premières études dans la maison paternelle, et fut ensuite envoyé à Nanci pour y suivre un cours de mathématiques. Il montra, dès son bas âge, pour la mécanique, des dispositions qui firent augurer ce qu'il serait un jour. Il n'avait que 22 ans quand il fit deux automates bien extraordinaires; l'un des sinait, et l'autre, qui représentait une jeune fille, jouait sur le clavecin plusieurs airs, et semblait, par les mouvemens de sa tête et de ses yeux, suivre la musique. Quand son morceau était terminé, elle se levait et saluait la compagnie. Ces deux pièces qui furent apportées à Paris, attirèrent un concours immense de curieux. M. de La Reguière, fermier-général, avait un fils qui était privé de l'usage de ses mains; Droz imagina et fit exécuter par un ouvrier très-habile, nommé Leschot, deux mains artificielles qui faisaient au moins, en grande partie, les fonctions de deux mains naturelles. On rapporte que Vaucauson, après avoir vu cette invention, dit à Droz : « Jeune » homme, vous commencez par » où je voudrais finir. » Droz alla ensuite en Angleterre où il ne fit qu'un séjour très-court, parce que la température de ce pays était contraire à sa santé; il y forma cependant un établissement dans lequel on confectionnait les pièces d'horlogerie les plus compliquées. En 1794, Droz alla demeurer à Genève, où pour premier tribut de l'estime qu'on accordait à ses grands talens, on lui décerna le droit de bourgeoisie. Il ne se contentait pas de son propre travail, et de fournir à tous les frais nécessaires pour les expériences qu'il jugeait importantes, il accueillait encore de la manière la plus encourageante les découvertes qui lui étaient présentées. Il fut l'ami du naturaliste Bonnet. A son génie pour la mécanique, il joignait des mœurs douces, un caractère aimable, des connaissances variées et étendues, et était aussi assez bon musicien ; enfin, il possédait toutes les qualités qui rendent un homme agréable dans la société : aussi fut-il recherché par les personnes les plus distinguées. Il fit, sur les moyens d'étendre les fabriques d'horlogerie, et sur les procédés dont on pouvait user pour tempérer l'action trop vive du feu sur l'émail, des mémoires goûtés par tous les hommes de l'art. Droz ayant été attaqué d'une affection de poitrine, les médecins lui conseillèrent d'aller aux îles d'Hières; mais ce voyage n'ayant pas produit sur sa santé l'effet qu'on en avait espéré, Droz se rendit à Naples, où il mourut, le 18 novembre 1791. Son éloge que prononça Senebier à la société d'encouragement, prouva toute l'estime dont jouissait cet artiste célèbre, enlevé à la société à la fleur de son âge (il n'avait que 39 ans).

DROZ (Joseph), ancien conseiller au parlement de Besançon, naquit en cette ville dans l'année 1773 : il était doué d'un caractère doux et bienfaisant, et d'un esprit vrai et cultivé. Il écrivait facilement; et à l'occasion d'un petit ouvrage imprimé en 1806 et en 1816, in-8°, lequel a pour titre : *Essai sur l'art d'être heureux;* on disait qu'il méritait de jouir du bonheur dont il traçait la voie. Nous avons de lui : *Essai sur l'art oratoire,* 1799, 1806, in-8°; *Des lois relatives aux progrès de l'industrie, ou observations sur les maîtrises, les règlemens, les priviléges et les prohibitions,* 1810, in-8°; *Lina, ou les enfans du mi-*

nistre *Albert*, 1805, 3 vol. in-12. Ce roman, dans lequel l'auteur a eu pour but de prouver qu'on peut avoir des vertus dans tous les partis, est aussi intéressant qu'agréable. *Éloge de Montaigne*, 3ᵐᵉ édition, 1815, in-8°. L'institut, dans un de ses concours, a fait mention de cet éloge, dans lequel l'auteur a si bien peint le génie de celui dont il faisait le panégyrique. La dernière production de Droz, et celle dans laquelle il a développé toute l'étendue de ses connaissances dans les beaux-arts, est l'ouvrage intitulé : *Études sur le beau dans les arts*, 1815, in-8°.

DROZ (François-Nicolas-Eugène), conseiller au parlement de Besançon, et secrétaire de l'académie de cette ville. Les recherches historiques, travail rempli de difficultés et extrêmement aride, l'occupèrent dès sa première jeunesse. Né à Pontarlier le 4 février 1735, à l'âge de 20 ans il avait acquis dans ce genre d'étude des connaissances si vastes, que l'académie de Besançon ne balança pas à l'admettre au nombre de ses membres. Droz, destiné à la haute magistrature, débuta dans cette carrière de la manière la plus brillante. Doué d'un jugement sain, d'un esprit juste et pénétrant, il débrouillait avec une extrême sagacité les questions les plus obscures, les affaires les plus compliquées, et parvenait toujours à les présenter d'une manière claire et lumineuse. Ses travaux historiques furent quelque temps suspendus, mais il les reprit après avoir été nommé membre du parlement, et ne les abandonna qu'à l'époque de la révolution. Nous avons de lui : 1° un *Mémoire pour servir à l'histoire de Pontarlier*, imprimé à Besançon en 1760, in-8°, 2° *Essai sur l'histoire des bourgeoisies du roi, des seigneurs et des villes*, in-8°, Besançon, 1760; 3° *l'Éloge de l'abbé Bullet;* 4° *Mémoire pour servir à l'histoire du droit public de Franche-Comté*, 1789, Besançon, in-8°; 5°*Mémoire sur l'avantage du rétablissement des académies*, id., 1804, in-8°. Il a de plus travaillé à la continuation de la *Gallia christiana*, et à la dernière édition de la *Bibliothèque historique de France*. Il a été l'éditeur du *Recueil des édits et ordonnances de la Franche-Comté, depuis la conquête de cette province jusqu'en* 1771, 5 vol. in-folio. Ajoutez à cela que M. Droz coopéra à la formation du dépôt des chartes établi à Paris, et qu'il entretenait en même temps avec les savans de la France, de la Suisse et de l'Allemagne, des correspondances suivies. Il était membre des académies d'Arras et de Dijon, et, comme il a déjà été dit, secrétaire perpétuel de celle de Besançon et de la société d'agriculture du département. Il mourut le 13 octobre 1805, à St.-Claude, des suites d'une paralysie; et son éloge fut fait par M. Coste.

DRUAULT (LE BARON DE), émigra en 1792. Avant la révolution, il était officier dans un régiment d'infanterie. Pendant son émigration, il servit d'abord dans un régiment étranger à la solde de l'Angleterre, et devint ensuite major, grade qu'il conserva jusqu'en 1814, époque où il rentra en France. Nommé, par le roi, maréchal-de-camp et colonel des volontaires royaux, il suivit le mouvement commun et accompagna le roi à Gand. Le 9 septembre, il obtint le commandement du 5.me régiment d'infanterie de la garde royale.

DRULHE, ancien curé de Toulouse, député à la convention par le département de la Haute-Garonne, fut du nombre de ceux qui opinèrent pour la réclusion et le bannissement de Louis XVI. Au mois d'avril 1796, il vota, comme membre du conseil des cinq-cents, le rétablissement de la loterie. En l'année 1799, il fut nommé au corps-législatif, où il resta jusqu'en 1803.

DRYANDER (Jonas), était le compatriote et fut le disciple de Linnæus. Né en Suède, en 1748, il avait 28 ans lorsqu'il se fit recevoir maître ès arts. Il soutint, à cette occasion, une thèse sur l'histoire naturelle, dans laquelle il prit la défense des champignons contre un grand nombre de savans qui ne voulaient pas que cette plante cryptogame appartînt au règne végétal. Dryander se fit connaître encore par plusieurs dissertations sur la botanique, et passa en Angleterre vers 1777. Sir Joseph Banks, également originaire Suédois, l'ami et le protecteur de la science et des savans, apprécia bientôt Dryander, et se l'attacha en lui confiant la garde et le soin de sa bibliothèque; c'était là ce qui convenait à Dryander. Il a été à la tête de ce riche dépôt, le plus complet de l'Europe, pendant plus de trente ans, et est mort en 1810, après avoir fait un catalogue des ouvrages dont il était le conservateur. Ce catalogue a paru en 1796 et 1800, et comprend 5 vol. in-8° ayant pour titre : *Catalogus Bibliothecæ historico-naturalis Josephi Banks*. M. Robert Brown, qui a succédé à Dryander, continue l'utile ouvrage commencé par son prédécesseur; ouvrage dans lequel les amateurs de l'histoire naturelle pourront puiser des connaissances et des renseignemens aussi exacts que précieux.

DUAUT (François-Marie-Guillaume), à qui, selon l'expression de Rivarol, l'*Almanach des Muses* doit la vie, est né à Saint-Malo en 1770. En 1802, il publia un vol. in-8°, intitulé *Poésies*, dans lequel il a réuni plusieurs petits poëmes sur différens sujets, et beaucoup de pièces fugitives qui avaient déjà paru dans d'autres recueils. Ces poésies, en général, ne sont pas sans mérite. M. Duaut était employé au ministère des affaires étrangères.

DUBARRAN (Barbeau), nommé à la convention nationale par le département du Gers, devint, en octobre 1793, membre du comité de sûreté générale et président de la société des Jacobins. Il fut l'un de ceux qui, dans le procès de Louis XVI, votèrent pour la mort. Il se prononça, le 9 thermidor, contre Robespierre et ses complices, en proposant de hâter leur exécution; mais il employa tous ses moyens pour justifier la conduite des anciens membres du comité de salut public, et s'opposa avec force à leur mise en jugement. Prévenu d'être l'un des auteurs de l'insurrection du 1.er prairial an 3, il fut arrêté, et assez heureux cependant pour ne point partager le sort de ses collègues Bourbotte, Romme, Soubrany, etc. La liberté lui fut rendue par l'amnistie du 4 brumaire an 4.

DUBARRY (connu sous le titre de COMTE JEAN), fils d'un paysan peu fortuné, n'était ni sans esprit ni sans ambition : l'envie d'acquérir des richesses, n'importe par quels moyens, le conduisit à Paris, où le champ le plus vaste est ouvert à l'intrigue dont il paraissait posséder le génie. Depuis long-temps dans la capitale, où il s'était fait remarquer par le luxe scandaleux de ses débauches; logé dans des appartemens somptueux, une Laïs moderne, qu'il avait associée à sa fortune, ou que plutôt il avait prise pour l'augmenter, était présentée par lui comme son épouse, à une foule de jeunes seigneurs que l'appât du jeu et les attraits de cette syrène ne manquaient jamais de faire tomber dans le piége tendu à leur inexpérience. Les choses en étaient là lorsque Dubarry rencontra par hasard la courtisane Lange (Mlle Vaubernier), si célèbre depuis par l'ascendant qu'elle prit sur l'amant couronné qui ne dédaigna pas de s'abaisser jusqu'à elle (*Voyez* BARRY, LA COMTESSE DU). Cette femme était belle : Dubarry jugea d'abord qu'il pourrait en tirer un bon parti, s'il parvenait à la faire présenter au roi, et mit dans ses intérêts, pour cet effet, Lebel, valet-de-chambre de Louis XV et l'agent secret de ses plaisirs. La présentation eut lieu, la courtisane plut, mais il fallut lui donner un titre, et l'on jugea à propos de lui faire épouser le frère de Jean Dubarry, qui s'appelait aussi M. le comte. Ainsi, Mlle Lange Vaubernier, en devenant comtesse Dubarry, devint tout aussi noble que l'étaient son mari et son beau-frère. Jean Dubarry, fier d'un pareil succès, dont il dut être largement récompensé, étala avec plus de profusion encore un faste orgueilleux, et devint le plus insolent des hommes. Malheureusement pour lui, Louis XV cessa de vivre. Il ne jouit pas d'une grande considération sous Louis XVI ; et, dans les premières années de la révolution, s'étant retiré à Toulouse, où il ne partageait pas les opinions qui se trouvaient alors à l'ordre du jour, on l'accusa d'avoir fomenté contre les patriotes une réaction royaliste qui se manifesta, par une émeute, le 18 avril 1790. Traduit, en conséquence, devant le tribunal criminel du département de la Haute-Garonne, il fut condamné à mort le 28 nivôse an 2.

DUBOCCAGE, *voyez* BOCCAGE (Mme DU).

DUBOIS-DUBAIS (LOUIS-THIBAULT, COMTE), est né dans le canton de Cambrennes, arrondissement de Pont-Lévêque, département du Calvados. Il était chevalier de Saint-Louis, et avait, dans la maison militaire du roi, le rang de capitaine de cavalerie, lorsque les premiers symptômes de la révolution annoncèrent la prochaine régénération du corps politique. M. Dubois-Dubais fut un de ceux qui se prononcèrent dès lors en faveur d'un nouvel ordre de choses; et, en 1789, l'époque est remarquable, il publia, sous le titre de *Mon opinion motivée, ou le vœu d'un gentilhomme normand à la noblesse normande,* une brochure où se trouve ce passage, qui, inspiré aujourd'hui, après plus de 30 ans de révolution, ne serait pas plus sage, et qui fût la base constante de sa conduite : « Il s'agit de régénérer » un grand empire; il s'agit de réé- » difier l'édifice politique de la mo- » narchie française sur une base » immuable, qui fixe imperturba- » blement les droits du monarque » et ceux de ses sujets : assigner » au pouvoir de l'un son étendue » et ses limites; à l'obéissance des » autres son degré et ses bornes; » rendre le souverain grand, en le » mettant à portée de faire le bien et » de mériter l'amour de ses sujets; » rendre le citoyen heureux en as- » surant sa liberté, et en le met- » tant sous la protection immédia- » te des lois les plus équitables. » Cette opinion, qu'avouaient la prudence et la modération, fixa sur lui l'attention des habitans de son département; ils le portèrent successivement aux fonctions de juge de paix, de commandant de la garde nationale, d'administrateur du département du Calvados; enfin, de député à l'assemblée législative en septembre 1791, et à la convention nationale en septembre 1792. Dans le procès du roi, M. Dubois-Dubais demanda le renvoi au peuple réuni en assemblées primaires; et, forcé de se renfermer dans les termes de la délibération, il vota la mort, mais dans le cas d'invasion du territoire français par les troupes étrangères. Cette déclaration conditionnelle le fit ranger dans la classe des membres qui ne se déterminaient pas pour la peine capitale. Il se prononça ensuite pour l'appel au peuple et pour le sursis; il fut donc l'un des *quarante-six votans avec sursis* qui furent compris dans la *minorité,* et par conséquent *comptés contre la peine de mort.* Pendant la durée de la session conventionnelle, il fut envoyé trois fois en mission. Il s'exprimait ainsi dans sa proclamation aux habitans des départemens de l'Orne et de la Sarthe (provinces de l'Ouest) : « Je viens vous présenter tout ce » que peut vous offrir la bienfai- » sance nationale, pour alléger vos » maux et soulager vos besoins. » Oui, je viens consolider parmi » vous, et rendre encore plus é- » tendus, s'il est possible, les ef- » fets bienfaisans de la mémora- » ble journée du 9 thermidor, de » cette journée qui, en anéantis- » sant les partisans de l'exécrable » système de terreur, rappelle au » sein de la patrie déchirée, cou- » verte de ruines et de sang, les » jours heureux de justice, d'hu- » manité et de paix, qui sont les » délices de l'homme probe et ver- » tueux, qui sont la ressource de » l'artisan, la consolation des in- » fortunés et la sûreté de l'inno- » cence; jours si désirables, et sans » lesquels le bonheur du peuple » n'est qu'une chimère, et ses mal- » heurs une affreuse réalité, etc. » Si, revêtu du pouvoir proconsulaire, il se montra constamment humain et équitable, il n'en conserva pas moins l'énergie et l'indépendance qu'il tenait de son caractère personnel et de la dignité de ses fonctions. On n'a point oublié qu'en 1793, étant en mission à l'armée du Nord, il répondit à la sommation du prince de Cobourg, qui assiégeait la place de Condé, avec une énergie à laquelle ses commettans applaudirent, quoique certains biographes aient affirmé le contraire (Voyez le *Moniteur* du 31 juillet 1793). Des lettres de félicitation des armées et des conseils-généraux des départemens où il avait été envoyé, attestèrent les services qu'il avait rendus et la reconnaissance qu'il avait inspirée. De retour à Paris, il fit mettre en liberté, après le 9 thermidor an 2 (27 juillet 1794), tous les cultivateurs arrêtés comme suspects ; parla en faveur d'Henri Larivière, l'un des proscrits du 31 mai 1793; fit ordonner la suspension du décret relatif à la colonne infamante qui devait être élevée à Caen; provoqua la réintégration du général Kellerman, depuis duc de Valmy, maréchal de France; défendit Robert Lindet, relativement aux administrateurs du département de l'Eure, accusés de fédéralisme ; proposa et fit adopter un projet sur la police militaire; obtint un décret sur le mode de jugement des *Chouans,* et demanda un conseil militaire pour juger Cormatin-Desotteux et autres chefs de ces bandes. Nommé au conseil des cinq-cents, il parle sur l'organisation des tribunaux militaires; reproduit son travail sur la désertion; fait accorder des fonds pour le paiement des veuves et des enfans des invalides ; se prononce, dans plusieurs occasions, contre le parti *clichien;* combat fortement la proposition de Pichegru sur la réorganisation de la garde nationale; s'oppose à l'adoption du projet sur les destitutions militaires ; enfin, présente des vues sur le mode de recrutement de l'armée. Réélu au conseil des anciens, la première fois qu'il monte à la tribune, c'est pour payer un juste tribut d'éloges aux armées françaises. Dans la discussion sur l'impôt du sel, il se prononce contre cet impôt ; sur la communication faite au conseil de l'assassinat des ministres plénipotentiaires, Bonnier et Roberjot, il oppose la conduite loyale de la république avec celle du gouvernement autrichien, et demande l'envoi d'un message au directoire-exécutif pour connaître les détails officiels de cet événement. Chargé du rapport sur les résolutions qui augmentent les contributions, il s'élève avec force contre les dilapidateurs, et se plaint de leur impunité. Il devient président du conseil; il l'avait été de presque toutes les assemblées législatives précédentes. Après les événemens du 18 brumaire an 8 (9 novembre 1799), il fut nommé commissaire dans les quatre départemens de la rive gauche du Rhin. La proclamation qu'il rédigea à cette occasion respire les principes les plus purs et les plus efficaces pour le bonheur public. A son retour à Paris, il fut créé successivement sénateur, comte de l'empire, commandant de la légion-d'honneur, et titulaire de la sénatorerie de Nîmes. Les événemens politiques de 1814 imposant silence aux sentimens particuliers de la plupart des grands fonctionnaires publics, M. Dubois-Dubais fut du nombre de ceux qui se prononcèrent pour la formation d'un gouvernement provisoire, et ensuite pour le rétablissement de la dynastie des Bourbon. Cependant M. Dubois-Dubais n'occupa aucun emploi sous le gouvernement du roi. Durant les *cent jours*, il signa l'*acte additionnel* aux constitutions de l'empire, mais avec la condition qu'il y serait fait des changemens réclamés par l'opinion publique. Après la seconde restauration, il publia des *Observations justificatives sur les votes conditionnels dans la malheureuse affaire du roi Louis XVI*, avec cette épigraphe : « Le » prince est la loi vivante qui a-» doucit ce que la loi écrite pour-» rait avoir de trop rigoureux » (paroles de l'empereur Julien); brochure in-8°. Forcé de quitter la France, par suite d'une fausse application de la loi du 12 janvier 1816, contre les conventionnels dits *votans*, il se retira à Bruxelles, y resta pendant deux ans, et fut rappelé dans sa patrie au commencement de 1818, *attendu que la loi d'exil ne lui est pas applicable*. M. Dubois-Dubais a été réintégré en conséquence dans tous ses droits de citoyen; mais, quoique ancien sénateur, il n'a point été appelé à la chambre des pairs. M. Dubois-Dubais a cultivé les lettres avec succès, et s'est délassé quelquefois de ses travaux politiques en composant des vers et des chansons agréables. Il est membre de l'athénée des arts, et de plusieurs autres sociétés savantes.

DUBOIS (Julien), député à la convention nationale par le département de l'Orne, fut l'un de ceux qui, dans le procès de Louis XVI, se prononcèrent contre lui avec le plus de véhémence. Il accusa même, à la séance du 26 décembre 1792, Defermont, président de l'assemblée, de s'entendre avec les défenseurs de Louis pour le sauver. Il vota la mort sans appel et sans sursis. Commissaire du directoire après la session, il est depuis resté inaperçu. Avant la révolution, J. Dubois exerçait la profession d'avocat.

DUBOIS (Antoine), fit avec distinction les premières campagnes de la révolution, et mérita par ses services d'être élevé au grade de général de division. Il se fit remarquer à la bataille de Fleurus, où il commandait une division de cavalerie. Cependant quelques désagrémens qu'il éprouva de la part du général en chef Jourdan, le déterminèrent à quitter l'armée de Sambre-et-Meuse. Il se trouvait à Paris à l'époque du 1er prairial an 3 (20 mai 1795), lorsque les habitans des faubourgs insurgés menacèrent la convention. Chargé, par les comités du gouvernement, de marcher contre les rebelles, à la tête de la cavalerie qui se trouvait alors à Paris, il parvint à les dissiper sans répandre de sang, et assura le triomphe de la cause qu'il servait. Il fut depuis employé à l'armée d'Italie, dans cette campagne immortelle où les Français firent des prodiges, et expira d'une mort glorieuse sur le champ de bataille de Rovérédo. Son dernier vœu, en recevant le coup fatal, fut de vivre encore assez de temps pour apprendre l'entière défaite des ennemis de la république. Ce vœu fut accompli ; et son dernier

soupir s'exhala parmi les cris de victoire de l'armée française.

DUBOIS (Jean-Baptiste), naquit à Fouchange, département de la Côte-d'Or, le 22 mai 1753. Il avait fait de très-bonnes études à Dijon et à Paris, lorsque le roi de Pologne, Stanislas-Auguste, l'appela près de lui pour professer le droit public à l'école des cadets. Devenu conseiller intime, et comblé des bontés de ce prince, Dubois ne put néanmoins demeurer à Varsovie, le climat étant absolument contraire à sa santé. Il traversa la Prusse en revenant en France; et, chargé d'une recommandation auprès de Frédéric II, il se présenta à ce souverain, qui lui fit un accueil favorable et la proposition de rester à sa cour. Il refusa, et revint à Paris. M. de Malesherbes confia l'éducation de son petit-fils, M. de Rosambo, à Dubois; et si, quelques années plus tard, il ne fut point entraîné dans la perte fatale de cet illustre magistrat, il ne le dut qu'à la journée du 9 thermidor. La *Notice sur la vie et les travaux de M. de Malesherbes*, publiée dans le temps par Dubois, lui fit le plus grand honneur, et lui acquit l'estime de tous les gens de bien. Il était chef de division au ministère de l'intérieur, à l'époque du 18 brumaire; le premier consul le nomma préfet du Gard. Il se trouva compromis dans une malheureuse affaire de conscription par sa bouté, sa bonne foi, et surtout par la trop grande confiance qu'il avait accordée aux employés qui l'entouraient: on fit justice de ceux-ci, mais la destitution du préfet fut prononcée. Le chef du gouvernement était si persuadé de son innocence qu'il voulut, en quelque sorte, le dédommager de la perte de sa préfecture en le nommant directeur des droits-réunis à Moulins, département de l'Allier. Dubois fut aimé et estimé dans sa direction comme il l'avait été à Nîmes, pendant qu'il avait été préfet; mais sa disgrâce lui avait porté le coup mortel, et le temps qu'il survécut à son chagrin ne fut plus qu'une longue et pénible agonie. Il mourut à Moulins en 1808, généralement regretté, et n'ayant jamais eu un seul ennemi dans toute sa vie. Dubois était membre de l'académie de Berlin et d'un grand nombre de sociétés savantes. Indépendamment de la *Notice sur la vie et les travaux de M. de Malesherbes*, il a publié le *Tableau des progrès de la physique, de l'histoire naturelle et des arts*, 1771, in-8°; il a traduit du polonais en français *la Myséide*, poëme héroï-comique; *Essai sur l'histoire littéraire de Pologne*, Berlin, 1778, in-8°; *Mémoires sur l'histoire naturelle de Brandebourg*, 1778; il a traduit de l'allemand le *Traité du mérite*, et le mélodrame d'*Ariane abandonnée*, joué à la Comédie-Italienne en 1781; enfin il a été le collaborateur du *Journal de littérature, des sciences et arts*, et de la feuille du *Cultivateur*.

DUBOIS DE CRANCÉ (Edmond-Louis-Alexis), naquit à Charleville, département de la Marne, en 1747. Il se destina à l'état militaire, entra dans la compagnie des mousquetaires de la maison du roi, en sortit pour quelques contrariétés, et fut fait lieutenant des maréchaux de France. On lui contestait des titres de noblesse auxquels il attachait peu d'importance, et ces tracasseries augmentèrent en lui cet amour de l'égalité, dont il avait déjà le germe et les principes. Élu député aux états-généraux par le tiers-état du bailliage de Vitry-le-Français, il arriva dans cette assemblée avec les dispositions les plus prononcées pour une réforme générale dans le gouvernement. Il s'occupa d'abord d'une nouvelle organisation des régimens et d'une constitution militaire. Il est remarquable que, sur la fin de 1789, ce fut lui qui le premier proposa de former l'armée par la conscription des citoyens actifs de chaque département. En 1790, il insista pour le rachat des droits féodaux, et fit effacer du procès-verbal les réclamations élevées contre la suppression des ordres religieux. Dubois de Crancé penchait à cette époque pour un gouvernement représentatif; il proposa que le roi fût le chef suprême de l'armée, et ne voulait pas que l'on changeât sa dénomination de roi de France contre celle de roi des Français. Selon lui, les membres du corps législatif non-seulement ne devaient pas appartenir au ministère public, mais il fit la motion expresse qu'ils en fussent écartés pendant quatre années encore après l'expiration de leurs fonctions. Il fit un travail sur l'administration des Invalides, et soutint que le corps législatif n'avait pas le droit de fixer le nombre de tous les grades de l'armée. La France était inondée, à cette époque, d'une quantité énorme de pamphlets, dont l'assemblée voulut réprimer la licence; dans cette discussion lumineuse, son opinion fut l'une des plus sages, en ce qu'il vota pour que les auteurs d'écrits incendiaires fussent jugés par un jury, afin d'éviter, disait-il, l'inquisition des juges. Lorsqu'en 1791 Louis XVI eut accepté la constitution, Dubois de Crancé fit décréter que la lettre du roi portant son acceptation, serait envoyée à tous les régimens, afin de donner, même aux militaires, une haute idée du pacte qui liait les Français avec leur souverain. Ce fut lui qui fit déclarer que les hommes de couleur seraient libres, dès qu'ils auraient mis le pied sur le sol français. Il ne fut point membre de l'assemblée législative qui succéda à la constituante, mais il fut député à la convention nationale par le département des Ardennes. A peine était-il à ce nouveau poste qu'on l'envoya en mission à l'armée des Alpes, pour y destituer le général Montesquiou, contre lequel il proposa ensuite un décret d'accusation. Chargé en même temps d'examiner la conduite du général Anselme, il le justifia. Dubois de Crancé, de retour, fut choisi pour annoncer à Louis XVI qu'un décret lui accordait un conseil; et, ce qui paraîtra surprenant d'après les antécédens de ce député, c'est qu'il combattit vivement la permission accordée au roi de communiquer avec sa famille. Il vota la mort de ce prince sans aucune restriction, et s'opposa à toute espèce de sursis ou d'appel. Depuis long-temps occupé d'un projet d'organisation de l'armée, il le fit connaître par un rapport. La fusion des troupes de ligne avec les volontaires nationaux, les récompenses que l'on devait accorder aux militaires, leur avancement, leur retraite, étaient les principales bases de son projet, et furent adoptées. Il fut nommé président de la convention et membre du comité de salut public; mais au commencement de la campagne de 1793, il partit pour l'armée des Alpes, dont il avait été nommé commissaire. Il transmit en cette qualité, au général Kellerman, l'ordre de marcher sur Lyon, qui venait de se révolter. Dubois de Crancé annonça le 6 août à la convention qu'il s'était mis à la tête de 20,000 républicains, pour faire justice des insurgés lyonnais. Il alla établir son quartier-général au château de la Pape, situé sur la rive droite du Rhône, à une lieue de Lyon, et, dès le 27 du même mois, il fit bombarder la ville. Dans le compte qu'il rendait de ce mémorable siège, il écrivait que le général Kellerman était franc et loyal, mais qu'il avait de la mollesse; et il donnait des détails sur les progrès de l'incendie de cette déplorable cité. Dubois de Crancé éprouva plus d'un contre-temps dans sa mission: il fut accusé, dénoncé, arrêté, justifié et mis en liberté. Revenu à Paris, il fit en 1794, à la société des jacobins, la singulière proposition de demander à chaque récipiendaire, ou aux membres que l'on épurerait, « ce qu'il avait fait pour »être pendu, dans le cas où la »contre-révolution arriverait. »

Dubois de Crancé voulait tout embrasser, et il se trompait souvent: il était propre à une chose, et il y réussit; ce fut sur son projet que la convention décréta l'embrigadement des troupes, l'organisation des compagnies de chasseurs et de l'infanterie légère. Dénoncé par Robespierre et Couthon, il accusa, à son tour, Jean Debry de fédéralisme. Parvenu à s'échapper dans toutes les luttes sanguinaires qui précédèrent le 9 thermidor, il fit décréter que le tribunal criminel prononcerait contre tous les individus mis hors de la loi à la suite de cette journée. Il fut un des législateurs qui demandèrent avec le plus d'instance le maintien de la liberté de la presse, et qui s'éleva davantage contre les partisans de Robespierre, en proposant toutefois que le gouvernement révolutionnaire fût maintenu jusqu'à la paix. Redevenu membre du comité de salut public, il fit réintégrer le général Kellerman, qui avait été disgracié. Dubois de Crancé avait un terrible ennemi dans la personne de Barrère; fatigué de voir cet adversaire le poursuivre sans relâche, il lui opposa dans sa défense la mort de Camille Desmoulins et de Philippeaux, et cette contre-accusation lui réussit. Il adopta le même moyen une autre fois contre Robert Lindet, auquel il reprocha d'être le premier auteur des malheurs de Lyon. Ceux qui recueillent des matériaux pour l'histoire doivent prendre note de cette circonstance, pour s'assurer jusqu'à quel point ce reproche était fondé. Dubois de Crancé passa de la convention au conseil des cinq-cents, où il s'occupa beaucoup encore de tout ce qui avait rapport aux armées, et des moyens d'améliorer le sort des militaires; il obtint, pour ceux qui étaient en congé, l'autorisation de voter dans les assemblées primaires, et termina sa mission législative en demandant l'adoption du projet de Savary, tendant à une commutation de peine des prévenus de la conspiration royale, condamnés à mort le 8 avril 1797. Il fut nommé, en 1799, inspecteur-général des troupes, et peu de temps après, ministre de la guerre. Il avait le portefeuille de ce ministère à l'époque du 18 brumaire, journée à laquelle il s'était vivement opposé, de concert avec le directoire, dont il était demeuré l'appui. Toutefois, Dubois de Crancé n'ayant pu renverser les projets du général Bonaparte, ne manqua pas de lui rendre ses hommages : « Je croyais que vous m'apportiez » votre portefeuille, » répondit le premier consul au ministre: celui-ci comprit ce qu'on exigeait de lui, et donna sa démission. La carrière politique de Dubois de Crancé finit à peu près à cette époque. Il se retira dans ses propriétés des départemens de la Marne et des Ardennes, et se livra à l'agriculture. Le bruit de sa mort s'est répandu plusieurs fois, savoir, en 1800 et en 1805; mais il n'est mort en effet que le 29 juin 1814, à l'âge de 67 ans : il était alors fixé à Rethel. Dubois de Crancé a publié quelques brochures, dont les plus remarquables sont les suivantes : 1° *Observations sur la conscription militaire, ou bases de travail proposées au comité militaire,* 1789; 2° *Examen du mémoire du premier ministre des finances, lu à l'assemblée nationale le 6 mars 1790*; 3° *Lettre ou compte rendu des travaux, des dangers et des obstacles, à l'assemblée nationale,* 1790; 4° *Tableau des persécutions que Barrère a fait éprouver à Dubois-Crancé pendant quinze mois,* 1795; 5 *Réplique de Dubois-Crancé à Barrère,* 1795; 6° *Mémoires sur la contribution foncière, suivis d'un projet de loi motivé pour opérer la conversion de l'impôt en numéraire en une prestation en nature dans toute la république, et d'une réponse à différentes objections,* 1804, in-8°. Le plan proposé dans cet ouvrage a été approuvé par un grand nombre d'économistes, et paraît être basé sur une justice distributive que n'offre pas toujours l'impôt payé en numéraire.

DUBOIS (N.), d'Angers, membre de la chambre des représentans en 1815, avait été élu par le département de Maine-et-Loire. En se rendant à son poste, il fut arrêté par ordre de M. d'Ambrugeac, l'un des chefs de la réorganisation de la Vendée pendant les *cent jours;* M. Dubois l'accusa, dans les feuilles publiques, d'attentat à la représentation nationale, etc. Ce représentant fut chargé de lire, au champ-de-mai, les articles additionnels aux constitutions de l'empire, et de haranguer Napoléon au nom du peuple français. Le discours qu'il prononça dans cette occasion se trouve dans tous les journaux de l'époque.

DUBOIS (François-Louis-Es-

Mr Dubois.

Boilly pinx. Fremy del et Sculp.

PRIT), fut député du Haut-Rhin à la convention nationale. Il vota la détention de Louis XVI pendant la guerre, et son bannissement à la paix. Il transmit à l'assemblée, en 1795, le vœu de l'administration centrale du pays situé entre la Meuse et le Rhin, qui demandait sa réunion à la république française. Il envoya, de Luxembourg à la convention, les détails de la prise de cette ville, développa les avantages qui en résultaient, et joignit à son rapport l'état des bouches à feu et munitions de guerre trouvées dans la place. Membre du conseil des cinq-cents, il en sortit à la fin de la session, et fut nommé par le directoire commissaire du gouvernement près le tribunal de cassation, en remplacement de Berlier. Envoyé, quelque temps après, dans les îles Ioniennes, pour y organiser l'administration des trois départemens qui avaient été formés des sept îles, il remplaça dans cette mission de peu de mois le commissaire Comméras, et revint en France sans avoir eu le temps d'achever l'opération dont on l'avait chargé. Il était en 1805 avoué près la cour d'appel séant à Colmar.

DUBOIS (LE BARON ANTOINE), membre de la légion-d'honneur, professeur à la Faculté de médecine de Paris, etc., est né à Gramat, près de Cahors, dans le département du Lot, le 17 juillet 1756. Il commença ses études à Cahors, et vint les achever à Paris, au collége Mazarin, d'où il sortit à l'âge de 20 ans pour entrer dans la carrière où il s'est acquis une si brillante réputation. Les dispositions heureuses qu'il avait apportées à l'étude de la médecine, l'avaient fait passer rapidement par les grades de docteur en médecine, de maître en chirurgie, d'élève, ensuite de prevôt de l'école pratique, et enfin de professeur royal au collége de chirurgie, en 1790. Quoiqu'il fût alors à peine âgé de 34 ans, et qu'il n'eût écrit aucun ouvrage, il était déjà compté parmi les premiers médecins de l'Europe, tant comme praticien que comme professeur de l'art auquel il s'était destiné. Peu de personnes en effet possèdent à un si haut degré que lui cette partie de l'art médical si nécessaire dans le diagnostic et le pronostic des maladies; et ce qui n'est chez les autres que la suite des plus longues études, paraît en lui l'effet d'un instinct particulier. Nous pourrions, si les bornes de cet article nous le permettaient, rappeler ici un grand nombre de cas dans lesquels l'événement a confirmé son pronostic d'une manière si merveilleuse, que les plus habiles praticiens en étaient étonnés. Quelques-uns de ces exemples sont même d'autant plus remarquables, que le hasard seul avait quelquefois amené sous les yeux de M. Dubois les personnes qui en étaient l'objet, et qui ne se doutaient pas même qu'elles fussent attaquées de la plus légère affection, quand ce savant médecin lisait une mort prochaine et inévitable dans les traits de leur visage. Mais ce qui a contribué beaucoup aussi à la réputation de M. Dubois, c'est l'espèce de révolution qu'il a introduite en médecine. L'un des premiers, il a soulevé le voile des erreurs dont cette science était enveloppée. Il a fait sentir combien elle s'était toujours appauvrie de richesses étrangères; combien elle pouvait avancer en rétrogradant presque jusqu'à son berceau; et en détruisant autant qu'il était en son pouvoir les anciens systèmes de la doctrine médicale, il a eu le rare mérite de ne point leur en substituer de nouveaux. Sa dextérité comme opérateur lui assigna également une des premières places parmi les chirurgiens; et outre les procédés opératoires plus ou moins ingénieux qu'il a substitués aux anciens dans le cours de sa pratique chirurgicale, il a aussi inventé ou perfectionné un grand nombre d'instrumens, parmi lesquels nous citerons seulement le forceps, qui porte son nom. Lors de l'organisation de la Faculté de médecine, M. Dubois en fut nommé professeur, et sa réputation allant toujours croissant, il fut du nombre des savans qui firent partie de l'expédition d'Égypte, et eut, en 1811, l'honneur d'être choisi par Napoléon pour assister l'impératrice Marie-Louise dans ses couches. M. Dubois est chirurgien en chef de la maison de santé du faubourg Saint-Denis, professeur d'accouchemens à la Maternité, et chargé en chef du service de l'hospice de perfectionnement. Il ne fait aucun cours à la Faculté de médecine, quoiqu'il en soit professeur, comme nous l'avons dit; mais outre sa clinique, qui a lieu tous les matins à l'hôpital dont il est médecin en chef, il fait aussi trois fois par semaine, dans le même hospice, des consultations gratuites; et les dissertations auxquelles l'entraînent les cas pathologiques toujours nombreux et variés qui passent alors sous ses yeux, doivent être regardées comme les meilleures leçons de pathologie que puissent suivre les élèves. En effet, si M. Dubois est, de tous les professeurs de la Faculté, celui dont le coup d'œil médical est le plus sûr, on peut dire aussi que personne n'a mieux que lui envisagé la médecine sous son véritable point de vue. Sans rejeter entièrement la certitude de cet art, il a senti depuis long-temps combien il était faible par lui-même, combien il tirait de force des prestiges du charlatanisme, et ce qu'il appelle proprement *faire la médecine* n'est que l'art d'amuser les malades par des remèdes innocens, et qui ne s'opposent point aux efforts que la nature fait constamment vers la guérison. Dans un grand nombre de cas, il ne regarde guère la chirurgie comme plus certaine que la médecine; et nous croyons devoir ajouter que sa théorie comme sa pratique n'est constamment fondée que sur les plus longues et les plus exactes observations. Le mérite, comme on sait, a néanmoins toujours ses envieux, et M. Dubois en a eu peut-être plus que tous les autres médecins. On a cru lui adresser un grave reproche, en disant qu'il n'avait point fait de livres, parce qu'on en a conclu qu'il n'était point capable d'écrire sur l'art qu'il professe et qu'il pratique si bien; mais autant il paraît difficile de faire un bon livre en médecine, autant il est difficile d'en faire tomber un mauvais; et M. Dubois a eu l'art de faire rentrer dans une nullité complète une foule d'ouvrages de médecine qui n'étaient sans doute que de bien faibles titres à la gloire pour leur auteur. Ce reproche au reste n'est rien moins que fondé, car M. Dubois a été l'un des principaux rédacteurs du *Dictionnaire des sciences médicales*, et, pour ne parler que du style, on trouve dans cet ouvrage peu d'articles rédigés avec autant d'élégance et de pureté que les siens. Or, tout le monde sait combien il est rare que, dans les ouvrages de médecine, même les mieux écrits, l'aridité des matières soit compensée par les agrémens de la diction.

DUBOIS (Louis-François), né à Lisieux le 30 novembre 1773, membre de plusieurs académies et sociétés d'agriculture de Paris, des départemens et de l'étranger. Après avoir fait de bonnes études et s'être livré quelque temps à la jurisprudence, il fut nommé au concours bibliothécaire de l'école centrale du département de l'Orne, à Alençon, en 1799. Secrétaire intime des préfets de l'Orne et du Thrasymène, il a en outre occupé différentes fonctions administratives. L'*Almanach des Muses*, la *Décade philosophique*, le *Mercure*, le *Magasin encyclopédique*, le *Moniteur*, les *Mémoires de l'académie celtique*, etc., renferment un grand nombre de pièces de vers, de dissertations et de notices de M. Dubois. Cet auteur a fondé et rédigé le *Journal politique et littéraire de l'Orne*, de 1803 à 1812. et les *Annuaires historiques, statistiques et administratifs du même département*, de 1808 à 1812. Il a encore publié les ouvrages suivans : 1° *Ankastroëm*, poëme lyrique, 1792, in-8°; 2° *Vers sur l'Être suprême*, 1794. in-8°; 3° *Voyage à Mortain* (et non à Mortagne, comme d'autres *Biographies* l'ont imprimé par erreur), opuscule en prose et en vers, 1800, in-12; 4° *Ode à la Concorde*, 1800, in-8°; 5° *La Délivrance de l'Italie*, ode imitée de l'italien de Monti, 1801, in-8°; 6° *Notice sur Valazé*, 2ᵐᵉ édit., 1802-1811; 7° *Du pommier, du poirier, du cormier et des cidres*, 1804, 2 vol. in-12, figures; 8° *Contes en vers*, 1805. in-8°; 9° *Des melons, de leur variété et de leur culture*, 1810, in-12; 10° *Geneviève et Siffrid*, roman, 1810, 2 vol. in 12; 11° *Le Barde neustrien*, hommage poétique à l'empereur Napoléon visitant la Normandie en 1811, in-8°; 12° *Dissertation sur les bains de Bagnols*, 1813, in-8°; 13° *Dissertation sur le camp du Châtellier, près de Sées, considéré comme n'étant pas un monument romain*, 1813, in-8°; 14° *Des moyens de diminuer la consommation des subsistances par l'emploi plus économique des substances alimentaires*, 1817, in-12; 15° *Pratique simplifiée du jardinage*, 1821, in-12. M. Dubois a fourni un grand nombre d'articles au *Cours complet d'agriculture*, 6 vol. in-8°; il a publié avec des notes et revu avec soin *les Fables de La Fontaine*, nouvelle édition, plus complète que les précédentes, ornée de 202 gravures en bois de M. Godard, d'Alençon, et enrichie de notes choisies de Coste, Champfort, etc., Paris, 2 vol. in-12, 1801; *les Noëls bourguignons de la Monnaye* (Noei borguignon de Gui Barôzai), 14.me édit., Châtillon-sur-Seine, 1817, in-12; *les Vaux-de-vire* d'Olivier Basselin, suivis d'anciennes chansons normandes, soit inédites, soit très-rares, avec des dissertations et des notes, Paris, 1821, in-8°; *le Duc d'Alençon, ou les Frères ennemis,* tragédie inédite de Voltaire, avec un discours préliminaire, Paris, 1821, in-8°. M. Dubois se propose de publier incessamment un *Traité du châtaignier* et un *du sarrazin;* une *Histoire philosophique de l'abbaye de la Trappe;* des *Considérations sur la révolution,* ses causes et ses effets; l'*Histoire de la ville de Lisieux et de son territoire,* depuis les Romains jusqu'à nos jours; un *Voyage en Italie,* en prose et en vers, dont il a paru des fragmens dans le *Mercure* et dans le *Moniteur; Lydie,* poëme en 6 chants; la *traduction* en vers de petits poëmes attribués à Virgile et à Severus, etc. C'est à tort que l'on attribue dans d'autres *Biographies,* à un M. Louis Dubois, d'Orléans, des articles dans le nouveau *Cours complet d'agriculture :* M. Dubois de Lisieux est le seul auteur de ce nom qui ait travaillé à cette collection agronomique.

DUBOIS (Philibert), né en 1774 à Charroux, département de l'Allier, a fait avec distinction ses études médicales à Paris, et est l'auteur : 1° des *Annuaires latins* de 1817 et 1818, publiés par la société de médecine dont il a été secrétaire; 2° du *Traité du catarrhe utérin,* Paris, 1821. M. Dubois, que Bosquillon honorait de son amitié, fut chargé par ce savant de rédiger une *notice* de sa vie et de ses ouvrages. Cette *notice* se trouve en tête du catalogue de la bibliothéque de Bosquillon. M. Dubois jouit de la réputation de théoricien habile et de bon praticien.

DUBOIS (J. B.), auteur de quelques romans, de quelques petites comédies, de quelques pièces de vers et de quelques vaudevilles, la plupart de circonstance, eut quelquefois pour collaborateurs MM. Chazet ou Propiac; mais ce qu'il a fait seul est ce qu'il a fait de mieux. Il a donné en 1800 *la Leçon conjugale* et le *Prisonnier pour dettes,* comédies-vaudevilles; en 1803, *Dorat et Colardeau;* en 1804, *Marton et Frontin, ou Assaut de valets,* et *monsieur Girouette,* comédies; et, dans la même année, *la fausse Marquise,* mélodrame. M. Dubois fournit son contingent dans les pièces de vers composées à l'occasion du mariage de l'empereur et de la naissance du roi de Rome. Pour la première circonstance, il fit *les Lauriers-roses, ou le tribut de village,* 1810, in-8°; et, pour la seconde, *la Ruche céleste, ou le secret de l'hymen,* pièce en un acte, 1811, in-8°. En 1815, il donna *le Bouquet des Poissardes, ou la Fête de saint Louis;* et en 1816 on joua aux Français une comédie en un acte, du même auteur, intitulée : *La Pensée d'un bon roi.*

DUBOIS - DE - SANZAY (le comte Charles - François DAVIAU), archevêque de Bordeaux, officier de la légion - d'honneur, est né au Bois-de-Sanzay, département des Deux-Sèvres, le 7 août 1736. Issu d'une famille noble et destiné à l'état ecclésiastique, mais sans ambition, il était encore vicaire-général à l'âge de 54 ans, lorsque le célèbre Le Franc de Pompignan quitta l'archevêché de Vienne. M. Dubois-de-Sanzay lui succéda, et fut sacré le 3 janvier 1790. Il remplit peu de temps cette première mission apostolique : émigré en 1792, il ne rentra que vers 1801, époque de la signature du concordat. Nommé archevêque de Bordeaux le 9 avril 1802, ce digne prélat se rendit à son poste, où, modèle de tolérance et de vertu, il se fit chérir par une bonté, par une piété inépuisable et la pratique de tous les devoirs d'un bon pasteur. En 1814 et 1815, le changement de gouvernement ne changea rien à la conduite de M. Dubois-de-Sanzay : persuadé que sa mission se borne aux choses spirituelles, il adresse ses vœux au ciel, pour la conservation de Louis XVIII, avec la même ferveur qu'il les lui adressait pour Napoléon. Spectateur passif des événemens d'ici-bas, il ne prêche que la paix, l'union et la plus douce morale; mais ses meilleurs et ses plus éloquens sermons sont les bons exemples qu'il a donnés toute sa vie, et qu'il donne encore tous les jours.

DUBOIS (LE CHEVALIER), commandait, avant la révolution, le guet à pied et à cheval de Paris. Dans le mois d'août 1787, l'archevêque Loménie de Brienne, étant alors premier ministre de Louis XVI, se brouilla avec les parlemens à l'occasion des édits qu'ils refusaient d'enregistrer, refus qui motiva leur exil. Les étudians en droit et les clercs de la Bazoche prirent le parti de leurs magistrats : ils se rassemblèrent autour du palais, firent un mannequin représentant le ministre-archevêque, le montrèrent au peuple, et vinrent le brûler sur la place Dauphine. Le chevalier Dubois, qui avait reçu l'ordre de dissiper toute espèce d'attroupement, employa, pour cet effet, le moyen cruel de commander à sa troupe de faire feu sur les groupes; un grand nombre de jeunes gens furent blessés, et 8 restèrent morts sur la place. Le peuple ne tira d'autre vengeance de ce premier acte de rigueur que de brûler un corps-de-garde qui était sur le Pont-Neuf, après en avoir fait sortir préalablement les soldats. L'attroupement se dirigea ensuite sur la place de Grève, pour y détruire quelques baraques, espèce de bivouac servant aux hommes et aux chevaux du guet; mais une troupe embusquée fit une décharge de mousqueterie sur les assaillans, et tua 37 individus. Pendant ces entrefaites, un autre rassemblement s'était porté vers l'hôtel de Brienne, dans l'intention, disait-on, et avec des moyens d'y mettre le feu: mais là, comme sur la place de Grève, les séditieux furent reçus à coups de fusil, et la baïonnette en fit encore un grand carnage. Une scène plus horrible et plus meurtrière se passait alors dans la rue Meslée, devant l'hôtel du chevalier Dubois : les attroupemens qui s'y étaient portés y trouvèrent une troupe féroce qui s'abreuva de sang, et fut d'autant plus barbare qu'elle était essentiellement lâche et n'avait devant elle que des gens sans armes. Le parlement fit faire des informations sur cette série d'horreurs, et manda à sa barre le chevalier Dubois. N'osant comparaître, il envoya son major, lequel exhiba les ordres de la cour, en vertu desquels les massacres avaient été commis. Ces déplorables événemens n'étaient point sortis de la mémoire du peuple; et le chevalier Dubois en eût été victime dans les orages de 1789, s'il n'eût pris le parti d'émigrer. Après avoir servi dans l'armée des princes, il se retira à Londres, où il mourut en 1803.

DUBOIS (Louis-Nicolas-Pierre-Joseph, comte), né à Paris le 20 janvier 1758, ancien avocat au parlement, exerçait au commencement de la révolution, la charge de procureur du châtelet de la même ville. M. Dubois remplit successivement les fonctions de juge dans les tribunaux civils, de président du tribunal criminel, de commissaire du directoire près de la municipalité du 10me arrondissement, et de membre du bureau central. Après la révolution du 18 brumaire an 8 (9 novembre 1799), et par suite de la nouvelle organisation des administrations publiques, la dénomination du bureau central changea en celle de préfecture de police, et M. Dubois devint préfet. Ces fonctions, nécessaires au maintien de la sécurité publique dans des temps paisibles, ne sont que trop souvent préjudiciables à la liberté individuelle dans des temps de révolution. On ne peut se dissimuler que, sous l'influence du ministre Fouché, M. Dubois ne se soit trouvé parfois l'instrument de mesures rigoureuses; mais il s'est montré généralement administrateur habile et prévoyant. C'est sous lui que plusieurs branches importantes de police intérieure se sont organisées dans Paris avec une perfection rare, et que de nombreux travaux de salubrité ont embelli et régénéré cette immense capitale. M. Dubois fut nommé conseiller-d'état, comte de l'empire, et commandant de la légion-d'honneur. La confiance que ses services lui avait acquise dans l'esprit du chef de l'état, cessa tout-à-fait le 14 octobre 1810, époque où les fonctions de préfet de police furent confiées au dévouement alors sans bornes de M. Pasquier. On attribua particulièrement cette disgrâce à l'événement affreux arrivé au bal donné le 3 juillet précédent par le prince de Schwarzemberg (*voyez* ce nom), pour célébrer le mariage de l'empereur Napoléon et de l'archi-duchesse Marie-Louise. Lors de cet événement, qui causa des inquiétudes pour la vie de l'impératrice, Napoléon ayant envoyé chercher le préfet de police, ce magistrat se trouvait absent de Paris. Quelques personnes, dont l'opinion mérite de la confiance, assurent que ce ne fut qu'un prétexte, et que depuis long-temps la disgrâce de M. Dubois était préparée, et, en effet, l'on ne fut étonné ni de ce déplacement ni de la nomination de M. Pasquier. M. Dubois rentra au conseil d'état en service ordinaire, et y siégea jusqu'au moment de la première restauration, époque de sa mise à la retraite. Pendant les *cent jours*, et lors de la nomination des membres de la chambre des représentans, les suffrages des électeurs du département de la Seine se portèrent sur M. Dubois, qui sut les justifier par la sagesse et la modération de ses principes. Ce fut lui qui, dans la séance du 24 juin, proposa l'abolition de la confiscation des biens. Dans son discours remarquable sous plus d'un rapport, il disait : « On oublie les morts, mais on »n'oublie jamais la perte des »biens. Si j'étais propriétaire du »bien d'un condamné, disait Legendre de la convention nationale, je croirais voir dans chaque »goutte de rosée les larmes de sa »famille.» Loin d'insulter comme tant d'autres à l'infortune d'un souverain dont il avait possédé la confiance et reçu les bienfaits, il ajoutait, en parlant de la seconde abdication de Napoléon: « Le grand »acte de dévouement qui vient »d'avoir lieu, le sacrifice magnanime fait par l'empereur à la face » de l'Europe, est un grand exemple pour vous d'être justes; vous »dire un mot de cette belle page »de l'histoire de Napoléon, c'est » tourner naturellement vos esprits vers le développement d'une conception généreuse, l'abolition de la confiscation des »biens.» Cette confiscation, comme on sait, est abolie par les lois actuelles. M. Dubois, depuis la seconde restauration, vit totalement retiré des affaires publiques.

DUBOTDERU (LE COMTE), membre de la chambre de 1815, dite des *introuvables*, siégeait comme député du Morbihan. Il vota toujours avec la majorité, et fut le partisan de toutes les mesures de rigueur proposées à cette époque. Voici un passage de sa réponse à ceux qui combattaient le projet de la loi dite d'amnistie : « Ce n'est » point dans une fausse philanthropie, disait-il, qu'il faut chercher » des remèdes à nos maux. Je vote, » sans discuter séparément aucun » des articles du projet de loi, pour » qu'il soit accepté par la chambre, avec les amendemens proposés par la commission. » La loi passa le 12 janvier 1816, et cependant M. le comte Dubotderu termina ses fonctions législatives avec la session de 1815.

DUBOUCHAGE (LE VICOMTE), pair de France, grand'croix de l'ordre royal et militaire de Saint-Louis, est né, vers 1750, dans la province du Dauphiné. Il avait à peine 36 ans, que déjà il était inspecteur-général de l'artillerie de la marine. Il fut ministre de Louis XVI en 1792, et réunit pendant près de quinze jours du mois de juillet le portefeuille des relations étrangères à celui de la marine. A l'époque mémorable du 10 août, M. Dubouchage était d'avis que le roi, appuyé par les Suisses, se mît à la tête des sections de Paris qui lui étaient restées fidèles, et qu'il repoussât la force par la force. Cette proposition violente, qui n'obtint l'approbation ni de Louis XVI ni de son conseil, a été regardée, par quelques prétendus politiques, comme présentant le seul moyen de sauver le roi et le trône. M. Dubouchage accompagna la reine depuis le château des Tuileries jusqu'à la salle de la convention ; et dès que toute la famille royale eut été mise au Temple, il songea lui-même à sa propre sûreté, et quitta la France, où il n'est rentré qu'après le 18 brumaire. Soupçonné de servir la cause des Bourbon, il fut arrêté, mais bientôt après remis en liberté. Il vivait tranquillement à Paris, et s'y trouvait en 1814, à la première rentrée de Louis XVIII; il y resta même pendant les *cent jours*, et fut nommé ministre de la marine peu de temps après. C'est en cette qualité que M. le vicomte Dubouchage, chargé de défendre la loi d'amnistie, combattit les amendemens proposés par la commission de la chambre des députés, et prononça, dans la séance du 6 janvier 1816, un discours dont nous allons extraire les passages suivans. Après avoir établi que le droit d'amnistie n'appartenant qu'au roi, ne pouvait être ni discuté ni restreint, il ajouta : « On » voudrait sévir avec plus de for-» ce contre les fonctionnaires ci-» vils qui ont trempé dans la re-» bellion; on vous a dit avec jus-» tesse que l'armée était bien plus » excusable : oui sans doute, les » soldats ont été séduits par les » conspirateurs civils, par ces » hommes qui tous ont donné des » gages affreux à la révolution, qui » veulent tout, excepté le roi et la » dynastie légitime ! Mais les ex-» ceptions contiennent *trente* de » ces individus : *les autres sont bien* » *avertis qu'il n'y aura point de pi-* » *tié pour eux dès le moment où ils* » *nous auront donné le droit de les* » *atteindre*. Alors le roi fermera » cette main pleine de clémence » et de pardons. La France veut » son roi, veut la légitimité : nous » avons juré de mourir plutôt que » de nous écarter de cette ligne » directe, la seule qui fait l'hon-

» neur et le repos de la France. » Eh bien, prosternons-nous de-» vant la haute sagesse et la ma-» gnanimité de la clémence du » roi! » Deux événemens ont signalé le ministère de M. le vicomte Dubouchage : le premier eut lieu à la suite de son rapport fait à Louis XVIII, le 28 décembre 1815; rapport qui contenait un projet d'ordonnance tendant à traduire devant un conseil de guerre le contre-amiral de Linois, gouverneur de la Guadeloupe, et le baron de Boyer-Peyreleau, commandant en second, pour avoir fait arborer le drapeau tricolore dans cette colonie (*Voyez* les articles LINOIS et BOYER). Le second événement, non moins remarquable, est le procès du capitaine de la frégate *la Méduse* (Duroy-de-Chaumareix, prenant le titre de comte), et le sort réservé au petit nombre d'infortunés échappés du naufrage de cette frégate. L'histoire impartiale ne manquera pas d'apprendre à la postérité quelle a été l'influence de M. Dubouchage sur le résultat de ces deux mémorables affaires. Le roi lui retira le portefeuille de la marine, et lui créa pair de France le 23 juin 1817.

DUBOUCHET (PIERRE), était médecin à Montbrison, lorsqu'il fut nommé député à la convention nationale, par le département de Rhône-et-Loire, au mois de septembre 1792. Il voulut motiver son vote dans le jugement de Louis XVI, et dit : « La loi décla-» re Louis coupable; l'intérêt de » la patrie exige qu'il soit con-» damné : je vote pour la mort du » tyran. » Envoyé en mission dans le département de Seine-et-Marne, il rendit un compte satisfaisant de sa conduite. Il s'opposa vivement à ce qu'une amnistie sans réserve fût prononcée à l'occasion des insurrections pour cause de grains, et proposa de sages amendemens qui furent accueillis. Il combattit aussi l'envoi de députés dans les colonies, lorsqu'au commencement de 1795 cette question fut agitée à la convention nationale ; il pensait qu'il valait mieux diriger les forces de la France contre l'Angleterre. « S'il » n'y avait pas eu de faction, disait-il, dans le sénat de Carthage, Hannon serait parti deux » mois plus tôt, et Rome n'existerait peut-être plus. » M. Dubouchet s'était retiré des fonctions publiques à la fin de la session conventionnelle, et soignait paisiblement ses malades, lorsque la loi d'amnistie, du 12 janvier 1816, l'a forcé de quitter la France au mois de février suivant.

DUBOUCHET (LE BARON), commandant d'armes à Saint-Tropez. Élu en 1814, par le département du Var, membre du corps-législatif, il siégeait à cette chambre à l'époque de la séance royale du 4 juin. Pénétré de l'esprit de la charte que Louis XVIII avait octroyée aux Français dans cette mémorable séance, il eut occasion d'en invoquer les articles 9 et 72, pour se plaindre de ce qu'on enlevait à la caisse d'amortissement et à la légion-d'honneur les biens qui leur avaient été cédés. C'était sur la fin d'octobre de la même année que M. Dubouchet faisait ces observations, à propos du projet de loi relatif à la restitution aux émigrés de leurs biens non vendus : il insistait surtout pour qu'on prît garde, dans la rédaction d'une semblable loi, à l'abus des mots et aux fausses interprétations. M. Dubouchet parla encore très-sagement dans la discussion des lois sur les contributions indirectes, et sur le mode vexatoire des exercices pour parvenir à leur recouvrement. Il termina ses fonctions législatives avec la session de 1814, et n'a plus reparu sur la scène politique. Il avait mérité, par ses services antérieurs, les bontés de Napoléon, qui l'avait créé baron de l'empire et chevalier de la légion-d'honneur.

DUBOUCHET (LE MARQUIS DENIS-JEAN-FLORIMOND-LANGLOIS), né à Clermont, département du Puy-de-Dôme, le 20 octobre 1752, est issu d'une famille noble de Normandie. Il entra à 15 ans dans l'arme du génie, d'où il passa successivement dans l'artillerie et dans l'infanterie. Peu d'hommes ont eu une existence plus active et plus variée que M. Dubouchet : il fit la campagne de Corse en 1770, servit en Amérique en 1776 ; et, au mois d'octobre de l'année suivante, fut nommé major sur le champ de bataille de Saratoga. Il obtint, dans cette mémorable guerre de l'indépendance, les titres de chevalier de Saint-Louis et de Cincinnatus, le grade de major-général de l'armée, et, ce qui valait mieux encore, il acquit l'estime et l'amitié du général Rochambeau, de Washington et de Franklin. De retour en France, M. Dubouchet était colonel en 1788, et adjudant-général chef d'état-major en 1791. Dans cette même année, il émigra et servit à l'armée des princes, où il fut fait maréchal-de-camp. Rentré en France en 1803, il reçut de l'empereur le commandement de la place d'Ypres en 1809, celui de Breda en 1810, et le grade d'officier de la légion-d'honneur. A l'époque du mois de mars 1815, M. Dubouchet ne voulant plus servir la cause de Napoléon, se fit inscrire dans les gardes-de-la-porte; et le roi, pour payer cet acte de fidélité et de dévouement, lui a rendu en 1816 le titre de marquis, et l'a créé lieutenant-général. M. Dubouchet a publié: *la Tactique*, 1 vol. in-8°, 1785, et *le Prince de Timor*, roman historique.

DUBOURG-BUTLER (LE COMTE FRÉDÉRIC), né à Paris en 1778, était élève de marine au commencement de la révolution; n'en adopta pas les principes, et se rangea sous les drapeaux de l'armée royale de la Vendée. Blessé et fait prisonnier, il allait subir le sort réservé aux rebelles, lorsqu'au moment où il s'y attendait le moins, une femme lui fournit l'occasion de s'échapper: cette dame lui donna également les moyens d'arriver jusqu'au général Bernadotte, commandant alors l'armée de l'Ouest; et celui-ci rendit la liberté au jeune comte Dubourg. Cet événement changea sa destinée; il entra dans les rangs de l'armée française et s'y distingua. En 1809, il faisait partie de l'état-major de son libérateur, alors prince de Pontecorvo. Quand ce général fut appelé au trône de Suède, le comte Dubourg le suivit; mais Napoléon ayant rappelé les officiers qui avaient accompagné le général Bernadotte. Dubourg revint en France, et fit la mémorable campagne de Russie en 1812, à la tête d'une division polonaise dont il était chef d'état-major. Il fut blessé, fait prisonnier et emmené à Saint-Pétersbourg. Il rentra à la suite des armées coalisées, et parvint à reprendre son grade de chef d'état-major au ministère de la guerre. Il n'abandonna pas Louis XVIII pendant son voyage à Gand; et s'il rentra en France quelques jours avant les Bourbon, ce fut pour servir leur cause avec plus d'efficacité. M. Dubourg a rédigé, avec M. de Châteaubriand, plusieurs numéros du *Journal politique de Gand*. Il est auteur de *Notes pour servir à l'histoire du général Murat*, 1814. Il a publié, en 1815, *De la nécessité de n'employer dans l'épuration de l'armée que des mesures légales, et moyen de former une garde royale qui offre à la nation des garanties suffisantes*. Cet écrit offre une critique ingénieuse de l'administration du ministre Clarke, duc de Feltre. Enfin, il a fait paraître en 1816, in-8°: *De la nécessité d'adopter un système stable d'économie dans les dépenses publiques, et quelques moyens de l'établir*.

DUBOURGUET (J. B. E.), professeur de mathématiques, a publié un assez grand nombre d'ouvrages, parmi lesquels on distingue: 1° *Opuscules mathématiques*, contenant de nouvelles théories pour la résolution des équations des 2me, 3me et 4me degrés, 1794, in-8°; 2° *L'art du Calcul astrono-*

mique des navigateurs, porté à un plus haut degré d'exactitude, 1802, in-4°; 3° *Elémens d'algèbre à l'usage du prytanée français*, 1802, in-8°; 4° *Traité de la navigation*, 1808, in-4°; 5° *Traité élémentaire du calcul différentiel et du calcul intégral*, 1811, 2 vol. in-8°. L'utilité reconnue de ces ouvrages ajoute à leur mérite.

DUBOY-LAVERNE (PHILIPPE-DANIEL), typographe célèbre, naquit dans le département de la Côte-d'Or en 1755. Neveu du savant bénédictin don Clément, qui prit soin de son éducation, il puisa dans les leçons de son oncle un grand esprit d'ordre et d'analyse, et en fit un précieux usage dans la rédaction de la table des Mémoires de l'académie des inscriptions et belles-lettres, dont il fut chargé en 1785. Anisson-Duperron, directeur de l'imprimerie royale, reconnut le mérite de Duboy-Laverne, et se l'attacha en l'attachant à son administration : il n'était guère possible de mieux placer sa confiance. Les circonstances de la révolution mirent bientôt Duboy-Laverne à la tête de l'établissement dont il n'était que co-régisseur; et dès qu'il en eut la direction en chef, il y fit des améliorations considérables, il multiplia et perfectionna les caractères d'imprimerie des langues orientales, et c'est à lui que l'on doit les caractères arabes de la république, qui allèrent servir utilement la politique, l'administration et les lettres, dans les contrées qui en avaient fourni les modèles. Le général Bonaparte, partant pour l'expédition d'Égypte, emporta cette imprimerie française, grecque et arabe, que le génie et l'activité de Duboy-Laverne avaient formée en très-peu de jours. L'éloge de ce typographe, mort le 13 novembre 1802, se trouve dans le *Magasin encyclopédique* (8° année. tom. 4), et est l'ouvrage de M. Silvestre de Sacy, professeur de langues orientales.

DUBRETON (JEAN-LOUIS, COMTE), lieutenant-général, grand-officier de la légion-d'honneur et pair de France. Né en Bretagne au mois de janvier 1773, il entra dans le corps des cadets à l'âge de 16 ans. Un de ses oncles, employé dans les bureaux de la guerre, le fit nommer, en 1791, sous-lieutenant dans le régiment de Penthièvre infanterie. Il devint adjudant-major et capitaine des grenadiers pendant les premières campagnes de la révolution. A l'armée d'Italie, il se distingua au passage du Mincio le 30 mai 1796; y fut blessé et nommé sur le champ de bataille commandant de bataillon. Il fut de l'expédition de Saint-Domingue, devint colonel, et se conduisit avec bravoure et sang-froid dans les affaires les plus périlleuses. Fait prisonnier au Cap par les Anglais, il ne revit la France qu'en 1803. Placé à la tête du 5° régiment d'infanterie légère, il en conserva le commandement pendant huit ans, et le conduisit toujours à la victoire. Devenu général de brigade en 1811, il soutint avec honneur différens combats en Espagne; mais son plus beau fait d'armes eut lieu à Burgos. Le 20 octobre 1812, Wellington, chef de l'armée anglaise, fut obligé, après 35 jours, de lever le siége de cette place :

elle n'avait cependant pour fortifications que des ouvrages irréguliers construits à la hâte, mais elle était aussi bravement qu'habilement défendue par le général Dubreton, qui, à la tête de 1500 hommes seulement, résista à cinq assauts. Cette honorable défense lui valut le grade de général de division, qui lui fut conféré par Napoléon le 23 décembre de la même année. En 1813, l'Allemagne fut témoin de la valeur du comte Dubreton; il se signala à la bataille d'Hanau, gagnée par les Français le 30 octobre. A la première rentrée de Louis XVIII, il eut le commandement de Valenciennes; il céda cette place, le 28 mars 1815, au colonel Marbot, envoyé de la part de l'empereur pour en prendre possession. Au mois de juillet suivant, le roi étant de retour dans sa capitale, nomma le lieutenant-général Dubreton commandant de la 5e division militaire, et le 9 mars 1819, il l'a créé pair de France.

DUBROCA (J. F.), homme de lettres, né à Saint-Séver en 1757, a été doctrinaire, puis libraire à Paris. Il a donné en 1810 des cours publics de déclamation, et ne s'occupe maintenant qu'à revoir ses anciens ouvrages. Il est sorti de la plume féconde de M. Dubroca un nombre considérable de productions, dont voici les titres : 1° *La paix, dans ses rapports avec l'ordre actuel des choses*, 1792, in-8°; 2° *Entretiens d'un père avec ses enfans sur l'histoire naturelle*, 1797, 4 vol. in-12 et un petit atlas; 3° *La politique du gouvernement anglais dévoilée, ou tableau historique de toutes les manœuvres que ce gouvernement a employées, et de tous les attentats qu'il a commis pour empêcher l'établissement de la liberté en France*, 1798, in-8°, précédé de l'ouvrage de M. Boulay de la Meurthe *sur l'Établissement et la chute de la république en Angleterre*, 1800, in-8°; 4° *Discours sur divers sujets de morale et sur les fêtes nationales*, 1798, in-8°; 5° *Éloge de Washington, et des généraux Hoche, Joubert et Desaix*, 1799, in-12; 6° *Les femmes célèbres de la révolution*, 1802, in-12; 7° *La vie de Toussaint-Louverture*, 1802, in-8°; 8° *Itinéraire des Français dans la Louisiane*, 1802, in-8°; 9° *Principes raisonnés de l'art de lire à haute voix*, 1802, in-8; 10° *Histoire universelle de Bossuet, exposée par demandes et par réponses*, 1803, in-12; 11° *Mémoires pour servir à l'histoire des attentats du gouvernement anglais contre toutes les puissances de l'Europe, et particulièrement contre la France*, 1803, in-12; 12° *Les constitutions de l'empire français, précédées d'une notice historique*, 1804, in-12; 13° *La vie de Dessalines*, 1804, in-12; 14° *Exposition d'une méthode élémentaire, propre à former les jeunes gens à la lecture à haute voix, au débit oratoire, et à les disposer aux cours de la haute déclamation*, 1805, in-12; 15° *Les quatre fondateurs des dynasties françaises*, 1806, in-8°; 16° *Essai d'un discours religieux pour l'anniversaire du couronnement de S. M. Napoléon*, 1806, in-12; 17° *De l'institution du célibat, dans ses rapports avec la religion et les mœurs publiques*, 1808, in-8°; 18° *Discours et actions de grâces à l'Éternel pour la naissance du roi de*

Rome, 1811, in-8°; 19° *De la censure ministérielle, considérée dans les dispositions morales, politiques et intellectuelles,* 1814, in-8°; 20° *Un vieux républicain à Napoléon, sur la puissance de l'opinion publique dans le gouvernement des états,* 1815, in-8°, suivi de quatre autres cahiers. M. Dubroca a fourni plusieurs articles sur la prononciation, qui ont été insérés dans le *Manuel des amateurs de la langue française.*

DUBRUEL (PIERRE-JEAN-JOSEPH), membre de la chambre des députés, répète souvent avec une espèce d'orgueil, très-légitime sans doute, qu'il tient sa mission des électeurs du département de l'Aveyron, et qu'il partage cet honneur avec MM. Clausel de Coussergues, de Bonald et autres personnages non moins fameux dont il se fait gloire de partager les opinions. M. Dubruel avait été nommé au conseil des cinq-cents en 1795; il y soutint avec chaleur la cause de la noblesse et du clergé, et proposa un nouveau mode de serment pour les ecclésiastiques. Il reproduisit si souvent les questions relatives aux prêtres, pendant les deux années de sa session au corps législatif, qu'on eût dit qu'il n'avait d'autre mission que celle de s'occuper du sacerdoce. Napoléon nomma M. Dubruel proviseur du lycée impérial de Marseille, et depuis, le roi lui a accordé des titres de noblesse et la décoration de la légion-d'honneur.

DUBRUEL (CHARLES), frère du précédent, est né dans le département de l'Aveyron en 1776. Le canton de Rignac ayant décidé, en assemblée primaire, « que la » convention avait perdu la con- » fiance de la nation, et qu'il était » nécessaire de former, pour le » bien de la France, une nouvelle » assemblée législative, » chargea M. Dubruel de la mission importante de présenter, à la convention même, ce procès-verbal. Le même canton demandait aussi l'abolition des lois révolutionnaires, la liberté du culte, l'amnistie pour les déportés, et d'autres concessions aussi difficiles à obtenir. C'était en 1793; M. Dubruel, fort jeune alors, remplit son mandat avec un courage digne d'estime. Mais exposé journellement à être décrété d'accusation, il chercha un asile dans l'armée, et était capitaine d'artillerie lorsque le général Bonaparte s'empara de l'autorité après le 18 brumaire. A cette époque, M. Dubruel quitta le service et rentra dans la vie privée

DUBUISSON (PAUL ULRIC), né à Laval, département de la Mayenne, vers 1753, fut partisan de la révolution, et chercha à en propager les principes. Comme ils ne se développaient pas assez promptement au gré de son impatience, il alla en Belgique, embrassa le parti de Van-der-Noot, fut mis en prison, et ne rentra dans sa patrie qu'en 1790. Dubuisson, qui voulait jouer un rôle à quelque prix que ce fût, obtint d'être nommé commissaire auprès de Dumouriez, en 1792; il avait pour collègues Proly et Pereyra. Se trouvant à l'armée lors de la défection de ce général, ils furent accusés tous trois d'y avoir pris part; mais ils se disculpèrent, et la convention déclara qu'elle était satisfaite de leur conduite. Dubuisson ne demeura pas long-temps sans être accusé de nouveau par Robespierre. Ce dernier le fit chasser de la société des jacobins, et bientôt après il se trouva enveloppé dans la conspiration dite des hébertistes. Traduit au tribunal révolutionnaire, il y fut condamné à mort et conduit au supplice le 23 mars 1794, avec Ronsin, Momoro, Vincent, Proly, Pereyra, Anacharsis Clootz et Hébert. Dubuisson était auteur dramatique, et a laissé quelques pièces de théâtre, dont les principales sont : *Thamas Koulikan*, *Trasime et Timagène*, tragédies en 5 actes et en vers ; *le vieux Garçon*, comédie en 5 actes et en vers ; *l'Avare cru bienfaisant*, id. ; *les deux Frères*, opéra en 3 actes ; *Zélia*, opéra, id., etc. Dubuisson a publié en politique : *Abrégé de la révolution des états d'Amérique*, 1779, in-8° ; *Nouvelles considérations sur Saint-Domingue*, en réponse à celles de M. H. D., 1780, in-8° ; *Lettres critiques et politiques sur les colonies et le commerce des villes maritimes de France, adressées à Guillaume Thomas Raynal*, 1785, in-8°.

DUCANCEL (N.), né à Beauvais, dans le département de l'Aisne, ancien avoué à Paris, fut un zélé patriote dès les commencemens de la révolution. Il fréquenta d'abord la société des jacobins ; mais il s'en éloigna dès qu'elle devint sanguinaire, et se plaça dans les rangs des constitutionnels. Il quitta Paris en 1810, pour aller habiter une campagne dans les environs de Clermont-Oise, devint sous-préfet en 1815, et ne conserva cette place que jusqu'après les élections de 1816. M. Ducancel est auteur de la comédie de circonstance intitulée l'*Intérieur d'un comité révolutionnaire*, jouée en 1795 avec un succès prodigieux ; c'est un tableau vrai et plaisamment exact de certains hommes de cette époque : cette pièce, en 3 actes et en prose, eut plusieurs éditions. Nous avons encore de M. Ducancel *la Constitution non écrite du royaume de France, et les preuves qu'elle n'a jamais cessé un instant d'être en vigueur depuis Clovis jusqu'à nos jours*, 1814, in-8°.

DUCASTEL (J. B. Louis), avocat, né à Rouen vers la fin de septembre 1740. La réputation de Ducastel, comme celle de tous les avocats qui n'ont publié aucun ouvrage, est toute de tradition ; ses titres à la célébrité sont uniquement dans la mémoire de ses contemporains, car on ne peut pas regarder deux dissertations, l'une sur la coutume normande, l'autre sur l'origine des dîmes, comme des monumens propres à sauver son nom de l'oubli. Ducastel, fils d'un épicier de Rouen, perdit son père étant encore en bas âge. Rien n'annonçait que l'orphelin sans fortune pourrait entreprendre les études nécessaires à l'exercice d'une profession libérale. Un conseiller au parlement de Normandie ayant eu occasion d'entretenir ce jeune homme, et jugeant, à la vivacité de son esprit et à la justesse de ses réponses, que les soins que l'on prendrait de son éducation produiraient d'heureux fruits, il se chargea de le faire élever et de le diriger dans la carrière du barreau. Les progrès de Ducastel furent rapides, et après s'être exercé quelque temps comme avocat à Bayeux, il parut au parlement de Rouen, où il fut jugé seul capable de lutter avec le célèbre Thouret. C'était par des qualités différentes qu'il brillait: la clarté, l'ordre, la précision et une logique pressante distinguaient éminemment Thouret; la facilité, la chaleur, l'entraînement et l'abondance formaient les traits carastéristiques du talent de Ducastel, qui le développait tout entier plus particulièrement dans les répliques. Il aimait à le consacrer à défendre la faiblesse contre la puissance, et la raison contre les préjugés. Ses plus beaux plaidoyers sont ceux qu'il prononça pour M. Canivet contre le marquis de La Londe, et pour M. Dufossé fils contre son père, qui lui contestait sa légitime, sous prétexte qu'il s'était mésallié en épousant une roturière; mais l'époque vraiment historique de la carrière de Ducastel fut celle où il plaida dans l'affaire de la réhabilitation du général Lally. Tout le monde connaît la noble et touchante conduite de M. de Lally fils dans cette circonstance; c'était lui qui jouait le principal rôle, Ducastel n'en avait qu'un secondaire à remplir, en défendant M. Alen, major du régiment de Lally; il s'en acquitta de manière à prouver qu'il n'eût pas été indigne du premier. Le major avait été mis hors de cause par le même jugement qui avait condamné son infortuné général; mais il avait à se défendre, dans le procès en réhabilitation, contre M. d'Esprémesnil, intervenu dans cette affaire comme défenseur de son oncle, dont le témoignage avait surtout contribué à la perte de Lally. C'était une position bien délicate que celle de M. d'Esprémesnil, voulant faire confirmer un jugement déjà regardé comme un assassinat dans l'opinion publique; il eut le tort de prendre le ton d'un juge qui parle à des coupables, et l'imprudence de vouloir faire personnellement sentir à Ducastel les avantages que sa naissance, sa fortune et le rang qu'il occupait dans la magistrature, lui donnaient sur un simple avocat; il porta l'oubli des convenances à un point que Ducastel n'était pas fait pour supporter. Celui-ci se lève indigné, et, dans la plus brillante improvisation à laquelle il se soit peut-être jamais livré, il compare la noblesse de sa profession avec la dignité du magistrat, qui venait d'être si étrangement oubliée en son égard. Son superbe adversaire est contraint de désavouer l'injure qu'il s'est permise. Ducastel fut envoyé à l'assemblée législative par ses concitoyens, empressés de payer ce tribut d'estime à son talent. On peut être étonné que cet éloquent avocat n'ait pas recherché davantage les succès de tribune; mais il paraît qu'il préférait donner tous ses soins à l'élaboration des nouvelles lois que réclamait la France. Ce fut sur son rapport que l'assemblée législative décréta, le 2 juin 1792, que « l'état civil des citoyens serait »constaté par les officiers muni- »cipaux, » et sur sa proposition que, le 3 août, la même assemblée admit le divorce par consentement mutuel et pour cause d'incompatibilité d'humeur. Ce qu'il y a de remarquable, c'est que Ducastel, partisan prononcé du divorce comme législateur, a été toute sa vie le plus tendre et le meilleur des époux. Il mourut à Rouen au mois de messidor an 7, après avoir occupé quelque temps la chaire de législation qui avait été créée à l'école centrale de cette ville.

DUCHAFFAULT (LE COMTE), prêtre desservant. Après avoir été militaire, et avoir obtenu la croix de Saint-Louis sur le champ de bataille, il a embrassé l'état ecclésiastique. Lors de la rentrée du roi, en 1814, il a publié un écrit ayant pour titre : *Réflexions sur la révolution de France*. Cet ouvrage, saisi en août 1815, par décision du ministre de la police, fut, dans le même temps, condamné par le tribunal de Bourbon-Vendée, comme contraire à la charte, et tendant à la restitution des biens d'émigrés. *Oraison funèbre de Louis de Laroche-Jacquelin*. Cet opuscule excita les réclamations de quelques chefs vendéens, et fut désapprouvé par eux. M. le comte Duchaffault vit retiré à la Guyonnière, dont il a obtenu la cure.

DUCHAFFAULT (LE COMTE GABRIEL), fils du précédent, né en Poitou, en 1775, émigra, servit à l'armée de Condé, s'y distingua, et reçut la croix de Saint-Louis le même jour que son père. Rentré en France, en 1801, il vécut paisiblement dans ses propriétés situées près de Mortagne. En 1813, il fut nommé commandant de la garde nationale de son pays, et, en 1815, il prit part à la guerre de la Vendée, où il commanda l'avant-garde du corps d'armée de M. de Suzannet. Il montra, dans cette campagne, beaucoup d'activité et le plus grand zèle pour la cause qu'il avait embrassée. M. le comte Duchaffault fit partie de la députation envoyée au roi par l'armée de l'Ouest, au mois de juillet 1815; et, en 1816, il publia la *relation des événemens qui ont eu lieu dans la Vendée depuis le 27 mai jusqu'au 16 juin 1815*, broc. in-8°.

DUCHATEL (GASPARD), cultivateur dans les environs de Thouars, département des Deux-Sèvres, n'avait que 26 ans lorsqu'il fut nommé député à la convention nationale, en 1792. Il vota, dans le procès de Louis XVI, pour le bannissement. Tombé malade à cette époque, et croyant que son vote pourrait sauver le roi, il se fit porter dans l'assemblée, enveloppé et couvert d'un bonnet de nuit; et là, quoique le scrutin fût déjà fermé, il insista pour que sa voix fût comptée : ce qui eut lieu. Cet acte d'humanité lui valut bientôt les accusations de Collot-d'Herbois. Voulant se soustraire au danger, Duchâtel partit pour Bordeaux; il y fut reconnu, arrêté et conduit à Paris. On l'assimila aux *brissotins*, *girondins* et *fédéralistes*. Livré au tribunal révolutionnaire, il fut condamné comme eux; et, le 31 octobre 1793, fut décapité, lui vingt-unième, avec les Guadet, les Vergniaux, les Gensonné, les Brissot, les Boyer-Fonfrède, etc. Deux ans après la mort de Duchâtel, plusieurs députés demandèrent qu'une fête fût célébrée en son honneur, le jour de ce funeste événement.

DUCHATEL (LE COMTE CHARLES-JACQUES-NICOLAS), grand-officier de l'ordre royal de la légion-d'honneur et membre de son comité de consultation; membre de la société des sciences et arts de Grenoble, né en Normandie le 29 mai 1751, d'une ancienne famille noble, entra, au sortir de ses études, dans la carrière des finances; il était directeur et receveur-général des domaines du roi dans la généralité de Bordeaux à l'époque de la révolution. En 1791, la division de la France en départemens ayant amené des changemens dans les administrations financières, il fut conservé à Bordeaux en qualité de directeur de l'enregistrement et des domaines du département de la Gironde. Incarcéré en l'an 2, lorsque la hache révolutionnaire se promenait sur les têtes des bons et paisibles citoyens, à Bordeaux comme à Paris, il allait subir le sort commun, quand un heureux hasard et les soins d'un ami qui sut en profiter l'enlevèrent aux bourreaux. Sa vie fut sauvée, et, chose non moins étonnante alors, il fut rendu à ses fonctions : mais bientôt après, la loi du 27 germinal, qui éloignait les ex-nobles des villes maritimes, l'obligea de sortir de Bordeaux. On disposa de sa direction. Retiré au fond d'une campagne, à quelque distance de la ville, il en fut arraché, après le 9 thermidor, par arrêté d'un représentant en mission, qui le mit en réquisition pour venir occuper une place d'administrateur du département. Il obéit à cet ordre, dans l'espoir de faire quelque bien, et d'adoucir, autant que le devoir pourrait le permettre, la rigueur des lois qui frappaient les personnes et les propriétés, et il a laissé à cet égard d'honorables souvenirs. En l'an 4, il fut nommé, par le collége électoral du département de la Gironde, membre du conseil des cinq-cents. Étranger à tout esprit de parti, et peu jaloux de la célébrité qu'il est souvent dangereux d'acquérir, il s'occupa, pendant ses trois années de législature, presque uniquement des finances, et des moyens de rétablir le crédit public. Ses rapports et ses discours en font foi; on lui doit la loi de l'enregistrement du 22 frimaire an 7. Il sut débrouiller la législation de cette importante partie, lui donner des principes et les faire adopter. On lui doit aussi les lois du 22 prairial de la même année, sur le paiement des rentes dues par l'état et sur les transferts; il les fit dégager de toutes les entraves qui tenaient en souffrance plus de 150,000 familles de créanciers et de pensionnaires. Ce fut à cette occasion que, développant les moyens de rétablir le crédit public, il mit en première ligne la clôture de la liste des émigrés. Cette disposition ne fut adoptée que sous le gouvernement consulaire. On a encore remarqué, parmi ses opinions imprimées, celles sur les hypothèques, sur les domaines engagés, sur les postes et messageries... Son temps de législature étant achevé, le comte Duchâtel rentra dans la régie de l'enregistrement et des domaines, comme administrateur. Il fut appelé de là au conseil-d'état, lors de sa création, le 24 décembre 1799. Le premier consul, voulant connaître la situation administrative, judiciaire, militaire et politique des départemens, choisit, en 1800, des conseillers-d'état pour les visiter. Le comte Duchâtel fut envoyé dans la 23me division militaire, et à son retour dans la 7me, ce fut d'après un de ses rapports que s'ouvrit la route du Simplon, au pied du fameux rocher de Meillerie, sur le lac Léman. Il a été membre de la section des finances au conseil-d'état pendant plus de 15 ans. La place de directeur-général de l'administration de l'enregistrement et des domaines lui fut confiée le 19 septembre 1801, date de sa création; il l'a occupée jusqu'au 16 juillet 1815. Auteur des principales lois de cette administration, et secondé par le bon esprit qui l'a toujours distingué, il lui fit prendre une marche qui l'éleva à un haut degré de prospérité. Il fut nommé, le 24 novembre 1807, premier candidat au sénat conservateur par le collége électoral du département de l'Orne, son pays natal. Hors de toutes fonctions publiques depuis le 16 juillet 1815, pour avoir signé la déclaration du conseil-d'état, du 25 mars précédent, le comte Duchâtel, après de longs services, vit dans la retraite au sein de sa famille.

DUCHATELET D'HARAUCOURT (LE DUC L. M. F.), lieutenant-général, député aux états-généraux par la noblesse du Barrois, né à Semur, en Bourgogne, vers l'année 1727, était fils de la marquise Duchatelet, célèbre par ses liaisons avec Voltaire. Il était chevalier des ordres et colonel du régiment du Roi infanterie, lorsqu'il fut appelé au commandement du régiment des gardes-françaises, en remplacement du maréchal de Biron, en 1788. Dans les premières séances des états-généraux, il fit partie de la commission chargée de rédiger un règlement pour la police de l'assemblée. Dans la séance mémorable du 4 août, il vota le rachat de la dîme, fit un rapport sur la caisse d'escompte, et proposa la vente de *quatre cents millions* de biens du clergé pour subvenir aux dépenses. Sa motion sur le rachat de la dîme fut adoptée, et transformée en décret; mais, huit jours après, un décret nouveau contredisant celui du 4, supprima la dîme ecclésiastique sans rachat. En 1790, il vota pour accorder au roi le droit de faire la paix et de déclarer la guerre, et s'opposa à l'incorporation des bataillons. En 1791, il parla fortement contre le projet de réunion à la France d'Avignon et du comtat Venaissin, mais ne put empêcher le décret du 4 septembre, qui ordonnait cette réunion. Le duc Duchatelet, étranger aux injustices et aux désordres de la révolution, s'attira bientôt la haine des hommes dont la démocratie était signalée par les plus affreux excès. Emprisonné par les ordres d'André Dumont, sur l'accusation d'avoir participé au massacre des patriotes le 10 août 1792, aux Tuileries, il passa du tribunal révolutionnaire à l'échafaud, le 13 décembre 1793, à l'âge de 66 ans.

Mlle Duchesnois.

Flatters   Frémy del et Sculp.

DUCHESNE (Pierre-François), fils du tribun de ce nom. Nommé, en mai 1815, membre de la chambre des représentans, il combattit vivement la motion faite, par le général Mouton - Duvernet, de proclamer empereur le fils de Napoléon, quoique reconnaissant la légitimité du titre par lequel ce prince avait gouverné la France. Cette opposition fut basée sur de hautes considérations politiques. Après le retour du roi, au mois de juillet 1815, M. Duchesne rentra dans la vie privée, et employa ses loisirs à la publication de quelques écrits. On a de lui : *Réflexions d'un royaliste constitutionnel sur les diverses brochures qui ont paru depuis le 31 mars 1814*, in-8°. *Nouvelles réflexions d'un royaliste constitutionnel sur l'ordonnance de réformation*, 1814, in-8°. *Vote d'un Dauphinois, sur l'acte additionnel aux constitutions de l'empire, du 22 avril 1815*, in-8°. *Des pouvoirs de la chambre des représentans, et de l'usage qu'elle en a fait*, 1815, in-8°. Ces écrits ont obtenu beaucoup de succès.

DUCHESNE fut nommé, par le département de la Drôme, député au conseil des cinq-cents. En 1797, la motion ayant été faite d'exclure les nobles des emplois publics, Duchesne la combattit comme injuste. Le succès qu'il obtint l'encouragea; il parla sur des matières de finances et d'ordre judiciaire; s'opposa à l'existence qu'on voulait rendre aux sociétés politiques, et, après le 18 brumaire, il passa au tribunat, d'où il sortit en 1803, après avoir célébré la mort de Desaix et la bataille de Marengo. Depuis cette époque, M. Duchesne a vécu retiré des affaires publiques.

DUCHESNOIS (Joséphine Rafin, connue au théâtre sous le nom de), est née à Saint-Saulve, département du Nord, le jour de Noël 1786. Une sœur qu'elle avait à Paris l'appela près d'elle dès l'âge de 3 ans, la fit élever avec soin, et lui servit de mère. Son enfance, comme celle de presque tous les grands artistes, fut marquée par des révélations de son talent futur; et conduite à l'âge de 8 ans à une représentation de *Médée*, que donnait Mlle Raucourt, sa vocation pour le théâtre commença à se manifester d'une manière irrésistible. Sa jeune imagination ne lui représentait plus qu'un seul objet, et elle cherchait à reproduire, parmi les compagnes de ses jeux, les effets de terreur et de pitié dont elle avait été si vivement frappée. Sa sœur fut alarmée d'un penchant qui contrariait les projets qu'on avait sur elle, et l'envoya, en 1798, dans une maison de commerce de Valenciennes, espérant qu'un changement de séjour et d'occupations donnerait un nouveau cours à ses idées. Mais l'instinct du talent triompha cette fois des calculs de la prévoyance : quelques amateurs de Valenciennes ayant entrepris de jouer la comédie au bénéfice des pauvres, Mlle Duchesnois saisit avidement toutes les occasions de se faire conduire à leurs représentations, et les personnes à qui elle était confiée consentirent, après beaucoup d'instances et de refus, à lui laisser partager cet amusement : elle se montra pour la première fois au public dans le rôle de Palmire de la tragédie de *Mahomet*. L'on vit un enfant de treize ans, doué de toutes les inspirations du génie tragique, entrer sans guide dans la carrière, peindre avec une énergie entraînante des sentiments étrangers à son âge, et obtenir, au grand étonnement de tous les spectateurs, un de ces triomphes prématurés dont l'enivrement décide du reste de notre vie. A compter de ce jour, la détermination de Mlle Duchesnois fut irrévocable, mais n'osant confier son projet à personne, elle écrivait tous les jours à celle qui lui avait servi de mère, de la rappeler à Paris. N'en recevant pas de réponse favorable, elle partit en secret pour aller la rejoindre, se fit pardonner sa démarche, et fut replacée dans la pension où elle avait été élevée. M. Le Gouvé entendit parler de ses dispositions; il appartenait à l'auteur du *Mérite des femmes* de deviner celui de Mlle Duchesnois et d'en cultiver les heureux germes. Les progrès de l'actrice justifièrent la prédilection du poète, et elle fut en état de débuter au bout de six mois. Mme de Montesson, qui ne cessa de lui prodiguer l'intérêt et l'attachement le plus vif, la protégea contre toutes les intrigues, aplanit tous les obstacles qu'on lui opposait, et obtint son ordre de début au Théâtre-Français, où elle parut pour la première fois le 21 juillet 1802. L'apparition de cette débutante dans la tragédie de *Phèdre,* excita un enthousiasme général; une couronne fut jetée sur le théâtre, et l'on exigea que l'acteur qui l'accompagnait la plaçât lui-même sur la tête de Mlle Duchesnois. Elle reparut les jours suivans avec le même succès, et termina ses brillans débuts par cette même tragédie de Phèdre, comme pour faire voir que le rôle le plus parfait de la scène française était celui qui convenait le mieux à la nature de son talent. C'est quelques jours après ce triomphe que commencèrent entre Mlle Duchesnois et Mlle Georges, élève de Mlle Raucourt, ces rivalités de succès, qui ont plus d'une fois changé en véritable champ de bataille le temple paisible des arts : les journalistes envenimèrent la lutte en s'y mêlant. Chacun des deux partis s'attribua la victoire, et les mêmes feuilletons qui plaçaient Talma au-dessous de Lafond, déclarèrent périodiquement que Mlle Duchesnois avait succombé. Un son de voix enchanteur et pour ainsi dire racinien, des regards de la plus vive expression, une sensibilité profonde et brûlante, assurent à Mlle Duchesnois une place entre les Dumesnil et les Clairon, dont son beau talent semble réunir les deux genres. La manière dont elle a récemment joué Marie-Stuart et Jeanne-d'Arc, a prouvé qu'elle était aussi familière avec les émotions de la tragédie moderne, qu'avec les grandes traditions de la Melpomène antique. Sa santé, quelque temps altérée, nous avait inspiré de justes craintes, mais elle est aujourd'hui dans toute la force de ses moyens, et son rétablissement n'est pas moins précieux pour un théâtre dont elle est la gloire, que pour les nombreux amis dont les qualités de son cœur et le charme

Mr. Ducis.

Gerard pinx.   Fremy del. et Sculp.

de son caractère l'ont si constamment environnée.

DUCHOSAL (Marie-Émilie-Guillaume), littérateur, mort à Paris le 6 novembre 1806, était né dans cette ville le 18 août 1763. Ses parens lui firent étudier la jurisprudence; il fut même, avant la suppression des parlemens, reçu avocat à celui de Bordeaux: mais son goût pour les lettres le détacha entièrement du barreau. Il a travaillé successivement au *Journal des Deux-Ponts*, au *Journal des théâtres*, à *l'Ami des arts;* et, indépendamment de quelques brochures publiées sur la révolution, on a de lui les ouvrages suivans: 1° *Les exilés du Parnasse*, poëme, 1783, in-8°, réimprimé en 1784, et augmenté des *Adieux à la satire;* 2° *Mon songe*, satire imitée du grec de Lucien, suivi des *Sensations d'un homme de lettres*, 1784, in-8°; 3° *Blanchard*, poëme en 2 chants, 1784, in-8°, 2ᵐᵉ édition en 4 chants, 1786, in-8°; 4° *Discours sur la nécessité de dessécher les marais*, 1791, in-8°. Duchosal fut aussi, conjointement avec M. Milon, éditeur des *OEuvres de Dumarsais*, publiées en 7 vol. in-8°, 1797. Lors de l'établissement du Musée de Paris, il fut l'un de ses premiers membres. Il était, à l'époque de sa mort, membre de la commission des émigrés, après avoir été chef de bureau et secrétaire du ministre de la police générale.

DUCIS (Jean-François), issu d'une famille de Savoie, naquit à Versailles vers 1732. Ses parens tenaient en cette ville un magasin de faïence et de verrerie, qui passa à l'un des frères de ce poë- te. Aussi leur mère, femme à la fois simple et spirituelle, mais peu scrupuleuse en fait d'orthographe, disait-elle assez gaiement, quand on lui demandait des nouvelles de son fils: « Me » parlez-vous de celui qui fait des » *verres* (des vers), ou de celui qui » en vend? » Ducis étudia à Versailles, au collége d'Orléans qu'y fonda le régent. Sa jeunesse n'offre rien de remarquable, il n'eut point de succès précoces: la nature se plaît souvent à former à loisir les caractères et les talens d'une certaine vigueur; Jean-Jacques n'avait rien produit à 30 ans. Ducis était encore plus âgé quand il donna sa première tragédie; cette pièce, intitulée *Amélise*, n'est célèbre ni par un succès ni par une chute. Elle fut suivie de neuf autres, dont nous parlerons en conservant l'ordre dans lequel elles ont été produites. Vient d'abord *Hamlet*, qui révéla tout le talent ou plutôt tout le génie de Ducis. Des idées fortes, des sentimens profonds y sont exprimés dans un style particulier. C'est dans son âme, bien plus que dans Shakespeare, que Ducis puisa les beautés qui abondent dans ce drame. La scène de l'urne est l'une des plus belles qui soit dans aucun théâtre: la terreur et le pathétique ne peuvent être portés plus haut. Dans *Roméo et Juliette*, Ducis n'emprunta guère au tragique anglais que le titre de sa pièce. Il n'y a aucune ressemblance, soit pour la marche, soit dans les détails, entre la tragédie française et la tragédie anglaise. Disons avec franchise qu'il est peu de sujets que Shakespeare ait plus heureusement traités, et que l'on ne retrouve pas tout-à-fait dans la pièce de Ducis le charme et la grâce avec lesquels son rival peint les amours les plus touchantes, les amans les plus aimables qu'il ait jamais mis en scène. Mais ce défaut est bien racheté par une création supérieure, par le moyen dont il se sert pour justifier l'implacable haine de Montaigu, auquel il prête tous les malheurs donnés par le Dante au comte Ugolin. C'est une création véritable que l'emploi fait par Ducis de l'épisode le plus terrible du plus terrible des poëmes, qu'il imite comme le génie imite le génie. Dans *OEdipe chez Admète*, Ducis tenta de réunir en un même cadre les beautés les plus sublimes de Sophocle et d'Euripide. N'hésitons pas à dire qu'il y a réussi. En vain lui reproche-t-on d'avoir cumulé dans son plan un double intérêt; je n'y vois qu'une cumulation de scènes superbes, liées entre elles par un nœud ingénieusement imaginé. Existe-t-il dans les autres imitations de l'Alceste des développemens qui puissent être comparés à ceux que Ducis donne aux sentimens des deux héros de la tendresse conjugale? Quant à ce qui regarde OEdipe, n'a-t-il pas traité cette partie du drame avec une telle sublimité que le poète qui a voulu transporter depuis ce sujet sur la scène lyrique, n'a point trouvé de moyen plus propre à s'assurer d'un succès, que de copier les admirables scènes de la tragédie? Ainsi, pendant 30 ans, Ducis a fait la fortune de l'Opéra et la réputation de Guillard, sans que personne, à commencer par lui, ait paru s'en douter. Après cette excursion en Grèce, Ducis revint bientôt en Angleterre, près de son poète de prédilection; il lui emprunta encore l'idée première du *Roi Léar*. Le succès de cette tragédie, neuve dans ses effets comme dans ses moyens, fut prodigieux; les défauts du plan disparurent sous des beautés auxquelles on ne pouvait rien comparer, et, pour comble de bonheur, Ducis fut joué par Brizard : il semblait que l'âme du poète eût passé dans l'acteur. *Macbeth* ne fut pas accueilli d'abord avec autant de faveur que les quatre ouvrages auxquels il succédait; ses beautés ne lui nuisirent pas moins que ses défauts : on le trouva d'une teinte trop sombre. Nous nous rappelons que des murmures d'horreur se firent entendre de toutes parts, lorsque Sewar, entr'ouvrant ses habits, faisait pâlir Macbeth en lui montrant l'écharpe sanglante qu'il portait sur sa poitrine, l'écharpe du roi assassiné. Cette tragédie n'eut dans sa nouveauté qu'un petit nombre de représentations. Retouchée depuis, elle a obtenu un plein succès. Deux circonstances contribueront à expliquer ce double phénomène: dans sa nouveauté, Macbeth était joué par Larive, aujourd'hui il est joué par Talma. Après 6 ans de repos, Ducis donna *Jean-sans-Terre;* c'est le moins bon de ses ouvrages, il n'a pu se maintenir à la scène. Cet échec fut bientôt réparé, *Othello* parut. Sorti de la même source que Zaïre, avec laquelle il n'a pourtant aucune ressemblance, cet ouvrage peint la jalousie avec des couleurs qui ne s'étaient trouvées sur aucune palette : Talma y est terrible; Mlle Desgarcins y était déchirante. Est-ce parce qu'elle n'existe plus que la pièce ne se donne plus? Mlle Duchesnois se serait-elle méfiée d'elle-même, au point de croire le rôle d'Hédelmone au-dessus de ses forces? Jusqu'ici Ducis, quoique inventeur, ne passait que pour imitateur. Ses pièces portaient, il est vrai, les mêmes titres que celles du génie sous la protection duquel il se mettait, mais elles n'étaient pas plus pour cela des pièces de Shakespeare, que l'enfant à qui on donne le nom d'un saint n'est un saint lui-même. Le vulgaire ne faisait pas cette distinction, et son erreur, après tout, est imputable à l'auteur. Ducis prouva enfin qu'il pouvait ne rien devoir qu'à lui; il donna sa *Famille arabe*. Le fond, la forme, le genre de cette tragédie comme son titre, tout est de son invention. C'est à la fois une peinture de mœurs, de passions et de caractères. Si l'on y retrouve les défauts de ses autres pièces, on y retrouve, comme dans ses autres pièces, des beautés qui n'ont leurs analogues nulle part. Ducis est là surtout par excellence le poète de l'amour et de la mélancolie. Cet ouvrage, rempli de morceaux admirables, offre en sensibilité un trait aussi sublime que l'est, dans le genre admiratif, le plus beau trait de Corneille. Le mot *j'ai pleuré* n'est pas moins un mot de génie que le *qu'il mourût*. Et c'est à l'âge de 70 ans que Ducis peignait ces passions de la jeunesse, ces passions ardentes comme

le climat où il les met en scène. Ici se borne sa carrière dramatique. De même que le faux pas fait par le vainqueur à la course, après avoir touché le but, ne ternissait pas sa gloire, de même la disgrâce que notre poète éprouva au sujet de *Phédor et Waldamir*, son dernier ouvrage, n'a porté aucune atteinte à sa réputation. Disons la vérité : cette chute n'est honteuse que pour le parterre qui, sans égards pour l'âge et le génie, se complut à abreuver d'outrages l'homme auquel il était redevable de tant de jouissances. Entraîné par une certaine habitude de turbulence, on ne venait alors chercher au théâtre que des victimes. La pièce vicieuse, il est vrai, n'était cependant pas dénuée de beautés. Trois jeunes auteurs crurent que ces beautés méritaient grâce, et s'étaient empressés de faire, à la dernière production du patriarche de la scène française, des corrections indiquées par le public et par lui. Sa tragédie fut ainsi accueillie avec faveur à la seconde représentation, mais en vain : les juges de la première, indignés qu'on eût appelé de leur sentence, se portèrent à la troisième comme bourreaux. L'ouvrage de Ducis disparut de la scène, et l'on ne sait pourquoi il ne figure pas même dans ses œuvres. Nous devons les nommer ici, ces jeunes gens que Ducis honorait de sa confiance et de son amitié, et que l'infâme Geoffroi, à ce sujet aussi, honora de ses injures. C'étaient MM. Chénier, Le Gouvé et Arnault, tous trois auteurs tragiques, tous trois entrés dès leur plus tendre jeunesse dans cette carrière brillante et difficile où Ducis les avait précédés; tous trois signalés dès leur premier pas par des succès; tous trois enfin membres de l'institut, où ils n'étaient pas entrés par ordre. Chose fatale! les deux premiers sont morts avant l'âge, et celui qui leur survit a traîné long-temps, hors de son pays, des jours cruellement illustrés par la plus inconcevable des proscriptions. Indépendamment de ses ouvrages de théâtre, Ducis a publié un assez grand nombre de pièces détachées, dont plusieurs sont assez importantes par leur sujet et par leur étendue, pour recevoir un autre nom que celui de pièces fugitives. Elles portent toutes l'empreinte d'une âme forte et mélancolique, et respirent aussi une grâce que l'on ne peut pas imiter, et qui n'est que le produit d'un caractère neuf. Ducis n'a pas la bonhomie de La Fontaine, mais, ainsi que La Fontaine, Ducis a sa bonhomie. Son imagination l'entraînait quelquefois au-delà des limites posées par le goût. Dans un accès de misanthropie, il avait adressé quelques vers à une mare où les sangliers viennent s'abreuver, et qu'à ce sujet on appelle le cabaret du sanglier. Cette boutade était une espèce d'adieu au monde que terminaient ces vers:

Adieu pour jamais, je vais boire
Au cabaret du Sanglier.

« Mon ami, lui dit le spirituel et »délicat Andrieux, vous ne pu- »blierez pas ces vers; il n'y a pas »de raison pour qu'un galant hom- »me veuille jamais boire avec les »cochons. » Le génie de Ducis n'a pas toujours été apprécié par tout le monde. Ces hommes qui passent leur vie à rassembler des mots, à choisir des rimes, à raboter ou à limer des vers; ces hommes qui, tout occupés des formes, ne regardent les sentimens et les idées que comme une matière inerte sur laquelle l'art doit opérer, et non comme la substance même du génie; ces hommes, disons-nous, bien plus frappés des défauts de Ducis que de ses qualités, et de ses inégalités que de la sublimité à laquelle il s'élève si souvent, s'étonnèrent qu'on le nommât à l'académie pour succéder à Voltaire, et qu'on le nommât de préférence à Dorat, qui ne s'étonnait que de cela : « Il est des »hommes auxquels on succède et »qu'on ne remplace pas, » dit Ducis en s'asseyant dans le fauteuil de Voltaire; mot qui ferma la bouche à Dorat lui-même, que Ducis acheva d'écraser en multipliant les titres de sa supériorité. Le goût méticuleux de Laharpe ne l'empêchait pas d'être juste envers Ducis sous de certains rapports : « Il ne sait pas composer une piè- »ce, disait-il, mais personne ne »fait mieux une scène que lui. » Il fallait dire, comme lui ; mais c'est Laharpe qui parle. La vie privée de Ducis a été exclusivement celle d'un homme de lettres. Plus occupé de la poésie que de ses propres intérêts, il s'est tenu surtout éloigné des affaires qu'il avait en dégoût, des factions qu'il avait en horreur, des dignités qu'il avait en mépris : sa philosophie cependant était celle d'un sage et non d'un égoïste. Il s'en faut de beaucoup qu'il soit resté indifférent aux agitations publiques parmi lesquelles s'écoulèrent les 25 dernières années de sa vie. Une âme aussi ardente, aussi élevée que la sienne, pouvait-elle ne pas idolâtrer la liberté? Malgré les liaisons qui l'unissaient à plusieurs personnes de la cour, il embrassa cette cause avec toute l'énergie de son caractère. La vérité dont nous sommes ici l'organe, et que nous ne déguisons pas par complaisance, non-seulement pour les morts, mais même pour les vivans; la vérité nous oblige à dire que Ducis, entraîné par le mouvement révolutionnaire, approuva tout ce qui lui paraissait tendre à l'affranchissement de sa patrie; que la destruction de la monarchie ne fut pour lui que celle du despotisme, et que cette imitation terrible que la France fit du terrible exemple qui lui avait été donné par l'Angleterre, n'était à ses yeux qu'un acte de justice. Hors les secrets de son art, Ducis n'approfondissait rien. Tant que la république, ou tant que les diverses anarchies auxquelles on donna successivement ce nom, durèrent en France, Ducis se crut libre sur la foi des mots. Bien différent de ces hommes qui ne s'occupent que de leur élévation, c'est l'égalité qu'il ambitionnait. Il en donna une preuve éclatante dès les premiers temps du consulat, en refusant une dignité que tant d'autres recherchaient avec empressement; en refusant de prendre place au sénat, dans lequel on voulait que Ducis représentât les lettres, comme Lagrange y représentait les sciences, comme Vien y représentait la peinture. Le même amour pour l'égalité l'empêcha d'accepter la décoration de la légion-d'honneur : « J'ai refusé pis que cela, » disait-il. Pourquoi a-t-il fini par accepter mieux? Ducis, que Napoléon avait recherché, l'aima tant qu'il le crut le protecteur de la liberté, et le détesta dès qu'il en devint l'oppresseur. Le prince ne se lassait point d'offrir, le citoyen ne se lassait point de refuser. La vieillesse, loin d'affaiblir la vigueur de ce caractère vraiment antique, ne fit long-temps que l'accroître. Plus Ducis s'approchait de la tombe, plus il était indépendant; bien différent en cela de tel vieillard qui, constamment servile sous tous les régimes, et payé par tous, traîna d'antichambre en antichambre sa vieillesse déshonorée. Ducis, à l'époque où Napoléon changea le titre de consul en celui d'empereur, quitta Paris et se fixa tout-à-fait à Versailles. Il croyait vivre en ermite au milieu de cette ville, où son imagination ne voyait que des ruines dans une solitude. Son ermitage était un appartement au troisième, meublé comme sa tête des objets les plus contradictoires. Ducis qui à la fois profane et religieux, fréquentait avec une égale assiduité l'église et le théâtre, avait composé la décoration de sa cellule conformément à ses affections. Au chevet de son lit de serge verte, était un christ et un bénitier; au pied, une Vierge et Mlle Clairon. Dans sa chambre étaient pêle-mêle les portraits de Talma, du curé de la paroisse, du Dante, d'un vieux gouverneur des pages qu'il croyait aimer, et de madame de La Valière, dont il était plus amoureux que Louis XIV lui-même. Ajoutez à cela des dessins faits d'après ses tragédies, les sept sacremens du Poussin, quelques portraits de famille, le buste de Le Mercier, et celui de Shakespeare. Sa bibliothèque, composée à l'avenant, se formait de livres de piété et de livres de poésie. L'*Enfer du Dante* est le poëme qu'il lisait le plus volontiers : « Je retourne dans les » vallées maudites, » disait-il à chaque fois qu'il recommençait cette terrible lecture, et il la recommençait souvent. Les illusions qu'il devait à son imagination portaient généralement le caractère de l'exaltation. Non-seulement il se complaisait à se croire isolé parmi les hommes, mais à se figurer qu'il habitait une région supérieure à la leur. Son troisième étage était pour lui le troisième ciel: «D'ici, disait-il, je crache sur la » terre. » On pourrait recueillir de lui quantité de mots aussi singuliers : « Mon ami, disait-il un jour » à son confrère Arnault, qui lui » témoigna quelque étonnement » de la retraite à laquelle il s'était » condamné, je ne suis plus de ce » monde, j'ai épousé la mort. » «Vous n'êtes heureusement que »fiancé, répondit l'autre, de grâ- » ce ne vous pressez pas de faire » vos noces. » Une autre fois, il écrivait à Bernardin de Saint-Pierre : « Je ne vis plus, j'assiste à la » vie. » On était parvenu cependant, depuis la restauration, à l'attirer à Paris. Quoiqu'il ne se soit pas remonté à l'institut, et cela dans la crainte d'y être reporté à la présidence, on le vit assister, 15 mois avant sa mort, à une séance du collége de France, à laquelle l'ouverture des cours de M. Andrieux donnait un intérêt particulier. Cette complaisance peusa lui devenir funeste : les preuves d'estime et d'affection dont on se plut à l'accabler, exaltèrent sa sensibilité à un tel point que son moral et son physique s'en ressentirent, et qu'il fut pendant plusieurs jours malade de corps et d'esprit. Au reste, depuis le retour des Bourbon, les facultés morales de Ducis s'étaient sensiblement affaiblies; il avait oublié ses opinions pour reprendre ses affections. Présenté au roi, dont il avait été le secrétaire, il en fut accueilli avec faveur. Le roi lui donna la décoration, que cette fois le poète ne refusa pas. Ducis fut lié intimement avec Thomas, Florian, Champfort, le comte et la comtesse d'Augevilliers, et l'ex-directeur La Réveillère-Lépeaux; mais entre tant d'amis, Thomas est celui qu'il affectionna le plus. Tout était commun entre eux; ils s'aimaient d'esprit comme de cœur : ils s'ouvraient leurs portefeuilles comme leurs bourses. Ducis faisait au besoin des vers pour Thomas, et Thomas de la prose pour Ducis, qui sous ce rapport était si modeste qu'il se croyait toujours l'obligé. Le discours que Ducis prononça lors de sa réception à l'académie française est de Thomas. La vieillesse de ce patriarche de la poésie fut entourée des soins de plusieurs gens de lettres, qui, relativement à lui, étaient jeunes, et parmi lesquels on distingue MM. Andrieux, Lemercier, Arnault, et M. de Campenon, poëte non moins recommandable par le charme de son caractère que par la grâce de son talent. C'est aux soins de ce dernier que le public est redevable de la collection complète des œuvres de Ducis. Ducis était fortement organisé au physique comme au moral; sa taille haute, sa corpulence assez épaisse, ses membres robustes, tout avait en lui le caractère de la vigueur. Sa figure patriarcale portait une expression particulière d'énergie, de bonté et de probité. Sa voix puissante s'accordait merveilleusement avec son génie, et son accent donnait à tout ce qu'il disait une valeur qui ne se retrouvait pas toujours dans la déclamation des acteurs, quoiqu'elle existât réellement dans les vers de Ducis. La figure de Ducis ainsi que sa physionomie a été reproduite par l'admirable pinceau de Gérard. Ducis était sujet depuis long-temps à des maux de gorge ; une maladie de ce genre l'a enlevé dans les premiers jours de 1817. Cette perte, jointe aux acquisitions que l'institut fit à cette époque, n'a pas laissé que d'appauvrir singulièrement ce corps illustre, que le ministère, semblable aux filles de Pélias, a cru rajeunir en le démembrant. Les gens de lettres se sont honorés en faisant frapper à leurs frais, à la mémoire de Ducis, une médaille qui porte cette légende :

L'accord d'un grand génie et d'un beau caractère.

C'est un vers de Ducis.

DUCKWORTH (sir John-Thomas), l'un des vice-amiraux qui ont le plus honoré le pavillon anglais. Fils du ministre d'une paroisse de peu d'importance, dans le comté de Devon, il entra fort jeune dans la marine militaire, où son zèle et ses talens lui procurèrent un avancement rapide. En 1789, il était lieutenant à bord de *la Princesse royale,* vaisseau de 90 canons, et prit part au combat livré devant la Grenade, par l'amiral Byron, à la flotte française que commandait le comte d'Estaing. Dans cette affaire, où les Anglais furent battus, sir Duckworth se distingua. Devenu capitaine, il servit pendant la guerre que fit naître la révolution, et commandait en 1794 le navire *la Reine,* lorsque l'escadre anglaise dont il faisait partie rencontra, vers le cap Lézard, la flotte française conduite par le vice-amiral Villaret-Joyeuse. Malgré la bravoure de ce dernier, la victoire fut cette fois infidèle aux Français; et sir Duckworth eut la gloire d'avoir puissamment contribué à la fixer sous les drapeaux britanniques. Son nom fut honorablement cité dans cette occasion; et, peu de temps après, il fut chargé de croiser devant Brest. Après avoir escorté, en 1795, le convoi que l'Angleterre fit passer aux Indes-Orientales, il contribua en 1798 à la prise de l'île de Minorque, au moyen des troupes de débarquement qu'il y transporta, et dont il favorisa la descente. Ses services furent alors récompensés par la décoration de l'ordre du Bain; et, peu de temps après, il obtint le commandement en chef de la Jamaïque. De nouveaux succès l'attendaient dans cette partie du monde. Nommé vice-amiral de l'escadre bleue, il était devant Saint-Domingue, lorsque l'insurrection générale des Noirs ayant mis le général Rochambeau dans la dure nécessité de capituler, ce général aima mieux se rendre aux Anglais, avec les troupes qu'il commandait, que de capituler avec les Nègres. En 1805, Duckworth remporta dans les mêmes parages un avantage considérable. Instruit qu'une flotte française, sous les ordres du contre-amiral Leisseignes, était sortie de Brest, et se dirigeait vers Saint-Domingue, il se hâta d'aller à sa poursuite avec tous les vaisseaux qu'il put rassembler, et fut heureusement secondé par l'amiral Cochrane. La flotte française fut atteinte dans la baie de Saint-Domingue; une partie des vaisseaux qui la composaient fut prise et conduite à la Jamaïque : ce qui causa une telle joie en Angleterre, que, sur la demande des lords Gray et Grenville, le parlement vota des remercîmens à sir Thomas Duckworth. La cité de Londres lui fit don d'une épée de la valeur de 200 guinées; ce qui pourtant dut lui paraître peu de chose, puisque déjà l'assemblée coloniale de la Jamaïque lui en avait offert une du prix de mille guinées. En 1805, nommé vice-amiral de l'escadre blanche, il eut la satisfaction de voir hisser son pavillon sur *le Royal-George.*

DUCLOS - DUFRESNOY (Charles-Nicolas), né à Montcornet, département de l'Aisne, en 1734, fut nommé, par les électeurs de Paris, député suppléant aux états-généraux de 1789. Notaire avant la révolution, il s'était distingué dans cette profession par un caractère ferme, des principes sévères, une rédaction pure et une grande aptitude à démêler les affaires les plus embrouillées. La confiance dont il jouissait offrit au gouvernement plus d'une ressource que l'abbé Terray, Calonne et Necker, tour à tour contrôleurs-généraux, surent mettre à profit. Indépendamment des avantages de la fortune, Duclos-Dufresnoy, qui joignait à une belle figure beaucoup d'esprit, obtint plusieurs de ces succès qui n'étaient pas moins doux qu'utiles à une époque où les hommes les plus élevés en dignité recherchaient l'approbation d'un sexe devenu, en quelque sorte, le dispensateur de la renommée. Plus tard, ce fut dans la société des artistes qu'il se plut à embellir sa vie. Ses conseils, et surtout ses libéralités, soutinrent dans la carrière les premiers pas de quelques-uns d'entre eux, devenus célèbres depuis cette époque; et la collection des peintres modernes, formée par lui, fut la plus belle de celles qui jusqu'alors avaient été vues à Paris. Lorsque les états-généraux furent convoqués, il ne se trouvait pas dans le trésor royal assez de fonds pour opérer la réunion; Duclos-Dufresnoy, alors syndic-gérant de la compagnie des notaires, fit prêter au roi six millions par cette compagnie. Pour obtenir ce résultat, il avait prononcé un éloquent discours dans lequel il rappela tout ce que Louis XVI avait fait pour son peuple, et les droits qu'il avait à sa confiance et à son amour. Ce discours fut imprimé en 1788, in-4°, chez Clousier. Duclos-Dufresnoy adopta franchement les principes de la révolution; mais il était loin d'en prévoir les déplorables abus. Victime des monstres qui couvrirent d'un voile sanglant la statue de la liberté, il porta sa tête sur l'échafaud le 2 février 1794. Il avait à diverses époques publié les ouvrages suivans : 1° *Jugement impartial sur les questions qui intéressent le tiers-état*, 1788, in-4°; 2° *Encore quelques mots sur la question de savoir si le tiers-état peut être représenté par des ordres privilégiés*, 1788, in-4°; 3° *Projet proposé pour la caisse d'escompte;* 4° *Réponse aux observations faites sur le projet de M. Duclos-Dufresnoy, concernant la caisse d'escompte;* 5° *Origine de la caisse d'escompte, ses progrès et ses révolutions*, 1789, in-4°; 6° *Réflexions sur l'état de nos finances, à l'époque du 1er mai au 18 novembre*, 1789, in-4°; 7° *Calcul du capital de la dette publique*, 1er août 1790, in-4°. Ce calcul était fait avec la plus grande exactitude, d'après l'opinion générale de ce temps.

DUCORPS (Louis), né de parens pauvres au bourg de Saint-Piat, département d'Eure-et-Loir, vers 1758, était simple artisan à l'époque de la révolution. Lorsque les troubles fomentés par les royalistes éclatèrent dans le Sancerrois, il y prit une part active et devint capitaine; mais bientôt arrêté, conduit à Bourges et traduit devant une commission militaire, il fut condamné à dix ans de fer, et, après avoir passé treize mois au bagne, il trouva moyen de s'échapper, et vint chercher un asile à Orléans. Bien qu'il s'y tînt caché, des agens du parti royaliste le découvrirent en 1803, et lui proposèrent de servir de nouveau leur cause. Il accepta cette proposition, et, lorsqu'au mois de novembre de la même année, Georges, Pichegru et autres conjurés débarquèrent, ce fut lui qui les dirigea. Dès qu'il apprit que ces hommes sur lesquels on fondait de si grandes espérances, étaient au pouvoir de la justice, il retourna secrètement à Saint-Piat chez sa mère, et s'y cacha. Découvert quelque temps après et amené à Paris, il y fut jugé avec les chefs de la conspiration, et condamné à mort le 21 prairial an 12 (10 juin 1804). Par ce même jugement, qui ne fut exécuté qu'au bout de 14 jours, l'un de ses frères, engagé par lui dans cette mauvaise affaire, fut acquitté et mis en liberté.

DUCORRON (Nicolas), peintre de paysages, né à Ath, dans les environs de Bruxelles en 1780, est élève du célèbre Ommeganck d'Anvers. Cet artiste, dont le talent doit s'accroître encore, se fait principalement remarquer par un coloris suave, et le choix aussi poétique que pittoresque de ses sites; les figures qu'il y place ont généralement de la noblesse, ce qui fait regretter qu'en suivant trop l'usage des peintres de l'école flamande, il n'ait point adopté le paysage historique : tout porte à croire qu'il pourrait aspirer aux plus grands succès. Ses productions exposées dans les salons d'Anvers, de Bruxelles et de Gand, lui ont fait obtenir plusieurs prix et mérité les félicitations de plusieurs artistes distingués. Des amateurs de Bruxelles, de Gand et de Mons sont possesseurs de ses meilleurs tableaux, dont cependant quelques-uns se trouvent à Ath.

DUCOS (Jean-François), naquit à Bordeaux en 1765. Son père, riche négociant de cette ville, lui fit donner une éducation distinguée, et se proposait de le diriger dans la carrière des affaires; mais Ducos refusa d'embrasser une profession qui n'avait aucun rapport avec les dispositions de son esprit. Il s'attacha de bonne heure et avec enthousiasme à la cause de la liberté, et la soutint avec beaucoup d'énergie, à l'assemblée législative où il fut envoyé, en septembre 1791, par le département de la Gironde, et à la convention nationale où le nomma le même département, en septembre 1792. Dans le procès du roi, il vota la mort; précédemment il avait voté l'abolition de la royauté. Ducos prit une part active aux délibérations de l'assemblée; mais quoiqu'il évitât de se mêler aux dissensions qui éclatèrent plus particulièrement et avec plus de violence, le 31 mai 1793, il fut cependant une des victimes de cette journée. On vit avec surprise Marat se prononcer en sa faveur et le faire rayer de la liste des proscrits. Quelque temps après, la correspondance que Ducos entretenait avec ses amis persécutés ayant été saisie, Amar le dénonça, et lorsqu'il voulut prendre la parole pour se défendre, Billaud-Varennes, Bentabolle et Albite s'écrièrent : « C'est au tri- »bunal révolutionnaire que tu te »défendras. » Il périt avec Vergniaud, Brissot, Gensonné, etc., le 10 brumaire an 2 (31 octobre 1793). Le seul mot qu'il prononça en montant sur l'échafaud, fut celui de : *Vive la république!* Membre de cette Gironde qui n'est pas exempte de tout reproche, Ducos n'en est pas moins une des plus intéressantes victimes de la terreur. Jamais on ne porta plus loin le désintéressement, l'amour de l'humanité et du bien public. Ce généreux citoyen a laissé une famille honorable, et honorée à toutes les époques. Le nom de Ducos était toujours dans Bordeaux synonyme de probité et de patriotisme.

DUCOS (Roger, comte), exerçait la profession d'avocat, lorsqu'il fut nommé, en septembre 1792, par le département des Landes, député à la convention nationale, où, dans le procès du roi, il vota la mort sans appel et sans sursis. Quelque temps après, il fut envoyé en mission dans la Belgique, et, à son retour, il s'attacha au parti de la Montagne. Pendant la session conventionnelle, il fut successivement secrétaire et président de l'assemblée. Il passa au conseil des anciens, et s'y fit aussi peu remarquer qu'à la convention. Lors de la révolution du 18 fructidor an 5 (4 septembre 1797), il présida la séance en remplacement de Lafond-Ladébat. Réélu par l'assemblée électorale réunie dans le local de l'Oratoire, sa nomination fut annulée, et il se retira dans son département, où il exerça les fonctions de juge-de-paix. Il les remplissait encore lorsque les événemens du 30 prairial an 7 (18 juin 1799), qui éloignèrent du directoire-exécutif Merlin, La Réveillère-Lépeaux et Rewbell, le firent appeler, dès le lendemain 19 juin, aux fonctions de membre du directoire. A l'époque du 18 brumaire an 8 (9 novembre 1799), s'étant réuni au général Bonaparte et à Sieyes, il fut proclamé troisième consul provisoire. Il devint membre du sénat conservateur, qu'il présida en l'absence de Sieyes, comme second président. En 1804, il fut pourvu de la sénatorerie d'Orléans, nommé grand-officier de la légion-d'honneur, et comte de l'empire. Dix ans après, il vota la déchéance du prince qui l'avait comblé de faveurs. Sans emploi pendant la première restauration, après le 20 mars 1815, il fit partie de la chambre des pairs, créée par Napoléon; mais au second retour du roi, il reçut l'ordre de quitter la France, en vertu de la loi du 12 janvier 1816, rendue contre les conventionnels dits *votans*. Au mois de mars de la même année, il périt misérablement près d'Ulm, en s'élançant hors de sa voiture au moment où elle versait. Roger Ducos dut sa fortune bien plus au bonheur des circonstances dans lesquelles il s'était trouvé, qu'à son propre mérite, qui ne fut jamais à la hauteur de cette fortune.

DUCOS (NICOLAS, BARON), frère du précédent, est né en 1756. Ayant embrassé dès le commencement de la révolution la profession des armes, il parvint successivement, mais avec rapidité, au grade de général de brigade. Il fit en cette qualité les campagnes de 1805, 1806 et 1807. Au mois d'avril 1808, étant à l'armée d'Espagne, il fit rentrer dans le devoir les habitans de Saint-Ander, que leur évêque avait insurgés. Au combat de Medina del Rio-Seco, il se distingua de nouveau, et reçut en récompense, le 4 septembre 1808, la croix de commandant de la légion-d'honneur. De retour en France, il devint commandant supérieur de Longwy, et, en 1813, commandant de la citadelle d'Anvers. Après la restauration, en 1814, il fut nommé chevalier de Saint-Louis, et mis à la retraite.

DUCOS (B.), né à Bordeaux vers 1770, fils d'un négociant distingué, a rempli successivement les fonctions de receveur-général à Anvers et à Amiens; il est régent de la banque de France. Avant d'entrer dans la finance, il s'était livré avec succès à la politique et à la littérature. Il a été rédacteur de plusieurs journaux, et particulièrement du *Logographe*. Homme du monde et homme de lettres, il a publié plusieurs ouvrages écrits avec autant de facilité que de correction. Ceux auxquels il a attaché son nom sont: 1° *Henri*, traduit de l'anglais de Rich. Cumberland, 4 vol. in-12, 1797; 2° *La femme de bon sens, ou la Prisonnière de Bohême*, traduit de l'anglais, 5 vol. in-12, 1798; 3° *L'Abbaye de Grasville*, trad. de l'anglais, 5 vol. in-12, 1798: 4 vol. in-18, 1810; 4° *Maria, ou le malheur d'être femme*, ouvrage posthume de Mary Wolstonecraft Godwin, imité de l'anglais, in-12, 1798; 5° *Arundel*, par Richard Cumberland, traduit de l'anglais, 1799, 2 vol. in8°.

DUCOS (MADAME), épouse du

précédent, née demoiselle Case de La Bove, ne fut pas moins remarquable par son esprit que par sa beauté. Elle est auteur : 1° de *Marie de Saint-Clair*, in-12, 1798; 2° des *Lettres de Louise et de Valentine*, 2 vol. in-12, 1811. Le premier de ces ouvrages obtint un succès mérité. Le plan est simple, le style généralement pur et facile. L'auteur a su rendre le langage de l'amour touchant et sa peinture attendrissante; ce roman est d'ailleurs semé de réflexions très-sages. Madame Ducos a été enlevée à la société et aux lettres par une mort prématurée, en 1820.

DUCQ, naquit à Bruges, vers l'an 1769. Il fut élève de l'académie de dessin de cette ville, et s'y distingua de bonne heure par ses heureuses dispositions. Après avoir remporté plusieurs prix, il se perfectionna aux écoles de Paris et de Rome, où il eut pour maître Suvé, directeur de l'école française qui s'intéressait à lui en qualité d'ami et de compatriote. M. Ducq, devint bientôt un des peintres les plus habiles de l'école moderne. Il fut remarqué du prince Eugène, qui lui fit exécuter à Rome et à Milan ce que son pinceau a produit de plus parfait; ces tableaux sont aujourd'hui à Munich, où ils font l'ornement de la belle collection que le prince y a rassemblée. Quoique les compatriotes de M. Ducq soient privés de ces chefs-d'œuvre, ils ont pu néanmoins se former une haute idée des talens de ce peintre par les tableaux de *Narcisse*, de l'*Aphrodite*, d'*Angélique et Médor*, dont il a enrichi sa patrie. Le dernier, exposé au salon de Gand en 1817, fut particulièrement remarqué; et la société des beaux-arts de cette ville décerna à M. Ducq une médaille d'or. M. Ducq, non moins recommandable par ses talens qu'estimable par son caractère, est actuellement directeur de l'académie royale de dessin de Bruges.

DUCRAY-DUMINIL (François-Guillaume), romancier fécond, membre de plusieurs sociétés savantes, et associé à plusieurs réunions de chansonniers. En 1790, il succéda à l'abbé Aubert, comme rédacteur des *Petites Affiches* de Paris. Ayant inséré dans ses feuilles l'annonce d'une vente en assignats démonétisés, vers la fin de l'année 1793, il fut décrété d'arrestation au commencement de 1794; mais il parvint à se justifier et à recouvrer sa liberté. La rédaction des *Petites Affiches* était loin d'employer tout le temps de Ducray-Duminil; aussi, a-t-il composé un grand nombre de romans, dont quelques-uns ont obtenu beaucoup de succès. Nous allons indiquer les plus agréables. 1° *Lolotte et Fanfan, ou Histoire de deux enfans abandonnés dans une île déserte*. Ce roman, écrit en 1787, en 4 vol. in-12, a été souvent réimprimé; la 10° édition est de 1813, et en 4 vol. in-18. 2° *Alexis, ou la Maisonnette dans les bois*, 1790, 4 vol. in-12. 3° *Petit-Jacques et Georgette, ou les Petits montagnards auvergnats*, 1791; en 1812, cinquième édition, 4 vol. in-12. 4° *Codicile sentimental, ou Recueil de discours, contes, anecdotes, idylles, romances et poésies fugitives*, 1793, 2 vol. in-12. 5° *Les Soirées de la chaumière*, 1794, 4 vol. in-18; cinquième édition en 1811. 6° *Victor, ou l'Enfant de la forêt*, 1796, 4 vol. in-12; neuvième édition en 1815, 4 vol. in-18. 7° *Cœlina, ou l'Enfant du mystère*, 1798, 5 vol. in-12; troisième édition en 1808. 8° *Les Veillées de ma grand'mère*, nouveaux contes de fées, 1799, 2 vol. in-18. 9° *Contes moraux de ma grand'tante*, faisant suite aux *Veillées de ma grand'mère*, 1799, 2 vol. in-18. 10° *Les petits Orphelins du hameau*, 1800, 4 vol. in-12; quatrième édition en 1814, 4 vol. in-18. 11° *Les Déjeuners champêtres de mon cher oncle*, faisant suite aux *Contes moraux de ma grand'tante*, 1800, 2 vol. in-18. 12° *Paul, ou la Ferme abandonnée*, 1802, 4 vol. in-12; troisième édition en 1810. 13° *Les Journées au village, ou Tableau d'une bonne famille*, 1804, 8 vol. in-18. 14° *Elmonde, ou la Fille de l'hospice*, 1804, 5 vol. in-12. 15° *Jules, ou le Toit paternel*, 1804, 4 vol. in-12. 16° *Le petit Carillonneur*, 1809, 4 vol. in-12. 17° *Émilie, ou les Veillées de mon père*, 1811, 4 vol. in-18. 18° *Madame de Valnoir, ou l'École des familles*, 1813, 4 vol. in-12. 19° *La Fontaine de Sainte-Catherine*, 1813, 4 vol. in-12. 20° *L'Ermitage de Saint-Jacques, ou Dieu, le roi et la patrie*, 1814, 4 vol. in-12. 21° *Jean et Jeannette, ou les Aventuriers parisiens*, 1816, 4 vol. in-12. Ducray-Duminil a fait encore quelques autres ouvrages, des pièces de théâtre, des chansons de circonstance et des poésies fugitives. Dans tous ces écrits, on remarque peu de beauté dans le style, mais de la vivacité, de l'imagination et du naturel.

Ducray-Duminil est mort, âgé de 58 ans, à Ville-d'Avray, dans sa maison de campagne, le 29 octobre 1819.

DUCRAY, frère cadet du précédent, a voulu imiter son aîné dans la carrière de la littérature, mais n'a pu suivre ses traces. Il a cependant composé quelques ouvrages, savoir : 1° *Charles Lahoussaye, fils de Cartouche*, 1809, 2 vol. in-12. 2° *Adeline et Joséphine, ou les Amies bordelaises, sœurs sans le savoir*, 1809, 2 vol. in-12. 3° *Clémentine de Valville, ou les Repentirs d'une jolie femme*, 1812, 2 vol. in-12. Le peu de succès qu'ont obtenu ces ouvrages a déterminé l'auteur à quitter la carrière des lettres.

DUCREST (Charles-Louis, marquis), frère de madame de Genlis, est né près d'Autun, département de Saône-et-Loire, le 28 avril 1747. Il embrassa l'état militaire en 1766, fut fait capitaine en 1773, et successivement lieutenant-colonel, colonel en second, et fut nommé, en 1779, colonel des grenadiers royaux. Il obtint la croix de Saint-Louis en 1782, et M. le duc d'Orléans le nomma chancelier de sa maison en 1785. On rapporte qu'en 1787 il présenta au roi, par l'entremise du prince, un Mémoire dans lequel il se prétendait l'homme de France le plus capable de ramener l'ordre dans les finances, et de rendre à ses concitoyens la paix et le bonheur. Les chansonniers firent expier à M. Ducrest une prétention dont ils ne virent que le côté plaisant, et la correspondance de Grimm rapporte un bon nombre des sarcasmes qui furent lancés contre lui. Ce mauvais succès ne le découragea pas, et plus tard il donna de nouveau carrière à son imagination peu réglée. En 1788, M. Ducrest se démit de son emploi chez M. le duc d'Orléans, ne voulant pas, disait-il, s'attacher au parti dont quelques hommes ambitieux voulaient environner ce prince, afin d'élever leur fortune à la faveur de son nom et des circonstances. Cette conduite prouverait de la délicatesse, comme celle qu'il tint l'année suivante prouverait du courage. M. Ducrest, qui s'était momentanément absenté, revint en France, afin de soutenir devant les tribunaux la demande en paiement d'une rente de 13.000 francs, que M. le duc d'Orléans refusait de lui payer. M. Ducrest ne put trouver de défenseur parmi les premiers avocats de Paris. Ils donnèrent pour motif de leur refus que la popularité dont le prince jouissait pouvait les exposer à de graves inconvéniens. M. Ducrest plaida lui-même, et gagna sa cause : il quitta ensuite la France, où il ne revint qu'en 1800. Ce fut à peu près à cette époque qu'il construisit à Copenhague, avec des planches de sapin, d'après ses plans, mais non pas à ses frais, un bâtiment marchand de 500 tonneaux de port. Le vaisseau tint pendant un mois la mer, parce qu'il n'y eut pas de gros temps; mais au premier changement dans l'atmosphère, ce même vaisseau, qui n'avait aucune des pièces de résistance que l'on emploie ordinairement, fut jeté sur un banc de sable et presque aussitôt mis en pièces. En 1817, M. Ducrest a encore donné carrière à son imagination, dans un ouvrage sous ce titre : *Traité de la monarchie absolue, et des véritables moyens pour opérer la libération de la France, garantir l'intégralité de son territoire, et assurer le bonheur du peuple.* Dans cet ouvrage, l'auteur propose d'abord de supprimer le ministère de la marine, ensuite de payer les troupes avec des billets de loterie, enfin d'enseigner l'exercice par la méthode de Lancaster. Les idées de M. Ducrest ne sont pas toutes extravagantes; il en a d'heureuses, de très-raisonnables, mais malheureusement elles sont comme perdues dans les premières. Il a en outre publié : 1° *Essai sur les machines hydrauliques*, in-8°, 1777; 2° *Essai sur les principes d'une bonne constitution*, in-8°, 1789; 3° *Mémoire sur l'impôt, considéré dans ses rapports avec la constitution*, in-8°, 1791; 4° *Traité de l'expérience faite à Copenhague pour le compte de M. de Coningh, d'un vaisseau construit en planches*, in-8°, 1799; 5° *Nouvelle théorie de la construction des vaisseaux*, in-8°, 1800; 6° *Vues nouvelles sur les courans d'eau, la navigation intérieure et la marine*, in-8°, 1803; 7° *Mémoire contenant le projet de l'établissement du commerce maritime à Paris et à Versailles*, in-8°, 1806; 8° *Traité d'hydrauférie, ou l'Art d'élever l'eau, porté à sa perfection*, in-8°, 1809; 9° enfin *Nouveau système de navigation, ayant pour objet la liberté des mers pour toutes les nations, et la restauration immédiate de notre commerce maritime, au sein même de la guerre actuelle*, in-8°, 1811.

DUCREUX (Joseph), peintre distingué, naquit à Nanci en 1737. Il montra de très-bonne heure du goût pour la peinture, et fut le seul élève de Latour, l'un des plus célèbres peintres de portraits du 18ᵐᵉ siècle. Ducreux se rendit en 1769 à Vienne, par ordre du duc de Choiseul, pour y peindre la jeune archi-duchesse Marie-Antoinette, fille de Marie-Thérèse, et depuis femme de Louis XVI. Ducreux justifia par son talent la confiance du ministre, et obtint le titre de premier peintre de la princesse. L'académie impériale de Vienne s'empressa de l'admettre au nombre de ses membres. Ce peintre a excellé dans les portraits au pastel, genre assez ingrat, de fort peu de durée et entièrement abandonné aujourd'hui. Ducreux a aussi peint à l'huile et avait adopté pour les expositions du salon un genre demi-grotesque, qui amusait beaucoup la multitude, et qui toutefois n'était pas dédaigné des amateurs, parce qu'il ne manquait ni de piquant ni de vérité. Il se peignait lui-même, tantôt en joueur au désespoir, en rieur, en éternueur, en bâilleur, en dormeur, etc. On lui a reproché quelque trivialité dans les attitudes et un mauvais coloris. La miniature qu'il cultiva avec succès n'ajouta rien à sa réputation. Ce peintre mourut subitement en 1802 sur la route de Paris à Saint-Denis, d'une attaque d'apoplexie foudroyante. Il était âgé de 63 ans.

DUCROISY (Olivier Sauvageot), littérateur et bibliomane, naquit, le 1ᵉʳ janvier 1752, à Chessy, près d'Ervy, département de l'Aube. Il a publié différens ouvrages, entre autres quatre comédies représentées en province, 1° *Le Triomphe de la raison*, opéra-comique, 1772; 2° *La Partie trahie par son conseil*, comédie en deux actes et en prose, 1773; 3° *Aurore et Azur*, comédie en un acte et en vers mêlée d'ariettes, 1774; 4° *L'Homme qui ne s'étonne de rien*, comédie en un acte et en prose, 1776. Parmi quelques opuscules poétiques dont il est l'auteur, on remarque une *Épître au citoyen François de Neufchâteau sur sa renonciation au ministère de la justice*, 1792, in-8°, et une *Épître à M. J. Chénier sur sa tragédie de Caïus Gracchus*, 1792, in-8°. Ducroisy, qui était l'ami de ce poète tragique, est l'éditeur de l'un de ses ouvrages. Comme bibliomane, il s'était composé une bibliothèque peu considérable; mais dans laquelle on remarquait des collections précieuses d'ouvrages en prose et en vers, des pièces de théâtre rares ou tirées à un très-petit nombre d'exemplaires, et *les OEuvres de Voltaire*, en 92 volumes in-12, papier dit à 24 sols. Ducroisy avait recueilli à peu près deux cents pièces entièrement inédites. peu connues ou omises par les éditeurs de Kehl; il avait collationné les pièces de théâtres sur les manuscrits restés au Théâtre-Français, transcrit les variantes et ajouté des notes, des observations, des remarques partout où il avait cru ce soin nécessaire, et avait formé du tout un supplément de 14 volumes de différens formats. Ducroisy mourut au mois de juillet 1808; il avait été secrétaire-rédacteur du tribunat. Les amateurs de livres rares ou curieux fondaient de grandes espérances sur sa bibliothèque, croyant pouvoir y puiser, lors de sa vente, de nouvelles richesses pour leurs collections; mais M. de Solaines acheta seul la bibliothèque entière. Le catalogue de cette bibliothèque, formé de trois feuilles in-8°, dont on ne répandit qu'un très-petit nombre d'exemplaires, est recherché des amateurs.

DUCROS (Pierre), peintre paysagiste et graveur étranger, naquit en Suisse en 1745. Après avoir acquis dans son art des connaissances assez étendues pour sentir la nécessité de les augmenter, et de perfectionner son talent comme peintre et comme graveur, il se rendit en Italie, et se fixa bientôt à Rome, où il se lia d'amitié avec Volpato. Tous deux entreprirent de donner une collection de vues de Rome, et des belles campagnes qui environnent cette ville. Leur entreprise obtint le plus brillant succès, et Ducros acquit la réputation d'un excellent paysagiste et d'un habile graveur. Il se lia également avec un artiste romain, Paul Montagnani, et ils publièrent en société 24 vues de la Sicile et de l'île de Malte, ouvrage non moins remarquable que le premier, et qui eut le même succès. Très-instruit dans son art, passionné pour le genre qu'il avait adopté, ayant voyagé avec fruit et dessiné les sites les plus intéressans des contrées qu'il avait parcourues, il avait formé par ce moyen une collection très-belle et très-curieuse de dessins. Cette collection, et en général tous les ouvrages de Ducros sont fort recherchés en Suisse, en Allemagne et en Angleterre, où ils sont plus connus qu'en France. Il a donné, outre les vues que nous avons déjà citées : 1° *Vue de Palerme, prise de Montréal;* 2° *Vue du théâtre de Taurominum;* 3° *Vue de l'Etna;* 4° *Vue de l'amphithéâtre de Syracuse;* 5° *Vue de l'intérieur de la ville de Messine,* après le tremblement de terre qui eut lieu en 1784 ; 6° enfin *Vues du port aux galères et de l'arsenal de Malte.* Ducros revint dans sa patrie, et mourut à Lausanne au mois de février 1810.

DUCRUIX (Jacques, baron), est né à Genève le 29 novembre 1762. Son père, qui était émailleur, le destinait à la même profession et la lui apprit ; mais le jeune ouvrier se sentant plus de dispositions pour l'état militaire, prit du service comme grenadier au régiment de Bourgogne, et passa dans la garde nationale parisienne. Nommé sous-lieutenant d'infanterie, le 1er octobre 1792, par le ministre de la guerre Servant, et bientôt après adjoint aux adjudans de l'armée du Midi, il faillit payer de sa vie à Perpignan, où il était le 12 novembre de la même année, l'imprudence qu'il commit en se glorifiant de la part qu'il avait prise à quelques événemens de la révolution. Pour le soustraire à la fureur populaire, l'autorité le fit conduire en prison, où le procureur-syndic du département des Pyrénées-Orientales voulut le retenir malgré les ordres de Garat, ministre de la justice. Il sortit cependant en vertu d'un décret spécial de la convention nationale. M. Ducruix fut envoyé dans la Vendée, et, en 1773, nommé général de brigade. Il fut employé ensuite, soit dans les armées actives, soit dans l'intérieur, et devint commandant de la légion-d'honneur en 1804, puis baron de l'empire. En 1806, il cessa de faire partie de la 7ᵉ division militaire, et se retira à Choisi-le-Roi. Son inactivité continua pendant la première restauration; mais, après le 20 mars 1815, il fut porté sur la liste des généraux de brigade en activité, et reçut le commandement des gardes nationales mobilisées de la 13ᵉ division militaire. Après la seconde restauration, il se retira de nouveaux dans ses foyers.

DUDLEY (sir Henri Bate), ecclésiastique, littérateur et baronnet anglais, n'a pris le nom de Dudley que par condescendance aux volontés d'un ami, qui lui légua une terre à laquelle ce nom était attaché. Ses études étaient à peine terminées à Oxford, qu'il obtint une cure dans le comté de Surrey; plus tard, il acheta le patronage de celle de Bradwelt; fit beaucoup de bien dans cette paroisse, où il dépensa, dit-on, en améliorations de toute espèce, une somme de 30,000 livres sterling. Ce fut par ses soins qu'une grande étendue de terrain, occupée précédemment par la mer, fut mise en culture; ce qui lui fit obtenir une médaille d'or de la part de la Société des Arts. M. Dudley, qui était depuis 1775 l'un des collaborateurs du journal intitulé *Morning-Post*, cessa de s'y intéresser en 1780, pour établir le *Morning-Herald*, dont il fut depuis le seul propriétaire. Il a publié plusieurs pièces de théâtre estimées: celle qui lui fait le plus d'honneur est son opéra-comique du *Bûcheron* (the Woodman); quelques écrits politiques sont aussi sortis de sa plume; et quoique ecclésiastique, l'épée et le pistolet à la main, il n'a jamais refusé une partie d'honneur.

DUDON (P. J.), procureur-général du roi près du parlement de Bordeaux, et membre de la première assemblée des notables qui eut lieu en 1787. L'esprit imbu de tous les préjugés que l'assemblée constituante avait détruits avec tant de courage, et qu'après un long intervalle le temps ramène à grands pas, Dudon présenta à la chambre des vacations de sa compagnie, au mois de mars 1790, un réquisitoire sur lequel l'assemblée nationale dut porter toute son attention. Elle manda l'auteur à sa barre; mais par tolérance pour son grand âge, elle consentit à ce qu'il se justifiât par écrit. Son fils plaida sa cause avec succès. En 1794, Dudon père fut détenu comme suspect, et l'infortuné vieillard eut la douleur de survivre à sa proscription comme il avait survécu à son défenseur. Homme intègre, mais point assez éclairé ou trop avancé dans sa carrière pour sentir le bienfait de la régénération politique de la France, Dudon père regretta même, sous un gouvernement réparateur, les anciennes bases d'une monarchie qui s'était écroulée de vétusté. Il mourut à l'âge de 83 ans, le 7 novembre 1800; il avait publié, à l'époque de la destruction des jésuites, *un Compte rendu* des constitutions de cette société.

DUDON (N.), fils du précédent, naquit vers 1750. Il était pourvu, en survivance, de la place de procureur-général du roi au parlement de Bordeaux, dont son père était titulaire. Les principes politiques de Dudon fils causèrent sa perte. Non-seulement il repoussa de toute la force de son opinion les bienfaits du nouvel ordre de choses; mais il osa s'élever publiquement contre le gouvernement et blâmer la marche des affaires publiques. Certes les crimes de quelques hommes sanguinaires de cette époque étaient faits pour exciter l'animadversion de tous les gens de bien; mais en se prononçant ouvertement contre les oppresseurs de sa patrie, il établissait une lutte que rarement la politique du plus fort a pardonnée. Dudon fils eut, encore le tort, et celui-là est toujours inexcusable, de blâmer l'ardeur belliqueuse des soldats, courageux gardiens de nos frontières. Traduit devant une commission militaire séant à Bordeaux, il fut condamné à mort et exécuté le 2 frimaire an 2 (22 novembre 1793).

DUDON (N., BARON), auditeur au conseil-d'état sous le gouvernement impérial, fut un de ses agens les plus exaltés. Chargé durant la campagne de Prusse de porter à l'empereur le travail du conseil-d'état et des ministres, M. Dudon se laissa escamoter son portefeuille, ce qui le rendit tant soit peu ridicule, et lui valut une disgrâce momentanée. Chargé de diverses missions dans les provinces conquises, M. Dudon y manifesta plus d'audace que de talent. Les Espagnols se souviendront long-temps de son administration. Toutefois le séjour que fit M. Dudon chez ce peuple alors si cruellement opprimé, ne fut pas inutile à sa fortune. L'excès de son zèle compensa l'insuffisance de ses moyens. La place de maître des requêtes, le titre de baron, et les fonctions fort lucratives de procureur-général du conseil du sceau des titres, lui furent accordés par l'indulgente faveur du gouvernement impérial. Pendant la première restauration et pendant les *cent jours*, M. Dudon, abandonné à ses propres forces, resta inaperçu; mais après la seconde restauration, et dès le 24 août 1815, le gouvernement du roi le replaça dans la carrière des honneurs et de la fortune, et depuis ce temps il n'a cessé d'y figurer avec une impuissante prétention à l'éclat. Ce fut en qualité de conseiller-d'état en service ordinaire qu'il reparut parmi les fonctionnaires publics. Le 24 août 1816, il fut nommé l'un des commissaires chargés de vérifier, avec MM. les envoyés des puissances étrangères, l'état des sommes payées par suite de la convention du 20 novembre 1815, à partir du 1er décembre suivant jusqu'au 1er juin 1816, et de constater en même temps le paiement de cette contribution. L'opinion publique est fixée sur la manière dont M. Dudon a rempli cette mission de confiance. Le 23 décembre 1816, M. Dudon donna connaissance à la chambre des députés du projet de loi sur le budget de 1816. Une ordonnance du roi du 1ᵉʳ janvier de cette année, en lui conservant le titre de conseiller-d'état en service ordinaire, le fit passer du comité de l'intérieur et du commerce à celui des finances; et pendant le reste de cette session (1815), il occupa plusieurs fois la tribune en qualité de commissaire du roi, chargé de traiter des objets de finances. En 1818, il fut mis en service extraordinaire, et s'y trouve encore en 1822. M. Dudon, nommé député au mois de décembre 1820, par le département de l'Ain, se plaça à l'extrême droite; objet des dédains constans du côté gauche dont il s'efforce d'attirer l'attention par des sorties furibondes, l'inconvenance des phrases sans suite dont il traverse toutes les discussions, excite souvent l'embarras et même le blâme du parti auquel M. Dudon s'est imposé. Croyant produire de l'effet parce qu'il fait du bruit, M. Dudon, dénué de toute faculté oratoire, n'a même le moyen ni d'être utile aux propositions qu'il attaque, ni d'être nuisible à celles qu'il défend. Son vote, qui seul peut compter pour quelque chose, a été l'auxiliaire constant de toutes les mesures et lois d'exception, dont le patriotisme du côté gauche s'est vainement efforcé de nous garantir.

DUFAY (Guillaume-Michel-Etienne Barbier), colonel en non-activité, officier de la légion-d'honneur, chevalier de Saint-Louis. Fils d'un contrôleur de la maison de feu madame la comtesse de Provence, épouse de Louis XVIII, M. Dufay entra fort jeune dans les gardes-du-corps, et passa en qualité de sous-lieutenant dans le régiment de Dauphin-dragons. Capitaine dans la légion de M. de La Fayette, à l'époque du 10 août 1792, ce fut dans cette journée mémorable qu'il reçut sa première blessure. Peu de temps après, étant en garnison à Guise, il apprit qu'un nommé Meignet, surnommé Brutus, l'avait dénoncé, comme un royaliste dangereux, au club qu'il présidait. M. Dufay, à la tête d'une portion de la compagnie, se rend au club, en chasse les membres, et ferme les portes de la salle où ils se réunissaient. Envoyé contre les Vendéens, un jour, les deux armées se trouvant en présence, l'un des plus braves officiers des insurgés sort des rangs, et propose de combattre contre un officier de l'armée républicaine : M. Dufay accepte le défi et est bientôt vainqueur. Quelques jours après, il donna des preuves d'un courage plus utile à la patrie, en sauvant, à la tête seulement de 20 de ses chasseurs, l'avant-garde de l'armée, qui allait être coupée. Compromis par l'infidélité de son maréchal-des-logis, il est arrêté et traduit à une commission révolutionnaire composée de 3 juges au lieu de 5 exigés par la loi, et présidée par l'homme même, Brutus Meignet, qu'il avait naguère chassé du club de Guise. M. Dufay est condamné aux fers; la convention nationale, informée de ce jugement monstrueux, le casse par décret du 18 messidor an 2, et renvoie le lieutenant-colonel Dufay devant le tribunal criminel de Brest, pour y être jugé de nouveau. Le jury déclare à l'unanimité l'innocence de M. Dufay, et condamne à 6 ans de fers et à la marque l'ex-maréchal-des-logis, qui avait été simplement condamné à 6 mois de prison par la commission formée sous la présidence de Meignet. Réintégré dans son grade, M. Dufay passe à l'armée d'Italie, et fait successivement les guerres d'Allemagne, de Russie, d'Espagne et de France. Il était devenu propriétaire d'une partie des biens de M. de Saint-Morys, émigré. Ce dernier, après la première restauration, en 1814, devint maire de la commune de Hondainville (Oise), où étaient situés ces biens. Il paraît que M. Dufay eut à se plaindre de M. de Saint-Morys, et un combat entre les deux adversaires semblait inévitable, lorsque les événemens politiques des *cent jours* l'arrêtèrent ou du moins le suspendirent : car en 1817 les mêmes causes ayant amené de nouvelles dissensions, il eut effectivement lieu; M. de Saint-Morys fut tué. Sa veuve et sa fille attaquèrent M. Dufay devant le tribunal de police correctionnelle. Le combat s'étant passé dans les formes usitées en pareil cas, M. Dufay fut acquitté, et dut à son tour traduire ses accusatrices devant le même tribunal, pour un *Mémoire* diffamatoire qu'elles avaient publié. Ce Mémoire (un gros vol. in-8°, 1818), où la haine et la vengeance s'expriment avec la violence la plus déplorable, fit condamner leurs auteurs. Peu de jours s'étaient écoulés depuis ce jugement, lorsqu'un soir, à 10 heures, M. Dufay, au moment où il rentrait chez lui, est frappé par deux assassins; l'un des coups fut jugé mortel pendant plusieurs jours. Les journaux rendirent compte de cet événement; on espéra que l'on parviendrait à en connaître les auteurs; mais il paraît que les recherches de la police furent impuissantes, car elle a gardé sur leur résultat le plus profond silence. M. Dufay vivait extrêmement retiré, lorsque la chambre des pairs fut saisie d'une affaire connue sous le nom de *conspiration militaire*, ou de conspiration du 19 août 1820. M. Dufay et M. le général de Montélégier, appelés comme témoins, eurent, dit-on, avant l'audience, une altercation dont les suites furent une provocation en duel, que M. de Montélégier jugea d'abord à propos de refuser. Il paraît encore que M. Dufay ne pouvant obtenir satisfaction de cette manière, fit imprimer les lettres qu'il avait adressées à son adversaire, et les réponses qu'il en avait reçues. M. de Montélégier cita M. Dufay au tribunal de police correctionnelle; un jugement condamna respectivement la conduite des parties; mais M. Dufay fut de plus condamné à une détention momentanée. Après ce jugement, contre lequel M. Dufay se pourvut en appel, un duel entre lui et M. de Montélégier eut lieu, et ce dernier reçut une blessure au bras. Le jugement de première instance fut confirmé. M. Dufay, dont la vie a été consacrée au service de la patrie, était pendant les *cent jours* chef d'état-major du brave général Chastel.

DUFAY (N.), député de Saint-

Domingue à la convention nationale, s'occupa avec beaucoup de sollicitude des intérêts des colonies, et se prononça, dans toutes les occasions, en faveur des hommes de couleur. En l'an 2 (1794), il se plaignit à l'Assemblée d'avoir été signalé dans un libelle, publié par quelques-uns de ses compatriotes, comme un ennemi de la révolution, et se justifia du reproche qui lui était adressé d'avoir pris le titre de *marquis*. En l'an 3, il fit décréter la mise en liberté de tous les colons, à l'exception de ceux du club de Massiac; il se plaignit de la publication faite par Gouly, au nom de la convention, d'un travail sur les colonies, travail que la convention n'avait point approuvé; il vota contre l'emploi des représentans dans les colonies : il fit enfin une motion d'ordre sur la situation des colonies, et particulièrement sur celle de Saint-Domingue. Réélu en l'an 4 au conseil des cinq cents, il fit adopter en principe la proposition du directoire, d'envoyer des agens dans les colonies; en l'an 5, il proposa un amendement relatif aux secours à accorder aux déportés et aux réfugiés; en l'an 6, il demanda la discussion du projet sur la division territoriale des colonies; exposa son opinion sur leur situation, et proposa de grands changemens dans leur administration, se servant, pour mieux caractériser sa pensée à cet égard, du mot *fructidoriser* M. Dufay, depuis cette époque, a disparu de la scène politique, sur laquelle d'ailleurs il avait joué un rôle assez insignifiant.

DUFFOUR (LE DOCTEUR JOSEPH), naquit à Bourganeuf, département de la Creuse, le 23 octobre 1761, d'une famille ancienne du Limousin : ayant perdu son père lorsqu'il était encore fort jeune, il fut élevé par sa mère, femme non moins distinguée par son esprit et son instruction, que par ses vertus. Le jeune Duffour fit ses études à l'université de Poitiers, et vint à Paris pour les perfectionner. En 1787, Duffour fut reçu médecin à la Faculté de Paris, en 1790, nommé médecin ordinaire de *Madame*, comtesse de Provence, et médecin de l'hôpital royal des Quinze-Vingts. Pendant la révolution, médecin de plusieurs hôpitaux militaires, du directoire-exécutif, et particulièrement du général Barras, dont il fut peut-être encore plus l'ami que le médecin, Duffour avait acquis de bonne heure une grande expérience; jeune encore, il était regardé comme un vieux praticien. Sans rejeter les anciennes doctrines, Duffour pensait que la médecine, non plus que les autres sciences, ne peut et ne doit être stationnaire, qu'elle doit s'enrichir de toutes les découvertes et de toutes les connaissances qui se multiplient chaque jour par le mouvement accéléré de l'esprit humain. Duffour fut l'un des premiers à reconnaître, dans la vaccine, le caractère de l'une de ces découvertes précieuses qui signalent une époque et qui décident une heureuse amélioration dans les destinées de l'espèce humaine. Il traduisit l'ouvrage du docteur John Torthon, sur l'*Efficacité de la vaccine.* Cette utile publication lui valut les suffrages des hommes les plus éclairés de l'Europe; presque toutes les premières Facultés de médecine et les académies, s'empressèrent d'admettre Duffour au nombre de leurs membres. En 1814, il fut nommé membre de la légion-d'honneur, l'un des médecins par quartier du roi, et membre honoraire de l'académie royale de médecine. Quoique Duffour ne fût pas sans quelque sensibilité pour les récompenses données par le pouvoir ou par l'opinion, on doit reconnaître qu'il y avait à ses yeux des jouissances supérieures à celles de la vanité : l'une des places qui parut le plus flatter son amour-propre, et vraiment satisfaire son cœur, ce fut celle de médecin du comité de bienfaisance de sa section, 5e arrondissement. Le docteur Duffour avait été directeur du cercle médical. Le 18 octobre 1821, étant réuni à 50 de ses collègues, dans un repas annuel, il fut frappé d'une attaque d'apoplexie foudroyante, et expira en quelques minutes.

DUFORT (André), né le 30 juillet 1759, ancien avocat et procureur du roi aux eaux et forêts, était membre du conseil de préfecture à Bordeaux, lorsqu'il fut député au corps législatif par le département de la Gironde. Il monta peu à la tribune jusqu'aux événemens de 1814; depuis cette époque il y parut souvent, et, le 1er octobre 1814, il fit un discours sur l'importation des fers étrangers, démontra l'inexactitude des faits dont s'étayaient les maîtres de forges pour obtenir l'abrogation des droits d'entrée, dont il demanda la conservation, et appuya l'amendement proposé par M. Roy à ce sujet. Lors de la discussion du projet de loi sur les douanes, il blâma beaucoup tout ce qu'avait fait le gouvernement impérial à ce sujet. Il demanda qu'on interdît l'importation des sucres raffinés, et vota des amendemens au projet présenté. La taxe du sel lui donna encore lieu de déployer ses talens : il fit voir l'inconvénient d'un impôt aussi élevé, et déclara qu'il n'y adhérerait jamais. Lorsqu'il fut question des dettes que le roi avait contractées en pays étranger, il s'applaudit beaucoup de ce qu'elles ne montaient pas à plus de 50 millions, et rappela avec éloge tout ce que les rois de France avaient fait pour le domaine. Élu député une seconde fois par le département de la Gironde, il se montra très-modéré dans la session de 1815 à 1816. M. Dufort est actuellement l'un des présidens de chambre, à la cour royale de Bordeaux.

DUFOUGERAIS (Benjamin-François Ladouèpe, baron), naquit, le 9 décembre 1766, dans la Vendée, où périrent son père et son oncle, victimes des divisions intestines dont cette province fut long-temps la proie. Il se livra à la chimie, et le produit de son travail, joint au revenu de quelques propriétés qui lui restaient, répara les pertes qu'il avait éprouvées dans la révolution. Le 1er janvier 1811, il fut élu président du collége électoral de Bourbon-Vendée, qui le proposa au corps législatif, dont il devint membre le 19 juillet de la même année. Le 26 septembre 1814, il fit le rapport du projet de loi concernant l'importation des fers, en faveur de laquelle il se prononça. Il combattit ses adversaires avec succès, et persista dans son premier vote. Une ordonnance royale de 1815 le créa baron, et rendit ce titre héréditaire dans sa famille. Le 26 juillet de la même année, il fut nommé président du collége électoral de son arrondissement. Élu député par le département de la Vendée, il fit constamment partie de la minorité. Une ordonnance du 5 septembre 1816 ayant prononcé la dissolution de cette chambre, M. Dufougerais retourna dans la Vendée, où il fut de nouveau élu par ses concitoyens. Chargé de faire le rapport sur la loi transitoire du budget, il en vota l'adoption. Il prit ensuite la parole dans la discussion du budget, dont il attaqua plusieurs articles. Il fit la motion de retirer les secours accordés aux Espagnols réfugiés, dont la cause fut si éloquemment plaidée par M. Lainé dans la session de 1817 à 1818. M. Dufougerais vota le sursis accordé aux colons de Saint-Domingue, et fut rapporteur du projet de loi sur la traite des Nègres.

DUFOUR (Georges-Joseph), fils d'un médecin et de la nièce de Fischer, célèbre partisan sous Louis XV, est né le 17 mars 1758, à Saint-Seine, département de la Côte-d'Or. Il fut d'abord fourrier dans le régiment de Nivernais, puis attaché à l'administration de la marine à Rochefort. Au commencement de la révolution, il fut nommé major de la garde nationale de cette ville, et, quelque temps après, il partit en qualité de commandant du bataillon de volontaires de la Charente. Il se trouvait en 1792 à Verdun, lorsque les Prussiens assiégèrent cette place, dont il refusa de signer la capitulation. Après avoir concouru à la prise de Namur, il se signala à la bataille de Nerwinde, où il fut blessé. Nommé général de brigade en 1793, il servit à l'armée de l'Ouest sous le général Biron, et ensuite sous le général Turreau, dans la Vendée, où il obtint des succès sur Charette, dans le Boccage et à Montaigu : il fut blessé dans ce dernier endroit. Employé à l'armée de la Moselle, en messidor an 2 (juin 1794), il y rendit des services importans. Le 2 vendémiaire an 4 (24 septembre 1794), après le passage du Necker, il fut blessé et laissé pour mort. Transporté à Heidelberg par ordre du général ennemi, le comte de Hardec, il reçut dans cette ville des soins qui lui permirent de revoir bientôt sa patrie, et il fut échangé contre le général Provera. S'étant rendu à l'armée du Rhin, commandée par le général Moreau, il coopéra à la retraite de Bavière, et se trouva dans la position de prouver qu'il n'était pas moins généreux et reconnaissant que brave et dévoué à sa patrie. Il renvoya sans rançon, au comte de Hardec, son neveu, qui avait été fait prisonnier. Après la capitulation de la tête du pont de Huningue, qui eut lieu le 1ᵉʳ floréal an 5 (4 février 1797), et qu'il avait défendue pendant deux mois, il passa le Rhin près de Strasbourg avec l'aile droite de l'armée. En l'an 7 (1800) il ouvrit la campagne devant Manheim sous les ordres du général Bernadotte, aujourd'hui roi de Suède. Il défendit ensuite Mayence contre l'archiduc Charles, passa à l'armée de Hollande, et aida à repousser les Russes et les Anglais, qui avaient tenté d'y faire une descente. A la suite du 18 brumaire an 8 (9 novembre 1799), il obtint successivement le commandement de la 11me division militaire à Bordeaux, de la 21me à Poitiers, et de la 12me à Nantes. Le général Dufour n'était pas né courtisan; ses principes peu monarchiques déplurent à l'empereur, qui cessa de l'employer. Le général Dufour se retira à Bordeaux, et s'y fit oublier jusqu'au moment où le prince qui l'avait dédaigné eut besoin de ses services. Pendant les *cent jours*, il parut au champ-de-mai en qualité de commandant des gardes nationales du département de la Gironde, et devint membre de la chambre des représentans. Après le second retour du roi, en 1815, il fut arrêté et détenu à l'Abbaye. Il n'a recouvré la liberté qu'au commencement de 1817, et est toujours en non-activité.

DUFOUR (François-Bertrand, baron), est né à Souillac, département du Lot, le 25 janvier 1765. Il entra au service en 1792 dans le 2me bataillon de ce département, et fut bientôt nommé lieutenant. L'année suivante, il devint adjudant-major-capitaine, et, en mars 1794, chef de bataillon du Lot. A l'affaire de Kayserslautern, en juin de la même année, son bataillon était posté sur le Keiserberg, en avant de la ville, pour soutenir les troupes qui occupaient le plateau de Morlautern; une forte colonne de cavalerie prussienne le chargea deux fois sans entamer sa troupe : c'est la première affaire où les nouvelles troupes aient résisté avec avantage en rase campagne à une charge de cavalerie ennemie. Cette affaire lui valut le grade de général de brigade, qu'il crut devoir refuser. Au mois d'août suivant, à la tête de son bataillon, il emporta à la baïonnette le village et le pont de Vaserbilich, sur la Sure, s'empara de deux pièces de canon, et fit un grand nombre de prisonniers du régiment autrichien de Bender; l'armée occupa Trèves. Il prit part à toutes les affaires qui eurent lieu dans la marche du corps de droite de l'armée de la Moselle sur Mayence, et fit partie de l'armée d'observation devant cette place. Nommé, en juin 1795, chef de la 108me demi-brigade, devenue ensuite 21me régiment, il fit la guerre successivement, aux armées du Rhin, de Sambre-et-Meuse et du Nord. En 1801, étant à l'armée gallo-batave, il fut chargé d'enlever, avec son régiment, la tête du pont d'Aschaffenbourg. L'ennemi culbuté dans cette forte position, abandonna la ville dans le plus grand désordre. Le général en chef donna au chef de brigade Dufour des témoignages publics de sa satisfaction, et lui confia le commandement de l'avant-garde, à la tête de laquelle il s'empara successivement de Wurtzbourg, de Bamberg et de Forchkeim. La paix ayant été signée, il fut envoyé à

Nantes pour y faire partie de l'armée des côtes de l'Océan. En 1803, il eut ordre de se rendre à Flessingue, d'où il partit bientôt après, avec une partie de son régiment, à bord de la flottille hollandaise, commandée par l'amiral Weruel, et, malgré les efforts des Anglais, il arriva sans perte dans le port d'Ostende. En mai 1804, il fut fait chevalier de la légion-d'honneur, et peu de temps après officier de cet ordre. Il fit, à la tête de son régiment, qui venait d'être porté à 4 bataillons, la campagne d'Autriche dans la division du brave général Gudin, et remplit avec succès différentes missions dans les gorges du Tyrol, pour couvrir la marche de l'armée. Commandant de la place de Presbourg en novembre 1805, il prit ensuite une part distinguée à la bataille d'Austerlitz, et fut nommé général de brigade le 24 décembre 1806. Il fit partie successivement du 3° et du 4° corps de la grande-armée. Les ouvrages de la place de Braunau ayant été entièrement détruits, et la guerre avec la Prusse rendant ce point de la plus haute importance, le général Dufour reçut l'ordre de seconder le général Merle, ce qu'il fit avec tant d'ardeur que, dans l'espace de six semaines, la place fut plus forte qu'elle ne l'avait encore été. Il se rendit ensuite au grand quartier-général, et de là partit pour le siége de Dantzick. Le siége de cette place fut d'autant plus pénible pour le général Dufour, que pendant presque toute sa durée, il n'y eut que deux maréchaux-de-camp de service. Étant de tranchée lors du couronnement du glacis, au moment où l'opération touchait à sa fin, l'officier du génie de service vint le prévenir que l'ennemi faisait une mine sous nos travaux, et que dans peu d'instans elle serait terminée. Le général Dufour ordonne à une compagnie de grenadiers de franchir les palissades, et d'enlever tout ce qui serait dans la mine; l'ordre fut exécuté avec la plus grande intrépidité: les sapeurs ennemis furent pris et le couronnement terminé, malgré une forte opposition de la part de l'ennemi. Après la reddition de la place, il fut employé au siége de Graudentz. La paix étant faite avec la Russie et la Prusse, il eut ordre d'aller au siége de Stralsund; mais l'ennemi abandonna la place sans résistance, et se retira dans l'île de Rugen, qui bientôt après fut cédée aux troupes françaises; le général Dufour en prit possession. Le 3 octobre 1807, il partit pour l'armée d'Espagne. Ayant rejoint les troupes françaises à Burgos, il fut employé dans la division Gobert. Le 19 mars 1808, il fut nommé baron de l'empire. En juillet suivant, il commandait une brigade de la division Védel, et se trouva compris dans la capitulation du général Dupont. Le général Dufour, emmené prisonnier dans l'île de Minorque, et de là en Angleterre, rentra en France en 1814, après la première restauration. Le 3 janvier 1815, le roi le nomma commandeur de la légion-d'honneur et chevalier de Saint-Louis. Au mois d'avril suivant, pendant les *cent jours*, il fut employé dans le corps du général

Vandamme, et se trouva à la bataille de Fleurus, à la prise du Wavre, et à l'affaire de Namur, dont il fut chargé de défendre l'entrée pour faciliter la retraite de l'armée, qui s'opéra sans grande perte jusqu'à Paris et derrière la Loire. La division dont le commandement lui était confié ayant eu ordre de se rendre dans le département du Lot, la discipline qu'il maintint parmi les soldats, ajouta à l'estime que ses concitoyens avaient déjà pour lui. Une ordonnance du roi du 22 juillet 1818 l'a placé dans la classe des maréchaux-de-camp disponibles.

DUFOUR DE SAINT-PATHUS (Julien-Michel), né à Paris, fut reçu avocat au parlement de cette ville, en 1777. Sous le titre de *Diogène à Paris*, il fit paraître, en 1787, un ouvrage d'économie politique, où il indiquait les changemens à opérer dans la capitale, les améliorations à introduire dans les administrations des hôpitaux, des prisons, etc., et beaucoup de ses vues ont été adoptées. Nommé, par le directoire-exécutif, juge au tribunal du département de la Seine, en l'an 6, il y remplissait alternativement les fonctions de juge civil, de directeur du jury et de juge criminel. Dans l'exercice de ces fonctions, il put faire un examen approfondi de nos lois criminelles; et c'est par suite de cet examen qu'il a publié un ouvrage sous le titre de *Considérations générales sur les délits et les peines, révision des lois pénales, moyens de remplacer la peine de mort, et moyen de prévenir les crimes.* Lorsque les projets des cinq codes ont paru, il a fait imprimer sur ces projets des observations qui ont fixé l'attention des législateurs, et ont été en partie fondues dans ces codes. Après la publication des codes eux-mêmes, il a donné des instructions pour en faciliter l'exécution, sous les titres suivans : 1° *Code civil des Français, avec les sources où toutes ses dispositions ont été puisées;* 2° *Nouveau Traité de la procédure civile;* 3° *Conférence du Code de procédure civile avec les lois antérieures;* 4° *Parfait Négociant, ou Code de commerce avec instructions et formules;* 5° *Code d'instruction criminelle, avec instructions et formules;* 6° *Code pénal avec instructions,* formant ensemble 17 volumes in-8°. M. Dufour de Saint-Pathus a encore publié le *Répertoire raisonné* pour les préfets, sous-préfets, juges-de-paix, maires, etc., où il a reproduit toutes les lois administratives; le *Manuel des juges-de-paix, maires, adjoints et commissaires de police*, pour la mise en activité des codes d'instruction criminelle et pénal (ouvrage qui a eu quatre éditions consécutives); le *Guide en Affaires, ou Manuel général, judiciaire, commercial, civil, administratif et militaire*, dont le titre fait suffisamment connaître la nature et l'utilité populaire; *la Charte constitutionnelle avec des observations;* des *Instructions pour les jurés;* le *Guide des commerçans;* les *Questions illustres,* suivies de la nomenclature des livres singuliers en droit; le *Guide des locataires et des propriétaires, dans leurs intérêts réciproques;* la *Jurisprudence des cinq codes;* le *Formulaire des maires et adjoints* *des communes;* enfin, plusieurs autres ouvrages plus ou moins considérables de législation et de jurisprudence. M. Dufour de Saint-Pathus est aujourd'hui avocat à la cour royale de Paris. Jurisconsulte laborieux, ses travaux lui ont acquis l'estime de ses confrères et la considération publique.

DUFOURNY DE VILLIERS (LOUIS PIERRE), était un des architectes distingués de Paris lorsque la révolution éclata. S'étant prononcé avec chaleur pour le nouvel ordre de choses, dès le mois d'avril 1790, il fut nommé président du club des Droits-de-l'homme, et ensuite membre de l'administration du département; il se fit affilier au club des jacobins. Dufourny était un républicain austère et énergique. L'un des instigateurs de la journée du 31 mai 1793, il ne craignit pas de lutter contre tous les partis : *Girondins* et *Montagnards* le virent tantôt ami, tantôt ennemi, et furent souvent occupés à réprimer sa véhémence; car il était l'un des orateurs les plus ardens des jacobins société qui a plus d'une fois imposé ses propres lois à la convention. En même temps objet de la haine de Bazire, de Chabot, de Héron et des Cordeliers, il se défendit avec courage; mais s'étant attiré l'inimitié de Robespierre, il faillit devenir sa victime. Le farouche dictateur le signala comme complice de Danton, le fit chasser ignominieusement du club des jacobins et traduire au comité de sûreté générale. La révolution du 9 thermidor an 2 (27 juillet 1794), qui coûta la vie au tyran sauva celle de Dufourny qui rentra aux jacobins, où il continua à combattre pour la cause de la liberté; mais son zèle fut mal jugé sans doute, car il fut arrêté comme terroriste. Cependant il recouvra la liberté, par suite de l'amnistie du 3 brumaire an 4, et mourut peu de temps après.

DUFRÉNOY, née BILLET (MADAME). Cette dame, qui s'est acquis une brillante renommée par ses talens poétiques et la considération générale, par son caractère et ses qualités personnelles, a été en relation avec les hommes les plus remarquables de l'époque actuelle. M. de Fontanes trouva auprès d'elle des inspirations poétiques; MM. le comte de Ségur, Degérando, Félix Faulcon, Frédéric Cuvier recherchaient sa société, et Camille Jordan fut son ami. Enthousiaste de tous les arts, Mme Dufrénoy n'a cessé de recevoir avec intérêt et d'accueillir avec affection les hommes de lettres et les artistes les plus distingués. Son recueil d'élégies plusieurs fois réimprimé, est le principal fondement de sa réputation littéraire; plusieurs des pièces qui le composent ont reçu les suffrages de La Harpe, critique difficile et bon juge. On y remarque un sentiment vrai, un choix heureux d'images, de la facilité et de l'harmonie. Mme Dufrénoy a composé un poëme couronné par l'Académie française (*La mort de Bayard*), et a obtenu plusieurs prix aux jeux floraux. Elle a aussi travaillé avec succès pour l'instruction de la jeunesse. Mme Dufrénoy a publié, 1° *Santa Maria,* ou la Grossesse mystérieuse, roman traduit de l'anglais, 2 vol. in-12, 1800; 2° *Le jeune héritier*, ou les Appartemens défendus, conte traduit de l'anglais de W. Henley, 2 vol. in-12, 1800; 3° *Opuscules poétiques*, 1806, in-12; 4° *La naissance du roi de Rome*, 1811; 5° *Anniversaire de la naissance du roi de Rome*, 1812, in-8°; 6° *Elégies*, suivies de poésies diverses, in 12, 3° édition, 1813; 7° *le Tour du monde*, ou Tableau géographique et historique de tous les peuples de la terre, 6 vol. in-18, 1813; 8° *La petite ménagère*, ou l'Education maternelle, 4 vol. in-18, 1815; 9° *Les derniers momens de Bayard*, poëme que l'Institut a couronné dans sa séance publique du 5 avril 1815; 10° *Les contes des Fées*, de Charles Perrault, avec une notice sur la vie de l'auteur, 1816, in-18; 11° *Etrennes à ma fille*, 2° édition, 1816; 12° *Biographie des jeunes demoiselles*, ou Vies des femmes célèbres depuis les Hébreux jusqu'à nos jours, 2 vol. in-12, 1817.

DUFRESNE SAINT-LÉON (LÉON), né à Paris en 1752, manifesta de bonne heure son goût pour la littérature. Employé au trésor royal en 1788, il ne tarda pas à devenir premier commis, et dans cette place obtint et mérita la confiance de M. Necker, dont il suivit la fortune. Ce fut lui qui, le 16 juillet 1789, eut l'honorable mission de porter à ce ministre, retiré en Suisse, l'invitation de venir reprendre ses fonctions, d'après un décret de l'assemblée nationale sanctionné par le roi. Après la réinstallation de Necker, M. Dufresne devint liquidateur de la dette publique et obtint la confiance du gouvernement; ce qui attira sur lui les soupçons de ceux qui suspectaient la conduite de la cour. Attaché de la meilleure foi du monde à la constitution de 1791, qui consacrait également les droits du peuple et ceux du monarque, M. Dufresne, pour le fait seul de cet attachement, parut criminel, dans un moment où la monarchie chancelante allait bientôt faire place au gouvernement républicain. Le 22 septembre 1792, jour même de la fondation de la république, il fut arrêté et traduit au tribunal révolutionnaire le 23 décembre. Ce tribunal n'ayant pas trouvé suffisantes les charges portées contre lui, l'acquitta; mais il ne tarda pas à être de nouveau décrété d'accusation, parvint à se soustraire aux recherches des agens de la police en se travestissant, et quitta la France pour se rendre en Suisse. Les proscripteurs qui n'avaient pu l'ateindre firent porter son nom sur la liste des émigrés, afin de pouvoir s'emparer de ses propriétés. M. Dufresne, privé de toute ressource, alla chercher un refuge à Milan, où sa vertueuse épouse vint bientôt partager son adversité. Ils rentrèrent en France peu de jours avant le 18 brumaire, et urent témoins de cette révolution qui enchaîna l'hydre de l'anarchie et permit aux citoyens paisibles de respirer. La circonstance pouvait paraître favorable à M. Dufresne pour solliciter du nouveau gouvernement quelque place; mais la connaissance qu'il avait acquise des hommes avait fermé son cœur au sentiment de l'ambition, et peut-être même au 'sir de la célébrité : il alla chercher une retraite aux environs d'Étampes, dans une petite propriété, dernier débris de sa fortune. Il s'en éloignait rarement, et quand par hasard il venait à Paris, il trouvait un appartement chez le prince de Talleyrand, qui ne cessa jamais d'avoir pour lui la considération due à un ancien et digne ami. Ce fut au vœu de cette amitié que M. Dufresne céda, lorsqu'au mois d'août 1815, il accepta sa nomination de conseiller-d'état-honoraire et commissaire pour la liquidation des étrangers. Ces fonctions n'étaient que temporaires, et depuis il ne s'occupa que de littérature. Plusieurs journaux et l'*Almanach des Muses*, ont publié des morceaux soit en vers soit en prose qui lui font honneur. On regrette qu'il se soit obstiné à garder dans son portefeuille une tragédie dont la lecture, au jugement de ses amis, est pleine d'intérêt. Sa modestie, qui fut la même dans tous les temps, l'empêcha de publier, en 1788, un ouvrage important dont il ne fit imprimer qu'un seul exemplaire sous ce titre : *Etudes sur le crédit public*. Cet exemplaire fut déposé à la bibliothéque du roi, où depuis il ne s'est point retrouvé. M. Dufresne de Saint-Léon a, conjointement avec MM. Lacretelle aîné, Benjamin Constant et autres écrivains estimables, travaillé, en 1817, à la rédaction du *Mercure de France*.

DUFRESNE (BERTRAND), que l'on confond, dans le dictionnaire de Prudhomme, avec Dufresne Saint-Léon, naquit à Navarreins, département des Basses-Pyrénées, en 1736. Ses parens, peu favorisés de la fortune, ne pouvant faire pour lui aucun sacrifice, il ne dut qu'à lui-même les progrès de son éducation, et le rang qu'il occupa dans le monde. A l'âge de 24 ans, il quitta Bordeaux, où jusqu'alors des négocians l'avaient employé, et vint à Versailles, où il trouva le moyen de se placer dans les bureaux du ministère. Ses connaissances en finances lui firent acquérir bientôt de puissans protecteurs dans cette partie, et il obtint par leurs sollicitations la place de receveur-général des finances à Rouen. La manière dont il en remplit les fonctions attira plus particulièrement sur lui l'attention du contrôleur-général Necker, qui le nomma directeur du trésor public. L'occasion que lui fournit cette place de voir souvent Louis XVI, et même de travailler avec lui, le mit à même d'apprécier ses qualités et lui inspira pour ce prince un attachement bien sincère. Il ne pouvait dissimuler ses sentimens à son égard, ni s'empêcher de déplorer son sort, après les funestes événemens qui le privèrent du trône et de la vie. Cette franchise, qu'on pouvait alors appeler de l'imprudence, attira sur lui des persécutions. Dénoncé, en 1793, par un de ces êtres vils, payés par les ennemis de la révolution pour la flétrir, il fut arrêté et détenu jusqu'à ce que la mort de Robespierre et des fauteurs de sa tyrannie vint mettre un terme à l'affreux régime de la terreur. Dufresne se trouvait porté sur la liste des victimes qui, d'après l'ordre des comités, devaient marcher à l'échafaud quelques jours après le 9 thermidor (27 juillet 1794). Cependant les portes des prisons ne s'ouvrirent pas immédiatement pour tous les détenus, et Dufresne dut sa liberté aux sollicitations d'un artiste de l'Opéra-Comique (M. Chenard). Nommé membre du conseil des cinq-cents, la sévérité de ses principes le mit bientôt en opposition avec les dépositaires de l'autorité, car ayant été chargé de l'examen des finances, les rapports qu'il fit sur cet objet furent plus lumineux que ne le voulait le directoire, et ces lumières, qu'il porta dans toutes les parties de l'administration, durent nécessairement lui faire des ennemis de tous les dilapidateurs de la fortune publique : aussi fut-il compris dans la proscription du 18 fructidor an 3 (4 septembre 1797). Exclu du conseil, il se retira à la campagne, où, loin du théâtre de l'intrigue et des passions, il se consola de l'injustice des hommes, en cultivant les fleurs de son jardin du Plessis-Piquet. Lorsque le 18 brumaire eut amené un nouvel ordre de choses, le consul Lebrun, qui avait une estime particulière pour Dufresne, dont il connaissait les talens, vint le trouver dans sa retraite pour l'engager à rentrer dans l'administration des finances. Il hésita, et l'on trouve dans la *Biographie universelle*, qu'il ne se détermina à accepter la place de directeur du trésor public, que lorsqu'un agent non désigné lui eut donné l'assurance que le prétendant (aujourd'hui Louis XVIII) approuverait sa conduite ; on cite même à cette occasion une lettre qui lui aurait été remise de la part de ce prince. Sans chercher à révoquer en doute l'attachement inviolable de Dufresne pour la famille des Bourbon, nous pensons que son amour pour la patrie fut la principale cause qui lui fit accepter un emploi où par la surveillance de ses plus chers intérêts il pouvait utilement la servir ; et sans doute il avait trop de probité pour concevoir la pensée odieuse de jamais trahir le gouvernement dont il acceptait les faveurs et la confiance. En effet, Dufresne rendit à l'état les plus grands services ; il fit dans l'administration des réformes aussi sages qu'urgentes ; et les capitaux des rentes qu'il trouva à 19, furent portés à 60 dans l'espace de treize mois. Une amélioration aussi sensible présageait des résultats plus précieux encore, lorsqu'à la suite d'une maladie douloureuse, Dufresne mourut le 22 février 1801. Le premier consul, qui, trois jours avant sa mort, était venu lui rendre une visite, ordonna que le buste de ce grand administrateur fût placé dans l'une des salles de la trésorerie. Cette cérémonie n'eut lieu que dans le courant du mois de février 1802, et M. Barbé-Marbois, digne successeur de Dufresne, paya à sa mémoire un juste tribut d'éloges, dans un discours élégamment écrit.

DUFRESNOY (André-Ignace-Joseph), médecin consultant des armées, naquit à Valenciennes, le 16 juin 1733, et mourut dans cette ville, le 14 avril 1801. Il possédait en botanique de vastes connaissances, professa même assez long-temps cette science avant d'être reçu docteur de la Faculté de Montpellier, et fut nommé, en 1757, médecin en chef de l'hôpital militaire de Valenciennes, place qu'il conserva même lorsqu'en 1785 la réputation que lui avaient acquise sa science et son zèle le firent nommer médecin consultant des armées. En 1793, il partit pour l'armée du Nord, en qualité de médecin en chef. Le titulaire de cet emploi se trouvait alors malade à Bruxelles, où il était resté après la défection de Dumouriez: accusé d'être complice de ce général, on l'avait porté sur la liste des émigrés: Dufresnoy prit sa défense, et cet acte de courage reçut une interprétation fâcheuse. Dufresnoy, considéré comme royaliste ayant des correspondances avec un émigré, fut destitué. Cependant l'opinion publique était en sa faveur. Les hommes du parti opposé même lui rendaient justice; l'affaire vint aux oreilles du ministre de la guerre, qui fit cesser les poursuites contre Dufresnoy; mais au lieu de le renvoyer à l'armée du Nord ou à l'hôpital militaire de Valenciennes, on le chargea de la direction de celui de Saint-Omer, qui n'était que de seconde ligne. Assez désintéressé pour ne pas se plaindre s'il eût trouvé la tranquillité dans cette place, il y trouva de nouvelles persécutions. Il avait, lorsqu'il résidait à Valenciennes, cultivé avec le plus grand soin une plante nommée *rhus radicans L.*; il attribuait à cette plante un grand nombre de propriétés médicales, et en avait fait passer à un botaniste de Cambrai qui en avait considérablement fait fructifier l'espèce. Dans une lettre qu'il adressait un jour à ce médecin, il lui demandait: *Comment vont mes chers rhus? qu'il me tarde de les voir!* Cette lettre, interceptée, fut lue dans un comité révolutionnaire, et chacun sait comment la plupart des membres de comités révolutionnaires savaient lire. Dufresnoy, déjà suspect d'aristocratie, parut convaincu aux yeux de ces hommes aussi ineptes que sanguinaires, d'avoir des intelligences avec le gouvernement russe, et de former des vœux pour l'arrivée des soldats de cette nation. En conséquence, un mandat d'arrêt fut lancé contre lui, et cette fois on le traduisit au tribunal révolutionnaire d'Arras, où sous la terrible influence de Joseph Lebon, de nouvelles victimes étaient chaque jour envoyées à la mort. La journée du 9 thermidor qui mit fin à la tyrannie de Robespierre et de ses complices, en amenant l'arrestation du proconsul d'Arras, sauva Dufresnoy de l'échafaud; et alors il lui fut permis d'expliquer à ses juges ce qu'étaient ses *chers rhus* auxquels il s'intéressait si fort. Mis en liberté, il reprit ses fonctions de chirurgien en chef de l'hôpital militaire de Valenciennes, et jusqu'à sa mort rendit de nombreux services à l'humanité. Quant à ses *rhus*, ils furent toujours l'objet de sa prédilection; mais il se trompa sur la plupart des qualités qu'il leur attribuait, entre autres celles de guérir les dartres, et d'être l'antidote des champignons meurtriers. Son frère, pharmacien à Valenciennes, n'était pas aussi bien prévenu en faveur de cette plante, car il fit arracher tout ce qui s'en trouvait dans son jardin, dès que Dufresnoy eut cessé de vivre.

DUFRESSE (SIMON-CAMILLE), acteur du théâtre de Montansier, à l'époque de la révolution en adopta franchement les principes, et ne se doutait guère qu'il deviendrait par elle baron, maréchal-de-camp, commandeur de la légion-d'honneur, et chevalier de Saint-Louis; il avait alors un peu plus de 26 ans, étant né le 2 mars 1763. Adjudant-général, en 1793, il était à Lille lorsqu'il fut nommé général de l'armée révolutionnaire. L'homme appelé à de pareilles fonctions devait paraître terrible. Dufresse joua parfaitement son rôle; mais au fond il était humain, et si le sang a coulé ce ne fut jamais par ses ordres. Il n'en fut pas moins l'objet de dénonciations graves faites par quelques habitans du département du Nord, qui ne lui pardonnaient pas la peur qu'il leur avait faite. Arrêté sur ces dénonciations, après le 9 thermidor, et mis en accusation, un jugement solennel l'acquitta de toutes les charges dirigées contre lui; et pour prouver qu'il était Français, il alla cueillir de nouveaux lauriers sous les drapeaux de l'immortelle armée d'Italie. Passé à celle de Naples, sous les ordres de Championnet, il partagea la disgrâce de ce brave, et fut comme lui, en 1799, traduit devant un conseil de guerre, pour avoir attaqué les agens dilapidateurs du directoire. La journée du 3 prairial an 8, en forçant les directeurs Merlin de Douay et la Réveillère-Lépeaux à donner leur démission, annula cette procédure scandaleuse. Le général Dufresse, rentré en activité, eut le commandement de la 12me division militaire à Nantes. L'esprit de modération et de justice qu'il montra dans l'exercice de ces fonctions, lui concilia l'estime des hommes raisonnables de toutes les opinions. Il fit la guerre de la Péninsule, et fut pendant trois ans gouverneur de Valladolid. Employé dans la désastreuse campagne de Russie, il s'y conduisit avec distinction, obtint le gouvernement de Stettin, et montra autant de valeur que de talent, lorsque après la défection des alliés de la France, il fut obligé de se défendre dans cette ville assiégée par eux. Après les événemens de 1814, il fut décoré de l'ordre de Saint-Louis; en 1815, il fut promu de nouveau au commandement de la 12me division. Depuis cette époque il n'a point fait partie de l'armée active.

DUGAS-BOIS-SAINT-JUST (JEAN-LOUIS), ancien officier aux gardes-françaises, naquit à Lyon, département du Rhône. Il émigra au commencement de la révolution, plutôt par mode qu'en haine du nouvel ordre de choses, et il rentra dans sa patrie aussitôt que les circonstances le lui permirent. Dugas-Bois-Saint-Just a publié : 1° *Paris, Versailles et les provinces au* 18e *siècle,* 1809, 2 vol. in-8°; l'auteur en a donné un troisième en 1817. Ce recueil assez piquant a obtenu du succès, il contient des anecdotes plus ou moins connues, mais toutes en général intéressantes et agréablement racontées; 2° *les Sires de Beaujeu*, ou Mémoires historiques sur le monastère de l'île Barbe et la tour de la Belle Allemande, 1811, 2 vol. in 8°; cet ouvrage, comme le précédent, fut favorablement accueilli. Dugas-Bois-Saint-Just mourut à St-Genis-Laval, près de Lyon, le 6 mai 1820; laissant pour toute fortune à son fils un nom qui n'est point étranger aux lettres, et la réputation d'un honnête homme.

DUGAZON (JEAN-BAPTISTE-HENRI GOURGAULT, DIT), l'un des acteurs les plus distingués du Théâtre-Français, où il débuta dans l'emploi des *valets*. En 1772, le célèbre Préville ayant obtenu sa retraite, Dugazon lui succéda, et se fit dans les mêmes rôles une réputation brillante par des moyens différens. Dugazon avait un excellent masque, et joignait beaucoup de mordant à beaucoup de chaleur. On lui a reproché avec raison de charger ses rôles; vif, spirituel, satirique, il se laissait emporter à sa verve, et pour provoquer le rire, il dépassait les bornes imposées par un goût délicat; il portait ce caractère dans la société, où il aimait assez à faire le plaisant et le mystificateur. Son camarade Desessarts, qui jouait les *financiers*, et dont l'embonpoint prodigieux faisait honneur à ses rôles, fut souvent sa victime, et particulièrement dans cette circonstance où il subit deux fois les traits de sa causticité. Dugazon un jour le rencontre et lui crie, du plus loin qu'il l'aperçoit : « Bonne nouvelle mon ami; une » place superbe à obtenir; vite, ha- » bille-toi en noir et suis-moi. » Desessarts lui fait plusieurs questions, auxquelles il ne répond que par ces mots : « Mon Dieu, tu le » sauras; habille-toi et partons. » Desessarts s'habille, et se rend avec Dugazon chez le ministre de la maison du roi. « Monseigneur, » dit gravement Dugazon, mon ca- » marade Desessarts, que j'ai l'hon- » neur de vous présenter, ayant » appris la mort de l'éléphant du » Jardin du roi, vient vous supplier » de lui accorder la survivance de » sa place. » Le ministre rit beaucoup de la plaisanterie, mais Desessarts ne la prit pas aussi bien; il sortit furieux et appela Dugazon en duel. Dugazon refusa de manière à se faire presser plus vivement; enfin il cède. Arrivé sur le terrain, il dit aux témoins : « Messieurs, les avantages doi- » vent être égaux dans une affaire » d'honneur; je vous prie d'ap- » puyer la proposition que je vais » faire à mon camarade. » Alors il se tourne vers Desessarts, et lui dit en traçant du haut en bas avec de la craie une ligne qui partageait en deux sa grosse personne : « Mon ami, tu as beaucoup » plus d'embonpoint que moi. Eh » bien, pour égaliser la partie, je » te sauve la moitié du corps; tous » les coups qui porteront de ce cô- » té ne compteront pas. » Les témoins éclatèrent de rire, Desessarts lui-même ne put garder son sérieux, et le duel fut remplacé par un déjeuner à la porte Maillot. Cette aventure a été mise en scène au théâtre des Variétés sous ce titre : *le Duel et le Déjeuner*. Dugazon ne fut pas toujours l'objet de la faveur du public; et il est assez maltraité dans les *Mémoires de Bachaumont*, et dans la

Correspondance Secrète. A l'époque de la révolution il se crut appelé à y prendre une part active, et il choisit pour son début le rôle d'aide-de-camp du fameux brasseur Santerre, commandant de la garde nationale de Paris ; c'était en 1793. L'époque était critique, et Dugazon eut le bonheur de n'être que ridicule. Lorsqu'il reparut sur la scène après le 9 thermidor an 2 (27 juillet 1794), une grande partie du parterre voulut lui faire expier ses fonctions publiques momentanées : son courage et sa présence d'esprit le tirèrent de ce mauvais pas. Jetant à bas sa casaque de valet : « Je ne suis plus que citoyen, dit-il » avec fermeté : que celui qui a » quelque reproche à me faire se » présente ; je l'attends, et suis » prêt à lui répondre sur tous les » tons. » La paix fut bientôt rétablie, le public de Paris ne boude pas long-temps les gens qui l'amusent. Dugazon partageait l'emploi des valets avec Dazincourt (*voyez* ALBOUYS), et son jeu vif et original l'emportait sur le bon ton un peu froid de son estimable rival. Dugazon était excellent dans plusieurs rôles; le *Bourgeois gentilhomme* et le peintre Fougère de l'*Intrigue épistolaire* étaient son triomphe : le dernier surtout passait pour son rôle favori. En effet, il l'avait créé et le jouait de verve. Dugazon a essayé de se faire auteur. Il a donné d'abord en société avec M. Riouffe, l'*Avénement de Mustapha au trône, ou le Bonnet de la vérité*, comédie en 3 actes et en vers, représentée mais non imprimée; ensuite seul, l'*Émigrante, ou le Père jacobin*, pièce de circonstance en 3 actes, en vers, jouée mais non imprimée ; enfin *le Modéré*, comédie également de circonstance, en 3 actes et en vers, représentée et imprimée in-8°. Il a ajouté aux *Originaux* de Fagan, trois scènes médiocres par elles-mêmes, mais qui devenaient excellentes lorsqu'il les jouait. Dugazon s'était retiré à Versailles, où il mourut en 1809. Cet acteur n'était pas moins habile à enseigner l'art du comédien qu'à le pratiquer; peu de professeurs peuvent lui être comparés. Chose singulière! il n'excellait pas moins à former les acteurs tragiques que les comiques. Talma et Lafon sont les élèves de Dugazon, qui a été le contemporain du célèbre acteur Lekain.

DUGAZON (MADAME), femme du précédent, célèbre actrice de l'ancienne Comédie italienne, jouait les amoureuses avec tant de succès, qu'elle a donné son nom à plusieurs rôles de son emploi. C'est dans le rôle de Nina qu'elle a surtout excellé. Il n'appartenait qu'à Mlle Bigottini de s'y montrer sublime après elle, en n'ayant pour lutter contre elle que les moyens bornés de la pantomime.

DUGOMMIER (JEAN-FRANÇOIS COQUILLE), général en chef des armées françaises, naquit à la Guadeloupe en 1736, d'un riche propriétaire de ce pays, et embrassa très-jeune la carrière militaire. Il se distingua, et obtint par suite la croix de Saint-Louis. Mais quelque temps après, ayant été réformé, il rentra dans ses foyers, et se mit à la tête de l'exploitation de ses propriétés, qui étaient considérables. Cependant

Le Gal Dugommier

il nourrissait un profond ressentiment de l'injure qu'il venait de recevoir, et il vit avec joie le commencement d'un nouvel ordre de choses, espérant y trouver plus de justice et plus de moyens de se faire remarquer. Nommé, à l'époque de la révolution, colonel commandant des gardes nationales de la Martinique, il défendit vaillamment, à leur tête, le fort de Saint-Pierre, qu'attaquait M. de Béhague, avec un parti de rebelles. Ne pouvant résister à la force, et se trouvant exposé au ressentiment des colons, dont il avait abandonné la cause, il vint en France en 1792. Partisan déclaré de la liberté, il chercha à fixer l'attention sur les colonies, et sollicita des secours pour le parti patriotique contre les ennemis de la révolution. La guerre étant allumée de tous côtés, Dugommier demanda à être employé à l'armée d'Italie, où il fut envoyé avec le grade de général de brigade. Sa conduite militaire le fit bientôt nommer général de division, et ce fut en cette qualité qu'il vint remplacer Barras dans le commandement de l'armée destinée à assiéger Toulon. Cette ville venait d'être livrée aux Anglais, qui s'y défendirent avec courage, afin de la conserver. Mais l'habileté du général Dugommier, et l'intrépidité qu'il sut inspirer à ses troupes, triomphèrent de l'opiniâtreté des Anglais, et Toulon rentra au pouvoir des Français. On sait que ce fut à ce siége que parut pour la première fois l'homme étonnant qui devait bientôt diriger les destinées de la France, et remplir le monde de sa gloire. Le vainqueur de Toulon conserva la sienne tout entière, en ne prenant aucune part aux massacres qui se commirent à l'entrée des troupes françaises. Il voulut même s'y opposer, mais ce fut inutilement. Nommé général en chef de l'armée des Pyrénées-Orientales, au commencement de 1794, il se signala en plusieurs occasions par son courage, et notamment à la prise du fort Saint-Elme, où il reçut une blessure très-grave. Les avantages qu'il remportait sur les Espagnols étaient toujours décisifs, quoique avec des forces bien inférieures à celles de l'ennemi. Après la victoire, il montrait toujours la modération d'un vainqueur généreux, et il résista à la convention, en se refusant à l'exécution d'un décret barbare qu'elle avait rendu, et qui ordonnait de ne plus faire de prisonniers. Après avoir chassé les Espagnols du territoire français, Dugommier sentit que ce n'était point assez. Il leur livra une bataille décisive, qui devait les éloigner pour longtemps des frontières ; mais la mort l'arrêta dans le cours de ses victoires. Il eut le sort désiré par les braves ; un obus l'atteignit au moment où les Espagnols fléchissaient à leur aile gauche, à l'affaire de Saint-Sébastien, le 17 novembre 1794. Ainsi périt, à l'âge de 58 ans, le *libérateur du midi*, titre que lui avaient acquis ses victoires et que lui avait donné l'amour de ses concitoyens. Deux de ses fils avaient suivi la carrière si honorablement remplie par leur père. Ils sont morts dans les guerres de la révolution.

Le nom de Dugommier devait être, d'après un décret de la convention nationale, inscrit sur une colonne au Panthéon.

DUGOUR (A. Jeudi), écrivain. Professeur au collège de la Flèche, avant la révolution, il vint s'établir libraire à Paris, ne prit aucune part active à la révolution, mais compromit quelquefois son repos par la publication d'ouvrages sur la politique. On cite particulièrement de lui : *l'École de politique, ou Collection par ordre de matières, des discours, des opinions, des déclarations et des protestations de la minorité de l'assemblée nationale, pendant les années* 1789, 1790, 1791, *en faveur de la monarchie, de la religion et des vrais intérêts du peuple*, 1792, 12 vol. in-8°. Il fit aussi, en 1793, un *Mémoire justificatif pour Louis XVI*, in-8°, et publia, peu de temps après, une collection des meilleurs ouvrages écrits en faveur de ce prince. Ce recueil a 2 vol. in-8°. M. Dugour, après avoir soutenu contre un libraire de Lyon un procès qui dérangea considérablement sa fortune, s'est retiré en Angleterre.

DUGUA (Charles-François-Joseph), général de division, né en 1744, à Valenciennes, et mort en 1802, au Cap-Français. Ayant perdu, jeune encore, son père, qui était major de la citadelle de Valenciennes, Dugua termina ses études et embrassa la carrière militaire, la seule qui pût convenir à son caractère vif et pétulant. Ayant en peu de temps obtenu le grade de capitaine, il conçut l'espoir d'un avancement rapide; mais se voyant dans la même position en 1776, il quitta le service, se retira en Champagne, et y menait une vie paisible, lorsque la révolution vint à éclater. Dans le nouvel ordre de choses, prévoyant que son bras pourrait être utile à son pays, Dugua demanda et obtint du service. Il fut employé au siège de Toulon, sous le général en chef Dugommier, en qualité de chef de l'état-major de l'armée, et s'y distingua particulièrement. Nommé général de division, il servit successivement sous les ordres des généraux Hoche et Bonaparte, dans les campagnes de la Vendée, d'Italie et d'Égypte. Il mérita les plus grands éloges à la prise de Rosette et à celle du Caire, à laquelle il contribua par son courage, et par la prudence et la fermeté qu'il déploya dans le commandement de cette dernière ville. Le général Dugua, à la bataille des Pyramides, qui s'était livrée le 21 juillet 1793, avait également contribué au succès, en tournant, avec un corps de réserve, 6000 Mamelucks, qui venaient fondre sur les Français. Il leur tua 2000 hommes et leur prit 30 pièces de canons, avec un nombre considérable de chameaux chargés. Rentré en France quelque temps après, il fut nommé préfet du département du Calvados, et y donna des preuves de talens dans l'administration civile, après s'être montré glorieusement sur les champs de bataille. Vers la fin de 1801, l'expédition de Saint-Domingue ayant été arrêtée, Dugua fut nommé chef d'état-major du commandant en chef Leclerc, et se rendit dans cette colonie. Deux blessures qu'il reçut dans un combat, et la pernicieuse influence du climat, causèrent sa mort, et privèrent ainsi la France d'un excellent officier.

DUHAMEL (le comte Louis), ancien maître des cérémonies de Napoléon, et introducteur des ambassadeurs. Au commencement de 1812, nommé sous-préfet de l'arrondissement de Toulon, département du Var, il obtint, dans le courant de la même année, la préfecture des Pyrénées-Orientales, qu'il conserva jusqu'au retour du roi, en 1814. A cette époque, il fut nommé préfet du département de la Dordogne, mais il cessa ses fonctions lors de la rentrée de Napoléon, en mars 1815. Peu de temps après le second retour du roi, il fut nommé à la préfecture du département de la Vienne, qu'il a conservée jusqu'en 1819. Il n'a pas été employé depuis.

DUHEM (Pierre Joseph), député à l'assemblée législative et à la convention nationale par le département du Nord. Né en 1760, à Lille, de parens pauvres, il fit cependant de bonnes études, se fit recevoir médecin et attacher en cette qualité à l'hôpital de Douai. La révolution s'étant déclarée, Duhem se lança dans la carrière politique, et fut un des coopérateurs du nouvel ordre de choses. Ennemi déclaré des prêtres, il déclama fortement contre eux dans la séance du 18 novembre 1791, à l'assemblée législative. Bientôt il étendit ses prétentions plus loin; il comptait peut-être assez sur son talent pour attaquer ouvertement le ministre Narbonne, et le décret qui avait été rendu en sa faveur. Mais sa vivacité faillit lui devenir funeste; car, le 1er avril 1792, il fut rappelé à l'ordre, et au moment d'être arrêté. Peu de temps après, il fut publiquement insulté par quelques individus, qui lui reprochèrent la part qu'il prenait dans la révolution. Ces diverses circonstances, loin de le rebuter, ne firent que l'aigrir davantage, et bientôt on le vit donner à Louis XVI l'épithète du plus grand des traitres, demander la suspension de Pétion et de Manuel, et, dans le procès du roi, il vota la mort sans sursis, après s'être violemment récrié sur la demande qu'on avait faite de l'ajournement de ce procès; il avait appuyé la motion du refus d'un défenseur, et combattu les partisans de l'appel au peuple. Il fit bientôt partie du comité de sûreté générale, où il demanda l'organisation d'un tribunal révolutionnaire sans jury, et provoqua la mise hors la loi des émigrés et des prêtres déportés, qui étaient rentrés. Au mois de juillet 1792, il fut envoyé à Lille avec un de ses collègues, et ne craignit pas de s'attirer la haine de Robespierre, en destituant les autorités qu'il protégeait. Cet acte d'autorité arbitraire était très-commun alors; mais ceux qui en devenaient victimes couraient souvent les risques d'y perdre la vie. Aussi Robespierre ne put-il le lui pardonner, et Duhem fut exclu du comité. Toujours membre de la convention, il fut tour à tour auteur des motions les plus révolutionnaires, et exposé à en être lui-même victime. Enfin, accusé d'avoir participé à la révolte du

12 germinal, il fut arrêté et conduit au château de Ham. Il en sortit, par suite du décret d'amnistie du 26 octobre 1795 pour les délits révolutionnaires, et reprit son état de médecin. Il vint alors à Mayence, se fit attacher à l'hôpital militaire de cette ville, et y mourut en 1807.

DUHESME (Guillaume-Philibert, comte), lieutenant-général, grand-officier de l'ordre royal de la légion-d'honneur, chevalier de Saint-Louis, né en Bourgogne en 1760, mort dans la campagne de Waterloo, le 18 juin 1815. Il entra au service en 1794, et passa successivement par tous les grades. Les talens qu'il déploya, la grande bravoure dont il était doué le firent remarquer, et il obtint en très-peu de temps le grade de général de brigade. Il fut même, avant la fin de l'année, envoyé à l'armée de Sambre-et-Meuse en qualité de général de division, et y fut employé d'une manière très-active sous le général Moreau. Blessé l'année précédente en défendant la forêt de Mormale, il le fut encore au passage du Rhin, dans lequel il se signala particulièrement. Le général Duhesme fut successivement employé aux armées d'Italie, des Alpes, et à celle d'Espagne. Ne s'écartant jamais de la ligne tracée par ses devoirs, il était aussi prudent que brave; il fut chargé de missions importantes dans la Calabre et la Pouille, dont les habitans s'étaient révoltés, et s'en acquitta avec beaucoup de succès. Après la bataille de Marengo, dans laquelle il rendit d'importans services, il fut nommé grand-officier de la légion-d'honneur, et reçut dans l'intérieur un commandement qu'il quitta bientôt pour se rendre en Espagne. Disgracié par Napoléon pendant quelque temps, le général Duhesme, à l'époque des dangers de la France, reparut avec gloire sur les champs de bataille; et la Prusse fut, en 1813, le théâtre de ses nouveaux exploits. Au retour du roi, en 1814, le comte Duhesme fut employé comme inspecteur-général d'infanterie dans la 16ᵐᵉ division militaire. Napoléon étant revenu en 1815, le général Duhesme, qui vit la France menacée de nouveau par l'Europe entière, accepta le commandement des gardes nationales mobiles du Nord, suivit Napoléon à Waterloo, et s'y distingua. Mais enfin, trahi par la fortune, et contraint de se retirer, il arriva le 18 juin au village de Genappe, où quelques hussards brunswickois le suivirent de près. Bientôt le malheureux général enveloppé de toutes parts, tomba percé de coups. Les hussards croyaient alors venger la mort de leur souverain, le duc de Brunswick-Oels, tué le 16 sur le champ de bataille. Les restes du général Duhesme, mort si glorieusement pour la défense de la patrie, furent déposés près de Genappe.

DUHOUX (N.), maréchal-de-camp avant la révolution, il en adopta les principes avec beaucoup d'énergie, et combattit pour elle lorsque son frère et son parent se rangeaient au nombre de ses ennemis. Le général Duhoux fut nommé commandant du camp de Soissons en août 1792. Au mois de septembre suivant, il défendit

Lille contre le duc Albert de Saxe, et le mois d'après il fut destitué. Les motifs de cette destitution étaient peu graves, sans doute, puisque quelque temps après il fut employé dans la Vendée. Il n'y fut pas heureux. Le 19 septembre 1793, au combat de Saint-Lambert, les royalistes commandés par son frère, le chevalier Duhoux, lui enlevèrent son artillerie et ses bagages. Étant à Paris, à l'époque du 13 vendémiaire an 4 (18 octobre 1795), il prit parti pour les sections contre la convention nationale, et commanda une partie de leurs forces. Depuis lors, le général Duhoux a été perdu de vue.

DUHOUX (LE CHEVALIER), frère du précédent, adjudant-général de l'armée royaliste de la Vendée, avait servi dans la cavalerie avant la révolution. Le chevalier Duhoux était un des meilleurs officiers des insurgés, et l'un des plus braves. Il périt lors de la déroute du Mans, en commandant l'arrière-garde qui escortait les blessés, dont il ne voulut jamais se séparer dans le danger où les avait mis la victoire des républicains. Il était à peine âgé de 30 ans.

DUHOUX D'HAUTERIVE (N.), parent éloigné du précédent, beau-frère du marquis d'Elbée, et, comme lui, l'un des chefs des Vendéens. Duhoux d'Hauterive, ancien capitaine au régiment de Cambrésis, chevalier de Saint-Louis, avait de l'expérience, du talent et du courage. Il fut très-utile à la cause qu'il servait. Membre du conseil royal, puis gouverneur en second d'un des pays insurgés, il commanda à Beaupréau, et parvint à y établir une fabrique de poudre. Les succès des troupes républicaines l'ayant forcé de se réfugier à Noirmoutier, ainsi que le marquis d'Elbée, ils y périrent tous les deux.

DUIGENAU (PATRICK), membre du parlement d'Angleterre. Né en Irlande, en 1755, d'une famille obscure, il fut élevé à Dublin. Admis au barreau irlandais, en 1767, il s'y distingua, et devint par suite conseiller du roi, avocat-général du roi, et juge à la cour des prérogatives. Il a composé quelques écrits polémiques contre les papistes et en faveur du clergé anglican. Aussi la protection des dignitaires ecclésiastiques fit-elle obtenir au zélé défenseur des principes de la haute-église, la place de membre de la chambre des communes. Cependant, ses déclamations contre les catholiques ne l'empêchèrent pas de s'allier à une femme de cette communion. Duigenau, au moyen des emplois qu'il occupait, avait amassé une grande fortune. Il est mort à l'âge de quatre-vingt-un ans, en 1816.

DUJARDIN-SAILLY (N.), attaché à l'administration des Douanes, a publié: 1° *Tarif chronologique des Douanes de l'empire français*, 1806, in-4°; 8° édit., 1813, in-4°; 2° *Code des Douanes de l'empire français*, 1810, in-4°; 3° *Législation des Douanes de l'empire français*, 1812, in-4°. M. Dujardin a en outre rédigé, de 1804 à 1808, le *Journal typographique et bibliographique*.

DUJON (N.), a fait la guerre sous le consulat et sous l'empire: ses talens et sa bravoure le firent nommer capitaine de la garde impériale, et parvenir, en février 1807, au grade de chef d'escadron dans le même corps. Devenu colonel du 4ᵐᵉ régiment de cuirassiers en 1811, il épousa, sur la fin de la même année, Mˡˡᵉ de Montfort. L'empereur consentit à ce mariage, et lui fit la faveur d'en signer le contrat. Chevalier de Saint-Louis, à l'époque de la nombreuse création des membres de cet ordre, qui eut lieu au mois de juillet 1814, il obtint, dans le mois de novembre suivant, le titre de commandant de la légion-d'honneur. Il est colonel du 2ᵐᵉ régiment de cuirassiers de la garde royale, et par conséquent maréchal-de-camp. Le gouvernement actuel a employé, avec succès, cet officier-général et son régiment, dans deux occasions différentes, savoir : à Meaux et dans les environs de cette ville, pour dissiper quelques troubles manifestés dans les campagnes, à l'époque de la désolante disette de 1816 à 1817; et à Paris, lorsqu'au mois de juin 1820, des rassemblemens considérables poussèrent les cris de *vive le roi! vive la charte!* Un ancien officier licencié ayant commis, en septembre 1821, une tentative d'assassinat sur la personne du colonel Dujon, a subi, pour ce fait, la peine capitale, peu de jours après l'événement.

DULAC (Jean-Baptiste Sonyer), né dans le département de la Haute-Loire, en 1728, mourut le 2 août 1792. Il fut avocat et conseiller du roi à Montbrison. Il composa beaucoup de mémoires et d'observations, que l'on peut consulter avec fruit, pour rédiger une bonne statistique de la ci-devant province du Forez; il a même écrit l'histoire des grands hommes de ce pays. On a encore de lui quelques productions sur la jurisprudence, sur les coutumes du Forez, ou autres sujets semblables, qui présentent peu d'intérêt, depuis que la révolution a introduit un code de lois uniforme en France. Il est également l'auteur de *Mémoires sur les Convulsionnaires.* Cet ouvrage prouve que les fanatiques de tous les temps et de tous les pays sont incorrigibles.

DULAGUE (Vincent-François-Jean-Noel), né à Dieppe le 24 décembre 1729, mérite une place distinguée parmi les savans qui ont perfectionné l'hydrographie. Professeur de cette science au collége de Rouen, il publia, en un volume in-8°, des *Leçons de navigation,* qui ont été augmentées et réimprimées quatre fois. La première édition parut en 1768, et la dernière en 1792. Cet ouvrage, ainsi que l'*Abrégé de la théorie et de la pratique du pilotage,* composé par le même auteur en 1787, est devenu livre classique pour les écoles de marine. On trouve aussi dans les Mémoires de l'académie des sciences plusieurs observations astronomiques faites par Dulague. Il était membre de l'académie de Rouen, et mourut dans cette ville, le 9 septembre 1805, âgé de 76 ans.

DULAU (Jean-Marie), archevêque d'Arles, avait plus de 85 ans lorsqu'il fut nommé député du clergé à l'assemblée constituante. Élevé et nourri dans les priviléges de la noblesse et du sacerdoce, il n'était guère possible que, dans un âge aussi avancé, ce prélat voulût renoncer à des droits qu'il croyait incontestables; aussi se prononça-t-il contre toutes les sages lois de l'assemblée qui tendaient à *constitutionnaliser* la monarchie, et à ne plus reconnaître dans le clergé un corps séparé de l'état. Il combattit ses adversaires par des dogmes qui commençaient à tomber en désuétude. La raison l'emporta, et il fut vaincu. Heureux encore si, après cette lutte, ce respectable vieillard se fût retiré dans son diocèse; mais son zèle apostolique ou d'autres motifs l'ayant retenu à Paris, il y fut arrêté en 1792, et conduit dans le couvent des carmes de la rue de Vaugirard. C'est là que, le 2 septembre de la même année, ce doyen des archevêques de France fut massacré de la manière la plus épouvantable, et avec un raffinement de cruauté dont nous épargnons les détails à nos lecteurs. Il a laissé un *Recueil de mandemens et lettres pastorales,* et quelques autres ouvrages ascétiques où l'on retrouve les opinions dogmatiques qu'il avait émises à la tribune de l'assemblée constituante.

DULAULOY (Randon, comte), lieutenant-général, grand'croix de la légion-d'honneur et de l'ordre du mérite Militaire de Bavière, chevalier de la Couronne-de-fer et de Saint-Louis, est né le 9 décembre 1764. Il entra à 16 ans dans le corps royal d'artillerie, y fut capitaine en 1791; adjoint à l'état-major de l'armée en 1792, il fut employé aux armées du Nord dans ces deux qualités. La même année, il fut chargé d'une mission en Angleterre pour la fabrication des armes. En 1793, il servit dans les armées de l'Ouest, et en 1794, il était chef d'état-major dans celle des côtes de Cherbourg. Il fut destitué comme noble à cette époque, et bientôt fut rappelé au service. La guerre de la Vendée était alors dans toute sa force. Le général Dulauloy prit part aux affaires les plus remarquables, au déblocus de Granville, aux combats d'Angers, de Baugé, de la Flèche, et aux batailles du Mans et de Savenay, où il fut blessé. Mis en réquisition par le comité de salut public, il fit les siéges d'Ypres, Nieuport, l'Ecluse, Bois-le-Duc et Grave, et fut nommé général de brigade en reconnaissance des services qu'il avait rendus dans cette belle campagne du Nord. Ce fut lui qui présenta à la convention, à la fameuse séance du 8 thermidor an 3, la capitulation de la ville de Nieuport, défendue par les Anglais et par les émigrés. En 1795, ce général fut appelé auprès du comité de salut public pour être employé à la direction du mouvement des armées. En l'an 4, il commanda l'artillerie des armées du Nord et de Sambre-et-Meuse réunies, et eut le même commandement à l'aile droite de l'armée d'Angleterre. Il fut ensuite chargé extraordinairement des places de Luxembourg, Maestricht et Venloo. En l'an 7, il commanda l'artillerie de l'armée de l'Ouest, qu'il quitta pour se rendre en Italie, où il fut chargé de la défense de Tortone et du commandement de Gènes et de la Ligurie. Il passa ensuite au commandement de l'artillerie de l'armée d'observation du midi, en Toscane, et dans le royaume de Naples. Il fut chargé, en l'an 9, d'établir à Metz l'école d'artillerie; et l'année suivante, il commanda l'artillerie de l'armée de Hanovre, où il fut nommé général de division. En 1805, il exerça les mêmes fonctions à l'armée d'Italie, où il se trouva à la bataille de Caldiero, ainsi qu'aux combats du Tagliamento, de la Piave, et de l'Izonso. De cette armée, il passa à celle de Naples, où il commanda également l'artillerie. Il termina cette campagne par l'affaire de Capoue et le siège de Gaëte; en 1806, appelé à la grande armée, le général Dulauloy commanda l'artillerie du 4ᵐᵉ corps, et se trouva à toutes les affaires, notamment aux mémorables batailles d'Eylau, de Heilsberg, et de Friedland. Dans cette campagne, où la gloire militaire de la France fut portée au plus haut degré, il fut nommé grand officier de la légion-d'honneur. Il manquait, à l'activité des services du général Dulauloy, de les attacher aussi à la guerre d'Espagne. En 1808, il y commanda l'artillerie du 2ᵐᵉ corps, et prit sa part des affaires du Ferrol, de Chaves, de Braga, d'Oporto, et de l'Arsobispo, où il eut le commandement supérieur de l'artillerie des corps réunis. En 1809, il partit d'Espagne pour commander l'artillerie du 2ᵐᵉ corps de la grande-armée dans la funeste campagne de Russie, et fut enfin appelé au commandement de l'artillerie de la garde impériale. Dans la campagne de 1813, il rendit les plus grands services à l'affaire de Weissenfelz et à la bataille de Lutzen, où, à la tête de l'artillerie de l'armée, il contint toute la ligne ennemie. Il se distingua également au premier combat de Dresde et à la bataille de Bautzen, où il fut chargé d'attaquer le centre des retranchemens avec les réserves d'artillerie de la garde, ainsi qu'aux affaires de Golberg, de Gerlitz, de Neumerek, à la bataille de Dresde, et à celles de Leipsick et de Hanau. Rentré en France après cette campagne, le général Dulauloy fut appelé au conseil-d'état. L'empereur l'avait nommé général en chef du corps d'armée destiné à agir dans le Nord; mais le dévouement du général Dulauloy pour Napoléon ne lui permit pas de s'en éloigner dans une telle circonstance, et il obtint de continuer de servir auprès de sa personne dans la campagne de France. Il se trouva à toutes les affaires qui complétèrent la gloire du règne de Napoléon et celle de l'armée. Rentré au conseil-d'état pendant les *cent jours*, et nommé pair de France, le général Dulauloy remplit aussi les fonctions de gouverneur de Lyon et de la 19ᵐᵉ division militaire. Peu d'officiers ont fourni une carrière plus active et plus honorable. Le général Dulauloy jouit avec dignité de son repos et de ses souvenirs.

DULAURE (Jacques-Antoine), né à Clermont, département du Puy-de-Dôme, le 3 septembre 1755, élu député à la convention nationale, en 1792, y apporta des opinions républicaines qu'il n'hésita point de professer à la tribune, dès l'ouverture de l'assemblée. Il vota la mort du roi sans aucune restriction, et se rangea dès lors sous les bannières du parti *girondin*. Poursuivi par la faction de Robespierre, il fut assez heureux pour échapper à un décret d'arrestation lancé contre lui par la convention, au mois d'octobre 1793. Il n'y rentra qu'au mois de décembre de l'année suivante. Pendant cette espèce d'exil, M. Dulaure, qui est un excellent ingénieur-géographe, s'occupa de cette science et de quelques travaux littéraires et historiques, qui ont dû lui coûter un grand nombre de veilles et de recherches; les deux ouvrages suivans, publiés en 1805, lui ont assigné une honorable place parmi les savans qui méditent sur l'origine des religions; le premier est intitulé : *Des Cultes qui ont précédé et amené l'idolâtrie et l'adoration des figures humaines*, 1 vol. in-8°; le second : *Des Divinités génératrices, ou du Culte de Phallus chez les anciens et chez les modernes; des Cultes du dieu de Lampsaque, de Pan, de Vénus, etc*, 1 vol. et même format. M. Dulaure, après la session conventionnelle, devint membre du conseil des cinq-cents, où il prononça plusieurs discours d'un grand mérite sur l'instruction publique. Il y renouvela l'opinion fort extraordinaire, qu'il avait déjà émise dans un écrit en deux volumes in-12, imprimé en 1784, ayant pour titre : *Pogonologie, ou Histoire philosophique de la barbe;* ouvrage dans lequel il soutient qu'il serait désirable que tous les hommes, que leur place ou leurs fonctions élèvent au-dessus des autres, laissassent croître leur barbe dans toute sa longueur. On a en outre de M. Dulaure : *Nouvelle Description des Curiosités de Paris*, 1790, 2 vol. in-12. *Idem*, *des environs de Paris*, 2 vol. in-12. *Singularités historiques, ou Tableau critique des mœurs, des usages et des événemens de différens siècles*, 1788, in-12. *Description des principaux lieux de la France*, 1790, 6 v. in-12. *Histoire critique de la noblesse, depuis le commencement de la monarchie*, 1790, in-8°. *Supplément aux crimes des anciens comités de gouvernement, et Tableau de la conduite politique de Dulaure*, 1795, in-8°. *Discours prononcé à l'occasion de la fête funèbre en l'honneur du représentant du peuple Ferraud*, in-8°. *Histoire physique, civile et morale de Paris, depuis les premiers temps historiques jusqu'à nos jours*, 1821-22, 7 vol. in-8° avec fig. Cet ouvrage philosophique et curieux a attiré à son auteur autant de critiques injustes que d'éloges mérités. Enfin, M. Dulaure a traduit l'*Histoire des Français*, écrite en latin par Grégoire de Tours. On attend avec impatience la publication de cette traduction, restée inédite, d'un historien aussi véridique qu'impartial.

DULAURENS (HENRI-JOSEPH), naquit à Douai, département du Nord, le 27 mars 1719. Son père, chirurgien-major d'un régiment, le laissa orphelin fort jeune; et sa mère, extrêmement dévote, voulut en faire un moine. Cet état était loin de convenir au genre de son esprit et de ses penchans naturels. Il avait acquis, à seize ans, des connaissances peu communes à cet âge. Ce fut alors qu'il entra dans la maison des chanoines réguliers de la Trinité, où, trois ans après, il fit profession. Il s'appliqua singulièrement à l'étude des belles-lettres et de la théologie, et surpassa bientôt ses maîtres et ses confrères dans les disputes de l'*ergotisme*. Fier de sa supériorité, il ne ménagea personne, et se fit dès lors un malin plaisir de déclarer la guerre aux jésuites; seul contre tant d'adversaires, il devint l'objet des persécutions de ceux qu'il cherchait à convaincre par une logique serrée, et finit par demander à quitter les trinitaires pour passer chez les moines de Cluny. N'ayant pu obtenir ce changement, il crut qu'il trouverait des ressources dans les lettres; il abandonna sa maison religieuse et vint se réfugier à Paris. Il y saisit bientôt l'occasion d'exercer sa plume maligne contre des hommes pour lesquels il avait une antipathie innée; l'arrêt foudroyant que le parlement de Paris lança, au mois d'août 1761, contre les jésuites, lui fournit son sujet. Ce fut à cette époque qu'il publia sa virulente satire, intitulée *Jésuitiques*, dont il donna une seconde édition, l'année suivante, à Amsterdam, avec des additions considérables. Dulaurens s'était réfugié dans cette ville, craignant, avec raison, les poursuites que la police fit faire à Paris contre l'auteur de cet écrit. Grouber de Groubental, son ami, que l'on supposait être son collaborateur, et qui ne s'était point évadé, en fut quitte pour un mois d'emprisonnement à la Bastille, tant la justice de ce temps-là était douce et paternelle. Dulaurens est auteur du *Compère Matthieu, ou les Bigarrures de l'esprit humain*. Les fatalistes, les athées, les déistes, les faux dévots, et les gens qui se targuent de philosophie sans connaissance de cause, peuvent trouver dans ce livre des personnages et des opinions selon leur goût : c'est un miroir où beaucoup de *Diégos*, de *Compères* et de *Jérômes* de nos jours doivent reconnaître leurs caractères. Quant au *père Jean de Domfront*, il a beaucoup moins de *Sosies* que les autres acteurs de ce roman philosophique. Dulaurens a composé deux poëmes en dix-huit chants chacun, dans lesquels on admire la fécondité de l'imagination de cet écrivain : le premier a pour titre, *le Balai*, et le second; *la Chandelle d'Arras*. En élaguant de ces poëmes *héroï-comiques* le dévergondage des idées, qui, toutefois, fait sourire le lecteur malgré lui, on est obligé de convenir qu'ils ne manquent ni de rime ni de raison, et que plus d'un poëte de nos jours n'est pas fâché de les trouver quelquefois sous sa main. *L'Arétin moderne*, autre production de Dulaurens, est une critique, en style un peu plus que libre, des ridicules, des préjugés, des mœurs et des coutumes bizarres, observés par l'auteur dans ses voyages. L'un des chapitres de ce livre : *De quelques villes où j'ai passé*, est digne de remarque; il a pour épigraphe ce vers d'une vérité frappante :

En voyageant l'on voit bien des sottises.

Ce livre contient d'ailleurs des anecdotes extrêmement curieuses, racontées d'une manière très-plaisante. *Imirce, ou la Fille de la nature*, que Dulaurens fit paraître à La Haye, en 1774, est un roman rempli d'intérêt et d'observations que les naturalistes n'ont point dédaignées : à l'époque de la publication de ce livre, beaucoup de gens se méprirent sur son auteur, et l'attribuèrent à des savans d'un tout autre genre que celui qu'avait adopté l'infortuné Dulaurens. On a encore de cet écrivain, *l'Évangile de la Raison*, que l'on a confondu dans quelques écrits de Voltaire, imprimés en 1764. *Je suis pucelle*, histoire véritable, 1767. *Les Abus dans les Cérémonies religieuses*, 1767, in-12. *L'Anti-Papisme révélé*, 1767, in-8°. *La Vérité*, dédiée à J.-J. Rousseau, etc., etc. Dulaurens avait, dit-on, de l'ambition, et cependant il fut pauvre toute sa vie, et mourut malheureux. Après avoir erré dans la Hollande, parcouru le pays de Liége, habité Francfort et Mayence, il fut arrêté dans cette dernière ville, où une chambre ecclésiastique s'érigea en tribunal pour le juger comme auteur de livres anti-religieux, et le condamna, le 30 août 1767, à une prison perpétuelle. Il fut enfermé dans une maison de prêtres, dite de *Mariabom*, où il termina une vie orageuse et pénible, dans le courant de 1797, à l'âge de près de quatre-vingts ans.

DULONG (Louis-Étienne, baron), né le 12 octobre 1780, à Rosnay, département de l'Aube, fut appelé de bonne heure dans les rangs des braves où il se fit remarquer, et mérita par ses talens et son courage les grades et les titres dont il fut décoré. Au mois de pluviôse an 6 (1798), n'étant encore que lieutenant de hussards, il se distingua d'une manière brillante au siége d'Ancône. A l'affaire du 9 brumaire an 9, atteint déjà de deux coups de feu, il combattait encore avec la plus grande intrépidité; mais une troisième blessure le mit dans l'impossibilité de se défendre, et put seule lui faire quitter le champ de bataille. Nommé commandant de Pesaro, il soutint dans cette ville, au moment où une partie de l'Italie était insurgée contre les Français, les attaques des Anglais et des insurgés réunis, et ne rendit la place que par une capitulation honorable, après avoir fait pour la conserver tout ce qu'exigeait l'honneur. Cette belle défense valut au commandant Dulong les félicitations de l'armée, qu'il rejoignit avec ses vaillans compagnons d'armes; et, lorsque plus tard il eut, dans le Valais, l'occasion de se présenter devant le premier consul, le héros d'Italie et d'Égypte lui adressa ces paroles flatteuses : « Dulong, j'aime les braves, et vous en êtes un. » Le commandant Dulong fut nommé successivement, le 12 avril 1813, général de brigade, officier de la légion-d'honneur et baron de l'empire. Il a été conservé sur la liste des officiers-généraux en activité, après la réorganisation de l'armée en 1816.

DUMANIANT (Jean-André Bourlain), né à Clermont, département du Puy-de-Dôme, en 1754, devait suivre la carrière du barreau, pour laquelle ses parens, qui appartenaient à la robe, l'avaient élevé : mais ses dispositions naturelles en décidèrent autrement ; il se fit comédien et prit le nom de *Dumaniant*. Après avoir joué pendant quinze ans les pièces des autres, il se crut capable d'en composer lui-même, et il y réussit ; il était monté sur le théâtre en 1778 et le quitta en 1793, époque à laquelle parut sa jolie comédie de *Guerre ouverte, ou Ruse contre Ruse*, dont le dénoûment a quelque ressemblance avec celui du *Barbier de Séville*, de Beaumarchais, et que Fabre d'Églantine a imité dans son *Intrigue Epistolaire*. M. Dumaniant a fait quelques autres pièces qui n'ont pas le mérite de la première, mais qui toutes portent l'empreinte de son cachet ; elles ont cette force comique (*vis comica*) qui déride les spectateurs ; par exemple, *les Intrigans, ou Assauts de fourberies*, *le Médecin malgré tout le monde*, et surtout *Rico*, que la bonne société et les hommes de goût condamnent et vont revoir avec plaisir. *Le Dragon de Thionville*, comédie de circonstance, fait honneur aux talens et au patriotisme de M. Dumaniant. *La Journée aux aventures, la Loi de Jatab*, et *la Nuit aux aventures*, pièces du même auteur, rentrent dans la classe de celles dont nous venons de parler ; la dernière est un tableau fidèle du genre et des mœurs espagnols. Indépendamment des productions dramatiques que nous avons citées, M. Dumaniant est auteur d'un poëme en trois chants intitulé *Hercles*, suivi de *la Création de la femme*, publié en 1805, 1 vol. in-8°.

On a encore de lui : *Trois mois de ma vie, ou l'Histoire de ma famille* ; 1811, 3 vol. in-12 ; *des Moyens de prévenir la décadence de l'art du comédien*, un vol. in-8°, 1813.

DUMANOIR (Le Pelley, comte), issu d'une famille du département de la Manche, qui comptait plusieurs officiers dans la marine française, embrassa cette carrière dans laquelle il débuta, en 1786, par le simple grade d'élève de port. Il fit en cette qualité une campagne à Saint-Domingue, et devint lieutenant de vaisseau au commencement de la révolution. Son oncle Pléville Le Pelley, ministre de la marine à cette époque, ne tarda pas à le faire nommer capitaine. Devenu contre-amiral, il resta témoin, le 21 octobre 1805, du fameux combat naval de Trafalgar ; il y commandait l'avant-garde de l'escadre française, et ne prit aucune part à la bataille. Traduit par-devant un conseil supérieur chargé d'examiner sa conduite dans cette affaire, il y fut acquitté. Rentré en mer peu de temps après, il soutint avec sa division, non loin de Rochefort, un combat que lui livrèrent les Anglais, et dans lequel il se signala. Il y fut blessé grièvement, et fait prisonnier ainsi que les vaisseaux qu'il commandait. Il rentra en France sur parole, et il continua d'être employé sans obtenir de succès. Il essuya de nouveaux revers à Dantzick après la campagne de Russie, fut pris une seconde fois et conduit prisonnier à Kiow. Ce fut là qu'il apprit la rentrée des Bourbon en France, et qu'il donna son adhésion à la déchéance de Napoléon et à tous les actes qui s'ensuivirent. M. Dumanoir, mieux inspiré sans doute, et plus heureux dans les conseils qu'à la guerre, ayant été nommé membre de la chambre *introuvable* de 1815, eut la gloire d'y voter avec la minorité.

DUMAREST (Rambert), naquit à Saint-Étienne, département de la Haute-Loire, en 1750. Il travaillait dans la manufacture d'armes de ce pays, et montra de bonne heure de grandes dispositions pour le burin, qui lui servit d'abord à embellir des poignées d'épées et des platines de fusils. Quelques connaisseurs lui ayant fait entrevoir qu'il pourrait employer plus utilement ses talens en les appliquant à des matières plus précieuses que le fer ou l'acier, Dumarest vint à Paris, où des orfèvres lui confièrent quelques ouvrages d'or et d'argent qu'il cisela de manière à mériter l'attention des gens de l'art. Le chef de la manufacture d'armes de Birmingham, Boutton, qui voyageait alors en France, ayant eu l'occasion de voir le travail de Dumarest, le détermina à le suivre en Angleterre, où il lui fit de très-grands avantages pour le fixer dans sa manufacture en qualité de premier graveur. Dumarest y resta deux années; mais au premier bruit de la révolution française, il revint à Paris. Les encouragemens donnés à cette époque par le gouvernement aux artistes de tous les genres animèrent son ciseau, et ses premiers ouvrages furent des chefs-d'œuvre. La tête de J.-J. Rousseau et le buste du premier des Brutus, dont il avait fait des empreintes de médailles, lui donnèrent un rang distingué parmi les graveurs numismatiques, et lui valurent un premier prix, qui lui fut décerné à l'unanimité des suffrages par les membres du jury académique. Dumarest a trop peu vécu pour la France et pour son art. Il n'est rien sorti de ses mains d'imparfait, mais il travaillait avec lenteur, jugeait lui-même ses productions, et lorsqu'il n'en était pas content, les brisait et les recommençait. Enfin il suivait à la lettre les préceptes d'Horace:

Hâtez-vous lentement, et sans perdre courage
Vingt fois sur le métier remettez votre ouvrage.

On a de ce graveur célèbre : 1° *les deux médailles de J.-J. Rousseau et de Brutus*, déjà citées; 2° *Une grande médaille sur laquelle le Poussin est représenté;* 3° *La médaille du conservatoire de musique, qui porte la figure en pied d'Apollon*, d'après le modèle de M. Lemot; 4° *La médaille que l'institut distribue à chacun de ses membres, et qui représente la Minerve du musée du Louvre;* 5° *Une autre médaille du Poussin d'une moindre dimension, mais jugée plus parfaite que la première;* 6° *La petite médaille d'Esculape*, qui n'avait d'abord été frappée que pour servir de jeton de présence aux membres de l'école de médecine, et que les amateurs ont placée soigneusement dans leurs cabinets; 7° enfin, *la composition et le modèle de la médaille de la paix d'Amiens.* Dumarest était membre de l'institut, et se proposait de graver les portraits des grands hommes qui ont illustré la France, lorsque la mort le surprit le 4 avril 1806, à l'âge de 56 ans.

DUMARQUEZ (Louis-Joseph) naquit en 1750, à Eguerchin-lez-Douay, département du Nord. Il était au commencement de la révolution moine à l'abbaye d'Ancourt, où il jouissait de toute la considération due à l'homme qui joint aux vertus de son état, de l'esprit, des talens, et un caractère honorable. Il adopta les nouvelles opinions, persuadé qu'une véritable liberté peut seule assurer le bonheur des citoyens. Se sentant peu propre aux affaires, il refusa toute espèce d'emploi; mais du fond de sa retraite, il servit la chose publique par ses écrits. Nous voudrions pouvoir rappeler ici les chants pleins de force, de chaleur et de poésie qu'il composa pour enflammer le courage de ses concitoyens, et les discours éloquens qu'il prononça à diverses époques de la révolution. Une partie de ses œuvres a été imprimée avant sa mort, arrivée en 1805, sous le titre de *Délassemens d'un paresseux*. Il serait à désirer que sa famille se déterminât à publier celles qui sont encore inédites.

DUMAS (René-François), né à Lons-le-Saunier, département du Jura, était avocat dans cette ville à l'époque de la révolution. Cet homme froidement sanguinaire fut un de ceux qui, par leur caractère éminemment atroce, outragèrent la plus belle des causes. Appelé à Paris, après la journée du 10 août, la faction des terroristes de ce temps le jugea digne de servir ses épouvantables projets. Nommé d'abord vice-président, et bientôt après, président de l'une des sections du tribunal révolutionnaire, il y égala et surpassa peut-être en cruauté Fouquier-Tinville et Coffinhal. Nous allons citer le trait suivant qui le peindra mieux que nos pinceaux, plus exercés à retracer les actions glorieuses que les crimes de nos contemporains. Une dame octogénaire (la maréchale de Noailles), assignée au tribunal de Dumas, et n'entendant pas les questions qu'il lui adressait, ne répondait que par ces mots: *Qu'est-ce que vous dites?* Foucault, l'un des juges, s'étant aperçu que cette dame était sourde, en avertit Dumas, qui dit alors en riant: *Eh bien, elle a conspiré sourdement.* Ce monstre conserva jusque sur l'échafaud l'inviolable attachement qu'il avait voué à Robespierre, et subit avec lui le dernier supplice, le 10 thermidor an 2 de la république (28 juillet 1794).

DUMAS (Jean-François), frère aîné du précédent, exerçait comme lui la profession d'avocat à Lons-le-Saunier, et présidait l'administration du département du Jura, en même temps que son cadet présidait le tribunal révolutionnaire. Patriote éclairé et de bonne foi, il se distingua par la sagesse et la modération de ses principes. Au moment de la plus grande terreur, des députés de la convention s'étant présentés à Lons-le-Saunier pour y remplir leur mission, Dumas refusa de reconnaître leurs pouvoirs, et les fit conduire par une force armée jusque sur les frontières du département du Jura, dont il leur interdit l'entrée jusqu'à un nouvel ordre de choses. Déclaré rebelle pour ce fait, ainsi que ses co-administrateurs, il évita la mort par la fuite, et ne revint plus à Lons-le-Saunier, où le nom de son frère était en horreur. Dès qu'il put reparaître en France, il se retira dans le département de l'Ain, et mourut à Trévoux en 1795. Il est auteur d'un discours, couronné par l'académie de Châlons-sur-Marne, sur les *Moyens de perfectionner l'éducation des jeunes demoiselles*. On a encore de lui : *l'Esprit du citoyen*, in-8°, 1785, et une *Adresse aux états-généraux et particuliers sur l'origine de l'impôt*, 1789, in-8°. Il y a un singulier rapprochement à faire entre les deux frères Dumas et les deux frères Coffinhal. (*Voy.* ces derniers articles dans le 4me vol. de cette biographie).

DUMAS (Charles-Louis), naquit à Lyon, département du Rhône, en 1765, et mourut le 3 avril 1813. Médecin célèbre, il a trop peu vécu pour la science et pour l'humanité. Son père, chirurgien d'un grand mérite, l'envoya tout jeune encore à l'école de Montpellier ; il y suivit le cours du professeur Grimaud, et devint bientôt son émule et son ami. Les progrès de Dumas furent si rapides qu'il obtint à 19 ans le titre de docteur. Il concourut, en 1788, pour une chaire de professeur de la Faculté de Montpellier ; et l'année suivante, pour la place que Sabatier avait laissée vacante par sa mort. Dans ces deux occasions on lui décerna le premier *accessit*. Un troisième concours ayant eu lieu après la mort de Grimaud, moissonné à la fleur de l'âge, Dumas se mit encore sur les rangs et fut couronné du même succès. L'envie de s'instruire et de connaître les hommes qui jouissaient d'une grande célébrité à Paris, l'attira dans cette ville. Il y fréquenta les savans médecins, et satisfait de leur estime et des honorables suffrages qu'ils accordèrent à ses talens, il partit pour Lyon, précédé d'une réputation justement acquise dans l'art de guérir. Employé à l'Hôtel-Dieu où, chaque jour, il rendait d'éminens services, les désastres qui suivirent le siège de cette ville ne l'épargnèrent point, et, comme tant d'autres de ses compatriotes, il fut jeté dans les prisons. Échappé miraculeusement par les soins d'un ami, il s'enfuit à Toulon, demeura quelques mois dans l'hôpital de la marine, d'où il passa à Grenoble, en qualité de médecin de l'une des divisions de l'armée des Alpes. Atteint d'une maladie grave, il fut obligé de retourner à Montpellier, après moins d'une année de séjour dans un pays dont il emporta les regrets. Il obtint, en 1795, la place de professeur d'anatomie et de physiologie à l'université de cette ville ; et illustra cette chaire par ses leçons et par ses ouvrages. Il fut éditeur d'un *Cours complet de fièvres* que Grimaud avait laissé en manuscrit ; Dumas y ajouta un discours préliminaire, qui n'est inférieur ni au style ni à la doctrine de son premier maître. Il traduisit avec Petit-Darson l'*Essai sur la nature et le traitement de la phthisie pulmonaire*, par Thomas Reid, 1792, in-8°. Pendant qu'il était à l'Hôtel-Dieu de Lyon, il avait déjà publié une *Dissertation sur la nature et le traitement* des *fièvres rémittentes qui compliquent les grandes plaies.* Il est auteur d'un *Système méthodique de nomenclature et de classification des muscles du corps humain*, in-4°, Montpellier, 1797. On a encore de Dumas un grand nombre de discours, d'observations et d'aperçus qui ont paru dans des recueils périodiques ou autres, de la société de santé de Lyon, de la société de médecine de Paris, etc., etc. Il était professeur de médecine et doyen de la Faculté de Montpellier, recteur de l'académie, conseiller de l'université, membre de la légion-d'honneur et correspondant de l'institut de France, lorsqu'il termina sa carrière, à peine âgé de 48 ans.

DUMAS (LE COMTE MATHIEU), a servi sa patrie de son épée, de sa plume et de ses conseils, et n'a pas peu contribué à l'illustration des armées françaises dans les deux mondes. Né à Montpellier, le 23 décembre 1758, il entra à 15 ans dans le régiment de Médoc, en qualité de sous-lieutenant. Devenu capitaine à l'époque où l'Amérique se préparait à la guerre pour conquérir son indépendance, il devait suivre, comme aide-de-camp, M. de Puységur, chargé de l'exécution d'un projet de descente en Angleterre: cette expédition n'ayant pas eu lieu, M. Dumas fut appelé, avec le même titre, auprès du général en chef, comte de Rochambeau, commandant l'armée auxiliaire envoyée par la France en Amérique. Nommé aide-maréchal-des-logis de l'état-major-général en 1782, il obtint l'année suivante le grade de major. Nous dépasserions de beaucoup les bornes d'un article biographique si nous voulions donner quelques détails sur les missions importantes que M. Dumas a remplies pendant les premières années qui suivirent son retour d'Amérique en France. Il visita, en 1784, la mer Ionienne, l'Archipel et Constantinople, pour reconnaître l'état militaire des îles du Levant: trois ans après, il fut envoyé en Hollande, et témoin du siège d'Amsterdam, il ne put opposer assez d'obstacles à la prise de cette ville par les Prussiens. Rapporteur du conseil de la guerre en 1788, puis employé supérieur en Alsace, en Guienne et en Languedoc, il était aide-de-camp du maréchal de Broglie, lors des premiers troubles de Paris en 1789. Après la prise de la Bastille, et dès que M. de La Fayette eut le commandement de la garde nationale, il devint aide-de-camp de ce général. Directeur du dépôt de la guerre en 1790, M. Dumas se trouva, l'année suivante, à la tête des gardes nationales accourues de différens départemens au bruit de l'évasion de Louis XVI, et ramena ce prince à Paris. Élevé bientôt après au grade de maréchal-de-camp, il fut nommé commandant en second de la 3° division militaire, et fut chargé à Metz de l'organisation de la première compagnie d'artillerie à cheval qui ait existé en France. Élu, par le département de Seine-et-Oise, député à l'assemblée nationale législative de 1791, il y défendit la cause des émigrés, s'opposa vivement aux mesures de rigueur provoquées contre eux, et combattit avec énergie la déclaration de guerre à l'Autriche. Il se distingua toujours par des propositions sages et modérées; toutefois il s'éleva contre le système de la liberté des Noirs, en présentant sur cet objet une espèce de terme moyen qui devait beaucoup adoucir le sort de ces malheureux esclaves. Lorsque le traître Dumouriez eut forcé le comte de Rochambeau d'accepter sa retraite, le général Dumas eut le courage de dire à l'assemblée, que les manœuvres et les intrigues d'un factieux ne pourraient jamais flétrir la couronne civique du maréchal de Rochambeau. Il improuva fortement la journée du 20 juin, et les désordres qui eurent lieu au château des Tuileries. Il accusa les ministres Rolland, Clavière et Dumouriez, pour avoir fait envahir la Belgique par les armées françaises. Devenu suspect aux révolutionnaires exaltés, il n'échappa qu'avec peine aux proscriptions qui suivirent le 10 août 1792; cependant le comité de salut public crut ne pouvoir se passer de ses services, et l'employa, l'année suivante et pendant tout le temps de la terreur, au ministère de la guerre, en qualité de directeur du dépôt des plans de campagne. Le département de Seine-et-Oise, qui n'avait point oublié le général Dumas, le nomma, en 1795, député au conseil des anciens. Toujours fidèle à ses principes de modération, il y parla souvent en faveur des émigrés et des fugitifs. Il fit plusieurs rapports remarquables, et notamment celui qui avait pour but l'établissement des conseils de guerre aux armées. Les préliminaires de paix entre la France et l'Autriche, signés à Léoben, le 18 août 1797, lui fournirent l'occasion de prononcer, le 27 du même mois, un fort beau discours, dans lequel il célébra la gloire des armées françaises, et qu'il termina en offrant une couronne de chêne aux généraux Bonaparte et Bertier. Le 4 septembre de la même année (18 fructidor an 5), le général Dumas eut le bonheur d'échapper à la proscription directoriale, et se réfugia à Hambourg. De retour en France après la journée du 18 brumaire (9 novembre 1799), le premier consul Bonaparte le chargea de l'organisation de l'armée de réserve à Dijon. Il se distingua dans cette armée avec les jeunes braves qui la composaient, et vainquit les difficultés étonnantes du passage du Splugen, où des neiges et des glaces éternelles arrêtaient la marche de l'artillerie. Au retour de cette mémorable campagne, qui amena la paix de Lunéville, signée le 9 février 1801, le général Dumas fut nommé conseiller-d'état. Ce fut en cette qualité qu'il proposa, au nom du gouvernement, la création de la légion-d'honneur, décrétée le 19 mai 1802. Il en reçut le titre de grand-officier, le 1er février 1805, en même temps que le brevet de général de division. Passé au service du roi de Naples, Joseph Bonaparte, il fut nommé ministre de la guerre de son royaume, au mois de mai 1806; puis grand-maréchal du palais, et deux ans après, grand-dignitaire de l'ordre des Deux-Siciles. Le général Dumas se trouva, sur la fin de mai 1809, à la jonction de l'armée d'Italie avec la grande-armée; il était au passage du Danube, exécuté le 4 juillet; à la bataille de Wagram, des 5 et 6; et fut chargé de faire exécuter les conditions de l'armistice de Znaïm, signé le 12, et à la suite duquel il fut décoré de la grand'croix de l'ordre du Mérite-militaire de Maximilien-Joseph. Nommé intendant-général de l'armée, lors de la fatale expédition de Russie, il échappa aux désastres de cette campagne; mais moins heureux à la bataille de Léipsick, il y fut fait prisonnier le 18 octobre 1813, et ne revit la France qu'à l'époque de la rentrée de Louis XVIII. Il devint conseiller-d'état honoraire, fut nommé l'un des commissaires de la vérification des titres des anciens officiers, et ensuite directeur-général de la comptabilité des armées. Le roi le créa, au mois d'août 1814, commandeur de l'ordre de Saint-Louis, et sur la fin de décembre, grand'croix de la légion-d'honneur. M. Dumas ayant repris ses anciens titres, et d'autres encore que Napoléon y ajouta, après son retour de l'île d'Elbe, le roi, par décision du 4 septembre 1815, ordonna que le général Dumas serait mis à la retraite. Il jouit de la réputation d'avoir parlé de la guerre en écrivain judicieux et profond; de la paix, en philosophe éclairé; et d'avoir combattu avec la valeur, le sang-froid et l'habileté qui distinguent éminemment les généraux français. M. le comte Mathieu Dumas est l'auteur d'un grand nombre d'ouvrages parmi lesquels nous citerons les suivans : *Précis des événemens militaires, ou Essai historique sur la guerre présente*, avec des cartes et des plans, 1800, in-8°; *Précis des événemens militaires, ou Essais historiques sur les campagnes* de 1799 à 1814, avec un atlas, 2 vol. in-8°; etc., etc.

DUMAS (ALEXANDRE-DAVY-DE-LA-PAILLETERIE), homme de couleur, général de division, né à Jérémie (Saint-Domingue), le 25 mars 1762, fils du marquis Alexandre-Davy-de-la-Pailleterie, et d'une femme africaine. Son père, riche colon de cette île, le fit élever avec soin; mais entraîné par un penchant irrésistible vers le métier des armes, le jeune Alexandre s'engagea à l'âge de 14 ans dans le régiment des dragons de la Reine, et, sous le nom de Dumas, mérita bientôt sur le champ de bataille, par des actes de la plus haute valeur, tous les grades qu'il obtint. Au camp de Maulde, en 1792, Dumas, brigadier de dragons, fut envoyé en reconnaissance, tomba dans une embuscade de chasseurs tyroliens, les intimida par son courage et ses menaces, ramena treize prisonniers au général Dumouriez, qui le nomma d'abord maréchal-des-logis, et quelques jours après lieutenant de hussards. Placé ensuite avec le titre de lieutenant-colonel à la tête d'une légion franche de cavalerie américaine, composée d'hommes du Midi, il menait tous les jours ses jeunes guerriers au feu. Sans cesse employé aux avant postes, il se distingua particulièrement à Mouvian, près de Lille, où, à la tête d'une patrouille de 14 hommes, il fondit sur un poste de 40 soldats hollandais, en tua 3 de sa main, fit 16 prisonniers et dispersa le reste. Nommé général de brigade après cette action d'éclat, le 30 juillet 1793, il fut chargé de la défense de Pont-à-Marque, et du maintien des communications de l'armée entre Douai et Lille. Il se signala encore pendant cette campagne, par de beaux faits d'armes, qui lui valurent le grade de général de division, au mois de septembre même année. Dumas passa l'année suivante à l'armée des Alpes, et enleva, à la tête de sa colonne, les redoutes placées sur le mont Saint-Bernard, défendues par les Piémontais. Le mont Cénis fut bientôt conquis avec la même valeur; les ennemis y abandonnèrent aux vainqueurs leurs bagages, 38 pièces de canon et 1700 prisonniers. En 1797, le général Dumas commanda une division de l'armée d'Italie sous les ordres du général Bonaparte. Employé au blocus de Mantoue, il fit 700 prisonniers sous cette ville, eut deux chevaux tués sous lui dans une sortie du général Wurmser, qu'il battit et força de rentrer en désordre dans la forteresse. Au combat de Tramin, la victoire étant un moment incertaine, le général Dumas se précipita dans le village, enleva les canons, fit 600 prisonniers, et décida le succès de la journée. Il passa ensuite avec sa division dans le Tyrol, sous les ordres du général Joubert. A l'affaire de Brixen, voyant l'ennemi prêt à s'emparer d'un pont qu'il était important de défendre, et la cavalerie française se trouvant plus éloignée que celle des Autrichiens, le général Dumas court à bride abattue, arrive le premier sur le pont, s'y place en travers avec son cheval, barre ainsi le passage, soutient seul les efforts de la cavalerie ennemie, tue 3 hommes, en met plusieurs autres hors de combat, reçoit trois blessures graves, mais donne aux siens le temps de le rejoindre, sauve le pont, et met l'ennemi en fuite. C'est en rapprochant ce trait d'héroïsme moderne de l'action célèbre d'un Romain que le général Bonaparte dit, l'année suivante, en présentant Dumas au directoire-exécutif: «Citoyens » directeurs, j'ai l'honneur de vous » présenter ici l'Horatius Coclès » du Tyrol.» A l'attaque de la gorge d'Inspruck, Dumas, à la tête de sa division, chargea une colonne ennemie, la battit complètement; peu de fuyards s'échappèrent, le reste fut tué ou pris, ainsi que l'artillerie et les bagages. Le général Joubert avait dit dans son rapport: «Le brave Dumas, la » terreur de la cavalerie autri- « chienne, a eu son cheval tué » sous lui; il ne regrette qu'une » paire de pistolets précieux que » lui avait donnés le directoire.» Mais le lendemain de l'affaire, le général autrichien Kerpen renvoya ces pistolets avec une lettre où il assure son ennemi de son estime, et le félicite sur sa bravoure. Le général Dumas eut quelque temps après le commandement en chef de l'armée du Tyrol, et, après la paix de Campo-Formio, le gouvernement de la province du Trévisan. Lors de l'expédition d'Égypte, il commanda la cavalerie de l'armée d'Orient. Quand l'insurrection du Caire éclata, le général Dupuy ayant été massacré par le peuple, Dumas, très-malade, sort de son lit, monte à cheval, et, à la tête de quelques braves réunis à la hâte, charge les Turcs, les disperse, et parvient à étouffer la révolte. Sa maladie continuant, et le climat d'Égypte lui étant pernicieux, il obtint un congé pour revenir en France. Il s'embarqua à Alexandrie, mais son vaisseau, battu par la tempête et fesant eau de toutes parts, gagna avec peine le port de Tarente, où il espérait trouver des secours. Il n'y trouva que la captivité la plus dure. Retenu pendant vingt-huit mois prisonnier de guerre avec ses compagnons d'infortune, les traitemens qu'essuyèrent les malheureux Français naufragés dans le royaume de Naples, et chez un peuple qui se prétend civilisé, furent tels que la plume se refuse à les tracer, comme l'esprit à y croire. Le général Dumas donna tout ce qu'il possédait et vendit ses propres effets pour soulager la misère de ses compagnons. Enfin, au commencement de la troisième année, il obtint son échange, et revint en France. Dumas avait été l'ami intime, l'ancien compagnon d'armes du général Kléber; il avait eu, en Égypte, quelques altercations assez vives avec un général plus favorisé (Bertier); d'ailleurs, aussi mauvais courtisan que bon guerrier, il se montra peu à la cour nouvelle, où ses opinons politiques, et jusqu'à la couleur de son teint, étaient en défaveur; le *Coclès français*, frappé d'une disgrâce apparente aux Tuileries, et très-réelle au ministère de la guerre, resta sans emploi, et fut bientôt entièrement oublié dans sa retraite. Il n'y reçut pas même la petite décoration de la légion-d'honneur. Sa santé, altérée par les fatigues de la guerre, les mauvais traitemens d'une longue captivité, et, à ce qu'il crut lui-même, par le poison qu'on lui avait donné dans le royaume de Naples, ne se rétablit jamais parfaitement. Il mourut d'une maladie de langueur, après trois années de souffrances à Villers-Coterets, le 26 février 1806, laissant une veuve estimable et deux enfans, dont un fils qui promet d'être un jour digne de son père. Les services signalés du général Alexandre Dumas, et son sang prodigué en tant de combats pour sa patrie, n'ont valu à sa famille aucune marque de reconnaissance publique, ni emplois, ni secours, ni justice même, car cette famille n'a pu obtenir un arriéré encore dû à son chef; celui-ci, généreux autant que brave, et plus avide de gloire que d'argent, ne fit point la guerre pour s'enrichir par le pillage; et terrassant l'ennemi en armes, il n'opprima jamais le citoyen sans défense. Aussi ne laissa-t-il point de fortune, et l'on voit encore aujourd'hui la veuve d'un général de division, réduite, pour subsister elle et les siens, aux faibles produits d'un des moindres bureaux de tabac, d'une petite ville départementale.

DUMAS (Jean-Baptiste), ancien secrétaire de la préfecture du département du Rhône, propriétaire d'une manufacture considérable de papiers peints, à Oullins, près de Lyon, est né dans cette dernière ville vers 1755. C'est un des auteurs les plus laborieux de la province. Il a rédigé pendant plusieurs années le *Journal de Lyon*. Outre un grand nombre de pièces fugitives répandues dans divers recueils, il a publié les ouvrages suivans : 1° *Hommage rendu à la mémoire de Marc-Antoine Petit*, 1811, in-8°; 2° *Notice sur Chinard, statuaire* de Lyon, 1814, in-4°; 3° *Raymond, ou le généreux Fermier*, traduit de l'anglais, 3 vol. in-12, 1813; 4° *Alphonse de Beauval, ou les quinze Chapitres*, 2 vol. in-12, 1813; 5° *des Secours publics en usage chez les anciens*, 1814, in-8°; 6°; *Résumé du prix de poésie* proposé en 1815, par l'académie de Lyon, 1816, in-8°; 7° *Compte rendu* des travaux de l'académie de Lyon, 1818, in-8°; 8° *le Fablier des dames*, 1820, in-12; 9° *Notice historique sur la vie et les ouvrages d'Antoine-François Delandine*, in-8°, 1820.

DUMAST (*voyez* GUERRIER DE).

DUMENIL DENAUX (J. A.), né en 1775, d'une famille ancienne, embrassa l'état militaire; était, en 1789, capitaine de hussards au régiment d'Esterhazy, et alla avec sa compagnie grossir les rangs des émigrés, que commandaient les princes, frères du roi. Employé dans leur armée, il fit partie de l'expédition des Prussiens en Champagne, et devint prisonnier des Français, lorsque ceux-ci contraignirent leurs ennemis à la retraite. Atteint et convaincu d'avoir porté les armes contre sa patrie, Dumenil fut traduit devant un tribunal criminel qui le condamna à mort, le 2 octobre 1792. Cet officier, âgé de vingt-sept ans, fut l'un des premiers qui périrent sur l'échafaud pour la cause de l'émigation et le rétablissement des priviléges.

DUMERBION (N.), général de division, s'était distingué sous les ordres du général en chef Biron, et passa en 1794 à l'armée d'Italie, dont il eut le commandement par intérim, avant la nomination de Schérer. Dumerbion attaqua les Austro-Piémontais dans leur camp retranché des Fourches et du col de Raoux; il leur enleva ces deux positions, leur prit 60 pièces de canon et une grande quantité d'effets et de munitions de guerre, et fit plus de 2000 prisonniers. Après cette expédition, et lorsque son successeur fut arrivé, le général Dumerbion quitta le service et les armes pour se retirer dans une solitude tranquille où il termina ses jours, à l'âge de 63 ans.

DUMERIL (ANDRÉ-MARIE-CONSTANT), né à Amiens, département de la Somme, le 1ᵉʳ janvier 1774, médecin distingué, fut chargé, en 1805, par l'empereur Napoléon, d'une mission moins périlleuse sans doute, mais à peu près semblable à celle que viennent de remplir si courageusement MM. Bally, Pariset et autres. M. Duméril devait observer en Espagne le caractère de la fièvre jaune; il pénétra dans Gibraltar, dont le gouverneur l'accueillit et lui fournit les moyens de faire ses observations. Il est professeur à l'école royale de médecine de Paris, et au muséum d'histoire naturelle, membre de l'académie des sciences et de celle de

Madrid. M. Duméril a publié pour l'enseignement des lycées un *Traité élémentaire d'histoire naturelle,* 1807, 2 vol. in-8°, avec planches; *Zoologie analytique, ou Méthode naturelle de classification des animaux, rendue plus facile à l'aide de tableaux synoptiques,* 1807, in-8°. Collaborateur du *Dictionnaire des sciences naturelles,* in-8°, M. Duméril a fait paraître dans différens ouvrages périodiques de la Faculté de médecine un grand nombre d'observations et de Mémoires très-utiles aux sciences qu'il professe.

DUMERSAN (N.), son véritable nom est Marion; mais son père n'étant cité dans les *Mémoires de l'Inde* que sous le nom de Dumersan, qui le distinguait de ses frères, c'est ce nom que M. Marion fils a cru devoir adopter. Il naquit en 1780, au château de Castelnau, près d'Issoudun, département de l'Indre. Attaché depuis 1795 au cabinet des médailles et antiques de la bibliothéque du roi, M. Dumersan a publié comme numismate et archéologue: 1° *Description d'un médaillon inédit de la ville d'Eryx,* Paris, 1810, in-8°, 2 vignettes; 2° *Numismatique du voyage du jeune Anacharsis, ou médailles des beaux temps de la Grèce,* 2 vol, in-8°, 90 planches, 1818 : M. Landon est éditeur de cet ouvrage. 3° *Notice des monumens exposés dans le cabinet des médailles et antiques de la bibliothèque du roi,* etc., un vol. in-8°, 1819; 2me édition augmentée, un vol. in-8° avec 42 planches, 1822; 4° *Tablettes numismatiques, ou les médailles appliquées à la littérature et aux arts,* ouvrage imprimé en 1821 dans la *Revue encyclopédique,* dont l'auteur est collaborateur depuis 1819; 5° *Plusieurs articles d'archéologie et de numismatique dans le Magasin encyclopédique* jusqu'en 1817. Il a encore publié, en 1808, *Précis historique sur Enguerrand de Montrelet et sur ses chroniques,* discours qui a remporté le prix proposé par la société de Cambrai; et en 1822, 3 vol. in-12, un roman philosophique sous le titre du *Soldat laboureur.* M. Dumersan est auteur, soit seul, soit comme collaborateur, d'un grand nombre d'ouvrages dramatiques représentés sur différens théâtres de la capitale. Nous allons en citer les principaux, dont le nombre est encore assez considérable pour rendre cette nomenclature un véritable objet de curiosité; d'ailleurs, quoique tous les collaborateurs de M. Dumersan soient connus, tous ne sont pas appelés cependant à occuper une place dans la *Biographie des Contemporains.* Il a donné à l'Odéon, avec M. Désaugiers, *le Valet d'emprunt, ou le Sage de 18 ans;* avec M. Merle, *la Fête d'un bourgeois de Paris,* en 3 actes; seul, *la petite Rose,* en un acte, et *les Comédiennes,* aussi en un acte; au théâtre du Vaudeville, avec M. Joseph Pain, *Théophile,* en un acte; *la Chaumière moscovite,* en un acte; *le Roi et le Pèlerin,* en 2 actes; *Benoît, ou le Pauvre de N. D.,* en 2 actes; *les Mines de Beaujonc,* en 3 actes; avec M. Rougemont, *le pauvre Diable,* en 2 actes; *la Visite du Prince,* en un acte; avec M. Bouilly, *la Belle au bois dormant,* en 2 actes; *Robert-le-Diable,* en 2 actes : avec M. Dartois, *le Néces-*

sairé et le Superflu, en un acte; avec M. Sewrin, *les Charades en action,* en un acte; seul, *le petit Pêcheur,* en un acte; *l'Original de Pourceaugnac,* en un acte. Au théâtre des Variétés, il a composé seul *l'Intrigue sur les toits,* en un acte; *Diane de Poitiers,* en 2 actes; *Cadet-Roussel beau-père,* en 2 actes; *le petit Chaperon rouge,* en un acte; *l'Intrigue hussarde,* en un acte; *les Sœurs de charité, ou deux Matinées,* en 2 actes: *Gargantua,* en un acte; *le Tribunal des femmes,* en un acte; *M. Bonenfant,* en un acte; *le Tyran peu délicat,* en 3 actes; *le Grelot magique,* en un acte; avec M. Brazier, *Maître André et Poinsinet,* en un acte; *Sage et coquette,* en un acte; *Jocrisse grand-père,* en un acte; *l'Ecole de village,* en un acte; *le vieux Berger,* en un acte; *le Coin de rue,* en un acte; *les Bonnes d'enfans,* en un acte; *le Soldat laboureur,* en un acte; *le Valet de ferme,* en un acte; avec M. Sewrin, *les Anglaises pour rire,* en un acte; *les Amours du port au blé,* en un acte; avec M. Merle, *Jocrisse chef de brigands,* en un acte; avec MM. Merle et Sewrin, *la Laitière suisse,* en un acte; *une Heure de prison,* en 2 actes; *les Intrigues de la Rapée,* en un acte; avec M. Georges Duval, *le Pont des Arts,* en un acte; *Dorat et Vadé,* en un acte; avec MM. Désaugiers et Rougemont, *Turlupin, ou les Comédiens du 16e siècle,* en un acte; avec M. Rougemont, *le Tocsin,* en un acte; avec M. Lafontaine, *la Chercheuse d'esprit de Favart;* plus, une douzaine d'autres pièces en société avec différens auteurs. Au théâtre de Molière, *M. Botte, ou le nouveau Bourru bienfaisant,* comédie en 4 actes; *la petite Revue,* vaudeville en un acte. Au théâtre de la Gaieté, *les quatre Adam,* parodie en un acte; *Alphonsine, ou la tendresse maternelle,* drame en 3 actes; *les Valets en goguette,* vaudeville en un acte. Au théâtre de la Porte-Saint-Martin, avec MM. Merle et Brazier, *les deux Philiberte,* vaudeville en 2 actes; avec M. Brazier, *Jéhan de Saintré,* vaudeville en 3 actes; *Zoé,* vaudeville en un acte. Certes on ne peut s'empêcher de reconnaître que M. Dumersan, fidèle au précepte de Boileau, sait avec une grande facilité

Passer du grave au doux, du plaisant au sévère.

DUMESNIL (Marie-Françoise) naquit à Paris en 1713, et mourut à Boulogne-sur-Mer en 1803. Cette actrice célèbre qui a quitté la scène, il y a près de 50 ans, n'appartient à notre époque que par des réminiscences et par les traditions théâtrales qu'elle a laissées. Voltaire, Fontenelle, La Harpe, Dorat, Grandménil, La Rive et quelques autres, témoins des succès et des talens de Mlle Dumesnil, ont offert le tribut de leurs éloges à cette reine de la scène française. Rivale de Mlle Clairon, on dit qu'elle la surpassait dans les rôles de mère. Elle avait commencé, fort jeune, sa carrière sur le théâtre de Strasbourg, et n'avait pas plus de 24 ans lorsqu'elle vint débuter à Paris par le rôle de *Clytemnestre* dans Iphigénie en Aulide. Ce fut elle qui créa le rôle de *Mérope,* et Voltaire en fut si content, qu'il dit dans sa correspondance : « Ce n'est pas moi » qui ai fait la pièce, c'est Mlle Du-

» mesnil. » Fontenelle fit à cette occasion une épigramme plus maligne que juste; il voulait apparemment tirer une petite vengeance de l'auteur de *Micromégas*. « Les représentations de Mé-
»rope, dit-il, ont fait beaucoup
»d'honneur à M. de Voltaire, et
»l'impression à Mlle Dumesnil. »
On raconte qu'un jour cette actrice, jouant le rôle de *Cléopâtre* dans Rodogune, fut frappée d'un coup de poing au moment où elle terminait la terrible imprécation du 5me acte de cette tragédie, et qu'elle prononçait ce vers effrayant :

Puisse naître de vous un fils qui me ressemble !

Un militaire, placé sur le théâtre (selon l'usage de ce temps-là), avait lancé ce coup à Mlle Dumesnil, en l'accompagnant de l'apostrophe : *Va-t'en, chienne, va-t'en à tous les diables*. Ce trait de brutalité, qui n'était que l'effet de l'illusion, a été regardé, avec raison, comme l'éloge le plus complet du jeu de l'actrice; elle sut en reconnaître le prix, et remercia gracieusement le militaire de son étrange façon d'applaudir. La Rive, dans son cours de déclamation, dit en parlant de Mlle Dumesnil dans le rôle de Jocaste :
« Tel est l'empire du talent, telle
» est la force de ses impressions,
» que, malgré le nombre d'années
» écoulées depuis l'époque où Mlle
» Dumesnil remplissait ce rôle, je
» retrouve facilement dans ma mé-
» moire toutes ses inflexions, tous
» ses beaux élans, enfin, toute sa
» manière de dire. On n'a point
» oublié non plus le succès qu'elle
» était toujours sûre d'obtenir dans
» les rôles d'*Athalie*, d'*Agrippine*,
» de *Marguerite d'Anjou*, etc. » Les *Mémoires de M. F. Dumesnil, en réponse aux Mémoires d'Hippolite Clairon*, publiés en l'an 8 (1800), in-8°, sont curieux pour les amateurs, et doivent être consultés par ceux qui se destinent au théâtre. Dorat, dans son poëme de la Déclamation, a tracé d'une main habile le portrait de Mlle Dumesnil, par lequel nous terminerons cette notice.

. . . . Melpomène elle-même
Ceignit son front altier d'un sanglant diadème.
Dumesnil est son nom. L'amour et la fureur,
Toutes les passions fermentent dans son cœur ;
Les tyrans, à sa voix, vont rentrer dans la poudre;
Son geste est un éclair; ses yeux lancent la foudre.

DUMESNIL (Pierre), homme de lettres, précédemment imprimeur à Rouen, vendit son imprimerie pour se livrer entièrement à son goût pour la littérature, et particulièrement pour la poésie. Il composa un poëme, publié en 1804, sous le titre d'*Oreste*. Cet ouvrage qui contient près de 9 mille vers distribués en 12 chants, obtint, en 1811, les honneurs d'une seconde édition. On y trouve un assez grand nombre de beaux vers.

DUMESNIL (Alexis), littérateur, a débuté dans la carrière des lettres par les ouvrages suivans :
1° *Examen politique, philosophique et moral*, 1806, in-12; 2° *de l'Esprit des religions*, 1810, in-8°, 2me édition, 1811; 3° *le Règne de Louis XI*, 1811, in-8°; 4° *Éloge de Pascal*, 1813, in-8°; 5° *la Vie de Philippe II*. Quelques-uns de ces ouvrages offrent de l'intérêt, cependant on désirerait que *l'Esprit des religions* fût écrit avec un peu plus de philosophie.

DUMEYLET (Alexandre-Antoine), maire d'Évreux, où il est

né le 1er octobre 1772, membre de la chambre des députés, pendant les sessions de 1817 et 1818, est l'un des plus ardens défenseurs des libertés publiques, bien qu'il soit né dans une classe qu'on serait quelquefois tenté de considérer comme l'ennemie de ces libertés : ce respectable député est gentilhomme. Il fut incarcéré comme suspect en 1793 : sa détention dura 14 mois. En janvier 1816, il fut nommé maire d'Évreux. La mauvaise récolte de cette année éleva le prix des grains à un taux excessif, et amena des désordres sur presque tous les points du département de l'Eure. La ville d'Évreux, dont l'administration lui était confiée, fut presque la seule dans laquelle la sûreté des personnes et des propriétés fut constamment respectée. En septembre 1817, la loi électorale du 5 février commença à recevoir son exécution. M. Dumeylet fut un des trois députés nommés par le collége électoral de l'Eure. Dans la discussion sur la loi du recrutement, il a parlé en faveur de l'avancement par droit d'ancienneté, et a manifesté son vœu pour que les jeunes gens que la patrie appelle à sa défense, au lieu de recourir à la loi du sort, puissent se concerter librement entre eux afin d'aviser aux moyens de fournir leur contingent. Il parla sur les douanes et sur le budget, toujours dans l'intérêt de ses commettans. Dans la session de 1818 à 1819, lorsqu'à la séance du 15 janvier la chambre écouta le rapport des *Pétitions relatives au maintien de la loi des élections*, il s'étonna, avec raison, d'entendre traiter de factieux 20,000 citoyens, parce qu'ils avaient usé d'un droit que la charte garantit à tous les Français. Il se plaignit avec énergie des entraves que l'on mettait journellement à ce droit. Il insista sur la nécessité de n'apporter aucun obstacle à la publication des écrits périodiques, en établissant non-seulement que la liberté de la presse serait incomplète, mais encore qu'elle serait illusoire sans la liberté des journaux. Il demanda qu'à l'avenir un feuilleton fît connaître toutes les pétitions qui devraient être présentées dans la séance suivante, et indiquât les noms des pétitionnaires et l'objet de leurs réclamations. « Ces pétitions, dit-il, sont »l'expression franche des senti- »mens les plus patriotiques, de »l'attachement à la charte et de la »haine des révolutions..... On ne »révolutionne pas en conservant.» Le 26 mars, il combattit l'article 6 de la loi de censure, par lequel le gouvernement est investi du droit de suspendre les journaux et écrits périodiques. Il démontra que la suspension d'un journal pendant deux, quatre ou six mois, était une peine d'autant plus disproportionnée au délit qu'elle devenait une véritable suppression. Pendant la session de 1819 à 1820, les suffrages des collègues de M. Dumeylet le portèrent aux fonctions de secrétaire; fidèle à ses principes et à ses sermens, il repoussa toutes les lois d'exception. La nouvelle loi sur les élections, présentée à la chambre le 16 mai, trouva en M. Dumeylet un vigoureux adversaire. Il déclara que si cette loi était adoptée, la charte déjà violée n'existerait plus. Il fonda ses argumens sur les opinions émises précédemment par les défenseurs du projet, MM. Cuvier, Siméon et Lainé; et après avoir fait sentir, avec autant de vérité que de force, les avantages qui résultent des institutions fixes, il insista sur la nécessité de ne plus se jouer de la foi des sermens : « J'ai juré, s'écria-t-il, fi- »délité au roi, obéissance à la »charte; en défendant la charte, »je suis fidèle au roi. Je vote con- »tre un projet de loi qui détruit la »charte. » Quand la commission du budget, en juin 1819, proposa de retrancher 500,000 francs sur les 2,000,000 destinés à soutenir l'établissement du cadastre, il s'opposa fortement à cette mesure; fit sentir la nécessité de conduire à but une entreprise dont l'utilité était démontrée, afin de ne pas perdre les sommes immenses déjà employées à cet effet. M. Dumeylet, comme nous l'avons dit plus haut, a parlé dans beaucoup d'autres circonstances, et toujours avec le même patriotisme. Il est du nombre des 95 qui ont voté contre le nouveau système électoral, et avait déjà voté le rejet des lois d'exception. A l'approche des élections de 1820 à 1821, le ministre Siméon lui fit demander sa démission des fonctions de maire d'Évreux. M. Dumeylet répondit au préfet de l'Eure chargé de cette communication, que son administration ayant été irréprochable, il attendrait sa destitution. Elle fut prononcée trois jours après, et le même ministre y joignit une lettre qui commençait par ces mots :

« Le gouvernement a appris avec »peine, monsieur, que vous pa- »raissiez ne pas suivre dans votre »administration la ligne qu'il s'est »tracée, etc. » C'était un petit appendice de la loi des suspects; M. Dumeylet ne fut pas réélu.

DUMEZ (PIERRE), d'abord ingénieur, puis membre de la commune de Paris et administrateur des subsistances, pendant les années 1793 et 1794, montra dans toutes les occasions un patriotisme que les passions ne dénaturèrent jamais. Il n'eut d'autre tort que celui d'avoir cru Robespierre vertueux, et d'avoir, ainsi que ses collègues, défendu la cause de ce tyran que tout le monde abandonnait, pendant la soirée du 9 thermidor an 2; il fut avec toute la Commune mis hors de la loi, et exécuté le 10 thermidor (27 juillet 1794). Dumez avait alors 47 ans. Après les événemens du 31 mai, il avait été envoyé dans les départemens de l'Eure et du Calvados pour y apaiser l'insurrection excitée par les députés proscrits.

DUMOLARD (JOSEPH-VINCENT), naquit en 1766, à Lafrey, département de l'Isère. Au commencement de la révolution il était avocat à Grenoble, et avait à peine atteint l'âge de 25 ans, lorsqu'en 1791, il fut nommé par le département de l'Isère député à l'assemblée législative. Compatriote, allié et ami de Barnave, il se montra comme lui le zélé partisan de la monarchie constitutionnelle, fondée par l'assemblée constituante. Il joignit toujours à l'amour de la liberté celui de l'ordre et de la justice, et se prononça contre les orateurs qui, le nouvel état de choses à peine établi, en attaquaient déjà les principes avec violence. Dumolard s'éleva vivement contre les auteurs de la journée du 20 juin 1792, et défendit avec chaleur le général La Fayette, qu'on voulait décréter d'accusation, pour avoir demandé leur punition. Le 8 août de la même année, il faillit être assassiné en sortant de l'assemblée, pour s'être opposé encore avec plus d'énergie au décret d'accusation proposé contre ce général, et il ne dut son salut, qu'au zèle des gardes nationaux, qui protégèrent sa retraite et lui procurèrent un asile dans un corps-de-garde, d'où ils le firent ensuite échapper par une fenêtre. L'assemblée législative se trouvant sans mission, par le fait des événemens du 10 août, Dumolard se retira dans sa famille, et n'échappa point aux proscriptions, quoique par erreur sans doute les auteurs de plusieurs biographies prétendent le contraire; il fut arrêté et transféré dans la prison du Luxembourg, d'où il ne sortit qu'après le 9 thermidor an 2 (27 juillet 1794). Le département de l'Isère le nomma, en 1795, député au conseil des cinq-cents, où fidèle aux bons principes, il s'opposa quelquefois avec succès aux usurpations du directoire-exécutif, qu'il attaqua, surtout au sujet du renversement des états de Venise et de Gênes. Ces actes d'opposition et de fermeté lui attirèrent une nouvelle proscription, lors de la révolution du 18 fructidor an 5 (4 septembre 1797); il fut condamné à la déportation, à laquelle il vint à bout de se soustraire par la fuite. A-

près être resté long-temps caché en Bourgogne et avoir erré pendant plusieurs mois en Suisse, il se constitua volontairement prisonnier à Oleron, lieu d'exil que le directoire avait désigné pour les députés qui s'étaient soustraits à l'exécution du décret de déportation lancé contre eux. Il ne recouvra la liberté que par suite de la révolution du 18 brumaire an 8 (9 novembre 1799); on le nomma quelque temps après à la sous-préfecture de Cambrai. Ce fut sous son administration, et par son zèle, que fut conçu le projet de monument à ériger dans cette ville à la mémoire de l'illustre archevêque de Cambrai. Élu en 1805 et en 1811 membre du corps-législatif, par les départemens du Nord et de l'Yonne, il s'y montra dévoué à un gouvernement qui réparait bien des malheurs et couvrait ses fautes du prestige de la gloire. L'empereur cependant lui témoignait une certaine défiance; il n'avait point oublié les principes que Dumolard avait professés à la tribune lors de l'envahissement des états de Venise et de Gênes ; et quoique chaque année ce prince distribuât des décorations de la légion-d'honneur à beaucoup de membres du corps-législatif, et notamment à tous ceux qui composaient les commissions, Dumolard fut toujours et uniquement excepté, quoiqu'il n'eût pas cessé de faire partie de la commission des finances. Le roi lui accorda cette décoration, en 1814. A cette époque, Dumolard passa du corps-législatif à la chambre des députés, où, malgré les circonstances, il ne démentit point les principes constitutionnels que la charte avait rétablis, et que déjà des hommes avides d'honneurs et de pouvoir cherchaient à détruire. Après le 20 mars 1815, il fut nommé par Napoléon à la préfecture des Basses-Alpes, où il ne se rendit point, et fut presque aussitôt délégué en qualité de commissaire dans les départemens de la Franche-Comté; ces départemens rendent témoignage de la sagesse et de la modération avec lesquelles il a rempli cette mission, aussi importante que délicate. Appelé ensuite par son département à la chambre des représentans, il apporta dans cette assemblée les mêmes sentimens qu'il avait montrés dans toutes les autres : amour pour la liberté: haine contre le despotisme et l'anarchie. Il n'abandonna point le poste où le suffrage de ses concitoyens l'avait placé. Le 7 juillet, on le vit parmi les représentans courageux, mais en petit nombre, qui siégèrent dans le local ordinaire de la chambre, et, le 8, il se présenta à la porte du palais qu'il trouva fermée. Il protesta avec fermeté contre cet acte du pouvoir, remplissant ainsi jusqu'au bout les conditions du mandat qu'il avait reçu de ses concitoyens. Là s'est terminée la carrière politique de Dumolard. Il se retira à Villevallier, département de l'Yonne. Devenu étranger aux affaires publiques, il ne resta pas indifférent aux intérêts de la patrie : son dernier soupir et son dernier vœu furent pour le bonheur de la France, et le maintien de ses libertés politiques. Doué d'une grande facilité dans la discussion, et de beaucoup d'énergie; animé du désir de faire partager à ses collègues des opinions, qu'il croyait conformes au bien général, il cédait trop au besoin d'occuper la tribune, et l'excès de son zèle trouva souvent dans l'assemblée de sévères censeurs. Dumolard mourut dans la retraite qu'il avait choisie vers l'année 1819.

DUMOLARD (H. F.), auteur dramatique, a publié, en 1811, un poëme sous le titre de *Fénélon au tombeau de Rotrou*. Il a donné seul, ou en société, quelques pièces de théâtre qui ont été généralement vues avec intérêt, notamment : *les Avant-postes du maréchal de Saxe; Madame Favart; le Mari instituteur; la Suite du Glorieux; le Rival par amitié; Une heure d'Alcibiade; Vincent de Paule*, etc. Il est éditeur des *Mémoires de Favart*.

DUMONCEAU (JEAN-BAPTISTE), comte de Bergen, célèbre général belge au service de France, grand-officier de la légion d'honneur, chevalier de l'ordre de Saint-Louis et de l'ordre de la Fidélité de Bade, membre de la seconde chambre du royaume des Pays-Bas, naquit à Bruxelles en 1760, et mourut en 1821. Appartenant à une famille honnête, il avait reçu une éducation soignée, dont il profita, et avait fait un cours d'architecture et un voyage à Rome, lorsque les premiers troubles qui agitèrent la Belgique se manifestèrent en 1787. Malgré des dispositions qui ne laissaient pas douter des progrès qu'il aurait faits dans son art, électrisé par l'amour de la patrie, il fut l'un des premiers à s'enrôler dans les compagnies volontaires, organisées pour opposer un frein aux mesures arbitraires sous lesquelles son pays gémissait depuis longtemps. Cet élan généreux fut alors sans résultat pour la cause sacrée que les braves Belges voulaient défendre, puisque, par un arrangement conclu entre les états de Brabant et la régence autrichienne, les milices nationales furent désarmées. Cependant les anciennes causes de mécontentement n'avaient pas cessé parmi le peuple; de nouvelles même en venant s'y joindre, forcèrent un grand nombre de citoyens à s'expatrier. La plupart ne firent que passer la frontière, et se réunirent sur le territoire hollandais sans que le gouvernement de ce pays y apportât aucun obstacle. Ils s'y organisèrent militairement, sous le commandement du général Vandermerch, et déployèrent le drapeau de l'indépendance, lorsqu'ils eurent appris par leurs correspondans de l'intérieur, que le moment de commencer les opérations était favorable. Le jeune Dumonceau se joignit à ses compatriotes dans les derniers mois de 1788. Sa valeur, son zèle et son intelligence le portèrent bientôt au commandement d'un corps désigné sous le nom de *Canaries*, à cause de la couleur de son uniforme. Ce corps, organisé par lui, se signala dans un grand nombre d'affaires, et se montra partout digne de l'intrépide chef qui était constamment à sa tête. On cite avec distinction l'attaque de la montagne d'Anseremme, près de Dinant,

où les Autrichiens, forcés dans leurs retranchemens et mis en pleine déroute, perdirent un corps considérable dont tous les soldats furent tués ou pris. Le 22 septembre, Dumonceau passa la Meuse, chassa les Autrichiens devant lui, leur enleva successivement tous les postes qu'ils occupaient, et fut blessé après avoir fait des prodiges de valeur. Cet exploit eut pour témoin un personnage important, envoyé par le gouvernement britannique, pour avoir des renseignemens exacts sur les événemens. La brillante conduite de Dumonceau à la sanglante affaire de Talmagne, n'eût pas manqué de contribuer fortement à donner la victoire aux Belges, sans l'explosion de plusieurs caissons qui portèrent dans leurs rangs le plus grand désordre. Dès ce moment, l'inexpérience de quelques chefs, et la connivence présumée de plusieurs d'entre eux avec l'ennemi, rendirent inutiles tous les efforts que firent, pour réparer cet échec, les défenseurs de la liberté, dont la cause parut bientôt désespérée. Les vainqueurs, entrés à Bruxelles, s'y conduisirent d'abord avec assez de modération. Dumonceau, qui avait été l'un des derniers à déposer les armes, put néanmoins rentrer dans ses foyers. Il y revint pendant quelque temps; mais s'étant aperçu qu'on avait le dessein de le rendre suspect au gouvernement autrichien, il prit le parti de se réfugier en France, où déjà il avait été devancé par un grand nombre de ses concitoyens. La France ayant, en 1792, déclaré la guerre à l'Autriche, Dumonceau, au nom des Belges réfugiés, offrit au ministre de la guerre leurs services et les siens. La proposition fut accueillie. Les réfugiés, d'après un ordre du ministre, se rendirent à Lille, où plusieurs bataillons de troupes légères belges furent organisés. Dumonceau fut d'abord nommé lieutenant-colonel. Toujours brave, toujours intrépide, il se fit remarquer dans dix combats, coopéra à la victoire de Jemmapes, où les foudres qui défendaient la terrible redoute de Carignan furent obligés de céder aux baïonnettes belges. Il préluda, par une escarmouche des plus vives, à l'entrée triomphante des Français dans Bruxelles. Il combattit à Nerwinde, et ce n'est pas à des hommes tels que lui que l'on pourrait attribuer la perte de cette bataille. Il défit complétement, entre Lille et Tournai, un corps hollandais considérable; attira dans une embuscade le corps d'émigrés français, connu sous le nom de hulans britanniques, à la solde de l'Angleterre; le tailla en pièces, malgré la bravoure de Charles de Bouillé (fils du marquis de Bouillé, émigré après le voyage de Varennes, en 1791), son colonel, blessé à mort dans cette affaire. Beaucoup de prisonniers tombèrent au pouvoir des vainqueur : saux termes de la loi ils devaient être fusillés pour avoir porté les armes contre leur patrie ; mais le colonel Dumonceau, aussi humain que brave, leur procura les moyens de s'évader, ou même de rentrer en France comme déserteurs. Sur la sollicitation du général Lamor-

lière, qui fit aux représentans du peuple le plus brillant éloge de son courage, il venait d'être nommé *général de brigade*, lorsqu'on le chargea d'enlever la ville de Menin, vers le milieu du mois d'octobre. Cette ville était défendue par un corps d'émigrés et quelques régimens hanovriens; il en disposa l'attaque pour midi : à une heure, il s'était déjà emparé de tous les points fortifiés qui pouvaient en retarder la prise, ainsi que d'une immense artillerie; le soir, il était maître de la place. Ce fut lui qui, conjointement avec l'adjudant-général Regnier, et d'après des connaissances locales, traça le plan de conquête de la Belgique, exécuté depuis par Pichegru. Il partagea la gloire de ce dernier, lorsqu'il guida nos phalanges invincibles sur la surface glacée des marais de la Hollande. Il s'empara par surprise de plusieurs forts et de quantité de munitions, adressa aux habitans une proclamation énergique, fut nommé commandant supérieur de La Haye, en 1795, et mérita, par la manière dont il remplit ses nouvelles fonctions, l'estime du gouvernement batave, qui venait d'être établi, et la reconnaissance du peuple. Sur la demande des envoyés de la république batave, qui lui offrirent le titre de lieutenant-général, il passa à son service avec le consentement du gouvernement français. Il sut, par la fermeté de sa conduite, en 1796, réprimer un mouvement insurrectionnel, sans employer de moyens violens. Le général Dumonceau commanda la division hollandaise qui, en 1797, partit du Texel pour se joindre à la flotte française destinée à faire une descente en Irlande. Lorsqu'à leur tour, les Anglais et les Russes opérèrent, en 1799, une descente en Hollande, Dumonceau attaqua une de leurs divisions, qu'il mit en pleine déroute, le 19 octobre, bien qu'elle fût forte de 15,000 hommes, et qu'il n'eût avec lui que peu de troupes. Une blessure grave, qui le mit hors de combat vers la fin de l'action, n'empêcha pas, grâces aux savantes dispositions qu'il avait faites, que la victoire vint se ranger sous ses drapeaux. Ceux de l'ennemi, 3,000 hommes, le général russe Hermann, et toute l'artillerie au pouvoir des vainqueurs, furent le résultat de cette journée. Le général en chef Brune, en lui en attribuant l'honneur, voulut que les étendards conquis fussent, en sa présence, déposés au pied du lit de Dumonceau. Il n'attendit pas que sa blessure fût cicatrisée pour revoler au combat, et forcer les Anglo-Russes à regagner leurs vaisseaux. En 1800, il commanda en Franconie le contingent des troupes que la république batave fournissait à la France, et dirigea les opérations du siège de la citadelle de Marienbourg. Après quelques années de repos, la rupture du traité d'Amiens, en 1803, appela encore le général Dumonceau au champ d'honneur. En 1805, il fut chargé de réorganiser entièrement l'armée hollandaise, qu'il mit sur le pied le plus respectable. Lorsque l'empereur Napoléon faisait contre l'Angleterre des préparatifs si formidables, dans tous les ports qui regardent ses côtes, l'armée gallo-batave, sous les ordres du général Dumonceau, était embarquée au Texel, pour participer à cette grande opération ; mais les armemens de l'Autriche ayant nécessité d'autres mesures, cette armée eut l'ordre de redescendre à terre et de se porter vers le Danube. Chargé, après la prise d'Ulm, d'empêcher que l'archiduc Ferdinand n'opérât sa retraite sur Nordlingen, le général Dumonceau s'acquitta parfaitement de cette mission. Rentré dans ses foyers après la bataille d'Austerlitz, il ne vit qu'avec chagrin le décret de Napoléon qui érigeait la république en royaume. Cependant le nouveau roi (Louis Bonaparte), qui connaissait tout le mérite du général belge, parvint à se l'attacher à force de bienveillance, et l'envoya à la cour de France en qualité de ministre plénipotentiaire. La guerre ayant éclaté entre la Prusse et la Hollande, le général Dumonceau fut appelé à la défense du royaume. Il fut nommé maréchal de Hollande et grand'croix de l'ordre de l'Union, au mois de février 1807. Après la campagne de Poméranie, il fut nommé par le roi Louis, en 1808, conseiller-d'état. En 1809, il repoussa victorieusement les attaques des Anglais, qui venaient de s'établir dans l'île de Walcheren. En 1810, il reçut le titre de comte de Bergen, récompense aussi flatteuse qu'honorable, par le souvenir de l'un de ses plus beaux faits d'armes. Lorsque après l'abdication de Louis, la Hollande fut réunie à la France, le général

Dumonceau, appelé près de l'empereur, fut successivement nommé comte de l'empire, grand-officier de la légion-d'honneur, et commandant de la 2.me division militaire. Il fit en 1813 la campagne de Saxe, où il se distingua en plusieurs rencontres, notamment lorsque, par une savante manœuvre, il empêcha le général russe Czernitscheff de se réunir au corps d'armée qui assiégeait Hambourg au nom des alliés, et lorsqu'il précipita des hauteurs de Pirna les Russes, qui s'y étaient retranchés. A la déroute de Culm, le corps qu'il commandait ne put être entamé, et malgré les efforts des Prussiens et des Autrichiens, sa retraite, exécutée dans le meilleur ordre, le couvrit de gloire : l'empereur lui en témoigna publiquement sa satisfaction. Après la célébre bataille de Léipsick, il se retira dans Dresde avec quelques troupes, et fut obligé d'en sortir en vertu d'une capitulation que l'ennemi viola. Retenu prisonnier, il ne rentra en France qu'après le rétablissement des Bourbon. Le roi le confirma dans tous ses grades, lui redonna le commandement de la 2.me division militaire, et le décora de l'ordre de Saint-Louis. Lorsque Napoléon, accompagné de quelques grenadiers de sa vieille garde, débarqué près de Cannes, s'élança vers Paris avec la rapidité d'un torrent qui entraîne tout sur son passage, le général Dumonceau, alors à Mézières, ayant vainement fait demander des instructions au ministre de la guerre, et sachant que le roi avait quitté la capitale pendant la nuit du 19 au 20 mars, se décida pour le maintien de la tranquillité publique; et d'après l'avis des officiers de son état-major, permit aux soldats de porter la cocarde tricolore. Il conserva son commandement jusqu'à ce que les résultats de la funeste bataille du Mont-Saint-Jean vinssent encore ouvrir aux alliés les portes de la France. Le général Dumonceau ayant obtenu sa démission du gouvernement provisoire, se retira dans son ancienne patrie, où l'estime publique l'environna toujours. Lorsqu'il s'établit à Bruxelles, le roi des Pays-Bas, pour lui donner un témoignage de sa bienveillance, lui promit de placer honorablement ses fils dans son armée. Tant de talens et de gloire échappent difficilement à l'envie et à la calomnie; le général Dumonceau avait plusieurs fois été en butte à leurs attaques, il en avait triomphé, et ne s'était vengé de ses détracteurs que par de nouveaux services rendus à la patrie. Quelques biographes prétendent qu'à l'époque de la révolution du Brabant, le général Dumonceau n'était qu'un simple tailleur de pierres. Cette assertion est démentie par les compatriotes mêmes du général; mais quand elle serait vraie, il nous semble qu'au lieu de l'obscurcir, elle ajouterait encore à l'éclat de sa gloire. Il avait été nommé avant sa mort membre de la seconde chambre du royaume des Pays-Bas : ce guerrier respectable est désigné par le surnom de *général sans reproche.*

DUMONCEAUX (N.), ex-membre du corps-législatif, gendre de Lesage-Senault, et beau-frère de Merlin de Douai, né aussi à Douai, d'une famille appartenant à la magistrature, exerçait, à l'époque de la révolution, la profession d'avocat dans sa ville natale; il fut appelé alors aux fonctions de commissaire du roi près le tribunal du district. Il eût pu traverser la révolution sans être remarqué, si la journée du 18 fructidor an 5 (5 septembre 1797), n'eût revêtu Merlin de la pourpre directoriale : alors M. Dumonceaux fut chargé par le gouvernement de se rendre dans les départemens nouvellement réunis à la France, pour en organiser la partie forestière. On assure qu'en faisant les affaires de la république il ne négligea point les siennes, et que sa fortune s'accrut en peu de temps. Les habitans même des pays où s'étendait sa juridiction en firent des plaintes qui donnèrent lieu à une dénonciation contre lui, faite par le commissaire - général Lakanal. Cela n'empêcha pas cependant qu'il fut nommé au conseil des cinq-cents par le département du Nord, en 1799. Les événemens du 18 brumaire le firent sortir de ce conseil, vers la fin de la même année où il y était entré. Il devint, sous le gouvernement consulaire, inspecteur des forêts de l'arrondissement de Lille. Il paraît qu'il n'occupa point d'autre place sous le gouvernement impérial, et nous n'avons point entendu parler de M. Dumonceaux depuis la restauration.

DUMONT (ANDRÉ), est né le 24 mai 1764, près d'Abbeville. Député à la convention nationale par le département de la Somme, il ne se fit remarquer qu'à partir de l'époque du procès du roi. Son vote fut pour la mort sans appel ni sursis. Il fut un des plus violens ennemis des membres qui succombèrent le 31 mai 1793. Par une monstruosité, dont il a peut-être seul offert l'exemple, il osa, étant en mission dans le département même qui l'avait nommé, écrire à la convention nationale que trois choses faisaient trembler ce département : « Le tri-
» bunal révolutionnaire, la guil-
» lotine, et le maratiste André
» Dumont. » Dumont fut, non pas l'agent, mais la trompette de toutes les proscriptions. Caméléon politique, il revêtit toutes les livrées, fut toujours prêt à seconder le pouvoir, auquel il sacrifia souvent ses anciens amis. Si on le juge d'après ses proclamations furibondes, André Dumont fut un homme de sang, un atroce proconsul. Mais passe-t-il, quelques jours après la mort de Robespierre, au comité de sûreté générale, il fait rendre la liberté aux victimes de la faction des decemvirs. Bientôt il publie dans un *Compte rendu :* « Que
» les comités du gouvernement lui
» avaient demandé du sang; mais
» qu'il ne leur avait envoyé que de
» l'encre. » Il ajoutait : « Qu'il n'a-
» vait multiplié les arrestations que
» pour soustraire un très-grand
» nombre de victimes aux tyrans. »
Sa conduite en effet était devenue beaucoup plus modérée. Lors de l'insurrection du 12 germinal an 3 (1er avril 1795), il montra de l'énergie, et fit arrêter plusieurs personnes accusées d'avoir provo-

qué les troubles; il demanda l'arrestation de Billaud - Varennes, Collot - d'Herbois et Barrère. A la séance du 1er prairial an 4 (20 mai 1785), pendant laquelle la convention courut de si grands dangers, et dont l'infortuné Féraud (*voy.* ce nom) fut la victime, il se conduisit avec beaucoup de vigueur. Au conseil des cinq-cents, où il passa par suite de la réélection des deux tiers conventionnels, il parla, le 16 janvier 1796, en faveur des parens des émigrés. Il sortit du conseil en 1797, et fut nommé, après la révolution du 18 brumaire an 8 (9 novembre 1799), sous-préfet à Abbeville, où il s'attacha par une bonne administration à réparer ses anciens torts. Il conserva cette place jusqu'à la première restauration. Pendant les *cent jours* il passa à la préfecture du Pas-de-Calais. La loi du 12 janvier 1816 contre les membres de la convention dits *votans* lui ayant été appliquée, il a été obligé de quitter la France. M. J. Chenier, dans son admirable *Épître sur la calomnie,* composée à l'occasion de la mort de son frère André, qu'il attribue principalement à André Dumont, attaque ce conventionnel avec les armes les plus redoutables; il le poursuit et l'immole sans pitié aux mânes de ce frère infortuné.

DUMONT (L.-P.) fut nommé, en septembre 1792, député à la convention nationale par le département du Calvados. Il se conduisit dans cette assemblée avec beaucoup de modération, se prononça pour que Louis XVI fût détenu pendant la guerre et qu'il sortît de France à la paix générale. Long-temps employé au comité de législation, il ne participa point à tant de mesures violentes qui flétrirent d'un juste opprobre ceux qui les proposèrent, ceux qui les appuyèrent et ceux qui les exécutèrent. Sous le gouvernement révolutionnaire, il fit violence à ses sentimens pour se contenir dans les bornes de la prudence; mais après la mort de Robespierre, il se prononça avec énergie contre les odieux fauteurs de la tyrannie décemvirale. Dans la séance du 9 mars 1795, il alla même jusqu'à demander que les horribles journées de septembre devinssent l'objet de recherches nouvelles et d'un examen particulier. Ph. Dumont se prononça avec force contre les auteurs des troubles de prairial an 3 : cependant Charlier et Robert Lindet, accusés d'y avoir pris part, trouvèrent en lui un défenseur. Devenu membre du conseil des cinq-cents par la réélection des deux tiers en octobre 1795, il en sortit au mois de mai 1799 : après la journée du 18 fructidor an 5 (3 septembre 1797), il avait eu le bonheur de garantir de la déportation les députés Richoux et Pontécoulant. La vie politique de Ph. Dumont peut se réduire à quelques mots : il n'a fait de mal à qui que ce soit, et il a rendu beaucoup de services après le 9 thermidor. C'est à lui que l'on doit l'impression aux frais de la république, de l'ouvrage posthume de Condorcet : *Sur les Progrès de l'Esprit humain.*

DUMONT (Charles-Henri-

FRÉDÉRIC), avocat à la cour royale de Paris, et littérateur, né en 1758, à Oisemont. Il fut arrêté en 1793, et détenu quelque temps par ordre du comité de salut public, pour avoir fait afficher un placard dont le but était d'intéresser le peuple en faveur du général Custines, alors en jugement. Il publia plusieurs ouvrages, dont quelques-uns sur l'administration, sous les titres suivans : 1° *Mémoires d'un détenu, suivis de Mélanges de littérature et d'histoire naturelle*, Paris, 1793; 2° *Dictionnaire forestier*, dont l'exploitation des bois et la physiologie végétale forment le principal objet, 1803, 2 vol. in-8°; 3° *Manuel des maires*, dont la 6° édition a paru en 1815, 2 vol. in-8°. Les articles d'*ornithologie* qui se trouvent dans le *Dictionnaire des sciences naturelles*, sont de M. Dumont. Il fait partie de plusieurs réunions de savans.

DUMONT (ÉTIENNE), littérateur genevois, habitait Paris depuis 1789, par suite de la proscription qu'il avait éprouvée dans son pays pour ses opinions ; il travailla avec M. Duroveray, son ami, comme lui réfugié pour la même cause, à une feuille destinée à faire suite au journal de Mirabeau. En 1792 il était à Londres bibliothécaire de lord Shelburne. Il a traduit plusieurs ouvrages extraits des manuscrits de Jérémie Bentham : 1° le *Traité de législation civile et pénale*, 1802, 3 vol. in-8°; 2° *Théorie des peines et des récompenses*, 1811, 2 vol. in-8°; 3° *Tactique des assemblées législatives*, suivi d'un traité des sophismes politiques, 1816, 2 vol. in-8°.

DUMONT-DE-LA-CHARNAYE

(FRANÇOIS), membre du corps législatif, né en 1741, était avocat au parlement lorsque la révolution éclata. Il en embrassa la cause avec autant de zèle que de franchise, et ne tarda pas à être nommé procureur-général-syndic du département du Cher. La sagesse de sa conduite fixa sur lui le choix de l'assemblée électorale de ce département au conseil des anciens, en 1795. Il montra comme député la même modération qu'il avait montrée dans ses fonctions administratives, et sortit du conseil le 20 mai 1798. Nommé, sous le gouvernement consulaire, membre du conseil-général du département de la Seine, il obtint en même temps la place de conservateur des forêts de la 8° division. Dans le mois d'octobre 1805, il fut porté à la fois par le département du Cher et l'arrondissement de Bourges, sur deux listes de candidats : l'une pour le sénat conservateur, l'autre pour le corps législatif. Après les funestes revers éprouvés par nos armées en 1813, M. Dumont, organe de la députation du conseil municipal de Bourges, vint adresser à l'impératrice Marie-Louise, alors régente, des protestations de dévouement et de fidélité. Il a dû cesser ses fonctions municipales en 1814, mais il a conservé sa place d'administrateur des forêts, après 1815.

DUMONT-DE-COURCET (LE BARON GEORGE), agronome, ancien capitaine de cavalerie, né le 16 septembre 1746, à Boulogne-sur-Mer. Jeune encore, se trouvant en garnison vers les Pyrénées, quelques excursions qu'il fit dans ces montagnes lui inspirèrent le goût de la botanique. Il se livra à l'étude de cette science, dans laquelle il ne tarda pas à faire des progrès. En 1784, il publia des *Observations sur l'agriculture du Boulonnais*. En 1793, il répondit aux questions proposées sur l'agriculture. Cette réponse se trouve dans le 3ᵉ vol. des *Annales d'agriculture*. Ce sujet, sur lequel il s'exerça beaucoup, lui fournit encore les ouvrages suivans, dont le dernier est devenu élémentaire : 1°. *La Météorologie des cultivateurs*, suivie d'un *Avis aux habitans des campagnes sur leur santé et sur quelques-uns de leurs préjugés*, 1798, in-12 ; 2°. *Le Botaniste cultivateur, ou Description, culture et usage de la plus grande partie des plantes étrangères, naturalisées et indigènes, cultivées en France et en Angleterre, rangées suivant la méthode de Jussieu*, 1798, 3 vol. in-8° ; tom. IV, 1802 ; tom. V, 1805 ; nouvelle édition en 7 vol., et supplément au tom. VII, 1814, in-8°. Le baron Dumont-de-Courcet est membre de la société d'agriculture du département de la Seine.

DUMOUCHEL (Jean-Baptiste), membre de l'assemblée constituante, dut à son mérite seul son avancement. Fils d'un pauvre cultivateur de Picardie, à la faveur d'une bourse obtenue au collège de Sainte-Barbe, il fit ses études à Paris, et les fit avec succès. Entré au collège de Louis-le-Grand en qualité de maître de quartier, il fut bientôt nommé professeur de rhétorique à Rodez, où il eut pour élève le célèbre Chaptal, qui ne l'avait pas oublié, quand, ministre de l'intérieur, il compta depuis Dumouchel au nombre de ses subordonnés. Après y avoir passé quelque temps, Dumouchel revint à Paris prendre possession, au collège de la Marche, d'une chaire qu'il remplit long-temps avec distinction. Également versé dans la littérature ancienne et la littérature moderne, Dumouchel était non-seulement un homme instruit, mais aussi un homme de goût et un homme d'esprit. Son intelligence se pliait aux affaires comme à l'étude. Son caractère doux et conciliant se peignait sur sa figure, dont l'expression était des plus heureuses; ses manières aisées et décentes étaient également étrangères à la fatuité et au pédantisme. Il n'est pas étonnant que tant de qualités l'aient fait nommer recteur de l'université, fonction dans laquelle il fut continué deux ans de suite. Cet honneur lui en obtint un second plus éclatant mais plus dangereux; en 1789, Dumouchel fut élu député du clergé aux états-généraux. Si Dumouchel n'a pas rempli l'attente de tous ses commettans, du moins a-t-il rempli ses devoirs. Citoyen sans cesser d'être ecclésiastique, il fut un des premiers de son ordre à se réunir au tiers-état. Votant constamment avec lui, il adopta, comme l'abbé de Périgord, l'organisation constitutionnelle du clergé. Nommé à l'évêché de Nîmes, en 1791, il remplit les fonctions épiscopales, conformément aux principes qu'il avait professés, c'est-à-dire ceux d'un honnête homme, qui ne sont pas incompatibles avec le sacerdoce. Quand, à la réforme du clergé, on vit succéder sa destruction, Dumouchel entra dans l'administration civile, et fut attaché à la direction de l'instruction publique. Les services qu'il a rendus à la société pendant 20 ans dans cette partie sont innombrables; et malgré les préjugés qui n'avaient déjà repris que trop d'influence sous le gouvernement impérial, son utilité le fit conserver dans l'université organisée par M. de Fontanes. Pendant un mois seulement, Dumouchel avait été suspendu de ses fonctions sous le ministère de Lucien; mais nous ne craignons pas d'affirmer qu'il n'avait mérité en aucune manière qu'on le traitât avec cette rigueur, et qu'en le réintégrant dans ses fonctions, le ministre Chaptal rendit justice à un grand mérite, et répara une grande injustice. Les biographes que nous sommes continuellement obligés de démentir ont insinué que Dumouchel s'était marié pendant son épiscopat; cela est faux. C'est long-temps après être rentré dans la classe des citoyens que Dumouchel crut pouvoir contracter une union que les lois permettaient et que la décence ne désavouait pas. Plus d'un illustre exemple le justifiait. Dumouchel jouissait dans la retraite de la pension qui, depuis 1814, avait été accordée à ses longs travaux, quand la mort est venue l'enlever à ses amis le 17 décembre 1820, à l'âge de 72 ou 73 ans. Dumouchel a travaillé à plusieurs ouvrages adoptés pour l'instruction publique, et en usage encore aujourd'hui dans les collèges. Plus jaloux d'être utile que d'être célèbre, il y a rarement mis son nom, qui se trouve en tête d'un choix de narrations tirées des auteurs latins (*Narrationes excerptæ*). En 1788, il avait donné, en qualité de recteur de l'université de Paris, un mandement pour annoncer un concours dont l'objet était la composition d'hymnes nouvelles pour le bréviaire de Paris. En 1788 il avait rempli les fonctions de secrétaire de l'assemblée électorale du clergé de Paris, et il signa en cette qualité l'arrêté par lequel les membres de cette assemblée, renonçant à leur privilége, offraient de concourir dans la proportion de leur revenu à l'acquittement des charges publiques.

DUMOULIN (Évariste), né dans le département de la Gironde en 1786. Son penchant pour la littérature et un goût très-vif pour les plaisirs, l'écartèrent de la carrière du commerce à laquelle il avait d'abord été destiné, et de l'étude des sciences exactes, dans lesquelles un jugement prompt et sûr lui avait déjà fait obtenir des succès. Il se fit remarquer de bonne heure à Bordeaux, où il habitait, par quelques pièces de vers, quelques brochures et divers articles insérés dans le journal du département, dont il avait pris la rédaction. Venu à Paris, il ne tarda pas à former d'étroites liaisons avec les hommes les plus recommandables par leur patriotisme et leurs talens. Il concourut, dans l'origine, à la publication du journal *le Constitutionnel*, dont il est demeuré l'un des principaux rédacteurs. Il est un des premiers journalistes qui aient traité, à cette époque, avec toute l'étendue et tout le soin qu'ils exigent, les importans articles des séances législatives. Outre les articles politiques qu'il fournit à ce journal, il est spécialement chargé de la partie des théâtres, et l'opinion qu'il exprime sur les pièces et les acteurs est toujours dictée par sa conscience et le plus souvent confirmée par le public; aussi ne compte-t-il guère que des amis parmi les auteurs dramatiques dignes de ce titre, dont les ouvrages sont l'objet de son examen. Il faisait partie de l'association de la *Minerve française*, et doit se glorifier d'avoir pris part à ce recueil, dont le ministère a trouvé plus commode de faire cesser la publication que d'écouter les avis, et dont certaine faction calomnie encore les principes, faute de pouvoir les combattre. Évariste Dumoulin a publié plusieurs opuscules : les plus remarquables sont les *Procès des généraux Drouot et Cambronne;* l'*Histoire complète du procès du maréchal Ney*, ouvrage riche de faits et de documens historiques, qui fut saisi par la police du temps; *Lettre sur la censure des journaux et sur les censeurs*, petite brochure piquante qu'il n'a pas été permis d'annoncer dans les journaux à l'époque où elle a paru. Implacable envers ceux qui exagèrent lâchement en autrui les excès révolutionnaires dont ils se rendirent eux-mêmes coupables, Évariste Dumoulin a fait tomber plus d'un masque imposant; mais lorsqu'il a jugé utile de diriger ses attaques contre des hommes en crédit ou des personnages puissans, il a rempli ce devoir avec loyauté, avec courage, et, dans ces importantes circonstances, il a toujours signé ses écrits. Constant dans son amour réfléchi pour la liberté, il mérite d'être cité comme un bon citoyen; et fidèle en amitié, il a droit de compter sur les sentimens de ses nombreux amis.

DUMOULIN (N.) est né à Saint-Amand, département de la Nièvre, où il exerçait les fonctions d'officier municipal en 1793. Dans la même année, il fut nommé professeur de droit à l'université de Douay, puis président de district et administrateur du département du Nord. Il était juge au tribunal civil de ce département lorsqu'il fut appelé au conseil des cinq-cents. Il passa, en qualité de conseiller, à la cour d'appel, et rentra ensuite au corps-législatif, dont il faisait encore partie lors des événemens du 20 mars 1815. Pendant les *cent jours*, le département du Nord le nomma membre de la chambre des représentans. Après la seconde restauration, il perdit sa place de conseiller à la cour royale, ainsi que tous les magistrats de cette cour nommés à la chambre des représentans. Il avait été pourvu de cet office depuis l'établissement des cours d'appel, et l'avait exercé sans interruption. M. Dumoulin, rendu à la vie privée, s'est retiré à la campagne, où il jouit de la considération que lui ont méritée ses talens, son caractère honorable et la fermeté de ses principes.

DUMOURIEZ (LE GÉNÉRAL). (*Voy.* le supplément à la fin de ce volume.)

DUMOUSTIER (LE COMTE PIER-

RE), lieutenant-général et membre de la chambre des représentans, appartient à une famille distinguée de Picardie, attachée au culte protestant Né à Saint-Quentin, le 17 mars 1771, il embrassa la profession des armes en 1793, servit d'abord comme simple soldat, se fit remarquer par sa bonne tenue et sa valeur dans toutes les campagnes de la révolution, et parvint, de grade en grade, jusqu'à celui de colonel du 34me régiment d'infanterie de ligne. C'est à la tête de ce corps qu'il se distingua pendant les campagnes de 1805 et 1806, et fut nommé général de brigade. La Prusse, la Pologne et l'Autriche, furent successivement les témoins de sa vaillance. Après la brillante campagne de 1809, il passa en Espagne, y rencontra les éternels ennemis de la France, et les força plus d'une fois d'admirer son courage. Il avait alors, sous son commandement, six régimens de fusiliers de la jeune garde, qui, pendant les années 1810, 1811 et 1812, firent constamment des prodiges à sa voix. Ayant quitté la péninsule pour revenir en Allemagne, en 1813, il commanda, à la bataille de Lutzen, une division de la jeune garde, et se couvrit de gloire avec elle. Le 21 mai, avec cette même division, il contribua à la victoire de Bautzen, et reçut, sous les murs de Dresde, une blessure assez grave pour l'obliger de revenir à Paris. Au mois de mai 1815, le général Dumoustier fut nommé, par le département de la Loire-Inférieure, membre de la chambre des représentans. C'était le plus beau témoignage de la reconnaissance nationale, donné à un brave dont le sang a coulé pour la patrie. Ce brave, qui ne respire que pour elle, n'a pu obtenir d'être remis en activité.

DUNAND (JOSEPH), dit *le Père Joseph,* savant religieux de l'ordre de Saint-François, naquit à Russey le 11 décembre 1719, et mourut en 1790, à Besançon. À l'ombre d'un cloître de capucins, la vie entière de ce littérateur aussi intelligent que laborieux fut employée à faire des recherches, et à recueillir des notes sur l'histoire du pays qui l'avait vu naître. Bien que ses travaux ne fussent que des compilations, les renseignemens précieux qu'il a fournis aux savans de la Franche-Comté et de la Bourgogne, avec lesquels il était en correspondance, en prouvent assez l'utilité : personne enfin ne doute qu'il n'ait composé en grande partie l'*Histoire topographique de la Bourgogne,* publiée par Courtépée. Les articles sur Auxonne et Saint-Jean-de-Laône sont de lui; et pendant l'espace de trente ans qu'il avait été gardien des capucins dans la première de ces villes, il avait pu à loisir en compulser les archives. C'est à cette source qu'il puisa les matériaux qu'il fournit à Guillaume et à Chevalier: au premier, pour l'*Histoire des sires de Salins ;* et au second, pour l'*Histoire de Poligny.* Afin de pouvoir donner plus de temps à ses études, il avait obtenu de ses supérieurs une dispense d'assister au chœur, et même une autorisation de résider hors du couvent. Mais dans le *Dictionnaire* de Prudhomme, on dit qu'il avait sollicité et obtenu sa sécularisation, avant de quitter Auxonne, pour se retirer à Besançon, et qu'il n'en continua pas moins de porter l'habit de son ordre, lorsque dans cette dernière ville il fut nommé aumônier de l'état-major, généalogiste et juge d'armes de la confrérie des chevaliers de Saint-Georges. Les recherches que le P. Joseph Dunand a faites sur les anciennes familles du duché et du comté de Bourgogne, sont immenses. Parmi ses nombreux ouvrages, on cite les suivans : 1° *Lettre historique tendant à prouver que Henri, roi de Portugal, n'est pas de la maison de Bourgogne-Duché, mais de celle des comtes de Bourgogne*, mars 1758, insérée au *Mercure de France* du mois d'avril de la même année; 2° *Moyens pour perfectionner l'histoire du comté de Bourgogne*, in-4°, manuscrit; 3° *Dissertation pour prouver, contre D. Plancher et M. Dupuy, qu'Auxonne et le comté de ce nom étaient du comté de Bourgogne en 1237*, manuscrit; 4° *Réponse historique et critique à la première dissertation de M. Normant sur l'antiquité de la ville de Dôle*, manuscrit, et *Nouvelle Réponse au supplément de M. Normant sur le même sujet;* 5° *Dissertation sur la cause et l'époque du nom de Chrysopolis, donné à la ville de Besançon;* autre *sur Crispe, fils de Constantin, en l'honneur duquel fut érigé l'arc de triomphe qui subsiste encore aujourd'hui dans cette ville*, manuscrit; 6° *Bibliothèque des auteurs de Franche-Comté, abrégé de leur vie, analyse raisonnée de leurs ouvrages;* 7° *Recueil sur la Nobiliaire de Franche-Comté*, 5 vol. in-folio, manuscrit. Ces deux derniers ouvrages, que l'auteur se proposait de mettre au jour lorsque la mort vint le frapper, sont entre les mains de M. de Vaudry, à Poligny. La nomenclature qu'on vient de lire n'indique pas tous les travaux du P. Dunand : indépendamment de ceux-ci, d'autres que contiennent 32 cartons se trouvent déposés à la bibliothèque publique de Besançon. Dunand était membre de l'académie de cette ville : ce savant respectable y est enterré dans le caveau des capucins.

DUNCAN (LORD ADAM), amiral anglais d'une famille distinguée d'Ecosse, naquit à Dundée en 1731, et mourut en 1804, dans un voyage qu'il faisait à Édimbourg. Il entra fort jeune, en qualité de cadet, au service de la marine, était capitaine en second en 1761, et fut nommé capitaine par l'amiral Keppel, qui avait pour lui beaucoup de considération. Ses talens et son activité ne pouvaient pas manquer de l'élever plus haut, et déjà il avait le grade de contre-amiral en 1767. Il obtint celui de vice-amiral en 1793, et mérita celui d'amiral par le brillant succès qu'il obtint dans le mois d'octobre 1777, lorsque, après avoir comprimé, par la fermeté de sa conduite, la révolte des marins de son escadre, chargée d'empêcher la flotte hollandaise de sortir du Texel, il tint celle-ci bloquée pendant plusieurs mois. S'étant alors rendu à Yarmouth pour y prendre quelques rafraîchissemens, les Hollandais profitèrent de la circonstance pour mettre à la voile le 7. Lord Duncan fut bientôt instruit du mouvement de la flotte hollandaise;

et l'ayant rejointe dès le 9, à cinq milles de la côte, il parvint à lui couper le vent, et la mit dans l'impossibilité de refuser le combat qui fut opiniâtre. Après la plus vigoureuse résistance, l'amiral Dewinter voyant sa ligne coupée, amena son pavillon. Dix vaisseaux et une frégate tombèrent au pouvoir des Anglais; une goëlette et un brick avaient coulé bas; en général, l'escadre hollandaise était très-maltraitée; mais celle des Anglais ne l'était guère moins. Cette victoire valut à l'amiral Duncan, indépendamment des titres de baron et de vicomte, une pension de 2000 livres sterling. Ce lord, d'une taille colossale, unissait aux talens militaires et à la bravoure, toutes les qualités qui rendent les hommes estimables. Il avait fait partie du conseil de guerre qui jugea l'amiral Keppel, son protecteur et son ami.

DUNDAS (DAVID), général anglais, né en 1737 à Édimbourg, appartient à l'ancienne famille écossaise de ce nom. Il entra au service en 1755, sous les ordres du général David Watson, son oncle, fut nommé lieutenant du génie en 1756, et capitaine de dragons en 1759. Après avoir fait les campagnes d'Allemagne, avoir servi dans les Indes occidentales, et à la prise de la Havane comme aide-de-camp du général Elliot, il fut nommé major du 15e régiment de dragons en 1770. Dundas fut ensuite quartier-maître, adjudant-général et major-général. En 1793, il assista au siège de Toulon, où il commandait un corps de troupes; il fut, immédiatement après, chargé de l'expédition de la Corse, et fit les campagnes de 1794 et de 1795 en Flandre. En 1797, il fut nommé quartier-maître-général de l'armée anglaise. fit partie de l'expédition de Hollande en 1799, et fut appelé au commandement en chef de l'armée en 1809, après la démission du duc d'York. Le général Dundas a obtenu le titre de chevalier du Bain, comme récompense de ses services, et depuis il a été colonel du 1er régiment de dragons, et du 95e d'infanterie. Il passe pour un excellent tacticien, et ses principes, adoptés par l'armée anglaise, sont renfermés dans un ouvrage intitulé : *Modèles et règlemens pour la formation, l'exercice en campagne et les mouvemens des troupes de Sa Majesté*, qu'il a rendu depuis applicable à la cavalerie, et qu'il avait d'abord fait paraître, en 1788, sous le titre de *Principes des mouvemens militaires, appliqués particulièrement à l'infanterie.*

DUNDONALD (LE COMTE DE), voyez COCHRANE.

DUNKER (BALTHASAR-ANTOINE), peintre et graveur à l'eau forte, naquit en 1746 à Saal, près de Stralsund, et étudia les premiers principes du dessin sous le célèbre Hackert. En 1765, il vint avec son maître à Paris, et travailla avec Wille, Vien, et enfin Haller. Il se livrait avec le plus grand succès à la peinture historique, lorsque la perte de la fortune de ses parens le contraignit à s'adonner au paysage, et enfin à la gravure à l'eau forte. Après avoir coopéré à graver les tableaux du cabinet du duc de Choiseul, il alla à Bâle, où il fut employé au catalogue figuré de la galerie de Dusseldorff, travail qu'il quitta bientôt pour aller se fixer à Berne. Il avait obtenu l'accueil le plus flatteur des artistes de cette ville; il s'y maria en 1775, et entreprit, avec son ami Frendenbergeo, les gravures de différens ouvrages, entre autres de l'*Heptameron français de la reine de Navarre*, ainsi qu'un tableau des costumes, des mœurs et de l'esprit français avant la révolution, composé de 93 caricatures dont les sujets sont tirés du *Tableau de Paris*, par Mercier, 1 vol. in-4°, 1791. Il existe encore de lui une gravure qu'il a consacrée à la mémoire du célèbre Haller, ainsi qu'une ode qu'il a composée sur le même sujet. Les *mémoires de la vie de Dunker*, écrits par lui-même jusqu'en 1780, et en tête desquels figure son portrait très-bien gravé par Lipas, se trouvent dans le Supplément de l'histoire des meilleurs peintres de la Suisse, par J. C. Fuesslin.

DUNN (SAMUEL), géomètre anglais, né à Créditon, dans le comté de Devon, professa l'astronomie et les mathématiques, d'abord dans son pays, ensuite à Chelsea, et enfin à Londres. Dunn fut chargé d'examiner les aspirans de marine pour le service de la compagnie des Indes, et établit à Tiverton une chaire de mathématiques. Il est mort en 1792. On a de lui : 1° *Leçons sur l'astronomie et la philosophie des comètes*, 1759; 2° *Introduction nouvelle et générale à l'astronomie pratique*, 1775; 3° *le Guide du navigateur dans les mers orientales ou indiennes*, 1776; 4°*Nouveau Manuel de navigation pratique, ou Guide dans les mers des Indes*, 1778. Il existe encore de lui des *observations astronomiques* qui ont été insérées dans les Transactions philosophiques.

DUPARC (JACQUES LENOIR), jésuite, professeur de rhétorique au collége de Louis-le-Grand, né le 15 novembre 1702, à Pont Audemer, et mort à Paris au commencement de la révolution. Il a publié: *Observations sur les trois siècles de la littérature française*, in-12, 1774; *Examen impartial de plusieurs observations sur la littérature*, in-8°, Paris, 1779. On lui attribue encore un *Éloge de Louis XIV*, et des vers sur la *naissance du dauphin*. Duparc est éditeur des *Plaidoyers et discours oratoires du P. Geoffroy*, 2 vol. in-12, 1783, et des *OEuvres spirituelles du P. Judde*, 7 vol. in-12, 1781-1782.

DUPAS (LE COMTE), né à Évian, en Savoie, sur les bords du lac de Genève, fit partie de la garde nationale parisienne au commencement de la révolution, d'abord comme simple grenadier dans la division de l'Estrapade, et bientôt comme colonel de la section des Allobroges. Nommé chef de bataillon dans la 27ᵉ demi-brigade d'infanterie légère, il fit avec distinction la première campagne de Bonaparte en Italie, et mérita par le courage qu'il déploya au pont de Lodi, à l'attaque de Mantoue, etc., d'être cité par le général en chef comme un des braves de l'armée. Dupas montra la même valeur dans la campagne d'Égypte, pendant laquelle il devint capitaine des guides du général en chef; officier supérieur de la garde consulaire depuis la révolution du

18 brumaire, il fut ensuite nommé général de brigade et commandant de la légion-d'honneur. Après la bataille d'Austerlitz, le général Dupas fut élevé au grade de général de division, et rendit des services importans dans la campagne de Prusse et de Pologne, notamment aux batailles d'Iéna et de Friedland. Après la prise de Lubeck, il eut le commandement de cette ville, et, en 1813, celui de la 32e division militaire, avec le titre de gouverneur du palais impérial de Stupinis. En 1814, le général Dupas a quitté le service de la France et s'est retiré dans son pays.

DUPATY (Charles-Marguerite-Jean-Baptiste-Mercier), né à La Rochelle en 1744, mort à Paris, en 1788. Sa mémoire est chère aux gens de lettres, aux amis de la gloire nationale, et surtout aux amis de l'humanité. Il a marqué son existence littéraire et civile par des ouvrages pleins d'esprit, par des travaux qui ont préparé la réforme de notre code criminel, par de nobles résistances, et par des actions philanthropiques et courageuses. Il entra en 1767 au parlement de Bordeaux, comme avocat-général; sa première action publique fut de fonder un prix pour l'éloge de Henri IV, proposé à sa sollicitation par l'académie de La Rochelle. Il prit ensuite une part trop active ou trop courageuse dans l'affaire de La Chalotais : le ministère, qui essaya en vain de le séduire, punit à la fois son intégrité et sa résistance; et, pour s'être opposé aux lettres-patentes, qui devaient soustraire le célèbre accusé aux tribunaux ordinaires, il fut envoyé à Pierre-en-Cise, et ne sortit de prison que pour rester en exil jusqu'en 1774. Réintégré bientôt dans ses fonctions, il allait obtenir une charge de président à mortier : quatre années de persécutions, pendant lesquelles le parlement de Bordeaux avait vainement réclamé en sa faveur, allaient enfin être suivies d'une compensation honorable; les vieux membres du parlement s'opposèrent à cette justice tardive. « C'était, disaient-ils, un enne- »mi de la religion et de l'état; il »n'était pas d'une noblesse assez »ancienne; il avait attaqué les pri- »viléges du parlement; enfin il é- »tait philosophe. » Les mêmes armes servent aux hommes, à toutes les époques; vingt voix sur trente-six écartèrent M. Dupaty. Dans les gouvernemens arbitraires, l'arbitraire sert quelquefois de remède aux blessures qu'il a faites ; c'est un poison qui, pris dans certaine dose, se sert à lui-même d'antidote. Le roi interposa son autorité entre le vertueux Dupaty et la tyrannie parlementaire. Il fut reçu après bien des oppositions : des tracasseries, des intrigues, des libelles, ne refroidissent pas son zèle et ne l'éloignent point de Bordeaux; il lutte avec une persévérance infatigable contre l'esprit de corps pour veiller à la défense des malheureux; souvent il obtient la révision, le sursis, dans des affaires graves; ce n'est qu'après avoir épuisé la mesure du courage qu'il vient s'établir à Paris, se lie avec d'Alembert, épouse la sœur du jurisconsulte Fréteau, et achève ses recherches sur les lois criminelles (1788).

Cet ouvrage rendit un service éminent; il ouvrit les yeux du public sur l'immoralité d'une jurisprudence secrète, qui, par la férocité de ses lois, encourage la férocité des crimes, craint d'absoudre et juge dans les ténèbres, d'après des règles incertaines. Dupaty ne donna que l'esquisse de cet ouvrage immense; mais en signalant les défauts des lois existantes, il prépara leur réforme. Un *Voyage en Italie* lui fournit ensuite le sujet de ces lettres, si connues, si brillantes, si souvent réimprimées, que le plus minutieux des critiques et le plus sévère des écrivains modernes, La Harpe, ne put s'empêcher de regarder comme l'un des ouvrages les plus ingénieux de son siècle, tout en avouant qu'il s'y trouve des écarts et des hardiesses que le goût réprouve, et une foule d'idées plus brillantes que justes. Dupaty revenait d'Italie quand il prit en main la cause de trois hommes condamnés injustement à la roue, et leur sauva la vie. Il prouva, dans un mémoire rempli d'éloquence, que les cavaliers de la maréchaussée étaient seuls coupables du crime attribué aux malheureux condamnés; et dans un admirable plaidoyer qui fait encore répandre des larmes, il provoqua l'ordre qui les fit élargir *incontinent;* cette belle action soutenue par un beau talent, et jointe à une vie toute consacrée à la philanthropie, recommandera éternellement à la vénération des amis des hommes, la mémoire de l'illustre président Dupaty. Homme d'esprit, il fit abus d'esprit dans ses ouvrages légers; cet abus si rare rappelle quelquefois involontairement l'exclamation de saint Augustin : *ô felix culpa!* (heureuse faute!) Cette erreur peu commune l'entraîna quelquefois loin des bons modèles : comme écrivain, il eut ce que l'on appelle en peinture des parties remarquables; beaucoup de mouvemens et de saillies, de verve et de trait : irréprochable comme magistrat, il défendit constamment la liberté et l'innocence, il ouvrit la route des réformes utiles. Une imagination fougueuse, un esprit mobile et ardent ont jeté des taches brillantes sur ses écrits; une âme noble et un infatigable courage ont présidé à sa conduite politique et morale, et éterniseront son souvenir. Cet homme célèbre a légué ses talens et ses vertus à ses fils, dont l'un magistrat comme son père, l'autre sculpteur habile, et l'autre M. Emmanuel Dupaty, l'un des hommes de lettres distingués de notre époque, feront l'objet des trois articles suivans.

DUPATY (Charles), fils aîné du précédent, membre de la légion-d'honneur et de l'institut (classe des beaux-arts), fut destiné d'abord à la magistrature, et cultiva les arts sans négliger les études nécessaires à l'état qu'il devait embrasser. Appelé par la réquisition, il servit pendant quelque temps de la manière la plus honorable dans un régiment de dragons, obtint son congé, et vint à Paris étudier la peinture, sous les meilleurs maîtres de l'école française. Entraîné par un goût dominant, il s'essaya dans la sculpture, et se livra tout entier à l'étude de cet art difficile, chez le sculpteur Lemot ; il obtint le premier grand prix de sculpture, partit pour l'Italie, et passa à Rome sept années, qu'il consacra à l'étude de la nature et de l'antique. Il rapporta à Paris plusieurs ouvrages qui eurent un grand succès; entre autres un *Philoctète*, qui orne la terrasse de Compiègne, une statue du général *Leclerc*, et *la Vénus Genitrix*, qui fut achetée par le gouvernement, et placée dans le Muséum de l'histoire naturelle du Jardin des Plantes. Il exposa ensuite un *Ajax* qui, par la hardiesse de la pose, et l'héroïque énergie de l'expression, acheva d'établir la réputation de son auteur; cette statue, achetée par le gouvernement, fut placée au Louvre dans un des pavillons de la colonnade. M. Dupaty fit paraître ensuite un groupe d'*Oreste*, de trois figures, qui n'est point encore exécuté en marbre : les connaisseurs s'accordent pour voir dans ce morceau, une des plus grandes et des plus hardies compositions de l'école moderne. M. Dupaty a exécuté depuis un *Cadmus combattant le dragon de Dircé*, une *Biblis métamorphosée en fontaine*, une *Vénus* destinée à la galerie de Versailles, et le modèle de la statue équestre de *Louis XIII*, pour la Place-Royale. M. Dupaty avait exposé au salon un premier modèle en plâtre de sa Vénus, dont le public avait été satisfait ; mais il le jugea plus sévèrement lui-même, et a eu le courage de refaire un second modèle infiniment supérieur au premier, et d'après lequel il a exécuté sa statue de Vénus en marbre. Cet habile artiste se distingue par l'audace originale du ciseau, par la profonde étude de l'antique, et par la force de l'expression. M. Charles Dupaty, jeune encore, a déjà pris rang parmi les plus habiles sculpteurs dont s'honore la France.

DUPATY (EMMANUEL), second fils du président, chevalier de la légion-d'honneur, fut enlevé très-jeune par la réquision, et servit dans la marine, d'abord comme simple matelot, et ensuite comme aspirant; c'est en cette qualité qu'il se trouva au combat mémorable du 2 juin 1794, où il fit preuve du plus grand ouvrage. Il passa dans le corps des ingénieurs hydrographes, et fut employé sur les côtes d'Espagne, il entra ensuite dans le génie militaire. Les lettres qu'il avait toujours aimées, et auxquelles il se livra bientôt sans réserve, lui valurent les succès les plus flatteurs, mais qui ne furent point exempts d'amertume. *Les Valets dans l'Antichambre*, un de nos plus jolis opéras-comiques, joué aujourd'hui sous le titre de *Picaros et Diégo*, excita contre lui la colère du gouvernement, qui crut y voir la satire de ses actes et de ses agens. Condamné arbitrairement à l'exil, le jeune auteur resta prisonnier à Brest, et l'arrêté qui l'exilait à Saint-Domingue fut rapporté au bout de quelques mois. Rendu à la liberté, il continua ses travaux littéraires. Le théâtre Feydeau lui doit une foule d'opéras-comiques, qui se distinguent, comme ceux de Sedaine, par une connaissance parfaite de la scène, l'habileté de la coupe, et l'art d'amener des situations musicales ; les ouvrages de M. Dupaty joignent à ce mérite, celui d'un dialogue plein d'esprit et de grâce, et semé de mots heureux. Il a donné, sur différens théâtres de la capitale, les ouvrages suivans : l'*Opéra-comique*, en un acte, avec M. de Ségur ; *le Chapitre second*, en un acte ; *d'Auberge en Auberge*, en trois actes ; *l'Antichambre* (aujourd'hui *Picaros et Diégo*) ; *la jeune Prude*, en un acte ; *Ninon chez madame de Sévigné*, en un acte ; *Mademoiselle de Guise*, en trois actes ; *le Camp de Sobieski*, en deux actes ; *l'Intrigue aux Fenêtres*, en un acte, et *Françoise de Foix*, en trois actes, avec M. Bouilly ; *Félicie*, en trois actes ; *le Poète et le Musicien*, en trois actes, et *les Voitures versées*, en 2 actes. Au théâtre Louvois, *la Prison militaire*, en cinq actes, et *l'Amant par vanité*, en trois actes et en vers. Aux Français, *le Portrait de Préville*, et l'*Avis aux maris*, en un acte et en vers. Au théâtre du Vaudeville, *Arlequin sentinelle*, en un acte ; *Arlequin tout seul*, en un acte ; *Sophie, ou la malade qui se porte bien*, en trois actes ; *les deux Pères, ou la Leçon de botanique*, en deux actes ; *le Jaloux malade*, en un acte ; *la jeune Mère*, en deux actes ; *Agnès Sorel*, en trois actes, avec M. Bouilly ; et avec divers collaborateurs, une vingtaine d'autres vaudevilles qui, presque tous, ont obtenu un grand succès. Mais l'ouvrage le plus remarquable de M. Emmanuel Dupaty, celui qui le place au premier rang des poëtes vivans, c'est son poëme des *Délateurs ;* cette satire de circonstance, qui sera de tous les temps, est une des productions les plus distinguées de notre époque. La force de la pensée, la beauté pittoresque du vers, la vigueur comique de l'épigramme, lui assignent une place distincte et très-honorable entre les satires les plus spirituelles de toutes les littératures.

DUPATY (ADRIEN), troisième fils du président, chevalier de la légion-d'honneur, passa fort jeune à Saint-Domingue, pour essayer d'y rétablir la fortune et d'y conserver les habitations de sa famille. Il revint en France après d'infructueux essais, et entra dans la magistrature, où il se distingua par son intégrité. L'un des présidens de la cour royale de Paris, il a voulu s'associer à la belle action de son père, en faisant réhabiliter, par un jugement de la cour d'appel de Nanci, en 1815, la mémoire des trois hommes que le président avait sauvés. M. Dupaty a été nommé, par ordonnance du roi, du mois d'avril 1822, premier vice-président du collége électoral du troisième arrondissement du département de la Seine.

DUPERAT (ISAAC-JEAN DANIAU), fils d'un homme de loi du département de la Charente, partit de Cognac, sa ville natale, en qualité de cavalier volontaire, pour aller rejoindre les drapeaux de l'insurrection vendéenne ; fit ses premières armes au mois d'avril 1793, à la prise de Thouars, et reçut une blessure à celle de la Chataigneraie. Il était alors aide-de-camp de Lescure. Après la double déroute des royalistes au Mans et à Savenay, il gagna, non sans peine, les forêts de la Bretagne où se trouvait le quartier-général des *chouans*. M. Duperat, qui avait inspiré quelque confiance à Puisaye, obtint de lui un commandement dans le pays qui se trouve entre la Guerche et Château-Giron, mais il revint peu après dans la Vendée, où Sapineau le plaça à la tête de l'infanterie de l'armée du centre. Il occupa ce poste jusqu'à l'époque du traité de la Jaunais, qui pacifia pour un moment ces malheureuses contrées. M. Duperat, bien que compris dans la pacification, ne tarda pas à se réunir aux chefs qui n'avaient point déposé les armes; mais en se rendant près de Stofflet, il fut pris par des soldats de l'armée républicaine, et traduit devant une commission militaire qui ne le traita pas rigoureusement, car il fut condamné à être détenu jusqu'à la paix, et s'échappa au bout de quatre mois de la prison du Bouffai où il était renfermé. Ces événemens se passèrent dans les derniers mois de 1795 et les premiers de 1796. M. Duperat se rendit à Lyon, où une association dite des *Fils légitimes*, commençait à se former; il avait des titres pour y être admis, et il le fut. Quand la Vendée fut de nouveau pacifiée, sous le gouvernement consulaire, il obtint, du général Duteil, son acte d'amnistie, alla à Cognac voir son père, passa quelque temps dans sa famille, puis, fatigué sans doute de l'inaction dans laquelle il se trouvait, se rendit à Bordeaux pour y chercher les moyens de rallumer la guerre de la Vendée. Là, sous le prétexte de s'occuper d'intérêts commerciaux, il se mit en relation avec des hommes qu'il avait connus à Lyon, et qui comme lui s'honoraient du titre de *fils légitimes*. Il acheta en effet une quantité considérable de vins et de liqueurs, et beaucoup de plomb en saumon (lingot.) Les liquides furent transportés dans une maison qu'il avait à Nantes, et le plomb chargé pour la Rochelle. On assure que pour cette double opération, des sommes considérables lui avaient été remises par un banquier espagnol (M. Carrera), de la part du gouvernement anglais, et de quelques agens des Bourbon. Au surplus, l'éveil ayant été donné à la police sur ces prétendues spéculations, les marchands qui se réunissaient à Nantes dans la maison de M. Duperat (ces marchands étaient d'anciens chefs vendéens), furent obligés de s'éloigner, et lui-même retourna à Bordeaux. Arrêté près de Saintes, au château de la Gaudisserie, comme caissier d'une association royaliste, il repoussa avec fermeté l'accusation, et se tint constamment sur la négative. Condamné à plusieurs années de détention par la commission militaire de Nantes, il fut conduit à Paris vers la fin de l'année 1805, et détenu successivement au Temple, à Vincennes et à Saumur. Il ne sortit de cette dernière prison qu'après l'abdication de Napoléon, en 1814. M. Duperat, nommé maréchal-de-camp après le retour des Bourbon, reparut à la tête des insurgés vendéens pendant les *cent jours* de 1815, et montra d'abord beaucoup de répugnance à traiter avec les généraux de Napoléon : cependant il finit par être l'un des négociateurs envoyés près du brave Lamarque par les chefs de l'armée royale, il signa la paix pour éviter une nouvelle effusion de sang, et fut nommé prevôt à Niort, après le second retour du roi.

DUPERCHE (N.), romancier, a traduit de l'italien et de l'allemand les ouvrages suivans : 1° *Rinaldo, chef de brigands, histoire romanesque de notre siècle,* 1800, 3 vol. in-18; 2° *Benno d'Elzembourg, ou la Succession de Toscane,* 1805, 4 vol. in-12; 3° *La double Ursuline, ou l'Abbaye de Bibiena,* 1805, 2 vol. in-8"; 4° *Ferrandino, suite et conclusion de Rinaldo,* 1815, 2 vol. in-12. Un auteur portant le nom de Duperche a fait aussi plusieurs mélodrames; nous croyons, sans le garantir, que c'est le même que le romancier. Parmi ces mélodrames on distingue *la Fille du désert,* 1816.

DUPÉROU (N.), surnommé Marchand, cru long-temps républicain parce qu'il adopta, ou parut adopter avec chaleur les principes de la révolution, après avoir fait de bonnes études à l'université d'Heidelberg, employa plusieurs années à parcourir les différentes contrées de l'Europe, et revint en France avec la connaissance parfaite de cinq langues vivantes. Très-versé dans la diplomatie, il ne pouvait pas manquer d'obtenir quelque place importante dans ces temps de troubles. Après la journée du 10 août 1792, il fut d'abord nommé directeur de la police secrète de Paris. Plus tard, le ministre Lebrun l'envoya aux frontières, où sa mission fut de reconnaître la position des armées que la coalition dirigeait contre nous, et leurs forces respectives. Il devint aussi l'un des agens de la correspondance secrète de l'armée du Rhin, et rendit dans cette place d'importans services au gouvernement d'alors. Employé au ministère des affaires étrangères sous l'administration de Charles Lacroix, il devint sous-chef au bureau des consulats, et perdit cette place au mois de vendémiaire an 4 (octobre 1795), à l'occasion de quelques écrits qu'il publia et dans lesquels il paraissait partager l'opinion des *Sectionnaires* de Paris; et cependant, par un de ces contrastes que nous n'essaierons pas d'expliquer, il obtint, comme défenseur de la convention, attaquée par les sections armées le 13 vendémiaire, un pistolet d'honneur et un diplôme. M. Dupérou, qui avait eu de fréquentes altercations avec le chef de division Boulouvard, ne rentra pas dans sa place; et lorsqu'en 1799 le général Miranda rassemblait en Angleterre des élémens d'insurrection pour l'Amérique espagnole, il s'attacha à lui en qualité de secrétaire. Les projets de Miranda n'ayant pas été secondés comme il l'espérait, M. Dupérou repassa en France, où il ne tarda pas à être chargé, conjointement avec M. Hide de Neuville, d'une autre mission, dont l'objet était de favoriser le rétablissement des Bourbon. Ce fut alors que chargé d'agir sous la direction du chevalier de Coigny, il prit le nom de Marchand. L'activité de la police ne laissa pas à cette agence le temps de faire de grands progrès. M. Dupérou, et ceux qui le mettaient en œuvre, furent obligés de chercher un refuge en Angleterre. C'est en revenant une seconde fois de ce pays, après quelques mois d'absence, qu'il fut arrêté à Calais, dans le courant d'avril 1800, conduit à Paris et enfermé, au Temple, où il demeura jusqu'en 1803. A cette époque il obtint la faveur d'être mis en liberté, sous la surveillance de la haute-police. M. Dupérou s'est retiré à Grenoble, où l'on ne dit pas que les faveurs du gouvernement royal soient allées le trouver; il s'est marié dans cette ville, où il résidait encore il y a quelques années.

DUPERRET (CLAUDE-ROMAIN-LOUIS), naquit dans le Languedoc en 1747; fut d'abord nommé député à l'assemblée législative, et ensuite à la convention nationale, par le département des Bouches-du-Rhône. Ami de la liberté, et sincèrement attaché au parti de la Gironde, il ne cessa de s'opposer aux excès de la *Montagne*, dont il brava les fureurs avec la plus grande audace. Dans le procès de Louis XVI, il vota pour l'appel au peuple, pour le bannissement à la paix, et pour le sursis à l'exécution. C'est dans les séances les plus tumultueuses de cette assemblée que Duperret déployait le plus d'énergie : il s'avançait ordinairement au milieu de la salle, et de là il apostrophait et provoquait le parti de la *Montagne*. Menacé, le 10 avril 1793, par le pistolet d'un des députés qui en faisaient partie, il tira l'épée renfermée dans sa canne, et attendit ainsi son adversaire au milieu des cris d'une partie de ses collègues qui voulaient l'envoyer à l'Abbaye, et de ceux des tribunes qui demandaient sa tête. Le 31 mai, il se plaignit de la violation faite à la représentation nationale, détenue dans la salle par des factieux aux ordres de la commune de Paris, et reprocha sa lâcheté à Bertrand, qui, détenu aussi quoique membre de la commission des douze, réclamait sa liberté. Duperret, qui n'était point orateur, était fort peu connu hors de l'assemblée; et c'est ainsi qu'il ne fut pas compris dans le décret du 2 juin, porté contre les *girondins;* mais ce fut pour peu de temps qu'il échappa à la proscription. Il entretenait une correspondance avec les chefs de son parti qui s'étaient réfugiés dans la Normandie, et il avait reçu, la veille même de la mort de Marat, une lettre de Barbaroux par les mains de Charlotte Corday, qu'il avait lui-même conduite au ministère de l'intérieur. Il n'en fallut pas davantage pour perdre Duperret. Accusé par Chabot d'avoir été le complice de l'héroïne Charlotte, il prouva facilement l'absurdité de cette accusation : il fit voir que la lettre de Barbaroux lui annonçait seulement un ouvrage de Salles sur la constitution; mais il n'en fut pas moins décrété d'arrestation dans la même séance, et, peu de jours après, il fut de nouveau décrété d'accusation sur le rapport d'Amar, d'après la découverte que fit le comité de sûreté générale, que c'était chez lui qu'avait été rédigée la protestation contre les journées des 31 mai, 1" et 2 juin. Conduit à la Conciergerie le 3 octobre, il fut traduit devant le tribunal révolutionnaire le 28, condamné à mort le 30, et exécuté le 31 au matin, avec Brissot, Gensonné, Vergniaud, etc, etc. Fidèle à ses principes, Duperret mourut en faisant des vœux pour la république, et en menaçant ses ennemis de la vengeance divine.

DUPETIT-THOUARS (ARISTIDE), naquit en 1760 près de Saumur, et entra au régiment de Poitou après avoir étudié aux écoles militaires de la Flèche et de Paris. Dès son enfance, il avait manifesté un goût décidé pour la marine; la guerre de 1778 avec l'Angleterre lui donna occasion de le satisfaire, et il obtint l'emploi de garde-marine, à la suite d'un examen dont il se tira avec beaucoup d'honneur. Dupetit-Thouars ne tarda pas à donner des preuves de son courage au combat d'Ouessant, à la prise du fort Saint-Louis du Sénégal, au combat de la Grenade, et à un grand nombre d'autres affaires, jusqu'à la fin de la guerre. On lui confia alors le commandement du *Tarleton*, et on l'employa à des croisières, pendant lesquelles il acquit toutes les connaissances qui font le marin habile. Depuis long-temps il désirait entreprendre un voyage de long cours; la nouvelle du naufrage de La Peyrouse enflamme son imagination, et il forme le projet d'aller à sa recherche. Une souscription ouverte pour les frais de ce voyage, fut loin de fournir les sommes nécessaires : lui et son frère vendent leurs biens, et Dupetit-Thouars partit enfin le 2 août 1792. Cette entreprise, commencée sous de malheureux auspices, eut un résultat plus funeste encore; après avoir arraché aux horreurs de la famine 40 Portugais qui se trouvèrent dans l'une des îles du Cap-Vert, il fut obligé, pour cause d'une maladie terrible qui vint désoler son équipage, de relâcher à l'île de Fernand de Norouha, qui appartenait aux Portugais. Ceux-ci, contre le droit des gens, et sous le prétexte des troubles qui régnaient en France, s'emparèrent de son bâtiment, et l'envoyèrent à Lisbonne, où il resta long-temps prisonnier. A peine rendu à la liberté, Dupetit-Thouars repartit pour l'Amérique, fit différens voyages, et visita la chute du Niagara avec M. de La Rochefoucault-Liancourt. Rentré ensuite dans sa patrie, le directoire lui offrit du service, et lui confia le commandement du *Tonnant*, vaisseau de 80 canons, avec lequel il partit pour l'expédition d'Égypte. La flotte commit la faute de rester dans la rade d'Aboukir : bientôt l'amiral anglais, Nelson, vint pour l'y combattre. Dupetit-Thouars, dans le conseil qui fut convoqué pour décider si on devait l'attendre, assura qu'on était perdu en combattant dans une position aussi fausse. Cet avis salutaire fut rejeté; on en connaît le résultat, et l'on sait que le brave Dupetit-Thouars y perdit la vie en se défendant avec la plus rare valeur. Ce marin, avec toute la vivacité et la franchise d'un homme de mer, était doué d'une patience à toute épreuve. Bon et simple, il n'avait pas moins la plus grande indépendance dans le caractère. Il a laissé plusieurs manuscrits incomplets.

DUPEYROUX (le baron René), fit avec distinction les premières campagnes de la révolution, conquit ses grades sur les champs de bataille, et se trouvait colonel du 115me de ligne, lorsque, le 6 juillet 1809, après s'être conduit d'une manière brillante à la bataille de Wagram, il reçut la décoration d'officier de la légion-d'honneur. Il déploya le même courage dans la guerre de la Péninsule, battit les Espagnols insurgés, à Canta-Vieza, le 4 avril 1811, et fut nommé général de brigade le 12 avril 1813. Au mois de juin 1815, le général Dupeyroux faisait partie de la 10me division de l'armée du Nord. Ce brave est âgé d'environ soixante ans.

DUPHOT (Léonard), l'un des plus braves officiers-généraux de l'armée française sous le gouvernement républicain, et l'une des victimes de la faiblesse ou de la perfidie d'un gouvernement étranger. Il naquit à Lyon, au faubourg de la Guillotière, vers 1770, entra à l'âge de 15 ans dans le 61me régiment, et obtint un avancement assez rapide pour un homme qui appartenait à la classe plébéienne. Il fit partie de l'un des premiers bataillons de volontaires créés au commencement de la révolution, et parvint successivement aux premiers grades militaires. Il occupait, en l'an 2 (1794), celui d'adjudant-général à la prise de Figuières, où il tua, de sa main, un général espagnol: voici comment. Cet officier se défendait avec courage contre plusieurs Français; mais il allait succomber accablé par le nombre. Apercevant à peu de distance l'adjudant-général Duphot, il lui crie: « Général, ne souffrez pas que » vos soldats souillent leur triom- » phe; faites cesser le carnage et » battons-nous ensemble. » Duphot accepte le défi, tandis qu'un autre officier de la même nation que son adversaire propose au colonel, depuis général Lannes, duc de Montebello, un semblable défi, qui est également accepté. Les quatre guerriers combattent avec autant d'adresse que de courage. Pendant ce temps les deux armées, spectatrices immobiles, paraissent n'être là que pour donner un appareil plus imposant à une action qui semble appartenir aux beaux temps de la république romaine. Les deux Français sont vainqueurs. Ils s'empressent de prodiguer des secours à leurs nobles adversaires. Ceux-ci, blessés à mort, trouvent à peine assez de force pour leur dire: « Français, » les soins que vous nous donnez » sont inutiles; mais si vous esti- » mez la valeur et le patriotisme, » promettez-nous que vous épar- » gnerez les vaincus. » Duphot et Lannes, vivement émus, leur serrent affectueusement la main et jurent de remplir leurs désirs, ce qu'ils firent religieusement. Duphot fut nommé général de brigade à l'armée d'Italie où il se distingua en plusieurs occasions, et où il fut blessé. En 1796, le général en chef Napoléon Bonaparte le chargea d'organiser les nouvelles troupes de la république Cisalpine. A la fin de 1797, il se rendit à Rome avec Joseph Bonaparte, ambassadeur près du souverain pontife. Duphot devait épouser la belle-sœur de l'ambassadeur, Mlle Clary, aujourd'hui femme de l'ex-général français Bernadotte, roi de Suède. La veille du jour du mariage, le 8 nivôse an 6 (28 décembre 1798), un grand mouvement a lieu dans le palais de l'ambassade, où se réunissaient chaque jour des hommes en opposition avec le ministère romain, et d'autres partisans des principes politiques qui régnaient en France. L'ambassadeur et le général Duphot sont bientôt informés qu'une populace en fureur, soutenue par des troupes réglées, assiége le palais. Tous deux sortent faiblement accompagnés, espérant par leur présence rétablir l'ordre et faire respecter le caractère dont chacun d'eux est revêtu. Vains efforts! c'étaient du sang et l'expulsion des Français que cet amas de furieux demandait à grands cris. Ils font feu, et à la première décharge Duphot tombe mort à côté de l'ambassadeur, qui se retire à Florence, d'où il rend compte au directoire-exécutif de cette atroce violation du droit des gens. Le directoire fit marcher sur-le-champ des troupes. Pie VI fut obligé de prendre la fuite, et Rome tomba au pouvoir des Français, qui, toujours généreux, ne tirèrent point une basse vengeance de l'assassinat de Duphot et des outrages que sa dépouille mortelle avait reçus de la populace en délire.

DUPIN (Charles-André), né à Clamecy, en Nivernais, le 20 juin 1758. Il était neveu, par sa mère, du docteur Berryat, intendant des eaux minérales de France sous Louis XV, et auteur des deux premiers volumes des Mémoires de l'académie des inscriptions et belles-lettres. Son père, André Dupin, était un fort habile médecin, contemporain et ami du célèbre docteur Tissot, avec lequel il avait fait ses cours à Montpellier. Il a composé sur la médecine, plusieurs ouvrages restés inédits, et qui sont mentionnés avec éloge dans le catalogue des manuscrits de la bibliothèque de Lyon, par M. Delandine, 3 vol. in-8°. Charles-André, son fils, après avoir fait d'excellentes études au collége de Sainte-Barbe, à Paris, prit ses degrés en droit, et prêta le serment d'avocat au parlement, sur la présentation de M. Treilhard. En 1779, il fut pourvu, avec dispense d'âge, d'une charge de procureur du roi. En 1785, le duc de Nivernais le nomma conseiller, lieutenant particulier au bailliage ducal de Clamecy, sous l'administration provinciale de l'Orléanais, et ensuite du Nivernais. Il exerça cumulativement ces différentes fonctions jusqu'à la suppression des anciens offices de magistrature. Il fut élu membre de la première législature, en 1791, n'étant encore âgé que de 33 ans. Ecarté de la tribune, par une surdité contractée dès l'enfance, il se fit remarquer par sa facilité dans le travail et l'étendue de ses connaissances, dans les différens comités dont il fut membre, et principalement dans celui *d'instruction publique*, où il se lia d'amitié avec MM. de Lacepède et Condorcet. En 1793, il fut, comme la

Dupin (Avocat.)

plupart des gens de bien, enveloppé dans les proscriptions, et détenu dans les prisons de Nevers et de Clamecy, pendant près de 13 mois. Cet orage passé, il rentra dans les affaires publiques ; et après avoir exercé successivement les fonctions de juge et du ministère public, et celles de commissaire central près l'administration départementale de la Nièvre, il fut élu de nouveau membre du corps-législatif (conseil des anciens), où il siégea depuis 1799 jusqu'en 1804. Pendant le cours de sa législature, il fut successivement appelé aux fonctions de président du tribunal criminel de Paris, de secrétaire-général du ministère de la police, et d'avocat-général en cassation ; mais il refusa tous ces emplois, et préféra s'en tenir à sa qualité de député. Lorsqu'il sortit du corps-législatif en 1804, il accepta, pour suivre l'éducation de ses fils à Paris, les fonctions de chef de division à l'inspection-générale de la gendarmerie, alors confiée à M. le maréchal Moncey. Trois ans après, il désira retourner dans son pays natal ; il revint à Clamecy, avec le titre de procureur impérial ; il en a exercé les fonctions jusqu'en 1814. En 1815, il fut appelé aux fonctions de sous-préfet, et se retrouva ainsi (après un intervalle de 28 ans) occuper la même place qu'il avait exercée en 1787. En 1820, il a été nommé chevalier de la légion-d'honneur. Dans toutes ces situations, M. Dupin s'est toujours montré ennemi de toutes les exagérations. On l'a persécuté comme modéré, il méritait effectivement ce titre.

Simple dans ses goûts, ami de l'étude, entièrement adonné à l'accomplissement de ses devoirs et à l'éducation de ses enfans, il s'est constamment fait respecter par son éminente piété, une inflexible droiture, et un grand désintéressement. Il a eu trois fils, André, Charles et Philippe.

DUPIN (André-Marie-Jean-Jacques), avocat et docteur en droit, fils aîné de Charles-André, naquit à Varzy le 1ᵉʳ février 1783. Son éducation primaire était à peine commencée en 1793, lorsqu'il vit son père arrêté par l'armée révolutionnaire et conduit en prison. L'invasion nocturne du domicile paternel, l'apposition des scellés, l'inventaire des papiers, et toutes les scènes qui accompagnent l'enlèvement d'un chef de famille, se gravèrent profondément dans sa mémoire ; et c'est probablement à l'impression qu'il en reçut, qu'on doit attribuer la haine qu'il a toujours montrée depuis pour l'arbitraire. Sa mère sut toutefois mettre ce temps à profit. Pendant la détention de son mari, elle apprit elle-même à ses deux aînés à lire et à écrire ; elle leur fit étudier l'histoire ancienne et l'histoire romaine de Rollin, et profita du goût qu'ils prirent à cette lecture, pour jeter dans leurs âmes les premières semences de cet amour de la liberté et de la gloire qui devait soutenir et encourager leurs efforts. A l'époque où leur père fut rendu à la liberté, les anciennes écoles étaient détruites, les nouvelles n'étaient pas encore organisées ; mais avec un tel précepteur, ils n'eurent pas à regretter la perte de l'enseignement public. Pour ne parler ici que de l'aîné, après lui avoir enseigné le latin, l'histoire, la philosophie, les belles-lettres et les premiers élémens des sciences exactes, il lui fit faire son cours de droit. Il ne se contenta pas de lui apprendre le droit romain et le droit français, mais il l'appliqua à l'étude du droit naturel et du droit public, et de cette haute jurisprudence qui n'est que la perfection du cœur jointe à l'étude de l'esprit. Aussi, à peine les écoles de droit furent-elles rétablies, que le jeune élève se présenta pour soutenir thèse, et fut reçu à l'unanimité. Il ne se borna point à la licence : son père exigea qu'il se fît recevoir docteur. Comme c'était la première thèse pour ce grade, depuis le rétablissement des écoles de droit, M. Treilhard, ministre d'état, et, qui plus est, célèbre jurisconsulte, fut choisi pour la présider. M. Dupin est ainsi devenu par le fait, à l'âge de 23 ans, doyen de tous les docteurs des nouvelles écoles de droit. Son père ne voulut pas qu'il débutât par une grande cause. Cette méthode, disait-il, a pour inconvénient ou de décourager ceux qui ne s'élèvent pas à la hauteur de leur sujet, ou de les remplir d'un fol orgueil s'ils réussissent. Il vaut mieux commencer par les affaires les plus simples, et s'élever par degrés avec son talent. En 1810 plusieurs chaires furent mises au concours. Le jeune docteur croyait y avoir des droits; il plaidait depuis environ huit années, et d'ailleurs il avait déjà publié plusieurs ouvrages remarquables en jurisprudence, principalement ses *Principia juris,* qui avaient obtenu les éloges de MM. Lanjuinais, Daniels et Merlin. Toutefois il ne put réussir; et on lui préféra des hommes qui passaient pour moins habiles. C'est ainsi qu'autrefois les Toulousains préférèrent Forcadel à son docte concurrent. Cet échec, loin de décourager M. Dupin, l'excita à de nouveaux efforts. Il se rejeta tout entier du côté du barreau, où les plus grands succès l'attendaient. Il eut le bon esprit de s'attacher à ses anciens, et parmi ceux-ci, aux plus habiles. Il fit ses premières consultations sous la direction de MM. Ferey et Poirier. Après leur mort, il se lia avec M. Delacroix Frainville, long-temps leur émule, demeuré leur successeur. Et, autant par ses ouvrages que par d'excellens mémoires et plusieurs belles plaidoiries, il s'était acquis la réputation d'un savant jurisconsulte et d'un habile avocat. En 1812, M. le procureur-général Merlin le proposa, à son insu, pour candidat à la place d'avocat-général en cassation, avant M. Joubert, qui néanmoins fut nommé, sur la recommandation particulière de M. de Fontanes, alors tout-puissant auprès de l'empereur. Peu de temps après, il fut adjoint à la commission nommée, par le grand-juge (duc de Massa), pour procéder au triage et à la classification des lois de l'empire. Ce travail lui avait déjà coûté d'immenses travaux, lorsque la restauration arriva. En 1815, il fut député à la chambre des représentans par un des colléges élec-

toraux de la Nièvre. « En accep-
» tant cette mission, dit-il dans
» un de ses opuscules, je considé-
» rai que je ne changeais point de
» profession; que j'aurais seule-
» ment une cause de plus à défen-
» dre, celle de mon pays. » Les o-
pinions de M. Dupin à la chambre des représentans se lient à
l'histoire de cette époque. M™ de
Staël, dans le manuscrit de ses
*Considérations sur la révolution
française*, a parlé avec éloge de
son opinion sur le *serment;* c'est
d'après sa proposition que fut
nommée la commission chargée
de présenter un projet de constitution destiné à remplacer l'acte
additionnel; il s'opposa à ce qu'on
appelât Napoléon *sauveur de la
patrie;* dans le fameux comité secret du 21 juin, il opina avec
MM. Jay et Manuel pour l'abdication de Napoléon; il voulait
même que la chambre des représentans se déclarât assemblée
nationale; il s'opposa à la proclamation de Napoléon II, etc.,
etc. Après la seconde restauration, il fut nommé président du
collége électoral de Château-Chinon (Nièvre), et désigné comme
candidat par les arrondissemens
de Château-Chinon et de Clamecy; mais dans le collége de département, on lui préféra les candidats aristocratiques. De retour
à Paris, il reprit l'exercice de sa
profession, et il eut bientôt de
nombreuses et d'éclatantes occasions de déployer les ressources
de cette éloquence mâle et vigoureuse qui caractérise son genre
de talent. La première cause politique qu'il eut à défendre fut
celle du maréchal Ney : Berryer
père était chargé de la défense ora-
le, Dupin fut chargé de la défense écrite. Il se signala dans cette
grande affaire par plusieurs beaux
mémoires remplis de force, d'é-
rudition et de patriotisme; on a
principalement distingué celui
qui a pour titre : *Effets de la convention militaire du 3 juillet 1815,*
etc. Si l'exception tirée de cette
capitulation eût été accueillie, que
de malheurs on eût prévenus! La
réaction de 1815 n'aurait pas eu
lieu!.. M. Dupin prit aussi une part
active aux débats devant la cour
des pairs, et c'est dans une de ces
répliques rapides et animées, que,
répondant au procureur-général
Bellart qui s'opposait aux délais
réclamés par les défenseurs, il
termina un beau mouvement oratoire, par cette apostrophe dont
le souvenir est resté dans toutes
les mémoires. « Accusateur, vous
» voulez placer sa tête sous la fou-
» dre; et nous, nous voulons mon-
» trer comment l'orage s'est for-
» mé! » Les auteurs de la *Galerie
des Contemporains*, tout en rendant d'ailleurs justice à M. Dupin,
avaient fait la remarque suivante:
«On a vivement regretté (disent-
» ils, tom. 4, pag. 276) que M. Du-
» pin ait cru devoir invoquer en
» faveur du maréchal les disposi-
» tions du traité qui, en traçant
» une nouvelle ligne des frontières
» de la France, et en n'y compre-
» nant plus Sarre-Louis, rendait
» le maréchal étranger à une pa-
» trie pour laquelle il avait si bra-
» vement combattu, et qui s'hono-
» rait de le compter au premier
» rang de ses plus illustres défen-
» seurs.... » Mais les mêmes auteurs ont ensuite reconnu eux-

mêmes qu'ils s'étaient trompés. A l'art. *Ney*, tom. 7, pag. 289, ils se sont empressés de donner des explications que nous aimons à leur emprunter : « Nous igno-rions alors, disent-ils, ce que nous avons appris depuis; c'est que M. Dupin n'avait invoqué le traité du 26 novembre que d'accord avec le maréchal, et pour amener la protestation dont celui-ci avait reçu le modèle des mains de cet éloquent et généreux défenseur. Cette circonstance, ajoutent-ils, en rappelle une autre qui n'est pas sans intérêt, et qui prouve à quel point l'autorité elle-même était peu rassurée sur les conséquences du jugement qui venait d'être rendu. L'original de la protestation écrit de la main de M. Dupin, était resté dans les mains du maréchal. Après sa condamnation, M. Dupin qui, en le quittant, avait oublié de lui redemander cette pièce, pria M. Berryer fils de se charger de ce soin. En descendant de la chambre du maréchal, Berryer dit à M. Dupin, au milieu des gardes dont les salles et l'escalier étaient remplis : « Il l'a jetée au feu. » Ces derniers mots, *au feu*, furent seuls entendus; un rapport en fut fait aussitôt au ministre de la police, et dès le soir même celui-ci manda MM. Dupin et Berryer, pour leur demander s'il n'était pas question de mettre le feu au palais du Luxembourg pour sauver le maréchal ! » La seconde cause que M. Dupin eut à défendre fut celle des trois Anglais accusés d'avoir favorisé l'évasion de La Valette. M. Dupin, en plaidant à l'audience du 23 août 1816, devant la cour d'assises, cette cause qui rappelait, au milieu des scènes sanglantes de cette époque, ce que la tendresse conjugale avait de plus sublime et de plus héroïque, porta dans toutes les âmes l'attendrissement et l'admiration pour ses nobles cliens, et obtint ainsi le triomphe le plus doux auquel l'éloquence puisse aspirer. Il serait trop long de suivre M. Dupin dans toutes les autres causes politiques dont il fut chargé. Il suffira de dire que dans ces temps de malheur il se fit un devoir de répondre à l'appel de toutes les infortunes. Tantôt par des écrits courageux, tantôt par d'éloquentes plaidoiries, on le vit défendre tour à tour la gloire militaire de la France dans la personne de plusieurs généraux accusés; la liberté de la presse et celle de la pensée, dans la personne d'illustres écrivains injustement calomniés; démasquer les intrigues d'une faction puissante, et la soif des vengeances dont elle était dévorée; attaquer le crime, protéger le courage malheureux et la vertu proscrite. Nous nous contenterons de citer ici les noms des principaux d'entre ses cliens, tels que le maréchal Ney, les mânes du maréchal Brune, les lieutenans-généraux Alix, Rovigo, Gilly, le duc de Vicence, le général Porest de Morvan, l'adjudant-commandant Boyer, Fiévée, Bavoux, Mérilhou, *le Censeur, le Constitutionnel,* les rédacteurs du *Miroir*, l'archevêque de Malines, le curé de Cosne, Jouy l'académicien (deux fois), Forbin Janson, Wilson, Bruce, Hutchinson, Montain jeune, Duhamel de Rouen, Marinet contre Wellington, Madier de Montjau, etc., etc. M. Dupin ne s'est pas seulement signalé par ses plaidoyers et ses écrits en matière politique, et par cet art inconnu à l'ancien barreau, de rattacher les grands intérêts sociaux à l'examen d'une question particulière; dans les affaires civiles, il ne s'est pas montré moins habile. La seule cause du chevalier Desgraviers contre la liste civile suffirait pour le mettre au rang des premiers avocats et des plus doctes jurisconsultes, par l'étendue des recherches, la force et l'enchaînement des preuves, et la hardiesse courageuse, sans cesser d'être mesurée, qui ont distingué ses différentes plaidoiries dans cette cause à jamais célèbre. En 1819, le gouvernement fit offrir à M. Dupin la place de sous-secrétaire-d'état au département de la justice, avec le titre de maître des requêtes. Tant de motifs qu'il avait de chérir la profession d'avocat, lui firent refuser ce qu'on lui présentait sous les couleurs les plus séduisantes. En 1820, Mgr. le duc d'Orléans le nomma membre de son conseil, pour reconnaître les sages avis qu'il lui avait donnés dans l'affaire du Théâtre-Français, en l'engageant à transiger à l'entière satisfaction de l'acquéreur, sur un procès inconsidéré que le conseil de S. A. S. avait intenté en son absence. Nous ne pouvons non plus oublier les belles défenses de M. Dupin pour M. de Béranger, si justement surnommé l'*Anacréon de la gloire française*. Ajoutons, maintenant, à la louange méritée de M. Dupin, que cet avocat joint aux plus belles qualités de l'esprit, les plus nobles sentimens, et un désintéressement d'autant plus remarquable, qu'il est plus rare à l'époque de corruption où nous vivons. Plusieurs de ses cliens se sont plu à rendre hommage dans le public au refus qu'il a souvent fait de ses honoraires. Ainsi, Mme la maréchale Brune a redit dans le monde, avec le sentiment de son admiration pour la belle conduite de son défenseur, que M. Dupin avait mis lui-même des bornes à sa reconnaissance, et qu'il l'avait forcée à reprendre la moitié de la somme qu'elle lui avait offerte pour indemnité de ses soins et de son déplacement. Les rédacteurs du *Miroir* lui ont rendu publiquement le même témoignage; et nous nous plaisons à le rappeler ici, parce que ces traits qui honorent le caractère de l'homme, plus encore que son talent ne le distingue, sont trop facilement oubliés, et qu'il n'est que trop ordinaire de voir l'envie attaquer par des calomnies sourdes la vie privée des hommes dont la vie publique fut la plus honorable. *Infamiâ intactum, invidiâ, quà possunt urgent*, dit Tite-Live. On a frappé, en l'honneur de M. Dupin, une médaille où son dévouement, comme avocat, est rappelé par cette courte devise : *Libre défense des accusés.* Il ne nous reste plus qu'à indiquer sommairement le titre de ses principaux ouvrages. *Traité des successions*, in-12; *Rapports entre co-héritiers*, in-12; *Principia juris civilis*, 5 vol. in-12; *Synopsis juris romani*, in-18;

Prolegomena juris, in-18; *Réflexions sur l'enseignement et l'étude du droit*, in-8°; *Manuel des étudians en droit*, in-18; *Précis historique du droit romain*, in-18; *Des magistrats d'autrefois, d'aujourd'hui, et à venir*, in-18; *Lettres sur la profession d'avocat, et Bibliothèque de droit*, 2 vol. in-8°; *Dictionnaire des arrêts modernes*, in-4°; *Mémoires, plaidoyers et Consultations*, 12 vol. in-4°; *Code du commerce de bois et charbons*, 2 vol. in-8°; *Collection de lois par ordre de matières*, recueil officiel. Les livraisons qui ont déjà paru sont: *Lois des lois*, 1 vol.; *Organisation judiciaire*, 2 vol.; *Lois civiles*, 2 vol.; *Lois de procédure*, 1 vol.; *Lois commerciales*, 1 vol.; *Majorats*, 1 vol.; *Droits des tiers*, 1 vol.; *Lois criminelles*, 2 vol.; *Observations critiques sur plusieurs points de notre législation criminelle*, 1 vol. in-8°. M. Dupin a aussi donné une édition des *Recitationes d'Heineccius*, conférées avec notre droit français, 2 vol. in-8°, et une fort belle édition des *Principes du droit de la nature et des gens de Burlamaqui*, 5 vol. in-8°, à laquelle il a joint une table analytique des matières, fort ample et très-exacte.

DUPIN (Charles), frère d'André, né à Varzy, département de la Nièvre, le 6 octobre 1784, membre de l'institut de France, officier supérieur au corps du génie maritime, et chevalier de la légion d'honneur. En 1801, M. Dupin fut reçu le premier de tous les candidats qui se présentaient à Paris, pour entrer à l'école Polytechnique. Encore élève, il composa son premier Mémoire de géométrie descriptive, qui lui valut les suffrages et l'amitié du célèbre Monge. Il a reculé les limites de cette science, et fait connaître les résultats de ses travaux dans une série de 12 Mémoires, dont neuf présentés à la première classe de l'institut de France, furent approuvés avec distinction. M. Dupin s'est beaucoup occupé de l'application des sciences mathématiques aux services publics. Il a donné, sur la stabilité des vaisseaux, sur le tracé des routes, sur les déblais et remblais, des théories aussi neuves qu'importantes; il a fait, sur la force et l'élasticité des bois, de nombreuses expériences qu'il a soumises au calcul, et dont il a tiré des résultats remarquables autant qu'utiles. Comme ingénieur, il a rendu des services dont l'énumération sera le meilleur éloge. Durant la dernière guerre, il a servi successivement dans la flottille en 1803 et 1804; en Hollande et à Anvers en 1805, où il a concouru aux grands travaux de création de ce port; en Italie en 1806; en Provence en 1807. Dans l'hiver de 1808, il s'embarqua volontairement sur l'escadre aux ordres de l'amiral Gantheaume : le vaisseau amiral perd d'un coup de vent toutes ses voiles et sa mâture supérieure; on arrive à Corfou; l'amiral laisse aux soins de M. Dupin son vaisseau à 3 ponts, et sort pour aller rejoindre la division du général Cosmao. Il revient au bout d'une semaine; depuis 3 jours le vaisseau amiral était prêt à reprendre la mer : en 5 jours M. Dupin avec ses ouvriers militaires avait réparé toutes les avaries. L'amiral désirait s'attacher et ramener en

France l'ingénieur qui venait de le servir ainsi; mais M. Dupin avait été maltraité à Toulon; il préféra rester dans les îles Ioniennes. La fondation de l'académie ionienne eut lieu 3 mois après son arrivée; son zèle et ses travaux soutinrent cette académie, dont il fut secrétaire. Il fit fonder, sous le titre de *prix olympiadiques*, des prix de langue grecque ancienne et moderne, qui devaient être distribués au retour de chaque olympiade, et pour lesquels on appelait à concourir les écrivains grecs dispersés dans toutes les parties de l'Europe et de l'Asie. C'est à Corcyre que M. Dupin traduisit les olynthiaques de Démosthène, et composa ses *Considérations sur l'éloquence de l'orateur athénien;* il fut membre de la commission chargée de réduire les mesures des îles Ioniennes et de la Grèce, en nouvelles mesures françaises. Il quitta ces îles en 1811; retenu 13 mois dans l'Italie par des fièvres contagieuses, il trouva pourtant le loisir, en séjournant aux bains de Pise, de publier la vie de son ancien ami, le major Léopold Vacca, et l'œuvre posthume de ce militaire, connue sous le titre d'*Examen des travaux de César au siége d'Alexia.* Dans l'hiver de 1812 à 1813, M. Dupin en convalescence publia ses développemens de géométrie, ouvrage original et profond. Ensuite il partit pour Toulon : ce fut là qu'il sauva de l'oubli et de la destruction les belles sculptures que Le Puget avait faites pour les galères de Louis XIV. Ces monumens de notre gloire navale, restaurés par ses soins éclairés, devinrent le plus bel ornement du Musée maritime : création dont M. Dupin enrichit l'arsenal de Toulon. C'est dans ce port qu'il commença son tableau de l'architecture navale aux 18me et 19me siècles, ouvrage qu'il continua jusqu'en mai 1815. A cette époque il fut envoyé avec ses ouvriers militaires pour concourir à l'armement et à la défense de Lyon contre les Autrichiens. Les travaux achevés, Lyon évacué, M. Dupin conduisit le corps qu'il commandait en Auvergne d'abord, à Rochefort ensuite; apportant tout son zèle à prévenir la désertion, alors même que tout espoir de défense était perdu, parce qu'il mettait son honneur à conserver pour la patrie jusqu'au dernier moment un corps qui, sous ses ordres, n'avait jamais servi que pour défendre la patrie. Ce corps fut licencié à Rochefort. Tout en rendant ses comptes administratifs, M. Dupin étudie les nouvelles machines établies dans ce port, et rédige pour l'institut la seule description qu'on en ait faite. Ce travail terminé, M. Dupin ne trouvant plus en France de travaux qui suffisent à son activité, demande un congé pour visiter les ports de l'Angleterre. On commence par repousser sa demande, 10 mois suffisent à peine pour obtenir une réponse favorable. En attendant, M. Dupin compose et présente au ministère de la marine un examen raisonné d'un nouveau système de charpente, récemment adopté dans la construction des vaisseaux anglais; il demande, mais sans l'obtenir, l'essai de cette heureuse innovation : il part.

Quatre voyages, 20 mois de séjour et deux mille lieues de route, sont employés à visiter et à connaître tous les grands établissemens de cet empire. M. Dupin s'était proposé d'embrasser l'ensemble des institutions et des travaux publics de cette contrée: guerre, marine, ponts et chaussées, industrie et commerce, ont été l'objet de ses recherches. Retenu deux mois à Dublin par une chute grave, il emploie ce loisir à composer sa *lettre à Milady Morgan, sur Racine et Shakespeare*, ouvrage qui montre une connaissance approfondie des beautés de ces grands poètes. M. Dupin arrive à Londres. Lord Stanhope fait entendre sa fameuse motion pour prolonger en France le séjour de la garnison européenne; un généreux patriotisme dicte à l'ingénieur français une réponse éloquente qui parut sur-le-champ à Londres, et qui, réimprimée à Paris, saisie, et déférée aux tribunaux, fut enfin rendue au public, sans que l'auteur eût voulu consentir aux suppressions qu'on espérait obtenir de lui. Ces tracasseries et ces occupations momentanées ne le détournent pas de son objet principal. Trois mois après il publie ses *Mémoires sur la marine et les ponts et chaussées de France et d'Angleterre;* ouvrage dont la traduction anglaise eut coup sur coup deux éditions. Ce nouveau titre ajouté à tous les précédens, ouvrirent à M. Dupin les portes de l'académie des sciences, en octobre 1818. Fixé dans la capitale, il profita d'abord de ce séjour, en publiant l'histoire des travaux de son maître et de son ami, G. Monge, ouvrage qu'on a distingué pour la noblesse des pensées et la chaleur des sentimens qu'il exprime. M. Dupin a payé sa dette à l'académie par plusieurs discours prononcés dans les séances publiques. Le 1er sous ce titre : *Influence des sciences sur l'humanité des peuples*, a pour objet de réfuter des paradoxes de M. de Fontanes, contre l'utilité des connaissances positives. Le 2me offre le tableau des *Progrès de la marine française depuis la paix;* le 3me ayant pour titre : *Considérations sur les avantages de l'industrie et des machines*, réfute victorieusement les erreurs si complaisamment soutenues par les ennemis de l'industrie et du savoir. Lors de la création du nouvel enseignement établi près du Conservatoire des arts et métiers, M. Dupin fut chargé de créer le cours de mécanique appliquée aux arts, ce qu'il a fait en remplissant l'attente qu'on s'en était formée. Le principal ouvrage de M. Dupin, est celui qu'il a commencé de publier en 1820, sous le titre de *Voyages dans la Grande-Bretagne;* la 1re partie intitulée : *Force militaire*, et la 2me, *Force navale*, ont déjà paru. C'est un tableau complet des institutions et des travaux militaires et maritimes de l'empire britannique. Cet ouvrage écrit d'un style noble et sévère respire un généreux patriotisme : partout M. Dupin recherche par quels moyens on peut donner une grande énergie à la force publique, et des garanties puissantes à la liberté, à la sécurité des citoyens. La 3me partie de cet ouvrage, sous le titre de

Force commerciale, comprendra l'exposition des moyens qui ont livré à l'Angleterre le commerce des mers, et par suite des continens; ainsi que les travaux publics, indispensables à la prospérité du commerce, ponts et chaussées, canaux, ports marchands, etc. L'auteur terminera son entreprise en faisant connaître la force productive et la force sociale de l'empire britannique.

DUPIN (Philippe-Simon), 3™*. fils de Charles-André, né à Varzy, le 7 octobre 1795. Après voir fait ses premières études au collége de Varzy, et commencé l'étude du droit sous la direction de son père, il passa sous celle de son frère aîné, qui le mit promptement en état de prendre les grades de licencié et de docteur. Il parut au barreau sous les auspices de son frère, à l'âge de vingt-deux ans, et ne tarda pas à s'y faire remarquer par une instruction solide, une dialectique pressante, une grande précision d'idées, et du nerf dans la diction. Il s'est particulièrement distingué dans la défense de Rosa Marcen, épouse du prétendu comte de Sainte-Hélène; dans celle du *Constitutionnel*, prévenu d'attaque contre les Missionnaires; et en dernier lieu dans la plaidoirie à la cour des pairs, pour le capitaine Dequevauvilliers.

DUPIN (Charles), né à Clamecy, en Nivernais, le 11 août 1751, oncle de Charles-André. Entré d'abord dans la compagnie de Jésus, dont l'esprit ne s'accordait guère avec celui de sa famille, il en quitta l'habit au bout d'un an. Il fut aussitôt employé dans l'administration de l'enregistrement et des domaines, et devint successivement notaire et contrôleur des actes à Paray-le-Monial; receveur de l'enregistrement à Saulieu et à Bourg-en-Bresse, et inspecteur à Aix. puis à Montpellier. Aux connaissances qu'il avait acquises dans ces différens emplois, il voulut joindre l'étude de la jurisprudence, et se fit recevoir avocat au parlement de Toulouse. En 1775. il s'attacha à M. le vicomte de Saint-Priest, intendant de Languedoc, en qualité de secrétaire particulier. Les états le choisirent en 1777 pour défendre les diocèses et communautés de la province contre les attaques des administrateurs du domaine, à raison des droits de contrôle, insinuation, etc. Dans cette charge honorable, dont il avait le premier conçu l'idée, il sut restreindre les prétentions des agens du fisc dans les justes limites qu'il n'avait jamais dépassées lui-même quand il exerçait les mêmes fonctions. M. de Ballainvilliers ayant succédé à M. de Saint-Priest, comme intendant de Languedoc, il obtint la place de secrétaire en chef de l'intendance. Ses talens et ses services ne pouvaient manquer d'être appréciés, lorsqu'un nouvel ordre de choses ouvrit une nouvelle carrière au mérite. A la première assemblée électorale de l'Hérault, il fut nommé procureur-général-syndic du département, et en remplit les fonctions jusqu'en l'an 4, époque à laquelle il fut appelé, comme membre de la cour de cassation, à la première magistrature de France. Le désir de se réunir à sa famille, et les troubles du 18 fructidor, le déterminèrent à retourner en province; et, rentrant dans la carrière qu'il avait parcourue d'abord, il devint directeur de l'enregistrement et des domaines à Rouen, et un an après à Montpellier. Il mourut dans cette dernière ville le 9 novembre 1808, environné de l'estime publique, dont il s'était rendu digne par ses lumières, les travaux utiles qui avaient rempli sa vie, et des qualités plus précieuses encore que les talens. Un seul trait peut donner une idée de la générosité de son caractère. Un de ses amis avait un procès considérable pour une substitution. Après des procédures longues et ruineuses, il avait perdu son procès, et se trouvait sans ressources pour interjeter appel au parlement. Dupin examine les pièces du procès; ce coup d'œil sûr qu'il portait dans les affaires lui démontre que le bon droit est du côté de son ami : il lui demande un pouvoir, en lui disant seulement qu'il se charge d'avancer les frais. Dupin n'avait alors pour tout bien qu'une petite propriété rurale, qu'il affectionnait beaucoup, aux environs de Montpellier. Sans en prévenir son ami, il la vend, suit le procès, imprime, plaide, gagne en plein la cause, et fait envoyer son ami en possession d'une fortune considérable. Cet ami lui en fait ses remercîmens, mais ne lui parle nullement de lui rembourser ses avances; et Dupin, quoique surpris de cette espèce d'indifférence, se garde bien de lui parler d'argent. A quelque temps de là, cet ami vient à mourir, et laisse un testament par lequel il institue Dupin son légataire universel. Cette acquisition était assurément fort légitime : *N'est si bel acquêt que de don*, dit un vieux jurisconsulte. Mais Dupin apprend que le testateur avait une sœur unique. Cette dame, sans avoir de grandes richesses, jouissait cependant d'une honnête aisance, et pouvait se passer des biens de son frère. Néanmoins Dupin renonce au legs en sa faveur, et déclare s'en tenir au remboursement strict de ce qu'il avait déboursé pour le procès. La sœur fait comme avait fait son frère: elle ne s'épuise pas en protestations de reconnaissance; mais, quelques années après, elle laisse en mourant un testament par lequel elle lègue de nouveau à Dupin les biens venant de son frère. Pour cette fois, Dupin accepta le legs. Voilà certainement une fortune bien acquise, et ce combat de générosité fait également honneur à tous les acteurs. Dupin avait eu un fils capitaine au 2me bataillon de l'Hérault, qui fut tué en Italie au commencement de la révolution, à la tête de sa compagnie. On a de Dupin des *Instructions sur diverses questions relatives aux droits de contrôle, d'insinuation, de centième denier et autres, avec des observations analogues à chaque espèce, précédées du tarif du* 19 *novembre* 1722, publiées à Montpellier en 1787 et 1788. Les états de Languedoc avaient voulu se charger de l'impression de cet ouvrage utile, dont les journaux du temps parlèrent avec éloge.

DUPIN (Claude-François-Étienne baron), né à Metz, le 30

novembre 1767, fils d'un premier secrétaire de cette intendance. Son grand-père, né à Donzy (Nièvre), avait aussi rempli les mêmes fonctions avec un talent et une intégrité dont l'éloge est consigné dans les *Affiches* de Metz, du 6 novembre 1765. Le 15 décembre 1787, il fut nommé inspecteur des commis mouleurs de bois, à Paris. Il était en même temps secrétaire du parquet du procureur du roi et de la ville. En février 1791, l'administration du département de Paris se constitua, et il y fut attaché en qualité de chef du secrétariat. Le 11 novembre 1793, il devint secrétaire-général, emploi qu'il géra pendant cinq ans. Plusieurs proscrits lui durent alors la conservation de leur fortune; et par ses soins, un notaire de Paris évita l'échafaud. En 1796, il épousa la veuve de Danton, qu'il avait demandée en mariage du vivant de la première femme de ce ministre. Lors des élections de l'an 6, le directoire le nomma pour exercer près de l'assemblée électorale de Paris, la surveillance que les lois de cette époque attribuaient au gouvernement. Redoutant l'influence du parti anarchiste, il se servit de M. Dupin pour opérer une scission. L'assemblée se tenait à l'Oratoire; M. Dupin emmena une partie des électeurs à l'Institut; et une loi sanctionna les opérations de cette assemblée scissionnaire. En récompense de ce service, M. Dupin fut nommé, le 29 mai 1798, commissaire du pouvoir exécutif près l'administration centrale du département de la Seine. L'année suivante, le directoire se flattait de remplacer par le ministre de la police (Duval), celui de ses membres qui serait éliminé par le sort, et le portefeuille de la police était destiné à M. Dupin. Mais ce gouvernement fut puni par où il avait péché; il fut renversé par ce détestable système de scissions qu'il avait voulu introduire dans toutes les assemblées électorales. Son commissaire ne fut pas épargné; le 8 juillet 1799, M. Dupin fut destitué. Dénoncé dans le journal de Lesage-Sénault, il fut obligé de se cacher. Bientôt un nouveau gouvernement s'établit; M. Dupin rentra au département de la Seine, en qualité d'administrateur nommé par arrêté des consuls du 29 décembre 1799. Le 3 mars 1800, il fut envoyé à la préfecture des Deux-Sèvres : les brandons de la guerre civile y fumaient encore. M. Dupin acheva la pacification par sa prudence et sa fermeté. Il créa au chef-lieu plusieurs institutions favorables au progrès des lumières, telles que société d'agriculture et athénée; des monumens, tels que salle de spectacle, fontaines, halles, etc.; surtout il parvint à l'entière abolition de la mendicité. Il fit construire un hôtel de préfecture; mais tandis que de pareilles constructions coûtaient ailleurs jusqu'à 800,000 francs, la préfecture de Niort, toute meublée, ne revint qu'à 54,000 fr., et la plus grande partie de cette somme était le résultat des économies du préfet. Il améliora la race des bêtes à cornes, par l'importation de vaches et de taureaux suisses; il avait commencé le rétablissement des haras, avant que le gouvernement s'en occupât. Après avoir géré cette préfecture pendant treize ans, destitué le 12 mars 1813, il laissa dans le Poitou la réputation d'un administrateur régulier, laborieux, juste et économe. Le 31 août suivant, il fut nommé maître des comptes. Il avait été fait membre de la légion-d'honneur, le 14 juin 1804; officier, le 1*er* septembre 1808; baron, le 15 août 1809. Les principaux ouvrages publiés par M. Dupin, sont : un *Mémoire sur la statistique du département des Deux-Sèvres*, imprimé à Paris aux Sourds-Muets, an 9; autre *Mémoire statistique*, sorti des presses de l'imprimerie nationale, an 10, et que M. Chaptal a cité pour modèle ; *Dictionnaire géographique, agronomique et industriel*, du même département, Niort, an 11; deux volumes in-4° d'*Instructions pour les Maires*, imprimés à Niort, 1808 et 1812; *Précis historique de l'administration et de la comptabilité des Communes*, Paris 1820; *Histoire de l'administration des secours publics*, Paris 1821; plusieurs Mémoires insérés dans le Recueil publié par la société royale des antiquaires de France, société que l'auteur a présidée en 1815.

DUPIN (ANTOINE), membre de la convention nationale, était employé dans les fermes lorsque le département de l'Aisne le nomma député à cette assemblée, où, dans le procès du roi, il vota, comme son collègue de députation Condorcet, la peine la plus forte après la mort, c'est-à-dire celle de la déportation. Homme ambitieux, mais sans talent; naturellement faible et timide, Dupin approuva les proscriptions, et toutefois craignit d'y prendre une part trop active. Il fut du parti de *la Montagne*, et l'ami particulier de Barrère et d'Amar. Néanmoins, le 12 juin 1793, il protesta contre les événemens du 31 mai précédent. Cet acte de courage lui ayant été vivement reproché par plusieurs de ses collègues, il se rétracta le 30 du même mois. Depuis long-temps on accusait les fermiers-généraux d'*altérer les tabacs*. En effet, dans les entrepôts on mouillait outre mesure le tabac râpé, qui, gardé dans cet état, fermentait et se putréfiait. L'illustre Lavoisier, l'un des fermiers-généraux, s'était toujours opposé à cette altération, malgré le bénéfice immense qui en résultait pour la ferme. Long-temps avant la révolution, des plaintes graves avaient été portées au parlement de Bretagne; le roi nomma deux commissaires, MM. Baumé et Cadet-de-Vaux, pour aller examiner les tabacs de cette province. Ces chimistes en trouvèrent cent milliers dans un état de pleine fermentation, et les firent brûler; mais dans le rapport qu'ils firent au parlement ils eurent soin de constater l'opposition formelle que LAVOISIER (*voy.* ce nom) avait toujours mise à l'opération du mouillage. La convention nationale ayant ordonné l'examen de la conduite des fermiers-généraux, Dupin fut chargé du rapport de cette affaire. C'est à la suite de ce rapport, qu'il présenta le 16 floréal an 2 (5 mai 1794), que soixante d'entre eux, parmi lesquels se trouvait Lavoisier, furent mis en jugement et condamnés à mort sur l'accusation *atrocement dérisoire*, disent les auteurs d'une biographie étrangère, *d'avoir mis de l'eau dans le tabac*. Le délit existait réellement ou avait existé : le réprimer par une peine proportionnée n'eût été qu'un acte de justice; mais ce ne fut pas là le véritable motif de l'accusation. On voulait sacrifier des citoyens riches pour partager ensuite leurs dépouilles. Quelque temps après le 9 thermidor an 2 (27 juillet 1794), sur le reproche qui fut fait à Dupin d'avoir immolé à sa cupidité et à celle des proscripteurs plusieurs citoyens innocens des faits qui leur étaient imputés, il répondit qu'il n'avait été chargé que de vérifier leurs comptes; mais que soumis aux comités du gouvernement, et suspecté de partialité en faveur des proscrits, il avait dû les sacrifier pour ne pas périr lui-même ; il retraça d'ailleurs les manœuvres pratiquées pour les perdre, accusa ses collègues, Montaut, d'avoir proposé leur expropriation, et Vadier, de l'avoir dénoncé comme leur étant vendu ; il rappela qu'il avait sollicité quelques exceptions individuelles, et arraché au tribunal révolutionnaire les citoyens Sanlot, Labante et Bellefaye, adjoints aux fermiers-généraux; il demanda l'annullation de la confiscation de leurs biens, la conversion du séquestre en une simple opposition sur immeubles. Dénoncé par les veuves et les enfans des condamnés, il donna de nouvelles explications. Le 22 thermidor an 3 (9 août 1795), Lesage (d'Eure-et-Loire) le fait décréter d'arrestation, par suite des inculpations dont il était l'objet et des pièces à sa charge, il fait apposer le scellé sur ses papiers et sur ceux de sa belle-mère ; quelque temps après il rétracte ce qu'il avait avancé contre cette dame, et fait révoquer la mesure décrétée à son égard. Dupin ayant recouvré la liberté par suite de l'amnistie du 4 brumaire an 4 (26 octobre), fut obligé pour vivre de solliciter un emploi, ce qui rendrait suspecte, au moins d'exagération, l'accusation d'avoir partagé la dépouille des fermiers-généraux; il passa dans les départemens réunis, où il exerça un emploi médiocre, et ne revint en France qu'en 1814, après l'évacuation de ces départemens. N'ayant point voté la mort dans le procès du roi, ni signé l'acte additionnel, il n'a pas dû quitter la France par suite de la loi du 12 janvier 1816, portée contre les conventionnels dits *votans*.

DUPLANIL (J.-D), docteur de la Faculté de Montpellier, ancien médecin honoraire du comte d'Artois, né en 1740, est mort le 7 août 1802, à Argenteuil, près de Paris. On ne connaît guère de lui que ses ouvrages, qui annoncent un praticien habile et un médecin savant. Il a publié : 1° la *Traduction de la médecine domestique*, de l'anglais de Buchan, dont la 5ᵐᵉ édition a paru en 1802, 5 vol. in-8°, Paris : le 5ᵐᵉ volume est de Duplanil, et renferme une espèce de Dictionnaire explicatif de tous les termes de médecine, la description anatomique du corps humain, un aperçu des fonctions de ses organes, la composition de plusieurs médicamens, etc., etc.; 2° *Méthode nouvelle et facile de guérir la maladie vénérienne*, un vol. in-8°, 1785, traduit de l'anglais de Clare, et enrichi de notes curieuses; 3° *Médecine du voyageur*, 3 vol. in-8°, Paris, 1801. Il existe encore de Duplanil un manuscrit qui a pour titre : *Clef des ouvrages qui composent ma bibliothèque, ou Livre de renvois à chacun d'eux, au moyen de laquelle on peut aller sur-le-champ au volume et souvent à la page*, etc., ouvrage immense, qui pourrait être utilement consulté par les bibliographes.

DUPLANTIER (C. M. Valentin), était avocat du roi au bailliage de Bourg-en-Bresse, avant la révolution, et fut nommé en 1790 commissaire près le tribunal du département de l'Ain. Duplantier s'était montré opposé au parti de la Montagne; obligé, après la révolution du 31 mai, de quitter son pays pour se soustraire à la proscription, il alla se réfugier à l'armée d'Italie, où il occupa une place dans les charrois. Il revint dans le département de l'Ain après la chute de Robespierre, et fut élu, en septembre 1795, député au conseil des cinq-cents. Lié avec le parti de Clichy, il parla contre l'amnistie réclamée en faveur des délits révolutionnaires, et demanda l'annullation de la loi contre les parens des émigrés. Dans le mois de mars 1797, il défendit le jugement attaqué par le directoire, et rendu par le tribunal de cassation en faveur de Lavilleheurnois. Le 12 juillet de la même année, il fit un rapport contre les clubs, qu'il représenta comme l'arsenal du jacobinisme; le 19 il parla en faveur des fugitifs de l'Alsace, contre Bourdon de l'Oise qui s'opposait à leur rentrée; et le 21 du même mois, au moment de la lutte qui s'était élevée entre le directoire et les conseils, il annonça à l'assemblée que de nouvelles troupes marchaient sur la capitale, malgré les protestations du gouvernement. Cette opposition constante au pouvoir faillit perdre Duplantier; son nom fut porté sur les listes de proscription du 19 fructidor. Mais il eut le bonheur de se réfugier en Suisse, et par-là d'échapper à la déportation. De la Suisse, il alla dans la Toscane. et obtint son rappel en 1799. Après avoir été conseiller de la préfecture de l'Ain, il fut nommé en 1802 préfet du département des Landes, préfet du département du Nord en 1810, et maître des requêtes en 1812. Il est mort en 1814, et jouissait de la réputation d'un homme de bien.

DUPLANTIER (Fronton), de Bordeaux, après avoir été député suppléant de la Gironde à l'assemblée législative, fut, en septembre 1792, choisi par le même département comme député à la convention nationale. Il vota dans le procès de Louis XVI pour la mort sans appel ni sursis, donna sa démission dans le mois de juin 1793, et resta ignoré pendant le règne de Robespierre. Nommé président de l'administration du département de la Gironde après l'établissement du gouvernement directorial, il entra au conseil des cinq-cents dans le mois de germinal an 6. L'énergie avec laquelle Duplantier se prononça contre la révolution du 18 brumaire le fit exclure du corps-législatif, et depuis cette époque il n'a point reparu sur la scène politique.

DUPLAY (M.), juré au tribunal révolutionnaire, exerçait à Paris la profession de menuisier, à l'époque de la révolution; il jouissait d'une honnête aisance et même d'assez de considération dans son état, lorsque, pour son malheur, Robespierre vint, après les journées d'octobre 1789, loger dans sa maison. L'opinion publique était alors favorable au député, qu'on voyait chaque jour monter à la tribune pour défendre les intérêts du peuple. Depuis, devenu tyran, ce même député couvrit la France de sang et de larmes. Duplay, patriote de bonne foi, fut l'une des premières dupes de l'hypocrisie de son hôte, qui lui inspira une confiance sans bornes, et à laquelle se joignait le respect qu'impose ordinairement un génie qu'on croit extraordinaire. D'après de semblables dispositions, on concevra facilement comment toute la famille de Duplay fut dévouée à Robespierre, qui était pour elle une espèce de divinité tutélaire. Comme le tribun farouche ne manquait pas d'insinuer que ses jours étaient menacés par les ennemis du peuple, les deux fils de Duplay furent les premiers de ses douze gardes-du-corps, dont Boulanger était le capitaine; et les filles de Duplay, ainsi que leur mère, eurent la mission de diriger ces groupes de femmes chargées d'applaudir à outrance, dans les tribunes de la convention, celui qu'on nommait *l'Incorruptible;* ce fut aussi par la faveur de son patron que Duplay fut nommé au tribunal révolutionnaire en 1793. Après la chute de Robespierre, le 9 thermidor an 3 (27 juillet 1794), cette famille fanatisée fut, à l'exception de la mère qui s'était pendue de désespoir dans la nuit du 9 au 10, arrêtée et conduite à Sainte-Pélagie; mais comme on ne trouva point de charges suffisantes pour motiver la condamnation d'aucun de ses membres, elle fut rendue à la liberté après la journée du 13 vendémiaire an 4. Duplay, dont ces événemens avaient dérangé la fortune, est mort depuis quelques années, dans un état assez voisin de l'indigence. On a dit que sa fille aînée avait été secrètement mariée à Robespierre, mais cela n'est pas suffisamment prouvé.

DUPLEIX DE MÉZY (N), membre de la chambre des députés, conseiller-d'état et ex-directeur-général des postes, fut élu député par le corps électoral du département du Nord, en 1816, et réélu en 1821. Il a siégé constamment à la partie droite du centre, et appuyé tous les projets de loi présentés par les ministres. Il parla principalement dans toutes les discussions qui eurent lieu relativement à l'administration des postes, et s'opposa fortement aux demandes des facteurs, destitués en 1815, lesquels réclamaient le montant des retenues qu'on leur avait faites et qui devaient servir à former une masse pour leur pension. A la séance du 16 mars 1822, dans la discussion de l'article 4 du budget, relative à la réforme des employés et à l'indemnité qui devait leur être accordée, il proposa par amendement, d'ajouter à ces mots, *proportionné à leurs services*, ceux-ci : indemnité qui pourra durer autant qu'ils auront de services *récompensables*. Lorsque le président demanda si l'amendement était appuyé, un membre du côté droit répondit, *non, il n'est pas français*. Ce petit trait d'esprit parut beaucoup amuser les membres du côté gauche. M de Mézy expliqua ce qu'il avait voulu dire par le mot *récompensables*. Il entendait, par là, les années de services qui comptent pour la retraite; en conséquence il proposa de mettre à la place, *susceptibles de récompense*. L'amendement fut rejeté. Comme notre impartialité nous fait un devoir d'être justes envers tout le monde, nous citerons en faveur de M. Dupleix de Mézy un passage de l'excellent discours de M. de Girardin, prononcé dans la séance du 9 avril 1822, lorsqu'on discutait le chapitre 5 du budget, sur l'administration des postes : « M. de Mézy, dit-il, a » marqué son passage dans l'ad- » ministration des postes par d'u- » tiles établissemens. On lui doit » le perfectionnement de la comp- » tabilité, la diminution des non- » valeurs, la rentrée des débets » considérables qui, à la fin de 1816, » s'élevaient encore à 3, 360, 000 » francs. On lui doit surtout l'é- » tablissement des malles-postes, » si vivement désirées, et qui con- » tribuent d'une manière si effica- » ce à accélérer les différens ser- » vices. Il n'y a pas un seul dé- » partement qui ne profite de cet- » te amélioration; le commerce » en a senti tout le prix, et il n'est » pas inutile de dire qu'elle a don- » né aussi les moyens de soutenir » les postes aux chevaux en leur » assurant un service régulier, et » qu'elle a permis d'économiser » quatre à cinq cent mille francs » d'indemnité accordés annuel- » lement aux maîtres des postes. » On ne pouvait pas rendre un témoignage plus honorable à la conduite de M. Dupleix de Mézy, comme administrateur.

DUPLESSIS (LE COMTE VIGOUREUX), revenu en 1795 de l'île de Bourbon, dont il avait été nommé gouverneur avant la révolution, se prêta volontiers aux intentions du parti clichien, qui voulait lui faire obtenir le commandement de la garde du corps-législatif, dont le dévouement à ce parti ne paraissait point assez absolu. La journée du 18 fructidor an 4 (septembre 1797) ayant détruit l'espérance des Clichiens, M. Duplessis, qui ne se trouva pas compromis dans cette affaire, attendit en silence les événemens. Après la révolution du 18 brumaire (9 novembre 1799), il obtint le commandement des vétérans de Paris, qu'il conserva sous le gouvernement consulaire et sous le gouvernement impérial. Il reçut sous ce dernier, avec le grade de général de brigade, l'honorable titre de commandant de la légion-d'honneur. Nommé en 1809 président du collége électoral du Loiret, et chargé de porter la parole au nom de la députation qui devait exprimer à l'empereur, lors de son retour d'Espagne, les sentimens de ce collége, il s'en acquitta, selon l'esprit du temps, à la satisfaction de ceux dont il était l'organe, et de celui à qui s'adressait le discours. Au mois de novembre 1814, le général Duplessis reçut le titre de comte, et le 27 décembre de la même année, celui de commandeur de l'ordre de Saint-Louis. M. Duplessis a publié, en 1815, un *Mémoire au roi*, in-8°; l'association paternelle des chevaliers de Saint-Louis et du Mérite-militaire, l'a choisi pour son président.

DUPLESSIS (Joseph-Alfred), membre de l'académie royale de peinture, naquit à Carpentras. Son père qui, lui-même, avait quitté la chirurgie pour la peinture, voyant dans le jeune Duplessis de véritables dispositions pour cet art, abandonna le projet qu'il avait formé de le faire entrer dans l'état ecclésiastique, et lui enseigna lui-même les premiers élémens de son art. La rapidité des progrès de son fils le décida à lui donner pour maître le frère Imbert, peintre connu, qui habitait alors la chartreuse de Villeneuve-lès-Avignon. Après avoir travaillé pendant quatre ans sous cet habile maître, Duplessis fut jugé en état d'aller en Italie pour y perfectionner son talent. Il fréquenta à Rome l'école de Subleyran, et peignit, tour à tour, l'histoire, le portrait et le paysage. Il excellait surtout dans ce dernier genre; et Vernet, avec qui il se trouvait alors à Rome, lui avait conseillé de s'y adonner entièrement. Toutefois, Duplessis ne fut pas maître de suivre ce conseil; après quatre ans de séjour en Italie, il revint dans son pays, où il fit plusieurs portraits et des tableaux d'église. De là, il alla à Lyon, y resta encore quelques années, et vint enfin à Paris. Son goût n'était point pour le portrait; mais le besoin le contraignit à se livrer à ce genre, dans lequel il obtint un succès complet. Ses productions l'avaient placé dans une position aisée, lorsque la révolution vint renverser sa fortune. Il fut alors obligé d'accepter la place de conservateur du Musée de Versailles, qu'il a occupée jusqu'à sa mort, arrivée le 1er avril 1802. Ses portraits les plus remarquables sont ceux de l'abbé Arnaud, avec qui il était lié, d'Allegrain, de Vien, de Francklin, de Thomas, de Marmontel, de Gluck, de l'abbé Bossut, de M. et de Mme Necker. Duplessis passait pour un de nos peintres les plus habiles à faire le portrait; il joignait la vertu aux talens, et s'est constamment montré reconnaissant envers le frère Imbert, son premier maître.

DUPLESSIS-DE-GRÉNÉDAN (N.). Nommé, en 1815, à la chambre des députés, par le département d'Ille-et-Vilaine, il se fit remarquer par l'exaltation ultra-contre-révolutionnaire de ses principes, et demanda, en comité secret, que le roi fût supplié, par une adresse, d'enjoindre à tous les procureurs-généraux du royaume, ainsi qu'aux ministres, préfets et fonctionnaires publics de toute espèce, de rechercher, faire arrêter et traduire devant les tribunaux, c'est-à-dire devant des cours prevôtales, tous les hommes présumés coupables d'avoir, par quelque moyen que ce fût, favorisé le retour de Napoléon; proposition qui, malgré les dispositions bien connues de la majorité, n'eut cependant pas de suite. Il demanda aussi que le supplice du gibet fût rétabli, et que les parens des condamnés partageassent leur ignominie. M. Duplessis-de-Grénédan, siégeant au côté droit, vota constamment avec la majorité. Après la dissolution de la chambre, en 1816, il ne fut pas réélu ; il fait partie de l'assemblée actuelle, et n'a rien perdu de la violence de ses opinions. Il disait, dans la séance du 19 janvier 1822, lorsqu'on discutait le projet de loi sur la répression des délits de la presse, que des peines sévères étaient plus que jamais nécessaires dans un temps où les plus horribles libelles se répandaient à Paris, comme pour insulter d'une manière barbare aux mânes de Louis XVI, auxquels, profitant de la circonstance, il adressait une invocation. Continuant sur le même ton, M. Duplessis ajouta que la religion devait être la base de toutes les institutions, et soutint que la religion catholique n'était pas la religion de l'état que la Charte l'avait dit, mais qu'elle l'était par la force même des choses. M. Duplessis, qui faisait partie du cinquième de la chambre sortant en 1822, a été réélu par son département. Des personnes qui connaissent particulièrement M. Duplessis-de-Grénédan, assurent qu'un individu portant le même nom, professait, en 1793, des opinions fort différentes.

DUPLESSIS-LARIDON (ANNE-PHILIPPINE-LOUISE), intéressante épouse de l'infortuné Camille Desmoulins, ayant vu son mari frappé par la hache révolutionnaire, prit la généreuse résolution de ne pas lui survivre. Pour accomplir ce dessein, elle écrivit aux bourreaux, qui se décoraient du titre de juges, une lettre énergique dans laquelle, en leur reprochant l'atrocité de leur conduite, elle exprimait toute l'horreur qu'ils lui inspiraient, et demandait la mort. Les monstres qui siégeaient sur le tribunal de sang ne manquèrent pas d'accueillir une pareille demande, et le 21 thermidor an 2 (1 avril 1794), Mme Camille Desmoulins fut traduite devant eux, et condamnée à mort comme accusée d'avoir participé à un complot dont le but était de renverser le gouvernement de la république, en faisant assassiner, pour sauver son mari, les membres des comités de la convention et ceux du tribunal révolutionnaire. Cette victime de l'amour conjugal montra, en allant au supplice, le plus grand courage. Ainsi périt, ayant à peine 23 ans, une des plus belles et des plus intéressantes femmes de cette époque.

DUPLESSY (Mme LA BARONNE), est connue dans la littérature par quelques ouvrages dont voici les principaux : 1° *Répertoire des lectures faites au musée des dames*, 1788, vol. in-12 : cet ouvrage devait avoir une suite qui n'a point paru ; 2° *Alexandrine de Châteaufort, ou la fatale Alliance*, Paris, 1799, 2 vol. in-12 ; 3° *Le Capitaine subtil, ou l'Intrigue dévoilée*, 1810, 4 vol. : ce dernier ouvrage est traduit de l'anglais. Les romans de Mme Duplessy ne sont pas dépourvus d'intérêt. Son style est assez agréable.

DUPONT (LE COMTE), pair de France, ancien banquier. Il parcourut dans sa jeunesse divers pays étrangers, afin d'acquérir les connaissances relatives aux grandes opérations commerciales. Il se trouvait, en 1755, à Lisbonne, lorsqu'un tremblement de terre engloutit une partie de cette ville sous ses ruines. La maison qu'il habitait fut renversée, mais deux poutres qui en tombant s'appuyèrent l'une contre l'autre et se soutinrent au-dessus de sa tête, dans une position qui formait à peu près l'angle d'une grue, le garantirent d'une mort qui, sans cet effet du hasard, était inévitable. Il jouissait, à l'époque de la révolution, d'une fortune de 80,000 livres de rente. Quoiqu'il eût évité avec soin de se mettre en évidence, il fut arrêté en 1793 comme *suspect;* mais il échappa à la mort: ce fut heureusement la seule proscription qu'il eut à redouter. Sous le gouvernement impérial, M. Dupont, qui depuis long-temps remplissait les fonctions de maire de l'un des douze arrondissemens de Paris, fut créé sénateur et comte de l'empire. N'ayant point été, pendant les *cent jours,* porté sur la liste des pairs créés par Napoléon, il fut nommé pair de France quelque temps après la seconde restauration.

DUPONT-CHAUMONT (LE COMTE ANTOINE), né le 27 décembre 1759, à Chabanais, en Périgord, entra au service, en 1777, dans le régiment de la Fère infanterie. Au commencement de la révolution, il fut aide-de-camp du général La Fayette, et il parut à la fédération du Champ-de-Mars, en 1790, comme président des députés de la ville de Strasbourg. Blessé à l'affaire de Tournai, où il servait en qualité d'aide-de-camp du général d'Aumont, il reçut, ainsi que son frère, la croix de Saint-Louis par décret de l'assemblée législative, fut nommé adjudant-général, et se battit avec valeur à la bataille de Jemmapes. Après cette victoire, il fut élevé au grade de général de brigade, et fut pourvu du commandement de la place de Douai, qui lui fut retiré pendant le régime de la terreur. Réemployé en 1794, il commanda d'abord le camp de Paris, fut nommé général de division le 1er septembre 1795, et partit bientôt après pour s'opposer aux Anglais, qui tentaient d'opérer un débarquement dans les départemens de l'Ouest. Après cette mission, il fut nommé inspecteur-général, commandant de la 14me division militaire, et inspecteur des troupes de l'armée du Rhin. En 1805, le général Dupont fut chargé du commandement de la 27me division militaire; mais il ne tarda pas à passer à l'armée de Hollande, à la suite de quelques démêlés qu'il eut avec le général Menou. Après l'établissement du royaume de Hollande, il fut envoyé à La Haye comme ministre plénipotentiaire de France; et, en 1806, il suivit Louis Bonaparte en Prusse. En 1814, Dupont-Chaumont fut nommé inspecteur-général d'infanterie de la 1re division militaire, grand-officier de la légion-d'honneur, commandeur de Saint-Louis, comte, et enfin gouverneur de l'école militaire de la

Flèche. En 1815, il a été destitué par Napoléon, et réintégré après le retour de la famille des Bourbon.

DUPONT-DE-L'ÉTANG (le comte Pierre), frère du précédent, né le 14 juillet 1765, à Chabannais, servit d'abord en Hollande dans la légion de Maillebois et ensuite dans l'artillerie, après le licenciement de cette légion. Au commencement de la révolution, il revint en France, entra dans le régiment d'Auxerrois, passa capitaine dans celui de Brie, et fit la campagne de 1792 à l'armée du Nord, comme aide-de-camp de Théobald Dillon. Blessé à la tête, à l'affaire de Tournai, et renversé dans un fossé près de son général qui venait d'être tué, il passa pour mort, revint à Paris prouver son existence, et y reçut avec son frère la décoration de Saint-Louis. Il passa ensuite à l'armée du général Dumouriez, où il remplit les fonctions d'aide-de-camp d'Arthur Dillon. Il se distingua à l'affaire de la forêt d'Argonne, au passage des Islettes, et fut nommé adjudant-général à l'armée de Belgique, après la mort d'Arthur Dillon. Général de brigade au commencement de 1793, Dupont donna au général Lamarlière, avec lequel il s'était retiré sur Lille, l'idée de former le camp de la Magdeleine, où se rallia l'armée de Dumouriez, désorganisée par la défection de son général. Custine, appelé au commandement en chef de cette armée, fut bientôt remplacé par Houchard, qui, d'après le conseil du général Dupont, se porta à marches forcées sur le camp de Cassel, dont il s'empara avant l'arrivée du duc d'York. La victoire d'Hondscoote et le salut de nos places maritimes furent le résultat de cette détermination. Dans le même temps le général Dupont refusa de remplacer le général Lamarlière, et quelques jours après il fit prisonnier de guerre, au camp de Menin, un bataillon de grenadiers hollandais commandé par le prince de Hohenlohe. Disgracié dans la même année, il fut rappelé au comité de salut public par Carnot, qui appréciait ses talens dans la partie administrative, et il y fut employé comme chef du bureau topographique. Dupont, nommé général de division le 2 mai 1797, fut chargé de la direction du dépôt de la guerre. Il prit une part importante au renversement du gouvernement directorial, et il quitta le ministère de la guerre à l'ouverture de la campagne d'Italie, pour remplir les fonctions de chef d'état-major de l'armée de réserve. Après s'être signalé à Turbigo et à la bataille de Marengo, il fut nommé ministre extraordinaire dans le Piémont, qu'il organisa en république. Remplacé le 15 août 1800 par le général Jourdan, il chassa, dans le mois d'octobre, l'ennemi de la Toscane, et établit un gouvernement provisoire à Florence. La rupture de l'armistice procura de nouveaux triomphes aux troupes françaises; le général Dupont y participa à la bataille de Pozzolo, où il commandait l'aile droite, et au passage du Mincio. Dans la campagne de 1805, forcé de combattre avec sa seule division toutes les forces du général Mack devant Ulm, il battit l'ennemi et lui fit un grand nombre de prisonniers. Deux jours après, il fut attaqué à Albeck par le prince Ferdinand, qui venait de sortir d'Ulm avec 25,000 hommes; il se mit aussitôt à sa poursuite, secondé par un corps de cavalerie, et il le contraignit à se retirer dans la Bohême, après lui avoir fait 20,000 prisonniers. Après la capitulation d'Ulm, le général Dupont battit le général en chef russe Kutusow, qui venait de repasser le Danube à Krems, et par cette victoire, il sauva le corps du maréchal Mortier, bloqué dans les montagnes qui bordent ce fleuve. Dans la campagne de Prusse, le général Dupont s'empara de Halle; après la bataille d'Iéna, et à la tête de 3 régimens seulement, il battit le prince de Wurtemberg, qui avait sous ses ordres un corps de réserve de 22,000 hommes. A l'attaque de Bransberg, le 26 février 1807, il renversa un corps de 10,000 hommes, auquel il fit 2000 prisonniers et prit 16 pièces de canon. Le général Dupont battit encore les Prussiens à Bartenstein, assista à la prise de Lubeck, et rendit des services importans à la bataille de Friedland. Pourquoi ce qui nous reste à raconter de sa vie militaire ne répond-il pas à ce qu'on vient de lire? La paix de Tilsitt à peine signée, il partit à la tête d'un corps d'armée pour l'Espagne, où il fut d'abord reçu comme allié; mais bientôt éclairés sur ses desseins, les habitans s'insurgèrent et le contraignirent à se porter sur Cadix avec une division de 7000 hommes. Le général Dupont battit d'abord un corps de 56,000 insurgés à Cordoue, dont il s'empara, ent encore quelques autres succès, mais fut bientôt informé de la marche de l'armée de Castannos, composée de 40,000 hommes de troupes de ligne. Incapable de résister à des forces aussi supérieures, il se replia sur Audigna, pour se réunir à la division commandée par le général Védel; mais le général espagnol Reding, en se retirant sur Baylen avec 25,000 hommes, avait coupé la retraite aux Français. Peut-être le général Dupont hésita-t-il trop lui-même à attaquer; cependant durant l'action il déploya beaucoup de valeur, en chargeant différentes fois à la baïonnette; mais se disant accablé par le nombre, il céda et signa la funeste convention de Baylen. Par ce traité, les troupes avaient la faculté de rentrer en France avec armes et bagages; mais il fut bientôt violé par les Espagnols, et les Français furent retenus prisonniers de guerre. Le général Dupont eut le tort de quitter son armée; débarqué à Toulon avec son état-major, il y fut arrêté par ordre de l'empereur Napoléon, et traduit devant la haute cour impériale. La procédure instruite à cette occasion n'était pas encore terminée, quand les événemens du 31 mars 1814 rendirent le général Dupont à la liberté. Nommé commissaire au département de la guerre par le gouvernement provisoire, le 13 mai, il fut bientôt nommé définitivement ministre. Sa mauvaise administration dans ce département fut plus funeste aux intérêts de la France que ne l'avait été le traité de Baylen. La confusion dans laquelle restèrent les affaires de la guerre sous la première administration du gouvernement royal, le nombre effrayant des décorations de la légion-d'honneur qui furent accordées à des hommes étrangers à toute espèce de gloire nationale, sont des maux dont l'effet se perpétua bien au-delà de la durée du ministère qui les a produits. Le 3 décembre M. Dupont fut remplacé par le maréchal Soult, et obtint le commandement de la 22.me division militaire. Destitué après les événemens du 20 mars, il fut réintégré après ceux du mois de juin. Dans le mois de septembre, il fut appelé au conseil privé, et fut en même temps nommé par le département de la Charente membre de la chambre des députés. La conduite du général Dupont dans les différentes sessions législatives n'a pas toujours été conforme aux principes qu'il avait annoncés dans son ministère, et nous le félicitons sincèrement de n'avoir point fait partie de la majorité de 1815. Cependant, lors de la présentation à la chambre de la loi de recrutement du maréchal Gouvion Saint-Cyr, il proposa tant d'amendemens, qu'on pouvait les regarder comme une critique de cette loi. C'est ce que sentit Dupont de l'Eure; et lorsque le général Dupont demanda qu'aucun officier ne pût être cassé que par jugement : « Que ne faisiez-» vous cette proposition lorsque » vous étiez ministre? lui dit son » honorable collègue. » Le général Dupont est grand'croix de la légion-d'honneur et commandeur de Saint-Louis. On a de lui un poëme sur la liberté, publié en 1799, qui a obtenu la première mention honorable à l'institut, et un autre poëme, imité d'Ossian, intitulé : *Catheluina, ou les Amis rivaux*, publié en 1801.

DUPONT-DELPORTE (N. baron), membre de la légion-d'honneur, ancien auditeur de première classe au conseil-d'état, puis préfet. Il passa, au mois d'août 1810, de la préfecture du département de l'Arriége à celle du département du Taro, où il resta jusqu'aux événemens politiques de 1813 et de 1814, qui, en démembrant l'empire français, rendirent cette province au duché de Parme. Pendant la première restauration M. Dupont-Delporte ne fut point employé; mais après le retour de Napoléon, au 20 mars 1815, il fut nommé préfet du département du Nord. On dut à son zèle et à son patriotisme l'organisation rapide des gardes nationales mobiles et des employés des douanes. Après la seconde restauration, M. Dupont-Delporte, chargé de faire reconnaître l'autorité du roi dans le département confié à ses soins, adressa, le 12 juillet (1815), une proclamation où il s'exprimait ainsi. « S. M. Louis » XVIII est remontée sur le trône. » Des ordres viennent d'être don-» nés par l'autorité militaire pour » que les couleurs blanches soient » arborées. Je ne doute pas qu'en » ces grandes circonstances vous » ne laissiez éclater les sentimens » d'amour patriotique que vous » avez si souvent énergiquement » exprimés. » Remplacé peu de temps après et inactif depuis cette époque, M. Dupont-Delporte jouit, dans la retraite, de l'estime de ses concitoyens, et des regrets de ses anciens administrés.

DUPONT-DELPORTE (N.), de la famille du précédent, fut nommé en 1813 auditeur de deuxième classe au conseil-d'état, et attaché à la direction des vivres. Une ordonnance du 29 juin 1814 l'a placé au nombre des maîtres des requêtes honoraires.

DUPONT DE POURSAT (PIERRE, BARON), évêque de Coutances, est né à Chabanais, département de la Charente, le 3 juin 1761. Nommé, le 6 mai 1807, à l'évêché qu'il occupe, il fut sacré le 6 janvier 1808. Ce respectable prélat, digne de la mission qui lui a été confiée, en remplit tous les devoirs avec le zèle et les vertus d'un véritable apôtre. Dans les temps difficiles, ne s'interposant point entre le ciel et la terre pour exciter les passions politiques, et fomenter les haines religieuses; n'oubliant point que son ministère est purement spirituel et que son devoir est d'obéir aux lois de l'état et d'en respecter le gouvernement, il écrivait, le 13 avril 1815, aux curés de son diocèse : « J'apprends avec peine que quel-
» ques-uns de MM. les curés du dio-
» cèse se sont permis dans l'exer-
» cice de leurs fonctions, de mani-
» fester des opinions politiques
» contraires au gouvernement exis-
» tant.... Vous trouverez dans les
» immortelles épîtres de saint Paul
» tout ce que la sagesse éternelle
» prescrit à cet égard pour le main-
» tien des gouvernemens dont
» Dieu est le premier auteur. La
» soumission, l'exactitude à acquit-
» ter les impôts et les charges pu-
» bliques, voilà ce que Dieu exige
» des sujets à l'égard des princes
» qui gouvernent. Que toute per-
» sonne, dit saint Paul, soit soumi-
» se aux puissances supérieures !
» car il n'est point de puissance qui
» ne vienne de Dieu; et toutes celles
» qui sont, existent par son ordre :
» résister au pouvoir, c'est résister
» à l'ordre de Dieu. » Telle est la religion de l'évangile; tout ce qui s'en écarte est faux, dangereux, et non moins contraire aux volontés de Dieu que funeste au bonheur des hommes.

DUPONT-CONSTANT (LOUIS), l'un des agens les plus actifs des princes, est né à Saint-Domingue en 1750. Ayant réalisé sa fortune, en 1789, il vint en France et fixa sa résidence à Bordeaux. L'attachement qu'il montra pour un régime sapé par ses propres abus, le mirent bientôt en opposition avec les partisans des idées nouvelles, ce qui lui attira plus tard les persécutions qu'éprouvèrent ceux qui, par conviction ou par intérêt, osèrent heurter de front l'opinion publique. Fugitif et caché en 1793, il reparut en 1794, reprit le cours de ses intelligences avec les hommes de son parti, et parvint à former un *comité dirigeant*, composé de douze membres, auquel il donna le nom de *société du gouvernement*. Ce comité eut une influence marquée sur les élections royalistes, qui eurent lieu à Bordeaux en l'an 5. D'après une autorisation des princes, M. Dupont organisa, en 1793, un grand nombre de sociétés secrètes, dont le but était d'établir une correspondance entre les royalistes de l'Ouest et du Midi, sous la dénomination d'*institut philanthropique*, dont il fut nommé inspecteur en 1798. Cet établissement lui fournit l'occasion de plusieurs voyages dans lesquels il échappa, dit-on, à des périls nombreux. Ces désagrémens furent compensés par l'avantage qu'il eut de communiquer directement, soit en France, soit en Angleterre ou en Allemagne, avec le marquis de Puyvert, l'abbé Lacombe, et MM. de Précy, Vezet, Willot et Dandré, tous membres de l'agence royale. M. Dupont, que le gouvernement révolutionnaire, auquel il avait eu le bonheur d'échapper, n'avait pas rangé sans quelque raison dans la classe des suspects, avait déjà été arrêté quatre fois. La police de Fouché qui surveillait ses démarches, le fit arrêter une cinquième fois, en 1800, à Bordeaux. Détenu dix-huit mois au fort du Hâ, il en sortit moyennant un cautionnement pour être mis de nouveau en surveillance; mais cette fois elle fut si active, qu'il ne paraît pas probable que la cause qu'il servait ait pu recevoir de lui de grands services depuis cette époque jusqu'au retour des Bourbon en 1814. On ne connaissait alors à M. Dupont, pour sa famille et pour lui, d'autre moyen d'existence que la recette d'un bureau de tabac qu'on lui avait accordé en 1809. S'il n'a pas reçu la récompense de son dévouement, il doit être au moins satisfait de voir les efforts par lesquels on cherche à ramener l'ancien ordre de choses.

DUPONT DE L'EURE (JACQUES-CHARLES), officier de la légion-d'honneur. La vie d'un bon citoyen est tout entière dans ses actions, et ses actions sont dans ses principes. Né au Neubourg, département de l'Eure, au 27 février 1767, M. Dupont fut reçu avocat au parlement de Normandie, en 1789. Depuis cette époque, jusqu'aujourd'hui, une suite de services publics, non interrompus, et pleins d'honorables souvenirs, a rempli sa carrière politique. En 1792, il fut nommé maire de sa commune, le jour où il atteignit sa 25me année, qui alors constituait la majorité. La révolution en rendant les hommes plus précoces, l'a sagement fixée depuis à 21 ans. Peu après M. Dupont fut administrateur du district de Louviers, et ensuite juge au tribunal. En l'an 5, il était substitut du commissaire du directoire-exécutif, près le tribunal civil de l'Eure; en l'an 6, accusateur public, près le tribunal criminel du même département; en l'an 8, d'abord conseiller au tribunal d'appel de Rouen, il acquit dans cette ville importante, cette considération, cette estime, et cette confiance dont les habitans n'ont cessé depuis de renouveler les témoignages, à toutes les époques où M. Dupont a pu fixer l'attention publique, soit par les services qu'il a rendus à sa patrie, soit par ceux qu'il était appelé à lui rendre, soit enfin par les injustices qu'il a pu éprouver. La même année il fut appelé à la présidence du tribunal criminel d'Évreux. Une affaire grave, dont la police de Fouché espérait un grand triomphe, y fut portée : M. Dupont présidait, et la police perdit devant la justice; le pouvoir s'en irrita, mais tous les accusés

furent absous parcequ'ils étaient tous innocens. Toutefois à cette époque qui n'était pas celle d'un gouvernement constitutionnel, l'indépendance du magistrat était respectée, et M. Dupont conserva pendant onze ans la présidence du tribunal criminel d'Évreux. En 1811, lors de la réorganisation de l'ordre judiciaire, il fut rappelé à Rouen, en qualité de conseiller, et peu après nommé président de la cour impériale; il resta dans ces fonctions jusqu'au mois de décembre 1818, où, sous le ministère de M. le baron Pasquier, il en a été éliminé sans pension, après 27 années consécutives de services administratifs, judiciaires et législatifs. Ce n'était pas la première injustice que M. Dupont éprouvait sous le régine constitutionnel; il était depuis 1805 membre du conseil-général de son département, lorsque, en 1815, M. de Vaublanc, alors ministre de l'intérieur, l'en fit sortir arbitrairement. Ces deux proscriptions ramènent tout naturellement le lecteur à l'indépendance qui a si constamment signalé les services législatifs de M. Dupont. En 1806 et 1812, il fut nommé deux fois candidat au corps-législatif, par le collége électoral de l'Eure; en l'an 6, il siégeait aux cinq-cents. En 1813, le sénat le nomma au corps-législatif; en 1814, membre de la chambre des députés, et premier vice-président, il choisit et fixa sa place sur les bancs de l'opposition. Ce fut dans cette session que M. Dupont proposa un projet de résolution tendant à faire consacrer par la loi, la formule du serment à prêter par tous les fonctionnaires, et à substituer aux diverses formules, prescrites par de simples ordonnances royales, celle de fidélité au roi et d'obéissance à la charte constitutionnelle. Cette résolution, combattue par les amis du ministère, n'en fut pas moins adoptée par la chambre des députés; discutée dans la chambre des pairs, elle ne put y être votée, à cause de la clôture de la session; mais en 1815, le serment exigé des pairs et des députés à l'ouverture de la session, et ensuite des fonctionnaires, fut le même que la loi proposée, en 1814, par M. Dupont. En 1815, membre de la chambre des représentans, il en fut nommé second vice-président. Ce n'est pas ici le lieu de juger cette session; un tel examen est du domaine de l'histoire, car elle influa puissamment sur les destinées de la France : mais de cette assemblée composée de tant d'élémens contraires, formée au milieu de tant de passions, et délibérant au sein de tant d'orages, sortirent de hautes vérités qui n'ont pas été perdues pour la patrie; de ce nombre et en première ligne est la fameuse déclaration politique dont le projet, proposé par M. Dupont, à la séance du 3 juillet, au moment où les ennemis étaient aux portes de Paris, fut renvoyé à l'examen d'une commission, de laquelle il fit partie; cette déclaration portait : «Que la France ne connaîtrait
»d'autre gouvernement que celui
»qui lui garantirait, par des ins-
»titutions librement consenties,
»l'égalité devant les lois, la liber-
»té individuelle, la liberté de la
»presse et des cultes, le gouver-

»nement représentatif, le jury, »l'abolition de toute noblesse héréditaire, l'inviolabilité des domaines nationaux, et tous les »grands résultats de la révolu-»tion. » Elle fut décrétée, sur le rapport de M. La Romiguière, aux acclamations de la chambre. Le 8 juillet, repoussé du lieu des séances, par la force armée, avec un assez grand nombre de ses collègues, M. Dupont se réunit à eux, pour protester contre cet acte de violence. En 1816, malgré l'opposition du ministère, il fut nommé par le collége électoral de l'arrondissement de Rouen et par celui de Louviers, candidat pour la chambre des députés. En 1817, il fut nommé député pour trois ans, par le collége d'Évreux, et réélu pour 5 ans en 1820, par celui de Pont-Audemer. Les opinions les plus remarquables de M. Dupont dans sa carrière législative, sont, en 1817, celle relative au recrutement, où il vota pour le projet de loi, mais sous la condition expresse du vote annuel : un projet de loi, tendant à faire attribuer au jury le jugement de tous les délits de la presse : deux discours, l'un sur la pétition du sieur Billon de Gisors, incarcéré arbitrairement ; l'autre, sur celle du médecin Aubry, exilé dans le département de l'Hérault, par M. de Villeneuve, préfet du département du Cher ; un discours en faveur des membres de la légion-d'honneur, illégalement privés de la moitié de leur traitement ; un autre sur le budget du ministère de la justice et des finances, tendant à en diminuer les dépenses, et à faire réduire à 100,000 fr. le traitement de chaque ministre. Dans la session de 1818, M. Dupont s'éleva énergiquement contre la résolution par laquelle la chambre des pairs proposait de modifier la loi du 5 février 1817, sur les élections ; et dans une séance postérieure, contre la solde excessive payée aux régimens suisses. En 1819, l'honorable député défendit encore plusieurs fois la loi du 5 février sur les élections, dont le maintien était demandé par 450 pétitions ; et dans la même session, où il attaqua la loi suspensive de la liberté individuelle, il parla contre la dernière loi des élections, et rendit son opposition plus remarquable dans une autre séance, par la protestation formelle qu'il fit à la chambre contre l'adoption de cette loi. Dans la session de 1820, M. Dupont a combattu le projet de loi, tendant à modifier l'art. 351 du Code d'instruction criminelle sur le jury, et celui relatif à la censure des journaux. La discussion ayant été fermée sur la loi relative à la suppression du jury, pour les délits de la presse, M. Dupont, inscrit pour parler contre, a été réduit à faire imprimer la partie de son opinion, sur l'amendement de la commission. Cette opinion se termine par ce passage remarquable, où l'Aristide de la tribune française fait connaître toute sa conscience politique. « Messieurs, la »France attend dans la plus péni-»ble anxiété ce que vous allez »prononcer sur l'une de ses plus »précieuses libertés, la dernière »qui lui reste peut-être ! déjà la »société a été mise en dehors de »ses élections. Si vous la déshéri-

» tez encore de la liberté de la
» presse et du jugement par jurés,
» en matière politique, c'en est
» fait du gouvernement représen-
» tatif. Si mon pays est destiné à
» subir ce dernier malheur, je dé-
» clare ne vouloir y prendre au-
» cune part; j'aimerais mieux mil-
» le fois abdiquer mes fonctions
» législatives, que de me rendre
» complice de tout le mal qui
» pourra résulter de l'adoption du
» projet de loi. » Nous n'ajoute-
rons rien sur le caractère personnel de M. Dupont de l'Eure; l'honorable médiocrité de sa fortune,
et sa propre modération, n'ont pu
le dérober à l'estime publique de
ses concitoyens. Nous croyons
pouvoir dire qu'il n'y a pas un
honnête homme qui ne voulût
l'avoir pour ami, pas un peuple
qui ne le choisît pour son défenseur. Son inflexible probité, et sa
simplicité vraiment antique, lui
assurent, ainsi que ses services,
une place éminente dans les souvenirs de la société et dans les
annales de notre histoire.

DUPONT DE NEMOURS (Pier-
re-Samuel), l'un des plus honorables caractères de la révolution;
il en fut aussi l'un des plus estimés. Quoique Dupont de Nemours n'ait attaché son nom à aucun des événemens du temps, le
rôle qu'il a joué pendant trente
années sur la scène politique n'a
cependant pas été sans éclat. Il
courut même plus d'une fois des
dangers, auxquels il sut presque
toujours échapper par sa fermeté
ou par sa prudence. Dupont de
Nemours naquit à Paris au mois
de décembre 1739. Sa famille é-
tait estimée; son père avait une

telle réputation de probité, que
quelqu'un ayant entendu nommer le jeune Dupont dans une société distinguée, lui dit : « Ah !
monsieur, puisque vous êtes le
fils de Pierre Dupont, vous devez
être un honnête homme ». Il fit
d'excellentes études, et lorsqu'il
remporta le prix de rhétorique,
il était si jeune encore, que ses
camarades ne crurent pas pouvoir lui témoigner leur amitié
d'une manière plus conforme à
son âge, qu'en lui offrant un pa-
nier de fruits. « Ce petit événement, disait toujours avec émotion Dupont de Nemours, a influé sur le cours entier de ma vie. »
A peine sorti du collége, il porta
ses pensées sur les plus grands sujets de philosophie et de morale.
Il en était tellement pénétré, que
dans le monde, où l'avaient fait
accueillir de très-bonne heure
son caractère heureux, son esprit distingué, sa conversation aimable, il répandait ces principes
avec cette conviction, cette franchise, cet abandon qui séduisent
et entraînent. Cependant on le regardait comme un de ces créateurs
de théories philanthropiques,
que chacun admire, mais qu'on
désespère de voir établir. Parmi
les rêveurs du bonheur public de
ce temps, on comptait les Malesherbes, les Turgot et les La Rochefoucault. Ces hommes, à la
manière de Sully, méditaient le
bonheur du peuple, et cherchaient
à découvrir si les gouvernemens
ne pourraient pas, avec succès,
donner plus de liberté, plus d'extension au commerce et à l'agriculture, et diminuer les charges
et les entraves qui arrêtaient leur

brillante prospérité. Au milieu de ces hommes illustres se faisait remarquer le docteur Quesnay, né agriculteur, devenu médecin, et reconnu par tous les hommes d'état amis du peuple, comme le chef des économistes. Les membres de cette société, qui comptaient encore parmi eux des hommes que distinguaient leur naissance ou leurs talens, les Mirabeau père, l'abbé Baudeau de Gournay, Saint-Péravy, Le Trosne (dont le fils est aujourd'hui membre de l'institut), La Rivière, etc., se réunissaient chez le docteur Quesnay. Un jour on s'y entretenait avec une espèce d'enthousiasme, d'un livre, sans nom d'auteur, où étaient présentées les réflexions les plus judicieuses sur l'écrit intitulé: *Richesses de l'État* (*Réflexions sur l'écrit intitulé: Richesses de l'État*, Londres 1763, et non 1743, comme on l'a imprimé par erreur), et où se trouvaient developpées, avec beaucoup de talent, des connaissances positives, nouvelles et conformes au but de la société; M. de Meillan, intendant de Soissons, en fit connaître l'auteur: c'était le jeune Dupont, alors âgé de moins de vingt ans, qui lui était attaché, et qu'il avait chargé des travaux relatifs à sa généralité. Dupont fut admis dans la société de ces véritables philanthropes; et ce fut pour établir et défendre avec plus de succès leur doctrine, qu'il rédigea plusieurs mémoires d'un grand intérêt, et qu'il travailla au *Journal d'agriculture, de commerce et de finances*, et aux *Éphémérides, du Citoyen*, ouvrage en 63 volumes, et dont l'entreprise, commencée par l'abbé Baudeau, fut presque abandonnée dès son origine aux soins de Dupont. A cette époque, l'Europe entière était tributaire des hommes de génie ou d'un mérite supérieur de la France, comme elle le fut vingt ans après de ses armes, et comme elle l'est aujourd'hui de ses manufactures et de son industrie. Dupont fut décoré de l'ordre de Vasa par le roi de Suède, Gustave III; nommé conseiller aulique de légation du margrave de Bade, et secrétaire du conseil d'instruction publique du royaume de Pologne, par le roi Stanislas Poniatowski, lequel lui confia en outre l'éducation de son neveu, le prince Adam Zatoriski. Turgot venait d'être appelé au département des finances: en l'annonçant à Dupont de Nemours, il lui témoigna le désir de l'avoir au nombre de ses plus intimes collaborateurs. Dupont, qu'une tendre amitié attachait depuis long-temps à cet homme d'état célèbre, se hâta de répondre à son choix; il revint à Paris. Mais, entouré d'ennemis sans nombre, Turgot, dans son court ministère, ne put faire tout le bien qu'il se proposait: sa démission lui fut demandée en même temps qu'on acceptait celle de M. de Malesherbes. Dupont de Nemours fut exilé *verbalement* par M. de Maurepas. Il se retira dans une terre du Gâtinais, où il s'occupa de l'agriculture, qui lui dut d'importantes améliorations. Ce fut pendant son exil qu'il traduisit en vers plusieurs chants du *Roland furieux* de l'Arioste. « Lorsque le premier »chant parut, dit Dupont de Ne- »mours dans sa préface, j'étais

» exilé pour avoir eu l'honneur
» d'être l'ami d'un grand homme
» (M. Turgot), et par la grâce de
» M. de Maurepas : c'est le bon
» temps pour faire des vers. Si ceux
» qui croyaient affliger de pauvres
» écrivains en les envoyant à la
» campagne, avaient connu le prix
» du doux loisir qu'ils leur pro-
» curaient, ils les auraient laissés
» dans le tourbillon de Paris. » A
peu près à la même époque, il
envoyait à Voltaire des vers et des
plans de finance, bien assuré qu'ils
devaient enrichir le gouvernement et faire diminuer les charges du peuple. Voltaire lui répondait : « Vous m'envoyez de fort
» jolis vers avec des calculs de
» 740 millions : une pareille finan-
» ce ne ressemble pas à la poésie;
» c'est une très-noble fiction; il
» faut que l'auteur avance la som-
» me pour achever la beauté du
» projet. » M. de Vergennes le retira de son heureuse obscurité
pour lui confier deux commissions diplomatiques d'un haut intérêt : la première, ce fut de correspondre avec le docteur James
Hutton, agent confidentiel du
gouvernement anglais, et de po-
ser, de concert avec lui, les bases
du traité de 1783, qui reconnut
l'indépendance des États-Unis
d'Amérique; la seconde fut de
préparer avec cet agent, alors à
Paris, le traité de commerce a-
vec la Grande-Bretagne. Dupont
de Nemours publia, en 1788, le
travail important qu'il avait fait
à l'occasion de ce traité, sous le
titre de *Lettre à la chambre du
commerce de Normandie, sur le
Mémoire qu'elle a publié relativement au traité de commerce avec
l'Angleterre*, Rouen, in-8°, 1788.
Cet ouvrage renferme des considérations du plus haut intérêt sur
les circonstances qui ont préparé,
motivé, accompagné ou suivi le
traité. Quelque temps après, il
fut nommé conseiller-d'état, et
attaché à MM. de Calonne et d'Or-
messon, successivement contrôleurs-généraux des finances. Lors
de l'assemblée des notables, il en
fut nommé secrétaire; et lors de
la convocation des états-généraux, il fut député du bailliage de
Nemours. Les matières d'administration et de finances lui étaient
si familières, qu'il était prêt à traiter sur-le-champ toutes les questions de ce genre. Il fut presque
exclusivement chargé de tout le
travail du comité des finances; fut
élu plusieurs fois secrétaire, et
deux fois président. Dupont de
Nemours prit toujours la balance
des pouvoirs pour règle de sa conduite. Lors de la discussion qui
eut lieu dans la séance du 4 septembre 1789, sur la sanction royale, il se prononça en faveur d'un
veto suspensif, et pressentit dès
ce moment les avantages qu'of-
friraient deux chambres législatives. Cette idée, à laquelle on ne
s'arrêta point alors, devint, six
ans après, la base sur laquelle on
fonda le conseil des cinq-cents et
celui des anciens. Ami de la tolérance, et redoutant les graves inconvéniens de la suprématie d'un
pouvoir religieux sur les autres
croyances, il s'opposa avec force,
dans la séance du 13 février 1790,
à ce que la religion catholique fût
déclarée *religion nationale*. Il ne
fut pas moins énergique lorsque,
pour conserver l'indépendance de

sa patrie, il proposa d'armer dans les ports pour surveiller les opérations du gouvernement anglais contre la France; enfin il s'éleva aux plus hautes considérations, lorsque après avoir discuté la question du droit de paix et de guerre, il demanda que le roi ne pût user de ce droit sans le concours du corps-législatif. Quelque temps après, sortant d'une séance où il avait combattu le projet de création d'assignats, une multitude menaçante l'entoura et l'avait déjà enlevé pour le précipiter dans la Seine, lorsque la garde nationale accourut, le dégagea des mains de ces forcenés, et le protégea dans sa retraite. Dans la discussion sur les colonies il développa des opinions dont son cœur ne pouvait être coupable. Il demanda qu'on ne reconnût que deux principes, la *liberté* et *l'esclavage*. Quelques biographes se trompent quand ils disent qu'à cette occasion il prononça ces mots devenus fameux: «Si la scission des colonies doit être »le résultat de cet ordre de cho- »ses, il vaut mieux les perdre que »de sacrifier un principe.» On a également et par erreur attribué cette phrase à Barnave; elle appartient à Robespierre dont elle est digne. La dissolution de l'assemblée constituante ayant rendu ses membres à la vie privée, Dupont de Nemours acheta une imprimerie et rédigea un journal constitutionnel. Son adresse contre les événemens du 20 juin 1792, et sa correspondance avec Péthion relativement à la fête donnée aux Suisses du régiment de Châteauvieux, augmentèrent le nombre de ses ennemis. Sa conduite au 10 août suivant acheva d'indisposer contre lui les hommes qui ne voulaient la révolution que pour parvenir à l'anarchie. Le matin de cette journée, il se rendit avec son fils au château des Tuileries pour défendre le roi; il accompagna ce prince à l'assemblée, et en reçut ces paroles obligeantes: «M. Dupont, on vous trouve »toujours partout où l'on a be- »soin de vous.» Peu de temps après il fut proscrit. Un jeune astronome de ses amis, M. Harmand, aujourd'hui premier commis aux finances, le cacha dans le petit observatoire du collège Mazarin, où chaque jour il lui portait, de concert avec le célèbre de Lalande, une demi-livre de pain. Il passa vingt-un jours dans cette retraite: ce fut ainsi qu'il échappa aux massacres de septembre. Profitant d'une circonstance favorable, il parvint à se réfugier à la campagne, où il composa sa *Philosophie de l'univers*, qu'il adressait sous la forme d'une lettre à ses amis, M. et Mme Lavoisier. Dans cet ouvrage de la plus haute morale, embrassant tous les êtres qui composent l'univers, il lit leurs droits et leurs devoirs dans les divers degrés de leur intelligence; considère la vie et la mort comme des êtres intermédiaires, et ramène toutes les conditions de tout ce qui existe à une espèce d'unité qu'il exprime par le mot *aimer*. Parmi les comparaisons ingénieuses qui abondent dans cet ouvrage, on remarque celle-ci, que «*L'espérance*, ca- »pitaliste opulente et généreuse, »prête au malheur présent sur le »bonheur à venir, et si noble-

Duport Dutertre

»ment et avec tant de grâce que
»l'on croit malgré soi l'hypothè-
»se bonne. » Quelque précaution
qu'il prît pour échapper aux recherches de ses persécuteurs, il
fut cependant arrêté; mais c'était peu de jours avant le 9 thermidor an 2, et la chute de Robespierre le sauva de l'échafaud.
Au mois de septembre 1795, le département du Loiret nomma Dupont de Nemours membre du conseil des anciens, où il fit différens
rapports sur les loteries, les maisons de jeu, les canaux, le droit
de passe, la contrainte par corps;
il parla en faveur des pères et
mères des émigrés et des créanciers de l'état, et combattit l'esprit d'anarchie qui semblait devoir renaître. Il publiait à cette
époque un journal sous le titre
de *l'Historien*. La franchise de
l'auteur déplut; il fut arrêté. On
brisa les planches de son imprimerie, et il eût été compris au
nombre des condamnés à la déportation par suite de la révolution du 18 fructidor an 5 (4 septembre 1797), si Chénier, son collègue à l'institut, n'avait eu le
bonheur de le faire passer pour
octogénaire quoiqu'il n'eût pas
réellement plus de soixante ans.
Il recouvra la liberté. Bien qu'il
eût à craindre que le généreux
mensonge de Chénier ne fût découvert, il résista cependant au
désir de ses amis qui le pressaient
de se rendre en Amérique, parce
qu'il voulait sauver M. Boissy
d'Anglas (à qui l'on doit la connaissance de ce fait: voir le *Moniteur* du 15 octobre 1817), et
les autres condamnés à la déportation. Il resta à Paris jusqu'à ce

qu'ils eussent itérativement refusé de l'accompagner. La part
qu'il avait prise au traité de 1783,
et l'estime générale qui s'attachait
à son nom, le firent bien accueillir, lui et ses deux fils, aux États-Unis; il se fixa dans le Jersey
près de New-York. « Ce ne sont
» point des affaires d'état que je
» viens traiter ici, disait-il, j'en
» ai bien donné ma démission....
» Mais les ambitieux, les cupides,
» les héros, les législateurs qui
» négligent d'apprendre leur métier, couvrent la terre de ruines;
» les commerçans et les cultivateurs sont les seuls réparateurs
» de tant de maux : ils sont au
» monde ce que les pompiers sont
» dans les incendies, ou les infirmiers dans les hôpitaux.... Il
» nous convient de mourir en servant nos amis et l'humanité. » Au
milieu de ses travaux agricoles,
Dupont de Nemours s'occupait
d'observations sur l'histoire naturelle et sur l'économie publique. En 1800 il rédigea, sur la
demande du président Jefferson,
un plan *d'éducation nationale* pour
les états d'Amérique, et pour l'Espagne un projet d'après lequel le
produit de ses mines remonterait
par le Mississipi. Il proposa l'établissement des paquebots entre la
France et l'Amérique, et fit parvenir à l'institut national, dont il
était membre depuis la réorganisation des anciennes académies
sous ce nom, différens mémoires sur plusieurs espèces d'animaux marins, sur la force des
courans de l'Atlantique, sur la
formation de l'eau dans les corps
animés, sur la théorie des vents,
sur la cause chimique des pluies,

sur la nature de la côte à l'est de l'Amérique septentrionale, etc. Quelque temps après la révolution du 18 brumaire an 8 (9 novembre 1799,) il revint en France, rentra à l'institut, fut admis à la société d'encouragement pour l'industrie nationale, et nommé, en 1805, secrétaire puis président de la chambre de commerce. Ses travaux dans ces diverses sociétés sont immenses. La littérature et l'histoire lui doivent des morceaux où l'éloquence et la sensibilité sont toujours réunies à la justesse de la pensée, à la finesse des aperçus. Il a concouru à la rédaction du *Mercure*, des *Archives littéraires*, de la *Bibliothèque française*, de la *Revue philosophique*, et de divers autres ouvrages de ce genre. On lui doit d'excellentes *notices* sur MM. *Quesnay*, *Thouret*, *Toulongeon*, *Gibert*, *Barlow*, ministre plénipotentiaire des États-Unis; *Lalande*, à qui il portait autant de reconnaissance que d'amitié; et *Gudin*, qui fut son plus ancien et son meilleur ami. Dupont de Nemours a lu à l'institut plusieurs *mémoires* sur les *sciences*, les *institutions sociales*, le *langage* des animaux. Ce dernier ouvrage est un résumé d'observations dont les conséquences peuvent bien n'être pas adoptées par la raison. Mais, même en ne les adoptant pas, il est d'autant plus difficile de n'y pas sourire, qu'elles sont exposées dans un style aussi gracieux que spirituel. C'est au moins un rêve amusant. Dupont de Nemours, depuis son retour en France, avait repris exclusivement toutes les habitudes de la vie privée; mais en 1814, malgré son âge avancé, il accepta les fonctions de secrétaire du gouvernement provisoire. Après la première restauration, il fut nommé conseiller-d'état, le 29 juin, et membre de la légion-d'honneur le 13 septembre de la même année. Il suivit le mouvement imprimé au gouvernement royal par l'effet du retour de Napoléon au 20 mars 1815; il repartit pour l'Amérique, et se fixa près de ses deux fils qui avaient formé de grands établissemens d'industrie dans la Delaware. Quoique après la seconde restauration le roi l'eût rétabli sur le tableau des conseillers-d'état, et conservé parmi les membres de l'institut, il ne voulut point quitter ses enfans. Les fatigues qu'il avait éprouvées dans une traversée qui avait duré quatre-vingt-quinze jours, dont plus de moitié avec le drapeau de détresse, son grand âge (il avait près de 78 ans), la goutte dont il était attaqué, et les suites d'une chute qu'il fit au mois de décembre 1816, dans une rivière où il resta long-temps sans pouvoir gagner le bord à la nage, le ravirent à sa famille et à ses amis, le 6 août 1817. Pendant la courte maladie qui précéda sa mort, il fut visité par le président des États-Unis, qui lui prodigua tous les soins et toutes les consolations de l'amitié. Dupont de Nemours avait été marié deux fois. Sa seconde épouse, qui lui survit, est la veuve du célèbre Poivre. Cette dame, par ses vertus, était digne d'être la compagne de deux hommes aussi distingués. Dupont de Nemours a composé un grand nombre d'ouvrages; mais comme il ne les écrivait que lorsqu'il les avait entièrement composés, beaucoup sont perdus. De ce nombre sont une tragédie de *Clytemnestre*, dont on l'a entendu réciter des morceaux très-remarquables; une *Comédie héroïque* également en vers, sur un beau trait de la vie de Joseph II; un poëme intitulé *Deucalion et Pyrrha;* des *Fragmens* traduits de *Métastase*, des contes en vers et des poésies légères. Il voulait, en suivant cette méthode, traduire tout l'*Arioste*, et de la même manière tous les morceaux que ce poète avait imités des anciens. En conséquence, il essaya de traduire des passages de l'*Iliade* et de l'*Odyssée*, de *Sophocle*, d'*Euripide*, des *Métamorphoses d'Ovide*, de *Tibulle*, etc. Il n'a publié qu'un petit nombre de morceaux de *Catulle* et que les *trois* premiers chants de *Roland furieux*, dont il conserva dans sa mémoire le *second* chant pendant quinze années, et sans en écrire un seul vers. Sa prédilection pour l'auteur de ce poëme était telle, que lorsqu'il craignit d'être du nombre des condamnés à la déportation, après le 18 fructidor, son premier soin fut de mettre un *Arioste* dans sa poche. Outre les ouvrages précédemment indiqués comme ayant été livrés à l'impression, il a encore donné : 1° *De l'Exportation des grains*, 1764, in-8; 2° *Lettre sur la cherté des blés en Guienne*, 1764, in-12; 3° *De l'Administration des chemins*, 1767, in-8°; 4° *Du Commerce et de la compagnie des Indes*, 1770, in-8°; 5° *Observations sur les effets de la liberté des grains*, 1770, in-8°; 6° *Mémoires sur la vie de Turgot*, 1782, in-8°; 7° *Procès-verbal de l'assemblée baillivale de Nemours pour la convocation des états-généraux*, avec les cahiers des trois ordres, 2 vol. in-8°, 1789; 8° *Tableau comparatif des demandes contenues dans les cahiers des trois ordres réunis*, à MM. les députés aux états-généraux, 1789, in-8°; 9° *Le Pacte de famille et les conventions subséquentes entre la France et l'Espagne*, avec des observations sur chaque article, 1790, in-8°; 10° *Plaidoyer pour Lysias*. C'est une espèce de factum contre les membres des comités de salut public et de sûreté générale; il parut en 1795, in-8°. 11° *Philosophie de l'univers*, 1796, in-8°; 12° *Mémoires sur différens sujets*, la plupart d'histoire naturelle et de physique générale et particulière, 1807; 2° édition, in-8°, 1813; 13° *Essai de traduction en vers du Roland furieux de l'Arioste*, 1813, in-8°. Il avait été éditeur, en 1811, des *OEuvres de Turgot*, 9 vol. in-8°. Beaucoup d'esprit, beaucoup d'imagination, des connaissances très-variées et très-étendues, une raison à la fois subtile et solide, un grand courage, une grande probité, une bonté infatigable, tels sont les principaux traits du caractère de Dupont de Nemours. Il exprimait avec concision des idées non moins originales par la forme que par la tournure. Citons-en quelques-unes avant de terminer cet article. « La paresse n'est pas un vice, c'est une rouille qui détruit toutes les vertus. — Contre la justice et la raison, l'esprit n'a que des armes de verre. » Il représentait le commerce sous la forme de Laza-

re, et disait : « Otez-lui ses liens et
» laissez-le aller. » Il disait aussi :
« Une loi universelle de la natu-
» re veut que tout attachement
» durable perfectionne le cœur qui
» l'éprouve. » Il regardait la femme comme l'être le plus parfait :
« celui auquel le Créateur a don-
» né un besoin, l'amour; une affai-
» re, l'amour; un devoir, l'amour;
» une récompense, l'amour : ce
» don céleste (dit-il) et ses trois
» branches, l'amour filial, l'a-
» mour conjugal, l'amour ma-
» ternel, dont les rameaux, les
» fleurs et les fruits couvrent de-
» puis l'enfance jusqu'à la caduci-
» té, et répandent un tel bonheur,
» que nul être, digne d'en savou-
» rer les délices, ne voudrait d'u-
» ne vie dont ils seraient bannis. »

DUPONT (JACOB-LOUIS), mort à Paris en 1813, était, en 1792, membre de l'assemblée législative. Il passa de cette assemblée à la convention nationale, où il se livra à toute l'exaltation de ses principes. Dans le jugement de Louis XVI, il se prononça pour la mort, et rejeta l'appel et le sursis. Enfin, il se déclara athée à la face des représentans de la France. Dans les dernières années de sa vie, il a donné, dit-on, de fréquens signes de démence.

DUPORT (ADRIEN), né à Paris vers 1760, conseiller au parlement en la chambre des enquêtes, fut nommé député de la noblesse de la ville de Paris aux états-généraux. Il se trouvait l'un des plus jeunes magistrats de sa compagnie, lors de la lutte qui, en 1787 et 88, s'établit entre la magistrature et le gouvernement, et il fut l'un de ceux qui s'y firent le plus remarquer. Ses principes l'appelaient dans les rangs de la minorité de la noblesse de l'assemblée nationale, et il n'hésita point à y prendre place. L'une des premières discussions qu'il soutint, avait pour objet le secret des lettres. Il s'éleva contre les gouvernemens qui, sous quelque prétexte que ce soit, s'arrogent le droit de violer la pensée et de pénétrer les cœurs. M. Duport ayant pris part à toutes les discussions importantes de l'assemblée constituante, il nous suffira d'en indiquer un certain nombre. Après avoir fait déclarer la pensée inviolable comme la propriété, il appuie le projet du renouvellement annuel de toutes les impositions, afin que les assemblées législatives en demeurent maîtresses pour assurer la liberté. Il demande et fait décréter l'abolition des costumes pour les députés, mesure importante en ce qu'elle détruisait les signes par lesquels chaque ordre avait été distingué jusqu'alors dans l'assemblée. Il rejette la quatrième condition d'éligibilité, consistant dans le paiement d'une imposition égale à trois journées de travail, et il fait fixer ensuite à 20 fr. le prix de cette journée pour servir de base à la contribution politique. Il pense, sur les biens ecclésiastiques, que le clergé n'en est que l'administrateur, et non le propriétaire. Il opine en faveur des juifs, et contre l'exclusion des fonctions publiques de diverses classes de la société. Il vote l'ajournement du projet présenté par Mirabeau sur la gradualité des fonctions publiques. Mais c'est le champ du pouvoir judiciaire qu'il parcourut avec le plus d'éclat. Le plan de M. Duport, pour l'organisation de ce pouvoir, est regardé comme celui qui embrasse la question dans toutes ses parties, et répand le plus de lumières. Ce projet, qui proposait des jurés en matière civile et en matière criminelle, ayant été fortement combattu sur la question des jurés au civil, son auteur prononça un second discours sur les moyens d'exécution pour les jurés au civil comme au criminel, qu'il fit suivre d'une rédaction d'articles, et il soutint cette discussion par un troisième discours, peu étendu, mais fort énergique. De bons esprits regrettent que l'établissement des jurés au civil n'ait pas eu lieu, comme d'autres voudraient aujourd'hui remplacer les tribunaux civils par des arbitres institués chaque année, et parmi lesquels les personnes en procès choisiraient leurs juges. M. Duport ne se dissimulait pas que la plus grande difficulté de la réforme qu'il proposait consistait dans les craintes exagérées de ceux qu'effraie toute nouveauté, et dans les résistances inévitables de l'intérêt particulier. Ne se décourageant pas par cette défaite, il présenta ensuite aux délibérations de l'assemblée un rapport sur la police de sûreté, la justice criminelle et l'institution des jurés, suivi d'un projet de loi rédigé en 252 articles, dont la plupart furent décrétés avec quelques amendemens. Lors de la discussion du code pénal, M. Duport demanda l'abolition des lettres de grâce; mais vota contre la peine de mort,

et prétendit prouver non-seulement que cette peine n'est pas nécessaire, mais qu'elle n'est pas propre à réprimer les crimes auxquels on veut l'appliquer, et que bien loin de les diminuer, elle tend au contraire à les multiplier. Sur la question de l'exercice du droit de la paix et de la guerre, il soutint l'opinion de Mirabeau tendant à déclarer que le droit de faire la guerre et la paix appartient à la nation, et que l'exercice de ce droit sera délégué concurremment au corps législatif et au pouvoir exécutif. M. Duport fut l'un des commissaires nommés par l'assemblée nationale pour entendre la déclaration du roi et de la reine, sur leur départ de Paris, en juin 1791; et il appuya le décret des comités dans sa principale disposition, portant que le roi ne pouvait être mis en jugement pour le fait de son évasion. Dans la discussion générale de la constitution, il parla sur ses dispositions fondamentales pour les soutenir. Il vota contre l'exclusion des représentans du ministère, et contre leur non-rééligibilité aux assemblées législatives, ne voulant pas, disait-il, que l'on dépouillât le peuple de son droit inaliénable de choisir ses députés comme il lui plaît. Il s'opposa à ce que les décrets du corps législatif, en matière de contributions publiques, eussent le titre de loi et fussent sujets à la sanction royale. Nous devons faire observer que c'était par des improvisations toujours bien appropriées au sujet que M. Duport prenait ordinairement part à ces discussions de législation constitutionnelle. Duport fut honorablement récompensé de ses beaux travaux judiciaires par la présidence de l'assemblée constituante qu'il exerça du 15 au 27 février 1791; et, après la clôture de cette assemblée, il fut nommé président du tribunal criminel de la Seine, fonctions qu'il abandonna après la journée du 10 août, qui lui fit également quitter Paris. Peu de jours après, le 7 septembre 1792, le ministre de la justice (c'était Danton) annonça à l'assemblée que M. Adrien Duport venait d'être arrêté à Melun, et il déclara avoir ordonné qu'on ne le transférât pas actuellement à Paris. Duport avait écrit de sa prison à l'assemblée pour protester de son innocence. On prétend que Danton n'osant le mettre en liberté d'une manière régulière, mais voulant pourtant le sauver, excita une émeute dans sa prison à Melun, pour favoriser son évasion qui fut ainsi effectuée. Le *Moniteur* du 16 septembre 1792, contient l'extrait d'une lettre trouvée sur Duport, lors de son arrestation. La clef de cette lettre, plutôt curieuse par son style d'*argot*, qu'importante par sa teneur, n'est pas difficile à saisir. La missive porte la date de Bruxelles du 24 juillet 1792, et le correspondant annonce qu'il sort à l'instant de sa deuxième conversation avec l'homme d'affaires, désigné par le *Moniteur* comme étant M. de Mercy. Aucun autre nom n'est indiqué. On parle d'une chambre à coucher à donner au marié pour ses amis, et nous croyons qu'il s'agissait d'une chambre haute à créer dans la constitution. On vante l'efficacité des remèdes étranges ou plutôt étrangers, car on les appelle les vulnéraires suisses. On y prévient aussi contre les conseils de la cousine, et nous supposons que l'on veut parler de Mme la princesse Élisabeth, que quelques chroniqueurs regardent aujourd'hui comme ayant dirigé alors, plus que la reine, le gouvernement occulte appelé le *comité autrichien*. Sergent accusa Duport et quelques autres anciens constituans qui se trouvaient alors en Angleterre, d'être les instigateurs de la journée du 12 germinal an 3, dans laquelle la salle de la convention fut envahie, et la représentation nationale outragée, sous prétexte de la disette de subsistances; mais cette accusation, dénuée de tout fondement, n'obtint aucune croyance. On peut remarquer, dans la carrière politique de M. Duport, une sorte de divergence de principes qui influa sur sa popularité; et il est probable, en effet, que ces opinions s'étaient modifiées par les événemens. Jusqu'à l'époque de la proposition de mettre le roi en jugement, pour le fait de son évasion, il paraît qu'Adrien Duport avait été convaincu que la conservation de la liberté avait besoin du peuple en action; mais il craignit, depuis, qu'un peuple toujours assemblé et en délibération permanente ne finît par tourner contre lui-même ses propres forces et sa violence. Les discours qu'il prononça sur l'exclusion du ministère des représentans, sur leur non-rééligibilité, et sur l'inviolabilité du roi, sont des morceaux de haute politique qui révèlent l'homme d'état et qui attachent justement le nom de Duport au souvenir des plus belles délibérations de l'assemblée constituante. L'idée-mère du jacobinisme a été attribuée à Adrien Duport, et cette assertion est vraisemblable; si nous avons eu raison de dire qu'à cette époque il professait que pour assurer la révolution, il était nécessaire que le peuple restât debout. Cependant, il n'avait pas conçu, sans doute, les sociétés populaires, comme elles se transformèrent plus tard; et l'on entrevoyait, dit-on, dans ce qu'il communiquait de ses plans, que c'était une sorte de diètes populaires, plutôt que des clubs, qu'il voulait instituer. Il faut, d'ailleurs, se reporter à l'origine du club des Bretons et de celui des Jacobins, et se rappeler qu'alors toutes les notabilités sociales concouraient à leur formation. Dès que le jacobinisme eut dégénéré en *sans-culoterie*, Duport changea de camp avec ceux que l'on appela *constitutionnels*, et se réunit à leurs efforts pour triompher aux Feuillans. On fait aujourd'hui les honneurs à Duport d'avoir fait lever et armer toute la France, comme par féerie, en conseillant de répandre sur tous les points du royaume que des brigands armés, qui n'étaient nulle part, se montraient partout, portant avec eux la dévastation, la ruine et l'incendie. Ce mouvement de terreur patriotique avait été attribué dans le temps à M. Necker et à Mirabeau. M. le marquis de Ferrière, dans ses Mémoires sur la révolution, a écrit qu'Adrien Duport avait été aperçu au château de Versailles, dans la matinée du 6 octobre; mais ce fait, et l'insinuation que l'historien en tire, ne sont appuyés d'aucune autre autorité. On reproche à Duport, du moins avec plus de vraisemblance, d'avoir été le partisan d'un changement dans l'ordre de la successibilité au trône; mais ce parti, dont on a souvent parlé, n'avait qu'un chef supposé, au nom duquel l'on a pu agir, mais qui lui-même n'a jamais trahi son ambition de régner. Une circonstance qui repousse tout reproche de cette nature envers Duport, c'est qu'il déclara au sein de l'assemblée nationale qu'il ne croyait pas que les membres de la dynastie et les princes du sang royal pussent exercer sans danger les fonctions de citoyen. M. Adrien Duport était doué d'un esprit à la fois vif et profond, dont la force consistait surtout dans une expansion d'idées d'une impression sympathique; mais cet esprit, par cela même qu'il était d'une vivacité extraordinaire, ne fut pas exempt d'erreur dans les sciences, non plus que dans la morale. Partisan passionné du mesmérisme, on assure que M. Duport se persuadait qu'une propagation d'opinions pouvait devenir circulaire comme un mouvement d'électricité, et que l'on pouvait en quelque sorte employer la baguette magnétique pour communiquer le patriotisme à la ronde, pratique fort utile et précieuse si l'incivisme ne pouvait être répandu par le même procédé. Adrien Duport s'était retiré en Suisse après le 18 fructidor, et il mourut, dans le plus grand dénûment, en thermidor an 6, à Appenzel, d'une maladie de poitrine. On croit que cet excellent citoyen, qui est l'une des grandes figures de la révolution, dont il n'eût voulu retrancher que les cruautés inutiles qui l'ont dénaturée, avait occupé les loisirs de son exil volontaire par une traduction de Tacite, étude qui convenait bien à sa situation. Il est à désirer que ce travail soit publié pour l'honneur du modèle des historiens et de son interprète.

DUPORT-DUTERTRE (Marguerite-Louis-François), l'un des plus estimables personnages que la faux révolutionnaire ait moissonnés, naquit à Paris le 6 mai 1754, d'un littérateur qui lui légua plus d'instruction que de fortune. Les belles qualités qu'il tenait de la nature et d'une excellente éducation, lui firent dès son jeune âge gagner la bienveillance de tous ceux qui le connurent. Destiné au barreau, il y entra en 1777, et bientôt il s'acquit par son zèle, sa modération et son intégrité, une réputation que les hommes mêmes qui lui étaient le plus opposés par leurs principes n'ont jamais contestée. Né sans ambition, ennemi de l'intrigue, Duport-Dutertre parvint aux places sans les solliciter, et par le seul moyen de son mérite. Électeur de Paris en 1789, il fut, dès l'organisation de la première municipalité, nommé lieutenant de maire, et ne tarda pas à devenir substitut du procureur-général de la Commune. M. de La Fayette le proposa au roi pour remplacer, comme garde-des-sceaux, M. Champion de Cicé, démissionnaire; et Louis XVI, à qui la probité de Duport était connue, l'accepta. Le 20 novembre 1790, il fut nommé ministre de la justice. Ardent au travail, il porta dans cette place le zèle et les lumières qu'on attendait de lui; et s'il eût suffi d'un attachement inviolable aux principes constitutionnels de la monarchie, et à la personne du monarque qui s'en était proclamé le plus ferme appui, Duport n'eût encouru aucun reproche. Mais la cour alors manifestait des défiances contre les hommes les plus probes et les plus capables de la servir dans ses véritables intérêts. D'autre part, les ambitieux qui, sous le masque du patriotisme, préparaient la chute du trône dont il brûlaient de se partager les dépouilles, affectant de ne voir partout que trahison, parmi quelques hommes dangereux qu'ils signalaient, dénonçaient plus particulièrement les amis de l'ordre. Les qualités personnelles de Duport, et principalement sa franchise, lui avaient néanmoins fait obtenir la confiance de Louis XVI, qui, à l'époque de son départ pour Montmédy, le chargea de remettre les sceaux à l'assemblée, ce qu'il fit; mais un décret rendu par cette même assemblée lui enjoignit de les garder. Duport ayant, au commencement de 1792, partagé l'avis de de Lessart, ministre des affaires étrangères, qui s'opposait à ce qu'on déclarât la guerre à l'empereur d'Allemagne, attira sur lui l'animadversion des provocateurs de cette guerre. Ils ne parvinrent pas cependant à l'envelopper dans la proscription de son collègue; mais plus tard, l'omission d'une certaine formalité de justice dont on voulut le rendre responsable, servit de prétexte à une dénonciation solennelle faite contre lui par le député Saladin, qui ne demandait rien moins qu'un décret d'accusation, et sa traduction devant la haute-cour d'Orléans. Il fut dans cette occasion défendu avec énergie par MM. Beugnot et Quatremère de Quincy, qui prouvèrent son innocence relativement au délit qu'on lui imputait, et l'assemblée passa à l'ordre du jour sur la dénonciation. Cependant la chute du ministre de Lessart avait ébranlé le ministère constitutionnel qui fut entièrement renouvelé; et Duport, toujours modeste, rentra, sans éprouver aucune peine, dans les rangs des simples citoyens. Il faisait des vœux pour sa patrie, et vivait en sage dans sa paisible demeure, quand, par suite de la journée du 10 août 1792, un décret d'accusation fut lancé contre lui. Il chercha d'abord à soustraire sa tête au fer des bourreaux, et parvint à se dérober à toutes les poursuites pendant une année; mais enfin il fut découvert, arrêté et conduit à la Conciergerie, d'où cinq semaines après on le traduisit au tribunal révolutionnaire, pour avoir, disait-on, conspiré en faveur de celui que, dans le langage vulgaire de cette époque, on appelait *le tyran*. On reprochait aussi à Duport d'avoir mis des entraves à la liberté de la presse. Le tribunal le condamna à mort avec Barnave, le 28 novembre 1793, et ce jugement reçut le lendemain son exécution. Duport, pendant sa détention et jusqu'au dernier instant de sa vie, montra la plus parfaite résignation, et une tranquillité d'âme qui annonçait une conscience pure et sans reproche. Modèle de l'amour conjugal, son épouse, qui le chérissait autant qu'elle en était chérie, ne cessa, toutes les fois que des geôliers trop souvent inflexibles le lui permirent, de lui prodiguer dans sa prison les plus tendres soins. Elle y restait jusqu'à ce que des ordres impérieux la forçassent d'en sortir; elle eût désiré pouvoir y demeurer et partager son sort. Duport s'est quelquefois occupé de littérature : on le considère comme l'un des auteurs de l'*Histoire de la révolution, par deux amis de la liberté*, 1790-1802, 20 vol. in-8°. Il a publié quelques ouvrages sur l'ordre judiciaire, et travaillé au *Journal des Deux-Ponts*.

DUPORT, du Mont-Blanc (Bernard-Jean-Maurice), député à la convention nationale, et ministre des finances de la moderne république romaine, pendant sa courte existence, est né dans les environs d'Annecy. Il se fit peu remarquer à la convention, où il n'entra qu'après le 21 janvier 1793, et ne prit ainsi aucune part au procès de Louis XVI. Il passa de la convention au conseil des cinq-cents, par la réélection des deux tiers, et proposa dans ce conseil de rapporter les lois qui ordonnaient la vente des biens communaux. Une autre proposition, tendant à créer un ministère pour les beaux-arts, fut aussi faite par lui dans la séance du 16 janvier 1798. Lorsque, le 20 mai de la même année, il sortit du conseil, il fut nommé commissaire du directoire, d'abord près le tribunal de cassation, ensuite à Rome, où il remplaça M. Daunou, puis devint ministre des finances au mois de février 1799. Il ne tarda pas à donner sa démission de cette place, pour revenir en France. A son retour à Paris, le bruit se répandit qu'il avait épousé secrètement une personne d'un rang très-élevé (la princesse de Santa-Croce). Ce bruit, qui ne s'est pas confirmé, n'a cependant pas été démenti. M. Duport fut nommé chef du bureau des émigrés au ministère de la justice ; et, grâce à ses soins, les radiations furent nombreuses. Cependant ayant, sans y être suffisamment autorisé, compris dans l'élimination la duchesse douairière d'Orléans, il fut mis en arrestation et détenu en prison pendant quelque temps. M. Duport est toujours employé au ministère de la justice en qualité de chef de bureau.

DUPORT (Louis), en qualité de danseur, occupa long-temps les cent voix de la renommée, par ses travaux chorégraphiques, sur le théâtre de l'Académie royale de musique. D'abord émule du célèbre Vestris, il finit par en être le rival. La longue lutte qui s'établit entre eux, et les exploits comiques qu'elle fit naître de la part des deux redoutables champions, se trouvent agréablement décrits dans le poëme de *La Danse, ou la Guerre des dieux de l'Opéra*, par M. Berchoux. Duport néanmoins, malgré des succès toujours croissans, jugea à propos de mettre fin aux hostilités, pour aller faire admirer aux peuples du Nord sa souplesse et sa légèreté. Le Zéphire français quitta les bords de la Seine en 1808. Il a, depuis cette époque, recueilli sur ceux de la Newa un assez bon nombre de couronnes et de roubles ; il paraît néanmoins que le prix exorbitant que, depuis quelques années, il a voulu mettre à ses talens, n'a point été accordé par les directeurs du théâtre de Pétersbourg, ce qui l'aurait empêché de contracter avec eux de nouveaux engagemens. Duport a fait, pour le théâtre de l'Opéra, *Acis et Galathée*, en 1805 ; *Le Volage fixé* et *Figaro*, en 1806. Ce danseur s'est élancé sur le premier théâtre de la France, des planches de l'Ambigu-Comique, où il figurait dans les ballets. Il a partagé ses succès avec une sœur charmante et possédant des talens dignes du sien.

DUPORTAIL (N.), d'abord officier dans l'arme du génie, l'un des jeunes guerriers français qui s'illustrèrent en combattant sous les drapeaux de l'indépendance américaine, revint du Nouveau-Monde, avec le titre de brigadier des armées du roi. Il avait contracté ces principes d'une sage liberté, qui distinguent si éminemment M. de La Fayette, dont il fut le compagnon d'armes. Intimement lié avec lui, il dut à l'influence de ce général, en 1790, sa nomination au ministère de la guerre, par Louis XVI. Duportail revenait alors de Naples, où le roi de France, à la sollicitation du roi des Deux-Siciles, l'avait envoyé, avec plusieurs autres officiers, pour instruire les troupes napolitaines ; mais la mésintelligence qui s'établit entre lui et le commandant des suisses (M. de Salis-Marschlins), le détermina bientôt à quitter ce pays, pour revenir en France. Il avait, lorsqu'il parvint au ministère, le grade de maréchal-de-camp. Les ennemis de la révolution reprochent à Duportail de l'avoir, sinon introduite, du moins complétée dans l'armée, en autorisant les soldats à former aussi de ces réunions patriotiques, connues sous le nom de clubs, dans lesquels ils se livraient à des discussions politiques comme les autres citoyens, ce qui ne paraissait guère propre à leur inspirer le goût de cette obéissance passive que l'on exige d'eux pour la sûreté de ceux qui gouvernent. La disgrâce de son protecteur entraîna la sienne. Plusieurs dénonciations faites contre lui le forcèrent à donner sa démission, et bientôt il fut mandé à la barre de l'assemblée législative, pour rendre compte de sa conduite. On l'accusait d'avoir laissé sans défense la plupart de nos places, soit en n'en faisant pas réparer les fortifications, ou en n'y entretenant que des garnisons trop faibles. Cette accusation était grave; Duportail ne s'en disculpa qu'en rappelant les obstacles sans nombre que l'on opposait de toutes parts à la marche du gouvernement, et l'état complet de désorganisation dans lequel se trouvaient quelques-unes de ses parties, par l'effet de la révolution. Ses premiers dénonciateurs furent Lacroix et Couthon; mais après le 10 août, l'abbé Fauchet l'attaqua de nouveau avec plus de virulence encore, et parvint cette fois à le faire décréter d'accusation. Prévenu à temps, il trouva le moyen de se soustraire aux poursuites dirigées contre lui, et se tint caché jusqu'en 1794, où, pour cesser de compromettre les personnes qui lui avaient donné une hospitalité si généreuse, et dont, pour cette cause, la vie était menacée par une nouvelle loi de proscription, il quitta la France, et passa aux États-Unis, en laissant toutefois, entre les mains de deux notaires, un acte qui constatait les motifs qui l'avaient déterminé à quitter sa patrie. Ces motifs, que le général Mathieu Dumas fit valoir, en juin 1797, devant le corps-législatif, dont il faisait partie, pour obtenir la radiation de Duportail de la liste des émigrés, ne parurent pas alors suffisans. Ce ne fut qu'après la révolution du 18 brumaire, qu'il obtint l'autorisation de revenir en France; mais il n'eut pas la consolation d'y aborder, étant mort sur le vaisseau qui, en 1802, le ramenait d'Amérique.

DUPRAT (N.), qui mérita une célébrité malheureuse, pendant les troubles d'Avignon, fut néanmoins l'un de ceux qui contribuèrent le plus à la réunion de ce pays à la France. En septembre 1792, il essaya de se faire nommer député à la convention nationale. Cette tentative ne lui réussit pas; et les électeurs d'Avignon ayant donné la préférence à son jeune frère, Jean Duprat, cette circonstance excita entre eux des inimitiés qui se manifestèrent avec violence et publiquement. Plus tard, la conduite de Duprat ayant attiré sur lui les regards du comité de salut public et de sûreté générale, il fut arrêté. Il est probable que la journée du 9 thermidor an 2 put seule l'empêcher de porter sa tête sur l'échafaud, car il était près d'être traduit devant le terrible tribunal révolutionnaire. Lors de la réaction qui suivit cette époque, Duprat, qui redoutait les poignards de la vengeance, se hâta, en 1796, d'aller chercher un refuge à l'armée d'Italie. Schérer commandait alors cette armée; il accueillit favorablement le fugitif, et l'employa en qualité d'adjudant-général chef d'état-major. Il avait précédemment rempli des fonctions militaires au siége de Carpentras. Depuis, il fut chargé d'une mission en Suisse; il eut de l'emploi sous le régime impérial, et se trouvait encore adjudant-général en 1806.

DUPRAT (Jean) embrassa, avec autant d'exaltation que son frère, la cause de la révolution française, et devint, en 1792, maire d'Avignon, où il exerçait précédemment la profession de marchand. Les commissaires du roi l'ayant destitué, il fut, peu de temps après, réintégré dans ses fonctions, ce qui fut un triomphe pour le parti populaire, qui pensait alors que des excès coupables servaient sa cause. Au mois de septembre 1792, il fut nommé député à la convention nationale, avec Mainvielle et Barbaroux, par le département des Bouches-du-Rhône. Il donna d'abord, dans cette assemblée, un libre cours à l'exagération de ses principes; cependant, lorsque dans le jugement de Louis XVI on discuta l'appel au peuple, il se prononça pour l'affirmative : cela ne l'empêcha pas depuis de voter la mort et le rejet du sursis. Il demanda que les fonctions militaires fussent incompatibles avec celles de législateur, et manifesta le désir que ceux qui se trouvaient en possession des unes et des autres optassent entre elles. La haine que lui portait son frère, en raison de son élection, commença à éclater dans le courant d'avril. Dénoncé par lui, il eût peut-être succombé à cette attaque sans l'appui de Bazire. Nommé, quelque temps après, secrétaire de la convention, il se trouva entraîné dans la chute du parti de la Gironde, qui, par suite de ses liaisons avec Barbaroux, était devenu le sien. On l'accusa d'avoir publié une *Lettre contre la Montagne*, et de l'avoir adressée à la ville de Marseille. On joignit à cette accusation celle de *modérantisme*, ce qui ne dut pas manquer de surprendre ceux qui le connaissaient depuis longtemps, et particulièrement les habitans d'Avignon, témoins de ses premiers écarts. Compris dans le décret d'accusation, lancé le 3 octobre 1793, contre quarante-six de ses collègues, et traduit au tribunal révolutionnaire, il fut condamné à mort le 29 du même mois. Jean Duprat était à peine âgé de 36 ans. En 1795, sa veuve et ses enfans sollicitèrent et obtinrent des secours du gouvernement.

DUPRAT (N.), officier vendéen, l'un de ceux qui, après la dissolution de l'armée des princes, vinrent des bords du Rhin se mettre à la tête des bataillons que l'on organisait aux rives de la Loire. Émigré en 1791, il avait servi comme artilleur dans la campagne de 1792, et s'était fait distinguer par l'adresse avec laquelle il pointait une pièce. Cette adresse n'égalait pourtant point encore celle d'un archer grec qui, ayant écrit sur une flèche ces mots : *A l'œil gauche de Philippe,* sut la faire parvenir à sa destination. M. Duprat, au siége de Thionville, dirigeant un boulet contre un officier républicain en reconnaissance, n'atteignit que le cheval de cet officier; mais dans cette circonstance, il dut offrir des actions de grâce à la fortune, puisque par un de ces événemens trop communs dans les discordes civiles, cet officier était son père : M. Duprat avait déjà fait plusieurs campagnes dans la Vendée, lorsqu'en 1798 il fut arrêté à Châteauroux. La mort devait indubitablement suivre sa traduction devant un conseil de guerre; il ne l'évita qu'en s'échappant de sa prison, par le moyen d'une corde, le long de laquelle il se laissa glisser d'une fenêtre élevée; mais ses mains en furent tellement déchirées, qu'il ne put, après sa guérison, en recouvrer l'usage entièrement. M. Duprat avait, à cette époque, publié quelques brochures, entre autres : *Deux Mots au peuple français, ou les Adieux d'un émigré à sa patrie, après le 18 fructidor* (septembre 1797), in-8°; et *Deux Mots au directoire français,* 1798, in-8°. M. Duprat a cessé depuis long-temps de figurer sur la scène politique.

DUPRAT (P.) fut, en 1795, nommé député au conseil des cinq-cents par le corps électoral du département des Landes. Invariablement attaché au parti connu sous le nom de clichien, toutes ses propositions et ses votes furent dans le sens de ce parti. Les émigrés, les prêtres déportés, les prêtres réfractaires, les hommes qui remplissaient des fonctions publiques à Longwi, lorsque cette ville se rendit aux Prussiens en 1792, n'eurent pas de plus ardent défenseur; il demanda successivement que les biens fussent rendus aux uns, la liberté aux autres, et qu'enfin on cessât de les inquiéter comme ennemis du nouvel ordre de choses. Nommé secrétaire du conseil des cinq-cents le 20 avril 1796, le 30 août de la même année, il dénonça comme un appel à l'anarchie, l'énergique déclaration adressée par Bailleul à ses commettans. Le parti qu'il servait ayant été renversé, Duprat fut compris, le 4 septembre, au nombre de ceux qui devaient être déportés à Cayenne. Il parvint d'abord à se soustraire; mais obligé de se tenir caché, et par conséquent toujours en crainte, il se rendit volontairement à Oleron, où il se trouvait encore en 1799. Après la révolution du 18 brumaire, les consuls de la république le remirent en liberté. Il paraît être demeuré dans l'obscurité depuis cette époque.

DUPRÉ (N.), négociant à Carcassonne, fut élu, par le tiers-état de cette ville, député aux états-généraux de 1789. Il attribua, dans cette assemblée, la ruine du commerce à la compagnie des Indes, et s'éleva avec force contre le privilége de cette compagnie dans la séance du 3 avril 1790. Il se plaignit des vexations que le gouvernement faisait éprouver aux patriotes, et dénonça particulièrement l'enlèvement, par ordre du ministre de la guerre, d'un nommé Muscard, sous-officier au régiment de Vivarais, dont tout le crime consistait à montrer beaucoup d'attachement aux principes qui avaient amené la révolution. Il proposa, le 15 juillet de la même année, que la liberté du commerce de l'Inde fût accordée à tous les ports de France.

DUPRÉ-SAINTE-MAURE (ÉMILE), fils de Dupré, traducteur de Milton, directeur de l'académie de Bordeaux et intendant de Guienne, né à Carcassonne vers 1772, était, en 1789, conseiller de grand'chambre au parlement de Paris. La révolution lui ayant fait quitter la robe pour l'épée, il fit avec distinction les premières campagnes de la liberté, fut employé comme adjoint à l'état-major de l'armée des Pyrénées-Orientales, et devint aide-de-camp du général d'Hargenvilliers. Ayant quitté l'état militaire pour rentrer dans le civil, M. Dupré fut, en 1805, secrétaire des commandemens de la princesse Pauline, sœur de Napoléon. Appelé au corps-législatif en 1807, il en fit partie pendant 5 ans, et, le 8 avril 1813, l'empereur le nomma sous-préfet à Beaune, département de la Côte-d'Or. Après les événemens de 1814, il reçut du roi la décoration de la légion-d'honneur. Il ne prit aucune part aux affaires publiques dans les *cent jours,* ni même depuis, s'étant retiré dans une propriété qu'il possède dans le département de l'Yonne. M. Dupré-Sainte-Maure a fait jouer en 1805, sur le théâtre de la rue de Chartres, un petit vaudeville intitulé *la Jeunesse de Préville,* qui eut quelques représentations de suite. Il a publié en 1808 un *Essai sur les relations commerciales du département de l'Aude.* On lui attribue dans une biographie plusieurs autres ouvrages qui ne sont pas sans importance, mais que nous ne citerons pas, parce que d'après la date de leur publication, nous sommes fondés à croire qu'ils appartiennent à son père.

DUPUGET (EDME-JEAN-ANTOINE), guerrier et savant, mort à Paris en 1801, était né à Joinville en 1743. Destiné à l'état militaire, il entra de bonne heure dans le corps royal d'artillerie. Les connaissances qu'il y montra le firent parvenir de grade en grade jusqu'à celui de maréchal-de-camp. Nommé inspecteur-général, il passa en cette qualité dans nos colonies des Antilles, vers l'année 1784; y fit un séjour de 3 ans, pendant lequel, dans les momens qu'il eût pu consacrer au repos, il s'appliqua à des recherches minéralogiques, dont le résultat fut l'objet de plusieurs Mémoires très-estimés, où l'on remarque principalement l'indication et la description de quelques minéraux précieux qui se trouvent dans la partie de S^t.-Domingue que l'Espagne avait cédée à la France. De retour dans sa patrie, il s'y livra entièrement aux sciences, surtout à l'histoire naturelle. Parmi

plusieurs plantes rares qu'il découvrit, il retrouva celle du Baobab, depuis long-temps perdue, et très-multipliée aujourd'hui. Dupuget était membre des sociétés d'agriculture et philomatique de Paris, et membre associé de l'institut.

DUPUIS (Charles-François), naquit à Trie-le-Château, près de Chaumont, département de l'Oise, le 16 octobre 1742, de parens honnêtes mais pauvres. Il apprit de son père, qui était instituteur, les mathématiques et l'arpentage; dès l'âge de 6 ans, son écriture était formée au point qu'elle pouvait servir de modèle. Ses parens s'étant établis à la Roche-Guyon, département de Seine-et-Oise, il s'occupait un jour, sur le bord de la Seine, à prendre avec un graphomètre la hauteur de la tour de cette petite ville, lorsque le duc de La Rochefoucault, qui semblait destiné à devenir le protecteur ou l'ami des hommes de mérite de son temps, et à l'amitié duquel on doit peut-être la vocation du célèbre Dolomieu pour les sciences, aperçut le jeune géomètre, âgé alors de moins de 12 ans; il vint à lui, le questionna, fut charmé de ses réponses, et le plaça, avec l'autorisation de ses parens, au collége d'Harcourt, où il lui fonda une bourse. L'illustre protecteur fut bientôt récompensé de sa bienveillance, par les progrès rapides de son protégé, qui, à l'âge de 24 ans, passa au collége de Lisieux, en qualité de professeur de rhétorique. Dans les momens de loisir que lui laissaient les devoirs de sa place, Dupuis étudia le droit, et se fit recevoir avocat au parlement de Paris en 1770. A peu près vers cette époque il quitta l'habit ecclésiastique, que jusqu'alors il avait porté, et il se maria. Il fut chargé, en 1775, de composer le discours latin pour la distribution des prix de l'université. L'occasion était solennelle. Le parlement de Paris venait d'être rétabli après la mort de Louis XV, et cet illustre corps assistait à la cérémonie. Le jeune orateur saisit habilement une circonstance politique qui lui permettait de traiter son sujet sous un nouveau point de vue, et son discours fut couvert d'applaudissemens; il lui fit beaucoup d'amis parmi les magistrats. Une autre occasion de justifier la confiance du premier corps enseignant de l'état, et d'obtenir un nouveau succès littéraire, s'offrit quelques années après. En 1780, il fut chargé de prononcer, au nom de l'université, l'oraison funèbre de l'impératrice Marie-Thérèse. Son talent parut avoir acquis plus de force et plus de maturité. Dupuis fut jugé un excellent humaniste, et la république des lettres compta un nouveau citoyen fait pour l'honorer. Les mathématiques, qu'il avait apprises avec une grande facilité, réclamèrent bientôt toute son attention, et il suivit en même temps les cours d'astronomie de Lalande, dont il devint l'ami, comme il l'était déjà du duc de La Rochefoucault, de l'abbé Barthélemy, de l'abbé Leblond, et des hommes les plus distingués d'alors. Ses travaux journaliers et ses relations intimes lui donnèrent l'idée du grand ouvrage, qui a établi sa réputation, *l'Origine de tous les cultes*. Il commença par en publier plusieurs fragmens, dans le *Journal des savans* (cahiers de juin, d'octobre, et de décembre 1797, et de février 1781,) et en fit hommage à l'académie des inscriptions. Il réunit ces matériaux épars, les fit réimprimer dans l'*Astronomie* de Lalande, et les donna séparément, en un vol. in-4°, 1781, sous le titre de *Mémoire sur l'origine des constellations et sur l'explication de la fable par l'astronomie.* Le système de Dupuis, fruit d'un esprit supérieur, et d'une immense érudition, était nouveau et devait piquer la curiosité des savans et des gens du monde. Il ouvrait d'ailleurs une route nouvelle aux méditations des personnes instruites, et il obtint bientôt tous les genres de succès; il fut loué avec enthousiasme, et critiqué avec amertume : cependant l'auteur ne fut pas calomnié. De nos jours, cet honneur ne lui eût pas échappé sans doute. Bailly entreprit de réfuter ce système dans son Histoire de l'astronomie (5ᵐᵉ vol.). Dupuis n'en continua pas moins à le perfectionner, et il fit paraître son ouvrage en 1794 (3 vol. in-4° et atlas, et 12 vol. in-8°), sous le titre d'*Origine de tous les cultes, ou la religion universelle*. L'apparition de cet ouvrage avait produit une sensation extraordinaire. Les uns y virent un livre paradoxal, capable peut-être de saper les fondemens de la religion chrétienne. Les autres, et ils étaient en plus grand nombre, y reconnurent une conception singulière, mais forte, du plus haut intérêt, et qui était le produit du savoir, d'une investigation judicieuse, de la méditation et d'une lente expérience. Ils pensèrent que cet ouvrage ne devait être jugé ni avec légèreté, ni avec précipitation, ni par les esprits superficiels; enfin ils le considérèrent comme un de ces monumens que le génie humain élève, en signe de son passage à travers les siècles, et qu'il livre à la méditation des sages de tous les temps et de toutes les nations, hommes dont les lumières et le jugement sont indépendans des révolutions religieuses et politiques. L'ouvrage de Dupuis n'a détruit ni ébranlé aucune croyance. Quand il parut, l'autel et le trône étaient renversés. Rétablis peu d'années après cette publication, ils n'en ont reçu aucun dommage, parce que la religion est un sentiment et non un calcul, et que le cœur cède à son inspiration, quand l'esprit discute et juge. Dupuis donna un abrégé de cet ouvrage en un vol. in-8° (1798 — an 6), qui a été plusieurs fois réimprimé, soit dans ce format, soit in-18, en un et en 2 volumes. M. le comte Destutt-Tracy a fait une espèce d'abrégé de l'ouvrage de Dupuis, sous ce titre : *Analyse raisonnée de l'origine de tous les cultes* (Paris, in-8°, 1804). Ce même ouvrage de l'*Origine de tous les cultes* a été commenté par le savant Pierre Brunet, de l'ancienne maison de Saint-Lazare, dans sa compilation du Parallèle des religions (5 vol. in-4°). M. Dulaure a donné dans son livre intitulé : *Des cultes qui* ont précédé et amené *l'idolâtrie et l'adoration des figures humaines*, (Paris, in-8°, 1805), une véritable introduction à *l'Origine de tous les cultes;* et Dupuis lui-même a laissé parmi ses manuscrits des *Recherches sur les cosmogonies et les théogonies*, qui pourront servir de pièces justificatives au systéme qu'il a développé dans son ouvrage. Chénier, dans son introduction au *Tableau de la littérature*, où souvent il caractérise d'un mot les plus belles productions de l'esprit, dit : « Avec Du- » puis l'érudition raisonnable cher- » che l'origine commune des di- » verses traditions religieuses. » Ami du travail et de la retraite, Dupuis s'était fixé dans la belle saison à Belleville. En 1778, aidé par Letellier, il exécuta sur la maison qu'il habitait un télégraphe dont il avait puisé l'idée dans Guillaume Amontons, géomètre mécanicien français, dont Fontenelle a fait l'éloge. Au moyen d'un télescope, Fortin, ami de Dupuis, correspondait avec lui de Bagneux, où il demeurait, recueillant ainsi les signaux qui lui étaient faits de Belleville, et y répondant par les mêmes moyens. Au commencement de la révolution, Dupuis détruisit sa machine, dans la crainte de se rendre suspect au gouvernement. Cette découverte, aujourd'hui si répandue en Europe et particulièrement en France, fut dédaignée à l'époque de son invention. Ce ne fut que, lorsque pour le service du gouvernement, les frères Chappe parvinrent à l'exécuter et à la perfectionner, qu'on en reconnut toute l'importance. Dupuis a-

vait été nommé professeur d'éloquence latine au collége de France; il devint, en 1778, membre de l'académie des inscriptions, en remplacement de Rochefort, auteur d'une traduction en vers de *l'Iliade* d'Homère. Le duc de La Rochefoucault et l'abbé Barthélemy firent pour lui les visites d'usage. Peu de temps après, l'administration du département de Paris le nomma l'un des quatre commissaires de l'instruction publique; mais les premiers orages de la révolution l'éloignèrent de la capitale : il se retira à Évreux. Il était encore domicilié dans cette ville, lorsque le département de Seine-et-Oise le nomma député à la convention nationale, où, au milieu des plus grands orages, il se fit remarquer par sa modération. Dans le procès du roi, il vota la détention, comme mesure de sûreté générale; et après la condamnation, il se déclara pour le sursis. Lors de l'émission de son vote il s'était ainsi exprimé : « Je souhaite que l'o- » pinion qui obtiendra la majori- » té des suffrages fasse le bonheur » de tous mes concitoyens, et elle » le fera si elle peut soutenir l'exa- » men sévère de l'Europe et de la » postérité qui jugeront le roi et » ses juges. » Dupuis ne dut qu'au peu de confiance que ses collègues avaient dans ses lumières l'impunité d'un discours aussi hardi. Il eût été sans cela peut-être l'un de ceux à qui les tigres d'alors disaient d'un ton menaçant, par une affreuse allusion à la tête de Louis XVI : *la sienne ou la tienne!* Il fut nommé secrétaire de la convention, place qu'on ne lui permit pas de refuser. Quelque temps après, il fait une motion d'ordre à l'occasion des qualifications de *terroristes* et de *jacobins;* se plaint des désarmemens arbitraires, et veut que l'on prenne des mesures pour régulariser la marche des citoyens dans leurs dénonciations; présente des vues sur l'économie politique; enfin, soumet un projet de décret, tendant à faire rendre compte à tous les agens de la république. La convention le chargea de l'exécution des lois relatives à l'instruction publique. Il fit hommage à l'assemblée de son ouvrage l'*Origine de tous les cultes*, et l'assemblée lui accorda une mention honorable. Lalande rendit compte dans le *Moniteur* de cet ouvrage, qui était attendu depuis long-temps, et dont l'impression avait été surveillée par l'abbé Leblond, sur l'invitation expresse du club des cordeliers. Dupuis, qui craignait d'armer contre lui les âmes religieuses, en avait voulu brûler le manuscrit; mais sa femme s'en était emparée, et l'avait soustrait à ses regards aussi long-temps qu'elle craignit la perte d'un travail, fruit de tant de veilles laborieuses. Après la session conventionnelle, Dupuis fut nommé au conseil des cinq-cents, où il fit un rapport sur le placement des écoles centrales; présenta des vues sur l'instruction publique, appuya le projet de Louvet sur la liberté de la presse, et réclama la publicité dans la discussion sur les finances. En l'an 7, il fut porté sur la liste des candidats au directoire-exécutif, et ballotté trois fois avec le général Moulin, qui fut enfin nommé; il devint membre de l'institut national, qu'il concourut à réorganiser, et membre du corps-législatif qu'il présida après le 18 brumaire an 8 (9 novembre 1799.) Il fut proposé par ce dernier corps et par le tribunal pour être membre du sénat-conservateur. La décoration de la légion-d'honneur lui fut accordée peu de temps après. Libre de toutes fonctions politiques, il reprit ses occupations favorites, partageant son temps entre sa famille, ses amis et ses livres. Il habitait une petite maison de campagne qu'il avait en Bourgogne, lorsqu'il fut attaqué d'une fièvre putride, à laquelle il succomba, le 29 septembre 1809, dans la 67me année de son âge. Dupuis a encore publié les ouvrages suivans : 1° *Mémoires sur les Pélasges*, insérés dans la collection de l'institut, classe de littérature ancienne. Le but que l'auteur s'est proposé est de prouver, par toutes les autorités qu'il a pu recueillir des monumens et de l'histoire, que les Pélasges, originaires d'Éthiopie, formaient une nation puissante qui s'est répandue dans toutes les parties de l'ancien monde, et à laquelle plus particulièrement la Grèce, l'Italie et l'Espagne, doivent leur civilisation. 2° *Mémoire sur le zodiaque de Tentyra* (Dendra ou Dendérah). Ce monument de la science sacrée et astronomique des Égyptiens, objet d'une étude particulière des savans de la glorieuse expédition d'Égypte, a été transporté à Paris, en 1822, par le zèle de deux Français amateurs des arts (MM. Saulnier, fils du député de ce nom, et le Lorrain). Il a fourni à Dupuis le sujet d'une savante comparaison avec les zodiaques des Grecs, des Chinois, des Perses, des Arabes, etc. Entrepris dans l'esprit qui a présidé à la composition de l'*Origine de tous les cultes*, ce *Mémoire* en est en quelque sorte le corollaire, le complément, et ne doit point en être séparé. 3° *Mémoire sur le Phénix* (lu à l'institut, et qui fait partie, ainsi que la *Réfutation* de Larcher, de la collection des *mémoires* de ce corps). Cet oiseau fabuleux était, aux yeux de Dupuis, le symbole de la grande année, composée de 1461 années vagues, autrement période caniculaire, parce que la canicule en ouvrait et en fermait la marche. 4° Dupuis a fait paraître, dans le *Nouvel Almanach des Muses*, de 1805, un *fragment* en vers du poëme astronomique de Nonnus, qu'il se proposait de traduire en entier. Il a laissé en manuscrit, outre celui dont nous avons parlé plus haut, un travail fort étendu *sur les hiéroglyphes égyptiens;* des *Lettres sur la Mythologie*, adressées à sa nièce, et une *traduction des discours choisis de Cicéron*. On aura précédemment remarqué que les œuvres de Dupuis ont donné lieu à la composition de plusieurs ouvrages importans, même parmi ceux où l'on a prétendu le réfuter. Ce qui n'est pas moins digne de remarque, c'est que ce fut à la suite d'une conversation que feu M. le comte de Volney avait eue avec lui, qu'il composa son excellent ouvrage des *Ruines, ou Méditations sur les révolutions des empires*. Dupuis est mort généralement regretté. C'était un savant du plus grand mérite, un homme d'un caractère doux, de mœurs pures, d'une société agréable. M. Dacier, son collègue à l'institut, a fait son éloge. Mme Dupuis a publié une *notice* sur la vie et les ouvrages de son mari; et tous les auteurs de *Biographies* ont rendu hommage à ses qualités personnelles. Les continuateurs du *Dictionnaire* de l'abbé Feller, qui, par une assez singulière inadvertance, lui attribuent l'ouvrage de M. Dulaure : *Des Cultes qui ont précédé l'idolâtrie*, etc., s'expriment ainsi : « Dupuis » passait pour être un homme ins- » truit et probe; mais on aurait » souhaité aussi qu'il eût choi- » si des sujets moins abstraits, » et qu'il n'eût pas fréquenté les » philosophes, afin d'être plus es- » timable et moins irréligieux. » Cet éloge même, ainsi modifié, n'en est pas moins flatteur pour l'auteur de l'*Origine de tous les Cultes*, à qui, nonobstant une censure assez amère de ses ouvrages, et qui, rigoureusement, pourrait passer pour une violente diatribe, les auteurs de la *Biographie universelle* rendent cependant cette justice : « Qu'il est mort sans for- » tune, laissant pour tout héritage » à sa veuve la réputation d'un » homme probe. » Si nos talens divisent nos juges, il est beau de les rapprocher par nos qualités morales.

DUPUY (Louis), secrétaire perpétuel de l'académie des inscriptions et belles-lettres, naquit à Clarey en Bugey le 23 novembre 1709, et mourut à Paris le 10 avril 1795. La famille de Dupuy était ancienne, mais elle avait perdu pendant les troubles de la ligue ses titres et sa fortune patrimoniale. L'état ecclésiastique était autrefois et paraît devoir être de nouveau le moyen de réparer de pareilles pertes, et de parvenir aux richesses et aux honneurs. Bien que l'aîné de douze enfans, Dupuy fut destiné par son père à l'état ecclésiastique, et il fit des études analogues au collége de Lyon et au séminaire des *Trente-trois*, à Paris, où par son mérite il devint successivement maître des conférences, bibliothécaire et second supérieur. Mais craignant, en s'engageant dans les ordres, de regretter plus tard sa liberté, il sortit de chez les jésuites, et renonça pour toujours aux honneurs et aux avantages de l'église. Admis chez le savant Fourmont, où se réunissaient les hommes de lettres et les savans étrangers les plus distingués, et protégé par cet académicien, qui jouissait alors d'une grande considération, il fut attaché à la rédaction du *Journal des Savans*, et admis en 1756 à l'académie des inscriptions, dont il devint bientôt le secrétaire perpétuel. Il fut aussi nommé en 1768 bibliothécaire du prince de Soubise. Son instruction et son goût firent en peu de temps du dépôt qui lui était confié l'un des plus riches et des plus précieux de la capitale; et lorsque le dérangement de la fortune du prince le força de se défaire de sa bibliothèque, le chagrin que Dupuy en ressentit le conduisit lentement au tombeau. Dupuy, qui savait le grec et l'hébreu, était fort instruit dans les mathématiques, et se serait fait un nom célèbre dans cette science s'il s'y fût exclusivement livré; mais il aimait aussi à cultiver la haute littérature, ce qui faisait dire ingénieusement qu'il était une *moyenne proportionnelle* entre l'académie des inscriptions et belles-lettres et l'académie des sciences. Il a publié entre autres ouvrages: 1° *Traduction de 4 tragédies de Sophocle, que le P. Brumoy n'avait point comprises dans son théâtre des Grecs;* ce sont *Ajax, les Trachiniennes, OEdipe à Colone et Antigone*, Paris, 1762, in-4° et 2 vol. in-12; 2° *Mémoires de l'académie des inscriptions et belles-lettres* (vol. 36, 37, 38, 39, 40 et 41); 3° *Éloges* de douze des membres de ce corps; 4° *Observations sur les infiniment petits et sur les principes métaphysiques de la géométrie;* ces observations ont été insérées dans le *Journal des Savans*, année 1759; 5° une édition du *Fragment d'Anthemius sur des paradoxes de mécanique*. Dupuy a placé en regard du texte grec corrigé sur quatre manuscrits, une traduction en français, et a ajouté à l'ouvrage des notes intéressantes. Il a donné une explication curieuse du *Miroir d'Archimède et de ses effets*, Paris, 1777, in-4°. Mais on doit consulter l'ouvrage de M. Pérard, publié en 1807, in-4°, sous le titre de *Miroir ardent*, parce que l'auteur a traité le même sujet d'une manière plus satisfaisante; 6° enfin, parmi un grand nombre de Mémoires imprimés dans la collection de l'académie des inscriptions, on cite plus particulièrement ceux *sur l'état de la monnaie romaine, sur la valeur du denier d'argent au* temps de *Charlemagne; sur la manière dont les anciens allumaient le feu sacré dans leurs temples; sur les voyelles de la langue hébraique et des langues qui ont une liaison intime avec elle,* etc. Ces Mémoires ne sont pas moins remarquables par les recherches auxquelles l'auteur s'est livré, que par son style en général correct et facile.

DUPUY (François - Victor), maréchal-de-camp, officier de la légion-d'honneur, était chef de bataillon au 14ᵐᵉ régiment de ligne à la bataille d'Eylau, où il se distingua, le 20 février 1807, et fut nommé colonel sur le champ de victoire. Il devint officier de la légion-d'honneur, le 14 juillet 1809, et fut nommé par le roi maréchal-de-camp et chevalier de Saint-Louis en 1814.

DUPUY (J. B. C. H.), homme de loi et juge-de-paix à Montbrison, député du département de Rhône-et-Loire à l'assemblée législative, et ensuite à la convention. Il y vota la mort de Louis XVI sans appel et sans sursis. Il fut envoyé par la convention à Lyon en 1793; mais sa mission dans cette malheureuse ville que les Couthon, les Collot-d'Herbois, les Fouché inondèrent du sang de ses meilleurs citoyens, ne fut point marquée par de semblables forfaits. Après la session conventionnelle, M. Dupuy n'occupa plus de fonctions publiques. Frappé par la loi du 24 juillet, il fut obligé de sortir de France, et vit encore dans l'exil. Il a trouvé, dit-on, un asile sur les bords du lac de Constance.

DUPUY (J.), juge au tribunal de première instance de Paris. Il fut chargé, en janvier 1816, de l'instruction et du commencement de la procédure relative à l'évasion de M. de Lavalette. Ce qu'il y eut de plus remarquable, c'est que, pendant que le juge procédait, l'illustre fugitif, si miraculeusement tiré de la Conciergerie par la courageuse intervention de sa femme, était caché dans la maison qu'habitait le juge d'instruction. M. Dupuy a publié: *Lettres sur la Silésie, écrites en 1800 et 1801, durant le cours d'un voyage fait dans cette province par J. Quincy Adams,* traduites de l'Anglais, 1808, in-8°.

DUPUY (le comte), pair de France, né en 1755, conseiller au Châtelet jusqu'à la suppression du tribunal, fut nommé par Louis XVI, pendant le ministère de M. de La Luzerne, en 1790, intendant-général de tous les établissemens français à l'est du Cap. M. Dupuy résida pendant neuf années à l'île de France, et administra cette importante colonie, durant une époque difficile, avec autant de sagesse que d'habileté. Rappelé vers la fin de l'année 1800 par le premier consul, il revint en France, emportant l'estime et l'affection de ses administrés. Employé dès son retour par le gouvernement consulaire, il prit part aux négociations qui se terminèrent par le traité d'Amiens. Napoléon l'appela ensuite à son conseil-d'état, et le nomma sénateur le 28 mars 1805. Après l'abdication de l'empereur, M. Dupuy fut créé pair de France, le 4 juin 1814, et a conservé ce titre après la seconde rentrée du roi. Nommé gouverneur civil des établisemens français à l'est du Cap, dont il avait eu jadis l'intendance, M. Dupuy est retourné dans l'Inde en 1816, et réside maintenant à Pondichéry, chef-lieu de son gouvernement. A son passage au port Louis dans l'île de France, en août même année, il reçut l'accueil le plus flatteur. Des habitans de tous les cantons de l'île, qui avaient conservé le souvenir de son administration, vinrent en députation le complimenter, lui exprimèrent leur reconnaissance pour ses services passés, et leur vive douleur de se voir privés d'en recevoir à l'avenir de pareils, ni de lui ni d'aucun Français, puisqu'ils avaient eu le malheur à jamais déplorable d'être arrachés à la mère patrie, pour subir la domination anglaise. Ces témoignages désintéressés d'estime et de gratitude, honorèrent l'administrateur sans reproche qui avait su les mériter, et dont ils furent la noble récompense.

DUPUY (Dominique), fils d'un boulanger, naquit, en 1764, à Toulouse (Haute-Garonne), et prit du service à l'âge de 19 ans, dans le régiment d'Artois. Au commencement de la révolution, étant l'un des chefs des bataillons de volontaires de Toulouse qui furent les premiers à offrir leurs services à la patrie, il reçut l'ordre d'opérer la dispersion du camp de Jalès, et s'acquitta de sa mission avec un succès rapide. Il fut envoyé à l'armée d'Italie, où il se distingua au combat de Sospello, en enlevant au pas de charge les hauteurs qui entouraient la place,

et d'où descendaient des forces supérieures. A Levinzi et à Castellano, il ne donna pas de moindres preuves d'intrépidité. Pendant qu'il combattait en brave aux frontières ou en pays ennemi, on l'accusait d'entretenir des relations avec les fédéralistes; et comme sous les gouvernemens faibles et par conséquent ombrageux et perfides, une dénonciation équivaut à une preuve morale, on l'arrêta et on le conduisit à Paris. La révolution du 9 thermidor an 2 (27 juillet 1794) put seule lui sauver la vie. Libre, il repartit pour l'armée d'Italie. Il prit part à tous les hauts faits de la 32me demi-brigade dont il était le chef, et qui était composée en grande partie de Toulousains. Il se signala avec les mêmes braves à Montelesimo, à Montenotte, à Dego, à Lodi, à Salo, à Peschiera, à Rivoli. Il fut grièvement blessé à l'affaire de Lonato, à la suite de laquelle le général en chef Bonaparte, qui l'honorait de son estime, lui confia le commandement de Milan. Dans ce poste difficile, Dupuy sut conserver toute la dignité du nom et du caractère français; il fut juste, mais plein de fermeté: on le craignit sans le haïr. Après la paix de Campo-Formio, il passa à l'armée d'Égypte. La belle conduite qu'il tint aux combats de Chebreisse et d'Embach, lui fit obtenir sur le champ de bataille le grade de général. Quelques heures s'étaient à peine écoulées depuis sa promotion en cette qualité, qu'il s'était emparé, avec moins de deux cents hommes, de la ville du Caire, dont la population dépassait trois cent mille âmes. Les Anglais n'avaient pu empêcher la conquête de l'Égypte ; mais leurs intrigues entretenaient l'esprit de révolte et de haine, qui sont trop souvent des moyens assurés de succès pour les instigateurs. Le 21 octobre 1798, Dupuy voulant comprimer une sédition qu'ils avaient excitée, fut blessé mortellement et expira peu d'instans après, digne fin d'un officier-général français. Lorsque le général en chef Bonaparte apprit la mort prématurée et funeste de Dupuy, il s'écria avec une douloureuse émotion : « J'ai perdu un ami, l'armée un brave, et la France l'un de ses plus généreux défenseurs. » Le 11 novembre 1800, la ville de Toulouse, fière d'avoir vu naître Dupuy dans ses murs, célébra un service funèbre en l'honneur de ce brave guerrier. Un arrêté des consuls ordonna que la statue du général Dupuy serait élevée sur une des places de Toulouse. Cet arrêté n'a point reçu son exécution.

DUPUY DES ISLETS (LE CHEVALIER), ancien chevau-léger de la garde du roi, auteur d'une foule de poésies fugitives, qu'on trouve dans l'*Almanach des muses* et autres recueils périodiques du temps. Il a porté l'éloge en vers à son plus haut degré de perfection, et ses romances, odes et cantates respirent l'enthousiasme poétique le plus exalté. M. Dupuy des Islets émigra en 1791, fit les campagnes de l'armée de Condé, se rendit ensuite en Angleterre, et rentra en France après le 18 brumaire, ayant obtenu du gouvernement consulaire sa radiation de la liste des émigrés. C'est alors que, s'abandonnant à toute la fougue de sa verve lyrique, le poète prit un sublime essor. Son chant de victoire en l'honneur de Napoléon après la bataille d'Iéna est entièrement pindarique, ainsi que le dithyrambe sur la naissance du roi de Rome, qui se termine par ces vers :

Le bronze a retenti : quel charme involontaire
Saisit mes sens ? Il naît cet enfant précieux ;
 Il naît, et d'un cri glorieux
Il frappe de nos rois l'asile héréditaire.
D'un héros immortel, immortel rejeton,
France, il semble sourire à ton joyeux tonnerre ;
Et du berceau, chargé des destins de la terre,
 Il révèle Napoléon.

On a encore de M. Dupuy des Islets un chant lyrique dédié à S. M. l'empereur et roi, mis en musique et présenté à S. M. l'impératrice et reine, par Garat; Paris, chez Momigny. Il commence ainsi :

Honneur au monarque guerrier,
L'amour et l'orgueil de la France, etc.

En 1814, M. Dupuy des Islets composa une romance très-agréable, portant le titre de *la Vertu couronnée*, dédiée à *Madame*, duchesse d'Angoulême, et une cantate en l'honneur de S. M. Louis XVIII, adressée à *Monsieur*, lieutenant-général du royaume. Cette cantate finit par la strophe suivante :

Prince anglais, qui veillas à l'espoir de la France,
Jouis de son bonheur, il est ta récompense.
Vivent François, Guillaume, et tous les souverains
Dont l'amitié fidèle affermit nos destins !
Célébrons Wellington et le noble Alexandre.
Français, n'oubliez pas qu'à vos toits réjouis
 Leur essaim guerrier vient de rendre
La paix et le bonheur, et la gloire et Louis.

Les journaux de 1816 et la biographie Michaud citent le trait suivant de l'auteur comme preuve de ses sentimens actuels. Le 16 juin de cette année, jour de la Fête-Dieu et de l'entrée de madame la duchesse de Berri, quelques gouttes de pluie faisaient craindre que les processions ne fussent pas favorisées par le temps : « Rassurez-vous, s'écrie le « chevalier Dupuy des Islets, ce » sont les larmes des bonapartis- » tes. » Il a été nommé major de cavalerie et chevalier de Saint-Louis par le roi.

DUPUYTREN (Guillaume), baron, ex-conseiller de l'université impériale, professeur à la Faculté de médecine de Paris, chirurgien en chef de l'Hôtel-Dieu de la même ville, membre de la légion-d'honneur, de l'ordre de Saint-Michel, etc., etc., est né à Pierre-Buffière, le 5 octobre 1778. Après avoir fait ses premières études aux colléges de Naval-Magnac et de Lamarche, il se livra tout entier à la médecine, dans laquelle il fit de si rapides progrès, qu'il fut à dix-sept ans nommé prosecteur à l'école de Santé de Paris. Cette charge était plus honorable que lucrative; et le jeune prosecteur, peu favorisé de la fortune, ouvrit alors des cours de chirurgie et d'anatomie, auxquels sa réputation naissante attira un grand nombre d'élèves. Reçu docteur en chirurgie quelque temps après, il concourut avec M. Duméril pour la place de chef des travaux anatomiques; mais n'ayant point obtenu assez de voix, il ne fut élevé à cette place qu'au mois de ventôse an 9, lorsque son compétiteur passa à la chaire d'anatomie de l'école. Les travaux qu'il poursuivait avec une incroyable activité, lui valurent, en septembre 1802, la nouvelle place de chirurgien en second de l'Hôtel-Dieu de Paris, puis celle de chirurgien en chef adjoint du même établissement, en septembre 1808, et l'élevèrent enfin au grade de professeur de la Faculté de médecine, le 15 février 1812 : ce n'est que trois ans après qu'il a succédé à M. Pelletan dans les fonctions de chirurgien en chef de l'Hôtel-Dieu, qu'il remplit aujourd'hui. La réputation de M. Dupuytren comme opérateur est depuis long-temps répandue dans toute l'Europe, et les bornes de cet article ne nous permettent pas de rappeler ici toutes les innovations plus ou moins heureuses qu'il a introduites dans le cours de sa pratique chirurgicale. C'est surtout par sa hardiesse et sa dextérité que M. Dupuytren s'est fait une grande et juste réputation. Les cas les plus désespérés ne l'intimident point ; et d'étonnans succès ont le plus souvent justifié l'audace de ses opérations. M. Dupuytren a perfectionné ou inventé plusieurs instrumens, parmi lesquels nous citerons son *speculum* pour servir à l'ablation des polypes utérins par la cautérisation, et son aiguille pour l'opération de la cataracte, aiguille aussi bonne et tout aussi ingénieuse que celle de Scarpa en usage depuis assez long-temps. Il a aussi étendu ses découvertes sur l'anatomie pathologique : et comme Bichat, dans la même étude, avait adopté l'idée que chaque tissu présente des lésions organiques qui lui sont propres, ce qui avait paru évident à tout le monde, M. Dupuytren a prouvé aussi jusqu'à l'évidence que tous les tissus, au contraire, étaient susceptibles d'altérations semblables; mais ce n'est pas, comme on sait, la première fois que deux hommes de l'art, infiniment recommandable par leurs talens, ont des manières de voir diamétralement opposées sur quelques point de chirurgie ou de médecine. La clinique de M. Dupuytren est suivie par un grand nombre d'élèves, comme le fut autrefois celle de Desault. Cet empressement n'est pas moins dû au mérite du professeur qu'au grand nombre de cas pathologiques qui s'offrent journellement dans les salles de l'Hôtel-Dieu. On a de M. Dupuytren : 1° une thèse intitulée *Proposition sur quelques points d'anatomie, de physiologie et d'anatomie pathologique,* Paris, 1803, in-8°; 2° Un *mémoire* lu à l'institut, concernant *les effets qu'entraîne la ligature des nerfs pneumo-gastriques sur la respiration*; 3° *Mémoire sur les fractures du péroné,* inséré dans le premier volume de l'*Annuaire des hôpitaux et hospices civils de Paris*; 4° enfin un *Discours* prononcé le 22 novembre 1821, à la Faculté de médecine de Paris, lors de l'ouverture des cours de cette école.

DUQUESNE (ARNAUD-BERNARD-D'ICARD, ABBÉ), né à Paris, embrassa jeune l'état ecclésiastique, obtint la protection particulière de M. de Beaumont, archevêque de Paris, devint docteur en Sorbonne et vicaire-général de Soissons. M. l'abbé Duquesne se trouvait aussi, au commencement de la révolution, chargé de la direction des âmes des prisonniers de la Bastille, en qualité d'aumônier de cette principale prison d'état. On assure que le spirituel y était plus charitablement administré que le temporel, et l'on s'accordait à reconnaître généralement l'humanité avec laquelle le prêtre remplissait ses fonctions. Elles cessèrent, comme on sait, au 14 juillet 1789 : heureusement l'abbé Duquesne ne se trouvait pas, ce jour-là, à son poste. Il a tenté depuis, avec tout le zèle d'une tendre amitié, de réhabiliter la mémoire du chevalier de Launay, gouverneur de la Bastille, avec lequel il était intimement lié, et qui périt, comme on sait, d'une manière si tragique lors de la prise de ce château. En opposition avec Linguet, La Tude, et autres prisonniers qui eurent le bonheur de survivre à leur détention rigoureuse, mais qui se sont amèrement plaints du premier fonctionnaire de la geôle arbitraire, l'abbé Duquesne soutint que l'administration du gouverneur de Launay n'était point aussi tyrannique et aussi inhumaine qu'on s'était plu à le dire. Les ouvrages ascétiques dont l'abbé Duquesne a enrichi la littérature, sont nombreux et volumineux. On lui doit: *L'Évangile médité et distribué pour tous les jours de l'année,* 1773, 13 vol. in-12, réimprimé en 1778, en 8 vol. in-12. Cet ouvrage avait été commencé par le jésuite Giraudeau, et fut achevé par l'abbé Duquesne, à l'invitation de l'archevêque de Paris. *L'Ame unie à Jésus-Christ dans le saint sacrement de l'autel,* ouvrage posthume de Mme Poncet de La Rivière, veuve Carcado, précédé de l'*Eloge de sa vie:* l'abbé Duquesne n'en est que l'éditeur. *L'Année apostolique,* ou

Méditations pour tous les jours de l'année, tirées des Actes et des Épîtres des apôtres, et de l'Apocalypse de saint Jean, pour servir de suite à l'Évangile médité, 12 vol. in-12, Paris, 1791; Liége, 1804. *Les Grandeurs de Marie*, 2 vol. in-12. Le premier volume de cet ouvrage avait été imprimé, lorsque la santé de l'auteur s'affaiblissant à vue d'œil, il demanda à Dieu, dit-on, l'unique grâce de vivre assez pour l'achever. Il eut cette satisfaction. Le second volume et la préface se trouvèrent terminés le 19 mars 1791, et l'abbé Duquesne mourut le lendemain, à l'âge de 59 ans.

DUQUESNOY (Adrien - Cyprien), né à Briey, près de Metz, en 1763, était avocat à Nanci, et syndic de Lorraine et du Barrois, avant la révolution. Député, par le tiers-état du bailliage de Bar-le-Duc, aux états-généraux, en 1789, il s'y montra ardent ami de la liberté, parut avec avantage à la tribune nationale, et se lia intimement avec Mirabeau, à qui ses talens et ses connaissances variées devinrent très-utiles en différentes circonstances. Il contribua, de tous ses moyens, à la division nouvelle de la France par départemens, et prouva combien l'esprit de province, les intérêts souvent opposés des pays d'état et autres, ainsi que les priviléges particuliers, étaient funestes à l'intérêt général. Dans la discussion importante qui s'éleva sur la division du corps-législatif en deux chambres, il soutint l'avis de ceux qui voulaient une chambre unique, prétendant que les grands corps sont les plus solides appuis des états monarchiques, et que la balance tant vantée des pouvoirs n'est qu'une perfection chimérique, impossible à atteindre; tandis que ce qu'il y avait de réel dans l'existence de ces pouvoirs divers, c'était la lutte perpétuelle qu'elle établissait dans le sein de l'administration même. Il voulut aussi créer de nouvelles dénominations pour un nouvel ordre de choses; et, quoique très-opposé à l'établissement d'une république, il soutint que les vieux mots de *monarchie* et de *monarchique*, ne présentant que de vieilles idées, n'étaient plus convenables au régime que ses commettans l'avaient chargé d'établir. Lors de la discussion sur le droit de déclarer la guerre et de conclure la paix, il demanda que ce droit fût exercé collectivement par les pouvoirs exécutif et législatif. Il blâma fortement la conduite de la garnison de Nanci, lors de l'insurrection de cette ville, fit un long discours sur l'état de l'armée, et démontra que les désordres qui avaient eu lieu, et l'insubordination de quelques régimens, étaient l'œuvre des provocateurs étrangers et de leurs adhérens, qui fomentaient les troubles, répandaient l'argent, et usaient des moyens les plus perfides pour agiter la France et empêcher l'établissement du régime constitutionnel. Sincèrement attaché au gouvernement, il s'opposa avec énergie à toutes les entreprises des factieux. Il rédigea, vers la fin de l'assemblée constituante, et de concert avec son collègue Regnaud-de-Saint-Jean-d'Angély, le journal de *l'A-*

mi des Patriotes, où la cause de la royauté constitutionnelle était défendue avec autant de zèle que de talent. Cette feuille fut continuée jusqu'au 10 août 1792. Après la session, Duquesnoy devint maire de Nanci et directeur des postes de cette ville; mais il ne tarda pas à être poursuivi. Son nom ayant été trouvé dans l'*armoire de fer*, sur la liste des personnes employées et payées par la cour, il fut destitué et décrété d'accusation le 5 décembre de la même année. Il réussit néanmoins à se justifier, et recouvra sa liberté, mais non ses places. Décrété de nouveau en 1794, et incarcéré pour avoir contribué à la dissolution de l'assemblée populaire de Nanci, après la journée du 31 mai, il eut le bonheur de n'être traduit devant le tribunal révolutionnaire qu'après la chute de Robespierre, le 9 thermidor. Un nouveau tribunal moins sanguinaire, établi à cette époque, acquitta Duquesnoy. Il resta néanmoins sans fonctions jusqu'après le 18 brumaire. Le premier consul le plaça alors comme chef de division au ministère de l'intérieur, auprès de son frère Lucien, à qui ce ministère venait d'être confié. Les connaissances acquises par Duquesnoy, pendant ses nombreux voyages, sur toutes les parties de l'administration et du commerce, le rendirent très-utile. Il fut bientôt nommé membre et rapporteur du conseil de commerce, et chargé d'un travail important sur la *Statistique de la France par départemens*. Il fonda et entretint pendant plusieurs années, à ses frais, un hospice où de jeunes filles apprenaient à travailler. Il établit aussi une grande fabrique près de Rouen, et une filature, qui rendirent d'éminens services à l'industrie française, mais qui absorbèrent bientôt toute la fortune du fondateur. Nommé maire, à Paris, du 10me arrondissement municipal de cette ville, et obligé par ses fonctions de constater l'état civil des citoyens, Duquesnoy inscrivit sur les registres de sa mairie, en 1804, l'acte de mariage de Lucien Bonaparte avec Mme veuve Joubertou. Le premier consul, violemment irrité de cette union, accusa Duquesnoy de lui en avoir dérobé la connaissance. Il perdit ses places et tout appui. Ayant, à la même époque, contracté pour ses établissemens manufacturiers des engagemens considérables qu'il ne sut comment remplir, il résolut de terminer son existence, et exécuta ce funeste dessein en se jetant dans la Seine. Son corps fut retrouvé près de Rouen, en janvier 1808. C'était un homme de bien, animé d'un zèle ardent pour tout ce qui tenait à l'utilité publique; mais il eut le malheur de donner trop d'extension à des entreprises utiles, et devint la victime de cette imprudence. On a de lui les ouvrages suivans : *Recueil de Mémoires sur les établissemens d'humanité*, traduit de l'allemand et de l'anglais, Paris, 1804, 39 numéros. *Histoire des pauvres, de leurs droits et de leurs devoirs*, etc., traduite de l'anglais de Th. Buggles, Paris, an 10, 2 vol. in-8°. *Aperçu statistique des états de l'Allemagne*, traduit de l'allemand de Hoeck, Paris, in-folio. Une nouvelle édition des *Recherches asiatiques, ou Mémoires de la société établie au Bengale*, traduits de l'anglais par A. Labaume, Paris, imprimerie impériale, 1805, 2 vol. in-4°, fig.

DUQUESNOY (E. D. F. J.), député du département du Pas-de-Calais à l'assemblée législative en 1791, et à la convention en 1792, né à Bouvigny-Boyeffles en 1748, s'intitulant lui-même *le cultivateur de Bouvigny*. Il était moine au commencement de la révolution, et profita un des premiers de la liberté de sortir du couvent pour se lancer dans l'arène révolutionnaire, où tous ses pas furent marqués par la démagogie la plus effrénée. Moine dépravé, il devint bientôt législateur féroce et sanguinaire, se dédommageant de sa longue inactivité par des actes de cruauté inouïe. En sa qualité d'ancien homme d'église, il crut prouver ainsi sa conversion politique et son dévouement à une cause que lui et ses pareils voulaient faire triompher par le crime. Dès le 15 août 1792, il demanda que toutes les personnes soupçonnées d'incivisme fussent emprisonnées jusqu'à la paix, préludant ainsi à l'odieuse loi des suspects qui fut portée plus tard. Dans le procès du roi, il vota la mort sans appel et sans sursis, insulta et frappa plusieurs de ses collègues, et fut blâmé publiquement par la convention pour son indigne conduite. Envoyé quelque temps après à l'armée du Nord, son passage dans les départemens fut signalé par ses fureurs. Un autre prêtre d'exécrable mémoire, Joseph Lebon, était excité et soutenu dans la carrière du crime par son collègue Duquesnoy. « Courage, lui écrivit-il, va toujours » ferme; nous reviendrons, Saint-» Just et Lebas, et ça ira bien plus » roide. » Des jurés avaient acquitté quatre accusés. « Fais-moi » mettre dedans, écrivit-il encore » au même, ces g...... de jurés, » ou je me brouille avec toi. J'é-».tais à dîner avec Robespierre » lorsqu'il reçut ta lettre; ne t'in-» quiète de rien, la guillotine » doit marcher plus que jamais. » Dans une de ses missions, il fit fusiller un malheureux conducteur de charrois militaires, parce qu'il avait une fleur de lis sur son sabre. Des cours prevôtales ont, à une époque plus récente, sévi à leur tour contre des militaires qui avaient un bouton à l'aigle ou un N à quelque partie de leurs vêtemens. Duquesnoy, envoyé à l'armée de la Moselle, y marcha à la tête des colonnes républicaines, et montra la même fougue de caractère qui lui avait fait commettre tant d'excès. Pendant ses diverses missions, n'épargnant pas même les membres de sa propre famille, il en fit incarcérer plusieurs; frappa et maltraita tellement une de ses cousines qui était venue solliciter auprès de lui en faveur de quelques détenus, qu'il la laissa pour morte sur la place. Absent à l'époque du 9 thermidor, il rentra à la convention après la chute de Robespierre; reparut à la tribune des jacobins, accusa ceux qui avaient abattu *l'homme du peuple*, de n'avoir agi ainsi que pour lui succéder, et de n'user du pouvoir qu'ils avaient usurpé que pour opprimer les patriotes. Il attaqua vivement comme libellistes et calomniateurs les députés qui écrivaient ou agissaient contre les jacobins, et meurtrit de coups de bâton son collègue Guffroy, qui avait écrit contre lui. Cependant, en 1795, il parut un moment épouvanté de la publicité donnée à ses crimes. Il nia alors d'avoir été partisan de Robespierre, mais il eut la maladresse de prendre une part active à l'insurrection du 1ᵉʳ prairial (20 mai 1795), qui coûta la vie au député Féraud, et cette révolte termina aussi la carrière de Duquesnoy. Arrêté avec les principaux chefs de l'émeute, livré à une commission militaire, il fut condamné à mort le 16 juin suivant. Lorsque son arrêt fut prononcé, il dit avec calme : « Je désire que le sang » que je vais répandre soit le dernier sang innocent qu'on versera », et élevant la voix pour crier encore une fois : *Vive la république*, il se frappa mortellement d'un couteau qu'il avait su dérober aux recherches de ses gardiens, et qu'il passa ensuite à son plus proche voisin, condamné comme lui. Celui-ci s'en frappa à son tour; et le même fer, passé de main en main, servit ainsi aux quatre accusés. Ils n'étaient pas tous dignes d'un sort aussi funeste; un, surtout, était recommandable par ses talens et ses vertus privées. Les anciens, dont l'histoire offre peu de traits comparables à la mort courageuse de ces quatre députés, auraient célébré leur sortie héroïque de la vie. A peine un événement aussi remarquable fit-il quelque sensa-tion au milieu des dissensions civiles de la France en ces temps de sang et de carnage. Duquesnoy, transporté sanglant dans sa maison, expira au moment où l'exécuteur vint le chercher pour le conduire au supplice.

DUQUESNOY, général, frère du précédent, commanda une division sous les ordres du général Jourdan à l'armée de Sambre-et-Meuse, en 1793. Il s'y distingua en toute occasion par la plus haute valeur, et particulièrement à Vatignies, aux journées des 15 et 16 octobre, dont le succès lui fut dû en grande partie. Sa division était désignée dans l'armée sous le nom de *la colonne infernale*. Il fut ensuite envoyé contre les royalistes de la Vendée avec un corps de 20,000 hommes. Il montra le même courage, battit plusieurs fois Charette, et contribua beaucoup à terminer la guerre. Malheureusement aussi fougueux que brave, le général Duquesnoy ne sut jamais soumettre ses passions violentes à l'empire de la raison. Féroce et sanguinaire comme son frère, partout où il se distingua par sa valeur, il se rendit haïssable par ses excès. S'intitulant lui-même le *boucher de la convention*, il justifia ce titre en faisant massacrer tous ses prisonniers dans la Vendée, et en faisant noyer (au moins en fut-il accusé) jusqu'aux femmes et aux enfans à la mamelle. Destitué après le 9 thermidor an 2 (27 juillet 1794), il vécut obscurément chez lui jusqu'en 1796. Il obtint alors son admission aux Invalides, et y mourut un an après. Il était couvert d'honorables blessures; mais la réputation à laquelle son courage et ses talens militaires pouvaient lui donner droit, fut souillée par des cruautés dont aucune gloire ne saurait absoudre.

DURAMEAU (Louis), professeur à l'académie de peinture, peintre de la chambre et du cabinet du roi, gardien des tableaux de la couronne, naquit à Paris en 1733. Son père était imprimeur en taille-douce; le fils, qui avait commencé par être graveur, se livra bientôt exclusivement à la peinture. Il était meilleur dessinateur que coloriste. Envoyé à l'école de France à Rome, il y étudia les grands maîtres, et prit quelque goût de l'antique. Ses bons ouvrages sont cependant en petit nombre; il cédait avec trop de faiblesse aux avis des faux connaisseurs qui, dans un rang élevé, s'établissaient alors arbitres du bon goût. Durameau sacrifiait souvent le sien à celui de ces protecteurs de qualité, et prenait successivement le style ou la manière qu'ils lui indiquaient. Son tableau de réception à l'académie est au plafond de la galerie d'Apollon au musée du Louvre, et représente l'*Été*. Deux autres de ses tableaux, et ce sont ses meilleurs ouvrages, ont pour sujet : *la Continence de Bayard*, et un *Trait de l'histoire de saint Louis;* ils étaient placés dans la chapelle de l'école Militaire. Levasseur a gravé deux tableaux de Durameau: *Herminie sous les armes de Clorinde*, et *le Retour de Bélisaire dans sa famille.* Il fit aussi un grand tableau allégorique pour le palais de justice de Rouen, et *la Mort de saint François de Sales*, pour l'abbaye de Saint-Cyr. On cite aussi de lui : *le Combat d'Entelle et de Darès.* Il peignit les plafonds de plusieurs édifices publics et de quelques hôtels à Paris. Durameau mourut, à Versailles, le 4 septembre 1796.

DURAND (Jean-Baptiste-Léonard), né à Limoges, remplit pendant plusieurs années le poste de consul de France en Sardaigne, et fut ensuite attaché au ministère de la marine. La compagnie du Sénégal le choisit, en 1785, pour son gérant principal en Afrique. Il s'embarqua au Havre, le 3 mars, et arriva à sa destination le 10 avril de la même année. Cherchant avec zèle à donner la plus grande extension au commerce de la compagnie, il entreprit un voyage, par terre, jusqu'à Galam, et conclut, avec les rois et chefs des tribus maures de la rive droite du Sénégal, des traités avantageux, ayant principalement pour objet le commerce de la gomme, que ces chefs sont en possession de fournir aux Français. Il accompagna ses négociations de riches présens offerts au nom de la compagnie, et prit toutes les mesures pour assurer à celle-ci de grands et solides établissemens ; mais il n'eut pas le temps de leur donner l'extension qu'il projetait. La compagnie trouva, de son côté, que M. Durand ne mettait pas assez d'économie dans sa gestion, et le rappela en 1786. Il s'embarqua aussitôt à Saint-Louis, pour revenir en France ; mais le capitaine qui commandait le navire fit fausse route, et au lieu d'entrer dans le canal de la Manche, il s'engagea dans celui de Bristol, et vint se briser sur les rochers de Temby, à la côte méridionale du pays de Galles. M. Durand eut à se louer, en cette circonstance, du capitaine de la marine anglaise Trollop, qui habitait un château près de la côte, et qui accueillit les naufragés français avec l'hospitalité la plus généreuse, leur prodiguant tous les secours dont ils avaient besoin. M. Durand a rempli, depuis son retour en France, diverses places dans l'administration. Il est mort en Espagne, où il était allé joindre un général de ses amis, en 1812. On a de lui : *Voyage au Sénégal, dans les années* 1785 *et* 1786, Paris, 1807, in-4°, ou 2 vol. in-8°, avec atlas. On trouve peu de choses neuves dans cet ouvrage. L'auteur, occupé de sa gestion commerciale, avait eu trop peu de temps à donner aux observations ; ce qu'il offre de plus intéressant, c'est le voyage par terre d'un employé de Durand, M. Rubault, depuis l'île Saint-Louis jusqu'à Galam. Il y aurait un grand avantage pour le commerce, si cette communication pouvait toujours se faire par terre, le voyage par eau étant, vu l'insalubrité du climat, accompagné de dangers imminens pour tous ceux qui l'entreprennent. Ce dernier ne peut se faire d'ailleurs qu'à une seule époque de l'année, et l'autre en tout temps. Si M. Durand, dans son ouvrage sur le Sénégal, fait de nombreux emprunts à ses devanciers, tels que le père Labat et d'autres, il a au moins la délicatesse, assez rare parmi les voyageurs modernes, de citer les prêteurs. L'atlas qui accompagne ce voyage, trace aussi la route du Sénégal à Galam par terre, ainsi que celles suivies par Mungo-Park, et les principaux voyageurs en Afrique ; il donne de plus les textes arabe et français, des traités conclus entre Durand et les chefs des Maures. L'illustre orientaliste, M. Sylvestre de Sacy, à qui les lettres ont tant d'autres obligations, a soigneusement revu le texte arabe, en a suivi l'impression, et y a joint des notes intéressantes.

DURAND-MAILLANE, né à Saint-Remy en Provence, était avocat au commencement de la révolution. Élu député du tiers-état aux états-généraux de 1792, pour la sénéchaussée d'Arles, il vota constamment, dans l'assemblée constituante, avec le parti populaire, mais se fit d'ailleurs peu remarquer. Élu de nouveau en septembre 1792, par le département des Bouches-du-Rhône, pour siéger à la convention nationale, il vota dans le procès de Louis XVI, pour l'appel au peuple, pour la détention jusqu'à la paix, et le bannissement à cette époque. Quoique lié avec quelques membres du parti de la Gironde, dont il partageait les sentimens, Durand-Maillane ne fut point compris dans les proscriptions qui suivirent le 31 mai et le 2 juin. Il ne prit nulle part aux discussions de l'assemblée, jusqu'à la chute de Robespierre. Après le 9 thermidor, s'étant fortement prononcé contre les ultra-révolutionnaires, il fut envoyé par la convention dans le Midi, pour les contenir et y rétablir l'ordre. Mais bientôt, sous le prétexte de comprimer et de punir des terroristes, il s'organisa de toutes parts, dans le midi et le centre de la France, des bandes d'égorgeurs, telles que les compagnies de *Jésus*, du *Soleil*, etc. Une réaction terrible eut lieu; des vengeances particulières ensanglantèrent de nouveau ces contrées, et Durand-Maillane fut accusé de n'avoir rien fait pour prévenir les excès ni pour punir les assassins révolutionnaires. Rappelé à Paris, il fut encore élu, en 1795, membre du conseil des anciens; mais à la suite des événemens des 18 et 19 fructidor an 5 (4 et 5 septembre 1797), il fut exclu du conseil, et quelque temps après, mis en arrestation au Temple, accusé d'avoir entretenu des relations illicites avec les émigrés, d'avoir favorisé leur rentrée et leurs intrigues. Durand-Maillane fut remis en liberté, le 21 février 1798, par jugement du tribunal de la Seine, et fut nommé, après la révolution du 18 brumaire, juge en la cour d'appel d'Aix. Il en était encore membre honoraire en 1811, et mourut en 1814, dans un âge très-avancé, à Saint-Remy, lieu de sa naissance, où il s'était retiré depuis plusieurs années. Une déclaration faite par lui, ainsi que des documens trouvés dans ses papiers, ont, à une époque antérieure, servi de base aux plus graves accusations contre des personnes du rang le plus éminent. On doit à Durand-Maillane un ouvrage estimé, intitulé : *Histoire du comité ecclésiastique de l'assemblée constituante.*

DURAND (N.), prêtre vendéen, l'un des premiers qui refusèrent de prêter serment à la constitution civile du clergé, était alors curé de Bourgneuf. Lorsqu'au mois de mars 1793, ses prédications eurent contribué à mettre les armes à la main à une foule d'hommes aussi simples qu'ils étaient superstitieux et crédules, on le nomma membre du conseil civil de l'armée catholique et royale. Il fut, en cette qualité, spécialement chargé de signer les assignats mis en circulation dans les départemens de l'Ouest au nom de Louis XVII. S'étant trouvé, le 3 janvier 1794, à un combat livré aux Vendéens par les troupes de la république, l'abbé Durand fut pris, et fusillé comme rebelle, au bout de quelques jours.

DURAND (Jean-Nicolas-Louis), architecte et professeur à l'école Polytechnique, est né à Paris le 18 septembre 1760. Il a publié : *Recueil et parallèle des édifices de tous genres, anciens et modernes, remarquables par leur beauté, par leur grandeur ou par leur singularité, et dessinés sur une même échelle,* 1799 et suiv.

DURAND-MOLARD (Martin), journaliste, secrétaire-général de la préfecture de la Martinique, né à Châtillon-sur-Chalaronne, fit ses études à Bourg-en-Bresse et au séminaire de Saint-Irénée à Lyon. Il se rendit à Paris en 1790, rédigea des articles de journaux en opposition avec les principes et les lois que la nouvelle constitution avait sanctionnés. En 1792, il prit part à la publication du journal intitulé *Nouvelles politiques*, qui avait remplacé la *Gazette universelle*, dont la journée du 10 août avait fait suspendre le cours. Renonçant bientôt à ce travail, il se déroba avec autant de prudence que de bonheur à toutes les recherches, et ne reparut qu'après la journée du 9 thermidor. M. Durand-Molard devint alors rédacteur en chef du *Courrier républicain*, feuille qui, à l'abri de ce titre, attaquait journellement toutes les institutions républicaines, et outrageait les hommes les plus recommandables, en les assimilant aux factieux et aux traîtres soudoyés par l'étranger. M. Durand-Molard attaqua avec véhémence la loi qui, en l'an 3, établissait par tiers le renouvellement des assemblées délibérantes, et devint bientôt un des chefs dirigeans de la section Lepelletier. Quelques jours avant le 13 vendémiaire, il fut nommé avec Richer de Serisy et Delalot membre du comité que cette section créa dans son sein, pour prendre des mesures extraordinaires, et pour s'opposer même par les armes à la Convention. Après la dispersion des forces des sections, M. Durand se déroba heureusement aux poursuites dirigées contre les chefs, et ne fut pas atteint par la condamnation à mort portée nominativement contre lui par la commission militaire établie au Théâtre-Français. Cette sentence par contumace n'ayant point eu d'effet, fut bientôt oubliée; M. Durand reparut à Paris, et fut chargé en germinal an 5 par M. Dandré, alors commissaire du roi dans l'intérieur de la France, de la direction en chef du journal intitulé l'*Europe politique et littéraire*. Frappé par le décret de déportation porté le 18 fructidor contre les journalistes royalistes, M. Durand-Molard eut encore le bonheur de se soustraire à l'exécution de cette sentence, et resta caché quelque temps à Lyon, où il publia plusieurs écrits en faveur de la cause royale, entre autres une brochure ayant pour titre : *Antidote à la proclamation du directoire, ou le directoire et le peuple, dialogue*. Il s'attacha à y prouver que les Français, de quelque parti qu'ils fussent, n'avaient rien à redouter du retour des Bourbon, et que ces derniers pouvaient seuls assurer le repos et le bonheur des citoyens. Après le 18 brumaire, M. Durand reparut à Paris, sollicita de l'emploi du gouvernement consulaire, obtint du premier consul une place d'inspecteur dans les administrations militaires, et bientôt de l'empereur la place plus importante de secrétaire-général de la préfecture de la Martinique. M. Durand resta dans cette île jusqu'en 1807, et s'y occupa d'une nouvelle édition du *Recueil des ordonnances coloniales, ou Code de la Martinique*. Le 1er volume parut en 1807 à Saint-Pierre Martinique, et les notes et manuscrits tirés des archives coloniales par l'auteur, fourniront sans doute matière à un second volume. En 1814, M. Durand publia un ouvrage ayant pour titre : *Essai sur l'administration intérieure des colonies*. Grand ami de l'unité du pouvoir et de sa concentration dans les mêmes mains, l'auteur cherche à prouver que le partage de l'autorité entre l'intendant et le gouverneur d'une colonie fait naître de graves inconvéniens, et qu'il faut que le gouverneur seul soit investi de la toute-puissance. M. Durand a été rendu par le gouvernement royal aux fonctions de secrétaire-général de la préfecture de la Martinique.

DURAND (Jean-Jacques), maire de Montpellier, embrassa les principes de la révolution avec sagesse, et voulut réprimer les excès des ultra-révolutionnaires. Il fut dénoncé à la convention le 9 juillet 1793, comme lié au parti de la Gironde et opposant à la journée du 31 mai. Cambacérès, son ami, le défendit avec courage et succès contre cette première attaque; mais l'année suivante, M. Durand ayant abandonné ses fonctions de maire, fut encore dénoncé à la tribune par le fougueux député Voulland, et bientôt traduit devant le tribunal révolutionnaire, qui le condamna à mort le 12 février 1794, comme ayant participé aux manœuvres des fédéralistes du Midi. Il subit cette injuste sentence le même jour.

DURAND-FAJON (le baron), président du tribunal de commerce de Montpellier, fut élu par le département de l'Hérault député à la chambre de 1815. Il parut à la tribune pour réclamer, au nom de son département, contre l'inégale répartition de l'emprunt des cent millions. Il vota constamment dans cette assemblée avec une minorité faible par le nombre, mais recommandable par ses efforts pour opposer quelque frein aux réactions de l'époque, et aux tentatives rétrogrades des législateurs *introuvables*. Le 5 septembre 1816 mit un terme aux opérations de cette chambre. M. Durand-Fajon fut créé baron par le roi la même année, et nommé de nouveau, par le département de l'Hérault, membre de la chambre des députés. Il a voté depuis avec la majorité.

DURANDE (Jean-François), médecin estimé, de Dijon, et membre de l'académie de cette ville, s'est rendu recommandable par ses connaissances en chimie et en botanique, et par les ouvrages qu'il a publiés sur ces matières. Il ouvrit un cours de botanique à Dijon, en 1774; le discours qu'il prononça à cette occasion se trouve imprimé dans le *Journal de physique*, même année. Il publia, en 1781, des *Notions élémentaires de botanique*, 1 vol. in-8°, avec une grande carte synoptique pour développer un nouveau système qu'il avait adopté avec Desmoulins et Commerson, savans botanistes. Il en fit de nouveau l'application dans sa *Flore de Bourgogne*, 2 vol. in-8°, publiée à Dijon en 1782. Durande travailla ensuite de concert avec Guiton de Morveau et Maret, aux *Elémens de chimie rédigés dans un nouvel ordre*, 1778, in-8°. Il a encore donné: *Mémoire sur la coraline articulée des boutiques*, 1783; *Sur les plantes astringentes indigènes; Nouveau moyen de multiplier les arbres étrangers*, Dijon, 1784; *Mémoire sur le champignon ridé et sur les autres plantes de la même famille*, 1785; *Mémoire sur l'abus de l'ensevelissement des morts,* Strasbourg, 1789, in-8°; *Observations sur l'efficacité du mélange d'éther sulfurique et d'huile volatile de térébinthe dans les coliques hépatiques, produites par des pierres biliaires*, 1790, in-8°. Il a aussi donné les moyens d'extraire de l'huile du grand chardon ou *onopordon*. Durande mourut le 23 janvier 1794.

DURANDE (Claude-Auguste, chevalier), né à Dijon, fils du précédent, suivit les traces de son père, et exerça avec succès la médecine dans sa ville natale. Il rendit surtout d'éminens services à l'époque où une maladie terrible, et de la nature la plus contagieuse, s'était déclarée au grand hôpital de Dijon. On y avait entassé les prisonniers russes faits à la bataille d'Austerlitz : ces malheureux périssaient par centaines, et personne n'osait plus approcher du séjour de l'infection et de la mort. M. Durande affronta le danger, donna des soins aux malades, et parvint à arrêter ce mal si menaçant pour tous les habitans de Dijon. Nommé maire de cette ville par l'empereur, en 1806, il se livra avec ardeur à ses fonctions administratives. En octobre 1813, il adressa à l'impératrice Marie-Louise ses hommages dans les termes suivans : « Aucun » Français n'a pu lire sans émotion » les paroles adressées par votre » majesté au sénat. L'expression » de votre bienveillante sollicitu- » de pour le grand peuple que » vous avez adopté, vous garantit » à jamais le dévouement qu'il » porte à son auguste souverai- » ne. » Il offrit la même année, au nom du corps municipal, dix cavaliers armés et équipés à Napoléon, et lui dit : « Des événemens » imprévus ont contrarié vos gran- » des vues politiques; mais, sire, » nos cœurs et nos fortunes sont à » vous. Notre jeunesse est prête à » se réunir sous vos drapeaux tou- » jours victorieux, et nous nous » plaisons à croire que les enne- » mis de ce vaste empire, créé par » votre génie sublime, et affermi » par vos hautes conceptions, ne » tarderont pas à connaître que » des accidens imprévus ne font » que développer avec plus de for- » ce l'énergie nationale, lorsqu'el- » le est dirigée et conduite par un » héros. » Le 19 avril 1814, il eut aussi l'honneur de complimenter *Monsieur* frère du roi, en ces termes : « Il y a long-temps que les » Dijonnais rappellent de tous » leurs vœux le doux empire des » lis. Quel bonheur, après vingt- » cinq années de tourmens, de » souffrances, de retrouver enfin » le repos sous l'autorité pater- » nelle de cette antique et augus- » te dynastie à qui la France a dû » tant de siècles de gloire et de » prospérité ! » Au retour de Napoléon de l'île d'Elbe, M. Durande fit des efforts pour résister au rétablissement de son autorité, quitta la mairie de Dijon, se rendit à Paris, et fut signalé dans *le Moniteur* comme *mauvais maire*. A la seconde rentrée du roi, il eut l'honneur d'adresser à ce prince de nouvelles félicitations, et retourna à Dijon reprendre ses fonctions de maire, qu'il quitta en 1817. Le roi a créé M. Durande chevalier de l'ordre de Saint-Michel.

DURANDI (Jacques), savant piémontais et membre de l'académie des sciences de Turin, se livra dans sa jeunesse à la poésie, et composa en italien quelques tragédies qui ne sont point restées au théâtre. Il est un des collaborateurs de la *Biografia dei Piemontesi illustri*. On a de lui un ouvrage estimé, traitant des *Connaissances des anciens dans l'intérieur de l'Afrique, comparées avec celles des modernes*, 1 vol. in-8°. Mais ses principaux travaux ont eu pour objet des recherches historiques et géographiques sur le Piémont, et ses divers mémoires sur ces matières forment 3 vol. in-4°. La classe d'histoire et de littérature anciennes de l'institut de France, dans son rapport du 20 février 1808, en rendit le compte suivant : « L'auteur de ces écrits n'a » pas seulement appliqué les an- » ciennes mesures à d'excellentes » opérations topographiques ; il a » encore mis à contribution, pour » mieux traiter son sujet, tous les » auteurs anciens, les inscriptions, » les médailles, et l'*Histoire du* » *moyen âge*. Ses écrits, dans les- » quels on désirerait un peu plus » d'ordre, sont remplis de recher- » ches curieuses et de découvertes » intéressantes. Il y fait briller » tour à tour l'érudition de l'an- » tiquaire, la critique du philolo- » gue et la sagacité du géogra- » phe. » Voici les titres des autres ouvrages principaux de Durandi : *Dell' antica condizione del Vercellese e dell' antico borgo di Santià*, Turin, 1766, in-4°. *Saggio sulla Storia degli antichi popoli d'Italia*, ibid., 1769, in-4°. *Delle antiche città di Pedona, Caburro, Germanicia, dell' Augusta de' Vaggienni*, 1769, in-8°. *Il Piemonte cispadano antico*, 1774, in-4°.

DURANT DE MAREUIL (Joseph-Alexandre-Jacques, baron), né à Paris le 10 novembre 1769, d'un père qui occupait une place lucrative dans les fermes-générales. Après avoir fait de bonnes études, il se voua à la diplomatie ; obtint, en 1794, une place de secrétaire de légation en Danemark, auprès de Grouvelle, alors ambassadeur de la république française à la cour de Copenhague. Rappelé à Paris, M. Durant parvint à être chef de division au ministère des affaires étrangères, et eut le bonheur d'intéresser particulièrement à sa fortune le ministre, depuis prince de Talleyrand. Chargé par lui d'importantes fonctions, M. Durant fut successivement employé pendant le règne impérial, comme ministre plénipotentiaire aux cours de Dresde, de Stuttgard et de Naples. En cette dernière ville, il eut, le 1ᵉʳ janvier 1812, une dispute diplomatique pour la préséance avec le prince Dolgorouski, ministre de Russie. Cette querelle se termina par un duel. Les deux ministres se battirent à l'épée, événement presque inouï dans les fastes de la diplomatie. A la vérité il ne s'ensuivit point de mort d'homme ; le prince fut rappelé par sa cour, et M. Durant continua ses fonctions auprès de roi de Naples. Cette aventure fit quelque sensation en Europe, comme un des premiers indices du refroidissement qui se manifestait déjà entre les cours de Pétersbourg et des Tuileries, et l'on prévit dès lors la guerre, qui en effet ne tarda pas à éclater. M. Durant quitta Naples lorsque le roi Murat entra dans la coalition formée contre la France. Pendant son voyage, il tomba entre les mains de brigands qui le dépouillèrent entièrement sur la route de Rome, et lui enlevèrent une somme considérable en argent. Revenu à Paris au commencement de 1814, lors des revers de Napoléon, le gouvernement provisoire qui s'établit alors, et dont l'ancien protecteur de M. Durant était le chef, le nomma commissaire extraordinaire au département des affaires étrangères, place qui équivalait à un ministère, mais qu'il remit bientôt entre les mains de celui qui la lui avait confiée, et qui venait de s'acquérir lui-même tant de droits à la direction des relations étrangères. M. Durant fut bientôt dédommagé de la perte de cette place, et appelé par le roi au conseil-d'état, en service extraordinaire. Pendant les *cent jours*, nommé à la représentation nationale par le département de la Marne, où il possédait des propriétés considérables, M. Durant rédigea, au nom de la seconde chambre, une adresse éloquente à Napoléon. Resté conseiller-d'état après le second retour du roi, et nommé en 1820 ambassadeur de France auprès du roi des Pays-Bas, en remplacement du marquis de Latour-du-Pin, M. Durant remplit encore (1822) d'une manière honorable ses fonctions diplomatiques. Au moins les nombreux compatriotes de l'ambassadeur de France, que leurs affaires appellent si souvent dans ce pays limitrophe, et même les malheureux bannis, condamnés par leur mauvaise fortune à y vivre, n'ont point à se plaindre des procédés de M. Durant, et sont bien loin de regretter son prédécesseur.

DURANTON, né à Massidon (Guienne), en 1736, était avocat à Bordeaux au commencement de la révolution, et jouissait de l'estime générale de ses concitoyens. Élu par eux procureur-syndic du département de la Gironde en 1791, il fut peu de temps après nommé par Louis XVI au ministère de la justice, à la place de Duport du Tertre. La cour négociait alors en secret avec quelques députés de la Gironde, et ce furent eux qui indiquèrent au roi M. Duranton, comme un homme digne de sa confiance. Il se conduisit en effet avec une grande modération pendant son ministère, et y fut conservé par le roi après le renvoi de ses collègues Roland, Servan et Clavière. Le 2 mai 1792, il dénonça Marat comme prêchant l'anarchie dans son journal, et fit saisir ses presses. Le 3 juillet il donna sa démission, et se retira dans le sein de sa famille, où il espéra vainement se dérober aux poursuites de ses ennemis, en vivant dans la plus profonde obscurité. Arrêté d'abord comme suspect, il fut bientôt livré à la commission révolutionnaire qui ensanglanta Bordeaux à cette époque, et il périt sur l'échafaud le 20 décembre 1793. M. Duranton était d'un caractère grave et réservé. Il est jugé sévèrement dans les mémoires du temps (*voyez* PRUDHOMME, Mme ROLAND, etc.), traité d'homme lourd, vain et paresseux, parleur timide et borné; mais on peut douter de l'équité d'un jugement aussi rigoureux. Il est présumable, au moins, que les habitans de Bordeaux, de tout temps renommés pour des qualités contraires aux défauts reprochés à M. Duranton, n'auraient pas, à une époque où les élections étaient parfaitement libres, choisi pour la place alors importante de procureur-syndic de leur département, un homme dépourvu de tout mérite.

DURAS (Amédée-Bretagne-Malo de Durfort, duc de), pair de France, maréchal-de-camp, et un des premiers gentilshommes de la chambre du roi. Lorsqu'il entra en fonctions auprès de Louis XVI, en cette dernière qualité, au commencement de la révolution, il montra dans des circonstances périlleuses du courage et un grand dévouement à son maître. Quelques jours avant le 20 juin 1792, le roi voulant faire un voyage à Saint-Cloud, fut retenu à la sortie des Tuileries par le peuple, dont la défiance envers le prince, et l'animosité contre les courtisans, étaient parvenues au dernier degré l'exaltation. Le duc de Duras resta constamment attaché à la portière de la voiture royale, en butte à toutes les fureurs de la multitude. Il faillit être égorgé, et le roi même eut beaucoup de peine à le tirer des mains des furieux et à calmer l'irritation populaire. M. de Duras émigra quelque temps après cet événement, et, s'étant rendu en Italie, reprit son service de cour auprès de Louis XVIII à Vérone. Mais, fatigué sans doute de la vie errante et agitée des Français du dehors, peut-être même des cabales d'une cour qui, dans sa dimension réduite, offrait encore un champ fertile en intrigues (*voy.* La Vauguyon, et l'ouvrage, 1 gros vol. in-8°, publié par ce duc sur sa disgrâce et sa sortie du ministère à Mittau), M. de Duras sollicita la permission de rentrer dans sa patrie, et obtint en 1800 du gouvernement consulaire, sa radiation définitive de la liste des émigrés. Il vécut depuis tranquille sous la protection particulière du gouvernement impérial, sans postuler de place et sans augmenter le nombre des seigneurs rentrés, qui se pressaient alors en foule dans les antichambres des ministres ou des grands du jour. Après la première abdication de Napoléon, le duc de Duras se hâta d'aller à Londres au-devant du roi, fut nommé pair de France le 4 juin 1814, et maréchal-de-camp le 24 novembre de la même année. Il suivit le roi à Gand, et revint avec ce prince. Il jouit toujours, à ce qu'on assure, d'un grand crédit, sans qu'on ait cependant ouï dire jusqu'ici qu'il ait usé de son influence pour satisfaire à des passions haineuses, ou servir des intérêts et des ressentimens particuliers. La duchesse de Duras son épouse, fille du comte de Kersaint, préside une société de bienfaisance, et fait partie de la société d'enseignement élémentaire.

DURBACH (Anne-Louise), plus connue sous le nom de Mme Karschin, Allemande, fille d'un brasseur, née dans un petit village de la Silésie, montra de bonne heure un véritable talent pour la poésie. Son éducation avait été négligée; elle garda les troupeaux dans son enfance, et devint, très-jeune, la femme d'un tisserand avare et brutal qui la rendit longtemps malheureuse. Un divorce, qu'il lui proposa, lui fit enfin recouvrer sa liberté, mais la plongea dans la misère. Elle espéra en sortir en épousant un tailleur nommé Karschin : celui-ci ne la maltraitait point; mais, ivrogne et dissipateur, il dépensait tout ce qu'elle commençait à gagner par la publication de ses vers. Enfin, un baron de Kelwitz la conduisit à Berlin, et la produisit dans la haute société, où elle excita un enthousiasme général. Le roi Frédéric II voulut la voir; et ce prince économe, qui, d'ailleurs, ne protégeait que faiblement la littérature allemande, accorda cependant, quoique avec parcimonie, quelques secours pécuniaires à Mme Karschin. La vente de ses œuvres la mit enfin à l'abri du besoin. Elle mourut à Berlin, le 12 octobre 1791. Sa fille publia un volume de ses œuvres posthumes; et M. Gleim, célèbre poète allemand, généralement estimé par son caractère, et auprès duquel Mme Karschin avait passé plusieurs années qu'elle regardait comme les plus heureuses de sa vie, fit un choix parmi les nombreux ouvrages de son amie, et le publia sous le titre d'*OEuvres choisies*. *Poeta nascitur, non fit :* personne ne le prouve mieux que Mme Karschin. Douée d'un génie original, d'une imagination brillante, et surtout d'une profonde sensibilité, elle produisit avec une facilité singulière des poésies quelquefois étincelantes de beautés. Il est à regretter que sa première éducation, et les circonstances pénibles où elle s'est long-temps trouvée, se soient opposées à l'entier développement des dons précieux que lui fit la nature. Abusant souvent de sa facilité, et se livrant sans fin à une verve surabondante, elle n'en sut point régler la fougue. Ses ouvrages, d'ailleurs trop multipliés, empreints de la précipitation avec laquelle plusieurs furent composés, manquent de régularité dans leur plan, de correction et de goût dans leur exécution.

DURBACH (François - Jean-Frédéric), né à Longueville-les-Saint-Avold, en Lorraine, le 15 avril 1763. Possesseur de grandes propriétés dans le département de la Moselle, il fut, en 1792, élu par ses concitoyens membre du directoire de ce département, et il y remplit les fonctions de procureur-général-syndic. Ardent et sincère ami de la liberté, il s'opposa avec courage aux fureurs d'une multitude souvent égarée, et excitée au crime par des traîtres soudoyés. M. Durbach protesta hautement, avec tous ses collègues, contre les événemens scandaleux de la journée du 20 juin 1792. Cette protestation lui valut une condamnation à mort l'année suivante; mais il fut plus heureux que ses collègues, qui périrent sur l'échafaud : il vint à bout de se soustraire à l'exécution d'une sentence aussi inique que cruelle. Membre du corps-législatif après le 18 brumaire, il en sortit en 1808, et y rentra par une nouvelle élection la même année. Il faisait encore partie de ce corps en 1814, et prit rang parmi les hommes courageux qui opposèrent de la résistance aux mesures arbitraires, et demandèrent la cessation d'une guerre devenue désastreuse. Fidèle à ses principes, et suivant constamment la ligne qu'il s'était tracée, M. Durbach combattit avec courage pour la cause de la liberté et les intérêts nationaux, pendant tout le cours des fonctions législatives qui lui furent successivement confiées. Le 27 juin 1814, il fit une motion d'ordre pour que le roi fût supplié de faire compléter les lois sur la liberté de la presse. Le 30 suivant, il donna les plus grands développemens à sa motion sur cette liberté, et *la demanda illimitée*, sauf la répression de la calomnie; il cita, à l'appui de ses opinions, les hommes d'état et les écrivains les plus distingués. Il attaqua, avec autant d'énergie que d'éloquence, les règlemens du 5 février 1810 sur l'imprimerie et la librairie, et fit mention d'un fait qui lui était personnel, la saisie d'une brochure portant son nom, et publiée sous ce titre: *Des véritables intérêts de la maison de Bourbon*, 1814, in-8°. Le 13 octobre, M. Durbach demanda le dépôt, sur le bureau, des pièces relatives à la dénonciation portée contre le ministre de la guerre, comte Dupont, pour le marché des vivres. « Quoi! déjà de tels » abus, s'écria-t-il, sous un roi » qui veut se consacrer au bon- » heur de son peuple! Ce marché » a-t-il été conclu dans l'intérêt » de la chose publique? Il est permis » d'en douter, lorsque l'on a » pris connaissance des tortuosi- » tés qui l'accompagnent. » M. Durbach soutint ensuite, à l'occasion du deuxième rapport de M. Raynouard, sur la presse, que la chambre avait le droit de revenir sur une loi adoptée, lorsque la chambre des pairs y avait ajouté des amendemens qui pouvaient en changer l'esprit. « La » moindre déviation des vrais prin- » cipes, dit-il, peut avoir la plus » funeste conséquence, et vous ne » sauriez être trop jaloux de con- » server les droits qui vous sont » attribués par la charte consti- » tutionnelle. » Le 25, dans la discussion relative à une restitution de biens aux émigrés, il attaqua les expressions du discours du ministre-d'état comte Ferrand. « Toute la France, dit-il, a re- » connu, dans la funeste doctrine » qui y est établie, le désir d'ou- » vrir une porte secrète sur le vas- » te terrain des domaines natio- » naux. Déjà l'effet a été ressenti » jusqu'aux extrémités du royau- » me, où toutes les transactions » civiles ont été tellement paraly- » sées à la fois, que le trésor royal » s'en est déjà aperçu à son détri- » ment. » M. Durbach trouva ce projet contraire aux lois fondamentales de l'état et à la parole sacrée du monarque, injuste en son application et funeste en ses conséquences. Il proposa de substituer à ce projet la création d'un fonds de rente sur l'état, pour être réparti entre les émigrés avec ou sans enfans. M. Durbach voyageait en Allemagne pour ses affaires particulières, quand Napoléon débarqua en Provence. Élu, au mois de mai 1815, membre de la chambre des représentans par le département de la Moselle, son courage et son zèle ne l'abandonnèrent point au milieu des nouveaux dangers dont la France était menacée. Il se rendit avec son collègue, Flaugergues, au palais de l'Elysée, qu'habitait Napoléon après la bataille de Waterloo ; et l'on assure que les conseils de ces deux députés contribuèrent beaucoup à décider ce prince à une seconde abdication. Le 22 juin, M. Durbach fit une véhémente sortie contre l'Angleterre, qu'il qualifia d'éternelle ennemie de la France. Interrompu par quelques murmures, « Nous verrons bientôt, dit-il en » quittant la tribune, si ces monar-» ques étrangers sont de bonne foi. » Le 30 du même mois, il prononça encore à la tribune une véhémente philippique contre des personnes éminentes en dignités : la chambre en ordonna l'impression, et la distribution à l'armée. Le 5 juillet, il demanda que des commissaires, nommés par la chambre, suivissent l'armée. Il fit ensuite une motion tendante à l'abolition de toutes les qualifications féodales. Frappé par l'ordonnance du 24 juillet 1815, il se plaignit amèrement d'être porté sur cette liste de proscription. « Si les opinions que j'ai mani-» festées dans ma carrière politi-» que ont pu déplaire, c'est un » malheur, écrivit-il au ministre » rédacteur de cette liste : mais, » loin d'y trouver la marche d'un » conspirateur, on a dû y recon-» naître toujours le caractère d'un » citoyen franc et loyal, étranger » à tout esprit de parti comme à » toute ambition ; dont l'unique » désir a été de voir la France, a-» près vingt-cinq ans de sacrifices » et de malheurs, jouir enfin d'u-» ne constitution qui assurât la li-» berté, le repos, le bonheur de la » nation, et garantît au trône toute » la force et l'éclat qu'il doit avoir » pour le bien même du peuple. » Les réclamations de M. Durbach furent vaines. Après être resté quelque temps sous la surveillance de la police, il fut obligé de sortir de France ; se retira d'abord en Belgique, puis à Tœplitz, en Bohême. Il lui fut enfin permis de rentrer dans sa patrie ; en vertu d'une ordonnance royale ; et il vit, depuis cette époque, éloigné des fonctions publiques, mais occupé encore, dans ses terres, d'objets d'utilité générale.

DURDENT (Jean-R.), homme de lettres, auteur d'un grand nombre d'ouvrages, naquit à Paris en 1755. Il montra d'abord quelque goût pour la peinture. Grand admirateur de David, il obtint d'être reçu au nombre de ses élèves, et fit un voyage à Rome pour se perfectionner dans cet art ; mais, abandonnant bientôt une carrière où ses talens lui promettaient peu de succès, il se consacra tout entier aux belles-lettres. On a de lui : *Beautés de l'Histoire grecque*, 1812, in-12. *Beautés de l'Histoire des Espagnes*, 1814, in-12. *Beautés de l'Histoire de Portugal*, 1816, in-12. *Beautés de l'Histoire de Turquie*, 1816, in-12. *Beautés de l'Histoire des trois royaumes du Nord* (Suède, Danemark et Norwège), 1816, in-12. On a remarqué, avec raison, le ridicule de ces titres de *beautés*, donnés à des récits qui retracent en grande partie les crimes les plus atrôces. Durdent, indépendamment de ses *Beautés*, a encore publié les ouvrages suivans : *Austerlitz, ou l'Europe préservée des Barbares*, poëme historique en 2 chants, 1806, in-8°. *Les Orphelins de Werdemberg*, par G. Lewis, traduit de l'anglais, 1810, 4 vol. in-12. *Le Tombeau mystérieux, ou les Familles de Hénarez et d'Almanza*, 1810, 2 vol. in-12. *Sésostris père et époux*, poëme pour la naissance de S. M. le roi de Rome, 1811, in-4°. *Adriana, ou les Passions d'une Italienne*, 1812, 3 vol. in-12. *Narrations françaises*, 1812, in-12. *Galerie des Peintres français, et Salon de* 1812, in-8°. *Alisbelle et Rosemond, ou les Châtelaines de Grentemesnil*, 1813, 3 vol. in-12. *Cinq Nouvelles*, 2 vol. in-12. *Campagne de Moscou en* 1812, 1814, in-8°. *Époques et Faits mémorables de l'Histoire de France*, 1814, in-12. *Bataille de Léipsick, depuis le 14 jusqu'au 19 octobre 1813, ou Récit des événemens mémorables qui ont eu lieu dans cette ville*, traduit de l'anglais, 1814, in-8°. *L'École française en* 1814, *ou Examen critique des ouvrages de peinture*, 1814, in-8°. *Cent dix Jours du règne de Louis XVIII*, 1815, in-8°. *Époques et Faits mémorables de l'Histoire d'Angleterre, depuis Alfred-le-Grand jusqu'à nos jours*, 1815, in - 12. *Histoire critique du Sénat-Conservateur*, 1815, in-8°. *Époques et Faits mémorables de l'Histoire de Russie*, 1815, in-12. *Ode sur les Événemens du mois de mai* 1816, in-8°. *Histoire de Louis XVI, suivie d'un Appendice contenant la liste alphabétique de tous les régicides*, avec de courtes notices sur la plupart d'entre eux, 1817, in-8°. On a aussi remarqué la frappante opposition de principes et d'opinions qui règne entre les premiers et les derniers ouvrages de cet auteur. Après avoir prodigué à Napoléon tout ce que l'adulation la plus exagérée peut inventer d'éloges (*Voyez* le poëme d'*Austerlitz, Sésostris époux et père*, etc.), il réforme lui-même ses propres jugemens, mais sans renoncer à la manie de juger encore. Des hommes qui n'ont été les flatteurs d'aucune puissance sont traités par Durdent, dans ses écrits publiés depuis 1814, avec une partialité que le public jugera à son tour, à moins qu'un profond oubli, auxiliaire d'une profonde obscurité, ne se charge seul d'en faire justice. Durdent est mort le 24 juin 1819.

DUREAU-DE-LAMALLE (JEAN-BAPTISTE-JOSEPH-RENÉ), né le 21 novembre 1742, à Saint-Domingue. Son grand-père avait été nommé gouverneur de cette île, en récompense des services militaires qu'il avait rendus pendant la guerre de la *succession*. Le jeune Dureau, resté orphelin, fut envoyé à l'âge de cinq ans en France, et placé à sept au collège du Plessis, où il se signala par des succès précoces. Maître, dès sa plus tendre jeunesse, de la fortune considérable que lui avaient laissée ses pères, il ne la dissipa point : moins prodigue encore de son temps, il l'employa tout entier à développer, par un travail assidu, les dons que lui avait faits la nature, et à perfectionner des études qui devinrent pour lui la source de la gloire. L'étude comparée des langues de l'Europe servit encore à ranimer son goût pour les langues anciennes. Des rapports intimes s'établirent bientôt entre Dureau-de-Lamalle et les littérateurs les plus distingués de cette époque. Sa maison devint le rendez-vous des d'Alembert, La Harpe, Thomas, Marmontel, Champfort, Delille, etc. Une amitié constante le lia surtout avec l'élégant traducteur des Géorgiques, auquel il devint très-utile, par une critique éclairée et par l'explication du vrai sens de divers passages de Virgile. M. Dureau-de-Lamalle résolut d'enrichir à son tour la littérature française, en reproduisant dans sa langue quelques chefs-d'œuvre de l'antiquité. Il préluda à de plus grands travaux par la traduction de plusieurs Odes d'Horace, de deux chants de l'*Achilléide de Stace*, et commença celle du poëme des *Argonautes ou la Toison d'or, de Valerius-Flaccus*, que son fils a depuis achevée. Il publia aussi, en 1776, une traduction du *Traité des bienfaits, de Sénèque*, 1 vol. in-12, qui eut du succès, mais que lui-même dans l'âge mûr a jugé plus sévèrement que personne. Se vouant ensuite au genre grave de l'histoire, et encouragé par les plus honorables suffrages, il entreprit avec ardeur une tâche aussi difficile que glorieuse à remplir, entreprise tentée avant lui par des hommes d'un talent distingué, mais qui étaient restés bien loin d'un but que M. Dureau-de-Lamalle eut le noble espoir d'atteindre. Après seize années de travaux et de veilles, il publia, en 1790, la première édition de sa traduction de Tacite, dont J. J. Rousseau et d'Alembert n'avaient traduit que des fragmens. Les traductions complètes de d'Ablancourt et du père Dotteville, pâles copistes du peintre énergique de Tibère et de Néron, laissaient sans doute beaucoup à désirer. Le nouveau traducteur s'attacha particulièrement à rendre avec l'énergique précision de son modèle sa pensée tout entière. Il chercha à faire passer dans notre langue certaines tournures de phrases, et à imiter le style même de l'historien latin. Ces efforts furent-ils toujours heureux? Tacite ne reste-t-il pas toujours à traduire? C'est ce que nous n'osons point décider. On a trouvé quelque obscurité et quelque embarras dans la diction de M. Dureau-de-Lamalle : des formes inusitées étonnent quelquefois par leur hardiesse plus qu'elles ne satisfont le lecteur, tant il est difficile de faire passer de l'idiome latin dans le nôtre, la désespérante concision d'un écrivain qui en peu de mots exprime beaucoup, et donne encore plus à penser. Quelque obscurité était tolérée par les anciens; la fatigue de méditer un auteur, de remplir eux-mêmes des lacunes qu'il laissait souvent avec intention, d'étendre ou d'achever une pensée indiquée, et surtout de tirer eux-mêmes des faits les conclusions convenables, cette fatigue ne les rebutait pas. Le lecteur français exige la plus grande clarté; toute gêne dans la simple construction d'une phrase le choque; la précision obtenue par des sous-entendus ne lui semble pas un mérite, et plus sa langue prête à l'ambiguité, plus il prétend que l'écrivain sache l'éviter. L'ouvrage de M. Dureau-de-Lamalle, qui parut au milieu des plus violens orages politiques et à l'époque la moins favorable aux investigations littéraires, excita cependant un vif intérêt. Il fut justement apprécié par des hommes dignes de le juger, et l'on s'accordait généralement à reconnaître la grande supériorité de la traduction nouvelle sur toutes celles qui l'avaient précédée. Poursuivant noblement la carrière dont il avait déjà franchi avec succès un vaste espace, M. Dureau-de-Lamalle publia bientôt une nouvelle traduction de *Salluste*, qui fit à son tour oublier Beauzée, Dotteville, l'abbé Paul, et toutes les imitations qui avaient eu quelque célébrité jusqu'alors. Un troisième historien de l'ancienne Rome restait à reproduire dans notre langue, pour compléter la gloire de M. Dureau-de-Lamalle, et pour assurer à la littérature française la possession entière de ce qu'ont produit de plus parfait les Latins, dans le genre où ils ont excellé. Avec une juste confiance en la flexibilité de son talent, M. Dureau-de-Lamalle commença sa traduction de *Tite-Live*. Le style orné et pompeux de cet auteur, son élégance soutenue, l'harmonieuse abondance de ses périodes, les harangues éloquentes qu'il prête à ses héros, et enfin l'étendue même de l'ouvrage, tout rendait la tâche du traducteur bien difficile. La mort seule put l'empêcher de la terminer avec succès. Elle vint le frapper au moment où il n'avait encore achevé que la première décade, les trois premiers livres de la troisième, et les deux premiers de la quatrième. M. Noël (*Voy.* ce nom), littérateur distingué, et déjà connu par nombre d'ouvrages utiles, acheva la grande entreprise de la traduction du *Tite-Live*, qui parut accompagnée du texte latin, soigneusement revu, 15 vol. in-8°, 1808. La même année parut aussi une nouvelle édition du Tacite avec le texte latin en regard, qui manquait à la première, le tout revu et corrigé par le fils de l'auteur (*Voy.* ci-après) avec la plus grande exactitude. M. Dureau était membre de l'institut depuis 1804. Il avait aussi été placé à la tête du conseil-général de son département, et nommé membre du conseil législatif en 1802. Il mourut dans sa terre de Landres, département de l'Orne, le 19 septembre 1807.

DUREAU-DE-LAMALLE (Adolphe-Jules-César-Auguste), fils du précédent, né à Paris, en 1780. Après avoir fait de bonnes études, dirigées par son père, le jeune Dureau seconda celui-ci dans ses utiles travaux. Il publia de plus un ouvrage intitulé : *Géographie physique de la mer Noire, de l'intérieur de l'Afrique et de la Méditerranée*, 1807, in-8°, dans lequel il cherche à établir que les anciens avaient, de l'intérieur de l'Afrique, une connaissance plus étendue que les modernes. M. Dureau-de-Lamalle a su donner à l'intérêt à cette discussion, dont plusieurs écrivains étrangers se sont emparés, en rendant justice au talent du premier investigateur. Cet auteur s'est exercé dans la poésie. Il a fait un poëme dans le genre descriptif, *Les Pyrénées*, précédé d'un *Voyage à Viguemale*, et d'une *Description de la vallée d'Azun, de Cauterets et de Liectour*, 1808, in-8°. Mais son principal ouvrage est une traduction du *Poëme des Argonautes*, ou de la *Toison d'or*, de *Valerius Flaccus*, en vers français, 3 vol. in-8°, Paris, 1810. Cette traduction avait été commencée de concert avec son père; le fils l'a achevée et grossie de notes érudites. C'est dans ces notes que réside le principal mérite des poésies de M. Dureau, dont la versification est à la fois pénible et prétentieuse. Il s'est essayé aussi sur le Dante, et a traduit *l'épisode* de Françoise de Rimini, de manière à ne pas faire désirer qu'il étende son travail à l'ouvrage entier de ce grand poëte. M. Dureau-de-Lamalle est membre de l'académie des inscriptions et belles-lettres.

DUREPAIRE (Tardivet-Guillaume-François, chevalier), maréchal-de-camp et lieutenant des gardes-du-corps par nomination de 1814, né le 7 février 1757. Il était garde-du-corps de Louis XVI au commencement de la révolution. En faction devant la porte de l'appartement de la reine, dans la nuit du 5 au 6 octobre, il en défendit l'entrée avec le plus grand courage, contre les furieux qui s'étaient introduits dans le château de Versailles. Après en avoir désarmé plusieurs, il succomba enfin sous le nombre, mais sa courageuse résistance donna le temps à la reine de se sauver dans l'appartement du roi. Couvert de blessures, M. Durepaire fut avec peine rappelé à la vie. Il émigra en 1791, et fit toutes les campagnes de l'armée de Condé.

DURET (Antoine), adjudant-général, fougueux et turbulent partisan de la révolution. Il crut, jeune encore, avancer sa propre fortune, ou peut-être servir efficacement la cause qu'il avait embrassée avec fureur, en se livrant sans frein à son caractère sanguinaire et féroce. Devenu un des membres les plus exagérés du club des Cordeliers, il dut à l'influence momentanée de cette société désorganisatrice, sa nomination à la place d'adjudant-général de l'armée révolutionnaire. Il commit à la tête de cette armée, dans la province de Beaujolais, en 1793, des cruautés inouïes, et il se vantait hautement d'avoir fait périr plus de 400 conspirateurs. Mais bientôt enveloppé lui-même dans une accusation de conspiration, il tomba sans résistance et sans gloire, avec ses protecteurs, sous les coups d'un démagogue plus adroit. Robespierre fit arrêter le jeune Duret comme complice d'Hébert et de Chaumette, et le fit périr sur l'échafaud le 13 avril 1794.

DURFORT (Étienne, comte de), pair de France, lieutenant-général, commandeur grand'croix de l'ordre de Saint-Louis. Né le 30 octobre 1753, et attaché dès sa jeunesse à la cour, il fut envoyé par la reine, en 1790, auprès des princes émigrés, pour les engager à redoubler d'efforts auprès des puissances étrangères, afin que le roi Louis XVI, par leurs secours, recouvrât l'autorité royale dans toute son étendue. M. Bertrand de Molleville donne dans ses mémoires les détails de cette mission importante qui, ainsi que plusieurs autres de même nature, peut servir à expliquer les défiances que le parti constitutionnel avait conçues des véritables intentions de la cour et de la sincérité de ses protestations publiques. Le comte de Durfort, particulièrement recommandé par la reine à sa sœur l'archiduchesse Christine, gouvernante des Pays-Bas, eut une conférence avec l'empereur Léopold à Mantoue, et avec le comte d'Artois, dont il devint ensuite, pendant l'émigration, le premier aide-de-camp. Rentré avec le roi à l'époque de la restauration, il fut nommé lieutenant-général, et comblé de biens et d'honneurs. Le comte de Durfort était membre de la commission nommée en 1814, pour examiner les titres des anciens officiers qui réclamaient des grades, des pensions et autres récompenses.

DURFORT (ARMAND-CÉLESTE, COMTE DE), neveu du précédent, émigra en 1791, fit toutes les campagnes de l'armée de Condé, et entra ensuite au service d'Autriche. Il revint en France après le 18 brumaire. Au retour du roi, il fut nommé maréchal-de-camp de cavalerie. Sa sœur a épousé le maréchal Beurnonville.

DURFORT BOISSIÈRE (ALPHONSE, COMTE DE), né le 19 janvier 1753, fut nommé lieutenant-général après la rentrée du roi en 1814. Il avait été particulièrement employé pendant l'émigration à entretenir une correspondance secrète entre les royalistes du dehors et ceux du midi de la France. Il présenta aux ministres de Louis XVIII à Londres, ainsi qu'au ministère anglais, M. Jacques Sébastien Rolac, de Bordeaux, qui était venu proposer des plans pour la rentrée des Bourbon en France. M. Taffard Saint-Germain, nommé par le roi commissaire commandant en Guienne, et chargé d'organiser un corps de royalistes dans cette province, devait, ainsi que M. Rolac, à son retour, correspondre avec le comte de Durfort Boissière, le duc de La Châtre et le comte de Blacas. Il paraît que c'est à ces négociations entretenues depuis plusieurs années, que le comte de Durfort Boissière attribua le succès de la cause royale en 1814 : lui-même les a fait connaître et en a fait sentir toute l'importance. En août 1816, ayant reçu une députation de la garde nationale de Bordeaux, qui vint le complimenter sur son arrivée en cette ville, il lui fit la réponse suivante : « C'est aux re- » lations ouvertes entre Londres » et Bordeaux qu'est dû l'heureux » résultat de la journée du 12 mars, » et à cette mémorable journée la » séparation du congrès de Châ- » tillon, les événemens du 31 mars » à Paris, et enfin la paix géné- » rale. »

DURGET l'aîné était avocat à Vesoul avant la révolution, et fut député par le bailliage d'Amont aux états-généraux en 1789. Il siégea au côté droit de l'assemblée constituante, et s'opposa à toutes les mesures proposées par le parti constitutionnel. Il obtint la mise en liberté de Baudry-La-richardière, arrêté pour provocations inciviques. Il réclama un sévère examen des événemens des 5 et 6 octobre, et la mise en jugement des députés qu'on accusait d'y avoir pris part. Il interpella vivement une députation de Liégeois qui se présenta à l'assemblée, leur criant d'exhiber leurs pouvoirs : sa conduite fut alors caractérisée par Mirabeau, comme étant au moins *désobligeante*. M. Durget signa les protestations des 12 et 15 septembre 1791 contre les décrets de l'assemblée nationale. M. Durget a été anobli, par ordonnance, le 6 septembre 1814.

DURIVAL (Nicolas Luton), né à Commercy le 12 novembre 1723, secrétaire de l'intendance de Lorraine, devint greffier du conseil-d'état, lorsque le roi Stanislas fut mis en possession de cette province, et ensuite lieutenant de police à Nanci. Cette dernière place ayant été supprimée en 1790, il fut nommé administrateur municipal. Sa vie entière a été consacrée à d'utiles travaux sur l'administration intérieure, la topographie et la statistique de la Lorraine. Membre de l'académie de Nanci, il a fourni à cette société de nombreux mémoires sur des objets d'utilité publique. Son principal ouvrage, fruit de vingt ans de travaux et de recherches, est la *Description de la Lorraine et du Barrois*, 4 vol. in-4°, et un vol. d'introduction ; livre justement considéré comme un modèle dans ce genre. Les faits y sont classés avec ordre, le style en est agréable, et les nombreux détails traités avec la plus scrupuleuse exactitude. Le premier volume, servant d'introduction, donne une histoire complète de la Lorraine, depuis son premier duc, *Reinier au long col*, qui gouverna ce pays en 959, jusqu'au roi Stanislas inclusivement. Le quatrième volume est devenu rare, les exemplaires, qui se trouvaient encore en dépôt chez le libraire, ayant été vendus à un épicier pendant la révolution. Durival a encore publié les ouvrages suivans : *Table alphabétique des villes, bourgs, villages et hameaux de la Lorraine et du Barrois*, Nanci, 1748, in-8°. *Mémoire sur la Lorraine et le Barrois, suivi de la table alphabétique des villes, bourgs,* etc. *Coutume particulière à la Bresse, village de Lorraine*, Nanci, 1754. *Mémoire sur la clôture des héritages, le vain pâturage et le parcours en Lorraine*, ibid., 1763. *Principes sur le pacage, le vain pâturage et le parcours*, ibid. 1766, in-8°. Plus occupé de travaux administratifs et de recherches scientifiques que de sa propre fortune, M. Durival, quoique ayant, pendant la plus grande partie de sa vie, rempli des fonctions qui, en d'autres mains, auraient pu devenir des plus lucratives, était resté pauvre. Il fut du nombre des savans auxquels la convention nationale accorda des secours en 1795. Il mourut à Heillecourt, près de Nanci, vers la fin de la même année.

DURIVAL (Jean), frère du précédent, devint, après lui, secrétaire des conseils d'état et des finances du roi Stanislas, duc de Lorraine ; il occupa ensuite, sous le ministère du duc de Choiseul, la place de premier secrétaire des affaires étrangères, et fut, en 1777, envoyé en Hollande en qualité de ministre de France. Né à Saint-Aubin, le 4 juillet 1725, il mourut à Heillecourt, le 4 février 1810. On a de lui : *Essai sur l'infanterie française*, 1760, in-12. *Détails militaires*. 1758, in-12. *Le Point d'honneur*, idem. *Histoire du règne de Philippe II*, traduite de l'anglais de Watson, Amsterdam, 1777, 4 vol. in-12, traduction à laquelle il travailla conjointement avec le célèbre Mirabeau.

DURIVAL (Claude), frère des précédens, comme eux secrétaire des conseils d'état et des finances de Stanislas, né à Saint-Aubin, en 1728, et mort à Heillecourt, le 2 mars 1805, a publié les ouvrages suivans : *Mémoires et Tarifs sur les grains*, Nanci, 1757, in-4°. Un *Mémoire sur la culture de la vigne*, couronné en 1776, par l'académie de Metz, et imprimé à Paris, 1777, in-8°.

DUROC (Michel), duc de Frioul, grand-maréchal du palais, sénateur, général de division, grand-cordon de la légion-d'honneur et de presque tous les ordres de l'Europe, naquit à Pont-à-Mousson en 1772. Son père était d'une ancienne famille d'Auvergne; devenu capitaine et chevalier de Saint-Louis, il se maria et s'établit en Lorraine. Le jeune Duroc fut destiné de bonne heure à la carrière des armes; il fit ses études à l'école militaire de Pont-à-Mousson. Le 1er mars 1792, il fut reçu élève lieutenant d'artillerie. Employé dans les armées de la république, il devint successivement second lieutenant d'artillerie, le 1er juin 1793; premier lieutenant, le 28 brumaire an 2; second capitaine, le 1er frimaire an 3; et capitaine commandant, le 14 prairial an 5. Son nom se trouve cité honorablement dans les bulletins de l'armée d'Italie, notamment au blocus de Mantoue, et au combat livré près de Sismone en 1796. Ce fut comme aide-de-camp du général Lespinasse, commandant l'artillerie de l'armée, qu'il fit une partie de la première campagne d'Italie. Appelé ensuite auprès du général Bonaparte en qualité d'aide-de-camp, il se fit promptement remarquer par sa bravoure, à la fois active et froide, et par sa capacité. Il se distingua particulièrement au combat de Grimolano, où il eut un cheval tué sous lui et fut blessé. Au passage de l'Izonso, en Frioul, son nom fut mis à l'ordre de l'armée comme celui d'un des officiers les plus capables et les plus braves : le titre de duc de Frioul, qui lui fut donné dix ans après, était le souvenir et le témoignage du fait d'armes de l'Izonso. Duroc suivit le général Bonaparte en Egypte, et fut promu, le 25 brumaire an 6, au grade de chef de bataillon. Dans cette campagne, où il rendit de grands services, son nom fut encore mis à l'ordre de l'armée, après le combat de Salahié, dont le succès fut dû en grande partie à sa bravoure. Dans l'expédition de Syrie, au siége de Jaffa, Duroc voyant nos grenadiers tomber au pied de la brèche et se rebuter, s'élança à leur tête, et lutta corps

à corps contre plusieurs Turcs. L'armée le voyant disparaître dans une tour défendue avec acharnement le crut perdu; mais bientôt elle applaudit en le voyant reparaître sur la plate-forme, maître de cette tour et du rempart. Après s'être distingué dans plusieurs occasions devant Saint-Jean-d'Acre, il fut grièvement blessé d'un éclat d'obus dans un des derniers assauts de ce siége, le plus opiniâtre et le plus sanglant des fastes de nos guerres. Il se fit également remarquer à la bataille d'Aboukir. Nommé chef de brigade, il accompagna le général Bonaparte à son retour en France; il revint presque seul des aides-de-camp attachés au général en chef; quatre avaient été tués pendant la campagne. Duroc prit part au 18 brumaire, et fut envoyé quelques jours après à la cour de Berlin, où il fut reçu avec une grande distinction. Cette mission contribua à maintenir la paix entre les deux pays. La guerre ayant continué entre la France et l'Autriche, le premier consul partit pour la campagne qui se termina à Marengo. Duroc l'accompagna comme premier aide-de-camp; son nom est cité avec honneur dans la relation du passage du Tésin, où il s'élança un des premiers dans une barque à la tête des grenadiers. Pendant la paix d'Amiens, il fut chargé auprès des cours de Saint-Pétersbourg, de Stockholm et de Copenhague, d'une mission diplomatique. A son retour, il fut nommé général de brigade et gouverneur des Tuileries, et le 9 fructidor an 4, général de division. Au moment où le premier consul prit le titre d'empereur, il nomma Duroc grand-maréchal du palais. L'homme de la cour, et si l'on veut, le favori, ne cessa jamais d'être l'homme de l'armée. Il accompagna Napoléon dans toutes ses campagnes. En 1805 il fut chargé d'une négociation avec la cour de Prusse, au moment où Napoléon marchait sur Vienne; il rejoignit le quartier général avant la bataille d'Austerlitz, et prit le commandement de la division des grenadiers, que la blessure d'Oudinot avait laissée sans chef; à la bataille d'Austerlitz il commandait encore une partie de ce corps d'élite. Pendant la campagne de Prusse, en 1806, Duroc fut chargé de signer le traité de paix avec le roi de Saxe, et plus tard, il fut encore le principal négociateur de l'armistice qui précéda la paix de Tilsitt. Il suivit Napoléon en Espagne et pendant la campagne de Wagram. A la bataille d'Essling, au moment où les Autrichiens faisaient des progrès sur la droite de l'armée française, Duroc fit placer des batteries sur la rive du dernier bras du Danube, et les dirigea si habilement que l'ennemi fut arrêté dans ce mouvement décisif. Après le combat de Znaïm, Napoléon l'envoya auprès de l'archiduc Charles pour négocier l'armistice. Au retour de la campagne de Russie en 1812, Duroc réorganisa toute la garde impériale. A cette époque, et dans plusieurs autres occasions, il en eut le commandement. Avant son dernier départ pour l'armée il fut nommé sénateur. Duroc suivit enfin Napoléon à sa rentrée en Allemagne en 1813; il fut frappé à mort le 23 mai, après la bataille de Wurtchen, à l'entrée du village de Merkersdorf, par un boulet dont le ricochet venait de tuer le général du génie Kirschner, avec lequel il s'entretenait, derrière l'empereur. Ce boulet fut le dernier tiré de la journée, et la pièce qui l'envoya était à une telle distance et dans un terrain si couvert d'obstacles qu'on ne peut concevoir comment le projectile put arriver. Le lieutenant-général Bruyère venait d'avoir les deux jambes emportées, une heure auparavant, près du village de Reichembach. Napoléon vint visiter Duroc, à son lit de mort, et ses larmes se mêlèrent à ses adieux; il perdait en lui un conseiller sûr, un ami fidèle, et l'un de ses plus braves officiers. La mort du duc de Frioul et celle du duc de Montebello sont les deux événemens auxquels Napoléon s'est montré le plus sensible pendant toute sa vie. Successivement chargé des missions les plus importantes, soit militaires, soit politiques, ou d'administration, le duc de Frioul s'y fit constamment remarquer par une mesure ordinairement bien rare dans un homme de guerre, par son habileté, par son désintéressement, par sa modestie, par un sang-froid et une présence d'esprit qui ne l'abandonnèrent jamais, même dans les circonstances les plus critiques. Pendant 15 ans il s'est trouvé placé au premier rang dans la confiance et l'intimité de l'homme extraordinaire qui disposait alors du monde. Loin d'avoir fait du mal à personne, il a toujours employé son influence à faire le bien de l'état et celui de tous les individus qui, en si grand nombre, ont eu des rapports avec lui. Le corps de Duroc fut embaumé, rapporté à Paris, et déposé aux Invalides; son oraison funèbre devait être prononcée par M. Villemain, dans une cérémonie qui, retardée par les circonstances, n'a pas eu lieu. Duroc ayant laissé une fille, de son mariage avec une jeune Espagnole, Melle Hervas d'Alménara, Napoléon ordonna qu'elle hériterait du titre de duchesse de Frioul, et que la dotation de son père lui serait transmise. M. le comte Molé, alors ministre de l'empereur et depuis ministre du roi, lui fut donné pour tuteur. Au moment où Napoléon quitta la France en 1815 et s'embarqua sur *le Bellérophon,* il demandait à vivre en Angleterre sous le nom du colonel Duroc. Sept ans après, on retrouve encore la preuve du tendre et fidèle souvenir que Napoléon portait à la mémoire de Duroc. Il a laissé à sa fille un des legs les plus considérables de son testament. C'est du brave Duroc toutefois, dont cette fidèle notice retrace sommairement les faits d'armes et les services de toute nature, que la *Biographie universelle* des frères Michaud a osé dire (pag. 379, tom. 12) : « Duroc était plus propre à servir dans l'intérieur du » palais que sur le champ de bataille; cependant il a eu l'honneur d'y mourir le 22 mai 1813, » à Wurtschen, où il fut tué d'un » boulet de canon, quoiqu'il se » tînt alors fort loin de la mêlée. »

C'est sur un officier qui a été tant de fois proclamé brave par les fameuses armées d'Italie et d'Égypte, que de telles lignes sont écrites après sa mort! Et ce sont des Français qui ont osé vouloir ainsi flétrir sa mémoire!..... Le serpent sort quelquefois de la tombe du héros; mais le passant qui voit le profanateur d'une cendre glorieuse écrase le reptile.

DUROI (Jean-Philippe), médecin et naturaliste allemand, né à Brunswick en 1741. Il se fit d'abord connaître par des observations botaniques sur différentes espèces de roses et de saules, publiées dans sa thèse inaugurale, à Helmstœdt, en 1771. Attaché à la riche famille de Veltheim, il dirigea de vastes plantations sur leurs propriétés de Harbke, près d'Helmstædt, et réussit dans la naturalisation de beaucoup d'arbres et arbustes étrangers, tirés en grande partie de l'Amérique septentrionale. Il publia l'histoire de ces conquêtes botaniques, sous le titre de *Harbkesche wilde Baumzucht*, Brunswick, 1771, 2 vol. in-8° avec planches. Cet ouvrage est très-estimé. M. J. F. Joss en a donné une seconde édition en 1795. Linnée fils voulut consacrer la mémoire de Duroi son ami, en lui dédiant un genre de plantes sous le nom de *duroia*, genre réuni depuis au genre *genipa*. Duroi est mort quelque temps avant la révolution française.

DUROLLET (le bailli), commandeur de l'ordre de Malte, auteur dramatique, mort un peu avant la révolution, eut le mérite de fournir le premier des paroles à l'admirable musique de Gluck, et d'avoir engagé ce compositeur à se faire connaître en France. M. Durollet est auteur d'*Iphigénie en Aulide*, opéra, 1774, imprimé in-8°, le premier ouvrage dont Gluck fit la musique, et du poëme d'*Alceste*, opéra, 1776, presque traduit de Calsabigi. Il avait déjà donné aux Français une comédie en 5 actes et en vers, *les Effets du caractère*, mais qui n'eut point de succès. On a encore de lui: *Lettre sur les drames — opéra*, 1776, in-8°. Le bailli Durollet était un homme d'esprit, mais un auteur médiocre.

DURONCERAY (Pierre), homme de lettres, né à Tours en 1772, a publié les ouvrages suivans : *Sentimens de sociabilité, ou d'une religion pour les citoyens*, 1792, in-8°; *Opuscule moral, littéraire et sentimental, dédié aux adolescens de l'un et de l'autre sexe, suivi de quelques idées sur l'éducation*, 1798, in-12; *Coup d'œil sur les cérémonies funèbres en usage chez divers peuples*, 1799, in-8°; *Développement des principes et des lois qui servent de garantie aux défenseurs officieux des accusés dans l'exercice de leur ministère*, 1799, in-12; *Tablettes philosophiques, religieuses et littéraires*, 1804, in-8°; *Nouveaux délassemens du cœur et de l'esprit*, 1805, in-8°; *Barthèle, ou encore une Victime de la jalousie*, 1808, 2 vol. in-12; *Les Souvenirs de Barthèle*, 1809, 2 vol. in-12; *Harpaginet, ou la Cassette*, comédie-vaudeville, 1812, in-12; *De la pensée, ou Reflexions sur la liberté de la presse*, 1814, in-8°; *Consolations d'un solitaire, ou quelques opuscules philosophiques, politiques et littéraires*, 1815, 3 vol. in-12.

DUROSNEL (LE COMTE), lieutenant-général, commandant de la légion-d'honneur, etc., est né à Paris en 1771. Après avoir fait d'excellentes études, il se voua jeune encore à la carrière militaire, et obtint par de beaux faits d'armes un avancement rapide. S'étant particulièrement distingué à la bataille d'Austerlitz, il fut nommé, le 24 décembre 1805, général de brigade. A la bataille d'Iéna, il fit, à la tête d'un corps de cavalerie, une charge hardie qui fut couronnée par le plus brillant succès. Détaché sur l'Oder après cette journée mémorable, il intercepta les convois de l'armée prussienne. Après avoir fait avec la plus haute distinction les campagnes de 1807, 1808 et 1809, il fut nommé général de division. On le crut tué à la bataille d'Essling, et toute l'armée en témoignait déjà ses regrets, quand on apprit que ce général, en portant les ordres de l'empereur au maréchal Montébello, avait reçu une forte contusion d'un boulet de canon, qui avait renversé son cheval, et que, tombé dans un champ de blé, il y avait été fait prisonnier par les hussards autrichiens. Il fut échangé après l'armistice du 12 juillet. Le général Durosnel a été, pendant plusieurs années, aide-de-camp de Napoléon, a reçu successivement l'ordre de l'Éléphant de Danemark, du Lion de Bavière, les titres de comte et de grand-officier de la légion-d'honneur. Après la prise de Dresde, en 1813, il fut nommé gouverneur de cette ville, et y resta jusqu'à la capitulation. Rentré en France après la première abdication de Napoléon, il ne fut point employé par le gouvernement royal; mais il fut décoré de la croix de Saint-Louis. Pendant les *cent jours*, il fut nommé pair de France, et commandant en second de la garde nationale de Paris, sous les ordres immédiats de Napoléon. Au mois de juin, il fut remplacé dans ce commandement par le maréchal Masséna, nommé par le gouvernement provisoire. Le lieutenant-général Durosnel, toujours compté parmi les plus braves guerriers français, est resté sans fonctions depuis le second retour du roi. Mme Durosnel, son épouse, fut grièvement blessée et courut les plus grands dangers dans l'incendie qui termina d'une manière si funeste la fête donnée en 1811 à l'empereur par le prince de Schwartzemberg, ambassadeur d'Autriche.

DUROSOI (BARNABÉ-FARMAIN), né à Paris en 1745, homme de lettres, dont la destinée fut constamment marquée au sceau du malheur et de la fatalité. Successivement auteur dramatique, moraliste, métaphysicien, historien et journaliste, il ne réussit dans aucun genre, et, après avoir été mis à la Bastille comme écrivain opposé au gouvernement royal, il périt misérablement sur l'échafaud comme écrivain royaliste. « Avec des talens au-dessous du » médiocre, dit de lui l'abbé Sa- » batier, il n'a pas craint de s'atta- » cher à ce qu'il y a de plus diffici- » le; aucun genre n'a effrayé sa » plume, ou, pour mieux dire, il » a traité tous les genres avec les » derniers excès du mauvais goût. » Palissot, dans sa Dunciade, ayant accolé Durosoi à Blin de Sainmore, a grand soin d'avertir, par une note, que le dernier est au premier « comme l'honnête ai-»sance à la mendicité.» On contesta même à Durosoi la propriété des deux ouvrages, *les Jours* et *le Nouvel ami des hommes*, qui le firent mettre à la Bastille, et qu'on attribuait à un certain abbé Remy. Quoi qu'il en soit, Durosoi sortit de cette prison avec aussi peu de célébrité qu'il y était entré. Il serait peu utile de publier ici la longue série de ses ouvrages presque tous morts-nés, ou depuis long-temps ensevelis dans un profond oubli. Deux seuls ont eu quelques jours d'existence, *les Mariages samnites*, opéra dont Grétry fit la musique, et *la Bataille d'Ivri*, musique de Martini. On a essayé sans succès de faire revivre ce dernier en 1814, après lui avoir toutefois fait subir de nombreux changemens. A *la Bataille d'Ivri* succédèrent deux autres pièces historiques, *la réduction de Paris sous Henri IV*, et *la Clémence de Henri IV*. Cette obstination à reproduire sur la scène, mais en le travestissant de la manière la plus ignoble, un héros cher aux Français, le vainqueur de la Ligue et des étrangers, fit dire à La Harpe, dans le *Mercure*, « qu'il était scandaleux que la po-»lice laissât ainsi traîner sur les »tréteaux d'Arlequin de grands »noms profanés par d'imbéciles »barbouilleurs ; » et Palissot prétendit que l'auteur méritait bien le nom de Ravaillac second, que le public lui donnait. La révolution survint, et le malheureux Durosoi crut que la politique lui assurerait une illustration qu'il avait en vain cherchée dans la carrière littéraire. Se proclamant bientôt lui-même royaliste par excellence, défenseur de la religion et du gouvernement absolu, il rédigea dans cet esprit un journal sous le titre de *Gazette de Paris*, qu'il ne faut pas confondre, comme l'ont fait quelques biographes, avec le *Journal de Paris*. Il y attaquait avec véhémence les hommes les plus marquans de cette époque, et tous les projets d'améliorations constitutionnelles. Au retour du roi de Varennes, il publia dans sa feuille des listes nombreuses de personnes qui devaient se proposer comme otages et obtenir la liberté immédiate du prince, en se constituant cautions solidaires pour lui : mais il fut obligé de suspendre cette publication, craignant de compromettre ceux dont il signalait ainsi les noms et les offres. Durosoi fut arrêté dans la journée même du 10 août, et traduit devant le tribunal criminel le 25 suivant. Un article de son journal, où il proposait un plan d'armement et de défense pour les Tuileries, suffit, en ce moment de fanatisme politique, pour motiver la sentence de mort que le tribunal porta bien injustement sans doute contre l'imprudent écrivain. Durosoi montra le plus grand sang-froid devant le tribunal qui le condamna, et son courage ne l'abandonna pas un seul instant pendant sa détention. Il s'était blessé à la tête en sortant de la Conciergerie pour aller au supplice, et ne reprit ses sens que dans la fatale charrette ; mais il monta d'un pas assuré sur l'échafaud, et demanda qu'on rendît sa mort utile, en faisant sur son corps l'expérience de la transfusion du sang. Il fut exécuté aux flambeaux, dans la soirée du 25 août, sur la place du Carousel. Ce jour-là même il avait écrit une lettre, où il disait, en s'en félicitant, qu'il était beau de mourir pour son roi et sa religion, le jour de la Saint-Louis.

DUROSOI (CHARLES), parent du précédent, a travaillé obscurément à la rédaction de quelques journaux. En 1814, il fut un de ceux qui reçurent les alliés à Paris comme des libérateurs. En 1815, il s'engagea dans les volontaires royaux ; suivit le roi jusqu'à Beauvais; revint à Paris, où il refusa l'acte additionnel par un vote négatif. En 1816, il rédigea les séances de la chambre dans le *Journal Général*, et fut nommé aide-de-camp du marquis de Clermont, inspecteur des gardes nationales de Seine-et-Marne. En 1817, il fut examinateur de livres à la police générale, et a été nommé depuis professeur d'histoire au collège de France. M. Durosoi a publié, en 1815, un ouvrage intitulé : *Vie privée des Bourbon, depuis le mariage de Louis XV, en 1725, jusqu'à l'ouverture des états-généraux, en 1789.* Il donna une nouvelle édition, en 1816, du *Portrait de Mgr. le Dauphin, père du Roi*, par M. le duc de La Vauguyon. Il avait, en 1813, fourni beaucoup de notices à la *Biographie des jeunes gens*, par M. Alphonse de Beauchamp.

DUROURE (LOUIS-HENRY-SCIPION-GRIMOARD-BEAUVOIR), né à Marseille en 1763. Du côté de sa mère, fille du comte de Catherlong, pair d'Irlande, il était allié au célèbre lord Bolingbroke, un des principaux *torys*, ou partisans de la royauté en Angleterre du temps de la reine Anne. Le jeune Duroure, nom sous lequel il acquit quelque célébrité au commencement de la révolution, embrassa des opinions bien contraires à celles de sa famille. Abandonnant une fortune considérable en province, il vint à Paris, se fit recevoir au club de 89, qu'il quitta bientôt pour devenir membre du club des cordeliers. Il fut chargé par la Commune de Paris, en 1792, d'examiner la conduite du ministre Roland; et après la journée du 31 mai 1793, qui amena la chute du parti girondin, il fut chargé par la même Commune d'écrire les événemens de cette journée, à laquelle il avait contribué comme officier municipal. Il eut le bonheur d'échapper de sa personne aux différentes proscriptions qui frappèrent tour à tour les hommes des partis les plus opposés, et ne fut point atteint par la réaction qui suivit le 9 thermidor. En 1799, lors de la formation du club du Manége, dont M. Duroure était membre, il rédigea, dans le *Journal des hommes libres*, auquel il avait déjà travaillé, les articles intitulés : *Aux Hommes libres.* Après le 18 brumaire, il fut inscrit sur une liste de déportation. Cette mesure ne fut cependant point mise à exécution à son égard; mais ayant perdu toute sa fortune, il vit depuis cette époque dans une position obscure et médiocre. Il a publié: *le Maître d'anglais, ou Grammaire raison-*

née, par M. W. Cobbett, 5.me édition, *enrichie de deux nouvelles tables, revue, soigneusement corrigée, et augmentée de notes critiques et explicatives*, 1816, in-8°.

DUROY (N.), membre de la convention nationale, ardent révolutionnaire, porta l'amour de l'égalité jusqu'au fanatisme. Homme de loi à l'époque de la révolution, il fut nommé juge au tribunal du district de Bernay, puis député suppléant, par le département de l'Eure, à l'assemblée législative. Entré à la convention au mois de septembre 1792, il siégea constamment au côté gauche qui, depuis, forma la *Montagne;* vota, avec les Montagnards, la mort de Louis XVI, sans appel et sans sursis; concourut à la révolution du 31 mai, qui renversa le parti de la Gironde; poursuivit avec acharnement les députés proscrits à cette époque, principalement Buzot, bien que ce dernier fût comme lui l'un des représentans du département de l'Eure : mais on venait de donner à ceux qu'on voulait perdre le nom de fédéralistes, parce que plusieurs départemens les avaient accueillis. Un grand mouvement était près de s'opérer en leur faveur, il fallait le comprimer. Duroy, envoyé dans son département pour cet effet, y passa environ trois mois. De retour au sein de l'assemblée, il fut frappé des changemens qui s'y étaient faits pendant son absence; il s'éleva avec force contre le luxe d'un grand nombre de ses collègues, qui offrait un contraste étonnant avec la manière de se vêtir qu'ils avaient adoptée précédemment. Il ne reconnaissait plus en eux ces hommes que d'abord il avait pris pour des Spartiates : il inférait de là, que des législateurs qui se conduisaient de cette manière, n'avaient voulu détruire un tyran que pour le remplacer par un autre; aussi n'adressait-il ces reproches qu'à ceux qui avaient voté la mort du roi. Cette manière de voir devait nécessairement l'attacher à Robespierre, qui, plus que tous les autres, prétendait que le niveau de l'égalité devait peser sur toutes les têtes. Cependant, il se plaignit de la destitution de quelques officiers nobles dont, selon lui, le *sans-culottisme* n'était point douteux, et parla avec force contre les persécutions auxquelles les jacobins de cette classe étaient livrés. Après le 9 thermidor an 2, il ne cessa de soutenir les agens du tribun farouche qui venait d'être renversé. Il prit une part active aux insurrections du 12 germinal an 3 (1.er avril 1795), et du 1.er prairial suivant. Nommé, dans cette dernière, membre du comité de salut public établi par les conjurés, dont Bourbotte était le chef, lorsque leurs partisans furent dispersés par la force armée de la section de Brutus que conduisaient les représentans Auguis et Legendre, il fut arrêté avec ses collègues Bourbotte, Romme, Soubrany, Duquesnoy et Gougeon, et transféré dans la nuit même au château du Taureau, dans le département du Finistère. Au bout de 23 jours, Duroy et ses co-accusés, ramenés à Paris et livrés à une commission militaire, furent condamnés à mort le 26 prairial an 4 (13 juin

1795). Il se défendit avec autant d'esprit que de fermeté, et, lorsque l'arrêt fatal fut prononcé, il se frappa d'un poignard dont ses compagnons d'infortune avaient fait le même usage; mais il ne fut pas assez heureux pour expirer sur-le-champ. Il fut conduit à l'échafaud le même jour, et montra, dans ce moment fatal, un courage que l'on ne peut s'empêcher d'admirer.

DUROYS DE CHAUMAREYS (HUGUES. VICOMTE), ex-capitaine de frégate, ci-devant commandant de *la Méduse*, est né à Vars, département de la Corrèze, vers 1766. Le malheur d'une administration que la force des choses a tenue, pendant trente années, dans une inaction complète, est, après son rétablissement, de céder à l'influence des souvenirs, et de rendre à l'activité des hommes que la nature avait déjà condamnés au repos. C'est ce fatal empire des souvenirs qui, en 1814 et en 1815, a causé de grands maux à la France; et l'un des moindres, n'est pas le funeste et humiliant naufrage de la frégate *la Méduse*, naufrage qui n'aurait pas eu lieu, si une coupable imprévoyance s'était abstenue de ravir à une obscurité regrettable, un homme dépourvu, malgré son âge, de toute expérience. Cet homme, comptable de la vie d'un grand nombre de Français, s'est vu lui-même au moment d'expier la plus grave des fautes, par la plus terrible des peines; leçon triste et mémorable, qui prouve aux dépositaires du pouvoir, combien ils sont condamnables quand ils se jouent de l'existence des hommes. Dans ce cas, l'être incapable qu'ils écrasent de leur faveur, n'est pas exposé à des périls moins grands que les malheureuses victimes de son incapacité, et il peut arriver de ces circonstances funestes où la honte du protégé rejaillit tout entière sur son imprudent protecteur. Les traités de Paris de 1814 et de 1815 avaient rendu à la France les établissemens qui, situés sur la côte occidentale d'Afrique, depuis le cap Blanc jusqu'à l'embouchure du fleuve de Gambie, avaient appartenu tour à tour à la France et à l'Angleterre. Ils étaient au pouvoir de cette dernière puissance, depuis 1808. L'expédition française destinée à aller en prendre possession, devait partir au printemps de 1815, sous le commandement du capitaine de vaisseau Bouvet, l'un de nos meilleurs officiers de mer. Les événemens du 20 mars y mirent obstable. Devenu ministre de la marine, M. Dubouchage changea tout; et après une année de méditation, pour organiser une expédition de quatre voiles, qui était préparée depuis plus d'un an, il ordonna le départ de la flotte, et en confia le commandement à M. le vicomte Duroys de Chaumareys. Sans doute, cet officier avait servi sur les vaisseaux de l'état, puisque son nom était inscrit parmi ceux des capitaines de vaisseaux de l'année 1792; mais pendant vingt-quatre ans, il n'avait exercé d'autre emploi que celui de receveur des droits-réunis à Bellac, département de la Haute-Vienne. Rentré dans la carrière, après un quart de siècle, soit qu'il se fût présenté lui-même au choix du ministre, soit que le ministre fût allé le découvrir dans son modeste bureau, M. Duroys de Chaumareys partit de la rade de l'île d'Aix, le 17 juin 1816, monté sur la frégate *la Méduse*, de 44 canons, et ayant sous ses ordres la corvette l'*Echo*, la flûte *la Loire* et le brick l'*Argus*. Nous n'entrerons dans aucun détail sur cette expédition; nous ne parlerons point de la marche tellement rapide de *la Méduse*, que les autres bâtimens, pour la suivre, compromettent leur voilure, ni de la parfaite ignorance du capitaine, qui prend des nuages pour des rochers, ni de la gravité qu'il met à présider au baptême du bonhomme *tropique,* ni de son insouciance lorsqu'on lui annonce que la frégate se trompe de route ou se compromet en s'engageant parmi des écueils, ni de sa terreur au moment du danger, ni enfin de son incapacité à y remédier : ces détails n'appartiennent point au genre de notre ouvrage. Nous dirons simplement que son incurie et son ignorance furent cause que la frégate, depuis long-temps séparée des autres bâtimens, échoua le 2 juillet 1816 sur le banc d'Arguis (côte d'Afrique), et fut totalement perdue trois jours après. Le devoir de M. Duroys de Chaumareys était de sauver son bâtiment, ou de n'en sortir que le dernier. Au lieu de prendre ce parti honorable, ne songeant qu'à son propre salut, et à celui de ses effets, il trompe tout le monde par des promesses illusoires, emballe ses caisses, et quitte la frégate, y laissant encore 64 personnes à bord.

On avait, dans ce danger imminent, construit à la hâte un vaste radeau, sur lequel les malheureux naufragés, au nombre de 152, y compris les 64 qui étaient restés les derniers sur la frégate, furent recueillis. Le radeau, sans guide, sans boussole, dépourvu de munitions, de vivres en quantité suffisante, presque entièrement recouvert par l'eau, est abandonné à la fureur des flots. Plusieurs jours se passent dans une anxiété extrême; une révolte éclate, le sang coule; des hommes égarés par la fureur et le désespoir veulent, en coupant les liens qui unissent à peine ces dernières planches de salut, se priver, et priver tous les naufragés, de la faible ressource qui leur reste. Les jours et les nuits tourmentés par d'horribles tempêtes s'écoulent sans que les infortunés puissent concevoir la plus faible espérance; plusieurs d'entre eux ne pouvant plus supporter tant de maux, cessent de résister aux vagues qui les entraînent dans l'abîme; l'horrible faim ajoute au supplice de ceux qui restent; ils s'arrachent quelques lambeaux de cuirs, rongent le bois, dévorent leurs excrémens, savourent avec délices le sang des blessés que le désespoir porte au suicide, s'arrachent les lambeaux de chair des cadavres. Enfin, après treize jours de supplice et d'agonie, restés 15 de 152, et n'ayant pas vingt-quatre heures à vivre, ils sont recueillis par le brick *l'Argus* qui avait fait partie de l'expédition et qui n'avait pas même l'ordre précis de les chercher. Un très-petit nombre de ces 15 infortunés a survécu aux maux qu'ils avaient soufferts. Deux d'entre eux, MM. Corréard, ingénieur-géographe, aujourd'hui libraire, et Savigny, chirurgien de marine, aujourd'hui médecin, ont rédigé (en un fort vol. in-8°, Paris, 3ᵉ édition, 1821) la relation de leurs malheurs pendant l'expédition et jusqu'à leur retour en France. Presque tous les faits excitent l'horreur et l'indignation. Ce n'est point dans le ministère de M. Dubouchage que les naufragés ont trouvé des secours, c'est dans l'humanité de leurs concitoyens ; et les auteurs de *la Minerve française* ont eu le bonheur et la gloire de la provoquer. La souscription véritablement nationale, ouverte à cet effet, s'est élevée à une somme de près de 18,000 fr. Une si grande infortune devait enflammer l'imagination comme elle avait touché les cœurs. La poésie, dans une *ode* de M. Brault, et la peinture, dans le tableau de M. Géricault, représentant *les Naufragés de la Méduse*, se sont emparées de ce terrible sujet. Le tableau de M. Géricault a été l'un des plus beaux ouvrages de la célèbre exposition de 1819. Les malheurs, les plaintes des naufragés et l'indignation générale, ont cependant appelé l'attention du gouvernement sur la conduite du capitaine de *la Méduse*. Mis en jugement, sous l'administration de M. Dubouchage, M. Duroys de Chaumareys a été déclaré incapable de servir, dégradé des ordres de la légion-d'honneur et de Saint-Louis, et condamné à 3 ans de prison militaire.

DURRIEU (LE BARON), maréchal de camp, officier de la légion-d'honneur, chevalier de Saint-Louis et de la Couronne-de-fer, né, en 1775, à Grenade, département des Landes, est fils d'un paysan devenu notaire et juge avant la révolution, et pendant la révolution, receveur des finances et administrateur de son département. Le jeune Durrieu fit ses études au séminaire d'Aire, et probablement aurait subi la destinée commune aux cadets de Gascogne, et pris la soutane, quoiqu'elle fût peu de son goût; mais la révolution ayant fermé les séminaires et ouvert la carrière des armes, il s'y lança avec enthousiasme, au moment où les Espagnols prirent part à l'attaque générale de la ligue européenne contre les frontières de la France. C'était au commencement de 1793 : il partit avec 1000 hommes de la garde nationale de Bayonne, armés et équipés à leurs frais, pour aller renforcer la ligne défensive établie sur les bords de la Bidassoa, et occuper des positions vacantes par l'insuffisance des troupes régulières. Il resta six mois aux avant-postes, rentra dans son département, où il fut incorporé au 8ᵐᵉ bataillon des Landes, comme faisant partie de la conscription ordonnée sur la fin de 1793. La campagne qu'il venait de faire, et l'attachement de ses compatriotes, lui méritèrent l'honneur d'être nommé par acclamation capitaine d'une compagnie. Il retourna à l'armée des Pyrénées-Occidentales, où il servit jusqu'à la paix de Bâle (1795). Dans cette guerre, il fit une campagne sous les ordres du premier grenadier de France Latour-d'Auvergne, alors capitaine lui-même. Après la paix d'Espagne, Durrieu passa en Italie, où il fut incorporé dans la 85ᵐᵉ demi-brigade. Il combattit sous les ordres des généraux Joubert et Belliard, dans l'audacieuse invasion du Tyrol. L'armée qui avait dicté la paix de Campo-Formio fut envoyée en Orient. Il fit partie des troupes qui s'emparèrent de Malte et triomphèrent à la bataille des Pyramides, mais sa santé ne lui permit pas de rester sur les bords du Nil ; il entra en France et ne s'y reposa point : il était aux batailles d'Engen, de Maeskirch, de Biberach, de Marengo, du Mincio et de Caldiero, attaché plus par hasard que par choix, en qualité d'aide-de-camp, à un général brave, mais non en faveur auprès de ceux qui distribuaient les grâces et les récompenses. Ce ne fut qu'en 1807, après avoir encore fait la guerre pendant trois ans, dans le royaume de Naples, et avoir reçu une blessure en Calabre, où il servait sous les ordres du maréchal Masséna, qu'il fut nommé chef de bataillon. Il avait été quatorze ans capitaine, il ne fut que dix-huit mois chef de bataillon; pour atteindre ce grade, il lui avait fallu assister à trente batailles rangées, parcourir les Pyrénées, l'Italie, l'Égypte et les Calabres. La fortune n'exigea de lui, pour l'élever au grade de colonel sur le champ de bataille de Wagram, que d'avoir combattu à Raab et sur la Piave. Dans la campagne de Russie, il était sous-chef d'état-major-général du prince vice-roi, qui loua sa conduite sur le champ de bataille de la Moskowa, et qui témoigna le regret de ne pouvoir le nommer général au combat de Maloiaroslawetz, où le colonel Durrieu prit successivement le commandement d'une brigade et d'une division dont les chefs étaient tués ou blessés. Des débris de l'armée de Russie, composés de Français, d'Italiens, de Croates, d'Espagnols, de Hollandais, de Badois, de Saxons, formaient la garnison de Glogau, dont la défense fut confiée au colonel Durrieu. Il sut retenir ces alliés découragés par le grand désastre de la retraite de Moskou, les conserver fidèles dans la mauvaise fortune, et leur faire braver de nouveaux dangers; leur loyauté fut récompensée par les victoires de Lutzen et de Bautzen, et leur commandant fut élevé au grade de général de brigade. Bientôt ce général dut concourir à la défense d'une autre place non moins importante. Il avait été employé près du major-général à la bataille de Dresde ; après celle de Léipsick, il fut séparé de l'armée avec un gros détachement et jeté dans Torgau, vaste hôpital où la fièvre nerveuse a dévoré 25,000 soldats et leur général le comte de Narbonne. Le général Durrieu eut l'insigne honneur d'y défendre une redoute, qualifiée de fort, contre une attaque et une tranchée régulière. Ce ne fut qu'après bombardement et batterie de brèche, et lorsque les Prussiens eurent pénétré dans le fossé, qu'il évacua, par ordre supérieur, ce retranchement à peine palissadé, dont il voulait encore prolonger la défense. Le commandant de Torgau fit connaître ce singulier événement de guerre ; mais alors le Rhin était franchi par les troupes de la coalisation, et l'on s'occupait peu en France, au commencement de 1814, de ce qui se passait sur l'Elbe. Le général Durrieu était, en 1815, chef de division au ministère de la guerre. Les événemens des *cent jours* le jetèrent encore une fois sur les champs de bataille. Il combattit à Fleurus, fut grièvement blessé à Waterloo, vers le milieu de l'action, ne voulut pas se retirer, et à la fin de la journée fut démonté et abandonné. Son obstination dans cette journée, comme dans toutes celles où il a tiré l'épée, ne lui a été inspirée que par la haine de l'étranger armé contre la France et par l'amour de la patrie. Le général Durrieu a été nommé, en 1818, l'un des seize maréchaux de camp du corps royal d'état-major. Devenu, par les différens emplois qu'il a remplis, aussi familier avec les détails de l'administration qu'avec ceux du commandement, et resté fidèle aux principes de la liberté et aux devoirs de citoyen, il est du nombre de ces généraux de la vieille armée desquels on peut dire, comme Henri IV en parlant du maréchal de Biron, qu'ils sont bons à présenter aux amis et aux ennemis.

DURUFLÉ (Louis-Robert-Parfait), naquit à Elbeuf, département de la Seine-Inférieure, le 28 avril 1742. Il est le seul homme de lettres à qui la ville d'Elbeuf ait donné le jour. Issu d'une famille dont le nom est encore cher au commerce et aux arts industriels, il semblait plutôt destiné, par ses études et la direction de ses travaux, à captiver la capricieuse déesse, qu'à prétendre aux faveurs des muses : cependant un penchant irrésistible l'entraîna de très-bonne heure dans la carrière poétique ; et ses premiers essais, début singulier pour un favori de divinités chimériques, furent soumis à l'académie de *l'Immaculée Conception* de Rouen, où il remporta plusieurs fois le prix de l'ode. Bientôt après, il se présenta dans la lice plus glorieuse de l'académie française. La Harpe était alors l'athlète heureux, et peut-être le lauréat privilégié. Duruflé osa lui disputer les palmes académiques. Si ses efforts ne furent pas couronnés d'un plein succès, le public et les journalistes lui tinrent compte de son courage et, et applaudirent à ses essais. Les jugemens que les rédacteurs de l'*Année littéraire* et du *Journal des beaux-arts*, rédigé par l'abbé Aubert, ont porté de l'*Épître de Servilie à Brutus*, de celle adressée *A un ami malheureux*, et du poëme sur *le Siége de Marseille, par le connétable de Bourbon*, durent mêler quelques soucis à la couronne d'immortelles du triomphateur, et en même temps consoler le vaincu de sa défaite. La force de la pensée, la franchise de l'expression, et la vivacité des images, sont les qualités remarquables de ses vers. Une place d'historiographe, qu'il obtint dans la maison de *Monsieur*, lui permit de goûter toutes les douceurs d'une vie agréable et paisible. Sans

cette place tout-à-fait honorifique, il est probable qu'il eût cherché à développer ses talens, et que nous lui devrions des ouvrages plus capables d'établir sa fortune littéraire ; mais plus avide de plaisirs que de gloire, il se contenta de vivre dans l'intimité des Champfort, des Marmontel et de quelques autres littérateurs distingués, sans prétendre les égaler dans leurs travaux. Le *Journal encyclopédique* est le seul ouvrage auquel il attacha son nom pendant le reste de sa carrière, qu'il termina en 1793, près de Rouen, dans une maison de campagne, où il s'était retiré par suite des troubles de la révolution. Duruflé avait l'esprit enjoué et piquant, et une vivacité de reparties où l'on remarquait plus de franchise qu'une exacte observation des convenances. Nous ne citerons qu'une de ses boutades : elle est vive et originale. Un jour qu'il se trouvait chez une dame, mère d'une petite famille, aussi bruyante qu'importune, cette dame, qui prenait les fatigantes et fastidieuses tracasseries de ses enfans pour d'aimables gentillesses, demanda au poète, d'un petit air agréable et satisfait, ce qu'il pensait de ses enfans. «Parbleu, ma-
»dame, répondit Duruflé, excédé
»des cris et des niches des mar-
»mots, je pense qu'ils me récon-
»cilient avec Hérode.»

DURUTTE (LE COMTE), lieutenant-général, grand-officier de la légion-d'honneur, né en 1767, servit avec autant de valeur que de talent, dans les armées françaises, depuis le commencement de la révolution. Nommé successivement, en 1803, général de division et commandant de la 10me division militaire, après avoir passé quelques années à Toulouse, chef-lieu de ce commandement, il fit la campagne d'Italie, en 1809, se signala en diverses occasions, notamment aux passages de la Piave, du Tagliamento, et à l'attaque du fort de Malborghetto, où il entra le premier. En 1812, il eut, sous les ordres du duc de Bellune, le commandement de l'une des divisions de la grande-armée, en Russie. De cette division, il passa à celle du duc de Castiglione, et se fit également remarquer dans l'une et dans l'autre par sa bonne conduite et sa valeur. C'est à ses talens militaires, autant qu'à son intrépidité, qu'on dut le salut de l'armée française, à Dennevitz, le 6 septembre 1813. Ce fut contre sa division que les Saxons, qui venaient de l'abandonner, tournèrent leurs canons à la bataille de Leipsick. En 1814, il défendit Metz contre les alliés, et mérita qu'une épée d'honneur lui fût décernée par les habitans de cette ville, en témoignage de leur reconnaissance. Lors de la restauration, il fut nommé commandant de la 3me division militaire, et chevalier de Saint-Louis. Après le 20 mars, le général Durutte, Français avant tout, marcha sous les drapeaux qui marchaient contre les ennemis de la France. Commandant de la 4me division du premier corps d'armée, il fit tous ses efforts pour préserver la France d'une invasion étrangère. Depuis le huit juillet 1815, le général Durutte, officier plein d'honneur, de talent et de bravoure, vit dans la retraite, privé de tous ses emplois.

DUSAULCHOY (Joseph-François-Nicolas), né à Toul, département de la Meurthe, le 21 février 1761. S'étant rendu fort jeune en Hollande, il y rédigea, pendant plusieurs années, la *Gazette française* d'Amsterdam, qui était alors un des journaux les plus patriotiques des Provinces-Unies, et fut chargé, dans ce pays, de diriger les éditions de plusieurs des principaux écrivains du 18ᵐᵉ siècle. De retour en France, il fut employé au trésor de l'extraordinaire des guerres, et publia quelques pièces fugitives, et un recueil de prose et de vers, sous le titre d'*Étrennes aux uns et aux autres*, Paris, 1789, in-12. En 1789, il fit paraître plusieurs brochures de circonstance; un journal, sous le titre de *Courrier national, politique et littéraire;* et, quelque temps après, l'*Almanach du Peuple*, 2 vol. in-18, 1792 et 1793. Il s'associa ensuite avec Camille Desmoulins pour la rédaction des *Révolutions de France et de Brabant*, qu'en 1791 il rédigea seul, sous son nom, et qu'il intitula *Semaine politique et littéraire*. Le sort de la famille royale commençant à donner de vives inquiétudes aux amis du gouvernement monarchique, M. Dusaulchoy se réunit à André Chénier, Suleau, et quelques autres, et fut chargé de rédiger le *Contre-poison*. Cet ouvrage périodique fut très-répandu, et il se soutint avec le même succès jusqu'au départ du roi pour Varennes. L'auteur étant alors contraint d'en cesser la publication, une compagnie de Hollandais lui confia la rédaction du *Batave,* journal quotidien. Mais, en 1793, on lui fit un crime d'avoir rédigé le *Contre-poison;* on l'arrêta avec André Chénier, et tous les deux furent incarcérés à Saint-Lazare. Le parti que prit Dusaulchoy, de n'adresser aucune réclamation au comité de sûreté générale, ce qui le fit sans doute oublier, le préserva du sort de son infortuné compagnon. Cependant, le 9 thermidor an 2 (27 juillet 1794) ne le rendit pas à la liberté : après cette époque, on immolait encore des citoyens français comme *fédéralistes*. Ce ne fut que le 14 fructidor suivant qu'il vit tomber ses fers. A peine libre, il composa *l'Agonie de Saint-Lazare sous la tyrannie de Robespierre*, brochure in-8°, an 2 de la république, qui eut quatre éditions dans une semaine; et il reprit la rédaction de son journal. En l'an 5, sous le directoire-exécutif, il publia, contre les lois révolutionnaires que l'on faisait encore, une brochure intitulée : *Rendez-nous nos myriagrammes, si vous ne faites le bonheur du peuple*. Cette production, dont le débit fut extrêmement rapide, donna lieu à de sévères poursuites contre l'auteur. En vertu des lois des 27 et 28 germinal, émanées d'un gouvernement ombrageux et tyrannique, et qui prononçaient la peine de mort contre les délits de la presse, il fut traduit au tribunal criminel, comme prévenu « d'avoir provoqué la dissolution » de la représentation nationale, » du directoire-exécutif, le meur- » tre des assemblées qui les com- » posaient, et le rétablissement de » la royauté. » Dans son *Messager du Soir*, Isidore Langlois avait fait un article très-virulent contre l'opuscule *Rendez-nous nos myriagrammes,* et ce fut Isidore Langlois que M. Dusaulchoy appela pour le défendre. Isidore accepta généreusement cette fonction, et s'en acquitta avec talent et loyauté. Cependant le prévenu commença à plaider sa cause lui-même, et son discours eut le plus grand succès : il fut acquitté à l'unanimité. Peu de temps après, le ministre de la police, Duval, l'appela près de lui, et lui confia une des premières places administratives de son ministère. Sous le consulat, le ministre Fouché, dans l'organisation nouvelle qu'il fit, le nomma l'un des quatre principaux chefs. Alors M. Dusaulchoy ne s'occupa que du soin de faire rentrer des émigrés; il imagina des moyens de constater que l'inscription d'un grand nombre d'entre eux ne les concernait pas, de faire ainsi lever le séquestre apposé sur leurs biens, et de les rétablir dans leurs foyers sans qu'ils eussent besoin d'être rayés. Mais cette conduite, qu'aucun autre motif que celui d'être utile ne dirigeait, déplut. M. Dusaulchoy fut dénoncé, et perdit sa place. Cherchant alors des moyens d'existence indépendans, il s'associa avec Joseph Lavallée, Villeterque et Landon, pour la rédaction du *Journal des Arts, des Sciences et de la Littérature*. Il en acquit ensuite la propriété, et rédigea seul, pendant plusieurs années, ce recueil périodique que les artistes avaient adopté. Il ne le quitta que pour se charger d'une partie de la rédaction du *Courrier de l'Europe*; et, depuis la réunion de cette feuille au *Journal de Paris*, il est constamment resté au nombre des rédacteurs de ce dernier journal. M. Dusaulchoy a publié, outre les ouvrages déjà cités : 1° *Les Victoires des armées françaises,* ode, Paris, an 7 et 1808; 2° *La Paix,* ode, Paris, an 10; 3° *Le Rappel des Dieux, ou le Conseil céleste,* scènes héroïques qu'il a composées avec M. Charrin; 4° *Epître à M. Esmenard,* 1811; 5° *Les Soirées de Famille,* recueil philosophique, moral et divertissant, 3 vol. in-12, Paris, 1817; 6° *Le Conteur, ou Ambigu littéraire,* 2 vol. in-12, Paris, 1817; 7° *Mosaique philosophique, politique et littéraire,* 2 vol. in-12, Paris, 1818; 8° *Épître à un prétendu Libéral,* in-8°, 1820. Il a fait aussi quelques pièces de théâtre, telles que *La Leçon perdue,* opéra-comique, musique de Lassaux; *Colas trente fois Colas,* comédie-vaudeville en 3 actes; *Les Infortunes de Nicaise,* vaudeville en 1 acte; *la Romance et le Portrait,* comédie en 1 acte; *Mahomet II,* pièce héroïque en 3 actes; ces deux dernières pièces avec M. Charrin. M. Dusaulchoy est président depuis 1813, époque de sa fondation, de la société lyrique des *Soupers de Momus*.

DUSAUSOIR (FRANÇOIS-JEAN), est né à Paris, le 30 janvier 1737. Poète plus qu'octogénaire, il a offert, dans sa carrière littéraire, cette singularité remarquable, que ses meilleurs vers sont ceux qu'il a faits au déclin de ses ans. M. Dusausoir, dont la vie est toute honorable, n'est point sans mérite comme poète; mais un défaut capital en poésie est l'uniformité, et

Chénier le lui a reproché dans ce vers légèrement épigrammatique:

Dors, mon cher Dusausoir, aux doux sons de ta lyre.

Il a publié : 1° *Les deux Circassiennes*, poëme, 1771; 2° *La Fête de J. J. Rousseau*, intermède entremêlé de chants, représenté en l'an 3 (1794); 3° *Le Sultan indécis*, anecdote suivie de contes en vers, 1796, réimprimé en 1815; 4° *Epître aux Détracteurs des femmes*, suivie du *Portrait de l'Homme*, 1799, in-12, réimprimée en 1817; 5° *Réponse à la satire intitulée: La Fin du dix-huitième siècle*, 1799, in-12; 6° *Le Bois de Boulogne*, poëme, 1800, in-8°; 7° *Lettres amoureuses d'Emilie et de Sainval*, 1804, in-12; 8° *Le Sérail de Zadir*, poëme, 1814; 9° *Le Luxe*, poëme, 1817; 10° *Epître à la mémoire de mon père*, 1817; 11° *Epître aux Aristarques modernes*, 1818: 12° *Epître aux petits Savans de société*, 1818; 13° *Montgeron*, poëme, 1819. M. Dusausoir a fait insérer, dans différens journaux et dans les recueils poétiques, des vers, des romances, des chansons, etc. Il est membre de l'athénée des arts de Paris, par suite de la réunion, à cette société, de la société libre des lettres, sciences et arts, dont il était un des plus anciens membres.

DUSOMMERARD (ALEXANDRE), fut nommé, en 1807, employé de la cour des comptes, dont il est aujourd'hui conseiller référendaire. Lorsque les événemens de 1814 eurent rappelé l'ancienne dynastie au trône, M. Dusommerard s'empressa de lui témoigner son zèle, comme membre de la cour des comptes et comme capitaine de la garde nationale; et plus tard, c'est-à-dire au mois de mars 1815, voulant prouver que ce zèle ne se bornait pas à des paroles, il se fit volontaire royal. Pendant les *cent jours*, il refusa de signer l'acte additionnel; fit, à ce qu'on assure, la fameuse chanson intitulée : *Rendez-nous notre père de Gand*; signa, dans les premiers jours de juillet, une *protestation* contre la déclaration des chefs de légion, tendant à conserver la cocarde tricolore; et fut, en janvier 1816, nommé chevalier de la légion d'honneur.

DUSSAULT (JEAN-JOSEPH), homme de lettres, né en 1769, à Paris, reçut une excellente éducation. Il avait à peine achevé ses études, au collége de Sainte-Barbe, lorsque les premiers symptômes de la révolution se manifestèrent. Il ne fut pas d'abord exempt de cette fièvre qui entraîna tant de jeunes gens dans des écrits qu'ils ont désavoués depuis. La violence de sa politique se fait même reconnaître encore dans la feuille intitulée : *l'Orateur du peuple* (*voy.* FRÉRON), qu'il rédigea sous la direction de Fréron, après la révolution du 9 thermidor. Mais alors du moins il attaquait les auteurs de la tyrannie qui avait ensanglanté la France. Parmi plusieurs écrits qu'il fit paraître à cette époque, on distingue les *Fragmens pour servir à l'histoire de la convention nationale*. Plus tard il travailla aussi à la rédaction du *Véridique*, ce qui le fit condamner, après le 18 fructidor, à la déportation, ainsi que ses collabora-

J. Dusaulx
Membre de l'académie Française.

teurs; mais il trouva les moyens de se soustraire à cette peine. Employé depuis ce temps à la rédaction du *Journal des débats*, il a coopéré d'une manière active au succès de cette feuille, dans laquelle on distingue ses articles par la lettre Y, qui tient lieu de signature. En reconnaissant à M. Dussault autant d'esprit que de goût, et un jugement excellent, on ne peut s'empêcher de convenir que son enthousiasme pour la littérature des anciens ne l'ait souvent rendu injuste envers les modernes, puisqu'aucune des traductions qui ont paru jusqu'alors ne lui semble supportable. Cette opinion, qu'on retrouve dans plusieurs articles du *Journal des débats*, bien que développée et soutenue par lui avec beaucoup de force, est, par son exagération, devenue paradoxale. Son excessive sévérité, et le ton impérieux qu'il emploie contre ses adversaires, ne sont pas propres à lui concilier les suffrages des écrivains qui mettent encore la modération au nombre des vertus. Il est surtout inexorable en matière d'opinion; cependant, lorsque sous le gouvernement impérial il poursuivait à outrance des écrivains qui avaient professé des opinions républicaines, l'un d'eux lui rappela, fort à propos, quelques-unes des phrases échappées à sa plume en 1793, lesquelles prouvent clairement qu'il était alors à la hauteur des circonstances. M. Dussault crut devoir laisser l'observation sans réplique. On connaît la *Lettre* adressée à Chénier, en 1807, et la réfutation complète de cette lettre, dans un opuscule que le poëte fit paraître. Amis constans de la vérité, nous avons dû la dire sans restriction, mais sans cesser pour cela de rendre hommage au mérite littéraire de M. Dussault.

DUSSAULX (JEAN), littérateur distingué, et membre de la convention nationale, naquit à Chartres le 28 décembre 1728, et mourut à Paris le 16 mars 1799. Appartenant à une famille de robe, il fit de très-bonnes études, qu'il commença à la Flèche et termina à Paris. Après avoir fait, en qualité de commissaire de la gendarmerie, les campagnes de Hanovre, il revint avec son corps à Lunéville, où ses qualités personnelles et son esprit lui firent bientôt acquérir l'estime du roi Stanislas, juste appréciateur du vrai mérite. Il avait à peine 21 ans lorsqu'il fut reçu à l'académie de Nanci, sans y avoir d'autre titre que sa traduction de *Juvénal*, non encore publiée. Cet encouragement, auquel se joignirent depuis les conseils du professeur Guérin, déterminèrent sa vocation. Revenu à Paris, il revit son manuscrit avec le plus grand soin, retoucha plusieurs passages, et publia son livre; c'était en 1770. Dès lors la réputation littéraire de Dussaulx prit de la consistance, et l'académie des inscriptions le reçut, en 1776, au nombre de ses membres. Peu de temps après, il devint secrétaire du duc d'Orléans. Son désintéressement ne lui permettait point d'aspirer à de plus hautes fonctions. Lorsque la révolution éclata, il en embrassa les principes avec toute la franchise d'un homme qui ne voyait dans cette révolution que les moyens de réformer d'antiques et dangereux abus; aussi n'en a-t-il jamais partagé les funestes excès, et sa conduite à toutes les époques manifesta toujours la droiture de ses intentions. Le premier ouvrage dans lequel ses opinions politiques se firent connaître, est son *Discours historique sur l'insurrection Parisienne et la prise de la Bastille*, publié en 1790. Le 6 juin 1792, il fut admis à l'assemblée législative, dont il avait été nommé député suppléant par les électeurs de Paris. Les horribles journées de septembre excitèrent toute son indignation. Il l'exprima dans la séance du 2 avec une énergie qui semblait triompher des forces de son âge. Nommé l'un des commissaires de l'assemblée, chargés d'arrêter le cours de ces exécutions sanglantes, il proposa diverses mesures qui furent sans effet, par l'opposition qu'y mirent ses collègues Bazire et Chabot, dont la conduite semblait déceler leur complicité avec les assassins. Il fut plus heureux le 3, lorsque, chargé d'une mission semblable, il parvint à calmer l'effervescence des furieux qui menaçaient le Temple. Le 5 janvier 1793, il se prononça en faveur de la proposition faite de donner à la convention une garde départementale. Dans le procès de Louis XVI, il vota la détention jusqu'à la paix, l'appel et le sursis, déclarant que le patriotisme ne consistait point à tuer son ennemi par terre. Cette opinion, qui attira sur lui le courroux de Billaud-Varennes, porta ce révolutionnaire farouche à demander à la convention, le 2 juin suivant, l'arrestation de Dussaulx, motivée seulement sur ce fait. La convention qui, ce jour-là, ne voulut pas partager la fureur d'un de ses membres, ne montra pas autant de fermeté le 3 octobre; et Dussaulx, attaqué de nouveau par ses adversaires, comme ayant manifesté son opposition à la journée du 31 mai, fut cette fois décrété d'arrestation. Détenu avec les 73 députés dont la révolution du 9 thermidor an 3 brisa les fers, Dussaulx, en rentrant avec eux au sein de la convention, protesta qu'ils avaient tous laissé dans leur prison le souvenir du passé. Il fut, en 1796, président du conseil des anciens. Il proposa d'ajouter au serment de haine à la royauté, les mots *en France*. Il fut aussi l'un de ceux qui combattirent avec le plus de force la proposition du rétablissement des loteries. Lorsqu'il sortit du conseil, au mois de mai 1798, il eut la douce satisfaction de pouvoir dire que dans l'exercice de ses fonctions, étranger à tous les partis, il ne plaida jamais qu'en faveur de la justice et des mœurs, et que ses mains furent toujours aussi pures que son cœur. Dussaulx, à une époque où la démoralisation avait fait tant de progrès, offrait encore l'homme de la nature dans toute sa simplicité. Atteint d'une maladie douloureuse, il ne put goûter au sein de sa retraite le bonheur dont il était digne. Ce n'est pas sans quelque étonnement qu'on se rappelle que Marat le défendit lorsque le comité de salut public voulait l'envoyer à la mort, et le sauva en le faisant passer presque pour imbécile. C'est à Dussaulx qu'on doit la conservation de l'un des plus beaux monumens des arts (la Porte Saint-Denis), que les Vandales de 1793 voulaient abattre. Parmi les ouvrages de Dussaulx, on cite : 1° *Satires de Juvénal, traduites en français,* Paris, 1779, in-8°; M. Achaintre en a donné une nouvelle édition, avec des notes, 1821, 2 vol. in-8°. 2° *Mémoires sur les satiriques latins,* lus à l'académie des inscriptions, en 1777, et insérés dans le tom. XLIII de la collection de cette société; 3° *Lettres et Réflexions sur la fureur du jeu, auxquelles on a joint une autre Lettre morale,* Paris, Lecomte, 1775, in-8°, de 172 pag.; idem, 1777, in-8°; traduit en hollandais, 1791, in-8°; 4° *Discours sur la passion du jeu dans les différens siècles,* lu à l'académie, à la séance publique de Pâques, 1775; 5° *De la Passion du jeu depuis les temps anciens jusqu'à nos jours,* 1779, in-8°; traduit en hollandais, 1791, in-8°. Cet ouvrage, qui n'est qu'une répétition de ce que contiennent les deux précédens, avec des développemens plus étendus, ne se lit guère, malgré le jugement favorable qu'en portent les hommes de lettres. 6° *Vie de l'abbé Blanchet,* insérée à la tête des *Apologues et Contes orientaux de ce dernier,* Paris, 1784, in-8°; 7° *De l'insurrection Parisienne et de la prise de la Bastille, discours historique prononcé par extrait dans l'assemblée nationale,* Paris, Debure, 1790, in-8°; 8° *Lettre au citoyen Fréron,* 1796, in-8°; 9° *Voyage à Barrège et dans les Hautes-Pyrénées, fait en 1788,* Paris,

1796, 2 vol. in-8°; 10° *De mes rapports avec Jean-Jacques Rousseau, et de notre Correspondance, suivie d'une notice très-essentielle.* Quelque estimés que soient la plupart de ces ouvrages, le premier est celui qui assure incontestablement la gloire de l'auteur.

DUSSEK (Jean-Louis), célèbre compositeur de musique, célèbre virtuose pour le piano, né en 1760 à Czaslau en Bohême, d'une famille déjà renommée pour avoir donné à l'Allemagne plusieurs organistes distingués, se fit remarquer dès l'âge de 13 ans par la composition d'une messe solennelle. Avant l'âge de 20 ans, il passa en Hollande, où sa réputation attira sur lui l'attention et la bienveillance du stathouder, qui le retint à la Haye pendant plusieurs années. Il visita ensuite le nord de l'Europe, passa quelque temps à Hambourg, où le célèbre Bach lui donna des conseils dont il profita. Après avoir séjourné deux ans en Lithuanie, près du prince Charles Radziwil, il vint à Berlin, s'y arrêta peu, et poursuivit sa route jusqu'à Paris, où il demeura jusqu'à ce que la révolution, effarouchant les arts, l'eût décidé à passer en Angleterre. Il resta dans ce pays jusqu'en 1800, fit un voyage en Bohême afin de voir encore sa patrie et son père, et revint en France sous les auspices du prince Talleyrand de Périgord, qui fut constamment son protecteur. Dussek, mort à Paris en 1812, a publié, pour le piano, dans les différens pays qu'il a parcourus, des concerto, symphonies, sonates, duo, fantaisies, au nombre de soixante. Il est aussi auteur de quelques oratorio, et d'une méthode pour le piano-forté, qui d'abord parut en allemand, et fut depuis traduite en français. Parmi toutes ses œuvres, celles qu'il préférait sont: *Les Adieux de Clémentine* et *Le Retour à Paris*. Ces deux ouvrages le firent avantageusement connaître en France et en Angleterre. Quelques essais qu'il fit pour l'Opéra de Londres ne réussirent pas aussi complétement. Pendant les dernières années de sa vie, il donna plusieurs concerts à l'Odéon, dans lesquels il obtint de brillans succès.

DUSSIEUX (Louis), homme de lettres, ami des libertés publiques, s'était fait connaître par plusieurs productions estimables lorsqu'il fut, au mois de mars 1797, nommé membre du conseil des anciens, par le corps électoral du département d'Eure-et-Loire. Dans cette assemblée, où il se conduisit avec les principes de modération qu'il avait toujours professés, il combattit le projet de loi, présenté dans la séance du 27 mai, tendant à établir une inspection des contributions publiques; il crut devoir voter en faveur de l'impôt sur le sel, le 21 février 1799. M. Dussieux, qui fut l'un des rédacteurs propriétaires du *Journal de Paris*, et membre de la *société d'agriculture*, a publié les ouvrages suivans : 1° *Histoire abrégée de la découverte et de la conquête des Indes par les Portugais;* 2° *Le nouveau don Quichotte,* imité de Wieland; 3° une *Histoire de la littérature française;* 4° une *Traduction de Bocace;* 5° plusieurs *Mémoires sur l'agriculture,* faisant partie de ceux de la société d'agriculture avec lesquels ils ont paru.

DUSSUMIER-FONTBRUNE (N.), membre de la chambre des députés, est né à Bordeaux, d'une famille commerçante appartenant à la religion réformée. Il embrassa d'abord la profession des armes, servit dans le régiment de Royal-Cravate cavalerie, en qualité d'officier, suivit les princes dans leur émigration, et fit avec eux la campagne de 1792. Lorsque le régiment de Berchiny hussards eut quitté la France pour passer à l'ennemi, M. Dussumier entra dans ce corps, que l'Autriche prit à sa solde. Après l'établissement du gouvernement impérial, il profita de l'autorisation de rentrer en France, donnée aux émigrés par ce gouvernement. M. Dussumier se livra alors aux opérations commerciales qui avaient honoré sa famille. Il fit partie du gouvernement provisoire que la ville de Bordeaux établit en 1815. Le 12 mars de la même année, M. le duc d'Angoulême le créa chevalier de Saint-Louis; mais les scrupules de sa conscience l'empêchèrent, comme calviniste, d'en accepter la décoration, qu'il ne consentit à porter que lorsqu'une ordonnance du roi autorisa les protestans à la recevoir sous la dénomination de *Mérite militaire*, telle qu'elle est accordée aux officiers suisses qui ne professent pas la religion catholique. Il a reçu aussi l'étoile de la légion-d'honneur. Nommé, en 1815, membre de la chambre des députés par le département de la Gironde, et réélu pour les sessions suivantes, M. Dussumier - Fontbrune n'a pas cessé de siéger au côté droit. Il a voté toutes les lois d'exception, et s'est montré l'un des plus grands adversaires de la loi électorale du 5 février. M. Dussumier est resté presque inaperçu dans la session de 1821 à 1822.

DU TAILLIS (Adrien - Jean-Baptiste - Amable - Raimond, comte), né le 12 novembre 1760, à Nangis, fut élève du génie en 1778, entra cadet dans le corps de Nassau - Siégen en 1779, fut présent aux affaires de Jersey et de Cancale, et réformé avec ce corps. Il fut nommé, en août 1789, capitaine aide-major du bataillon des Filles-Saint-Thomas. Il ne cessa de donner, avec ce bataillon, des preuves de fidélité à la constitution de 1791, et de dévouement à l'infortuné Louis XVI. Fait capitaine au 14me bataillon d'infanterie légère, le 3 août 1791, il fit avec sa compagnie la campagne de Sainte-Menehould, et se trouva à la bataille de Valmy. Entré en Belgique avec l'armée du Nord, dont son régiment faisait partie, il prit part aux affaires de Jemmape, Verviers, Liége, etc., et a été blessé le 2 mars 1793. Il fut destitué en 1794, comme royaliste. Réintégré après la terreur, il passa aide-de-camp du général Berthier, son ancien ami, qui venait d'être nommé chef d'état-major des armées des Alpes et d'Italie, au mois de germinal an 3. Il fit, avec ce brave général, la campagne dans la rivière de Gênes, et, successivement, celles d'Italie. Après la prise de Milan, il fut envoyé à Pavie, et fait prisonnier par les insurgés. Ce fut à sa fermeté et à sa présence d'esprit, que lui et les autres prisonniers durent leur délivrance. Après la bataille de Castiglione, où il se distingua, il fut envoyé à Paris, par le général Bonaparte, pour apporter les drapeaux qui avaient été pris sur l'ennemi. Il reçut du directoire des pistolets d'honneur, et fut fait chef de bataillon. Il retourna aussitôt à l'armée, et eut un cheval tué à Rivoli, et un autre à Arcole. Après le passage du Tagliamento, il porta l'ordre au général Joubert, qui commandait dans le Tyrol, d'attaquer Bolzano et Brixen, combattit aux côtés de ce brave général dans ces deux affaires, qui furent glorieuses pour les armées françaises; et comme il avait reçu l'ordre de venir sur-le-champ rendre compte de ces deux affaires, dont le résultat devait régler les opérations ultérieures, il partit aussitôt pour annoncer leur succès. Un corps de Tyroliens, attaquant les derrières de l'armée, fermait le passage, et venait de repousser 50 hommes commandés par un officier qui avait eu 3 hommes tués et plusieurs blessés. Instruit de ces faits par l'officier lui-même, Du Taillis n'hésite pas un instant : il prend le cheval du postillon qui le conduisait, réunit à lui 4 militaires et les 2 dragons d'escorte; avec ces 6 hommes, entreprend de forcer le passage, en perd 4 en le forçant, et arrive lui troisième à Bolzano, son cheval et ses vêtemens criblés de balles. Créé colonel le 23 brumaire an 6, il fit, en cette qualité, la campagne de Marengo, où il eut un cheval tué. Après la paix, il fut nommé adjudant-général, et employé près du ministre et au dépôt de la guerre. Il fut fait, lors de la formation des camps sur les côtes, pour l'expédition projetée contre l'Angleterre, maréchal-de-camp, le 11 fructidor an 11, et chef de l'état-major-général du camp de Montreuil, commandé par le maréchal Ney. Ce camp, lors de la formation de la grande-armée, en devint le 6me corps. Il fut présent à toutes les batailles où ce brave corps d'armée se distingua, et entre autres à celles d'Elchingen, Ulm, Iéna, etc. Le 8 novembre 1806, il reçut la capitulation de Magdebourg, où 25,000 ennemis bien armés, bien approvisionnés, et aidés de 800 pièces de canon, se rendirent au 6me corps d'armée composé de moins de 14,000 hommes, qui n'avaient que 2 pièces de siége arrivées le matin de Brunswick. Il eut un cheval tué à la bataille d'Eylau, et le bras droit emporté à Gudstatt, en désignant au commandant de l'artillerie le placement d'une batterie. Aussitôt sa blessure guérie, il retourna à l'armée, et fut successivement gouverneur à Munich, Erfurt, Varsovie, Torgau, dont la belle défense fut si honorable pour lui. Dans tous les gouvernemens qui lui furent confiés, il sut partout faire respecter, et surtout estimer le nom français; et les témoignages de reconnaissance qu'il reçoit journellement de la part des étrangers, sont pour lui une douce récompense. Il a reçu, à différentes époques, des armes d'honneur. Il a été fait commandeur de la légion-d'honneur à la création de l'ordre, puis successivement chevalier, commandeur et grand-cordon de l'ordre Militaire de Bavière, et chevalier de la Couronne-de-Fer. A sa rentrée en France, il fut fait chevalier de l'ordre de Saint-Louis, et, par suite de ses blessures, mis à la retraite. Le général Du Taillis cultive maintenant, avec succès, l'héritage de ses pères, et plusieurs sociétés d'agriculture de son département l'ont inscrit sur la liste de leurs membres. Au mois de janvier 1811, le corps électoral du département de Seine-et-Marne l'avait porté sur la liste des candidats au sénat-conservateur.

DUTEIL (Jean-Philippe), maréchal-de-camp, l'une des nombreuses victimes de la révolution, dont il embrassa la cause sans en partager les excès, était, en 1789, officier d'artillerie. Les circonstances lui firent obtenir un avancement rapide, et, dès le mois de juin 1791, il était parvenu au grade sous lequel nous le désignons, et qu'il conserva, sous le titre de général de brigade, dans les armées de la république française. Compromis par les malheureux événemens qui suivirent la journée du 31 mai 1793, il fut arrêté au commencement de 1794 et traduit devant la commission militaire de Lyon, qui, ne voyant dans la presque totalité des accusés qui paraissaient devant elle que des traîtres à la patrie, le condamna à mort le 22 février.

DUTEMS (Jean-François Hugues, plus connu sous le nom de l'abbé), naquit à Reugney, département du Doubs, le 5 août 1745, et mourut à Paris, le 19 juillet 1811. Après avoir fait ses premieres études au collége de Louis-le Grand, il passa à la Sorbonne, et fut reçu docteur en théologie, à l'âge de 23 ans. Il s'éleva par son mérite, et devint bientôt vicaire général du prince Ferdinand de Rohan, successivement archevèque de Bordeaux et de Cambrai. Les études de l'abbé Dutems ne s'étaient pas bornées à la théologie : beaucoup plus versé dans l'histoire et la morale, il en fut nommé professeur au collége royal de France; il prit possession de cette chaire en 1782. Ayant refusé de prêter le serment exigé des prêtres par la constitution civile du clergé, il fut poursuivi après le 10 août 1792, et courut le risque d'être massacré dans les journées des 2 et 3 septembre; la présence d'esprit d'un de ses neveux lui sauva la vie. Celui-ci, logé chez un député, alors absent, imagina d'apposer des scellés sur un cabinet où il avait fait cacher son oncle; et lorsque les commissaires de la section vinrent pour faire des recherches dans la maison, ils n'osèrent pas se permettre de briser un cachet, qu'ils reconnurent être celui du comité militaire de l'assemblé législative, où ce neveu était employé. Deux jours après, l'abbé Dutems obtint un passeport par les soins de Claude Fauchet, évêque du Calvados, et il partit pour la Suisse. Il resta peu de temps dans ce pays, et passa en Italie, où il vécut pendant neuf ans, du produit de ses travaux littéraires. Rentré en France après la signature du concordat, en 1801, il vint à Paris, et n'y ayant retrouvé ni sa bibliothèque, ni les effets précieux qu'il y avait laissés, il tailla de nouveau sa plume, et travailla, en attendant mieux, au Répertoire de jurisprudence, et au *Journal de l'Empire*. Il avait publié avant son émigration ou sa déportation : 1° *Eloge de Pierre du Terrail, appelé le chevalier Bayard, sans peur et sans reproche*, Paris, 1770, in 8°; 2° *Panégyrique de saint Louis, prononcé devant les membres de l'académie française*: Paris, 1781, in-8°. Il est remarquable qu'à propos de saint Louis, l'auteur s'élève dans cet ouvrage contre les droits féodaux, qui pesaient encore sur la France à l'époque où son discours fut composé; il s'étonne que les seigneurs suzerains, à l'exemple de Louis XVI, n'aient pas encore aboli la main-morte, les corvées et autres servitudes humiliantes dont leurs vassaux étaient grevés, et il fait des vœux pour qu'une loi mette fin à cette tyrannie. L'abbé Dutems est auteur de l'*Histoire de Jean Churchil, duc de Marlboroug*, Paris, de l'imprimerie impériale, 1808, 3 vol. in-8°, avec des figures, des plans et des cartes. Le premier consul avait commandé cet ouvrage, en 1802, à M. Madgets, interprète de la marine et des colonies; mais cette tâche étant au-dessus de ses forces, l'abbé Dutems l'entreprit, et son travail fut couronné du succès. Il en serait résulté un *sic vos non vobis*, à la mort de l'auteur, sans les précautions qu'il avait prises pour que cela n'arrivât point. M. Madgets ne manqua pas de revendiquer l'ouvrage, qui lui avait été commandé, et qui ne porte point de nom d'auteur; mais un grand nombre de témoins irrécusables, les conservateurs des bibliothèques, où l'écrivain avait puisé ses matériaux, le directeur de l'imprimerie impériale, et le manuscrit autographe, resté entre les mains du même neveu dont nous avons parlé, détruisent complétement les prétentions du réclamant. L'abbé Dutems a encore laissé en manuscrit l'*Histoire de Henri VIII, roi d'Angleterre*, qui formera quatre volumes, que sa famille se propose de faire imprimer incessamment.

DUTENS (Louis), membre de la société royale de Londres et historiographe du roi de la Grande-Bretagne, naquit à Tours d'une famille protestante, le 15 janvier 1730, et mourut à Londres le 23 mai 1812. Dutens montra dès sa jeunesse des dispositions pour la poésie. Venu à Paris en 1748, il y présenta au comédien La Noue une tragédie de sa façon, intitulée *le Retour d'Ulysse à Ithaque*. Le comédien, après l'avoir lue, la lui remit en disant qu'elle avait besoin encore d'un travail de quelques mois. Présomptueux comme le sont presque tous les jeunes poètes, Dutens ne profita pas du conseil; il alla à Rouen, où sa pièce fut reçue, jouée et très-applaudie, ce qui pourtant ne l'empêcha point d'en apercevoir bientôt tous les défauts. Il jugea sagement alors qu'il n'avait pas reçu du ciel l'influence secrète, et, sans renoncer à la poésie qu'il cultiva toujours, il renonça à l'espoir d'acquérir de la célébrité dans ce genre. Dutens revint à Paris; mais embarrassé sur le choix d'un état et manquant d'argent, il ne fit qu'un court séjour dans la capitale, retourna à Tours, où l'enlèvement d'une de ses sœurs, âgée de 12 ans, mise dans un couvent par ordre de l'archevêque, lui causa un tel chagrin, qu'il résolut de quitter une patrie où les droits les plus sacrés de l'humanité pouvaient être impunément violés envers ceux qui ne professaient pas la religion dominante de l'état. Il passa en Angleterre avec une lettre de recommandation pour lord Chatam, lettre qui lui avait été remise par la sœur de ce lord. Malgré cette recommandation, n'ayant pu trouver d'emploi, il fut obligé de revenir en France au bout de quelque temps. Cependant un de ses oncles résidant en Angleterre, ne tarda pas à lui écrire qu'un gentilhomme, qui se préparait à voyager, désirait qu'il vînt auprès de lui pour l'accompagner. Dutens, prenant de nouveau congé de sa famille, se rendit à cette invitation; mais le seigneur anglais, ayant changé de résolution, ne partit pas; néanmoins il accueillit favorablement le jeune Français, auquel il fit obtenir une place d'instituteur dans une maison particulière. Le père de l'élève confié à ses soins réunissait de grandes connaissances, qu'il désirait transmettre à son fils; Dutens était loin d'en avoir de semblables, mais il avait de l'esprit, du zèle et de l'intelligence, et l'Anglais trouva convenable de lui apprendre ce qu'il savait, afin qu'à son tour il pût l'apprendre au jeune homme, ce qui, selon lui, s'opérerait avec beaucoup plus de facilité. Ce projet réussit parfaitement par rapport à Dutens, car il apprit en très-peu de temps le grec, les mathématiques, les langues orientales, l'italien et l'espagnol; quant à son élève, il mourut au bout de 3 ans. Cet élève avait une sœur sourde et muette dont Dutens fut chargé de suivre l'éducation. S'il ne réussit pas à lui faire faire dans les sciences des progrès bien rapides, il réussit du moins, sans le vouloir, à lui inspirer de l'amour. Dans l'état où la nature avait placé cette jeune fille, elle ne pouvait ni ne voulait dissimuler ses sentiments; et Dutens, qui avait trop de délicatesse pour en abuser, se résolut à demander son congé et quitta la maison. Bientôt il partit pour Turin en qualité de chapelain et de secrétaire de Stuart de Mackensie, ministre d'Angleterre près du gouvernement sarde. C'était au mois d'octobre 1758. Lorsqu'en 1760 l'ambassadeur retourna à Londres pour y occuper la place de secrétaire-d'état, Dutens resta à Turin en qualité de chargé d'affaires jusqu'en 1762, où, revenu en Angleterre, il voulut sans aucun titre s'attacher à la personne de son protecteur, lord Mackensie. Celui-ci lui fit obtenir de son frère, lord Butte, alors ministre, une pension de 2000 écus. Dutens ne tarda pas d'aller reprendre ses fonctions de chargé d'affaires à Turin. Après avoir demeuré quelques années dans la capitale du Piémont, il en revint pour prendre possession d'un prieuré que le duc de Northumberland lui avait fait obtenir dans le nord de l'Angleterre. Depuis il voyagea, d'abord avec le fils de ce duc, ensuite avec M. et Mme de Mackensie, en diverses contrées de l'Europe. Il était à Paris en 1774 et 1775, et fut reçu, dans la dernière de ces années, membre libre de l'académie des inscriptions. Malgré ses voyages fréquens, ce savant trouva le temps d'écrire un grand nombre d'ouvrages, parmi lesquels on distingue les suivans : 1° *Le caprice poétique*, 1750, in-16, recueil de poésies; 2° *Recherches sur l'origine des découvertes attribuées aux modernes*, 1776, 2 vol. in-8°; 3° *Poésies*, 1767, in-12; 1777, in-8°; 4° *Le Tocsin*, Rome, 1769, in-12; seconde édition, sous le titre d'*Appel au bon sens*, Londres, 1777, in-8°; 5° *Explication de quelques médailles de peuples, de villes et de rois, grecques et phéniciennes*, 1773, in-4°; 6° *Explication de quelques médailles du cabinet de Duane*, 1774, in-4°; 7° *Troisième dissertation sur quelques médailles grecques et phéniciennes, où se trouvent des observations pour servir à l'étude de la paléographie numismatique*, 1776, in-4°; 8° *Logique, ou l'art de raisonner*, 1773, in-12 ; 9° *Du miroir ardent d'Archimède*, 1775, 1777, in-8°; 10° *Des pierres précieuses et des pierres fines, avec les moyens de les connaître et de les évaluer*, 1776, in-12; Londres, 1777, in-8°; Paris, 1783, in-12; 11° *Itinéraire des routes les plus fréquentées, ou Journal de voyage aux principales villes de l'Europe*, 1775; 12° *Lettre à M. D. B. sur la réfutation du livre de l'Esprit, par J.-J. Rousseau*, 1779, in-12; 13° *De l'église, du pape, et de quelques points de controverse, et moyen de réunion de tou-*

tes les églises chrétiennes, 1781 et 1798, in-8°, la seconde édition sous le titre de *Considérations théologiques sur les moyens de réunir toutes les églises chrétiennes;* 14° *L'ami des étrangers qui voyagent en Angleterre,* 1789, 1794 et 1803; 15° *Histoire de ce qui s'est passé pour établir une régence en Angleterre,* 1789, in-8°; 16° *Table généalogique des héros de roman,* in-4°; 17° *Mémoires d'un voyageur qui se repose,* Paris, 1806, 3 vol. in-8°; cet ouvrage présenté sous la forme d'un roman, contient la vie de Dutens, accompagné d'anecdotes et de réflexions. Comme éditeur, il avait publié *J. G. H. Leibnitzii opera omnia, nunc primùm collecta, in classes distributa, præfationibus et indicibus exornata,* Genève, 1769, 6 vol. in-4°. Plusieurs savans de l'Allemagne avaient eu, avant lui, le projet de réunir les œuvres éparses de Léibnitz, et avaient reculé devant les difficultés de l'entreprise. Dutens ne se découragea pas, et les sciences auxquelles il éleva un monument durable, doivent lui en savoir gré. La préface des œuvres de mathématiques fait le plus grand honneur à son talent; il s'était adressé successivement pour obtenir ce morceau à d'Alembert et à Lagrange, qui l'un et l'autre avaient refusé de s'en charger, mais qui, lorsqu'elle fut faite, ne purent s'empêcher de l'approuver.

DUTENS (Joseph-Michel), fils de Michel-François Dutens, et neveu de Louis Dutens, né à Tours en 1765, inspecteur divisionnaire des ponts-et-chaussées, chevalier de l'ordre royal de la légion-d'honneur, publia, en l'an 8 et en l'an 9, deux écrits sur l'instruction publique et sur la statistique; en 1804, un ouvrage sous le titre d'*Analyse raisonnée des principes fondamentaux de l'économie politique,* dans lequel, dégageant cette science des différentes causes secondaires qui en modifient les principes suivant les lieux et les circonstances, il s'attacha, par une analyse rigoureuse des mêmes principes, à déduire les vérités fondamentales sur lesquelles repose cette science, et qui, portant le caractère de la plus grande généralité, deviennent invariables chez toutes les nations qui vivent sous un gouvernement libre. Cette méthode, d'après laquelle il eût été impossible à l'auteur de diriger son sujet vers un but qu'il se fût proposé d'avance, l'a conduit, entre autres vérités, à ce principe si fécond pour les gouvernemens et si consolant pour l'humanité, que la richesse et la puissance des nations croissent en raison de l'instruction et des lumières. L'*Éloge de Montaigne* ayant fait l'objet du concours proposé successivement en 1810 et 1811, par la classe de la langue et de la littérature française, de l'institut, M. Dutens se mit sur les rangs, et obtint une mention honorable en faveur du discours qu'il présenta sur ce sujet, et qu'il ne livra à l'impression qu'en 1818. Dans cet écrit, l'auteur croit devoir examiner plus particulièrement la philosophie de Montaigne, qui, suivant lui, a été plus connu jusqu'à ce jour par l'originalité et le bonheur de ses expressions, que par le fonds des idées qui constituent sa doctrine, et il fait voir que, n'employant le plus souvent que les argumens du scepticisme, les seules armes dont il pouvait se servir contre les maximes absolues du dogmatisme, et les fureurs du fanatisme qui agitaient dans ce moment et couvraient de sang la France, la philosophie de Montaigne se résout, en dernière analyse, dans la philosophie de l'expérience, qu'embrassèrent peu de temps après Bâcon et Locke. Enfin, M. Dutens, chargé par le gouvernement, en 1818, de se rendre en Angleterre pour examiner le système de petite navigation employé dans ce pays, a publié, en 1819, un ouvrage intitulé : *Mémoire sur les travaux publics de l'Angleterre, suivis d'un autre Mémoire sur l'esprit d'association, et sur les différens modes de concession, et de quinze planches avec une carte générale de la navigation intérieure, indiquant les deux systèmes des grands et des petits canaux de ce royaume.* Par ce dernier ouvrage, qui a obtenu les suffrages du gouvernement et de ses nombreux lecteurs, M. Dutens fixe l'opinion sur les avantages de la petite navigation, au sujet de laquelle on n'avait eu jusqu'alors en France que des idées très-inexactes. En se livrant aux considérations les plus élevées sur l'esprit d'association auquel l'Angleterre doit aujourd'hui, en grande partie, sa prospérité, et sur la législation des travaux publics de ce pays, il pourra se flatter de n'avoir pas eu, par ses recherches et ses efforts, une faible influence sur l'esprit qui doit concourir le plus efficacement, dan sa patrie, au développement des premières puissances de la richesse et du bonheur national, l'agriculture, l'industrie manufacturière et le commerce.

DUTHEIL (F. J. G. DE LA PORTE), littérateur, membre de l'institut et de la légion-d'honneur, l'un des administrateurs de la bibliothèque impériale, sous le gouvernement de Napoléon, était précédemment de l'académie des inscriptions et belles-lettres. Il a publié, en 1795, le *Théâtre d'Eschyle*, et les *Mémoires extraits des manuscrits de la bibliothèque nationale*. On avait déjà de lui une traduction du *Traité de Plutarque sur la manière de discerner un flatteur d'avec un ami;* et une du *Banquet des sept sages*. Il a traduit aussi les *Amours de Léandre et de Héro*, poëme de Musée, et les *Hymnes de Callimaque*, où le texte grec se trouve en regard avec le texte français.

DUTHEIL (NICOLAS-FRANÇOIS), chevalier de Saint-Louis, était, en 1789, employé comme chef dans les bureaux de l'intendant de Paris. Il fut nommé, le 27 juillet de la même année, commissaire du roi pour remplacer provisoirement M. Berthier de Sauvigny. Il quitta la France, en 1790, pour aller joindre les émigrés réunis aux bords du Rhin, et revint, en 1792, chargé d'une mission des princes auprès de Louis XVI, captif au Temple. Il parvint à s'introduire dans la prison, mais il fut arrêté avant d'avoir pu communiquer avec le prisonnier. Cette arrestation ne pouvait manquer de lui devenir funeste, s'il n'eût trouvé, on ne sait trop comment, le moyen de se soustraire à la vigilance de ses gardiens. Le chevalier Dutheil retourna près de *Monsieur* (aujourd'hui Louis XVIII), qui le chargea d'accompagner M. le comte d'Artois dans l'expédition dont le but était d'opérer une descente en Bretagne. Ce projet ayant manqué par l'effet de plusieurs circonstances, M. Dutheil se retira en Angleterre, où il servit toujours avec un zèle infatigable la cause des Bourbon. Il fut souvent question de lui et de l'évêque d'Arras, dans les journaux de Paris, et quelques personnes ont prétendu qu'il n'était pas étranger à la catastrophe du 3 nivôse. M. Dutheil est rentré en France, en 1814, avec la famille dont il a constamment soutenu les intérêts.

DUTILLET (Guillaume-Louis), qui honora l'épiscopat comme sa famille avait honoré la magistrature, naquit au château de Montramay vers 1729, et mourut en décembre 1794, au château de Blunay-lez-Metz sur Seine. Ses parens, qui le destinaient au ministère des autels, lui donnèrent une éducation soignée dont il profita. Nommé évêque d'Orange en 1774, après avoir été préalablement prevôt du chapitre de Provins, il remplit les fonctions sacerdotales avec un zèle tout-à-fait apostolique; consacra aux pauvres, dont il fut le père, une partie des revenus de son évêché, et se fit admirer surtout par sa tolérance religieuse, en n'excluant pas de ses bienfaits les protestans et les juifs même qui se trouvaient dans son diocèse. Député aux états-généraux, en 1789, il fut du petit nombre des membres du clergé qui manifestèrent l'intention de venir au secours de l'état en faisant les plus grands sacrifices, et eut la douleur de voir l'égoïsme et la cupidité repousser des mesures sages qui seules pouvaient garantir la France de bien des maux. Cependant ce prélat vertueux que la bienfaisance, la justice et la paix semblaient inspirer, rentré dans son diocèse, refusa de prêter le serment exigé par la nouvelle constitution civique du clergé, et pour cette raison quitta Orange, dont il fut le dernier évêque. Depuis on n'entendit plus parler de lui que par les aumônes que, du fond de la retraite qu'il avait choisie, il ne cessa de faire passer aux pauvres de son diocèse. En 1809, M. le baron de Stassart, sous-préfet d'Orange, rendit un éclatant hommage aux vertus de ce digne évêque, en lui faisant élever, dans l'église où elles brillèrent, un cénotaphe à ses frais.

DUTRONE de La COUTURE (Jacques-François), naquit à Lisieux vers l'an 1749, et mourut à Paris, où il exerçait la profession de médecin, le 13 juillet 1814. Il embrassa avec chaleur le parti des sections lorsqu'elles prirent les armes contre la convention, le 13 vendémiaire an 4 (10 octobre 1795). Convaincu d'avoir fait répandre dans les campagnes du département de la Seine, une circulaire dont le but était d'exciter leurs habitans à se joindre aux conjurés qui préparaient dans Paris la dissolution de la représentation nationale, il fut condamné à mort par contumace. L'orage une fois apaisé, Dutrône reparut et le jugement n'eut pas de suite. Il a publié les ouvrages suivans: 1° *Précis sur la canne et sur les moyens d'en extraire le sel essentiel, suivi de plusieurs mémoires sur le sucre, sur le vin de canne, sur l'indigo et sur l'état actuel de Saint-Domingue*, 1790, 2 vol. in-8°; 2° *Vues générales sur l'importance des Colonies, sur le caractère du peuple qui les cultive, et sur les moyens de faire la constitution qui leur convient*, 1790, in-8°; 3° *Lettre à M. Grégoire*, 1814, in-8. Le premier de ces ouvrages offre beaucoup plus d'intérêt que le second. Quant au 3me, c'est une rapsodie presque inintelligible.

DUTROU-BORNIER (N.), député aux états-généraux de 1789, par le tiers-état du Poitou, était, à cette époque, conseiller au présidial de Mont-Morillon. Il resta presque inaperçu pendant la session de l'assemblée constituante; devint, en sortant de cette assemblée, membre du tribunal de cassation; et fut nommé, par le corps électoral de la Vienne, membre de la convention nationale, au mois de septembre 1792. Il fut l'un de ceux qui montrèrent de l'opposition à ce que Louis XVI fût jugé par la convention; vota la détention jusqu'à la paix, l'appel au peuple et le sursis. En 1797, M. Dutrou-Bornier passa de la convention au conseil des cinq-cents, d'où il sortit par suite des événemens du 18 brumaire an 8, pour faire partie du nouveau corps législatif, organisé par le premier consul. Ses fonctions ayant cessé en 1803, il n'a point reparu depuis sur la scène politique.

DUTTON (Thomas), l'un des rédacteurs de l'*Argus*, journal anglais, imprimé à Paris sous l'influence du gouvernement impérial, est né à Londres en 1767. Élevé au séminaire, il rejeta la profession à laquelle sa famille l'avait destiné, et se livra à son goût pour la littérature. Après avoir habité la France quelques années, il retourna dans sa patrie. Parmi les ouvrages que M. Dutton a publiés, on cite : 1° *Défense de l'âge de raison de Paine*, 1795, in-8°; 2° *Ariel, ou Peinture du cœur humain*, in-12, 1797; 3° *Vie et Opinions de Sébaldus Nothanker*, traduit de l'allemand de Nicolaï, 1796 et 1798; 4° *la Cour littéraire*, poëme satirique, 1798, in-8°; 5° *Pizarre au Pérou*, traduit de l'allemand de Kotzbue, 1799, in-8°; *l'Homme sage de l'Orient*, poëme satirique, in-8°; 5° *Esquisse du caractère de Georges III*, 1802, 3 vol. in-8. La plupart de ces ouvrages offrent de l'intérêt.

DUVAL DE HAUTMARET (Blaise), naquit à Abbeville, département de la Somme. Destiné par sa famille à parcourir la carrière militaire, il entra dans les gardes-du-corps du roi, et en sortit cornette de dragons. Il fut nommé successivement, sur le champ de bataille, lieutenant et capitaine de dragons, lieutenant-colonel au 5e régiment de chasseurs, et chevalier de Saint-Louis. Il était lieutenant du roi à la citadelle de Montreuil-sur-Mer, à l'époque de la révolution : il s'en montra le partisan, sans l'être des excès par lesquels on s'efforça de la flétrir.

En 1791, il venait d'être réformé avec le grade de maréchal-de-camp, lorsque, à la demande de ses concitoyens, il prit le commandement du 1er bataillon des volontaires du département de la Somme. Il fut bientôt nommé colonel du 6e régiment de dragons; en 1792, maréchal-de-camp; et en 1793, lieutenant-général. Le général Duval de Hautmaret a fait les guerres de 1761 et de 1762 en Allemagne; les guerres de la Corse et de la révolution, en Champagne et en Belgique. Il se distingua dans beaucoup d'occasions, et plus particulièrement lors de la réunion de l'armée aux ordres de Dumouriez, dans la forêt d'Argone, en Champagne, et lors de la retraite du camp de Grandpré-sur-Valmy. Choisi par Dumouriez pour le remplacer à une conférence que le prince de Hohenlohe avait demandée au général français, il sut inspirer au prince une sécurité qui facilita la levée du camp; il commanda l'arrière-garde, et repoussa, à la tête de sa division qu'il conserva intacte, les Prussiens, devant qui l'armée était en retraite. La bonne contenance du général Duval de Hautmaret donna le temps aux autres divisions de se rallier, et on lui dut en grande partie la conservation de l'armée française. Il commanda en chef l'armée de Pont-sur-Sambre, et pendant six semaines, celle du Nord. Appelé par le conseil exécutif au commandement en chef de l'armée du Nord et des Ardennes, il crut devoir refuser; mais il n'en servit pas avec moins de zèle jusqu'à la fin de la campagne, sous Miranda, à qui le commandement fut donné. Sa santé s'étant beaucoup affaiblie par suite des fatigues de la guerre, il cessa un service trop actif, et commanda à Bruxelles, dans le Brabant et le Hainault, puis à Arras, et enfin, la 16e division militaire. Suspendu par le ministre de la guerre Bouchotte, il fut mis en arrestation. Ses nombreux services et son patriotisme n'auraient pu le soustraire à la proscription d'alors, si la révolution du 9 thermidor an 2 (27 juillet 1794) n'eût renversé le tyran et fait rendre la liberté à ses victimes. Le séjour des prisons avait achevé de détériorer la santé du général Duval; il se retira à Montreuil, où il conserva le commandement de la 8e demi-brigade de vétérans nationaux en activité, jusqu'à sa mort arrivée en 1803. Duval de Hautmaret avait refusé le portefeuille de la guerre, à l'époque où ce ministère fut donné au général Beauharnais. Il était sans ambition, et ne se croyait appelé à servir sa patrie que sur le champ de bataille. Le général Duval de Hautmaret a laissé une nombreuse famille et peu de fortune. Ses deux fils suivent comme lui la carrière des armes. L'un d'eux est garde-du-corps du roi, 1re compagnie.

DUVAL (Pierre-Jean), naquit au Havre, département de la Seine-Inférieure, en 1731. L'un des négocians les plus estimés de cette ville, il se fit connaître, en 1760, par la publication d'un *Mémoire sur le commerce et la navigation du Nord*. Cet ouvrage remporta le prix que l'académie d'Amiens avait proposé, en 1758, sur cette question: « Quels sont

» les moyens de naviguer dans les
» mers du Nord avec le même a-
» vantage que les peuples voisins,
» et par-là d'augmenter le commer-
» ce? » Le talent et les connaissances que Duval développa en
traitant ce sujet, font regretter
qu'il ne se soit pas occupé de
quelque autre matière d'économie politique. Il a établi dans la
ville de Harfleur, près du Havre,
une raffinerie de sucre qui, avec
des brasseries et des fabriques de
dentelles, ont rendu à cette petite ville l'activité, le commerce et
la vie. Duval dut à la confiance
de ses concitoyens, différentes
fonctions municipales dont il
s'acquitta avec autant de zèle que
d'intégrité. En 1790, il fut nommé maire de sa commune; mais
il se démit de ces fonctions à la
fin de cette même année. Il mourut le 22 janvier 1800. Son gendre, M. de Gasquet, riche propriétaire de Lorgues, département du Var, était digne de s'associer à sa philanthropie. Il a découvert la manière de multiplier
les oliviers par le moyen du se-
mis, opération que les agrono-
mes regardaient comme impossible, ayant toujours été tentée sans
succès, et que la société d'agriculture du département de la Seine a récompensée par le don d'u-
ne médaille en argent.

DUVAL (François-Raymond),
lieutenant-général, né le 29 juillet 1756, avait mérité et obtenu le
grade d'officier-général dans la
guerre d'Amérique. Il vivait retiré, lorsque la révolution vint re-
tremper l'énergie de tous les Français dévoués à leur patrie et à la
liberté. M. Duval, qui avait si noblement servi la cause de l'indépendance américaine, se montra
tout dévoué à celle de son pays.
Il organisa la société populaire
de Montreuil-sur-mer, où il vivait, et s'enrôla peu de temps a-
près dans un bataillon de volontaires. Nommé lieutenant-colonel
et employé dans la Belgique, il
fut fait maréchal-de-camp par
Dumouriez. Il avait obtenu le grade de général de division, et commandait la place de Lille lors de
la défection de ce général. Fidèle
à l'honneur et à son pays, M. Duval repoussa les suggestions de
Dumouriez, et donna ordre de
saisir Miaczinski son agent, qui
venait pour s'emparer de la ville.
Quoique la commune de Lille eût
attesté la bonne conduite, la fermeté et le patriotisme du général
Duval, il fut obligé de quitter le
service par suite du décret qui ex-
cluait les nobles des armées de la
république. Affligé de son inactivité, et faisant encore ce sacrifice à sa patrie, il retourna habiter la ville de Montreuil. Par
ordonnance du 20 août 1814,
le roi le nomma chevalier de
Saint-Louis, distinction honorifique qu'il avait obtenue par suite
de ses services dans la guerre d'Amérique, et auparavant,
dans la guerre dite de *sept ans*.
Une autre ordonnance, du 12 octobre suivant, lui conféra la croix
d'officier de la légion-d'honneur.
Pendant les *cent jours*, en 1815,
Napoléon nomma le général Duval commandant des gardes nationales actives dans la 4.me division militaire.

DUVAL (Jean-Pierre, chevalier), exerçait à Rouen la profes-

sion d'avocat, lorsqu'en septembre 1792, le département de la Seine-Inférieure le nomma député à la convention nationale. Dès cette époque, et durant le procès du roi, M. Duval manifesta les principes de liberté et de modération qui, dans toutes les circonstances de sa carrière politique, ont été la base de sa conduite. Voici comme, à l'occasion de son vote, et dans l'intention d'en faire un titre d'accusation contre lui, les auteurs d'une *Biographie* toute malveillante rapportent ses paroles : « Je ne crains pas la guerre » civile ; c'est une calomnie con- » tre le peuple, un vrai fantôme » avec lequel on voudrait le con- » duire vers le despotisme. Je ne » veux pas ravir sa souveraineté ; » je vote l'appel au peuple. — Quel- » le peine ? — La réclusion et le ban- » nissement. — Sursis ? — Oui. » Ce vote, dont quelques rapsodes délateurs semblent le blâmer aujourd'hui, fut, en 1793, un titre de proscription. N'ayant point approuvé les événemens du 31 mai de cette année, il fut décrété d'accusation ; mais il eut le bonheur de se soustraire aux recherches de ses persécuteurs, et rentra à la convention après la révolution du 9 thermidor an 2 (27 juillet 1794). Membre du conseil des cinq-cents, par suite de la réélection des deux tiers conventionnels, il cessa d'en faire partie au mois de mai 1797. Nommé ministre de la police générale, le 29 octobre 1798, il évita de rendre son administration vexatoire et oppressive, servit avec zèle les intérêts du directoire-exécutif, et montra beaucoup d'attachement à la personne de Merlin, à qui il devait sa nomination. Candidat pour remplacer Rewbel au directoire, il fut obligé de céder au choix, qui portait Sieyes son concurrent. La chute du gouvernement directorial, en 1799, entraîna la sienne ; mais après l'établissement du consulat, dans la même année, il redevint membre du corps-législatif, qui le porta à la présidence en janvier 1800 ; il cessa de faire partie de cette assemblée en 1803. L'année suivante, toujours prompt à se rendre utile, il accepta les fonctions de commissaire-général de police à Nantes. En 1805, il fut nommé préfet du département des Basses-Alpes, où il résida constamment jusqu'après les événemens politiques de 1814, ayant été maintenu par le roi. Pendant les *cent jours,* en 1815, Napoléon l'appela à la préfecture du département de la Charente. Il fut remplacé après le second retour du roi. M. Duval vit aujourd'hui éloigné des affaires publiques. Comme il porta, dans l'exercice de ses fonctions, la droiture de son caractère, l'amour de l'ordre, l'esprit d'un bon administrateur, le zèle et le dévouement d'un Français attaché à sa patrie, il jouit dans sa retraite de l'estime de ses concitoyens et de la considération due à ses qualités personnelles.

DUVAL (François - Marie - Charles), avocat à la Guerche au commencement de la révolution, dont il se montra l'un des plus zélés partisans, fut nommé juge au tribunal civil de sa résidence, et, par le département d'Ille-et-Vilaine, membre de l'assemblée législative en septembre 1791, et membre de la convention nationale en septembre 1792. M. Duval fut du nombre des députés qui, dans le procès du roi, votèrent la mort sans appel et sans sursis. Dévoué au parti de la *montagne*, il fut chargé, par la société des *jacobins*, dont il était membre, et dont il devint président en février 1794, de rédiger le *Journal de la Montagne* avec Laveaux, qui faisait partie de la même société. Quoique exalté dans ses principes, M. Duval n'était point un homme sanguinaire; aucune proposition odieuse, aucune mesure de proscription, ne se rattachent à son souvenir; et on lui doit plus particulièrement la justice de reconnaître qu'à l'époque du 9 thermidor an 2 (27 juillet 1794), il fut un de ceux qui attaquèrent, avec le plus de courage et de force, le tyran qui périt dans cette journée : il fut proposé pour le remplacer au comité de salut public. M. Duval était propriétaire et rédacteur du journal qui parut sous son nom, et avec le titre de *Journal des Hommes libres*. Mais lorsque cette feuille, véritablement démagogique, fut surnommée le *Journal des Hommes-tigres*, M. Duval avait cessé de coopérer à sa rédaction. Après sa sortie des fonctions législatives, il fut désigné, en 1795, pour le consulat de Turquie; mais il n'accepta point cet emploi. Chargé de l'échange des prisonniers de guerre, jusqu'à la fin de 1799, il entra ensuite, en qualité de chef de bureau, dans l'administration des droits-réunis, dont M. Français de Nantes était directeur-général. Par suite de la loi d'*amnistie*, du 12 janvier 1816, rendue contre les conventionnels dits *votans*, non-seulement il cessa de faire partie de cette administration, mais il fut encore obligé de sortir de France. Au mois d'avril de la même année, il était retiré à Liége, où nous ne savons pas s'il réside encore.

DUVAL (AMAURY), né à Rennes, le 28 janvier 1760, l'un de nos plus savans archéologues, et l'un des hommes qui joignent aux connaissances les plus étendues la plus véritable modestie. Il fit ses études au collège de Rennes. Destiné à suivre la carrière du barreau, il fut reçu avocat au parlement de Bretagne : avant l'âge de 20 ans, il avait déjà plaidé plusieurs causes. Dans la première, il défendait un malheureux jeune homme qui, dans un accès de jalousie, avait tiré un coup de pistolet sur son rival : cette affaire eut beaucoup d'éclat à l'audience; et le mémoire imprimé qu'il publia en faveur de son client, eut dix éditions en moins d'un mois. Bien que porté par son goût vers les études sérieuses et philosophiques, Amaury Duval cultivait la poésie. Les *Almanachs des Muses*, de 1780 à 1784, contiennent de lui plusieurs *pièces fugitives*, remarquables par l'élégance et la grâce, une entre autres, de quelque étendue, intitulée : *Les Amours des Bonnes-Gens*, obtint beaucoup de succès, et a été depuis réimprimée dans divers recueils. En 1785, il quitta sa profession d'avocat pour suivre la carrière diplomatique. Il vint à Paris, où un ami de son père lui fit obtenir la place de secrétaire de l'ambassadeur de France à Naples. Il partit cette même année pour l'Italie, et visita partout les monumens antiques, dont il fit une étude particulière. A Naples, où il resta plusieurs années, il rassembla de nombreux matériaux pour un grand ouvrage d'archéologie qu'il avait entrepris depuis long-temps. En 1788, l'ambassadeur ayant été rappelé, il revint avec lui à Paris, où il fut témoin des premiers mouvemens populaires : il retourna ensuite à Naples. L'ambassadeur auquel il était attaché donna sa démission en 1791; mais Amaury Duval crut devoir séjourner encore quelque temps en Italie pour y continuer ses études et ses travaux. Il était à Rome en 1792 : Basseville, envoyé de la république française, le fit reconnaître, par le ministre des relations extérieures, comme secrétaire attaché à la légation de la république à Rome. Mais, peu de mois après le 13 janvier 1793, Basseville fut tué dans sa propre maison par la populace romaine, que depuis long-temps on excitait contre les Français. Amaury Duval, qui était alors près de cet envoyé, fut arraché de l'hôtel, traîné dans les rues de Rome, et ne dut la vie qu'à l'humanité d'un soldat qui parvint à le garantir des coups que lui portaient les assassins. D'autres soldats étant survenus, il fut conduit dans une prison, d'où le gouvernement romain le fit sortir quelques jours après, et escorter jusqu'à Naples où il avait témoigné le désir de retourner. Revenu à Paris, il fut presque aussitôt envoyé à Malte, en qualité de secrétaire de légation; mais il ne put remplir sa mission près du grand-maître, qui refusa de recevoir les agens de la république française. Toutes les cours de l'Europe étant dès lors fermées aux agens de la république, Amaury Duval abandonna la carrière diplomatique pour se livrer entièrement à des travaux littéraires. Ses profondes connaissances de l'antiquité, un jugement lumineux qu'il portait dans les discussions les plus érudites, ne tardèrent pas à rendre son nom célebre, et à le classer parmi les savans et les écrivains les plus distingués. Il entreprit avec Champfort, Ginguené, M. Say, etc., l'ouvrage périodique connu sous le nom de *Décade philosophique*. Il n'a point cessé d'être ou collaborateur ou rédacteur en chef de cet ouvrage jusqu'en 1808, époque à laquelle la *Décade*, qui avait alors pris le nom de *Revue*, fut réunie au *Mercure de France*. Il continua de rédiger ce dernier journal jusqu'en 1814. L'institut, peu après sa fondation, avait proposé des questions relatives à l'économie politique, à la morale et à la science des antiquités; il remporta le prix pendant trois années consécutives. Dans le même temps, deux autres académies, à Rouen et à Lyon, lui décernaient des prix sur les *mémoires* qu'il avait envoyés au concours. Sous le gouvernement directorial, quelques mois après sa création, Amaury Duval avait été nommé chef du bureau des sciences et beaux-arts au ministère de l'intérieur. Il a occupé cette place jusqu'en 1815, époque où, partageant le sort de pres-

que tous les anciens fonctionnaires publics et employés, il fut réformé pour faire place aux hommes nouveaux d'autrefois, qui s'emparèrent de toutes les administrations. En 1811, Amaury Duval avait été nommé membre de l'institut, dans la classe d'histoire et de littérature anciennes, si improprement désignée de nouveau sous le titre d'académie des inscriptions et belles-lettres. Les principaux ouvrages qu'il a publiés sont : 1° la traduction du *Voyage de Spallanzani dans les Deux-Siciles*, de société avec M. Toscan, bibliothécaire du muséum d'histoire naturelle, 6 vol. in-8°, Paris, an 8. 2° *Des Sépultures chez les anciens et les modernes*, ouvrage couronné par l'institut, Paris, an 9, 1 vol. in-8°. 3° *Paris et ses monumens*, 25 livraisons formant 3 vol. in-folio. 4° *Les Fontaines de Paris, anciennes et nouvelles*, 1 vol. in-folio, Paris, 1813. 5° Il entreprit, en 1813, *le Mercure étranger, ou Annales de la littérature*, et il en a publié 4 volumes. 6° La collection des *Moralistes français*, avec un commentaire et des notices sur leur vie, Paris, 1820 : 6 vol. ont paru jusqu'à ce jour, et contiennent Montaigne et Charron; la collection entière aura 15 vol. 7° De société avec son frère Alexandre Duval, des *dissertations et notes* sur le Théâtre des Latins, l'examen des pièces, etc. : onze vol. ont déjà paru; l'ouvrage entier sera de 15 volumes. 8° Des *notes et additions* aux *Mémoires sur Naples*, par M. le comte Orloff, 5 vol. in-8°, Paris, 1820. 9° Un opuscule sur la *Cession de Parga aux Turcs*. 10°
Il travaille, comme membre d'une commission nommée par l'institut, à la continuation de l'*Histoire littéraire de la France*, commencée par des bénédictins ; le 16ᵐᵉ vol. in-4° est sous presse. 11° Il a fait imprimer, mais n'a point encore publié, des *lettres*, écrites de Rome, sur l'étude de la science des antiquités, 1 vol. in-8°, etc., etc.

DUVAL (ALEXANDRE), né à Rennes le 6 avril 1767, fit ses premières études au collége de cette ville; des dégoûts qu'il y éprouva l'engagèrent à suivre la carrière de la marine. Il fit, en qualité de volontaire d'honneur, les campagnes de M. de Grasse, et ne quitta le service qu'à la paix, pour entrer dans le corps du génie des ponts-et-chaussées; mais bientôt ennuyé d'une carrière qui le forçait à vivre en province, et brûlant du désir de connaître Paris, il sollicita et obtint, à l'insu de sa famille, la place de secrétaire de la députation des états. Les troubles qui survinrent en Bretagne, en 1788, rappelèrent les députés, et cet événement changea encore une fois la destinée d'Alexandre Duval ; il donna sa démission, et reprit à Paris l'équerre et le compas : après avoir travaillé au canal de Dieppe comme ingénieur-géographe, il suivit les cours de l'académie d'architecture. Ses travaux constans lui méritèrent la protection d'un architecte distingué qui lui fit obtenir une place dans les bâtimens des domaines du roi; il est probable qu'il eût suivi et parcouru avec succès cette dernière carrière, si la révolution n'avait détruit tout à la fois ses espérances et l'aisance de sa famille. Décidé à ne pas lui être à charge, et porté par une impulsion secrète et invincible vers le théâtre, il entra, en 1791, à la Comédie-Française. Un an après, lorsque la patrie menacée par une coalition européenne fit un appel à tous ses enfans, entraîné par un autre enthousiasme, il partit comme volontaire, et fit, en cette qualité, la première campagne des guerres de la révolution. Rentré au théâtre, à son retour à Paris, il partagea, en 1793, le sort des comédiens français, et fut incarcéré aux Madelonnettes. En sortant de prison, il entra au théâtre de la République, où il se livra sans réserve aux études de la scène comme auteur et comédien. Sa mauvaise santé, et des persécutions que lui suscita un de ses ouvrages, le déterminèrent à quitter le théâtre pour s'occuper exclusivement de travaux littéraires. Il n'a pas toujours joui cependant de la tranquillité dont il avait cru s'assurer par sa retraite. Nommé par le gouvernement à la direction du théâtre de l'Odéon, il a exercé pendant plusieurs années ces fonctions pénibles, surtout pour un homme de lettres qui n'aime pas à dépenser son temps en vaines tracasseries. Le nombre de ses pièces se monte à plus de cinquante. Une connaissance parfaite de la scène, l'art de nouer fortement une intrigue; de la facilité dans le style, du trait comique dans le dialogue, de la raison, de la philosophie dans les idées, ont placé M. Alexandre Duval au premier rang de nos écrivains dramatiques vivans. Avec moins d'abondance il aurait eu plus de correction. Il a réussi également dans la comédie et dans l'opéra-comique. Pendant vingt ans ses travaux ont enrichi les deux théâtres. Plusieurs de ses ouvrages, et entre autres, *Édouard en Écosse, les Héritiers, le Prisonnier, Maison à vendre, le Tyran domestique, Henri V*, et *la Fille d'honneur*, ont obtenu un succès de vogue que le temps n'a pas interrompu. Ses ouvrages joués sont : en 1791, *le Maire*, drame en 3 actes et en prose; en 1792, *le Dîner des peuples*, imité d'Aristophane, vaudeville en 1 acte; en 1793, en société avec M. Picard, *la Vraie bravoure*, Comédie en 1 acte, en prose; en 1794, en société avec M. Picard, *Andros et Almona*, opéra-comique, 3 actes; *les Suspects*, opéra-comique en un acte; (avec M. Picard) en 1796, *le Chanoine de Milan*, comédie en 1 acte et en prose, qui, arrangée en opéra-comique, sous le titre du *Maître de Chapelle*, par Mme Gai, et mis en musique par M. Paer, a été représenté sur le théâtre Feydeau en 1821; *le Défenseur officieux*, comédie en 3 actes en vers; *les Héritiers*, comédie en 1 acte, en prose; en 1797, *la Jeunesse de Richelieu*, drame en 5 actes, en prose; *Bella*, opéra-comique en 3 actes; *la Manie d'être quelque chose*, comédie en 3 actes; *le Vieux château*, opéra-comique en 1 acte; *Montoni*, drame en 5 actes, en prose; en 1798, *le Prisonnier*, opéra-comique en 1 acte, musique de Dellamaria; *les Projets de mariage*, comédie en 1 acte, en prose; en

1799, *les Tuteurs vengés*, comédie en 3 actes, en vers; en 1800, *l'Oncle valet*, opéra-comique en 1 acte; *le Trente et Quarante*, opéra-comique en 1 acte; *Maison à vendre*, opéra-comique en 1 acte, musique de Dalayrac; *Beniowski*, opéra-comique en 3 actes, musique de M. Boïeldieu; en 1802, une *Aventure de Saint-Foix*, opéra-comique en 1 acte; *Édouard en Écosse*, drame en 3 actes et en prose; en 1804, *Shakespeare amoureux*, comédie en 1 acte et en prose; *Guillaume-le-Conquérant*, drame en 5 actes, en prose; *Les Hussites*, drame en 3 actes, en vers; en 1805, *Maison donnée*, comédie en 1 acte, en prose; *Le Menuisier de Livonie*, comédie en 3 actes, en prose; *La Méprise volontaire*, opéra-comique en 1 acte; en 1806, *La Jeunesse d'Henri V*, comédie en 3 actes, en prose; en 1807, *Joseph*, drame lyrique en 3 actes, musique de Méhul; *Les Artistes par occasion*, opéra-comique en 1 acte, musique de Catel; en 1808, *La Tapisserie*, comédie en 1 acte; *Le vieil Amateur*, comédie en 1 acte, en vers; en 1809, *Le Chevalier d'industrie*, comédie en 5 actes, en vers; *Le faux Stanislas*, comédie en 3 actes, en prose; en 1810, *Le Retour d'un Croisé*, grand mélodrame en 1 acte, en prose, qui a servi de modèle à ce genre de parodie, et entre autres à *La Femme malheureuse, innocente et persécutée*, mélodrame en 3 actes, joué, comme *le Retour du Croisé*, sur le théâtre de l'Odéon; *La Femme misanthrope*, comédie en 3 actes, en vers; en 1813, *Le Prince troubadour*, opéra-comique en 1 acte, musique de Méhul; en 1817, *La Manie des Grandeurs*, comédie en 5 actes, en vers; en 1818, *La Fille d'honneur*, comédie en 5 actes, en vers; en 1819, *L'Officier enlevé*, opéra-comique en 1 acte, musique de M. Catel; en 1821, *Le jeune Homme en loterie*, comédie en 1 acte, en prose; *Le faux Bonhomme*, comédie en 5 actes et en vers. A ces pièces, il faut joindre le drame intitulé: *La Jeunesse de Richelieu*, drame fondé sur une anecdote plus tragique que galante, consignée dans les mémoires du personnage dont elle porte le nom. Monvel, qui passe pour un des auteurs de cette pièce, n'a guère d'autres droits à cette propriété que celui qu'il s'est arrogé en y mettant son nom, en conséquence de quelques changemens qu'il avait faits d'autorité au dialogue. C'est ainsi que certaines gens se disent propriétaires d'un mouchoir dont ils ont changé la marque. Monvel exerçait sur le théâtre une influence qui eût tourné contre M. Duval, s'il se fût refusé à cette association: *Sic vos non vobis*. Les pièces inédites de M. Alexandre Duval sont: *Christine*, tragédie en 5 actes, en vers; *Le Capitaine sauvé*, grand opéra en 3 actes; *Marie*, drame en 1 acte; *La Courtisane*, drame en 5 actes; *Struensé*, drame en 5 actes; *L'Enfant prodigue*, comédie en 5 actes; *L'Inconnue*, opéra-comique; *L'Orateur anglais*, comédie en 5 actes, en vers; *Les Courtisans, ou la Princesse des Ursins*, comédie en 5 actes, en prose; *Le Complot de famille*, comédie en 5 actes, en vers. Nous l'avons déjà dit: une moins grande facilité eût donné, au style de

M. Duval, la correction et la précision qui lui manquent quelquefois. Par une singularité remarquable, et qui est un des traits caractéristiques de son talent, les détails de ses pièces sont essentiellement comiques, tandis que le plan et la charpente de ses grands ouvrages ont presque toujours l'intérêt pour base. Comme Térence, comme Goldoni, il a souvent employé les ressorts du drame, et s'est plu à semer les traits comiques sur un tissu qui semblait destiné à la comédie sérieuse, telle que Diderot et Lachaussée l'ont conçue. Les travaux et les succès de M. Alexandre Duval ont été couronnés par le choix que la seconde classe de l'institut a fait de lui, au mois d'octobre 1812, pour remplacer Legouvé ; il est aujourd'hui l'un des quarante de l'académie française, dans les séances de laquelle il a lu plusieurs ouvrages que tel et tel de ses confrères a proscrit comme censeur, après l'avoir applaudi comme académicien (*Voyez* l'art. LACRETELLE jeune). M. Alexandre Duval coopère, avec son frère Amaury, à l'édition complète du *Théâtre latin*. Les notes dont il enrichit cet ouvrage ne sont pas moins utiles sous le rapport des connaissances dramatiques, que celles de M. Amaury sous le rapport de l'érudition.

DUVAL (George), employé au ministère de l'intérieur, l'un de nos plus féconds vaudevillistes, est cependant moins connu par sa coopération à une centaine de pièces de ce genre, que par sa comédie en prose, *Une Journée à Versailles, ou le Discret malgré lui*, représentée en 1814, avec beaucoup de succès, au théâtre de l'Odéon, en 3 actes; et, en 1822, en 1 acte, avec un succès égal, au théâtre du Gymnase, boulevart Bonne-Nouvelle. La donnée de cette pièce est heureuse, le sujet gai, la marche ingénieuse, et le dialogue piquant. Nous allons indiquer les principales pièces de M. George Duval: *L'Anguille de Melun*; avec Borel et Dorvigny, *L'Auberge de Calais*; avec Dorvigny, *L'Auberge de Strasbourg*, *L'Auteur soi-disant*; avec Dossion, *La Mouche du Coche*; avec Servière et Bonnel, *La Pièce qui n'en est pas une*; avec Coster, *M. Mouton*; avec Armand Gouffé, *Le Val-de-Vire, ou le Berceau du Vaudeville*; *Clément Marot*; *Clémence Isaure*; *Cri-Cri, ou le petit Mitron de la rue de l'Oursine*; *Dancourt, ou la Poste aux Quiproquo*; *Garrik double*; *le Greffier de Vaugirard*; avec G. Larochefoucauld, *Midi, ou la Revue de l'an 8*; avec Désaugiers et Tournay, *M. Vautour, ou le Propriétaire sous le scellé*; avec Armand Gouffé, *Le Panorama*; *Philippe le Savoyard, ou l'Origine des ponts-neufs*; *Piron à Beaune*; avec Dumersan, *Le Pont des Arts*; avec Armand Gouffé, *Ramponneau*; avec le même, Viellard et Villiers, *Rancune*, parodie d'*Hécube*; avec Armand Gouffé, *Regnard à Alger*; avec Viellard, *Chapelle et Bachaumont*; avec Armand Gouffé, *Vadé à la Grenouillère*; avec Abaytua, *Ferdinand XV*; avec M. Dumersan, *L'Héloïse de l'Ile Saint-Louis*; *M. Chose, ou la Forêt de Pantin*; *Malherbe*; *Le Retour au Comptoir, ou l'Éducation déplacée*;

avec Armand Gouffé et Tournay, *Seringa, ou la Fleur des Apothicaires,* parodie de *Tippo-Saëb, ou la Prise de Seringapatam;* avec Rochefort, *Le Chemin de Fontainebleau* et *La Chaumière bretonne.*

DUVAL (W. A.), traducteur, a publié : 1° *Le Pauvre George, ou l'Officier de fortune,* traduit de l'allemand de Cramer, suivi du *Voyage d'un jour,* Paris, 2 vol., 1801; 2° *La Vengeance,* autre roman aussi traduit de l'allemand d'Auguste La Fontaine, Paris, 1 vol., 1801. Le nom des auteurs, le goût et le soin dont M. Duval fit preuve dans sa traduction, assurèrent le succès de ces deux ouvrages.

DUVAL (J. R.), dentiste et littérateur, a donné : 1° *Des Accidens de l'extradition des dents,* in-8°, Paris, 1802; 2° *Le Dentiste de la Jeunesse, ou moyens d'avoir des dents belles et bonnes,* précédé des *Conseils des Poètes anciens, sur la conservation des dents,* in-8°, Paris, 1804; 3° *Notice historique sur la vie et les ouvrages de M. Jourdain,* in-8°, Paris, 1816.

DUVAL (HENRI-AUGUSTE), médecin qu'une mort prématurée a enlevé à l'âge de 37 ans, le 16 mars 1814; il était né en 1777. Élève de M. Richard, membre de l'institut, Duval publia le résumé des leçons de son maître, dans un ouvrage qui parut en 1808 (un volume in-12), sous le titre de *Démonstrations botaniques, ou Analyse du fruit, considéré en général.* La thèse qu'il avait soutenue à l'académie de médecine de Paris, et publiée en 44 pages in-4°, renferme des recherches et des observations utiles sur le *Pyrosis* ou *fer chaud.* Parmi les manuscrits qu'il a laissés, on cite avantageusement une traduction française des ouvrages d'*Arétée,* de Cappadoce. Duval, qui était fort instruit, appartenait à plusieurs sociétés savantes et de médecine.

DUVAL LE ROY (NICOLAS-CLAUDE), savant mathématicien, naquit à Bayeux, département du Calvados, vers 1730. Il enseigna les mathématiques comme premier professeur des écoles royales de navigation, et ses leçons ont formé d'excellens officiers de marine. Il fut nommé secrétaire de l'académie de marine de Brest, correspondant de l'académie des sciences, puis de l'institut. Il mourut le 6 décembre 1810. Outre les articles de mathématiques pures de la partie maritime qu'il a publiés dans *l'Encyclopédie méthodique,* et les *Mémoires* qu'il a insérés dans le *Recueil des Mémoires de l'académie de marine,* dont il n'a paru qu'un volume en 1773, il a donné : 1° *Traité d'optique,* traduit de l'anglais de Smith, Brest, in-4°, 1767, figures ; 2° *Supplément au Traité d'optique,* du même auteur, Brest, in-4°, 1784. La traduction de ce traité, auquel Duval le Roy a ajouté des notes, est plus recherchée que celle de Pézénas; le *Supplément* est précieux par les vues neuves qu'il renferme. 3° *Supplément au Traité d'optique* de Newton, traduit par Coste, Brest, in-4°, 1783; 4° *Instructions sur les baromètres marins,* Brest, 1784, in-12; 5° *Élémens de navigation,* Brest, in-12, 1802.

DUVERGIER DE HAURANNE (JEAN-MARIE), né d'une famille commerçante, à Rouen, vers le mois de mars de l'année 1771.

Parvenu à l'âge où les hommes peuvent acquérir par leur mérite quelque prépondérance dans le monde, on le vit remplir tour à tour dans sa ville natale les fonctions honorables de juge au tribunal de commerce, et d'administrateur des hospices civils. En 1815, le corps électoral du département de la Seine-Inférieure le nomma à la chambre des députés, où il fit partie de la minorité, dont une fraction était ministérielle, et siégea avec cette fraction au côté du centre qui se rapproche de la droite, sans pourtant se montrer beaucoup plus favorable aux vœux des ultra-royalistes qu'à ceux des libéraux. Nommé, le 3 novembre 1815, membre de la commission chargée d'examiner le projet de loi d'amnistie, il fut l'un des trois commissaires qui ne partagèrent pas l'avis de leurs collègues, formant la majorité. Il combattit les amendemens proposés par M. de Corbières, et demanda que le projet fût adopté, tel qu'il avait été présenté au nom du roi. Il insista principalement sur le rejet du 2ᵐᵉ paragraphe de l'article, concernant ceux que la loi désigne sous le nom de régicides. « N'est-il pas déplorable, dit-il, que l'on nous expose à délibérer sur de pareils hommes, lorsque nous savons que notre vœu ne peut pas être accompli ! La conscience la plus auguste, la plus élevée, repousse jusqu'à l'apparence de la violation d'une promesse sacrée, et du pardon accordé par le roi martyr. Ce n'est pas au moment où une partie de cette assemblé réclame le respect pour ses scrupules, que nous voudrions faire violence à la conscience du roi. » Après la dissolution de la chambre, en 1816, nommé, dans le mois d'octobre, président du collège électoral de Neufchâtel, département de la Seine-Inférieure, il fut de nouveau élu à la chambre des députés, dont il devint questeur pendant les années 1816, 1817 et 1818. Lors de la présentation du premier projet de loi sur les élections, il prétendit, contre l'opinion de M. Royer-Collard, que de la charte seulement émanait le droit d'élire des députés, et que ce droit ne lui était point antérieur. Il se prononça en faveur des deux degrés d'élection déjà proposés à cette époque. Le 19 avril 1816, il s'opposa, dans un comité secret, à ce que les registres de l'état civil fussent remis entre les mains des curés, comme autrefois, et convint, dans cette occasion, qu'il fallait profiter de ce que la révolution, malgré ses excès, avait produit d'utile et de conforme à la raison. Dans la discussion du projet de loi sur le recrutement, il s'opposa à l'exception demandée en faveur des frères de la *Doctrine chrétienne*; du reste ne s'écartant jamais des instructions ministérielles, il vota toutes les lois d'exception et le changement de la loi électorale du 5 février. Lorsqu'en 1821 le ministre des finances vint proposer à la chambre l'adoption des 3 douzièmes, M. Duvergier de Hauranne démontra la nécessité de sortir enfin de ce provisoire, et dit : « Le projet sur lequel j'appelle l'attention de mes collègues consiste à ce que, soit par une loi spéciale, soit par des dispositions additionnelles à la loi des finances, nous votions les dépenses de 1823, d'après les bases qui seront déterminées pour 1822, et consentions les impositions indirectes pour deux ans, c'est-à-dire jusqu'au 1" avril 1824. Nous autoriserions en outre la répartition ainsi que la formation des rôles des contributions directes, d'après les bases que nous poserons pour 1822; sans que néanmoins le recouvrement puisse être fait avant l'autorisation qui devra être demandée aux chambres à l'ouverture de la prochaine session. » Le 27 janvier 1822, dans la discussion de l'article 4 du projet de loi sur la répression des délits de la presse et sur celle des journaux, M. Duvergier de Hauranne proposa de remplacer l'addition de la commission ainsi conçue : « La » présente disposition ne peut pas » porter atteinte aux droits de discussion et de censure des actes » des ministres; » par la rédaction suivante: « La présente disposition » ne peut pas porter atteinte au » droit de discussion et de censure des actes de l'autorité constitutionnelle des ministres et des » autres agens de l'autorité. » Le 1" février, toujours en discutant la même loi, il s'exprima ainsi : «M. Bonnet a dit qu'un journal supprimé ne pourrait reparaître que par suite d'une fraude. Il n'y aura pas de fraude, parce qu'il ne peut y en avoir toutes les fois que l'on s'est soumis aux conditions imposées par la loi. Le journal supprimé qui présente un éditeur responsable, fournit un cautionnement, et reparaît sous un autre titre, peut donc être de nouveau publié sans fraude. » Le 24 février, dans la discussion du budget, il proposa des économies sur le ministère de la guerre. On voit avec plaisir que dans cette session, en secondant moins les vues du ministère, M. Duvergier de Hauranne s'est montré plus constitutionnel.

DUVERNE DE PRESLE (LE CHEVALIER), né à Giourdy, département de la Nièvre, fut élevé à l'école Militaire, comme appartenant à une famille noble mais pauvre. Le chevalier Duverne de Presle entra de bonne heure dans la marine royale, servit dans la guerre de 1778 contre l'Angleterre, et ensuite dans celle de l'indépendance américaine, sous les ordres du général Rochambeau. Libre par suite de la paix, il fit plusieurs voyages sur la mer Noire et dans le nord de l'Amérique, et revint en France en 1788. Il parcourut ensuite la Suisse, l'Allemagne; et pour éviter de prendre part aux événemens politiques de la France, il se retira en Angleterre, où il forma de nombreuses liaisons avec les émigrés qui y arrivaient en foule. Cependant il désirait rentrer dans sa patrie; il y revint en 1792. Le chagrin de se voir inscrit sur la liste des émigrés, et la nécessité de se cacher sous divers noms pour échapper à la mort, le jetèrent dans le parti contre-révolutionnaire. Il se rendit près de *Monsieur*, aujourd'hui Louis XVIII, et reçut de ce prince une lettre pour les chefs des insurgés de Bretagne. Engagé dans cette carrière périlleuse, il ne put en sortir, et en 1795, muni des instructions nécessaires, il organisa à Paris une conspiration royaliste. Le chevalier Duverne de Presle, après avoir pris successivement les noms de *Bertrand, Mollet, Duval, Bonneval*, s'établit au faubourg Saint-Marceau sous le nom de *Dunan*, marchand épicier en gros. Il s'était lié avec Brottier et Lavilleheurnois, agens des princes (*Voyez* BROTTIER et LAVILLEHEUR-NOIS). Ayant voulu, au commencement de 1797, engager dans la conspiration le colonel de dragons Malo, et l'adjudant-général Ramel, commandant des grenadiers du corps-législatif, le premier, le colonel Malo, feignit de se prêter aux vues du chevalier Duverne de Presle, afin d'en connaître toute l'étendue, et lorsqu'il fut suffisamment instruit, il le fit arrêter à la caserne de l'école Militaire, ainsi que Lavilleheurnois. Le directoire ordonna de traduire les prévenus devant une commission militaire, qui les condamna, comme convaincus d'intrigues royalistes, d'espionnage et d'embauchage, à une détention de dix années. Dans sa défense devant la commission militaire, le chevalier Duverne de Presle avait exposé que « por- » té injustement sur la liste des » émigrés, il était comme rejeté » de sa patrie.... » Le directoire, mécontent du jugement, ordonna, par son arrêté du 19 germinal an 5 (8 avril 1797), la réintégration du chevalier Duverne de Presle dans la prison du Temple, et sa mise en jugement comme conspirateur. L'instruction de cette affaire allait commencer, lorsque la révolution du 18 fructidor an 5, (4 septembre 1797) le fit placer dans la catégorie de ceux qui devaient être déportés. Il allait partir pour sa destination; mais il préféra racheter sa liberté par des révélations importantes. Le chevalier Duverne de Presle retourna quelque temps après en Angleterre. Si par suite du rétablissement de la monarchie, soit sous le gouvernement impérial, soit depuis le retour de la maison de Bourbon, il est rentré en France, il se sera sans doute condamné à la plus parfaite obscurité, car depuis lors on n'a plus entendu parler de lui.

DUVERNOIS (GEORGES-LOUIS), né à Montbelliard, département du Haut-Rhin, naturaliste, est l'un des collaborateurs du *Dictionnaire des sciences naturelles*. Il a recueilli et publié, de concert avec M. Duméril, les *Leçons d'anatomie comparée* de M. Cuvier. M. Duvernois avait donné, en 1801, (in-8°, Paris) plusieurs *dissertations sur l'hystérie*.

DUVERNOY (FRÉDÉRIC), célèbre cor et compositeur de musique, membre de la légion-d'honneur, est né à Montbelliard, département du Haut-Rhin, le 15 octobre 1771. Il se livra sans maître, et cependant avec le plus grand succès, à l'étude du cor et à celle de la composition, ce qui exigeait de la part du jeune artiste autant de dispositions que de patience. Il fut admis en 1788 à l'orchestre de la Comédie-Italienne, et en 1797 à l'orchestre de l'*Opéra*, aujourd'hui académie royale de musique, pour exécuter les *solo*. Les talens que

M. Frédéric Duvernoy développa dans cette partie rendirent sa réputation européenne. Il devint membre de la chapelle et de la musique particulière de l'empereur Napoléon, et était encore en 1815 premier professeur de cor au conservatoire royal de musique et de déclamation. Comme compositeur, M. Frédéric Duvernoy a donné une *méthode de cor*, deux cahiers d'*études* pour cet instrument, et douze concerto. Il a formé d'excellens élèves, et les amateurs recherchent avec empressement tous les morceaux qu'il a publiés pour l'instrument sur lequel il a obtenu une si grande supériorité.

DUVERNOY (CHARLES), frère du précédent, professeur de clarinette à l'école royale de musique et de déclamation, et première clarinette du théâtre royal de l'*Opéra-Comique*. M. Charles Duvernoy n'est pas moins distingué sur la clarinette que son frère sur le cor, et l'on admire sa manière brillante dans l'exécution des *solo*. Comme M. Frédéric Duvernoy, il s'est aussi exercé à la composition, et a publié des *sonates* de clarinette, et des *airs variés* en duo pour cet instrument.

DUVEYRIER (HONORÉ-NICOLAS-MARIE), né à Pignans, département du Var, le 6 décembre 1753, de Gaspard Duveyrier, lieutenant-colonel, chevalier de Saint-Louis, et de Marie-Magdeleine Niviset, son épouse, a fait ses études au collége du Plessis, à Paris, et fut ensuite élève de l'école royale et militaire de Perpignan, où l'on le destinait à l'arme du génie. Le peu de fortune de son père lui ferma l'entrée de l'école de Berthoud, alors le séminaire des aspirans à ce corps honorable. Un de ses oncles, directeur des fermes, le plaça dans la partie active des aides, et le fit ce qu'on appelait populairement *rat-de-cave*. Cet emploi déplut avec raison au jeune Duveyrier, qui se sentait une plus noble vocation, et il revint bientôt à Paris étudier le droit et les affaires du barreau, chez son parrain, M. Teissier, avocat au parlement. Un autre oncle, premier commis des affaires étrangères à Versailles, lui donna vingt louis pour aller à Reims, prendre ses grades de licencié; et M. Duveyrier, admis au serment d'avocat en 1779, fut inscrit sur le tableau des avocats de Paris en 1783. Plusieurs circonstances lui procurèrent, dès cette époque, des succès rapides. Gerbier s'était retiré du barreau depuis 3 ou 4 ans. M. Duveyrier entreprit de lui faire plaider la cause du jeune Casse, fils naturel, et légataire de son père d'une somme de 600,000 fr., contre les héritiers collatéraux. Gerbier gagna la cause, et conçut pour son jeune confrère une amitié qui devint jusqu'à sa mort plus vive et plus tutélaire. Duveyrier plaida sa première cause à la cour des aides, pour deux frères, ses amis intimes, fils et héritiers d'un receveur-général des aides, et qui disputaient contre la régie tout leur héritage. Il gagna sa cause sur les conclusions de M. Dambray, qui portait la parole, pour la première fois, comme avocat-général à la cour des aides. Cette coïncidence de deux débuts, l'un au parquet, l'autre au barreau, valut à M. Duveyrier, de la part du jeune magistrat, l'intérêt affectueux dont se souvient encore aujourd'hui le chancelier de France. La seconde plaidoirie de M. Duveyrier fut consacrée à la défense de l'un de ses confrères de conférence (M. Le Grand de Saint-René, aujourd'hui juge honoraire), décrété d'ajournement personnel dans une cause criminelle pour laquelle il avait écrit un mémoire qui paraissait répréhensible. M. Duveyrier plaida à côté de M. Target, qui, enchanté de son talent, lui adressa des félicitations publiques. Quelque temps après, M. Duveyrier, sur la désignation de Gerbier, fut nommé avocat d'office de la comtesse de Valory, qui ne pouvait pas trouver de défenseur, contre M. Courtin, avocat distingué, et défendu par M. Target, dans une cause animée par de petites passions, plus que par l'intérêt. Cette cause, plaidée à la grand'chambre, où se tenaient les audiences les plus solennelles de la cour de parlement, fut gagnée par M. Target contre M. Duveyrier; mais si M. Duveyrier dut perdre la cause de sa cliente, il gagna du moins la sienne, c'està-dire celle de l'orateur. Cette défense valut à M. Duveyrier une réputation qui ne fut pas au-dessous de son talent; et dès lors aussi, il eut sa bonne part des causes que l'on appelle *célèbres*, et qui sont plus ou moins dignes de l'attention publique. Quoique les plaidoyers et les mémoires soient les titres littéraires de l'avocat, nous craindrions d'allonger trop cet article, en rendant compte en détail des diverses contestations qui ont donné lieu à M. Duveyrier de se distinguer au barreau ; mais nous devons au moins rappeler par leur titre les causes de *Cadet de Gassicourt* contre un nommé *Acher;* de la fille mineure du marquis de *Sales* contre sa mère, en déchéance de ses droits matrimoniaux, pour cause d'adultère, dans l'an de deuil; de la marquise de *Samson,* contre son mari, en séparation de corps; du jeune *Thierry,* contre son père qui voulait le faire déclarer bâtard; du vieux *Chassé,* chanteur de l'Opéra, contre M. de *Baudeville,* conseiller-d'honneur, en stellionnat; d'*Alexandrine,* fille de la célèbre *Sophie Arnould*, contre son mari *André de Murville,* en séparation de corps; de M. l'archevêque de Paris contre la *reine,* sur la mouvance de Saint-Cloud; et de celle de *Laque* et *Vaucher* contre *Bette d'Etienville* et autres, cause d'escroquerie, improprement appelée relativement à ces plaideurs, *affaire du collier.* Les contemporains n'ont pas oublié le procès de *Kornmann* et *Bergasse* contre le sieur *Daudet de Jossan,* la dame *Kornmann, Beaumarchais,* le prince de *Nassau* et M. *Lenoir,* alors lieutenant-général de police, procès qui était fondé sur une plainte en adultère et en empoisonnement. Cette cause trop célèbre a lié en quelque sorte la destinée de M. Duveyrier à la révolution, et nous avons à présent à esquisser l'homme public. On le voit, en 1789, secrétaire et président de son district (Saint-Étienne-du-Mont), électeur, et, après l'infortuné Bailly, secrétaire du corps électoral. En 1790, nommé, ainsi que M. Cahier de Gerville, commissaire du roi à Nanci, il parvint, de concert avec ce magistrat, à apaiser les premiers troubles de cette ville. A la fin de la même année, Duport du Tertre étant appelé à la garde des sceaux, M. Duveyrier le suit, avec le titre de directeur du sceau; mais quelques jours après, il renonce lui-même à ce titre ambitieux, pour s'en tenir à celui de secrétaire du sceau, qui, dans l'organisation du ministère de la justice, par l'assemblée constituante, fut converti en la qualification alors nouvelle et unique, de secrétaire-général du département de la justice. Cependant une fonction véritablement politique va être confiée à M. Duveyrier. L'assemblée nationale législative, par les articles 16, 17 et 18 de son décret du 10 juin 1791, invitait le prince de Bourbon-Condé à rentrer dans le royaume, dans le délai de 15 jours, ou à s'éloigner des frontières, en déclarant qu'il n'entreprendrait jamais rien contre la constitution et la tranquillité de l'état; à défaut par ce prince de rentrer dans le royaume, ou, s'en éloignant, de faire la déclaration sus-énoncée, l'assemblée le déclarait rebelle, déchu de tout droit à la couronne, et responsable des mouvemens hostiles qui pourraient être dirigés contre la France sur la frontière. M. Duveyrier fut nommé envoyé extraordinaire du roi le 19 juin, pour notifier au prince de Condé ce décret important; mais le roi ayant quitté Paris 3 jours après, l'objet de cette mission fut manqué, et les jours de l'envoyé furent en péril. M. Duveyrier voulut rentrer en France par l'électorat de Trèves; mais il trouva à Luxembourg le marquis de Bouillé avec tous les officiers de l'armée qu'il commandait, et qui n'avaient pu empêcher l'arrestation du roi à Varennes. Il fut arrêté lui-même à Luxembourg, et étroitement gardé pendant 25 jours. Cependant l'assemblée nationale ayant décrété que l'acte constitutionnel serait offert à l'acceptation du roi, le gouvernement des Pays-Bas, non-seulement rendit la liberté à M. Duveyrier, mais il prit aussi, pour assurer ses jours jusqu'aux frontières, des précautions curieuses, dont le motif dans le temps ne fut pas un mystère. On trouve au *Moniteur universel,* qui prenait alors le second titre de *Gazette nationale,* le compte que M. Duveyrier rendit à l'assemblée nationale de sa mission. Au mois d'avril 1792, Dumouriez ayant forcé tous les autres ministres à donner leur démission, vint à la chancellerie apporter les sceaux à M. Duveyrier, qui les refusa, et se retira avec Duport du Tertre, qui, peu de jours après, fut dénoncé à l'assemblée nationale comme traître à la constitution. M. Duveyrier rédigea la défense de son ami, et le fit renvoyer de cette accusation. Il s'était dévoué de même à la défense de de Lessart, ex-ministre des affaires étrangères, qui, déjà accusé et prisonnier à Orléans, fut massacré à Versailles. Le 10 août 1792, M. Duveyrier fut, en son absence, nommé par sa section (celle des *Piques*), député à la commune de Paris; mais le soir même, il fut dénoncé et remplacé par son voisin Robespierre. Le 24 du même mois, Robespierre le fit arrêter à son domicile, et traîner à l'Hôtel-de-Ville. où il accumula contre lui 22 chefs d'accusation. M. Duveyrier fit, pendant 3 heures, une assez belle défense; mais une prosopopée de Billaud-Varennes éblouit l'assemblée, et Duveyrier fut, à 2 heures du matin, jeté dans les prisons de l'Abbaye. On a imprimé, dans d'autres biographies, que M. Duveyrier avait été mis en liberté le jour même où commencèrent les massacres des prisons; mais il en était sorti la veille (1er septembre), par une *scapinade* très-hardie de l'acteur Dugazon, qui, à cette horrible époque, sauva beaucoup d'autres personnes. Toujours poursuivi et toujours caché, M. Duveyrier reçut, au mois de février 1793, de M. Garat, alors ministre de l'intérieur par intérim, la commission de surveiller, avec MM. de La Marre et Castéra, les approvisionnemens de la France dans le Nord. Cette opération le retint à Copenhague, à Stockholm, à Hambourg, pendant 3 ans et demi, et il rentra en France au mois d'avril 1796. Il plaida, à cette époque, deux causes, celle de la compagnie Dijon contre la trésorerie nationale, et celle de Mlle Lange contre le Hambourgeois Hoppé. La compagnie Mounier, chargée du service des hôpitaux militaires, l'ayant choisi pour son conseil, et lui ayant conféré ensuite le titre et les fonctions d'administrateur-général, cette nouvelle commission le conduisit en Italie, à l'armée commandée par le général Bonaparte, qu'il trouva à Passeriano, dictant la paix à l'Autriche. Les événemens subséquens le conduisirent d'abord à Rome, où il fut un moment administrateur-général, sans fonctions, des finances d'une armée qui n'avait point de finances, et bientôt à Naples, où il suivit le général Macdonald, sans autre titre que celui de son secrétaire. C'est là que le comte Abrial, commissaire du directoire, le rencontra, et le retint en qualité de secrétaire de la commission directoriale. M. Duveyrier est rentré en France au mois d'août 1799. Spectateur tranquille du 18 brumaire, il fut nommé l'un des cent membres du tribunat, et, à l'abolition de ce corps, en 1807, la place de président du tribunal d'appel de Montpellier lui fut donnée, et il devint, au même siége, premier président de la cour impériale, et pendant toute l'année 1814, premier président de la cour royale. Après les *cent jours*, il a été destitué par un noble du pays, revêtu de pleins pouvoirs, et dont la femme, à la fin de 1792, avait dû à M. Duveyrier sa rentrée en France et la conservation de la fortune dont elle jouit encore. Cette destitution n'ayant eu aucun motif fondé, si ce n'est le besoin de l'ingratitude, le roi, au mois de septembre 1820, a conféré au magistrat irréprochable le titre et les prérogatives de premier président honoraire. M. Duveyrier a prouvé, par le nombre et la nature des fonctions dont il a été chargé, mais surtout par la distinction avec laquelle il les a remplies, qu'il est un homme aussi habile dans les négociations diplomatiques, l'administration et les affaires, que dans les discussions du barreau et de la tribune. Doué d'une facilité brillante, il sut s'élever plusieurs fois jusqu'à l'éloquence; et dans les divers discours qu'il a prononcés au tribunat, particulièrement sur le code civil, il se montre un juriste philosophe et moraliste. En 1788, quand le parlement de Paris fut exilé à Troyes, pour s'être opposé à la cour plénière, malheureuse conception de Brienne, dont l'exécution avait été remise à M. de Lamoignon, à qui l'abbé Maury avait prêté sa plume et ses intrigues, M. Lefèvre-d'Ammécourt, conseiller de grand'chambre, fit faire à Duveyrier un pamphlet intitulé *la Cour plénière*, héroï-tragi-comédie en 3 actes et en prose, qui fut publié sous le nom de l'abbé de *Vermond*. Cette satire, que l'on attribua à Falconnet, à Bergasse, à Beaumarchais, à La Harpe, à Palissot, et à tout le monde, si ce n'est à l'auteur, eut un grand succès de parti, et elle est assez piquante pour être relue avec intérêt, après l'à-propos des événemens. M. Lefèvre d'Ammécourt, célibataire, sans famille, et riche de 150,000 livres de rente, avait, en quelque sorte, adopté M. Duveyrier, puisqu'il lui dit un jour, devant M. le premier avocat-général Séguier : « Il leur » faut encore un Montholon; j'ai » 400,000 livres pour vous faire » avocat-général, et vous le serez. »

On peut croire que sans la révolution, M. d'Ammécourt eût pu réaliser ce vœu et placer M. Duveyrier à côté de M. Dambray. Quelques biographies avancent que M. Duveyrier s'est montré, dans toutes les occasions, l'un des plus souples instrumens du pouvoir de Napoléon. Notre impartialité nous commande d'opposer à ce reproche, que dans la séance d'ouverture du tribunat, et à l'occasion du palais royal qui lui avait été affecté, M. Duveyrier rappela les faits les plus honorables de la révolution, de manière à déplaire au premier consul, dont le pouvoir nouveau s'en inquiéta. Ces mêmes biographies représentent M. Duveyrier comme ayant fait une fortune considérable dans l'administration générale des hôpitaux militaires. Nous savons du moins que cette fortune, qui a été honorable, est fort réduite, et que M. Duveyrier n'a pas obtenu de pension, lors de son déplacement comme magistrat, parce qu'il n'avait que 26 ans de services publics. On annonce qu'il vient de reprendre dans son cabinet, pour l'instruction de son fils cadet, les travaux de la profession qui a fait sa première renommée, et qu'il a regretté plusieurs fois d'avoir quittée. L'aîné des fils de M. Duveyrier était substitut au parquet de la cour que son père présidait, et la magistrature l'avouait comme l'une de ses plus chères et de ses plus brillantes espérances. Mais M. Duveyrier fils ayant voulu, par affection et par honneur, suivre son père dans sa disgrâce et dans sa retraite, on paraît craindre qu'il n'ait dévoué exclusivement son talent au culte d'une muse trop décevante. Cependant, le barreau de Paris le réclame, et il est prêt à lui pardonner ses infidélités.

DUVIGNAU (Pierre-Henri), s'était fait connaître à Bordeaux par quelques ouvrages de littérature. A l'époque de la révolution, il fut nommé greffier du tribunal criminel, et chargé, en 1793, par les Bordelais, de conduire à la barre de la convention une députation de leur ville. On y avait appris, non sans indignation, que la représentation du département de la Gironde était menacée; et Duvignau, portant la parole au nom de ses collègues, déclara avec beaucoup d'énergie, devant l'assemblée conventionnelle, que la garde nationale de Bordeaux était prête à marcher sur Paris pour y assurer le règne des lois et détruire celui des assassins. Cette démarche ne lui fut point pardonnée; enveloppé plus tard dans une de ces conspirations dont on annonçait chaque jour la découverte, il fut traduit à Bordeaux devant une commission militaire qui le condamna à mort, le 8 thermidor an 2 (26 juillet 1794). Il avait fait représenter sur le théâtre de Bordeaux une comédie intitulée *Suzette*, et il avait publié plusieurs brochures sur la révolution.

DUVILLARD (N.), de Genève, membre correspondant de l'académie royale des inscriptions et belles-lettres, ancien membre du corps-législatif, où il entra en décembre 1799, et d'où il sortit en 1803, ex-chef de bureau au ministère du trésor public, est auteur de différens ouvrages. L'un d'eux, en 1808, fixa favorablement l'attention de la classe des sciences mathématiques de l'institut. Il a pour titre : *Analyse et tableaux de l'influence de la petite-vérole sur la mortalité à chaque âge, et de celle qu'un préservatif tel que la vaccine peut avoir sur la population et la longévité*, Paris, 1806, in-8°. M. Duvillard est encore auteur, 1° de *Recherches sur les rentes, les emprunts et les remboursemens*, Paris, 1787, in-4°; 2° du *Plan d'une association de prévoyance*, Paris, 1790, in-4°. M. Duvillard, retiré à Montmorency, consacre aux lettres les loisirs que lui laisse son éloignement du travail administratif.

DUVIQUET (N.). D'après l'engagement que nous avons pris avec le public, ne devant parler que des hommes célèbres, nous ne croirions pas devoir une mention à M. Duviquet, s'il s'était renfermé dans le cercle de la littérature. Avoir été un des rédacteurs du journal intitulé *l'Ami des Lois*, être un des collaborateurs du *Journal des Débats*, ce ne sont pas des titres suffisans pour appeler sur soi l'attention de la postérité. Si l'on n'a pas les connaissances variées de Desfontaines, le goût et la facilité de Fréron, et si les rapports sous lesquels on ressemble à Geoffroy, qui, sans valoir ses devanciers, vaut mieux que ses successeurs, ne sont pas les rapports sous lesquels il était le plus estimable, fût-on l'un des fondateurs de *la Société des bonnes lettres*, on n'a pas droit d'être distingué dans la foule des rédacteurs de feuilleton. Mais M. Duviquet a eu, dans ce bas-monde, plus d'une existence; la politique aussi a été l'objet de son occupation. Il a signé ou contresigné des actes comme agent de l'autorité; comme législateur, il a provoqué, confectionné des lois; nous sommes donc obligés de nous occuper de lui. Né à Clamecy, vers 1767, de parens pauvres, M. Duviquet fut admis comme élève *gratuit* au collége de Lisieux, d'où il passa au collége de Louis-le-Grand; il y était maître de quartier, lorsque la révolution éclata, et il portait l'habit ecclésiastique; revenu dans son pays, il professa quelque temps la littérature; mais il abandonna bientôt la carrière de l'enseignement, pour se lancer dans la carrière administrative. S'étant montré opposé à la révolution du 31 mai 1793, et craignant que cette opposition ne compromît sa sûreté, il prit, par prudence, l'habit des braves, et s'enrôla dans un bataillon de volontaires; mais ne se trouvant pas suffisamment garanti par cet expédient, et ayant jugé plus sûr de se rattacher au parti qu'il avait désapprouvé, il en obtint assez de confiance pour être nommé secrétaire de la commission temporaire de surveillance républicaine, établie à Commune-Affranchie (Lyon), par les représentans du peuple, en l'an 2 de la république française, *une, indivisible et démocratique*, comme le porte la formule que nous avons sous les yeux. On sait par quels moyens cette commission, instituée par Collot-d'Herbois, fit expier à la seconde ville de France, le crime d'avoir pensé que la liberté ne s'accommodait pas plus de la tyrannie d'une faction que du despotisme d'une caste, et ne devait pas moins repousser l'oppression des démagogues que celle des aristocrates. Mais ne nous appesantissons pas sur un sujet de souvenirs aussi pénibles peut-être pour M. Duviquet que pour nous-mêmes. A son retour de cette mission, ce citoyen fut nommé secrétaire-général du ministère de la justice. La réputation qu'il s'était acquise dans ses diverses fonctions devait le porter plus haut. En 1798, les patriotes du département de l'Arriége le nommèrent leur député au conseil des cinq-cents. Le citoyen Duviquet ne s'y montra pas indigne de leur confiance; nul député n'a défendu plus courageusement les principes révolutionnaires, pendant le cours de cette législature. Il s'opposa fortement à ce que la nomination des places vacantes du tribunal de cassation fût attribuée au pouvoir exécutif. Il demanda que l'on contraignît les marchands à ouvrir leurs boutiques les dimanches; rappelant même, à cette occasion que, sous l'ancien régime, on tenait ouvertes, ce jour-là, « celles du Palais-Royal, repaire des vices et de la prostitution: ceux qui l'habitent, ajoutait-il, sont-ils plus religieux que leurs prédécesseurs? » La circonstance où il appela surtout l'attention sur lui, est la discussion qui s'éleva le 12 floréal an 7, au sujet du naufrage de quelques émigrés jetés à Calais par la tempête. Ce législateur pensa et démontra, contre l'opinion de son collègue Larbouste, que, nonobstant toute considération fondée sur les circonstances, etc., ces émigrés devaient être jugés et punis conformément à la rigueur des lois ; opinion un peu acerbe, mais non pas nouvelle. En Tauride aussi, la coutume punissait les hommes du crime des élémens. Exclu du corps-législatif après la révolution du 18 brumaire, M. Duviquet fut nommé commissaire du pouvoir exécutif près du tribunal civil de Clamecy. En 1806, il se démit de cet emploi, et vint remplir les fonctions d'avocat auprès du tribunal de cassation. Il n'est pas de notre compétence de rechercher pour quelles causes, dans le moment où il semblait appelé à une place importante auprès d'une cour impériale, il entra dans une maison où il enseignait les élémens des langues aux petits garçons. Cela ne tient peut-être qu'au goût qu'il a toujours eu pour régenter. La mort de Geoffroy ayant laissé, sur ces entrefaites, une place vacante dans le *Journal de l'Empire*, autrefois, et depuis *Journal des Débats*, le professeur Duviquet fut admis à l'occuper ; c'est lui qui, depuis cette époque, rédige dans cette feuille les articles *Spectacles*. S'il n'est pas au niveau de son prédécesseur, ce n'est pas faute d'en avoir adopté les doctrines et les pratiques. Une grande révolution s'est opérée dans les opinions de M. Duviquet; aussi passionné depuis 1814 pour la monarchie absolue, qu'il l'était en 1793 pour la république une et indivisible, il est un peu sévère pour les fauteurs des opinions qui se trouvent entre les deux extrêmes. Il a

tort ; le repentir ne doit pas exclure la charité. Pendant les cent jours, M. Duviquet a signé l'acte additionnel ; mais c'était, disait-il, avec *l'espoir d'amélioration*. Indépendamment du travail de rédacteur, M. Duviquet remplit au Journal des débats, les fonctions de directeur. Il ne faut pas confondre M. Duviquet avec un individu portant le même nom, et sur lequel le *Moniteur* s'exprime ainsi (*voy.* les n°° des 10 et 14 messidor an 6) : « Duvicquet, déjà condamné à mort par coutumace, est arrêté ; condamné de nouveau à Rennes, il est exécuté, en criant : *Vive mon Dieu, vive mon roi!»* Indépendamment de ce qu'il vit encore, le Duviquet dont nous parlons ne croirait pas de ces choses-là à l'époque dont il s'agit : le Duviquet dont veut parler le *Moniteur* est un chef de chouans ; et son nom prend un *c*, comme on a pu le remarquer.

DUVOISIN (Jean-Baptiste), évêque de Nantes, naquit à Langres, département de la Haute-Marne, le 16 octobre 1744, d'une famille pauvre. Il perdit son père lorsqu'à peine il sortait de l'enfance, et dut aux bontés et à la protection de l'évêque de Langres, M. de Montmorin, l'instruction et les encouragemens qui le mirent à même d'obtenir les plus honorables succès dans la carrière ecclésiastique. L'abbé Duvoisin devint successivement professeur en Sorbonne, promoteur de l'officialité de Paris, censeur royal, chanoine d'Auxerre, grand-vicaire et chanoine de Laon. Il résidait dans cette ville lorsque les événemens de la révolution le

forcèrent, lui et un grand nombre de ses confrères, à s'exiler de France. Il se rendit d'abord en Angleterre, ensuite à Bruxelles, près de l'évêque de Laon qui s'y était retiré. La conquête de la Belgique par les troupes de la république dispersa les réfugiés français. L'abbé Duvoisin passa à Brunswick, où il établit des cours de sciences et de belles-lettres, et où il composa quelques ouvrages qui lui procurèrent d'honorables moyens d'existence. Le duc de Brunswick accorda une protection spéciale à l'abbé Duvoisin, qui ne s'éloigna des états de ce prince que pour rentrer en France en 1802, époque du rétablissement des cultes. Nommé, peu de temps après son arrivée à Paris, évêque de Nantes, il se rendit sans retard dans son diocèse, et s'efforça de concilier toutes les opinions, de rapprocher les esprits divisés par la politique ou par suite des dissensions religieuses, et remplit son mandat avec le zèle et l'esprit de l'évangile. Une conduite si noble, si naturelle, et malheureusement si rare alors comme aujourd'hui, lui donna des droits à l'estime et à la confiance de l'empereur, qui le nomma l'un des quatre prélats chargés de résider près du souverain pontife pendant son séjour à Savone et à Fontainebleau. Cette mission déplut à certains esprits exclusifs qui affichent une grande rigidité de principes, parce que la faveur qui ne les a point pour objet, offense leur orgueil et les blesse dans ce qu'ils ont de plus cher, leur intérêt personnel. L'évêque de Nantes fut sévèrement blâmé par eux d'avoir répondu à la confiance de son souverain, et d'avoir saisi avec joie l'occasion de rendre au chef de l'église tous les hommages, tous les respects qui pouvaient rappeler à S. S. l'attachement et la vénération des fidèles de la France, dont les quatre évêques, par la noblesse de leur conduite, étaient en quelque sorte les représentans. Les interprètes de ces hommes si susceptibles et si difficiles, ne voulant pas répudier de leur parti l'évêque de Nantes, recommandable par ses hautes vertus, pour *justifier* ce prélat d'avoir répondu à la volonté de l'empereur en acceptant sa mission près du pape, rapportent que peu d'instans avant d'expirer il dicta cette sorte de testament : « Je supplie l'em-
»pereur de rendre la liberté au
»saint-père ; sa captivité trouble
»encore les derniers instans de
»ma vie. J'ai eu l'honneur de lui
»dire plusieurs fois combien cet-
»te captivité affligeait toute la
»chrétienté, et combien il y avait
»d'inconvénient à la prolonger.
»Il serait nécessaire, je crois, au
»bonheur de S. M. que S. S. re-
»tournât à Rome. » L'évêque de Nantes, enlevé en moins de deux jours, le 9 juillet 1813, par une fluxion de poitrine, fut un homme de bien et un prélat distingué. Né sans fortune, il mourut sans en avoir acquis. Sa société était douce et agréable. Doué d'un esprit solide que l'instruction et la méditation avaient fortifié, d'un cœur généreux que les vertus du sacerdoce rendaient encore meilleur, l'évêque de Nantes mérita les regrets de tous les gens de

bien. Parmi les nombreux ouvrages qu'il a laissés, nous citerons sans les analyser, parce que les matières qu'ils traitent n'appartiennent point au genre de la *Biographie des contemporains :* 1° *Dissertation critique sur la vision de Constantin* (Paris, in-12, 1774); 2° *L'autorité des livres du Nouveau-Testament contre les incrédules* (Paris, in-12, 1775); 3° *L'autorité des livres de Moïse établie et défendue contre les incrédules* (Paris, in-12, 1778); 4° *Essai polémique sur la religion naturelle* (Paris, in-12, 1780); 5° *De verâ religione ad usum theologiæ candidatorum* (Paris, in-12, 2 vol., 1785); 6° *Examen des principes de la révolution française* (in-8°, 1795); 7° *Défense de l'ordre social contre les principes de la révolution française* (in-8°, 1798, imprimé à Londres par les soins de l'abbé de La Hogue; ouvrage presque inconnu en France); 8° *Démonstration évangélique* (in-12, 1800, imprimé deux fois à Brunswick, et deux fois à Paris, en 1802 et en 1805). Dans l'un des ouvrages de l'évêque de Nantes, l'*Essai*, on remarque plus particulièrement un passage où « il blâme la contrainte en ma-
» tière de religion, et parce qu'el-
» le est contraire à la liberté indi-
» viduelle, et parce qu'elle ne fe-
» rait que des hypocrites. » Les philosophes, tant calomniés, pensent-ils autre chose, et tiennent-ils un autre langage? Nous ne terminerons pas cet article sans rappeler que la meilleure traduction du *Voyage de Mungo Park* est due à l'évêque de Nantes.

DUWICQUET DE RODE LINGHEN (Louis-Alexandre), né à Boulogne-sur-Mer, dans une famille noble, mais d'un père philosophe, était officier au régiment de Picardie infanterie, en 1789, et il embrassa avec franchise les principes de la révolution. Il venait d'obtenir le grade de capitaine lorsqu'il fut renvoyé comme ex-noble de l'armée du Nord; et peu de temps après son retour à Boulogne, il y fut mis en détention, et ne recouvra sa liberté qu'après la journée du 9 thermidor. Il rentra au service et devint aide-de-camp du général Favart, et ensuite du général Macdonald, aujourd'hui maréchal de France, son ancien colonel dans le régiment de Picardie. M. Duwicquet, qui n'a jamais repris le titre de chevalier, ni le surnom seigneurial de Rodelinghen, depuis le décret de l'assemblée constituante qui abolit la noblesse et les titres, était retiré à la campagne, près de Boulogne, et s'y occupait d'études littéraires et musicales, lorsque ayant tenu quelques propos hostiles contre le gouvernement de Napoléon, il fut arrêté, amené à Paris et détenu au Temple, où il resta quelque temps. M. Alexandre Duwicquet a réuni beaucoup de matériaux pour un Dictionnaire historique, géographique et biographique du département du Pas-de-Calais, et il a publié des fragmens de ce Dictionnaire, et plusieurs autres écrits dont voici les titres : 1° *Notice sur Térouane, ancienne capitale de la Morinie, ci-devant comprise dans la province d'Artois, et actuellement dans le département du Pas-*

de-Calais, insérée au *Magasin encyclopédique*, tom. 5, octobre 1813; 2° *Coup d'œil rapide sur les citoyens du département du Pas-de-Calais, qui s'adonnent à la littérature, aux sciences et aux beaux-arts*, inséré au même magasin, même mois, même année; 3° *Lettre d'un ancien capitaine d'infanterie à MM. les comédiens du Théâtre-Français*, dont l'objet était de leur faire remettre à la scène plusieurs pièces inédites ou abandonnées. Paris, 1814; 4° *quelques Idées sur plusieurs ordres militaires et civils de la monarchie française*, Paris, 1814; 5° et un *Almanach des fabulistes*, dont deux ou trois années ont paru chez Barba depuis 1814.

DUYN (François-Adam-Wander), comte, né, en 1771, à la Haye, d'une ancienne famille de ce pays, embrassa fort jeune la carrière des armes, et se trouvait, à 17 ans, enseigne au régiment des gardes hollandaises. En 1789, il entra dans les corps nobles de la province de Hollande, et en 1793, il devint gentilhomme de la chambre du prince héréditaire d'Orange. Lorsque la révolution de 1795 força le stadhouder et sa famille à chercher un asile en Angleterre; fidèle à cette famille, M. Vander-Duyn se retira dans la province d'Utrecht, où, ne prenant aucune part aux événemens qui changèrent plusieurs fois le gouvernement de son pays, il ne voulut accepter aucun emploi de ces divers gouvernemens. Mais, quand à la suite des désastres éprouvés en Russie, les autorités et les troupes françaises se virent, au mois de novembre 1816, dans la nécessité de quitter la Haye, M. Vander-Duyn, conjointement avec M. Vanhogendorp, se mit à la tête de la nouvelle révolution qui s'opéra alors. Le comte Vander-Duyn reçut, à l'arrivée du prince qui reprit possession de ses états, la récompense due à d'utiles services; il fut nommé membre du corps équestre de la province de Hollande, curateur de l'université de Leyde, grand-maître de la cour de la reine, conseiller-d'état, et grand'croix de l'ordre du Lion-Belgique.

DYZÈS, (Comte d'Arène), procureur-syndic du département des Landes, dès le commencement de la révolution, fut, par ce même département, nommé, en 1791, député à l'assemblée législative. Il se fit peu remarquer dans cette assemblée, et fut néanmoins nommé à la convention, dans le mois de septembre 1792. Dans le procès de Louis XVI, il vota la mort, et rejeta l'appel et le sursis. Entré au sénat-conservateur après la révolution du 18 brumaire an 8 (9 novembre 1799), il ne cessa d'en faire partie que lorsqu'en 1814 ce corps cessa d'exister. Depuis cette époque, le comte d'Arène-Dyzès n'a rempli aucune fonction, ni sous le gouvernement des *cent jours*, ni sous le gouvernement royal.

E

EBEL (Jean-Godefroi), est né à Francfort-sur-l'Oder. Docteur en médecine et membre de l'académie des sciences de Munich, il a publié différens ouvrages très-estimés, parmi lesquels on cite particulièrement : 1° *Le Manuel du Voyageur en Suisse*, écrit en allemand, et imprimé à Zurich en 1793; 2me édition, 1814, 1815. Il existe trois traductions françaises de cet ouvrage; la dernière, en 4 vol. avec planches, a été imprimée au mois de juillet 1816. Les libraires français, en retranchant la partie géologique, minéralogique, botanique, etc., ont excité les plaintes de M. Ebel, dont l'ouvrage est regardé comme classique en Allemagne. 2° *De la Structure de la terre dans les Alpes*, avec quelques réflexions sur la conformation de la terre en général, 2 vol. in-8° avec fig.; 3° *Description des Peuples montagnards de la Suisse*, 2 vol. in-8° avec des planches, Léipsick, 1802 et 1803. En 1801, le docteur Ebel obtint le titre de citoyen de la république helvétique, qui lui fut accordé comme un témoignage d'estime et de reconnaissance par les habitans de cette contrée.

EBEN (le baron), officier au service d'Allemagne, avait des connaissances militaires très-étendues. Le prince-régent d'Angleterre l'ayant remarqué en différentes circonstances, lui procura dans l'armée portugaise un grade avantageux dont il se montra digne. Lors de la conspiration qui fut découverte à Lisbonne en 1817, et qui avait pour but, non un changement de dynastie, comme on l'a prétendu, mais uniquement l'éloignement des Anglais, et surtout l'anéantissement de leur influence sur ce pays, le baron fut accusé de complicité et condamné à un exil perpétuel; le jugement prononça même contre lui la peine de mort, dans le cas où il serait trouvé sur les terres de Portugal.

ECKHEL (Joseph-Hilaire), naquit le 13 janvier 1737, à Entzerfeld, en Autriche. Il n'avait que 14 ans quand il entra à Vienne, dans la congrégation des jésuites. Il se livra entièrement à l'étude de la philosophie, des mathématiques, de la théologie et des langues savantes, telles que le grec et l'hébreu. Il s'adonna aussi à la connaissance des médailles. Les jésuites, le grand-duc de Florence, Léopold II, le chargèrent d'arranger les belles collections qu'ils possédaient dans ce genre; et, en 1774, Eckhel se trouvant à Vienne, fut nommé directeur du cabinet des médailles, et professeur d'antiquités. Le recueil des médailles-anecdotes qu'il publia en 1775, et qui porte pour titre : *Numi veteres anecdoti ex museis Cæsareo Vindobonensi, Florentino magni ducis Etruriæ, Granelliano nunc Cæsareo, Vitzaiano, Festetiesiano, Savorguano, Veneto, aliisque*, Viennæ Austriæ, in-4°, peut donner lieu à quelque critique; mais le nouveau système d'après lequel les médailles y sont disposées, n'en offre pas moins une méthode aussi simple qu'utile. En 1779, Eckhel donna, en 2 vol. in-folio, *Catalogus musei Cæsarei Vindobonensis, numorum veterum distributus in partes II, quarum prior monetam urbium, populorum, regum, altera romanorum complectitur*, Vindobonæ. A la suite de cet ouvrage se trouvent 8 planches, dans lesquelles l'auteur s'est contenté de figurer les médailles inédites ou mal connues qui ne se trouvent pas dans ses *Numi veteres*. Il publia en 1786: 1° *Sylloge I numorum veterum anecdotorum thesauri Cæsarei*, Viennæ, in-4°; 2° *Descriptio numorum Antiochiæ Syriæ, sive specimen artis criticæ numerariæ*, Viennæ; et, en 1787, son petit *Traité élémentaire de Numismatique, à l'usage des collèges*, ouvrage entièrement destiné à inspirer aux jeunes gens le goût de cette science. Eckhel donna, en 1788, son *Explication des Pierres gravées du cabinet de Vienne*, in-folio. Le dernier ouvrage connu de ce savant est celui sur la science des médailles, intitulé: *De doctrinâ Numorum veterum*; le 1er vol. parut à Vienne, en 1792, et le 8me et dernier en 1798. Eckhel mourut le 16 mai de cette même année. Ses connaissances, comme antiquaire, étaient immenses, et les méthodes dont il est inventeur dans cette science sont aujourd'hui généralement adoptées.

EDGEWORTH (miss Marie), fille de Richard Lovel, est l'une des dames anglaises qui cultivent la littérature avec le plus de succès. Dans ses traités sur l'éducation, comme dans ses romans, on trouve une instruction solide réunie à une morale douce et saine. Personne ne peint mieux qu'elle les mœurs et les caractères. Parmi ses différentes productions, on cite particulièrement : *Éducation pratique*, 2 vol. in-8°, 1798. Cet ouvrage, dans lequel les exemples sont joints, de la manière la plus heureuse, aux préceptes, quoique un peu diffus, n'en est pas moins l'un des plus intéressans qu'on connaisse en ce genre. *Lettres pour les dames qui s'occupent de littérature*, 1 vol. in-8°, 1799, réimprimé en 3 vol. in-8°. *Bélinde*, 2 vol. in-8°, 1801. M. Octave de Ségur a traduit ce roman en français, 2 vol. in-12, Paris, an 10 (1802). On y trouve une morale très-pure, et des caractères peints avec une très-grande vérité. *Léonora*, 2 vol. in-12, 1806. *Annales du grand Monde* (tales of fashionable life), 3 vol. in-12, 1809, augmentée de 3 vol.; 3me édition, 1812. Ce roman a été traduit en français en 1793, 1° sous le titre de *Vivian, ou l'Homme sans caractère*; 2° sous celui de *Scènes de la vie du grand monde*, 3 vol. in-12. *Le Patronage*, 4 vol. in-12, 1814, intitulé, dans la traduction française de J. Cohen, *les Protecteurs et les Protégés*, 5 vol. in-12, 1816. *La Mère intrigante*, 2 vol. in-12, 1811, traduit en français, ainsi que *l'Ennui, ou Mémoires du comte de Glenthorn*. Miss Edgeworth est parvenue, par son génie, à tirer des scènes très-intéressantes, et souvent même remplies de gaieté, d'un sujet si triste et qui semble fournir si peu de ressources. *La Griselda moderne*, 2 vol. in-12, 1813 : ce roman présente le contraste du caractère de deux femmes, dont l'une est impérieuse, acariâtre et capricieuse ; et l'autre, épouse soumise et résignée à son sort. *L'Absent, ou la Famille irlandaise à Londres*, 3 vol. in-12, 1814. Le but de l'auteur est de peindre le penchant que les Anglais ont à la dissipation, leur confiance excessive et leur manie de briller, sources de la ruine d'un grand nombre d'entre eux. Ce roman est regardé comme un excellent tableau des mœurs. Miss Edgeworth ne s'est pas bornée à la connaissance des mœurs de l'Angleterre, elle a aussi étudié celles des Français ; et les personnages qu'elle a introduits dans quelques-uns de ses ouvrages, prouvent que nos habitudes et notre littérature ne lui sont point étrangères.

ÉDOUARD (N.), député suppléant à l'assemblée législative en 1791, député à la convention nationale en 1793, et membre de la chambre des représentans en 1815, exerçait, à l'époque de la révolution, la profession de marchand à Poligny. L'adhésion qu'il donna aux nouveaux principes, le fit nommer administrateur du département de la Côte-d'Or, et, successivement, député suppléant à l'assemblée législative et à la convention. Il ne parut point dans la première de ces assemblées, et n'entra dans la seconde qu'après la mort du roi. Il se fit peu remarquer pendant la session ; cependant, à l'époque des insurrections de prairial, on l'accusa d'avoir fait entendre le cri de *victoi-re*, quand le parti qui appelait le peuple à son secours sembla triompher un moment. M. Édouard ne fit point partie de l'un ni de l'autre conseil qui remplacèrent la convention : mais, sous le gouvernement impérial, il fut nommé maire de Beaune, et dans les *cent jours*, membre de la chambre des représentans. Il n'a point rempli de fonctions depuis.

EDWARDS (BRYAN), écrivain anglais, naquit à Westburg, dans le Wiltshire, en l'année 1743; il était fort jeune quand il perdit son père, et il se fût trouvé dans l'indigence si un oncle maternel, qui demeurait à la Jamaïque et qui était fort riche, ne se fût chargé de son éducation. Il entra d'abord à Bristol, dans une école dirigée par un ministre *dissenter*, qui ne lui apprit ni grec ni latin, et passa ensuite dans une maison d'éducation française, où l'on se contenta de lui enseigner le français. Edwards, d'un caractère indépendant, n'ayant pu se plier aux volontés d'un parent qu'il avait à Londres, et qui était membre du parlement, fut, en 1759, envoyé à la Jamaïque. Parfaitement accueilli par son oncle, qui lui témoigna toute la tendresse d'un père, il fut mis entre les mains d'un précepteur instruit, qui chercha à réparer les vices de son éducation, et lui enseigna les langues anciennes. Mais bientôt Bryan ayant pris du goût pour la poésie, négligea ses autres études. Ce qu'il y a de surprenant, c'est que n'entendant pas bien les auteurs latins, il traduisit en vers, avec exactitude, plusieurs odes d'Horace. Il fit aussi quelques poésies fugitives qui ne sont pas sans mérite. Enfin, en 1784, devenu héritier d'une portion des biens de son oncle, il exerça son talent sur des matières plus graves, et publia une brochure intitulée : *Réflexions sur les dernières opérations du gouvernement, relativement au commerce des Iles des Indes occidentales avec les États-Unis de l'Amérique septentrionale*, in-8°, 1784. Il avait pour but de faire rejeter un projet tendant à restreindre les relations de ces deux contrées, exclusivement aux bâtimens anglais. Devenu membre de l'assemblée de l'île de la Jamaïque, il combattit la proposition de M. Wilberforce sur la traite des Nègres ; ce Discours, plein de réflexions philanthropiques, prononcé le 26 novembre 1787, fut imprimé en 1790, in-8°. Après la sanglante révolution de Saint-Domingue, Edwards se rendit dans cette superbe et malheureuse colonie, où il trouva, en arrivant, les preuves déplorables des excès auxquels les Noirs s'étaient portés. A son retour en Angleterre, il fut nommé membre du parlement, où il défendit avec force la cause des colons. En 1793, il publia un ouvrage en 2 vol. in-4°, qu'il dédia au roi d'Angleterre, et qui a pour titre : *Histoire civile et commerciale des colonies anglaises dans les Indes occidentales*. Cet ouvrage eut un succès complet. L'auteur, qui ne s'écarte jamais des principes de la véritable philosophie, se montre naturaliste habile, politique profond, et commerçant instruit ; malgré l'intérêt qu'il avait, comme colon, au maintien de la traite des Nègres, il examina cette question avec beaucoup d'impartialité. Ce fut même à lui que les esclaves de la Jamaïque furent redevables de différentes lois qui apportaient de grands adoucissemens à leur sort. En 1796, Edwards publia deux ouvrages : le premier, en 1 vol. in-8°, ayant pour titre : *Conduite du gouvernement et de l'assemblée de la Jamaïque, à l'égard des Nègres marons ; précédé d'un Tableau contenant des observations sur le caractère, les mœurs et la manière de vivre des marons, et des détails sur l'origine, les progrès et le terme de la guerre entre eux et les habitans blancs ;* le deuxième, in-4°, avec une carte, intitulé : *Description historique de la colonie française de l'île de Saint-Domingue*. Cet ouvrage contient le détail de tous les maux qui ont accablé ce pays depuis 1789, des réflexions sur leurs causes et sur leurs conséquences probables, et le précis des opérations militaires de l'armée anglaise dans cette île, jusqu'à la fin de 1794 ; il a été traduit en français (Paris, Blanchard, in-8°, 1813). L'auteur pouvait décrire les scènes de carnage qui ont ensanglanté cette colonie, avec d'autant plus de vérité qu'il en avait été le témoin oculaire. Edwards mourut le 16 juillet 1800. A la suite d'une édition faite en 1801, 3 vol. in-8°, de son *Histoire civile et commerciale des colonies anglaises*, on a imprimé les trois premiers chapitres d'une *Histoire de la guerre dans les Indes occidentales, depuis son origine en février 1793*. On regrette que la mort n'ait pas permis à l'auteur de terminer cet ouvrage, qui présente beaucoup d'intérêt.

EGERTON (sir Francis-Henri), membre de la société royale de Londres, prébendaire de Durham, et recteur de Witchurch, dans le comté de Salop, est le dernier fils de Jean, évêque de Durham, et d'Anne Sophie, fille de Henri Grei, duc de Kent, et frère et héritier présomptif du riche duc de Bridgewater. Cet amateur des sciences et des arts leur consacre une partie de sa fortune, qui est considérable, et habite Paris depuis plusieurs années. Il a publié différens ouvrages : le premier est une *description* des travaux souterrains exécutés à Walkdenmoor, dans le comté de Lancaster, par le dernier duc de Bridgewater; cette description fut insérée dans les *Transactions de la société des arts*. 2° *Euripidis Hypolitus gr. cum scholiis, versione latinâ, variis lectionibus, Valkenari notis integris et selectis aliorum, quibus suas adjecit*, Oxford, in-4°, 1796 : l'auteur avait donné à un savant de Paris un exemplaire de cet opuscule, qui, après la mort de celui-ci, a été vendu 149 fr. 3° *Fragment et Ode de Sapho* (grec et latin), avec des notes sur le texte grec, in-8°, Éberhart, Paris, 1815. 4° *Description du plan incliné souterrain, exécuté par Francis Egerton, duc de Bridgewater, dans ses mines de charbon de terre, etc.*, in 8°, Paris, 1812. 5° *Lettre inédite de la seigneurie de Florence au pape Sixte IV*, avec une dissertation sur ce pape, Paris, 1814, in-4°. 6° *Comus, masque de Milton*, traduction littérale, française et italienne, Didot l'aîné, Paris, in-4°, 1812. 7° *Il Como, favola boscareccia di Milton, tradotta in italiano da Gaetano Polidori da Bientina, terza edizione*, Paris, Didot l'aîné, 1812, in-8°. 8° Six *planches* gravées, contenant les plans et élévations du bel hôtel de Noailles, Paris, mai 1816. M. Egerton a encore publié la *vie* de son aïeul, le grand-chancelier, imprimée à Paris, en anglais et en français, in-4°, 1812. Il est possesseur d'un grand nombre de lettres originales des personnages les plus célèbres de tous les pays, et surtout de la France. On rapporte de sir Egerton un trait qui prouve qu'à la générosité, il réunit un certain caractère d'originalité. Au mois de décembre 1816, il alla voir l'auteur de l'*Hermes romanus*, le savant M. Barbier-Vémars, et se fit inscrire au nombre de ses souscripteurs: au lieu du prix d'une souscription, il laissa en or, sur le bureau, le montant de vingt. M. Barbier de Vémars fit, à ce sujet, une jolie pièce de vers qu'on trouve dans le 7ᵐᵉ numéro du *Mercure latin*.

EGERTON (François), duc de Bridgewater, marquis de Brackley, baron d'Ellesmere, était fils de Scroop Egerton, qui, le premier de sa famille, porta le nom de Bridgewater. Né en 1726, il perdit de bonne heure son père, et se trouva, par la mort de ses frères, l'unique héritier d'une fortune immense. Bientôt il s'occupa d'un projet que son père avait formé, mais auquel des obstacles sans nombre le forcèrent de renoncer. Egerton possédait dans son domaine de Worsley des mines de houille extrêmement riches, mais dont l'exploitation devenait fort désavantageuse, à cause de la difficulté des transports et de l'éloignement de Manchester, lieu seul où il eût été possible de les déposer, étant éloigné de 8 milles de Worsley. Pour tirer parti de ces mines, il fallait creuser un canal dont la construction nécessitait des dépenses énormes, et présentait même des difficultés regardées comme insurmontables. Cependant, comme il était fortement occupé de son projet, il consulta un artiste qui s'était déjà distingué dans la construction de diverses mécaniques ingénieuses, et qui, après avoir examiné la position des lieux et le terrain, assura que la confection du canal était praticable. Cet artiste, nommé Brindley, né dans l'obscurité, devait absolument tout à la nature, car son éducation avait été tellement négligée qu'il savait à peine écrire. Le duc, persuadé que son entreprise pouvait être couronnée d'un plein succès, sollicita du parlement l'autorisation de creuser un canal navigable de Salford, près Manchester, jusqu'à Worsley, et l'obtint en 1758, après avoir éprouvé une opposition de la part des deux chambres. Enfin les travaux s'ouvrirent, et le bassin commencé à Worsley-Mill, et destiné à servir en même temps de point de réunion aux bateaux chargés de charbon, et de réservoir au canal qui devait y prendre sa source, fut heureusement terminé. M. Egerton voulant alors étendre son plan, obtint du parlement un acte qui l'autorisait à faire passer le canal de Worsley sur la rivière d'Irwel, jusqu'à Manchester. Il avait fait construire des barques couvertes qui suivaient ses travaux à mesure qu'ils avançaient, et sur lesquelles on avait pratiqué des forges et les différens ateliers nécessaires aux tailleurs de pierre, aux maçons et aux autres ouvriers : il s'en était aussi fait construire une qui lui servait de logement. Résolu de prolonger le canal jusqu'à la rivière de Mersey, il sollicita à cet effet un nouvel acte du parlement, qu'il obtint avec autant de difficulté que les autres. Enfin, cet ouvrage si important, soit par ses résultats, soit par la hardiesse de l'entreprise, fut entièrement achevé au bout de 5 ans. On ne peut voir sans étonnement, des bords d'une rivière couverte de voiles, des barques flotter sur un canal pratiqué à 40 pieds au-dessus. Le projet de construire un aqueduc qui, partant de Bartonbridge, serait prolongé jusqu'à l'Irwel, et s'élèverait à une si grande hauteur au-dessus du niveau de cette rivière, fut généralement regardé comme chimérique; mais rien ne put ébranler la résolution du duc de Bridgewater. Pour transporter la houille des mines de Worsley, qui sont contenues dans une montagne d'une si grande étendue, on a percé dans cette même montagne, au niveau du canal, un passage souterrain par lequel sortent les bateaux. Manchester et les villes environnantes ne tirent maintenant les charbons nécessaires à leur consommation que des mines de Worsley. Le duc de Bridgewater dépensa des sommes immenses pour la construction de

ce canal, qui porte son nom. Il y fit aussi des sacrifices considérables pour la propagation du système de navigation intérieure, dont il avait donné l'exemple, et au moyen duquel l'Angleterre a établi des communications si avantageuses et si faciles entre les ports de Londres, de Liverpool, de Bristol et de Hull. Voici la description qu'a donnée un voyageur du passage souterrain percé dans la montagne: « Vous entrez en ba-
» teau dans le passage souterrain,
» muni de chandelles allumées.
» Vous avancez ainsi sur le canal
» jusqu'au lac qui se trouve à l'ou-
» verture de la mine, à trois quarts
» de mille de distance; les deux
» portes à bascule placées en cet
» endroit se referment dès que
» vous êtes introduit, pour empê-
» cher l'air d'entrer en trop grande
» abondance, lorsque le vent souf-
» fle, et vous avancez alors à la
» lumière de vos chandelles, qui
» répandent une lueur livide, qui
» sert seulement à rendre les ténè-
» bres visibles. Bientôt vous êtes
» frappé par le bruit des machi-
» nes, qui, par un moyen ingé-
» nieux, font tomber le charbon
» dans les bateaux. Lorsque vous
» êtes parvenu au cœur de la mi-
» ne, une scène nouvelle vient ex-
» citer de nouveau votre attention.
» Vous voyez des hommes et des
» femmes légèrement vêtus et di-
» versement occupés à la lueur
» d'une torche. Les uns tirent le
» noir minéral des entrailles de la
» terre, les autres le chargent sur
» des chariots que d'autres traî-
» nent pour en décharger le con-
» tenu dans des bateaux. » La fortune d'Egerton, qui devint colossale, prouva combien son entreprise était avantageuse. Il payait chaque année pour sa portion dans la taxe du revenu (*income taxe*) 110,000 liv. sterl.; il souscrivit pour 100,000 liv. sterl., lors de l'emprunt patriotique connu sous le nom de *logaty-loan;* il assistait quelquefois aux séances de la chambre des pairs, et prenait même, dans certaines circonstances, part aux délibérations; mais sa carrière politique n'offre rien de remarquable. En 1800, il reçut de la société d'encouragement des arts et du commerce de Londres, une médaille d'or qui lui fut présentée comme un témoignage de la considération que lui avaient méritée ses grandes entreprises. La même année, il lui fut voté des remercîmens pour un ouvrage intitulé : *Description du plan incliné du souterrain de Bridgewater,* Paris, 1803, in-8°, avec figures. On a reproché à l'auteur de n'avoir pas rendu, dans cet ouvrage, aux talens reconnus et au caractère de Brindley, la justice qu'il méritait. Egerton vécut célibataire, et mourut sans enfans le 8 mars 1803.

EGG (JEAN-GASPARD), agronome, naquit, en 1738, dans un village du canton de Zurich, appelé Ellikon. Il fonda un très-grand nombre d'institutions agricoles et industrielles en faveur de sa commune et de son district ; rétablit la culture des biens-fonds communaux qui, jusqu'à lui, avait été négligée; forma une assurance contre les épizooties; leva le plan géométrique du territoire de sa commune, et fut l'auteur d'une instruction sur la culture de la vigne, qui obtint le premier prix à la société économique de Zurich. Egg mourut en 1794. (*Vie de J. G. Egg, écrite pas son fils, et publiée par la société physique de Zurich*, en allemand, 1795, in-8°, Zurich.

EGINTON (FRANÇOIS), artiste anglais, s'est entièrement adonné à la pratique d'un art qui était presque abandonné, celui de la peinture sur verre. Il a beaucoup contribué à le perfectionner; et cependant, les productions modernes de ce genre sont loin d'égaler, soit par la beauté, soit par la vivacité des couleurs, les anciens morceaux qu'on remarque encore dans les églises. On sait que les ouvrages des premiers artistes, composés de verres de différentes couleurs rassemblés, formaient une espèce de mosaïque : la méthode suivie maintenant, et qui consiste à appliquer sur le verre des couleurs métalliques qui sont ensuite incorporées par l'action du feu, a été inventée par les peintres français (*voyez* CLAUDE de Marseille et COUSIN). Parmi les ouvrages nombreux qui nous restent d'Eginton, et qui sont une preuve de son talent distingué, on remarque : 1° *le Banquet donné à la reine de Saba*, d'après un tableau d'Hamilton; 2° deux *Résurrections* sur le dessin de sir Jos. Reynolds, que l'on voit à Eichfield et à la cathédrale de Salisbury ; 3° *le Christ portant sa croix*, d'après Moralès ; 4° *Saint Paul converti et recouvrant la vue* ; 5° *l'Ame d'un enfant en présence du Tout-Puissant*, d'après un tableau de Peters. On compte à peu près 50 ouvrages de cet artiste, qui mourut le 26 mars 1805.

EHRENSTROEM (J. A.), né en Suède, était employé dans le corps du génie, lorsque le roi Gustave III ayant démêlé l'habileté et les talens diplomatiques de cet officier, se l'attacha particulièrement, le fit secrétaire intime de son cabinet, et l'employa dans plusieurs affaires délicates. Il obtint bientôt le rang de colonel et la décoration de héraut d'armes de l'ordre des Séraphins. Après la mort tragique du roi, quelques seigneurs de la cour, mécontens de la part d'autorité qui leur était accordée sous la régence du duc de Sudermanie, voulurent faire déclarer le jeune roi, Gustave-Adolphe, majeur avant l'époque fixée par les lois, et par le testament même de Gustave III. Le baron d'Armfeldt, favori tout-puissant sous le dernier règne, était à la tête de ce parti. Il fut accusé, en 1793, d'avoir tramé un complot contre l'état et le prince, de concert avec plusieurs personnes marquantes, entre autres M. Ehrenstroem et une demoiselle d'honneur de la cour, la jeune comtesse de R.... Cette conspiration avait pour but, selon l'acte d'accusation, d'opérer à main armée une révolution en Suède, à l'aide d'une flotte et de troupes russes, d'enlever la régence au duc de Sudermanie, de se défaire même de lui, s'il résistait, de déclarer le roi majeur, et de l'investir sur-le-champ de l'autorité suprême qu'avait exercée le feu roi. M. d'Armfeldt, chargé, peu de temps auparavant, d'une mission diplomatique à Naples, avait perdu, pendant un voyage à Rome, une cassette qui contenait toute sa correspondance avec ses amis de Suède : elle tomba, on ne sait comment, entre les mains d'un Italien, agent du gouvernement suédois, qui s'empressa de l'envoyer au prince-régent. Ces lettres interceptées furent à peu près les seules preuves qu'on put produire contre les accusés. Leur projet n'avait point eu de commencement d'exécution, et ils n'avaient encore eu à leur disposition ni flottes, ni troupes étrangères. On demanda vainement l'extradition du baron d'Armfeldt; protégé par la reine de Naples, Caroline d'Autriche, il trouva un asile dans ses états jusqu'au moment où il jugea à propos d'aller en Russie, et d'entrer au service de cette puissance. Les deux cours de Stockholm et de Naples se brouillèrent à ce sujet; on publia de part et d'autre des notes fulminantes; et, sans l'éloignement des lieux et la difficulté de trouver un champ de bataille, la guerre aurait été déclarée. N'ayant pu parvenir à se rendre maître du chef de la conspiration, on procéda avec une rigueur extrême contre ses complices. Le prince-régent, qui avait donné de fréquentes preuves de générosité et de bonté, ne s'occupait guère de vengeances personnelles, mais il était entouré de courtisans implacables dont on s'était moqué dans la correspondance interceptée. On y tournait surtout en ridicule un petit chancelier de Suède, homme vain et irascible, logeant un esprit faux dans un corps mal fait; et un autre ministre favori, visionnaire illuminé, qui croyait communiquer avec les esprits invisibles, mais qui n'en eut d'aucune espèce à sa disposition dans la conduite des affaires de l'état. Ces deux seigneurs trouvèrent des juges qui se dévouèrent à leurs passions haineuses. Armfeldt, absent, fut condamné à mort par contumace, et son nom attaché à tous les gibets du royaume. Ehrenstroem fut aussi condamné à avoir la tête tranchée; la demoiselle d'honneur fut exposée en place publique, et mise au carcan sur l'échafaud. Le chancelier avait même décidé qu'elle serait fouettée publiquement par la main du bourreau; mais le prince-régent s'opposa à cette jouissance ministérielle. M. Ehrenstroem, qui, pendant tout le cours d'une longue procédure, s'était défendu avec éloquence, et avait mis souvent les rieurs de son côté par ses répliques spirituelles, montra jusqu'au pied de l'échafaud du calme et du courage. Sa figure pâle, émaciée, et une longue barbe rousse qu'on ne lui avait pas coupée pendant neuf mois de prison, lui donnaient un air farouche, mais déterminé. Arrivé au lieu de l'exécution, il se mit à lire avec le plus grand sang-froid les sentences affichées sur l'échafaud. Enfin, au moment de placer sa tête sur le billot, l'exécuteur ayant déjà tiré le glaive, on lui annonça sa grâce : la peine de mort était commuée en celle d'un emprisonnement perpétuel dans la forteresse de Karlstein, où on le conduisit aussitôt. Gustave-Adolphe, en prenant en main les rênes du gouvernement, mit un terme à cette captivité, et répandit ses faveurs sur tous ceux qui avaient voulu le faire jouir du pouvoir absolu quelques années plus tôt. Armfeldt réhabilité, rétabli dans ses biens, ses honneurs, et rappelé à la cour, fut surtout traité avec la plus haute distinction. Le duc de Sudermanie même, devenu le premier courtisan du jeune roi, montra un généreux oubli de ses injures personnelles, et fit accueil à son ancien ennemi. Ehrenstroem, qui avait le plus souffert, fut le plus négligé : il n'obtint qu'une pension, dont il vécut dans la retraite qu'il s'était choisie, et ne reparut plus sur la scène politique.

EHRENSWARD (Charles-Frédéric, baron d'), né en Suède, en 1770, était fils du feld-maréchal de ce nom, célèbre par la fondation de plusieurs établissemens militaires, et par la construction de la forteresse de Sweaborg, la plus importante de la Finlande. Le jeune Ehrensward servait dans l'artillerie, et était aide-de-camp du général en chef de cette arme, lorsqu'il fut accusé, en 1792, d'avoir conspiré avec Anckarstroem, et plusieurs autres personnes, contre Gustave III. Condamné à mort pour non-révélation, le prince-régent (depuis Charles XIII) commua cette peine en celle d'un exil perpétuel. Ehrensward se retira alors en Danemark, où il se livra avec ardeur à différens travaux, tant littéraires que d'économie politique et rurale; remporta plusieurs prix académiques, et obtint du gouvernement danois, pendant le ministère du comte de Bernstorff, les secours nécessaires et une honorable protection. On croit qu'il est mort dernièrement à Copenhague. Deux de ses frères, employés dans la diplomatie, ont été, l'aîné ministre de Suède à Berlin, et le second ambassadeur à Paris, où il fut envoyé, par le roi Gustave-Adolphe, auprès de Napoléon: Cette mission devint, en quelque sorte, remarquable par la série de notes diplomatiques présentées successivement, au nombre de treize ou quatorze, sous le ministère de M. Talleyrand, et qui restèrent toutes sans réponse. Éconduit chaque jour par la même phrase ministérielle, et enfin rappelé par son maître, qui voua dès lors une haine implacable à la France, l'ambassadeur, navré de douleur, quitta Paris en 1804, et mourut peu de temps après en Suède, d'un anévrisme au cœur.

EHRMANN (Jean-François), avocat; après avoir occupé, au commencement de la révolution, quelques emplois publics, fut nommé, en 1792, député à la convention nationale par le département du Bas-Rhin. Il était, en qualité de représentant, près des armées de Rhin et Moselle à l'époque de l'évacuation de Saarbruck; et ce fut lui qui annonça cette nouvelle à la convention. En 1795, il prit part aux discussions relatives à la nouvelle constitution. Appelé au conseil des cinq-cents, il sollicita, en 1797, une loi sur les sépultures; vota contre l'impôt du tabac, et s'opposa au projet qui avait pour but d'éloigner les célibataires des fonctions publiques et de l'enseignement; le directoire eut en lui un partisan des plus zélés, il termina sa carrière législative au mois de mai 1798. Nommé juge à la cour d'appel de Colmar après la révolution du 18 brumaire (9 novembre 1799), il a rempli les fonctions de cette place jusqu'en 1816, époque de son remplacement. M. Ehrman, cependant, n'avait pris aucune part au jugement de Louis XVI, étant alors gravement indisposé.

EHRMANN (Frédéric-Louis), à qui l'on doit l'invention des lampes à air inflammable, est mort dans le mois de mai 1800, à Strasbourg, où il professait la physique. Il a publié les ouvrages suivans : 1° *Description et usage des lampes d'Ehrmann*, 1782, in-8°; 2° *Des ballons aréostatiques, et de l'art de les faire*, 1784, in-8°; 3° *Traduction des mémoires de Lavoisier*, en allemand, 1787; 4° *Essai d'un art de fusion à l'aide de l'air et du feu*, écrit en allemand, et traduit en français par Fontallard. L'auteur y démontre que les métaux les plus susceptibles de résister à l'action du feu, peuvent se fondre au moyen d'une lampe d'émailleur dont la flamme est oxigénée.

EICHHORN (Jean-Godefroi), que l'Allemagne considère comme l'un de ses plus savans orientalistes, est né à Docraenzimmern, dans la principauté de Hohenlohe-Oekringen, le 16 octobre 1752. Il acquit une réputation méritée comme professeur de l'université d'Iéna, devint recteur de l'école d'Ohrdruf, et reçut en 1783, du duc de Saxe-Weimar, le titre de conseiller de cour. En 1788, il obtint une chaire de philosophie à l'université de Gottingue. Il a publié un grand nombre d'ouvrages, dont voici les principaux : 1° *Histoire du commerce des Indes orientales avant Mohamed*, Gotha, 1775, in-8°; 2° *Monumenta antiquissima historiæ Arabum, post abertum schuitensia*, 1775, in-8°; 3° *L'homme de la nature, ou Histoire d'Haiebn-Joktan*, roman oriental, traduit de l'arabe, Berlin, 1783, in-8°; 4° *Bibliothèque universelle de littérature biblique et orientale*, Leipsick, 1787—1801, 10 vol. in-8°; 5° *Aperçu historique sur la révolution française*, ibid., 1797, 2 vol. in-8°; 6° *Histoire générale de la civilisation et de la littérature de l'Europe moderne*, Leipsick, 1796—1798, 2 vol. in-8°; 7° *Histoire universelle*, ibid., 1799—1800—1804—1814, 2 vol. in-8°; 8° *Histoire des trois derniers siècles*, Gottingue, 1803—1804—1806, 6 vol. in-8°; 9° *Histoire de la littérature depuis ses commencemens jusqu'à nos jours*, ibid., 1805, 4 vol. in-8°; 10° *Histoire des langues modernes*, 2 vol. in-8°. L'avant-dernier de ces ouvrages, qui n'est point terminé, n'appartient pas exclusivement à M. Eichhorn, mais il en est le fondateur et en a rédigé les trois premières parties. Au surplus, tous les professeurs de Gottingue y travaillent. Ce savant, que tous les amis d'une sage liberté peuvent s'honorer de compter dans leurs rangs, a reçu du gouvernement anglais le titre de conseiller de la cour britannique; il est conseiller-d'état, et attaché au département des affaires étrangères en Prusse.

ELBECQ (Pierre Joseph, comte d'), maréchal-de-camp à l'époque de la révolution, se montra partisan des idées nouvelles, et fut nommé député suppléant de la noblesse de Lille, aux états-généraux de 1789. Ce fut en cette qualité qu'il remplaça le baron de Noyelles à l'assemblée nationale. Il y soutint les droits du peuple, et fit, au mois de juin 1790, l'éloge de l'esprit public des départemens du Nord, de la Somme et du Pas-de-Calais. Lors du départ du roi pour Varennes, il protesta de son dévouement à la nation, et demanda que tous les militaires membres de l'assemblée lui prêtassent serment de fidélité. En 1792, il se rendit à l'armée du Nord, où il fut employé comme général de division. Appelé en 1793 au commandement de l'armée des Pyrénées-Orientales, il mourut avant que d'avoir pu opérer avec elle rien de remarquable.

ELBÉE (Gigot d'), gentilhomme du Poitou, et l'un des plus habiles chefs qu'aient eus les royalistes vendéens, naquit à Dresde en 1752. Après avoir passé une partie de sa jeunesse au service de l'électeur de Saxe, il vint en France, où il fut employé pendant quelques années comme lieutenant de cavalerie, et se retira ensuite dans une terre qu'il avait à Beaupréau en Anjou. Il vivait paisiblement à la campagne, lorsque les troubles politiques de 1791 le contraignirent d'abandonner la France. Il ne resta pas long-temps toutefois sur le territoire étranger, et revint dans la patrie qu'il avait adoptée, aussitôt qu'on eut rendu la loi qui ordonnait le rappel des émigrés.

Retiré de nouveau dans sa terre, il paraissait vouloir rester étranger aux troubles civils dont nos provinces méridionales commençaient à devenir le théâtre; mais en mars 1793, les paysans des environs de Beaupréau refusèrent d'obéir à la loi sur le recrutement, et l'appelèrent à leur tête. D'Elbée n'hésita point à prendre le titre de *généralissime* de cette portion d'insurgés; et dans ses premières attaques, comme dans toutes celles qu'il eut occasion de diriger contre les troupes républicaines, il donna des preuves d'intelligence et de bravoure. Le marquis de Bonchamp, Cathelineau et Stofflet, tous trois généraux de la façon de quelques paysans révoltés, le rejoignirent chacun avec leurs bandes, et ils s'emparèrent de Bressuire, Tissange, Châtillon, Fontenay, Angers, etc. L'insurrection faisant chaque jour de nouveaux progrès, d'Elbée se vit bientôt seul à la tête d'une armée de 25,000 hommes. Nous ne rappellerons point ici les affaires nombreuses, et peu importantes, dans lesquelles le succès des armes fut à peu près balancé entre lui et les soldats républicains. En avril 1793, il les surprit au bois de Grolleau près de Chollet, et fit un grand nombre de prisonniers, tant dans cette affaire que dans deux autres qui eurent lieu la même année, l'une contre Quetineau à Thouars, et l'autre contre les généraux Santerre et Menou. Il fut défait à son tour près de Nantes, dont il avait cherché à s'emparer, et devant Luçon; mais de nouveaux succès contre les généraux Lecourbe, Santerre et Duhoux, augmentèrent sa réputation, et firent concevoir les plus grandes espérances à son parti. L'armée vendéenne, forte de 40 mille hommes, inspirait de sérieuses inquiétudes au gouvernement. Mais la mésintelligence qui éclata bientôt parmi les chefs de cette armée qui s'isolèrent pour agir, l'inconstance même des soldats vendéens, n'échappèrent point aux généraux républicains, qui reprirent l'offensive, et s'emparèrent en peu de temps de Châtillon, de Mortagne et de Chollet, où se trouvait renfermé le généralissime des Vendéens, qu'ils forcèrent après un combat de deux heures; d'Elbée reçut dans cette affaire une blessure grave, qui ne l'arrêta point dans sa retraite sur l'île de Noirmoutiers, dont Charette s'était emparé depuis peu de temps. Les revers presque continuels qu'éprouva depuis son parti lui causèrent un chagrin qui aggrava sa blessure. Les républicains s'étant emparés de Noirmoutiers, il fut traduit devant un conseil de guerre, condamné à mort, et exécuté. Sa fin fut digne d'un homme qui savait combattre.

ELGIN (LORD, COMTE D'), né en 1769, se voua, par goût, à la carrière diplomatique, et fut chargé, à l'âge de 21 ans, d'aller à Vienne complimenter Léopold sur son avénement au trône. Peu après, son gouvernement le nomma ambassadeur à la même cour. Il résida ensuite quelques années dans les Pays-Bas autrichiens, lorsque les Français y eurent pénétré à la fin de 1792. En 1799, chargé d'une nouvelle ambassade près la Porte Ottomane, il fit tous ses efforts pour empêcher que le grand-seigneur ne conclût la paix avec la France. Il profita aussi de ce temps pour parcourir en amateur quelques-unes des contrées de la Grèce; et charmé des monumens échappés aux ravages du temps et des barbares, dans ces contrées si fécondes en grands souvenirs, il demanda au gouvernement anglais des artistes pour en prendre des dessins. Cette demande ne fut point accueillie, et lord Elgin fit lui-même de grandes dépenses pour engager quelques artistes étrangers à se charger de ce travail. Le muséum britannique possède aujourd'hui plusieurs morceaux précieux qu'il rapporta des monumens d'Athènes.

ÉLIE (JEAN-JACQUES), porte-drapeau dans un régiment d'infanterie (régiment de la Reine), se fit remarquer le 14 juillet 1789 à l'attaque de la Bastille, et s'introduisit le premier dans cette prison d'état. Le peuple, voulant honorer sa valeur par une espèce de triomphe, l'éleva sur un brancard, où il fut couronné et porté au milieu des acclamations publiques. Plus tard, Elie se précipita au milieu d'une multitude furieuse, pour arracher à la mort quelques infortunés qu'elle allait immoler. En 1793, se trouvant à la tête d'une division à l'entrée des Ardennes, il fut défait en avant de Philippeville. En 1797, il commandait la place de Lyon; ce fut quelque temps après qu'il prit sa retraite.

ÉLIO (FÉLIX), général espagnol, fut nommé, par la régence d'Espagne, capitaine-général des provinces de Rio-de-la-Plata, quelque temps après qu'elles se furent insurgées. Bloqué successivement, et attaqué avec beaucoup de vigueur dans Monte-Video, par les généraux Artigas et Hardo, il sollicita de prompts secours auprès du gouvernement du Brésil, et parvint, avec beaucoup de peine, à obtenir de la princesse Charlotte, sœur de Ferdinand, un renfort de 4000 Portugais, et une somme assez considérable d'argent. La marche de ce renfort, qui arrivait en toute hâte au secours d'Elio, détermina les insurgés à accéder aux propositions de paix que leur fit ce général, et ils conclurent, en novembre 1811, un traité qui fut rompu un mois après. Elio se vit bloqué pour la seconde fois dans Monte-Video. Il fut rappelé en Europe, et contribua beaucoup, après le retour de Ferdinand, à renverser les cortès. Cette conduite d'Elio lui valut le titre de capitaine-général du royaume de Valence. Une émeute populaire, suscitée par des idées d'indépendance, le contraignit, en 1816, de se renfermer dans la citadelle de cette ville, après un combat sanglant. On présume qu'il a cessé toute espèce de fonctions, depuis que le régime constitutionnel a remplacé le gouvernement absolu.

ELIOT (George-Auguste), lord Heathfield, célèbre par la défense de Gibraltar, en 1780, 1781 et 1782, le plus jeune des sept fils de sir Robert Eliot de Stobbs, qui descendait d'une famille normande, passée en Angleterre à la suite de Guillaume-le-Conquérant. Lord Heathfield naquit en 1718, et mourut à Aix-la-Chapelle, le 6 juillet 1790. Il fit ses études à l'université de Leyde, où il apprit l'allemand et le français, et parvint à parler la dernière de ces langues avec autant d'élégance que de facilité. Destiné par son père à la profession des armes, le jeune Eliot, à son retour de Leyde, fut envoyé à l'école royale du génie à la Fère. Ce fut en France qu'il puisa ces connaissances militaires qui lui assignèrent un rang distingué parmi les guerriers de sa nation. Revenu en Angleterre, il entra d'abord dans le régiment de Royal-Gallois infanterie, passa de ce régiment dans le corps des ingénieurs, à Wolwich, où il resta jusqu'à ce que le colonel Eliot, frère de son père, le fit entrer dans le second régiment des grenadiers à cheval, avec le grade d'adjudant. Ce fut à la tête de ce corps, devenu par ses soins l'un des plus beaux de l'Europe, qu'il se signala en Allemagne, dans la guerre de 1740 à 1748, notamment à la bataille de Dettingen, où il fut blessé. Après avoir été nommé lieutenant-colonel, et avoir rendu, en cette qualité, de grands services à son pays, il devint aide-de-camp du roi Georges III, qui le chargea de lever et de former, sous le nom d'Eliot, le premier régiment de chevau-légers. Immédiatement après, il reçut l'ordre de participer à l'expédition, tentée à Saint-Cast, contre les côtes de France. Il se trouvait avec son régiment sur l'escadre qui enleva la Havane aux Espagnols, et contribua beaucoup au succès de cette entreprise. Le roi lui témoigna combien il était satisfait de sa conduite, en accordant, sur sa demande, le titre de *royal* à son régiment. Appelé, en 1775, au commandement en chef de l'Irlande, et prévoyant, dès son arrivée, les difficultés nombreuses qu'il aurait à vaincre dans ce pays, où, comme gouverneur anglais, il ne pouvait que se faire des ennemis, il y séjourna peu, et demanda bientôt son rappel. Il dut, à cette circonstance, sa nomination au commandement de Gibraltar. La conduite qu'il tint, dans ce poste, en résistant, pendant trois ans, aux nombreuses attaques des armées combinées de France et d'Espagne, fut aussi honorable pour lui qu'avantageuse pour l'Angleterre. Au mois de juin 1787, Georges III voulant récompenser les services du général Eliot, le créa pair, comte de Gibraltar, et chevalier de l'ordre du Bain. Il se disposait, en 1790, à retourner de Londres à Gibraltar, lorsqu'une attaque de paralysie le força de se rendre à Aix-la-Chapelle, pour y prendre les eaux. Mais là une seconde attaque termina sa vie. On le transporta dans sa terre de Heathfield, où un monument fut élevé à sa mémoire. Lord Eliot avait des vertus privées, et son humanité égalait sa bravoure.

ELISABETH (Philippine-Marie-Hélène, madame), sœur de Louis XVI, naquit à Versailles le 23 mai 1764. Louis, dauphin de France, et Marie-Joséphine de Saxe, dont elle fut le dernier enfant, l'avaient confiée aux soins de la comtesse de Mackau, sous-gouvernante des enfans de France, et l'on remarqua de bonne heure une grande ressemblance entre son caractère et celui du duc de Bourgogne. Une éducation bien dirigée opéra néanmoins en elle le changement que les leçons de Fénélon avaient produit sur l'esprit de son élève; et bientôt elle fut aux yeux de toute la cour, le modèle des plus nobles vertus de son sexe. L'étude de l'histoire et des mathématiques occupait une partie de ses loisirs. Ses principaux amusemens étaient la lecture et l'équitation qu'elle aimait beaucoup, et sa plus douce occupation était la société de ses frères, de sa gouvernante, des marquises de Souzi, de Bombelles, et de toutes les personne recommandables par leurs qualités. Le séjour de la campagne offrait aussi mille charmes à l'âme bienfaisante et aux goûts paisibles de cette princesse, et c'était à Montreuil, dans une maison qui avait appartenu à Mme de Guéméné, qu'elle passait les plus heureux instans de sa vie. Ce ne fut pas sans une secrète terreur qu'elle vit la convocation des états-généraux. Dès cet instant, elle se dévoua tout entière au sort de sa famille, et résolut d'en partager les disgrâces, ou de les prévenir, s'il était possible, en inspirant à son frère une fermeté qui lui paraissait la seule digne à opposer aux progrès immenses et rapides de la révolution. Mme Elisabeth elle-même ne tarda pas a en sentir l'inutilité, et lorsque Louis XVI eut été ramené à Paris, le 7 octobre, elle écrivait à une de ses amies, dans une lettre datée des Tuileries : «..... Ce qu'il y a de

» certain, c'est que nous sommes
» prisonniers ici : mon frère ne le
» croit pas, mais le temps le lui
» apprendra. Nos amis pensent
» comme moi, que nous sommes
» perdus... » Son courage s'accrut
dès lors, avec les revers qui accablèrent presque coup sur coup
sa famille; et malgré les instances de Louis XVI, elle refusa de
se retirer à Turin, auprès de sa
sœur Clotilde, mariée au prince
de Piémont, ou d'accompagner
ses tantes lorsqu'elles quittèrent
la France. Ce fut surtout le 20
juin 1792, qu'éclata le dévouement d'Elisabeth pour sa famille.
On ne peut voir sans attendrissement cette généreuse princesse
reprocher au chevalier de Saint-Pardoux d'avoir détrompé la populace qui la prenait pour la reine,
dans un moment où la vie de cette
princesse était en danger. Mme Elisabeth fut conduite au Temple avec le roi et la reine, et partagea
leur captivité, qu'elle contribua à
adoucir par ses soins et ses consolations. Après avoir perdu ces
deux objets de ses plus douces affections, elle ne tarda pas elle-même à paraître devant le tribunal de sang qui avait condamné
Marie-Antoinette. Une circonstance du procès de cette princesse
donna lieu à la mise en jugement
de Mme Elisabeth. Il avait été découvert, pendant les débats, qu'elle avait entretenu une correspondance avec les princes ses frères,
sortis de France à diverses époques, et il n'en fallut pas davantage pour l'envoyer au supplice.
Le 9 mai 1794, elle fut enlevée
du Temple, après vingt-un mois
de captivité, et conduite à la Conciergerie. Livrée dès le lendemain au tribunal révolutionnaire, le même jour éclaira sa condamnation et sa mort; elle périt
avec la résignation et le courage
d'une martyre. Ses restes furent
confondus avec ceux des autres
victimes, que les ultrà-révolutionnaires entassaient tous les jours au
cimetière de Mouceaux. La bienfaisance était une des principales
vertus de Mme Elisabeth, et nous
pourrions en rapporter ici plusieurs
traits qui n'ont été connus qu'assez
long-temps après sa mort, parce
que sa modestie les cachait avec
soin. Lorsqu'on avait formé la maison de Mme Elisabeth, on lui avait
attribué 25,000 fr. par année, pour
ses diamans; mais elle avait obtenu du roi que cette somme serait comptée pendant 6 ans de
suite à une jeune fille qu'elle aimait et dont la pauvreté empêchait l'établissement. Une autre
fois, cette princesse avait fait
inoculer 60 jeunes filles indigentes, et leur avait prodigué
tous les soins d'une mère,
pendant les suites de l'opération.
Seule de toute sa famille, elle avait été long-temps sans posséder en propriété une maison de
campagne particulière; et c'était le roi qui lui avait acheté à
son insu celle de Mme de Guéméné,
où elle vivait avant la révolution.
M. Ferrand, ancien ministre d'état, pair de France, a publié, en
1814, l'éloge historique de cette
vertueuse princesse.

ELISABETH (PRINCESSE D'ANGLETERRE), sœur du roi George IV
actuellement régnant, se fait remarquer par son esprit et son
goût pour la littérature. On lui

attribue plusieurs ouvrages, auxquels, malgré leur importance, elle n'a pas cru devoir mettre son nom ; mais elle ne saurait désavouer celui qu'elle a elle-même distribué aux personnes qui l'entourent, et qui a paru, en 1806, sous le titre de *Pouvoir et progrès du génie, dans une série de vingt-une esquisses,* in-folio. La princesse Elisabeth, née le 22 mai 1770, est la troisième fille de Georges III.

ÉLISÉE (LE PÈRE), chevalier de Saint-Michel et premier chirurgien du roi, fit ses études médicales à Paris. S'étant rendu en Angleterre pour fuir la révolution, il exerça sa profession auprès du prince-régent, du comte d'Artois, et de Louis XVIII, qu'il suivit en France en 1814, et qu'il accompagna en Belgique en 1815. Nommé à son retour médecin du Val-de-Grâce, il fit ensuite partie de la commission qui fut chargée par le roi de rendre un compte exact de la manière dont s'enseignait l'art de guérir dans les différentes écoles du royaume. Le P. Élisée est mort en 1817.

ELLENBOROUGH (LORD EDWARD), né dans le comté de Cumberland, fut admis au collége des avocats de Lincolns'-inn, comme fils du docteur Edmund-Law, évêque de Carlis. Il se rendit ensuite dans les comtés du nord de l'Angleterre, et revint à Londres, où une affaire d'assurances qu'il défendit avec le plus grand talent fixa sur lui l'attention générale, et commença la réputation brillante dont il a joui comme avocat. Il parut quelque temps après dans la défense du gouverneur Hastings, et sa réputation ne fit qu'augmenter, par la manière dont il soutint cette cause importante et difficile contre MM. Fox, Burke, Adams et Sheridan. Il fut nommé successivement procureur-général et juge-chef de la cour du banc du roi ; enfin pair du royaume sous le titre de lord Ellenborough.

ELLEVIOU (N.), l'un des plus célèbres acteurs du théâtre de l'Opéra-Comique, est né à Rennes, département d'Ille-et-Villaine, vers 1770. Son père, chirurgien distingué, lui fit donner une bonne éducation, et se proposait d'en faire un praticien ; mais une vocation invincible pour la carrière du théâtre ne permit pas au jeune Ellevion d'écouter les vives représentations de sa famille, et, contre le gré de ses parens, il débuta en 1790. A cette époque, le théâtre Favart, qui succéda à la Comédie-Italienne, avait un rival dans le théâtre de *Monsieur,* établi au palais des Tuileries, dans la salle qu'avait occupée long-temps la Comédie-Française. Forcé de quitter cette salle, le théâtre rival en fit construire une dans la rue Feydeau, et s'y installa dès l'année 1791. A l'imitation du théâtre Favart, il ne joua que l'opéra-comique. La concurrence nuisant aux intérêts des deux troupes, après avoir réciproquement fermé et rouvert, s'être enlevé leurs meilleurs artistes, ils finirent par se réunir en 1801. Lors des débuts d'Elleviou, Michu était l'acteur en faveur : une figure agréable, un jeu maniéré et plus convenable aux bergers d'opéra qu'aux héros qu'il jouait, lui avaient obtenu la faveur des dames. Elleviou obtint à plus juste titre la faveur du public. Doué de la figure la plus heureuse et de la taille la plus avantageuse, il chantait avec beaucoup de goût et jouait avec beaucoup d'esprit. Les rôles de petit-maître sont ceux où il excellait particulièrement. Les succès qu'il obtint ont fait donner son nom à ces sortes d'emplois. Ainsi on débute dans les *Elleviou*, on étudie, on joue les *Elleviou*, comme on débutait autrefois dans les *Clairval*, autre acteur qu'Elleviou a fait oublier, et qui avait aussi donné son nom à plusieurs rôles. Elleviou excellait à tel point dans certains personnages, que son nom seul suffisait pour attirer la foule, quand on l'annonçait dans *Le Prisonnier*, de Dellamaria; dans *Adolphe et Clara*, de Daleyrac; dans *Maison à vendre*, du même auteur; et il n'était pas moins bien placé dans les rôles les plus disparates, dans l'*Irato*, dans les *Rendez-vous bourgeois*, dans *Joseph*. Elleviou était homme d'esprit. On lui attribue l'opéra-comique de *Délia et Verdikan*, et celui de *l'Auberge de Bagnères*. Il est aussi homme de cœur. Quand les étrangers entrèrent en France, en 1815, il organisa, pour la défense du canton qu'il habite, un corps franc qu'il commandait lui-même. Retiré du théâtre depuis plusieurs années, il vit dans la retraite, se consacrant entièrement aux travaux de l'agriculture, pour laquelle il a beaucoup de goût.

ELLIOT (LORD GILBERT), pair d'Angleterre, ancien ambassadeur à Copenhague, etc., fut envoyé en 1790 à Paris, où il eut diverses conférences avec plusieurs membres de l'assemblée nationale. Après la conquête de l'île de Corse par les Anglais, il en fut nommé vice-roi, et traita en 1796 avec la Toscane, pour l'occupation de l'île d'Elbe et de Porto-Ferrajo. Quelque temps après, les Corses ayant secoué le joug britannique, et s'étant réunis à la France, lord Elliot fut arrêté à Bastia; mais sa détention ne dura pas long-temps, il retourna en Angleterre, et devint membre du parlement. Lord Elliot est l'un des plus dévoués partisans du ministère.

ELLIOT (RICHARD), né à Kingsbridge, en Devonshire. Entré de bonne heure au collège de Bennet, à Cambridge, il s'y livra à l'étude de la théologie, dans laquelle il fit d'assez grands progrès. Il remplit ensuite pendant quelque temps la place de chapelain de l'hôpital de Saint-George; mais elle lui fut enlevée en 1759, parce qu'il avait émis dans quelques-uns de ses discours, des propositions qui sentaient l'hérésie. Cette disgrâce, et peut-être ses dispositions naturelles, le portèrent à ressusciter quelques-unes des doctrines d'Arius, qu'il professait encore publiquement vers la fin de 1789, époque de sa mort. Il n'a laissé que peu d'ouvrages, qui ne sont même aujourd'hui d'aucun intérêt.

ELLIS (HENRI), géographe, naturaliste et minéralogiste, né en Angleterre, entra fort jeune au service de la marine. Un grand nombre de voyages signalés par plusieurs découvertes intéressantes, lui donnèrent de la célébrité. Il fut, en 1746, de l'expédition qui chercha un passage au Nord-Ouest par la baie d'Hudson. On lui offrit à cette époque le commandement d'un navire, qu'il refusa, parce que la navigation des mers septentrionales lui était entièrement inconnue. Néanmoins le comité-directeur de cette entreprise, jugeant de quelle utilité Ellis pouvait être à l'expédition, le nomma son agent, et mit à sa disposition les moyens d'observer tout ce qui aurait rapport à l'art nautique, à la géographie et à l'histoire naturelle. L'expédition se composait de deux petits bâtimens, *le Dobbs*, commandé par le capitaine Moor, et *la Californie*, par le capitaine Smith. Partis le 24 mai de Gravesend, ils passèrent par les Orcades et se trouvèrent, le 27 juin, au milieu de brumes tellement épaisses, qu'à peine ils pouvaient s'entrevoir, et distinguer les monceaux de glaces flottans dont ils étaient entourés au 58° 30' de latitude boréale. Ce ne fut qu'après avoir couru les plus grands dangers qu'ils découvrirent, le 8 juillet, les îles de la *Résolution*, situées à l'entrée du détroit de Hudson. Lorsqu'ils furent à la côte occidentale de la baie, ils mirent un canot à la mer pour explorer les côtes. Ellis, qui était à la tête du détachement chargé de cette opération, remarqua à l'ouest de l'île plusieurs ouvertures très-grandes; mais la saison était trop avancée pour qu'il fût possible de pousser plus loin les découvertes, elles furent remises au printemps suivant. On était alors au 19 août, et le froid était excessif; le fort Nelson se trouvant au sud de cette côte, on prit le parti de s'y rendre, et d'y passer l'hiver. Ce projet ne s'exécuta point: le gouverneur du fort accueillit si mal ses compatriotes, qu'ils se virent dans la nécessité de conduire leurs bâtimens à cinq milles du fort d'Yorck, dans une anse de la rivière des Hayes, où ils construisirent à la hâte une maison. Au surplus le printemps suivant n'offrit pas de chances plus favorables à l'entreprise. Ellis, après avoir franchi une cataracte, et gravi des rochers affreux, ne trouva point le passage que l'on cherchait. Cet homme que rien ne décourageait voulut faire une nouvelle tentative du côté de la baie Repulse, mais les chefs de l'expédition ne le permirent pas. On sortit, le 15 août 1747, du port de Douglas, et l'on rentra le 29 dans le détroit d'Hudson. Revenu en Angleterre, après avoir essuyé la tempête la plus violente, Ellis a publié en anglais la relation de son Voyage, sous ce titre: *Voyage à la baie d'Hudson, fait par la galiote le Dobbs, et la Californie, en 1746 et 1747, pour la découverte d'un passage au Nord-Ouest, avec une description exacte de la côte et un abrégé de l'histoire naturelle du pays*, Londres, 1748, 2 vol. in-8° avec cartes et figures. Cet ouvrage a été traduit en français, en allemand et en hollandais; la traduction française, publiée à Paris, en 1749, est peu exacte. Un anonyme a, dans une relation nouvelle, cherché vainement a réfuter l'ouvrage d'Ellis; celui-ci n'en fut pas moins, pour prix de ses services, nommé successivement gouverneur de la Nouvelle-York et de la Géorgie.

Forcé, en 1760, de revenir en Europe pour rétablir sa santé, il séjourna quelque temps dans le midi de la France, passa en Italie, parcourut ce pays, et se fixa à Naples, où des voyageurs de sa nation le virent, en 1808, s'occupant toujours de recherches sur tous les objets qui ont rapport à la navigation. La société royale de Londres l'avait depuis long-temps admis au nombre de ses membres.

ELLIS (Jean), poète anglais, naquit à Londres en 1698, et manifesta, de très-bonne heure, son goût pour les vers. Il paraît néanmoins qu'il était assez indifférent à la réputation littéraire; car il ne fit imprimer qu'un très-petit nombre de ses poésies, quoiqu'elles jouissent de l'approbation des gens de goût. Ainsi l'on n'a guère de lui que *la Surprise, ou le gentilhomme devenu apothicaire*, d'après une traduction latine d'un conte en prose, écrit originairement en français, et *une parodie du chant ajouté à l'Énéide*, par Maffée, 1758. Ellis était notaire, et fut nommé quatre fois maître de sa compagnie, et membre du conseil commun. Il est mort en 1792, à l'âge de 94 ans. Ses qualités morales, et surtout sa bienfaisance envers les pauvres, lui avaient acquis beaucoup d'estime.

ELOUT (Corneille-Théodore), Hollandais, exerça d'abord à Amsterdam la profession d'avocat, dans laquelle il s'acquit une assez grande réputation, et fut ensuite nommé bailli du Texel. En 1795, il fut choisi pour siéger dans la cour d'appel de la province de Hollande, et occupa cette place jusqu'en 1802, époque où il fut élevé au grade de procureur-général près la haute cour de justice. M. Grasveld ayant été nommé, en 1805, gouverneur des Indes orientales, Elout partit avec lui en qualité de commissaire-général; mais à peine furent-ils arrivés à New-York, qu'ils y reçurent l'ordre de leur rappel; et le roi Louis-Napoléon, de qui émanait cet ordre, nomma M. Elout membre de son conseil-d'état, peu de temps après le retour de ce dernier en Hollande. Après la révolution de 1813, il fut aussi appelé dans le conseil-d'état de Guillaume Ier, et fut, deux ans après, nommé membre de la commission chargée de former un projet de loi fondamentale pour le royaume des Pays-Bas. Il a été nommé, en 1815, commissaire-général des Indes orientales. M. Elout s'est constamment montré partisan des idées libérales, dans les diverses fonctions qu'il a été chargé de remplir. Il est encore conseiller-d'état, et commandeur de l'ordre du Lion-belgique.

ELPHINSTON, officier supérieur de la marine anglaise, a fait un grand nombre de campagnes dans lesquelles il a déployé beaucoup d'intelligence et de bravoure. Après avoir commandé, en 1793, le vaisseau le *Robuste*, de l'escadre de l'amiral Hood, il fut nommé contre-amiral, et commanda en cette qualité, une division au combat du 1er juin de l'année suivante. Elevé ensuite au commandement d'une escadre, il s'empara successivement du cap de Bonne-Espérance, de divers autres comptoirs que les Hollandais occupaient sur les côtes de l'Inde, et d'une flotte hollandaise, composée de 3 vaisseaux de ligne, de 4 frégates, d'un sloop et d'un navire de commerce richement chargé. Il est revenu en Europe au commencement de 1797, et n'a point été employé pendant les guerres entre la France et l'Angleterre, sous le gouvernement de Napoléon.

ELPHINSTON (JACQUES), grammairien anglais, naquit à Édimbourg en 1721, et fit ses études à l'université de la même ville. Il parcourut ensuite le continent, et s'arrêta long-temps à Paris, où il étudia la langue française, qu'il parvint, dit-on, à écrire avec la plus grande élégance. De retour en Ecosse, il reprit les fonctions d'instituteur, qu'il avait déjà remplies à l'âge de dix-sept ans, auprès de lord Blantyre, et il devint, en 1750, l'ami du célèbre docteur Johnson. Cette liaison est généralement attribuée au zèle avec lequel Elphinston répandit le *Rambler* dans son pays, et à la nouvelle édition de cet ouvrage périodique, qu'il fit paraître à peu près dans le même temps. Il se retira ensuite en Angleterre, et établit une école à Kensington. Il consacrait la plus grande partie de son temps à l'étude, et l'on a de lui plusieurs ouvrages qui décèlent du talent comme écrivain, mais qui sont généralement gâtés par un trop grand nombre d'inversions. Il mourut à Hammersmith, le 8 octobre 1809, à l'âge de 89 ans. Ses principaux ouvrages sont : 1° une traduction en vers du poëme de *la Religion*, de Louis Racine ; travail qui obtint le suffrage d'Young et de Richardson ; 2° une *Analyse des langues française et anglaise*, 1755, 2 vol. in-12; 3° un poëme sur l'*Education*, 1763; 4° *Recueil de poëmes tirés des meilleurs auteurs, adaptés à tous les âges, mais particulièrement destinés à former le goût de la jeunesse*, 1 vol. in-8°, 1763. 5° *Principes raisonnés de la langue anglaise, ou la Grammaire anglaise reduite à l'analogie*, 1764, 2 vol. in-12. Le but de l'auteur, dans cet ouvrage, était de changer le système de l'orthographe, en la rendant absolument conforme à la prononciation. 6° *Principes raisonnés de la langue anglaise à l'usage des écoles*, 1765. 7° *Vers anglais, français et latins*, 1767, in-fol. 8° *Epigramme de Martial*, avec un commentaire, 1782, in-4°. Il donna de plus grands développemens à son système d'orthographe, dans un ouvrage qui parut en 1786, sous le titre de *Propriety ascertained in her picture; or english speech and spelling reduced mutual guides*, 2 vol. in-4°. Un autre titre non moins ridicule que le précédent, est celui qui fut mis, en 1794, à la tête de la correspondance d'Elphinston, qui fut alors imprimée en 8 volumes ; il était ainsi conçu : *Fifty years correspondence, english french and latin, in prose, and verse, betwen geniussed of boath sexes and James Elphinston*, ce qui signifie, à peu près, *Correspondance de cinquante années, en anglais, en français et en latin, en prose et en vers, entre des littérateurs des deux sexes et Jacques Elphinston*, avec un portrait de l'auteur et un autre de Martial. Elphinston a aussi publié, en 1794, une traduction en vers anglais, avec le texte en regard, des poètes moralistes latins, comme Sénèque, Caton, etc.

ELSNER (N. d'), général prussien, naquit vers 1734, et mourut à Opeln, dans la Haute-Silésie, au mois d'août 1802. Il commandait en 1794 une division de l'armée prussienne contre les Polonais. Les 6 et 14 juin de cette même année, aux affaires de Sportowa et de Michalowina, il remporta des avantages sur la cavalerie polonaise, qui lui facilitèrent les moyens de se rendre maître de Cracovie, où il entra le 15. Il obtint en récompense la décoration de l'Aigle-rouge, et l'autorisation du roi de Prusse de porter pour armoiries celles de la ville conquise.

EMERIAU (Maurice Julien), né à Carhaix, en Bretagne, vers 1762. Destiné par sa famille au génie militaire, il préféra le service de mer et il partit comme volontaire dans la marine, peu de temps avant la guerre d'Amérique. Lors de la campagne de 1778, époque à laquelle il n'avait que 16 ans, il prit part à douze combats ou siéges, et reçut trois blessures. Le comte d'Estaing le distingua à la prise de la Grenade, et au siège de Savanah, où il fut grièvement blessé, en s'élançant le premier dans la tranchée. Le grade de lieutenant de frégate fut le prix de l'intrépidité de M. Emeriau, qui n'était alors âgé que de 17 ans; le gouvernement américain le récompensa, de son côté, par l'ordre de Cincinnatus. Lieutenant de vaisseau, en 1791, il fut mis à la tête d'une expédition, dont le but était de conduire à la Nouvelle-Angleterre et de ramener en France le grand nombre de bâtimens qui se trouvaient au Cap, mission qu'il remplit avec succès; devenu capitaine de vaisseau, et bientôt après chef de division, il fit la campagne d'Égypte, d'abord comme chef de file de l'armée, ensuite comme commandant de la première division de l'avant-garde. Ce fut lui qui, sur le vaisseau le *Spartiate*, entra le premier à Malte. A Aboukir, il combattit à la fois contre 4 vaisseaux anglais, sur l'un desquels se trouvait Nelson, et désempara le vaisseau amiral. Le grade de contre-amiral fut la récompense de la valeur qu'il avait déployée dans ce combat et des blessures qu'il y avait reçues. Bientôt après, il fut fait préfet maritime à Toulon, et enfin chef militaire de ce port. En l'an 2, il s'embarqua pour Saint-Domingue, dans la vue de rétablir les communications sur le sud de cette île: son entreprise réussit, et la ville du Port-au-Prince, dont Dessalines était sur le point de se rendre maître, lui dut son salut. A son retour dans sa patrie, l'aile droite de la flottille lui fut confiée. Il administra le port de Toulon, depuis 1802 jusqu'en 1811, en qualité de préfet maritime, et dans ces importantes fonctions, il se montra toujours aussi probe qu'éclairé. Pendant son administration, il s'occupa avec zèle de la construction de nouveaux bâtimens de guerre, et bientôt il eut fait confectionner 15 vaisseaux et 10 frégates: on lui donna le commandement de cette escadre, et pendant les trois années qu'il la commanda, tout ce qu'il entreprit fut à l'avantage du pavillon français; il réussit même a assurer une libre navigation aux bâtimens de commerce. Elevé au grade de vice-amiral, M. Emeriau fut chargé de de l'inspection-générale des côtes de la Ligurie, le 7 avril, 1813. Mais les événemens qui devaient changer la face de l'Europe approchaient: la France attaquée de toutes parts, et trahie par quelques-uns de ses généraux, devait bientôt devenir la proie de l'ennemi : l'on doit cette justice à M. Emeriau, qu'il resta toujours fidèle au pavillon national. Une flotte anglaise, ayant à bord 22,000 soldats, le tenait étroitement bloqué: néanmoins, il parvint à mettre la rade et tout le littoral de Toulon en état de faire une longue résistance ; l'ennemi rebuté abandonna son entreprise, et l'un des plus précieux dépôts de la marine française fut conservé à la France. Après le rétablissement de la famille royale, il arbora le pavillon blanc, conclut un armistice avec lord Exmouth, et l'on dut au zèle de M. Emeriau la liberté de 4,000 Français, prisonniers depuis trois ans dans la Calabre. Le 9 juin, le roi le créa chevalier de Saint-Louis, et le 24 août de la même année, grand-cordon de la légion-d'honneur. Pendant les *cent jours*, il fut appelé à la chambre des pairs nommée par Napoléon. Quoiqu'il n'eût assisté à aucune des séances de cette chambre, non-seulement il ne fut point admis à siéger à la chambre établie par le roi, mais encore, depuis le mois de juillet 1816, il ne compte plus au nombre des vice-amiraux en activité.

EMERIC-DAVID (Toussaint-Bernard), membre de l'institut, chevalier de la légion-d'honneur, ancien membre du corps-législatif, est né à Aix en Provence, le 20 avril 1755. Il suivit à Paris les conférences des jeunes avocats, parcourut ensuite une partie de l'Italie comme amateur des arts, et revint dans sa ville natale, où il exerçait la profession d'avocat lorsqu'il fut pourvu, en 1787, du brevet d'imprimeur du roi, comme devant succéder à son oncle, Antoine David, auteur de divers ouvrages sur l'agriculture, et mort quelque temps auparavant. M. Emeric fut nommé maire de la ville d'Aix en 1791, et se démit de ses fonctions dix mois après. En 1793, il fut frappé de deux mandats d'arrêt, parce que sans doute ses opinions n'étaient point en harmonie avec celles d'alors, car les motifs de cette mesure sont restés inconnus. En 1809, il avait déjà publié quelques productions littéraires, lorsqu'il fut élu membre du corps-legislatif. Il se fit peu remarquer dans cette assemblée, après la première restauration, en 1814. Le 22 septembre de la même année, il fit plusieurs rapports sur diverses demandes relatives à des objets de commerce. Il s'éleva le 4 octobre contre l'effet rétroactif du projet sur l'importation des fers, et, dans la séance du 5 novembre, il démontra avec énergie l'illégalité de l'impôt sur les boissons, en rappelant la parole donnée, par le roi, de supprimer la régie. Il prononça,

J. A. Emery.

Lair pinx. Fremy del. et sculp.

dans le cours du même mois, un discours sur les douanes, discuta quelques propositions du tarif, et entra dans des détails techniques et historiques sur l'emploi et l'origine de diverses productions commerciales. Le 5 décembre, il demanda que le gouvernement fût invité à présenter un projet de loi tendant à modifier l'art. 163 du code civil, relatif aux prohibitions de mariage entre l'oncle et la nièce, le beau-frère et la belle-sœur, la tante et le neveu. Le même jour, il parla en faveur du rétablissement de la franchise du port de Marseille. M. Éméric-David a inséré divers mémoires et discours dans le *Musée français* de Laurent et Robillard. Il a publié : 1° *Recherches sur la répartition des contributions foncière et mobilière*, faite au conseil-général de la commune d'*Aix*, le 12 novembre 1791, Aix, in-4°, brochure de 39 pages; 2° *Musée olympique de l'école vivante des beaux-arts*, Paris, in-8°, brochure de 59 pages; 3° *Recherches sur l'art statuaire, considéré chez les anciens et les modernes*, Paris, 1805, in-8°, ouvrage qui a remporté le prix à l'institut en l'an 9. M. J.-B. Giraud, sculpteur, a prétendu avoir participé à cet ouvrage, ce qui a fait naître entre lui et M. Éméric une dispute dans laquelle la modération prit peu de part. M. Éméric-David fut nommé, le 11 avril 1816, membre de l'institut royal de France, classe de l'académie des inscriptions et belles-lettres. Il s'est retiré de la scène politique depuis la dissolution du corps dont il faisait partie.

EMERY (JACQUES-ANDRÉ), supérieur-général de la congrégation de Saint-Sulpice, était fils du lieutenant-général-criminel de Gex (sous l'empire français, département du Léman), et naquit dans cette ville le 26 août 1732. Il commença ses études chez les jésuites de Mâcon, et vint les terminer, vers 1750, à la petite communauté de Saint-Sulpice à Paris. Ordonné prêtre en 1756, chargé de professer le dogme au séminaire d'Orléans en 1759, et, peu de temps après, d'enseigner la morale au séminaire de Lyon, il se fit recevoir docteur en théologie à l'université de Valence en 1764; fut nommé supérieur du séminaire et grand-vicaire d'Angers en 1776, et supérieur-général de la congrégation de Saint-Sulpice en 1782, par suite de la démission de l'abbé Le Gallic, huitième supérieur-général. Il était alors d'usage de pourvoir d'une abbaye les supérieurs-généraux des séminaires. L'abbé Émery reçut, en 1784, celle de Bois-Groland, dépendante du diocèse de Luçon, plus honorable que lucrative, et, sous ce rapport, convenant davantage à son désintéressement. Dévoué à l'ordre auquel il appartenait, il conçut de vives inquiétudes aux approches de la révolution, et n'en fut que plus zélé pour soutenir les intérêts qui lui étaient confiés. Il établit un séminaire à Baltimore, nouvellement érigée en évêché, et mit à la tête de cet établissement des hommes dont il connaissait la capacité et le zèle, et qui appartenaient tous à la congrégation-générale de Paris. La révolution fit fermer tous les séminaires de France ; l'abbé Émery, connu par son opposition aux nouvelles lois sur le clergé, fut arrêté et enfermé, d'abord à Sainte-Pélagie, et ensuite à la Conciergerie, qui était le premier degré de l'échafaud. Là son ministère fut tout évangélique, et d'autant plus utile qu'il inspirait aux victimes prêtes à être sacrifiées, le courage et la résignation qui rendent l'injustice moins horrible, et les apprêts du supplice moins déchirans. Le terrible président du tribunal révolutionnaire, Fouquier-Tinville, n'ignorait pas les pieuses fonctions que remplissait l'abbé Émery. Il hésitait à le sacrifier, « parce que, disait-» il dans son langage trivial et san-» guinaire, ce petit prêtre empê-» chait les autres de crier. » On rapporte que les évêques constitutionnels Lamourette et Fauchet, également proscrits, déposèrent dans le sein de l'abbé Émery l'expression de leurs regrets et de leur repentir. Après la révolution du 9 thermidor an 2 (27 juillet 1794), l'abbé Émery recouvra la liberté, et devint bientôt l'un des administrateurs du diocèse de Paris, dont l'avait nommé grand-vicaire M. de Juigné, alors en exil. L'abbé Émery déploya, dans l'exercice de ses fonctions, une grande connaissance de l'administration, et le caractère le plus honorable. « On lui a reproché, » assurent les auteurs orthodoxes «de deux biographies (sans oser » cependant l'en blâmer eux-mê-» mes), d'avoir poussé trop loin » la condescendance et la modé-» ration. » Félicitons-le plutôt d'avoir encouru ce reproche, dont l'objet fait autant l'éloge de son cœur que de ses sentimens religieux. Ils sont malheureusement trop rares les hommes qui, exerçant un ministère tout de charité, tout d'amour de la concorde, se montrent véritablement animés de l'esprit de leur état, et disent, en calmant les passions, en apaisant les haines et les inimitiés terribles, surtout après les longues dissensions politiques : « Que » la paix du Seigneur soit toujours » avec vous. » La condescendance et la tolérance de l'abbé Émery n'avaient toutefois rien de surhumain. Il était trop pénétré des devoirs imposés à ceux qui se consacrent au ministère des autels, pour ne pas saisir toutes les occasions de veiller aux intérêts de l'Église. Forcé par la révolution du 18 fructidor an 5 (4 septembre 1797), de se condamner momentanément à la retraite, il sut encore par ses écrits ne pas la rendre stérile. L'établissement du gouvernement consulaire permit à l'abbé Émery de concevoir des espérances qui se changèrent en réalité, du moment que le premier citoyen de l'état, commençant par le consulat à vie, conçut le projet de relever et d'occuper le trône naguère renversé. Avec le trône devait être rétabli l'autel : leur alliance date de loin. Après le rétablissement solennel du culte en France, par suite du concordat de 1801, l'année suivante, le gouvernement offrit, assure-t-on, à l'abbé Émery, l'évêché d'Arras. Il le refusa. Il y avait dans cette conduite abnégation de tout intérêt personnel. Ce n'était point l'éclat qu'il cherchait. Dans un évêché, ses services eussent été de peu d'importance. En restant obscur, il arrivait plus sûrement à son but, le rétablissement de son séminaire ; il le sollicita ; il l'obtint ; et aussitôt, de ses propres deniers, il acheta une maison à *Issy* près Paris, et y réunit un certain nombre de jeunes gens, dont il connaissait bien les dispositions. Dès ce moment l'éducation ecclésiastique fut rétablie sur ses anciennes bases ; ce pas était le plus important et le plus difficile à faire. Un simple prêtre le fit, et le temps a prouvé combien l'abbé Émery avait été judicieux. De si grands services sont au-dessus des récompenses vulgaires. Le cardinal de Belloy, bon appréciateur des hommes et des choses, nomma l'abbé Émery l'un de ses grands-vicaires; le cardinal Fesch lui fit obtenir une place de conseiller dans l'université. L'abbé Émery fit partie de diverses commissions chargées de prononcer sur des questions relatives aux affaires ecclésiastiques. La liberté, et ce genre de fermeté qu'on nomme quelquefois entêtement, avec lesquels il émit et soutint ses opinions, furent poussées si loin, au commencement de 1810, qu'il reçut l'ordre de quitter son séminaire. Nommé membre d'une nouvelle commision, il ne se montra pas plus disposé à céder aux opinions qu'il ne partageait pas, et il fut ainsi que les autres membres de cette commission, mandé aux Tuileries. L'empereur avait beaucoup de bienveillance pour l'abbé Émery ; il le laissait librement dire toute sa pensée, et il

ne s'offensait pas même des choses les plus hardies. L'abbé Émery profita volontiers de la liberté accordée à son âge et à son ministère. Il parla vivement en faveur du pape, « et osa même, disent »les biographes que nous avons »déjà cités, réclamer en faveur »de la souveraineté temporelle des »papes. Ses raisons en imposèrent »au perturbateur de l'Eglise.... » Il méritait bien en effet cette dénomination flétrissante, celui qui avait rétabli la religion en France ! L'abbé Émery mourut le 28 avril 1811, et non 1817, comme le prétendent par erreur les auteurs d'une biographie étrangère. Il fut enterré dans sa maison d'Issy, où les séminaristes eux-mêmes voulurent porter son corps. La reconnaissance, dans quelques occasions, est à la fois un besoin et un devoir. Voici les principaux ouvrages de l'abbé Emery. 1° *Esprit de Léibnitz*, Lyon, 1772, 2 vol. in-12, réimprimé en 1803, 2 vol. in-8°, sous le titre de *Pensées de Léibnitz, sur la religion et la morale;* 2°*Christianisme de Bacon*, an 7 (1799), 2 vol. in-12; 3° *Pensées de Descartes*, Paris, 1811, vol. in-8°. Ces trois ouvrages, et ceux qu'il avait le projet de publier sur *Euler* et *Newton*, devaient prouver, « que les plus »grands philosophes se faisaient »gloire de pratiquer et de professer »sincèrement la religion. » Cette pensée est louable, et un jour appliquée à *Voltaire* et à *Rousseau*, qui étaient aussi de grands philosophes, elle aurait rétabli en leur faveur l'opinion du clergé qui a elle-même tant d'influence sur la nôtre. 4° *Esprit de Sainte-Thérèse*,

Lyon, 1775, deuxième édition, 1779, in-8°; 5° *Conduite de l'église dans la réception des ministres de la religion qui reviennent du schisme et de l'hérésie*, 1797, nouvelle édition, 1801; 6° Il a donné une nouvelle édition de la *Défense de la révélation contre les objections des esprits forts*, par M. Euler, suivie de pensées de cet auteur sur la religion, imprimées dans la dernière édition de ses lettres à une princesse d'Allemagne, Paris, 1805, in-8°; 7° et une édition des *Nouveaux Opuscules de Fleury*, vol. in-12, 1807. Les *additions* qu'il fit ensuite à cet ouvrage motivèrent les désagrémens qu'il éprouva, et dont nous avons déjà parlé; 8° enfin il a publié les *Lettres à un évêque, sur divers points de morale et de discipline*, par M. de Pompignan, vol. in-8°, Paris, 1802. Il a fourni un grand nombre d'articles aux *Annales philosophiques*.

EMERY (Jean Antoine Xavier), jurisconsulte, naquit à Beaucaire, département du Gard, vers 1756. Conseiller à la cour des aides de Montpellier, lorsque la révolution éclata, il en blâma les principes, et se lia avec tous ceux qui partageaient ses opinions. Dénoncé comme contre-révolutionnaire, il fut incarcéré à Nîmes, et mourut avant d'être mis en jugement, le 30 juillet 1794. Il avait publié: 1° *Traité des successions, obligations, et autres matières contenues dans le troisième et le quatrième livre des institutes de Justinien;* cet ouvrage publié en 1787, in-8°, et où l'auteur fait preuve de connaissances en matière de jurisprudence, est enrichi d'un grand nombre d'*arrêts récens du parlement de Toulouse.* Il avait aussi composé un *Traité des testamens*, que la révolution ne lui a pas permis de faire imprimer.

EMERY (J. M. J.), fut élu en 1791 par le département du Nord, député à l'assemblée législative, et s'y fit remarquer par un grand nombre de motions contre les lois prohibitives en matière de commerce. Le 21 avril 1792, il sacrifia son traitement comme député pendant tout le temps de la guerre, « parce que, disait-il, » c'est aux représentans de la na- » tion qu'il appartient de donner » l'exemple du patriotisme. » M. de La Fayette ayant été calomnié par Chabot, M. Emery prit sa défense; le 4 juin de la même année, et trois mois après, il fit révoquer le décret qui ordonnait le rappel des commissaires à l'armée du Nord, et demanda le lendemain qu'on mît à la disposition du ministre de l'intérieur un fonds de 12 millions pour venir au secours de plusieurs départemens qui manquaient de grains. Arrêté en 1792, il n'échappa à la mort que parce qu'il était en proie à une violente maladie; et ayant été nommé maire de Dunkerque en juin 1795, il sauva la vie à Vanrike, qui avait été un de ses persécuteurs en 1793, et qui se trouvait alors sur le point d'être massacré par ceux qu'il avait poursuivis. Après la révolution du 18 brumaire, il redevint encore maire de Dunkerque, fut nommé conseiller de commerce près le ministre de l'intérieur, et passa en 1805 au corps-législatif, où il resta jusqu'en 1814. Il est aujourd'hui commandant de la garde nationale de Dunkerque.

EMMERY (Jean-Louis-Claude, comte de Grozyeulx), pair de France, etc., est né le 26 avril 1752. Il exerçait à Metz la profession d'avocat, en 1789, lorsqu'il fut député par le tiers-état de cette ville aux états-généraux, où il adopta les nouveaux principes, mais avec modération. Il demanda, en janvier 1790, une loi pour la liberté de la presse, et fit décréter, après la prestation du serment civique par Louis XVI, qu'aucun député ne serait dorénavant admis sans avoir prêté le même serment. Il fit en juillet, au nom du comité militaire, un rapport sur l'organisation de l'armée, et accusa quelques jours après le cardinal de Rohan et les princes allemands d'entretenir des troubles en Alsace. M. Emmery fit ensuite, à l'instigation de M. de Bouillé, avec qui il entretenait une correspondance, un rapport sur l'insurrection qui avait éclaté dans la garnison de Nanci; et quelque temps après, (le 24 juillet 1791), ayant été nommé depuis peu président de l'assemblée, il vota l'arrestation du même marquis de Bouillé, dont il avait bien des fois vanté le patriotisme. Il s'opposa aussi dans la même séance à la destruction de l'hôtel des Invalides, après avoir contribué aux mesures de sûreté qui furent prises lors du voyage de Varennes en juin 1791. Il fit rendre ensuite divers décrets sur le régime militaire, les tribunaux et les colonies. La session terminée, il passa au tribunal de cassation, et le 10 mai 1792, il rendit compte à l'assemblée législative des travaux de ce tribunal. Il se retira ensuite de la scène politique, et vécut dans une obscurité complète, jusqu'en 1797, où on le nomma député du département de la Seine au conseil des cinq-cents, dont il fut élu secrétaire, le 19 juillet. Les principes qu'il y professa furent toujours très-modérés. Il passa, dans le mois d'août de la même année, à la commission des inspecteurs, où il resta jusqu'à la révolution du 18 fructidor, qui ne l'atteignit point personnellement; mais par suite de la mesure générale, son élection fut déclarée nulle. Il entra au conseil-d'état, section judiciaire, après la journée du 18 brumaire an 8 (9 novembre 1799) et fut chargé, l'année suivante, d'examiner les pièces de la correspondance saisie chez Hyde, accusé d'être agent de l'Angleterre. Il passa au sénat-conservateur en août 1803 et s'y fit peu remarquer. M. Emmery a donné son adhésion aux actes qui ont renversé le gouvernement impérial, et cette circonstance a probablement influé sur son élévation à la dignité de pair, qui a eu lieu deux mois après.

EMMET (Robert), né à Cork en Irlande, fit d'excellentes études et se destinait à la carrière du barreau; mais la révolution française développant dans son cœur généreux les germes de la liberté, il embrassa avec ardeur le parti populaire qui ne tarda pas à s'organiser dans son pays. Devenu l'un des chefs des irlandais-unis, et membre du directoire secret dont la plupart de ces chefs faisaient partie, il fut arrêté à Dublin en 1803, et condamné à mort le 20 septembre de la même année. Son frère, *Thomas Addis*, jurisconsulte distingué, fut aussi compromis dans cette conspiration, mais d'une manière moins grave; il eut la liberté de quitter sa patrie et de se retirer aux États-Unis d'Amérique, où il réside encore, et où il jouit de la considération réservée au talent et à un caractère honorable.

EMPECINADO (don Juan-Martin), fameux chef de guérillas, remarquable par son acharnement contre les Français, et les dommages considérables que leur causèrent ses ruses et son infatigable activité. Savoir réunir et disperser facilement et à propos sa troupe, surprendre des détachemens isolés, les attaquer à l'improviste, renouveler fréquemment ses incursions, tels furent les moyens qu'il employa, et qui, secondés par la difficulté des chemins et la manière loyale de guerroyer des Français, lui réussirent presque toujours. C'est ainsi et par suite de ce même système qu'au mois de janvier 1811, se trouvant à la tête d'un corps de 5 à 6000 hommes, il occupa momentanément les villes de Siguenza, Brihuega et Cuença, y désorganisa les autorités et les administrations établies par les vainqueurs, et rendit infructueuse la réoccupation de ces villes, au moyen des contributions qu'il en tira. On le voyait inopinément paraître en des lieux dont on le croyait très-éloigné, et plus d'une fois il combattit à des distances considérables du champ de bataille où il s'était signalé la veille. Don Juan-Martin, élevé au grade de maréchal-de-camp, eut le bonheur de n'être point, comme tant d'autres, proscrit, lorsque Ferdinand VII fut rétabli sur le trône d'Espagne. Le nom d'*El-Empecinado*, qui signifie *couleur de poix*, est un sobriquet sous lequel il acquit sa célébrité comme chef de partisans; mais il lui parut assez glorieux pour désirer obtenir du roi l'autorisation de le transmettre à ses enfans, ce que ce prince lui accorda en 1818. Les habitans du lieu qui vit naître Empecinado ont élevé un monument à ce général. Les Espagnols ne répudient donc pas la gloire acquise pendant la vacance du trône de leurs anciens rois!

ENFIELD (Guillaume), professeur de belles-lettres à l'école de Warrington, naquit à Sudbury, en Angleterre, l'an 1741, et mourut à Norwich, le 3 décembre 1797. Protestant non conformiste, il puisa les principes de sa doctrine au collége de Daventry. En 1763, il fut nommé pasteur d'une congrégation de dissidens à Liverpool. En 1770 il obtint dans le Lancashire la chaire de belles-lettres, qu'il remplit avec succès. Il devint ensuite pasteur de Norwich, dirigeant toujours l'emploi de son temps de manière qu'une partie en fût consacrée à l'éducation de la jeunesse, et l'autre à la composition de livres utiles. Ce respectable ecclésiastique a publié les ouvrages suivans : 1° *Sermons à l'usage des familles*, 1779, 2 vol. in-8°; 2° *Le prédicateur anglais, ou Ser-*

mons sur *les principaux sujets de la religion et de la morale, choisis, revus et abrégés de divers auteurs,* 1773, 4 vol. in-12; 3° *Essai sur l'histoire de Liverpool,* 1774, in-folio; 4° *Observations sur la propriété littéraire,* 1774, in 4°; 5° l'*Orateur (the speaker),* morceaux choisis des meilleurs écrivains anglais, 1775, in-8°; 6° *Sermons biographiques, ou suite de discours sur les principaux personnages de l'Écriture-Sainte,* 1777, in-12 ; 7° *Exercices d'élocution. pour servir de suite à l'Orateur,* 1780, in-12; 8° *Les institutes de la philosophie naturelle, théorique et expérimentale,* 1785 et 1800, in-4°; 9° *Histoire de la philosophie, depuis les premiers temps jusqu'au commencement du siècle présent,* 1791, 2 vol. in-4°. Cet ouvrage, fait d'après l'histoire critique de Brucker, est fort bien écrit et très-estimé. Enfield a aussi fourni un grand nombre d'articles, signés de son nom, à la *Biographie universelle,* par J. Aikin. Ce même Aikin a publié la vie et 3 vol. des sermons d'Enfield.

ENGEL (JEAN-JACQUES), littérateur prussien, fils d'un pasteur de la confession d'Augsbourg, naquit à Parchim, dans le duché de Mecklembourg-Schwerin, le 11 septembre 1741, et mourut dans la même ville le 28 juin 1802. Il devait suivre la carrière de son père; mais il préféra à l'étude de la théologie celles de la philosophie, de la physique, des mathématiques et de la littérature ancienne. Les progrès qu'il fit dans ces sciences furent rapides; en 1765 il alla à Léipsick, où il ne tarda pas à se faire connaître avantageusement par la publication de plusieurs ouvrages. On lui offrit à l'université de Goëttingue une chaire qui lui assurait en même temps l'emploi de directeur de la bibliothèque de Gotha. Il la refusa, parce qu'il aurait été forcé de s'éloigner de sa mère, qu'il aimait tendrement. Il entra, en 1776, comme professeur de morale et de belles-lettres dans l'un des gymnases de Berlin, et conserva cette place jusqu'en 1787, époque où le roi de Prusse, Frédéric-Guillaume III, qui venait de monter sur le trône, le nomma, conjointement avec le poète Ramler, directeur du théâtre de Berlin. Il dut cet avantage à l'estime qu'avait pour lui le roi, auquel il avait enseigné les belles-lettres, et au succès d'un ouvrage qu'il venait de mettre au jour, sur la théorie de l'art théâtral. Cependant, Engel ne tarda pas à éprouver des dégoûts dans ses nouvelles fonctions: des intrigues de coulisse n'avaient rien d'agréable pour un homme qui avait passé sa vie à étudier les sciences; ces intrigues le fatiguèrent, et il donna sa démission, pour se retirer à Schwerin en 1794. Le roi le rappela bientôt pour l'attacher à l'académie des sciences, en lui assurant une pension qu'il avait bien méritée, et qui ne l'assujettissant point à un travail habituel, lui laissait la liberté de se livrer au soin qu'exigeait l'édition qu'il préparait de ses œuvres complètes. Il n'eut pas cette satisfaction. Désirant ardemment de voir sa mère, âgée de près de 80 ans, il se mit en route, bien que déjà malade, et remplit ce devoir filial. Ce voyage acheva d'épuiser ses forces, et il cessa de vivre au même lieu qui l'avait vu naître. Il était célibataire. Parmi les ouvrages qu'Engel a publiés, on distingue les suivans : 1° *le Fils reconnaissant*, comédie, Léipsick, 1770; 2° *Le Page*, comédie, 1774. Ce fut sur ces deux petites pièces, éminemment dramatiques, que se fonda la réputation d'Engel; elles ont mérité d'être traduites en français, et se trouvent dans le théâtre allemand de Friedel; la seconde a fourni le sujet de notre comédie des *Deux Pages* (*voy.* DEZÈDE); 3° *Le Philosophe du monde*, 1775, 2 vol. in-8°. Ce recueil, destiné à instruire les hommes en les amusant, contient un grand nombre de questions de philosophie, de morale et de littérature, d'après les observations des premiers savans de l'Allemagne : le style en est aussi élégant que correct; 4° *Théorie de la mimique*, Berlin, 1785, 2 vol. in-8°. Le but de cet ouvrage, présenté sous la forme épistolaire, est de faire connaître l'influence des passions sur les traits de la figure humaine; 5° *Le Miroir des princes*, Berlin, 1798, in-8°. Cet ouvrage fut particulièrement destiné à l'éducation des princes appelés au trône; 6° *Lorenz Stark*, roman, 1801, in-8°. Cet ouvrage, qui obtint un grand succès dans toute l'Allemagne, fut le chant du cygne.

ENGEL (CHARLES-CHRISTIAN), frère du précédent, médecin et auteur de quelques pièces de théâtre, mourut en 1801, à Schwerin. Il était né à Parchim, le 12 août 1752. Les comédies qu'on cite de lui sont : *Biondetta*, en quatre actes; *l'Anniversaire de naissance*, *ou les surprises*, en un acte; *l'Erreur*, en un acte. Engel a publié encore quelques poésies, et une petite brochure qui parut, en 1787, sous ce titre : *Nous nous reverrons*. Elle fit sensation. L'auteur y traite de la manière dont l'âme existera lorsqu'elle se trouvera dégagée de son enveloppe terrestre, et quels seront ses moyens de communiquer avec les autres âmes. Cette question, toute métaphysique, est présentée sous une forme dramatique, qui la rend piquante.

ENGELMAN (GODEFROI), artiste recommandable à qui la France doit l'importation de la lithographie, est né à Mulhausen, département du Haut-Rhin, en 1788. Il apprit à Munich les procédés de l'impression sur pierre, chez les inventeurs mêmes de cet art nouveau, et se hâta d'en procurer les avantages à ses compatriotes en les répandant à Mulhausen. Il vint à Paris en 1816, et y fit connaître ses procédés. L'institut en porta le jugement le plus favorable, et la société d'encouragement lui décerna une médaille d'argent. Il a publié, en 1817, un *Recueil d'essais lithologiques*, in-8°, et, conjointement avec M. Berger, un *Portefeuille géographique et ethnographique*, in-4°. Les dessins de cet artiste offrent des beautés du premier ordre. Avant la précieuse invention de la lithographie, les arts n'avaient de ressource que dans la peinture et le burin; et les dessins des grands maîtres, le premier jet de leur génie, l'esquisse si précieuse de leurs compositions capitales, s'ils n'étaient pas confiés au graveur, se perdaient sans ressource, ou disparaissaient dans les collections d'amateurs. Au moyen des nouveaux procédés, le dessin se multiplie à l'instar de la gravure, se répand comme elle, et comme elle orne les plus belles collections; c'est pour les arts une nouvelle conquête, et pour nous, une nouvelle source de plaisir et de richesse. La lithographie se perfectionne chaque jour, et rivalisera bientôt pour la beauté avec la gravure.

ENGELSCHALL (Joseph-Frédéric), professeur de belles-lettres, écrivain et poète, naquit à Marbourg, dans le pays de Hesse, où son père avait la surintendance des églises protestantes, et mourut le 18 mars 1797. Ses heureuses dispositions suppléèrent à une éducation un peu négligée, par suite d'un accident qui, à l'âge de 13 ans, le rendit sourd. Ce malheur néanmoins ne l'empêcha pas de se livrer à son goût pour les sciences. La philosophie, l'histoire, la poésie et la peinture, s'offrirent à ses yeux, brillantes de tous leurs charmes. Les ouvrages qui contribuèrent le plus à former son goût pour la littérature, furent ceux de Lessing et de Winkelmann. Il s'attacha aussi à la lecture des anciens, et Homère devint l'objet de son admiration. Malheureusement la fortune n'avait pas traité Engelschall aussi favorablement que la nature. Il était obligé, pour se procurer des moyens d'existence, de donner des leçons de dessin; ce qui absorbait la plus grande partie de son temps, le fatiguait beaucoup, et nuisait aux progrès de son talent. Il était âgé de 49 ans, lorsqu'en 1788, il fut nommé, à l'université de sa ville natale, professeur extraordinaire de belles-lettres, titre qui l'honorait, mais qui ne lui eût été nullement profitable, si en même temps on ne l'avait attaché à l'université, en qualité de maître de dessin salarié. Doué de beaucoup de mémoire, il possédait des connaissances très-étendues; cependant il n'a pas laissé un grand nombre d'ouvrages, mais en général ses écrits sont d'un esprit judicieux et d'un homme de goût. Ses poésies, recueillies d'abord par des feuilles littéraires, ont été réunies et publiées en 1788. Ce recueil, qui contient des morceaux de tout genre, a été réimprimé en 1805, par les soins de M. Justi, ami de l'auteur et professeur à Marbourg. Le même M. Justi avait déjà fait paraître à Nuremberg, en 1799, la *Vie du célèbre peintre Jean-Henri Tischbein*, par Engelschall. C'est l'un des meilleurs ouvrages biographiques que possède l'Allemagne.

ENGERRAND fut, en 1792, député par le département de la Manche à la convention nationale, où il manifesta généralement des principes très-modérés. Après avoir déclaré publiquement que Louis XVI était coupable, il vota ensuite pour que ce prince fût condamné à une détention perpétuelle. Lors de la révolution du 31 mai, il parla en faveur des girondins, et surtout de Brissot, qu'il défendit encore dans l'assemblée, 12 jours après la publication du décret qui avait déclaré ce député traître à la patrie; conduite aussi généreuse que pleine de courage. M. Engerrand passa au conseil des cinq-cents, dont il fut élu secrétaire le 19 février 1798. Il s'y occupa particulièrement de finances, fit quelques rapports relatifs aux parens des émigrés, et s'opposa au projet de révoquer la loi qui ordonnait la déportation des prêtres. Sorti du conseil le 20 mai 1798, il y rentra peu de temps après, et fut nommé, l'année suivante, membre du corps-législatif, où il a siégé jusqu'en 1803, époque depuis laquelle il a cessé de remplir toute espèce de fonctions publiques.

ENGESTROEM (Laurent, comte), président de la chancellerie et ministre des affaires étrangères en Suède, chevalier de l'ordre des Séraphins, de l'Aigle-noir de Prusse, grand'croix de la légion-d'honneur, etc., est le troisième fils du savant évêque de Lund, Jean Engestroem. Il fut employé, dès sa jeunesse, dans la diplomatie. Successivement chargé des affaires de Suède en Allemagne, et ministre plénipotentiaire à Varsovie, à Londres, à Vienne et à Berlin, il acquit par ses talens l'estime des étrangers, et par son patriotisme la reconnaissance de ses concitoyens. Déployant dans les cours un caractère de franchise et de loyauté, rare parmi les diplomates de l'époque, il n'en fut pas moins heureux dans ses négociations. Rappelé en Suède, pour remplir la place de chancelier de la cour, il n'eut pas toujours le bonheur d'y plaire; mais tour à tour en disgrâce, ou revêtu de hautes fonctions, on le trouva, dans l'une et l'autre fortune, au rang des citoyens les plus distingués par un zèle ardent pour le bien public, et un grand désintéressement personnel. Après la révolution de 1809, et l'abdication de Gustave-Adolphe, le nouveau roi Charles XIII chargea M. Engestroem du ministère des affaires étrangères. Il eut ordre d'annoncer, le 18 novembre 1810, au baron Alquier, ministre de France, que le roi, en conséquence des preuves d'estime et d'amitié qu'il avait reçues du gouvernement français, consentait à déclarer la guerre à l'Angleterre, et qu'il allait ordonner la saisie de tous les bâtimens de cette nation qui se trouvaient dans les ports de la Suède. Le 31 décembre suivant, il répondit au même ministre, sur diverses demandes faites par le gouvernement français, dont la principale était le prompt envoi de 2,000 matelots suédois, pour servir sur les flottes françaises. On avait obtempéré en Danemark à une injonction pareille; on crut devoir s'y refuser en Suède. Le 7 janvier 1813, le comte Engestroem présenta au roi un rapport détaillé sur les relations politiques de la France et de la Suède, depuis les deux dernières années. D'amicales et intimes, ces relations venaient de prendre tout à coup le caractère le plus hostile, par l'irruption soudaine des troupes françaises dans la Poméranie suédoise, et par la saisie faite, en pleine paix, de cette province importante. La fréquente capture des vaisseaux suédois, enlevés par les corsaires français sur toutes les mers, et jusque dans les ports de la Suède même; les avanies du commerce, les dénis de justice du conseil des prises séant à Paris, le refus de payer toutes les fournitures faites à la France par des particuliers suédois, et d'autres griefs exposés dans le rapport du comte Engestroem, motivèrent bientôt un changement de système. La rupture la plus éclatante eut lieu, et les troupes suédoises, commandées par le prince royal, eurent ordre de se joindre à des alliés nouveaux, pour combattre d'anciens amis. Elles s'y portèrent à regret. Leur valeur et l'habileté de leur chef leur firent remporter quelques avantages en Allemagne; mais elles s'arrêtèrent sur les frontières de l'ancienne France. Le 5 septembre 1816, le comte Engestroem signa, comme ministre, un traité de commerce entre la Suède et les États-Unis d'Amérique. Il se trouve encore aujourd'hui (1822), dans un âge avancé, à la tête du département des affaires étrangères. Il possédait de grands biens en Pologne, ayant épousé, lors de sa première mission à Varsovie, une jeune dame polonaise, distinguée par son mérite personnel plus encore que par une fortune qui, depuis, a suivi toutes les phases des révolutions et des conquêtes auxquelles sa malheureuse patrie a été en proie. Le conseiller des mines, Engestroem, savant estimé, frère aîné du ministre, lui a légué une bibliothéque précieuse que celui-ci a considérablement augmentée, et qu'il vient de consacrer à l'usage du public, dans un local vaste et avantageux.

Deux autres de ses frères, l'aîné conseiller de la chancellerie, et le cadet secrétaire du roi, furent accusés d'avoir pris part à la conjuration d'Anckarstroem, contre le roi Gustave III. L'aîné se trouvait particulièrement désigné, comme étant le rédacteur du projet de constitution qui devait être proposé aux états du royaume après la mort du roi. Ces faits ne furent point prouvés; mais les accusés n'en furent pas moins condamnés, le premier à une réclusion de 3 ans dans une forteresse, et le second à la perte de sa place.

ENGHIEN (Louis-Antoine-Henri de Bourbon, duc d'Enghien), né à Chantilly le 2 août 1772, était fils de Henri-Louis-Joseph duc de Bourbon, et de Louise Thérèse-Mathilde d'Orléans. Ce prince, dont la fin tragique étonna l'Europe et consterna les partisans de la famille des Bourbon, annonçait dans sa jeunesse les brillantes qualités dont il donna des preuves dans les jours de l'adversité. Son esprit était cultivé, et les circonstances lui permirent de développer le courage héréditaire dans sa noble famille; heureux, s'il eût été employé contre l'étranger et non contre ses compatriotes! Le duc d'Enghien touchait à sa vingtième année lorsqu'il suivit le prince de Condé, son grand-père, dans l'émigration. La noblesse française, séduite par d'anciens souvenirs et par une position sociale dont le changement échappait à sa fierté, ne voyait dans l'émigration qu'une absence passagère, et se promettait de réduire aisément par les armes, un peuple dont elle croyait encore être la principale force et l'unique appui. Ces motifs décidèrent la mémorable campagne de 1792, où le duc d'Enghien servit avec distinction sous les ordres de son père, le duc de Bourbon. Les brillantes espérances de l'émigration furent bientôt dissipées. La haine du joug étranger, et l'enthousiasme de la liberté, rendirent les Français invincibles, et la nation montra qu'elle pouvait se passer de noblesse pour conquérir la gloire militaire et assurer son indépendance. Après cette campagne, le duc d'Enghien rejoignit le corps d'armée du prince de Condé dans le Brisgau, et partagea, jusqu'au licenciement, les rares succès et les nombreux revers de ses nobles compagnons d'armes. Il se fit constamment remarquer par son intrépidité et ses talens militaires. Reçu chevalier de Saint-Louis en 1794, c'est à cette époque qu'il faut placer l'origine de son attachement pour mademoiselle Charlotte de Rohan-Rochefort, attachement qui depuis contribua à le décider à se fixer à Ettenheim, et devint ainsi l'une des causes de sa fin déplorable. Il obtint, en 1796, le commandement de l'avant-garde de l'armée de Condé, et se distingua dans un grand nombre d'affaires. Le traité de Léoben ayant été conclu en 1797, la cour de Vienne ordonna le licenciement du corps de Condé, qui alors passa en Russie. Le duc d'Enghien y resta avec son aïeul jusqu'en 1799, revint en Souabe avec la noblesse française, et fut chargé de défendre la ville de Constance. On connaît les événemens de cette époque. La France soutenait la guerre contre la coalition des rois de l'Europe avec des succès divers, lorsque Bonaparte quitta l'Égypte et revint en France, où la victoire semblait attendre son retour. Les nouveaux triomphes de ce grand capitaine ayant amené la pacification de Lunéville, l'armée du prince de Condé fut définitivement licenciée, et l'émigration se dispersa dans l'Europe. Le prince de Condé se rendit en Angleterre, et le duc d'Enghien, sur les pressantes sollicitations du cardinal de Rohan, revint à Ettenheim avec Mlle de Rohan; il y vivait en simple particulier, avec l'autorisation du grand-duc de Bade. Ce fut à cette époque que Bonaparte, premier consul, résolut de placer la couronne impériale sur sa tête: les circonstances étaient difficiles. L'esprit de la révolution vivait encore dans l'armée, et animait tout dans l'ordre civil. D'un autre côté, les royalistes avaient repris de l'ascendant et travaillaient au rétablissement de la maison de Bourbon. Bonaparte se décida alors à frapper un grand coup d'état, qu'il crut devoir épouvanter les partisans de la famille royale, et servir de garantie aux intérêts de la révolution. Ce fut ainsi que la politique et l'ambition firent taire l'humanité et la justice. Quelques écrivains ont assuré que le duc d'Enghien avait commis des imprudences qui attirèrent l'attention du premier consul, et que ses relations avec quelques conspirateurs subalternes étaient connues; on ajoute même que plusieurs fois il avait secrètement passé le Rhin, et s'était rendu à Strasbourg pour s'aboucher avec eux. Nous ignorons jusqu'à quel point ces assertions sont fondées, et l'avenir seul peut soulever tous les voiles qui couvrent encore ce malheureux événement. Le duc d'Enghien fut arrêté dans la nuit du 17 au 18 mars. Son habitation d'Ettenheim fut cernée à l'improviste par trois ou quatre cents hommes, partis de Strasbourg, auxquels s'étaient réunis un grand nombre de gendarmes. Au bruit qui se fit entendre, le prince sauta de son lit, en chemise, et saisit un fusil. On lui fit remarquer l'inutilité de toute résistance : alors il renonça à se défendre; et lorsque les gendarmes pénétrèrent dans la chambre, le pistolet à la main, il n'avait eu que le temps de se vêtir d'un pantalon et d'une veste de chasse. Le baron de Grunstein, et le chevalier Jacques, secrétaire du prince, cherchèrent à le sauver, en présentant aux gendarmes le chevalier Jacques, comme l'individu qu'ils cherchaient. Ceux-ci tranchèrent la difficulté en arrêtant le prince et les deux gentilshommes. La troupe se dirigea sur Keppel, où elle passa le Rhin; quelques mauvais chariots transportèrent les prisonniers à Strasbourg, ils furent déposés à la citadelle. Là se fit le dépouillement des papiers saisis à Ettenheim; le prince ne voulut les parafer qu'en présence de son secrétaire. Le 18 mars, l'ordre fut donné de conduire le duc d'Enghien à Paris; arrivé le 20 mars, à quatre heures du soir, près de la barrière de Pantin, un courrier apporta pour instruction au chef de l'escorte, l'ordre de se rendre à Vincennes, en suivant les murs de Paris. Il était cinq heures lorsque le prince entra dans le château : il fit un léger repas, se jeta sur un lit, qu'on dressa avec précipitation dans un entresol, et s'endormit profondément. Réveillé à onze heures du soir, il fut conduit devant une commission militaire, qui venait d'être nommée pour le juger. Ce fut en vain qu'il allégua le droit des gens, violé en sa personne; il fut condamné à mort, comme émigré, à quatre heures du matin, et fusillé une demi-heure après, dans le fossé du château, qui fait face au bois de Vincennes. La nuit étant très-obscure, on lui attacha une lanterne sur le cœur, pour servir de point de mire aux soldats; son corps fut jeté tout habillé dans un fossé, qu'on avait creusé la veille. Le duc d'Enghien reçut la mort avec courage; il était âgé de 32 ans. Ainsi périt à la fleur de l'âge le dernier rejeton de l'illustre branche des Condé.

ENJUBAULT DE LA ROCHE (M. E.), fut député de la sénéchaussée du Maine aux états-généraux, en 1789, et en 1792, à la convention nationale. Il se fit peu remarquer, et ne s'occupa guère que des finances. En août 1790, il fit remplacer, par une pension sur le trésor public, la maison et tous les apanages des princes qu'il avait fait supprimer par un décret. La plupart de ses autres rapports furent relatifs aux biens nationaux. Lors du procès de Louis XVI, il vota conditionnellement la mort de ce prince, et vécut, pendant le règne de la terreur, dans une obscurité à laquelle il dut son salut. Il entra au conseil des cinq-cents lors de l'organisation de cette assemblée, et en sortit en 1798, mais il y fut presque aussitôt réélu. L'année suivante, il fut nommé membre du corps-législatif, où il siégea jusqu'en 1803, époque à laquelle il obtint un emploi au ministère des finances.

ENLART (NICOLAS-FRANÇOIS-MARIE), exerçait, en 1789, la profession d'avocat à Montreuil. En 1790, il fut nommé administrateur du Pas-de-Calais, et, en 1792, député à la convention nationale. Dans le procès de Louis XVI, il se prononça contre l'appel au peuple, et pour sa détention jusqu'à la paix, lorsqu'il fut question d'infliger la peine. A l'égard du sursis, M. Enlart s'absenta pour être dispensé de voter. Au mois d'octobre 1793, il fut chargé de procéder à la vente du mobilier de Marly. N'ayant point été appelé à faire partie de l'un des conseils après la session, il se retira au sein de sa famille. Nommé président du tribunal civil de Montreuil en 1800, il' en remplit les fonctions jusqu'en 1815. Dans les *cent jours*, l'assemblée électorale du Pas-de-Calais le nomma membre de la chambre des représentans. Par suite de la nouvelle organisation des tribunaux, M. Enlart est demeuré sans emploi.

ENTRECASTEAUX (JOSEPH-ANTOINE-BRUNI D'), contre-amiral et navigateur français, naquit à Aix, en Provence, en 1739. Son père, président au parlement de cette ville, le destinait au barreau, et lui fit faire ses études chez les jésuites. Le jeune d'Entrecasteaux préféra la carrière maritime, et fit son apprentissage de marine sous le bailli de Suffren, dont il était parent. Il passa par tous les grades, et lorsque la guerre éclata, en 1778, il fut nommé capitaine de frégate. Chargé d'escorter, avec sa frégate, plusieurs bâtimens marchands partis du port de Marseille, et destinés pour les Échelles du Levant, il rencontra deux corsaires; et malgré toutes leurs tentatives pour entamer le convoi, il parvint à les en empêcher. Ayant ainsi sauvé des cargaisons considérables, et s'étant distingué par une habileté peu commune, il reçut le grade de capitaine de vaisseau. Il fut chargé, en 1787, du commandement des forces navales dans l'Inde, et nommé gouverneur de l'Ile-de-France. A cette époque, il alla en Chine par le détroit de la Sonde et les Moluques, passa par le grand océan d'Asie, côtoya les îles Mariannes et les Philippines, et arriva enfin à Canton. En 1791, il fut choisi pour commander une expédition qui devait aller à la recherche de La Peyrouse, et faire le tour du monde. Il partit en effet pour exécuter cette honorable mission; mais, au moment d'arriver à l'île de Java, il succomba, à l'âge de 54 ans, au mois de juillet 1793, à une maladie qu'il avait contractée pendant son service sur mer.

EON DE BEAUMONT (CHARLES-GENEVIÈVE-LOUISE-AUGUSTE-ANDRÉ-TIMOTHÉE D', ou, selon d'autres, CHARLOTTE-GENEVIÈVE-TIMOTHÉE), naquit à Tonnerre, en Champagne, département de l'Yonne, le 5 octobre 1728. Son père était avocat au parlement, et conseiller du roi. D'Eon fut successivement avocat, censeur, capitaine de dragons, ambassadeur et écrivain. Dans ces différens emplois, le chevalier d'Eon a déployé, sans doute, beaucoup d'activité, de prudence et de dévouement; mais une des principales causes de la célébrité qu'il s'est acquise, fut le mystère qui enveloppa son sexe. On pensa généralement alors qu'une secrète raison politique lui fit donner l'ordre de prendre les habits de femme, mais qu'il était véritablement de l'autre sexe. A sa mort, toutes les incertitudes durent cesser, et la vérité fut en effet connue. D'Eon avait fait ses études au collége Mazarin. Reçu, fort jeune encore, docteur en droit, il se destinait au barreau, lorsque cette carrière lui parut peu avantageuse, et il l'abandonna pour se livrer à la culture des lettres, et parcourir la carrière diplomatique. Un *Essai historique sur les différentes situations de la France, par rapport aux finances,* et des *Considérations politiques sur l'administration des peuples anciens et modernes,* lui firent obtenir la protection du prince de Conti, directeur et chef du ministère secret de Louis XV. A la recommandation de ce prince, d'Eon fut attaché à l'ambassade du chevalier de Douglas à la cour de Russie, et chargé d'une mission délicate qui exigeait de l'habileté et de la discrétion. La manière dont il s'acquitta de cette mission, et surtout son heureux résultat, charmèrent le monarque, qui lui fit don d'une tabatière très-riche, ornée de son portrait, et le nomma capitaine de dragons dans la colonelle-générale. Quelque temps après, vers 1758, la guerre ayant éclaté, d'Eon mérita et obtint la croix de Saint-Louis. A la paix, il fut chargé d'une nouvelle mission politique. Il partit pour Londres en qualité de secrétaire d'ambassade, et y fut bientôt nommé *résident* et ministre plénipotentiaire. Peu de temps après, la fortune abandonna le chevalier d'Eon. La paix qu'on venait de conclure renfermait quelques conditions humiliantes pour la France : les ministres de Louis XV n'écoutant que leur intérêt, et craignant de voir leur conduite dévoilée par d'Eon, résolurent sa perte. Ils le firent rappeler; mais d'Eon ne s'abusa point sur l'imprudence qu'il commettrait en venant se mettre au pouvoir de ses ennemis, et il resta à Londres. Cette conduite le fit priver de ses emplois. Cependant Louis XV, qui ne pouvait oublier des services encore récens, lui accorda une pension de 12,000 f. sur sa cassette. Le chevalier d'Eon resta en Angleterre pendant quatorze ans. Durant un aussi long séjour, il consacra ses loisirs à la publication de plusieurs ouvrages qui ont été recueillis, en 1775, en 13 vol. in-8°, sous le titre de *Loisirs du chevalier d'Eon.* Des lettres de naturalisation lui furent offertes, mais il les refusa, malgré tous les avantages qui pouvaient en résulter pour sa fortune, conservant l'espérance de revoir son pays, auquel il demeura constamment attaché, et qu'il servit en plusieurs occasions, quoique n'ayant plus aucun caractère politique. Ce ne fut qu'en 1775, que Louis XVI l'autorisa à rentrer en France, ou à se retirer partout où il le jugerait à propos, lui promettant de le protéger, mais lui ordonnant un silence absolu sur tout ce qui avait pu lui être confié. D'Eon ne se décida à quitter l'Angleterre que deux ans après, sur l'invitation de M. de Vergennes, et reparut à la cour en habits d'homme. Il y fut accueilli avec distinction, et se montra, peu après, avec des habits de femme, sous le nom de chevalière d'Eon. Cette métamorphose subite étonna, et fournit le sujet d'une infinité de chansons et de plaisanteries. D'Eon n'avait pas cependant cessé de fréquenter les salons et les lieux publics. Il eut, à l'Opéra, une querelle occasionée par son changement de costume, et qui fut assoupie par les soins de l'autorité. On l'envoya néanmoins au château de Dijon, mais on eut soin de donner les ordres nécessaires pour qu'il y fût traité avec beaucoup d'égards. Ayant été rendu à la liberté, il fit un voyage dans son pays natal; mais bientôt pressé d'aller en Angleterre, il partit pour Londres en 1783. Il s'y trouvait encore, lorsque la révolution éclata en France. Voyant, dans le nouvel état des affaires, une occasion de se dévouer à son pays, il revint à Paris et demanda de l'emploi au gouvernement, qui, par un refus, se priva d'un homme qui aurait pu rendre d'utiles services. Il se retira alors à Londres, dans le dessein d'y terminer paisiblement sa carrière. Mais bientôt le malheur vint l'accabler. Inscrit sur la liste des émigrés, et privé de sa pension, il fut obligé, pour vivre, d'avoir recours à son industrie. Il employa souvent avec succès son talent dans l'art de l'escrime; il fit publiquement assaut avec le fameux Saint-George. Cependant son âge et ses infirmités ne lui permettant plus de se livrer à cet exercice, il fut obligé d'avoir recours aux bienfaits de l'amitié. Ce fut ainsi qu'il atteignit la fin de sa carrière. Il mourut à Londres, le 21 mai 1810. D'après l'inspection et la dissection de son corps, il est aujourd'hui bien prouvé que le chevalier d'Eon appartenait au sexe masculin, et que les fables qui ont été répandues sur sa naissance n'avaient d'autre but que de confirmer dans l'opinion celle que l'on imagina sur la fin de ses jours. Les raisons, sans doute politiques, qui l'obligèrent à ce déguisement, devaient être bien puissantes, puisque dans ses ouvrages rien n'a pu les faire connaître. On avait conçu l'espérance de les découvrir dans un *exposé* qui contient des détails curieux sur les affaires privées de ce personnage; mais cet espoir a été déçu. Les ouvrages du chevalier d'Eon sont: 1° *Mémoires sur ses Différens avec M. de Querchy;* 2° *Histoire politique de la Pologne;* 3° *Histoire des papes;* 4° *Recherches sur les royaumes de Naples et de Sicile;* 5° *Recherches sur le commerce et la navigation;* 6° *Pensées sur le Célibat, et les maux qu'il a causés en France.* Dans cet écrit, il insiste sur la nécessité de rendre à la société

l'Abbé de l'Epée

300,000 célibataires religieux des deux sexes, perdus pour la population, et compare, à ce sujet, nos prêtres et les ministres de l'église protestante. 7° *Mémoires sur la régie des blés en France, les mendians, le domaine des rois, etc.*; 8° *Détails sur toutes les parties des finances de France*; 9° *Mémoire sur la situation de la France dans l'Inde, avant la paix de* 1763; 10° *Mémoire sur la Russie et son commerce avec les Anglais*; 11° *Observations sur le royaume d'Angleterre, son gouvernement, ses grands-officiers, etc.*; 12° *Détails sur l'Écosse, et sur les possessions de l'Angleterre en Amérique.*

EPEE (CHARLES MICHEL DE L'), fondateur de l'institution des Sourds-Muets, naquit à Versailles, le 25 novembre 1712. Son père était architecte du roi. Le jeune de l'Épée commença des études pour suivre la carrière des sciences; mais sa vocation le portant au ministère des autels, il se prépara à recevoir les premiers degrés du sacerdoce, dont l'éloigna momentanément son refus de signer le *formulaire*, qui répugnait à ses principes religieux; il avait alors 17 ans. Arrêté ainsi dans la carrière ecclésiastique, il consacra tous ses momens à l'étude du droit, soutint son examen avec beaucoup de talent, et fut reçu avocat au parlement de Paris. Son penchant, et les dispositions de son esprit, le ramenaient involontairement au pied des autels; il reprit ses premières études. Recommandé par ses supérieurs à l'évêque de Troyes, neveu du grand Bossuet, ce prélat l'accueillit avec distinction, et lui conféra l'ordre de la prêtrise. L'abbé de l'Épée devint, peu de temps après, chanoine de l'église de Troyes. N'ayant encore que 26 ans, il refusa un évêché qu'on lui offrait, en reconnaissance d'un service personnel que son père avait rendu au cardinal de Fleury. Si l'abbé de l'Épée était inébranlable dans ses opinions religieuses, et inflexible envers lui-même, il avait toutes les vertus de son ministère; il était simple, modeste, humain et indulgent pour les autres. Homme éclairé, véritable pasteur, il voulait gagner des cœurs à la religion, et la faire regarder comme la consolatrice des affligés et l'appui de la morale. Ennemi de l'intolérance, il répétait sans cesse cette belle maxime de Henri-le-Grand, mort victime du fanatisme qui l'avait poursuivi pendant sa vie entière : *Tous ceux qui sont bons sont de ma religion.* Il aimait aussi à répéter avec Fénélon, dont il admirait les rares vertus : *souffrons toutes les religions, puisque Dieu les souffre*; et il ne perdait jamais de vue lui-même cette maxime du législateur des chrétiens, trop souvent méconnue par ses propres ministres : *Ne jugez pas les autres, vous qui devez être jugés.* Défenseur éclairé de la foi, frappé comme par inspiration de la régénération prochaine du siècle où il vivait, l'abbé de l'Épée évita toujours les luttes inutiles. On ne le vit point, orateur avide d'une gloire profane, lancer les foudres de son éloquence sur les écrivains célèbres dont il ne repoussait pas les saines doctrines, et que d'autres follement présomptueux, combattirent pour obtenir le seul triomphe d'une éclatante rivalité. Prêtre-citoyen, il aima ses semblables pour eux-mêmes, les dirigea par ses conseils, et les soutint de tous ses moyens. Tels furent toujours l'esprit de ses exhortations et le mobile de sa conduite, toutes les fois qu'il fut appelé à enseigner la doctrine de l'évangile. L'évêque de Troyes mourut, et l'abbé de l'Épée le regretta vivement; mais il fut dédommagé d'une si grande perte par les relations qui s'établirent entre lui et le respectable Soanen, évêque de Senez, que quelques personnages puissans de l'église persécutaient pour ses idées religieuses, idées que l'abbé de l'Épée partageait, et qui lui attirèrent les censures et l'inimitié de M. de Beaumont; de M. de Beaumont que J.-J. Rousseau à immortalisé! les vertus et la conduite irréprochable du simple et modeste prêtre, ne purent ramener à des dispositions de paix l'orgueilleux et inflexible prélat. Interdit de ses fonctions, l'abbé de l'Epée eut même défense d'entendre au tribunal de la pénitence, les jeunes élèves qui lui devaient l'existence morale, dont ils commençaient déjà à sentir l'inappréciable bienfait. Ce fut dans cette circonstance qu'il montra le noble caractère que sait déployer la vertu persécutée. Il supplia son pasteur de se départir d'une sévérité qui lui interdisait les plus saintes fonctions de son ministère; il l'implora en faveur de ses élèves que seul il pouvait entendre au tribunal de la pénitence. Deux fois il renouvela ses humbles remontrances... M. de Beaumont se tut. Alors l'abbé de l'Épée lui déclara qu'il regarderait ce silence, s'il était encore prolongé, comme une approbation. M. de Beaumont persista : l'abbé de l'Épée passa outre. Parmi les infirmités qui affligent l'espèce humaine, il en est une qui assimilerait ses victimes aux animaux les plus stupides, si l'homme, à force de méditations, de temps, et de patience, ne parvenait à détruire ou à modifier ses effets : cette infirmité est le *mutisme* ou la *muti-surdité*. L'abbé de l'Epée voit deux jeunes sourdes-muettes; il est frappé de ce triste spectacle, son auguste mission lui est révélée. Dès cet instant, il pose les bases d'une des plus belles conquêtes du génie. Généreux, il ne voit que le bien qu'il peut faire, et ne se doute pas que là où est le but, est aussi l'immortalité. On sait que le *mutisme* est la suite inévitable de la *surdité*. Serait-il donc impossible de suppléer par le sens de la *vue* le sens de *l'ouïe*, lorsque ce sens n'a jamais existé chez l'individu, ou qu'il s'est perdu par quelque accident; et ce sens est-il le seul qui puisse opérer le développement des organes de la parole? Ce sont là sans doute les questions que se firent à eux-mêmes les savans philanthropes qui les premiers s'occupèrent d'instruire les sourds-muets. A l'époque où l'abbé de l'Épée jeta les fondemens de l'admirable monument qu'il élevait à l'humanité souffrante, il ignorait que des philanthropes et des savans étrangers s'étaient déjà fait connaître, soit par des tentatives qui n'avaient pas été sans succès, soit par les écrits qu'ils avaient publiés sur ce sujet. « Lorsque je consentis, pour la première fois, dit-il (dans son ouvrage : *De la véritable manière d'instruire les sourds et muets de naissance*, Paris, un vol. in-12, 1774), à me charger de l'instruction de deux sœurs jumelles sourdes-muettes, qui n'avaient pu trouver aucun maître depuis la mort du P. Vanin (ou Famin), prêtre de la doctrine chrétienne, j'ignorais qu'il y eût dans Paris un instituteur qui depuis plusieurs années s'était appliqué à cette œuvre, et avait formé des disciples. Les éloges donnés par l'académie aux succès de M. Pareirès, lui avaient acquis de la réputation dans l'esprit de ceux qui en avaient entendu parler; et sa méthode avec le secours de laquelle il réussissait à faire parler plus ou moins clairement les sourds et muets, avait été regardée comme une ressource à laquelle on donnait de justes applaudissemens. Il n'en était pas l'inventeur : elle avait été pratiquée plus de cent ans avant lui, par M. Wallis en Angleterre, M. Bonnet en Espagne, et M. Amman, médecin suisse en Hollande, qui même avaient donné sur cette matière d'excellens ouvrages; mais il avait profité de leurs lumières, et ses talens à cet égard méritaient l'estime qu'ils lui attiraient. Le genre d'études que j'avais suivies de tous temps, et les occupations auxquelles je m'étais livré jusqu'alors, ne m'ayant point mis à portée de connaître aucun de ces illustres auteurs, je ne pensais pas même à désirer, et encore moins à entreprendre, de faire parler mes deux élèves. Le seul but que je me proposais fut de leur apprendre à penser avec ordre, et à combiner leurs idées. Je crus pouvoir y réussir en me servant de signes représentatifs assujettis à une méthode dont je composai une espèce de grammaire. » Avant l'abbé de l'Épée, l'instruction que recevaient les sourds-muets consistait à leur apprendre à parler; et lorsqu'on était parvenu à leur faire prononcer, avec plus ou moins de facilité, quelques phrases souvent mal articulées et jamais senties, on pensait avoir atteint la perfection. Pour obtenir ce résultat, on employait la *dactylologie*, que nous devons aux Espagnols, et que l'abbé de l'Épée eut occasion de connaitre par un incident singulier. Un jour d'instruction, un inconnu vint lui offrir un livre espagnol, en l'assurant que s'il voulait bien l'acheter, il lui rendrait service. Ne sachant point cette langue, l'abbé de l'Épée le refusa d'abord, mais en l'ouvrant au hasard, il aperçut l'alphabet manuel des Espagnols, gravé en taille-douce; et sur le titre du livre, ces mots : *Arte para ensènar à hablar los mudos*. Je n'eus pas de peine, dit l'abbé de l'Épée, de deviner que cela signifiait : *l'Art d'enseigner aux muets à parler*, et dès ce moment, je résolus d'apprendre cette langue pour me mettre en état de rendre ce service à mes élèves. On prétendit que la *dactylologie*, c'est-à-dire la science du mouvement et de la position des doigts, pouvait par degrés conduire les sourds à faire usage de la parole, et les mettre en état de composer des signes dans un langage convenu. Cet art, on s'en convainquit bientôt, donne l'*écorce des idées*, mais n'en donne pas la *substance*. Il était réservé à l'abbé de l'Épée de créer le langage universel de l'intelligence, avec lequel on peut s'entendre et communiquer dans tous les idiomes de l'univers. Afin de prouver que sa méthode n'était pas le résultat de l'impuissance où il se serait trouvé de parcourir la route tracée par ses prédécesseurs, il mit un de ses élèves, nommé Clément de La Pujade, en état de prononcer en public un discours latin de cinq pages et demie, et une sourde-muette de réciter à sa maîtresse les 28 chapitres de l'évangile selon saint Mathieu, et de dire avec elle l'office de primes, etc. L'homme audacieux qui n'avait pas craint de se donner pour l'inventeur d'un art que plusieurs avant lui avaient professé ou sur lequel ils avaient écrit, qui rendit l'académie des sciences complice de son subterfuge, en obtenant d'elle le titre d'inventeur et l'approbation de sa méthode, Pareirès enfin, chercha autant qu'il en eut les moyens à nuire à l'abbé de l'Épée. Écoutons bien plutôt un juge qui n'est pas suspect, l'élève, le successeur de cet illustre ami de l'humanité, l'abbé Sicard, que l'institution et les lettres viennent de perdre (mai 1822). « L'idée d'un grand homme, dit l'abbé Sicard (dans son *Cours d'instruction d'un sourd-muet de naissance*, Paris, 1 vol in-8°, an 8), est un germe toujours fécond. Toute langue, dit notre philosophe (l'abbé de l'Épée), n'est qu'une collection de signes, comme une suite de dessins d'histoire naturelle est une collection d'images. On peut tout figurer par gestes, comme on peint tout par des couleurs, comme on nomme tout par des mots. Les objets ont des formes, on peut les imiter : les actions sensibles frappent tous les regards; on doit pouvoir, par des gestes imitateurs, les dessiner et les décrire. Les mots ne sont que des figures de convention; pourquoi les gestes ne le seraient-ils pas aussi? Il peut donc y avoir une langue de gestes, une langue d'action, comme il y a une langue de sons, une langue parlée. Plein de ces idées génératrices, l'abbé de l'Épée ne fut pas long-temps à retourner à cette maison, où l'une des plus belles conceptions de l'esprit humain s'était fécondée dans sa tête. Jamais son âme généreuse n'avait attendu que l'infortuné vînt solliciter les secours de sa bienfaisance; il allait toujours les offrir.... Avec quel transport il fut accueilli! Il commence, il s'essaie, il dessine, il imite, il tâtonne, il écrit, il efface, il fait écrire. Il croit qu'il n'y a qu'une langue à montrer, et ce sont deux âmes à faire. Il présente des lettres, on les imite; mais pas une idée n'entre dans ces jeunes têtes. Tout se réduit pour elles au mécanisme du P. Vanin. L'abbé de l'Épée écrit des mots et montre des objets à mesure; mais des mots ne sont pas des images, et il n'est pas encore compris. Qu'ils furent difficiles ces premiers pas de l'inventeur! Ce grand homme trop défiant et trop modeste, n'osa donner l'essor à son génie et créer la grammaire des sourds-muets, comme il osa créer leur langue, etc. » Le *P. Ponce*, religieux bénédictin du monastère d'Ona, en Espagne, mort en 1584, paraît avoir exercé le premier l'art de faire parler les sourds-muets, mais il n'a point fait connaître sa méthode. Don Juan-Paolo *Bonnet* publia, en 1620, un ouvrage où il développe les principes qui l'ont dirigé dans l'éducation du connétable de Castille, devenu sourd à l'âge de quatre ans, et qui, au moyen de la méthode de son instituteur, apprit à prononcer distinctement la langue espagnole. Don Bonnet eut un grand nombre d'émules : *Wailly, Digby, Wallis* et *Burnet* en Angleterre, Emmanuel *Ramirez* de Cortone, Pierre *de Castro* de Mantoue, Conrad *Amman*, médecin suisse qui exerçait en Hollande, *van Helmont*, philosophe allemand, et plusieurs autres savans et philanthropes. Quoique répandu dans presque toute l'Europe, l'art de faire parler les muets n'était pas connu en France. Comme on l'a déjà fait remarquer, don Antonio *Pareirès*, Portugais, établi à Paris vers 1735, profita de l'ignorance où l'on était, et se donna pour l'inventeur de l'art. L'académie des sciences lui confirma ce titre, et approuva une méthode dont elle ne connaissait pas les élémens. Pareirès faisant un mystère des moyens qu'il employait, quelques années après, un autre professeur, nommé *Ernaud*, également établi à Paris, publia ses procédés, sollicita et obtint de la même académie le titre d'inventeur. Les deux rivaux qui ne vivaient pas en parfaite harmonie, furent bientôt étrangement surpris en apprenant que les noms de Bonnet, d'Amman et de van Helmont n'étaient plus un secret pour le monde savant. L'abbé de l'Épée acheva de les discréditer par l'invention des *signes méthodiques*, qu'il substitua à la *méthode de la parole* employée par tous ses prédécesseurs. Le *geste est* la *langue universelle*, le type de toutes les langues. C'est celle de l'enfant jusqu'au moment où il peut se faire entendre par des mots, et de l'homme jusqu'à ce qu'il soit passé de l'état sauvage à celui de la civilisation. C'est la dernière ressource de l'homme civilisé qui a perdu l'usage de la parole, ou à qui l'on parle une langue qu'il n'entend pas; c'est la seule langue du sourd-muet. Cette langue est admirable chez tous les individus, et particulièrement chez les infortunés qui n'ont jamais eu ou qui ont perdu l'usage de l'ouïe et de la parole. Quel que soit leur pays, ils s'entendent et correspondent entre eux; ils savent parfaitement exprimer leurs passions, et ils n'attendent pas que l'éducation ait développé leurs facultés morales pour manifester les sensations qu'ils éprouvent, le trouble, l'inquiétude, l'effroi, l'épouvante, la sérénité, le plaisir, la douleur, l'affection, l'inimitié. Si telles sont les facultés de ces êtres extraordinaires dans l'état de nature, que ne doit-on pas espérer d'eux, lorsque les bienfaits de l'éducation les ont en quelque sorte fait passer de la vie purement animale dans la vie morale. Leur physionomie est extrêmement mobile et expressive. Leur regard, fidèle miroir de leur âme, en fait connaître l'état habituel. Un sourd-muet veut-il savoir ce qui se passe en nous? son œil scrutateur plonge dans notre âme et en développe toutes les qualités, tous les principes de vertus et de vices : on ne peut échapper à sa curiosité invincible. Avertis par le mouvement de sa physionomie, nous cherchons vainement un abri dans l'inexpression de nos traits. Son regard que l'on pourrait dire absolu, nous trouble, nous anime, nous force à prendre une physionomie déterminée. Sa pensée cherche la nôtre, elle l'interroge, la féconde et l'interprète ou la lit à mesure qu'elle se forme. Les gestes par lesquels s'exprime la nature doivent nécessairement être rendus par des signes analogues, simples et naturels, qui en sont comme la traduction. Les signes que l'on emploie pour éveiller les idées dans l'esprit sont appelés fort judicieusement dans l'école, *signes introducteurs d'idées*, et ceux qui ont pour objet le développement des diverses facultés de l'âme et de l'esprit, sont nommés *signes de rappel d'idées*. Les premiers représentent des objets faciles à concevoir, des idées communes, toutes choses qui ne sortent point des facultés les plus ordinaires. Les seconds donnent au sourd-muet la faculté de livrer son esprit aux plus grandes et aux plus parfaites opérations : ils expriment toutes les idées abstraites. Ces signes sont pour la plupart elliptiques. Le maître, par des procédés méthodiques, toujours simples et faciles, cherche à mettre les sourds-muets à même de créer les signes que provoque l'image de l'objet qu'il expose à leurs yeux. Les élèves dont l'imagination est frappée inventent le signe, et le maître le saisit habilement; il le fixe ensuite dans leur mémoire par le mot qui correspond à ce signe, et qui le nomme. Si nous étions, nous, que les sourds-muets appellent les *entendans-parlans*, réduits à ne nous exprimer que par signes, au lieu de négliger les gestes, qui cependant sont d'importans auxiliaires de la parole, nous les étudierions avec soin, et nul doute que nous n'en formassions une *langue muette* qui, comme la *langue parlée*, aurait son alphabet, sa grammaire, sa logique. Notre alphabet se compose d'un petit nombre de caractères qui, combinés diversement, représentent et fixent tous les élémens de la parole. Les sourds-muets qui voudraient établir la *langue muette*, inventeraient, comme pour la *langue parlée*, un alphabet correspondant à un système général et uniforme de gestes. Cette digression, qui serait déplacée dans une de ces *Biographies* qui ne se soutiennent que par les scandales politiques, ou qui, stériles et insignifiantes, n'offrent que des dates et de simples énumérations, cette digression, disons-nous, n'est point étrangère à notre sujet. La vie de l'abbé de l'Épée est toute dans son institution. Mais avant de reprendre le récit des difficultés et des peines morales sans nombre qu'il a éprouvées pour fonder le premier des établissemens philanthropiques par sa haute importance, nous parlerons du témoignage d'estime que daigna donner à cet ami de l'humanité, un souverain étranger que la postérité a placé au nombre des rois philosophes et des bienfaiteurs des peuples. Joseph II, lors de son voyage à Paris, se plut à visiter plusieurs fois, et toujours avec un nouvel intérêt, une institution que la France alors à peine attentive devait à la vertu et au génie de l'abbé de l'Épée. L'empereur ne trouvait rien de plus digne de son admiration que cette institution sublime. Il témoignait à l'inventeur une grande surprise de ne point voir à sa disposition une de ces riches abbayes qu'on prodiguait à des hommes inutiles; il lui offrit d'en faire la demande au roi, et s'il y trouvait de la difficulté, de lui en donner une lui-même dans ses états. L'abbé de l'Épée répondit modestement à ce souverain: « Si, à l'époque où mon » entreprise était commencée sans » succès, quelque médiateur puis- » sant eût demandé et obtenu pour » moi un riche bénéfice, je l'aurais » accepté pour le faire servir au » profit de l'institution. Aujour- » d'hui ma tête penche vers le tom- » beau; ce n'est pas sur elle qu'il » faudrait placer ce bienfait, c'est » sur l'œuvre elle-même. Je vais » finir; il faut qu'elle dure, et il est » digne d'un grand prince de la » perpétuer pour le bien de l'hu- » manité. » Moins heureux que son successeur, l'abbé de l'Épée ne put jamais obtenir du gouvernement l'adoption d'un établissement qui faisait l'admiration de l'Europe, et que plusieurs souverains avaient imité dans leurs états. Ce ne fut que deux ans après sa mort que l'institution de Paris fut fondée par l'assemblée constituante en 1791, et le décret fut sanctionné par le roi. Déjà quelques années avant la révolution, Louis XVI avait accordé pour cet objet 3,100 liv., et une maison près du couvent des Célestins; mais la maison ne fut pas occupée par les sourds-muets. Dans le temps même où la méthode de l'abbé de l'Épée obtenait un succès européen, on vit s'agiter autour de lui et l'entraver dans sa marche des rivaux jaloux et des censeurs injustes. Il eut à lutter avec des savans dont il combattit les idées sans aigreur, mais non sans fermeté, et dont la réplique n'offrit pas toujours cette modération qui fortifie le bon droit ou fait excuser une attaque injuste. Des corps savans à qui il soumit sa méthode, un seul excepté, l'académie de Zurich, gardèrent un silence outrageant; et un académicien étranger, M. de Nicolaï, de l'académie de Berlin, lui dit des injures. On ne s'élève pas au-dessus des autres hommes sans en acheter le droit par d'amers dégoûts; l'abbé de l'Épée en avait déjà fait la douloureuse expérience. Il se convainquit aussi que la cause la plus juste à nos yeux ne porte pas toujours la conviction dans l'âme de ceux qui sont appelés à juger d'après leur conscience. La cause célèbre du jeune sourd-muet trouvé en 1773 sur la route de Péronne, ajoutera aux preuves nombreuses et évidentes qu'il serait facile de fournir. Un jeune enfant abandonné, couvert de haillons, mourant de faim, privé des organes de la parole, lui est présenté; son malheur le touche vivement. Il le prend sous sa protection paternelle, pourvoit à tous ses besoins, l'instruit, intéresse M. le duc de Penthièvre à son sort, et entreprend de faire rendre au jeune infortuné un nom, une famille, une fortune... Démarches, soins, sollicitations, voyages, veilles, fatigues, sacrifices de tout genre, rien n'est épargné par le protecteur infatigable... Cette sainte cause n'est gagnée qu'en partie ; le protecteur du jeune comte de Solar meurt sans avoir pu obtenir un triomphe complet. Il meurt ! et quelques années après son ouvrage est détruit, et son malheureux protégé, forcé de s'engager, succombe bientôt dans un hôpital. L'abbé de l'Épée avait recueilli de la succession de son père environ 10,000 fr. de rente; il ne dépensait que 2,400 fr. par année pour ses besoins personnels. Pendant l'hiver de 1788, remarquable par un froid excessif, il était sans feu. Ses élèves, dont il était adoré et qu'il aimait comme s'ils eussent été ses enfans, vinrent les larmes aux yeux, le supplier de reprendre quelque chose sur ses dons pour acheter du bois. Le bon vieillard ne put résister à leurs pressantes sollicitations : lorsqu'il les revit, « Mes amis, leur dit-il, » je vous ai fait tort de cent écus. » L'abbé de l'Épée a formé d'habiles maîtres qui ont propagé sa méthode en France et chez l'étranger, et l'ont rendue européenne :

l'abbé Sicard, son successeur; l'abbé Sylvestre, venu de Rome sur les ordres du prince Doria Pamphili, nonce du pape; l'abbé Stork, envoyé à Paris par l'empereur Joseph II; M. ***, de Russie; M. Ulric, de Zurich; M. d'Angulo, d'Espagne; M. Delo, de Hollande; M. Muller, de Mayence; M. Guyot, de Groningue; M. Michel, de Tarentaise, etc. L'abbé de l'Épée a su allier à une grande vertu un heureux génie; il a marqué son existence par une institution admirable, et qui ne périra pas. Prêtre et philosophe à la fois, puisse-t-il servir de modèle aux ministres de la religion et aux sages, qui ne tiennent leur mission que de leur cœur généreux. Cet excellent homme mourut le 23 décembre 1789, à l'âge de 77 ans. Son oraison funèbre fut prononcée, le 23 février 1790, par l'abbé Fauchet, prédicateur du roi, en présence d'une députation de l'assemblée nationale, du maire de Paris et des représentans de la commune. En 1819, M. Bazot a publié un *Éloge historique* de l'abbé de l'Épée, qui a obtenu le suffrage de plusieurs sociétés savantes, et de l'abbé Sicard lui-même, président de l'une de ces sociétés. Cet éloge a été réimprimé dans la même année, avec une lettre de M. Paulmier, élève et collaborateur de l'abbé Sicard; et pour la troisième fois, en 1822, avec portrait et *fac simile*. Tout le monde a vu au Théâtre-Français le drame intéressant sous le titre de *l'Abbé de l'Épée,* que M. Bouilly composa sur l'aventure du jeune sourd-muet trouvé sur la route de Péronne. De nombreux ouvrages ont été publiés sur l'art d'instruire les sourds-muets. Comme ceux de l'abbé Sicard se rattachent le plus à la grande pensée de son illustre prédécesseur, nous essaierons de compléter ce tableau en faisant connaître la méthode de l'abbé Sicard (*voy.* SICARD).

EPRÉMÉNIL (JEAN-JACQUES-DUVAL D'), naquit à Pondichéri en 1746; mais avant d'en venir à lui, disons deux mots de son père, qui porta les mêmes prénoms que lui. Celui-là était gendre du célèbre Dupleix, gouverneur de Pondichéri, et commandant-général des comptoirs français dans l'Inde. Chef du conseil de Madras pendant le temps où cette ville a été soumise à la domination française, non moins recommandable comme militaire que comme magistrat, il la défendit avec un grand courage contre le nabab d'Arcate. Il fut, de plus, voyageur intrépide, et pénétra, sous l'habit de bramine, dans les pagodes indiennes, dont il a décrit et dessiné les cérémonies. Enfin, cherchant dans les lettres la consolation de la surdité dont il fut affligé dans ses dernières années, il a publié, à son retour en France, un *Traité sur le commerce du Nord*. Il mourut en 1765. Un homme de ce mérite ne devait rien négliger pour l'éducation de son fils. Aussi le jeune d'Éprémenil fut-il envoyé, dès l'âge de 4 ans, à Paris, où il fit d'excellentes études. Il embrassa la carrière judiciaire, et acquit, d'abord, la charge d'avocat du roi au Châtelet, fonction qu'il a remplie avec une grande distinction; acheta ensuite une charge de conseiller au parlement, et s'y fit remarquer par l'impétuosité de son éloquence et la rigidité de ses principes. La première occasion dans laquelle il fixa sur lui l'attention publique, est le procès qu'il soutint contre M. de Lally-Tollendal, en 1780, devant le parlement de Rouen, où celui-ci poursuivait la réhabilitation de la mémoire de son père. D'Épréménil défendait, lui, la mémoire de son oncle et de son bienfaiteur Duval de Leyrit, sur la dénonciation duquel on prétendait que le général Lally avait été condamné. Le public se prononça en faveur du fils qui plaidait pour son père, mais le talent de d'Épréménil n'en produisit pas moins une vive sensation. La vigueur et l'impétuosité dont il a fait preuve devant la cour de Rouen comme plaideur, il la reproduisit souvent comme conseiller dans la cour de Paris. Linguet, dans ses *Annales*, érigeant la force en droit, n'avait pas rougi d'avancer que les princes sont propriétaires des biens et des personnes de leurs sujets, et qu'entre eux le ciel s'explique uniquement par des victoires. Il n'avait pas eu honte d'appeler séditieux les parlemens qui doutaient que la banqueroute publique fût un droit de la couronne et un devoir du monarque. D'Épréménil le dénonça à l'indignation publique et à la justice du parlement en 1781. Deux ans après, il signala avec la même éloquence l'établissement de ces prisons *privées*, où le pouvoir arbitraire détenait des citoyens punis sans interrogatoire et sans jugement. Ce n'est pas envers le ministère qu'il se montra sévère ; il attaqua plusieurs fois les profusions de la cour. Plus indulgent envers la crédulité qu'envers la légèreté, il fut du nombre des juges qui, lors de la fameuse affaire du collier, épargnèrent au parlement l'atrocité de condamner comme criminel le cardinal de Rohan, qui n'était que dupe. Quand le ministère crut avoir trouvé, dans l'impôt du timbre et dans l'impôt territorial, une ressource suffisante pour combler la dette de l'état, d'Éprémenil s'opposa si vivement à l'adoption de ces édits, dont il avait même dénoncé les auteurs au parlement, que, ne pouvant le réfuter, les ministres le firent enlever sur les fleurs-de-lis mêmes, et l'envoyèrent en détention aux îles Sainte-Marguerite, où il resta plus d'une année. C'était lui préparer un triomphe. A son retour, il fut accueilli comme un défenseur et comme un martyr de la cause populaire, dans toutes les villes qu'il traversa. A Lyon, il fut couronné au spectacle, où il avait été reconnu. Ce qui rendait sa victoire plus éclatante, c'était la convocation des états-généraux que d'Éprémenil n'avait cessé de réclamer comme le seul moyen d'opérer la réforme commandée par l'intérêt public : victoire singulière ; car, dès lors s'évanouit toute sa popularité ; dès lors on reconnut qu'en parlant contre la cour, ce parlementaire avait eu moins en vue les intérêts du peuple que ceux du parlement dont il avait cru augmenter l'importance et l'autorité ! Nommé député de la noblesse de Paris, d'Éprémenil se plaça au premier rang des défenseurs les plus exaltés des anciens abus, et de ce pouvoir arbitraire dont il avait eu lui-même tant à se plaindre. La réunion des trois ordres, l'émission des assignats, l'admission des cas où le prince pourrait être déclaré déchu du trône, sont les propositions qu'il combattit particulièrement avec le plus de véhémence entre celles qui furent adoptées par l'assemblée constituante. contre toutes les opérations de laquelle il finit par protester. Après la clôture de cette illustre législature, d'Éprémenil n'émigra pas cependant : l'intérêt qu'il portait à la cause royale, à laquelle il s'était rattaché avec une espèce de fanatisme, l'avait retenu à Paris; et il y avait peut-être plus de courage, pour un homme de cette opinion, à rester en France qu'à en sortir. Il en offrit la triste preuve. Reconnu sur la terrasse des Feuillans, le 17 juillet•1792, par les forcenés qui, le 20 juin, avaient violé le domicile même du roi, il fut assailli par eux et traîné jusqu'au Palais-Royal, où une mort certaine semblait l'attendre. Dépouillé de ses habits, frappé à la fois par une foule d'assassins, il avait déjà reçu sept blessures, quand une patrouille de la garde nationale, conduite par l'acteur Micalef, au courage duquel aucun biographe n'a rendu justice, l'arracha à la fureur des futurs bourreaux de septembre. Conduit à la trésorerie, il n'y était pas en sûreté, quoiqu'il fût protégé par l'autorité civile et par la force militaire. On ne trouva pas d'expédient plus sûr pour le sauver que de l'incarcérer, sans l'écrouer toutefois. Tout en promettant sa condamnation aux hommes qui préludaient à son supplice, on le mena à l'abbaye Saint-Germain, sous la conduite de plusieurs milliers de soldats qui semblaient moins protéger un innocent que garder un criminel. Les soins de sa famille et de ses amis ne lui manquèrent pas dans cette prison, qui ne fut pour lui qu'un refuge. Disons même que Pétion, alors maire de Paris, et un jour avant, membre de l'assemblée constituante, mit, à secourir son ancien collègue, plus d'empressement qu'on n'en attendait de lui. Il était alors maire de Paris. « Et moi aussi, lui dit d'Éprémenil, j'ai été l'idole du peuple; » paroles terribles que l'idole du jour n'entendit pas sans une vive émotion. D'Éprémenil n'était pas encore sur pied quand la journée du 10 août acheva de renverser le trône. Étranger aux affaires depuis l'établissement de la république, il s'était retiré dans une terre qu'il possédait aux environs du Havre; la surveillance des terroristes alla l'y chercher. Il y fut arrêté malgré la vie obscure et tranquille à laquelle il s'était résigné. Traîné à la Conciergerie, il n'en sortit que pour monter sur l'échafaud avec les membres les plus illustres du parlement de Paris. Chapelier, membre de l'assemblée constituante, et dont il avait toujours combattu les opinions, se trouvait avec lui dans le même tombereau. A qui de nous deux vont s'adresser les injures du peuple ? lui dit celui-ci. *A tous les deux*, répondit d'É-préménil. Il mourut avec tout le sang-froid qui inspire un tel mot. D'Éprémenil, sans être exempt de tout reproche, a droit, cependant, à beaucoup d'estime. Si avant et après l'époque de sa grande popularité, il montra plus de chaleur que de prudence dans l'expression de ses opinions qui semblaient se contrarier; s'il avait plus de brillant et de facilité dans l'élocution, que de justesse et de solidité dans le raisonnement; s'il a trop souvent perdu de vue le but où le conduisait la route dans laquelle il se précipitait, on ne peut s'empêcher de convenir que ses erreurs n'offrent rien dont un honnête homme puisse rougir, et peut-être fut-il moins inconséquent qu'on se l'imagine. Au fait, la révolution amenait la destruction de l'ordre de choses dans lequel il n'avait désiré qu'une réforme; et il crut, sans doute, avoir obtenu pis que ce qu'il avait dénoncé, parce qu'il obtenait plus qu'il n'avait demandé. Il ne put se pardonner d'avoir provoqué la ruine de l'ancienne magistrature. S'il eût fait par amour pour le bien public, ce qu'il a fait par esprit de corps, d'Éprémenil serait un des hommes les plus honorés, entre tant d'hommes honorables qui ont paru à la fin du siècle dernier. Il n'était pas en garde contre les écarts de son imagination. Peut-être avait-il, dès l'origine, embrassé, avec plus d'éclat que ne le comportait la gravité de sa profession, la doctrine de Mesmer, sur laquelle l'opinion des savans n'est pas encore fixée; et sans doute il s'est fait trop imprudemment l'apologiste du charlatanisme de Cagliostro, qui, dès l'origine, a été l'objet du mépris de tous les gens sensés. Du reste, d'Epréménil fut doué de toutes les vertus qui constituent l'honnête homme;bon père, bon époux, bon ami. Sa mort fut une perte irréparable pour ceux qui le connaissaient, et même pour ceux qui ne le connaissaient pas; car sa générosité est allée souvent chercher dans les retraites les plus humbles des malheureux qui ne l'avaient jamais connu,et ses bienfaits étaient proportionnés à sa grande fortune. La nature lui avait donné les avantages physiques nécessaires à un orateur, une figure noble et spirituelle, un organe sonore et agréable; il y joignait tous ceux que l'étude peut procurer. Il mourut à 48 ans. Indépendamment de ses plaidoyers et des discours qu'il a prononcés à l'assemblée constituante, il a composé, en 1788, des *Remontrances* publiées par le parlement de Paris au mois de janvier; en 1790, un *Discours* dans la cause des magistrats composant la chambre des vacations du parlement de Bretagne; deux écrits intitulés : *Nullité et Despotisme de l'assemblée*, et un dernier écrit : *l'État actuel de la France*, 1790. D'Epréménil a laissé plusieurs enfans. Les deux derniers enfans d'un second lit sont morts glorieusement sous les drapeaux français en Pologne èt en Russie. Ils étaient issus de son mariage avec Augustine - Françoise Sanctuari,femme remarquable par sa beauté et par son courage. Mme d'Epréménil partagea le sort de son mari, dont elle avait

épousé toutes les opinions. Elle l'avait accompagné en exil; elle le suivit sur l'échafaud.

ERHMANN (Frédéric-Louis), physicien célèbre, né en 1741. Lors de l'établissement des écoles centrales, à Strasbourg, où il faisait depuis long-temps un cours de physique très-suivi, il y fut nommé professeur de cette science. A cette époque, Erhmann s'était déjà distingué par ses travaux: inventeur des lampes à air inflammable, il les avait décrites dans un ouvrage intitulé : *Description et usage de quelques lampes à air inflammable,* avec une planche indiquant les pièces nécessaires à leur confection, 1780, in-8°. On a aussi de lui des *Observations sur les Mongolfières, ou Ballons aérostatiques;* sur l'art de les faire, les expériences qui ont déjà été faites,et l'histoire des deux premiers voyages aériens,1784,in-8°.Erhmann a traduit en allemand des *mémoires* du célèbre Lavoisier, sur l'action du feu augmentée par le gaz oxigène, et y a ajouté des notes très-intéressantes. Cette traduction a été publiée en 1787.Enfin, il a réuni les leçons qu'il professait à l'école centrale, et les a publiées en français sous le titre d'*Élémens de physique.* Ce dernier ouvrage a valu à son auteur une réputation justement méritée. Erhmann mourut à Strasbourg, en 1799, à l'âge de 58 ans.

ERLACH DE SPIETZ (le baron L. d'), est né en Suisse, et était conseiller-d'état du canton de Berne, lorsque la révolution française éclata. Chargé du gouvernement du pays de Vaud, sa conduite à la fois énergique et prudente lui concilia tous les cœurs. En 1798, la France ayant déclaré la guerre à la Suisse, le baron d'Erlach fut désigné pour commander les troupes confédérées. Il refusa le commandement, qui fut alors donné à un homme incapable de servir efficacement son pays, et qui bientôt abandonna son poste. Le baron d'Erlach se mit alors à la tête des insurgés de l'Argovie; mais il s'opposa en vain à la marche des troupes françaises. Il fut arrêté comme l'un des chefs de la confédération, et renfermé au château de Chillon. Rendu à la liberté, il est rentré dans la vie privée.

ERLACH (CHARLES-LOUIS), né à Berne, en 1726, d'une famille distinguée, avait été au service de France, avec le grade de maréchal-de-camp, avant la révolution. A l'époque de l'invasion du pays de Vaud par les Français, en 1798, le général d'Erlach qui, depuis long-temps, n'appartenait plus à la France, fut chargé du commandement de la force-armée du canton de Berne. Il fit cesser l'indécision des conseils, et obtint des pouvoirs illimités pour la défense du pays. Il adressa au général Brune, qui le sommait de se rendre, la réponse suivante : « Mes ancêtres ne se rendirent jamais. Fussé-je assez lâche pour y songer, le monument de valeur que nous avons sous les yeux (ossuaire composé des os des Bourguignons tués à la bataille de Morat en 1476) m'arrêterait. » Cette fière réponse ne produisit pas l'effet qu'il en attendait : les Français qui l'attaquaient étaient mieux disciplinés et plus guerriers que les paysans bourguignons du 15° siècle. Mais on avait conclu un armistice avec le général Brune, et les lois de l'honneur ne permettaient pas de commencer les hostilités avant la fin de cet armistice. Au moment où le général d'Erlach allait exécuter le plan qu'il avait conçu, on lui donna l'ordre de suspendre ses opérations. Il se trouvait alors dans une situation très-critique, sans magasins, et journellement exposé aux attaques de l'armée française, qui, sur ces entrefaites, entra à Berne sans que le général d'Erlach pût s'y opposer. Accusé, par ses soldats, de les avoir trahis, il fut massacré par ceux dont il avait embrassé la défense avec tant de zèle et de dévouement. Dans un siècle où même en obéissant passivement le soldat n'est point une machine, on ne saurait trop déplorer les violences dont il se rend l'instrument ou le complice, en tirant sur les citoyens comme dans certain pays, ou, comme dans cette circonstance, lorsqu'il s'abandonne à ses vengeances contre ses chefs qu'il n'a pas le droit de juger et encore moins d'assassiner. Ce crime, néanmoins, n'a pu flétrir que les misérables qui l'ont conseillé et ceux qui l'ont exécuté.

ERMANN (JEAN-PIERRE), pasteur prussien, naquit, en 1733, à Berlin, où il fit ses études au collége Français. Il fut nommé à plusieurs emplois qui lui donnèrent beaucoup d'influence dans le monde, où il brillait par ses connaissances, son esprit et ses qualités personnelles. Devenu principal du collége Français, il montra le plus grand zèle pour la propagation des méthodes d'enseignement que les réfugiés avaient apportées de France, et que Tannegui Lefèvre, père de Mme Dacier, avait professées avec le plus grand succès. Il fut ensuite nommé directeur du séminaire de théologie, conseiller du consistoire supérieur, et enfin membre de l'académie des sciences et belles-lettres. Ermann était admis à la cour; et la reine, épouse du grand Frédéric, lui accordait sa confiance. Elle le chargea souvent de revoir les traductions françaises qu'elle faisait de quelques auteurs allemands, et se rendait volontiers à ses observations. Il avait aussi des relations intimes avec le comte de Hertzberg, ministre d'état, auquel il recommandait les jeunes gens qui, par leurs talens, paraissaient les plus propres à remplir des fonctions publiques : la plus grande impartialité guidait son jugement sur eux, et le ministre d'état n'eut point à regretter la confiance qu'il leur avait accordée. De 1782 à 1794, il parut à Berlin un recueil, en 8 vol. in-8°, de *Mémoires pour servir à l'histoire des réfugiés français dans les états du roi de Prusse.* Cet ouvrage, auquel on assure qu'Ermann a travaillé, ne se distingue que par l'intérêt qu'il inspire pour les réfugiés français. On y trouve quelques anecdotes curieuses et des faits intéressans, mais le style en est prolixe et négligé. Ermann s'est occupé de quelques autres ouvrages littéraires qui ont été favorablement accueillis; tels sont des *Rapports* sur le séminaire et le collége français de Berlin ; un *Abrégé de la Géographie ancienne,* en latin; quelques *Traductions;* des *Discours académiques,* et des *Articles* insérés dans la nouvelle *Bibliothéque germanique,* et autres *recueils;* enfin, un *Eloge historique de la reine de Prusse,* Sophie-Charlotte, épouse de Frédéric Ier, et aïeule de Frédéric-le-Grand. Hermann mourut, généralement regretté, à Berlin, en 1814, à l'âge de 81 ans.

ERNESTI (Auguste-Guillaume), littérateur allemand et savant professeur de philosophie et d'éloquence, naquit, le 26 novembre 1753, à Trohndorf en Thuringe, et mourut à Léipsick le 29 juillet 1801. Il avait fait ses études à l'université de cette ville, y avait reçu en 1757 le grade de maître-ès-arts, avait obtenu la chaire de philosophie en 1765, et celle d'éloquence en 1770. Les ouvrages qu'il publia sont : 1° *Titi-Livii historiarum libri qui supersunt omnes,* Léipsick, 1769, 3 vol. in-8°; Francfort, 1778, 1785, 5 vol. in-8°; Léipsick, 1801, 1804; 2° *Q. Fabii Quintiliani de institutione oratoria liber decimus,* Léipsick, 1769, in-8°; 3° *Amiani Marcellini opera ex recens. Valesio-Gronovianâ,* Léipsick, 1773, in-8°; 4° *Pomponius Mela de situ orbis libri 3, ex recens. Gronovianâ,* Léipsick, 1773, in-8°; 5° *Opuscula oratorio-philologica,* Léipsick, 1794, in-8°; 6° *Historia ingenii ad usum eloquentiæ necessaria,* Léipsick, 1796. Ernesti, qui s'était principalement attaché à l'étude de la littérature ancienne, écrivait et parlait la langue latine avec une élégance et une facilité remarquables. Il était extrêmement sévère; mais on lui pardonnait cette sévérité en faveur de l'impartialité qu'il mettait dans ses jugemens. Au surplus, il a joui pendant toute sa vie de la plus haute considération.

ERNESTI (JEAN-CHRISTIAN-THÉOPHILE), parent du précédent, naquit à Arnstadt en Thuringe, vers 1756, et mourut à Léipsick en 1802. Ce fut à l'université de cette ville qu'il fit ses études, sous la direction du célèbre professeur J. A. Ernesti, son oncle. Ses progrès dans la littérature furent rapides. En 1782, il obtint une chaire de philosophie qu'il occupa jusqu'en 1801, époque où il remplit la chaire d'éloquence, vacante par la mort d'Auguste-Guillaume Ernesti. Il a publié les ouvrages suivans : 1° *Æsopi fabulæ*, recueil qui contient 295 fables, Léipsick, 1781, in-8°; 2° *Hesichii glossæ sacræ emendationibus notisque illustratæ*, Léipsick, 1785, in-8°; 3° *Suidæ et Phavorini glossæ sacræ cum spicilegio glossarum sacrarum, Hesichii Congest. emend, et notis illustr.*, Léipsick, 1786, in-8°; 4° *C. Silii Italici punicorum libri 17*, Léipsick, 1791, in-8°; 5° *Lexicon technologiæ Græcæ rhetoricæ*, Léipsick, 1795, in-8°; 6° *Lexicon technologiæ Romanorum rhetoricæ*, Léipsick, 1797, in-8°; 7° une traduction allemande des *Synonymes latins* de Gardin Dumesnil, Léipsick, 1798, 1800, in-8°; 8° *Ciceros geist und Kern*, Léipsick, 1798, 1800, 1802, 3 parties in-8°. Cet ouvrage, traduit du latin, est un choix des meilleurs morceaux de Cicéron. Tous ces livres sont généralement bien écrits, mais c'est comme excellent critique que Jean-Christian Théophile Ernesti s'est fait en Allemagne une réputation distinguée.

ERNOUF (JEAN-AUGUSTIN), lieutenant-général des armées, grand-officier de l'ordre royal de la légion-d'honneur, commandeur de l'ordre royal et militaire de Saint-Louis, etc., est issu d'une ancienne famille de Normandie. Nommé lieutenant d'infanterie en 1791, et capitaine en 1792, il fut appelé à l'état-major-général de l'armée en qualité d'adjoint. Quelques projets qu'il présenta sur la défensive du territoire français dans la Flandre maritime le firent élever au grade d'adjudant-général chef de bataillon; passé au grade de colonel, il commanda en cette qualité le camp de Cassel. Il était occupé à fortifier ce poste important, lorsque le duc d'York vint mettre le siège devant Dunkerque, et se disposa à faire le blocus de Bergues; cette dernière place était sans garnison. A la première nouvelle de la marche inopinée de l'armée anglaise, le général Ernouf jeta dans une forteresse les troupes nécessaires à sa défense. Le général Houchard, commandant en chef l'armée du Nord, reçut ordre de marcher au secours de Dunkerque. Le général Ernouf, appelé pour lui donner des renseignemens, proposa en outre un projet pour attaquer l'armée anglaise; ce projet fut discuté, et agréé dans un conseil de guerre par le général en chef, qui chargea le général Ernouf de diriger la colonne qui devait commencer l'attaque par le poste retranché d'Aukerque, et venir prendre position à Rexpoëde. Ce mouvement, qui fut parfaitement exécuté, força le camp anglais de

Wilres, qui couvrait le blocus de Bergues, à se retirer précipitamment sur Hondscoote. Le général Ernouf fut blessé dans cette affaire. Après la bataille qui porte ce nom, l'armée anglaise fut obligée de lever le siége de Dunkerque et d'abandonner toute son artillerie de siége. Le pouvoir exécutif éleva le général Ernouf au grade de général de brigade. Quelque temps après, il fut nommé chef de l'état-major-général des armées du Nord et des Ardennes. Valenciennes, le Quesnoy, Landrecies et Condé étaient tombés au pouvoir de l'ennemi; le prince de Cobourg pressait vivement Maubeuge; la garnison de cette ville et les troupes du camp retranché, fortes de 17,000 hommes, étaient sur le point de capituler faute de vivres. L'armée du Nord, commandée par le maréchal Jourdan, se porta sur Avesnes. L'armée ennemie avait pris position aux haies d'Avesnes; l'armée française attaqua, le 15 octobre 1793; on se battit tout le jour sans aucun succès décisif. On recommença l'attaque le 16 au point du jour; il était sur le point de finir sans qu'on eut réussi à débusquer l'ennemi de sa position, lorsque le prince de Cobourg, qui avait été tourné derrière les bois de Watignies par le conseil du général Ernouf, craignant pour ses ponts sur la Sambre, donna le signal de la retraite, qui fut favorisée par l'obscurité de la nuit, et repassa la Sambre. Maubeuge, qui n'avait plus dans ses magasins que pour 24 heures de vivres, fut délivré. Le pouvoir exécutif, satisfait de la conduite du général Ernouf dans cette importante affaire, le nomma général de division. Le général en chef voulut poursuivre ses avantages; il marcha sur Beaumont. La mauvaise saison et les chemins rompus par les pluies continuelles, opposèrent des difficultés insurmontables aux transports de l'artillerie, des munitions et des vivres. Il fut donc obligé de faire prendre des quartiers d'hiver à l'armée. Le comité de salut public, mécontent de cette marche rétrograde, ordonna au général en chef et à son chef-d'état-major de se transporter à Paris pour rendre compte de leur conduite. Sous le règne de la terreur, un pareil ordre était périlleux; cependant le général Ernouf et le général Jourdan n'hésitèrent pas de venir à Paris. L'exposé de leur conduite, appuyé par des preuves authentiques, parut tel à la majorité du comité de salut public, que sa réponse fut un arrêté par lequel le général Jourdan fut nommé au commandement en chef de l'armée de la Moselle, et le général Ernouf chef de l'état-major-général de cette armée. Possesseur de quatre places fortes qui laissaient notre frontière à découvert, le prince de Cobourg avait resserré le blocus de Cambrai; la capitale se trouvait exposée, si cette place eût été prise. Pour l'empêcher de profiter de ses avantages, il était nécessaire de porter sur Charleroi une armée qui le menacerait de couper ses communications s'il avançait sur le territoire français. Le général en chef de l'armée de la Moselle partit du camp de Longwy avec quatre divisions de cette armée, formant ensemble 40,000 hommes, battit l'ennemi à Arlon, à Neufchâteau, passa la Meuse à Dinant, et fit sa jonction sous Charleroi avec deux divisions qui composaient la ci-devant armée des Ardennes, et trois divisions de l'armée du Nord. Cette réunion formait un total de 90,000 hommes présens sous les armes. Elle fut nommée armée de Sambre-et-Meuse; le pouvoir exécutif désigna le général Ernouf pour être chef de l'état-major-général. Charleroi fut investi et assiégé; le général Ernouf fut chargé de donner tous les ordres relatifs à cette opération. L'artillerie était prête à tirer sur la ville, lorsque le prince de Cobourg s'avança pour faire lever le siége; on se battit tout un jour avec acharnement et avec des avantages à peu près égaux; mais sur le soir l'armée française, affaiblie par l'absence des troupes employées au siége, fut contrainte à repasser la Sambre. D'après les ordres du général en chef, le chef de l'état-major fit évacuer les tranchées et enlever l'artillerie de siége; cette opération fut faite avec tant de célérité et de précision, qu'aucune pièce ni caisson ne resta au pouvoir de l'ennemi. Trois jours après cette affaire, l'armée française repassa la Sambre et remit le siége devant Charleroi. L'armée d'observation prit position pour le couvrir en avant des bois de Gosselies, ayant devant elle les plaines de Fleurus. Le 25 juin dans l'après-midi, le prince de Cobourg fit une forte reconnaissance pour s'assurer de la position de l'armée. Charleroi se rendit à discrétion le soir. Le lendemain 26, le prince de Cobourg, qui ignorait cette reddition, attaqua à 3 heures du matin la droite de l'armée française, composée des divisions Lefèvre et Hatri, et des deux divisions de la ci-devant armée des Ardennes, qui formaient l'extrémité de cette aile : ces deux divisions ne purent résister au premier choc; elles furent enfoncées et mises en déroute; elles se retirèrent derrière la Sambre. Le général en chef envoya le chef d'état-major à la droite pour avoir des rapports certains. L'action était devenue générale, on se battait sur toute la ligne. Le général Ernouf trouva que le général Lefèvre avait pris les meilleures dispositions pour couvrir son flanc droit; l'ennemi avait attaqué avec la plus grande opiniâtreté le village de Lambussart, position importante d'où dépendait le salut de l'aile droite et par conséquent de l'armée : le général Ernouf aida le général Lefèvre à le reprendre; il ne quitta l'aile droite qu'après qu'il fut repris, et les troupes établies de manière à ne pouvoir en être chassées. L'ennemi, malgré ses attaques réitérées, ne put jamais le débusquer de ce poste ainsi que des bois environnans Pendant l'absence du général Ernouf, le général en chef avait reçu un faux avis avec toutes les circonstances qui pouvaient lui donner un air de vérité. On lui avait annoncé que le général Lefèvre, après une vigoureuse résistance, avait été chassé de Lambussart ainsi que des bois, et qu'il avait repassé la Sambre. Cet avis décida le général en chef à ordonner la retraite; le général Ernouf arriva lorsque le mouvement rétrograde commençait à s'opérer au centre. Son rapport fit expédier sur-le-champ des contre-ordres. Le général en chef se mit à la tête du centre, et le fit porter en avant; il ordonna à la réserve de grosse cavalerie de charger l'ennemi; le général Dubois, commandant la cavalerie, enfonça et mit en déroute le centre de l'armée autrichienne; une victoire complète couronna cette mémorable journée, qui fut suivie de l'évacuation du territoire français par les troupes ennemies, et de la reddition des places conquises. L'armée française, poursuivant les ennemis, prit position à Liége et à Tongres; l'armée autrichienne avait passé la Meuse, et s'était retranchée sur les hauteurs de la Chartreuse; cette position était inattaquable de front. Le général en chef résolut de la tourner par la gauche, en passant les rivières de l'Ourthe et de l'Évaille. Pour distraire l'attention de l'ennemi et faciliter l'exécution de ce mouvement, il fallait faire une diversion. Le général en chef chargea le général Ernouf de faire une fausse attaque sur Visé, afin de faire croire à l'ennemi qu'on avait l'intention de passer la Meuse à ce gué pour le tourner par sa droite. Le général Ernouf donna un tel air de vérité à sa fausse attaque, que l'ennemi n'osa se dégarnir, et au contraire fit porter des renforts de ce côté, ce qui contribua beaucoup au succès du général en chef. L'armée autrichienne, forcée d'abandonner son camp de la Chartreuse, se retira sur Aix-la-Chapelle et Julliers pour défendre le passage de la Roër. Le prince de Cobourg perdit encore la bataille de Julliers; poursuivi, il essuya encore un échec au passage de l'Ersse; il ne crut pouvoir trouver de sûreté que derrière le Rhin, que son armée passa à Cologne, Bonn, Neuss et Coblentz. Cette glorieuse campagne se termina par la prise de Maëstricht. L'armée de Sambre-et-Meuse prit ses quartiers d'hiver dans les électorats de Cologne et de Trèves, dans le pays de Julliers et aux environs de Maëstricht. La campagne suivante s'ouvrit par le passage du Rhin et les sièges d'Ehrenbreitenstein et de Mayence. L'armée autrichienne ayant violé la ligne de neutralité, força, par cette manœuvre, l'armée de Sambre-et-Meuse à faire retraite et à repasser le Rhin. La défaite de l'armée du Rhin, aux lignes de Mayence, força l'armée de Sambre-et-Meuse de se porter dans le Hundruck, pour couvrir le pays de Trèves et les départemens de l'est de la France. Le général Ernouf fut chargé de l'exécution de différens ordres importans pour assurer les quartiers d'hiver que l'armée prit dans ce pays, où les communications sont très-difficiles à établir. L'ouverture de la campagne de 1796 fut signalée par le second passage du Rhin, le blocus de Cassel, la prise de la forteresse de Kœnisghofen, le passage de la Sahn, la bataille de Saltzback, les combats de Volsring, d'Ambert et de la Naab. L'armée de Sambre-et-Meuse était campée en arrière de cette rivière, lorsque l'archiduc Charles laissa le général Latour devant l'armée du général Moreau, passa le Danube à Ratisbonne avec 25,000 hommes d'élite de son armée, et s'avança pour faire sa jonction avec l'armée du général Wansterleben, réduite alors à la nécessité de faire sa retraite derrière le Danube, ou de se retirer en Bohême. L'armée de Sambre-et-Meuse, réduite à 35,000 hommes, fut contrainte de rétrograder. Ce fut dans cette retraite que le général Ernouf rendit l'important service de sauver le grand parc d'artillerie qui avait, par un malentendu, pris une fausse direction par Achlet et Velden; ce fut par ses soins que le parc et les équipages de l'armée sortirent sains et saufs de l'impraticable ravin de la Pegnitz, où ils s'étaient imprudemment engagés. Après le traité de Campo-Formio, le général Ernouf fut nommé directeur du dépôt-général de la guerre, auquel on réunit le cabinet topographique près le directoire. Il fut membre du comité militaire chargé d'indiquer les points de défense à fortifier sur la nouvelle ligne acquise, par nos conquêtes, sur le Rhin et la Meuse. Il abandonna cette place en l'an 7, pour prendre celle de chef de l'état-major de l'armée du Danube. Après les batailles de Phulendorff et d'Engen, l'armée du Danube, affaiblie, était inférieure de moitié à celle des Autrichiens commandée par l'archiduc Charles; elle se retira sur Willingue, près la Forêt-Noire, et prit position à Brens-eb-ben. Le général en chef fut obligé d'abandonner l'armée pour cause de maladie; il en laissa le commandement au général Ernouf. L'armée manquait de tout dans ce pays désert qui ne produit que des sapins; l'ennemi déborda cette position en s'emparant de vive force de Triberg où s'appuyait la droite de l'armée; le général Ernouf fit sa retraite derrière la Kintzig, et envoya une division en Suisse pour garder les ponts de Bâle et de Schaffouse, dans la vue de faciliter la rentrée de l'armée du Danube en Allemagne par cette voie, beaucoup plus facile et plus courte que celle de la Forêt-Noire. Le général Ernouf garda la position de la Kintzig jusqu'à l'arrivée du général Masséna, qui prit le commandement de l'armée. Le pouvoir-exécutif l'envoya, en l'an 8, à l'armée des Alpes, comme chef de l'état-major, pour organiser cette armée, qui fut réunie à celle d'Italie. Après la bataille de Novi, il fut nommé inspecteur-général de l'infanterie de cette armée. Après le traité d'Amiens, il fut employé en la même qualité à l'armée de l'Ouest, et ensuite il fut envoyé, comme inspecteur-général des troupes stationnées en Piémont, dans le royaume de Naples, la Marche d'Ancône, la Toscane, la république de Raguse, et la rivière de Gênes. Revenu à Paris, après s'être acquitté avec distinction de ces importantes missions, il fut nommé capitaine-général de la Guadeloupe et de ses dépendances. Lorsque le général Ernouf arriva dans cette colonie, tous les fermens de la rébellion des Nègres existaient encore; on ne voyait plus que des ruines fumantes; de nombreuses bandes de Nègres marrons occupaient les bois; on ne pouvait communiquer d'un quartier à l'autre sans recevoir des coups de fusil; la troupe sans solde et sans vêtement, le trésor de la colonie à sec, une conspiration de Noirs, d'autant plus dangereuse qu'elle était fomentée par les petits Blancs, était près d'éclater. Ceux-ci s'étant emparés des propriétés des colons forcés de se soustraire à la fureur des Nègres, ne voulaient pas rendre ces biens à leurs légitimes propriétaires: ils avaient su accaparer quelques officiers et soldats. Pour surcroît d'embarras, la rupture du traité d'Amiens amena la guerre en Amérique: rien n'était préparé pour la défense; les batteries de côte avaient été détruites pendant la guerre des Nègres, tout était à créer pour la défensive de la colonie. Le général Ernouf arrêta la conspiration, en embarquant les chefs du complot. Il ramena à leurs ateliers les Nègres rebelles, par des moyens de clémence et de fermeté; l'agriculture fut remise en vigueur: les habitations rétablies, les émigrés rentrés dans leurs propriétés, la confiance et la tranquillité intérieures rétablies, tel fut l'ouvrage d'une année. Le général Ernouf, instruit que plusieurs chefs de Nègres rebelles avaient trouvé le moyen de passer à Saint-Domingue, et avaient été envoyés par Dessalines, empereur d'Haïti, pour prêcher la propagande aux Antilles-du-Vent; le général fit enlever les membres d'un club qu'ils avaient fondé à Saint-Thomas, il attaqua et prit l'île suédoise de Saint-Barthélemi, où les rebelles de Saint-Domingue faisaient commerce avec les habitans, qui, attirés par les gains immenses qu'ils faisaient avec eux, ne voyaient pas le danger d'entretenir un commerce qui tôt ou tard aurait entraîné la perte de toutes les colonies. Par les précautions qu'il prit, et les avis qu'il donna au général de Villaret-Joyeuse, gouverneur de la Martinique, il sauva les Antilles-du-Vent de cette contagion. La protection et les moyens que le général accorda à la course, les nombreux armements qui en furent le résultat, protégèrent la colonie à l'extérieur, et procurèrent aux armateurs des bénéfices immenses, et à la colonie tous les objets de première nécessité, que la métropole était hors d'état de fournir. La totalité des bâtimens pris sur l'ennemi, s'élevait, en 1809, à 734, et le produit brut de la vente des prises à 80 millions. Pour réparer le tort que faisait à la Guadeloupe le traité de neutralité exigé des États-Unis par l'empereur Napoléon, par lequel il était convenu que toute communication avec les colonies françaises, anglaises et américaines cesserait, le général Ernouf établit des relations avec les gouverneurs espagnols de la côte ferme, et surtout avec les capitaines-généraux de Caracas et de Cumana. Il les secourut lors de l'expédition de Miranda, et obtint en revanche d'acheter des denrées de première nécessité dont la Guadeloupe était dépourvue. La colonie se trouvait au plus haut point de prospérité que son état de guerre comportait. Cet état finit par la guerre avec l'Espagne, et par la prise de la Martinique. Toutes les forces maritimes des Anglais aux colonies se réunirent pour le blocus de la Guadeloupe, qui se trouvait tellement resserré, qu'aucun bâtiment ne pouvait sortir ou entrer dans les ports. Un nombre considérable d'habitans, désespérés par l'impossibilité où ils se trouvaient de nourrir leurs Nègres, formèrent le projet de livrer la colonie aux Anglais. Les preuves convaincantes de ce complot tombèrent entre les mains du capitaine-général : il se transporta sans délai au lieu où était le foyer de la conjuration ; il pouvait faire périr les coupables en les livrant à la rigueur des lois; il préféra, en usant de clémence, conserver des pères de famille à leurs épouses et à leurs enfans; il exigea d'eux un serment, qu'ils tinrent fidèlement. La Martinique était devenue la conquête des Anglais, au commencement de l'année 1809. Livrée à ses propres forces, la Guadeloupe vit tomber successivement ses dépendances : la Désirade, Marie-Galante, les Saintes, furent conquises par l'ennemi ; elle était elle-même harcelée sans cesse, tantôt sur un point, tantôt sur un autre. La majeure partie des troupes avait péri. Ses défenseurs étaient réduits à 753 blancs exténués par le climat et les maladies. La flotte anglaise, forte de 103 bâtimens, commandés par l'amiral Cochrane, portant 11,000 hommes de troupes de débarquement sous les ordres du général Becwith, qui avait sous les siens tous les gouverneurs des îles anglaises dont les garnisons formaient l'armée, parut sur les côte de la Basse-terre, au mois de janvier 1810. La lutte était trop inégale pour qu'elle durât longtemps. Attaqué sur les deux flancs et au centre, le général Ernouf, après avoir battu l'ennemi sur deux points et perdu la moitié de sa troupe, fut contraint de capituler. Il obtint tous les honneurs de la guerre, les droits des habitans furent conservés intacts ; il suivit le sort de ses soldats, qui furent conduits en Angleterre, où il resta 13 mois. Échangé pour cause de maladie, il vint trouver de nouveaux fers dans sa patrie. Il fut arrêté et mis en jugement. La capitulation de la Guadeloupe passa dans le public pour être la raison de cette mesure. Les motifs véritables, connus sans doute de peu de personnes, ne sont pas encore assez bien établis, pour qu'il soit permis seulement de les indiquer. Nous devons nous interdire de prononcer sur la culpabilité du général Ernouf, et sur la justice de son souverain. Celle-ci fut éclairée sans doute, puisque après une longue procédure le général Ernouf fut mis en liberté. Peut-être aussi serait-on porté à croire qu'elle fut désarmée par le souvenir des anciens services de l'accusé. Quoi qu'il en soit, peu de temps après, l'empereur à son départ pour l'armée, exila le général Ernouf à vingt lieues de Paris et de la frontière. Ce prince crut user de clémence envers ce général, qui toutefois saisit en 1815 l'occasion de se venger. La chute de Napoléon termina l'exil du général, qui revint à Paris, où le roi le nomma à l'inspection-générale de l'infanterie dans le Midi; il était à Marseille lors du débarquement de Napoléon à Cannes. Le duc d'Angoulême lui confia le commandement du premier corps de son armée, composée des 58me et 83me régimens de ligne, du dépôt du 9me, de 4 compagnies du 37me, et de 2300 gardes nationaux. Le général Ernouf, qui avait organisé ce corps, avait sous lui les maréchaux-de-camp Gardanne et Loverdo. Après avoir passé, aux bacs de Mirabeau et de Lescale, la Durance, déjà enflée par la fonte des neiges, le général se porta sur Sisteron. Là il divisa son corps en deux colonnes: il confia le commandement de la première au général Gardanne, celui de la seconde au général Loverdo. Celui-ci avait ordre de tourner le général Chabert, qui occupait la position des travers de corps, en se portant par une route de traverse sur Lamure; le général Gardanne sur travers de corps avec la première colonne par la grande route de Gap à Grenoble; mais celui-ci, au lieu d'attaquer, passa à l'empereur, avec le 58me. Le général Ernouf, qui s'avançait avec les gardes nationales, fut obligé de rétrograder. Il envoya aussitôt ordre au général Loverdo de se replier sur lui. Certain de l'opinion du 83me, des 4 compagnies du 87me, et du dépôt du 9me, le général Ernouf ne tarda pas à reprendre l'offensive. Instruit que le duc d'Angoulême devait se replier sur lui, il fit un mouvement pour seconder ce projet; mais il apprit le malheur arrivé au prince, ainsi que la marche du général Grouchi sur Marseille. Après avoir pourvu à la défense de Sisteron, le général Ernouf se porta sur Aix, et de cette ville sur Marseille, croyant pouvoir couvrir cette place au moyen des troupes que le maréchal Masséna avait réservées. Arrivé à quatre lieues de cette ville, il eut connaissance de la proclamation du maréchal, et de son ordre d'arborer le drapeau et la cocarde tricolores, ainsi que de la marche de ses troupes pour en assurer l'exécution. Pris entre deux feux, le général Ernouf accéléra sa marche, il entra dans Marseille avec le drapeau blanc; mais forcé de céder aux circonstances, il fit cacher les armes, et renvoya les gardes nationales. Le général Ernouf déclaré traître, poursuivi comme tel, fut obligé de fuir. La seconde rentrée du roi mit fin à cette position. Il fut nommé, par le département de l'Orne, à la chambre des députés en 1815, et à celle de 1816 par le département de la Moselle. Il commandait la 3me division militaire, lors des années de détresse de 1816 et 1817; il seconda de tout son pouvoir les efforts de M. le préfet du département de la Moselle, et du maire de la ville de Metz, pour subvenir aux pressans besoins des habitans de cette division, dont le territoire était presque entièrement occupé par les troupes alliées. Le succès couronna ses efforts, il n'y eut pas une seule émeute dans ces temps difficiles, et il entretint la bonne harmonie avec les troupes alliées. Plus tard il accompagna le duc d'Angoulème, quand ce prince replanta le drapeau blanc sur les remparts de Thionville. Malgré tant de services rendus à la famille royale, le général Ernouf, atteint par l'ordonnance sur les retraites, dut quitter le commandement de la 3ᵐᵉ division, le 1ᵉʳ janvier 1819. Il vit retiré à Paris dans le sein de sa famille.

ERSCH (JEAN-SAMUEL), bibliothécaire de l'université d'Iéna, et professeur de géographie et de statistique à l'université de Halle, est né à Glogau, en Silésie, le 23 juin 1766. Par son infatigable activité dans ses recherches bibliographiques, il s'est rendu très-utile à la littérature en publiant les ouvrages suivans : 1° *Catalogue de tous les ouvrages et mémoires anonymes que renferme la* 4ᵐᵉ *édition de l'Allemagne littéraire*, suivi d'un *Catalogue des traductions en diverses langues des ouvrages qui y sont indiqués*, Lemgo, 1788, in-8°; 2° *Répertoire des journaux allemands et d'autres recueils périodiques pour la géographie, l'histoire et les sciences, qui y ont rapport*, ibid., 1790-1792, 3 vol. in-4°; 3° *Répertoire universel de la littérature de 1785 à 1790*, Iéna, 1790-1792, 3 vol in-4°. La suite, également en 3 vol., a paru à Weimar en 1799-1800; 4° *la France littéraire, ou Dictionnaire des auteurs français de 1771 jusqu'en 1796*, Hambourg, 1797-1798. Cet ouvrage eut deux supplémens, qui parurent, l'un en 1802, l'autre en 1806; 5° *Manuel de la littérature allemande, depuis 1750 jusqu'à nos jours*, 1812, 2 vol. in-8°. M. Ersch a fait insérer dans divers ouvrages périodiques, notamment dans la *nouvelle Gazette de Hambourg*, qu'il rédigea pendant plusieurs années, des articles sur la statistique et la géographie, qui sont du plus grand intérêt.

ERSKINE (lord THOMAS), membre du parlement d'Angleterre et célèbre jurisconsulte, né en Ecosse vers 1750, est le troisième frère du comte de Buchan. Après avoir fait ses études à Edimbourg, il entra dans le service de la marine, n'y resta que peu de temps, et passa dans le premier régiment d'infanterie, où il demeura depuis 1768 jusqu'en 1774. Son goût, qui l'entraînait vers l'étude des lois et des belles-lettres, le détermina alors à quitter entièrement le service pour s'y livrer. Il fit successivement ses cours aux universités de Cambridge et de Lincolns-inn, et fut, en 1778, reçu avocat; ses premiers pas, dans la carrière du barreau, firent présager tous les succès qu'il obtint en la parcourant. Parmi le grand nombre de causes qu'il défendit, il se fit remarquer principalement dans les plaidoyers qu'il prononça en faveur du capitaine Baillie, du libraire Carnan, de l'amiral Keppel, de lord Gordon, de Thomas Paine, de M. Hastings et du doyen de Saint-Asaph. Dans cette dernière cause, où le doyen était accusé de la publication d'un libelle, les jurés ayant déclaré que l'accusé était seulement coupable du fait de la publication, M. Erskine eut une altercation assez vive avec le président de la cour, M. Justin Buler, qui prétendait que les termes dans lesquels la déclaration des jurés était conçue, ne permettaient pas de l'enregistrer. L'avocat soutint le contraire; le président lui ordonna, d'un ton impératif, de s'asseoir; il ne le fit pas : on menaça de l'y contraindre. « Milord, dit alors M. Erskine, je ne m'assiérai pas; faites votre devoir, et je ferai le mien. » Puis il ajouta : « J'ai appris dans ma jeunesse, et il m'a toujours été recommandé de faire, dans toutes les occasions, ce que ma conscience me disait être mon devoir, et d'abandonner les conséquences à Dieu. J'aurai toujours présente à ma pensée, et je mettrai en pratique jusqu'au tombeau, cette leçon de mon père, que je transmettrai à mes enfans. » Le président garda un profond silence. Ce fut dans le procès des criminels d'état, en 1814, que les talens oratoires de M. Erskine brillèrent de tout leur éclat; il défendit les accusés conjointement avec M. V. Gibbs. Nommé membre de la chambre des communes, en 1783, il montra la plus constante opposition aux mesures proposées par les ministres, et combattit surtout, avec vigueur, le bill sur les rassemblemens. Lorsque ce bill fut adopté, en sa qualité de président du club des whigs, M. Erskine proposa, dans cette réunion, que toutes les provinces d'Angleterre fussent invitées à envoyer des adresses pour en demander le rapport. Voulant, au mois de décembre 1796, s'opposer à l'adresse que Pitt proposait de voter au roi, son discours était à peine commencé, qu'une espèce de défaillance qu'il éprouva l'empêcha de le finir. Il ne repoussa jamais l'idée de traiter avec la France, devenue république ; il en démontra même la possibilité, dans un discours qu'il prononça contre les ministres en 1800. Après le traité d'Amiens, il vint à Paris, et fut présenté avec Fox au premier consul. Appelé à la pairie en 1806, il fut successivement créé baron, membre du conseil privé, lord grand-chancelier, et président de la chambre des pairs. Il soutint, dans cette chambre, la cause des catholiques d'Irlande, se prononça pour l'admission d'une pétition qu'ils présentèrent au mois de mai 1808, dont il demanda le renvoi à un comité d'examen. Ne voyant qu'avec horreur la traite des Nègres, lord Erskine présenta, en 1814, au nom des 80 ministres anglicans, une pétition tendant à détruire irrévocablement cet odieux commerce qui flétrit l'humanité. Au mois de juin de la même année, présenté à l'empereur de Russie et au roi de Prusse, pendant le séjour que ces monarques firent à Londres, il en fut accueilli avec distinction. On lui attribue, comme poète, un grand nombre de pièces fugitives que sa modestie l'empêcha de publier, mais que ses amis n'ont pas manqué de recueillir. Ces pièces ne sont pas sans mérite. On cite même, avec éloge, un petit poëme intitulé *le Géranium*. C'est une production que tout le monde s'accorda à trouver charmante, et que l'on crut long-temps l'œuvre de Shéridan. Les amis de lord Erskine ont eu également le soin de recueillir ses discours à mesure qu'il les prononçait, et de les réunir en 5 vol. qu'ils publièrent in-8°. La 2me édition a paru à Londres en 1816. Le seul ouvrage dont la publication fut avouée par ce grand orateur, est une brochure qui parut sous ce titre : *Considérations sur les causes et les conséquences de la guerre actuelle avec la France*, 1797, in-8°.

ERSKINE (HENRI), frère de lord Th. Erskine, né comme lui en Ecosse, suivit également la carrière du barreau, dans laquelle il entra après avoir fait d'excellentes études. Reçu au nombre des avocats de la Faculté écossaise, dans un âge peu avancé, quelques distractions occasionées par la fougue des passions ordinaires à la jeunesse, retardèrent les progrès qu'il fit depuis dans la science de la jurisprudence; mais il répara bientôt le temps perdu, et acquit, par ses succès, une réputation méritée. Il fit, ainsi que ses frères, partie de l'assemblée des whigs, dont il devint le premier orateur. Les hommes les plus distingués de ce parti le recherchèrent, en raison de ses opinions et de ses qualités personnelles, et voulurent être de ses amis. Fox, qui se trouvait du nombre de ces derniers, étant devenu ministre, lui fit obtenir l'importante place de lord avocat; mais il n'en remplit les fonctions que tant que dura ce ministère. M. Erskine a pensé, comme lord Th. Erskine, son frère, que l'on pouvait traiter, sans inconvénient pour l'Angleterre, avec le gouvernement républicain de la France. Il est devenu le doyen de la Faculté des avocats.

ERSKINE (CHARLES), originaire d'Irlande, naquit à Rome, où sa famille avait suivi celle des Stuart, lorsque cette dernière eut cessé de régner. Destiné d'abord à la carrière du barreau, il s'y distingua très-jeune encore par son éloquence; sut plaire au pape Pie VI, qui, ayant lui-même exercé la profession d'avocat, reconnut tout le mérite du jeune Erskine, et résolut de faire sa fortune, en lui faisant embrasser l'état ecclésiastique. Bientôt il eut le titre d'évêque, et fut nommé chanoine de Saint-Pierre, puis envoyé comme ministre plénipotentiaire à Londres, lorsque le pape voulut se joindre à la coalition des souverains contre la France. M. Erskine passa plusieurs années en Angleterre, et obtint le chapeau de cardinal, lors de son retour à Rome, après le traité d'Amiens. Le pape Pie VII eut pour lui la même estime qu'avait eue Pie VI. Le cardinal Erskine vint en France, sous le gouvernement consulaire, et fut favorablement accueilli par le premier consul. Ce prélat éminent, qui parlait cinq langues avec autant de pureté que de facilité, peut être considéré comme l'un des hommes les plus savans de l'Italie.

ERSKINE (JEAN), fils de Jean Erskine de Carnock, naquit à Édimbourg en Écosse, vers 1721, et y mourut le 19 janvier 1803. Son père, avocat et professeur de droit écossais à l'université de cette ville, le destinait à la même profession ; mais son goût pour l'étude de la théologie l'emportant sur celle de la jurisprudence, il surmonta, pour entrer dans les ordres, tous les obstacles qui lui furent opposés par sa famille. Il avait eu pour camarade d'études, le célèbre historien Robertson; il fut, conjointement avec lui, nommé ministre de la même église à Édimbourg. Dans l'exercice des fonctions de son ministère, il fut aussi utile à la religion par son zèle éclairé, que par son activité et son intelligence. Afin d'obtenir des renseignemens sur les progrès qu'elle faisait dans les pays étrangers, il avait une correspondance qui s'étendait jusqu'en Amérique. Il apprit même, pour cet effet, quoique déjà sur le déclin de l'âge, l'allemand et le hollandais. On avait prêché en Écosse avant lui; mais la véritable éloquence de la chaire n'y était point connue, ce fut lui qui la fonda. La considération dont il jouissait lui donna assez d'influence pour apaiser, en 1779, par la force de la persuasion, une émeute que la force armée n'avait pu ni prévenir ni réprimer. Parmi divers ouvrages qu'il publia, on distingue: 1° *Ses Esquisses de l'histoire de l'Eglise*, Édimbourg, 1790-1797, 2 vol. in-8; 2° Ses *Sermons*, ibid., in-8°; 3° *Nouvelles religieuses des pays étrangers*. Ce dernier écrit est un ouvrage périodique dont il parut cinq numéros quelques jours avant sa mort. Erskine se distingue par une grande pureté de style.

ESCARS (JEAN-FRANÇOIS DE PÉRUSE, DUC D'), lieutenant-général, né en 1747. D'abord engagé dans l'ordre de Malte, pour ne pas nuire à l'avancement d'un frère qui mourut bientôt, il entra dans le service de la marine, qu'il ne tarda pas à quitter pour celui de terre. Il était, en 1774, colonel des dragons d'Artois, et portait le titre de baron. En 1783, il devint le gendre du banquier Laborde, renommé pour sa fortune. En 1788, il fut nommé maître-d'hôtel du roi, en survivance, et maréchal-de-camp. Il émigra en 1791, et fut chargé, par les princes réunis aux bords du Rhin, d'une mission diplomatique auprès de Gustave III, roi de Suède. Il passa plusieurs années à Stockholm, où il se trouvait encore lorsque Gustave fut assassiné. On assure que le baron d'Escars jouissait, dans ce pays, d'une grande considération; cependant il n'avait pu empêcher, en 1792, que l'envoyé de la république française y fût accrédité. Après la mort de Gustave III, il reçut de nouvelles instructions de la part des princes, et se rendit à Berlin, où l'accueil favorable qu'on lui fit l'engagea à prendre du service dans les armées prussiennes. Comme il était déjà veuf, il contracta un nouveau mariage avec M** de Nadaillac, femme dont on vante l'esprit, que le roi de Prusse honorait de son estime, mais que des imprudences, lorsqu'elle fut rentrée en France avec son mari sous le gouvernement impérial, firent exiler aux îles Sainte-Marguerite, d'où cependant elle eut la permission de se retirer en Touraine. Le baron d'Escars, nommé par le roi, en 1815, lieutenant-général et premier maître-d'hôtel, en remplacement de feu son frère aîné le comte d'Escars, reçut le titre de duc au mois de mars 1816.

ESCARS (François-Nicolas-René, comte de Péruse d'), pair de France, né le 12 mars 1759, est le cousin du précédent. En 1789 la noblesse de Châtellerault le nomma député aux états-généraux; il était alors gentilhomme d'honneur du comte d'Artois. Il se prononça contre la révolution, soutint constamment la cause de la monarchie, et signa toutes les protestations de la minorité dont il faisait partie. Il quitta la France avec le comte d'Artois, qui le fit capitaine de ses gardes: il prit part aux campagnes des émigrés, ce qui lui valut, en 1794, le grade de maréchal-de-camp. Rentré en France après le rétablissement des Bourbon, il fut nommé lieutenant-général le 22 juin 1814, et réobtint deux mois plus tard sa place de capitaine des gardes de *Monsieur*. Il fut en même temps créé commandeur de Saint-Louis. Au mois d'août 1815, le comte d'Escars, gouverneur de la 4me division militaire, fut nommé pair de France.

ESCHASSERIAUX (Joseph), membre de la légion-d'honneur, l'aîné de deux frères qui furent l'un et l'autre membres de l'assemblée législative et de la convention nationale, exerçait la profession d'homme de loi à Saintes, à l'époque de la révolution, dont il embrassa la cause avec ardeur. Appelé en 1790 aux fonctions administratives du département de la Charente-Inférieure, il fut nommé par ce même département, en 1791, à l'assemblée législative, et en 1792 à la convention nationale, et siégea constamment au côté qui depuis fut surnommé *la Montagne*. Dans le procès du roi, il vota la mort sans appel et sans sursis, approuva les mesures prises contre les émigrés et les prêtres; fit sur les subsistances, l'administration et la police plusieurs rapports importans; entra au comité de salut public après le 9 thermidor an 2 (27 juillet 1794); défendit les sociétés populaires, alors violemment attaquées; et s'opposa de tout son pouvoir à la rentrée des prêtres, et au rétablissement d'un culte privilégié. Il eut encore l'occasion de revenir sur ce sujet, lorsqu'au conseil des cinq-cents, dont il fit aussi partie, on s'occupa dans la séance du 11 juillet 1797, de la police des cultes, se prononçant avec force contre les hommes qui n'étant pas plus attachés à une religion qu'à une autre, voulaient néanmoins relever les églises et doter le culte catholique. Dans le cours de cette session, il proposa d'ériger un monument aux guerriers morts pour la défense de la patrie. En 1799, lorsque les rênes du gouvernement échappaient aux faibles mains du directoire, et que la république paraissait toucher à ses derniers momens, ses défenseurs ne virent d'autre moyen de la sauver que celui de déclarer la patrie en danger. Eschassériaux appuya cette proposition, et dit: que les royalistes qui chaque jour perçaient la république au cœur, étaient bien plus redoutables que les armées de la coalition. Il devint membre du tribunat, après les événemens du 18 brumaire; reçut, le 27 novembre 1804, la décoration de la légion-d'honneur; et fut, peu de temps après, envoyé dans le Valais en qualité de chargé d'affaires. Il remplit, depuis, plusieurs missions importantes en Italie, entre autres une près de la princesse de Lucques et de Piombino, sœur de l'empereur. La scène politique ayant totalement changé depuis les événemens de mars 1814, M. Eschassériaux cessa d'y figurer; et pendant les *cent jours* n'ayant pas signé l'acte additionnel, il ne fut point porté sur la liste des conventionnels dits *votans*, bannis par la loi d'*amnistie* du 12 janvier 1816. Parmi plusieurs ouvrages qu'il a publiés, on distingue: 1° *Rapport fait à la convention au nom du comité d'agriculture*, 1794, in-8°; 2° *Tableau politique de l'Europe au commencement du* 19me *siècle, et moyens d'assurer la paix générale*, 1802, in-8°; 3° *L'homme d'état*, 1803, in-8°; 4° *Lettres sur le Valais, les mœurs de ses habitans, avec les tableaux pittoresques de ce pays*, 1806, in-8°. Ce dernier ouvrage offre beaucoup d'intérêt, et est écrit avec correction et facilité. M. Eschassériaux est gendre de l'ex-sénateur Monge.

ESCHASSÉRIAUX (René), frère cadet du précédent, membre de la chambre des représentans en 1815. Il exerçait la profession de médecin à Saintes lorsque la révolution éclata, et bien qu'il en adoptât les principes, il montra toujours beaucoup de modération. Appelé en 1790 à faire partie du directoire du district de Saintes, il ne tarda pas à être nommé par le corps électoral de la Charente-Inférieure, député suppléant de ce département à l'assemblée législative. Porté par le même vœu à la convention, en 1792, il n'entra dans cette assemblée qu'après le jugement de Louis XVI, et y rédigea, au nom des divers comités dont il fit partie, des rapports sur différens sujets. Il traita les créanciers et les parens d'émigrés avec moins de sévérité que ses collègues, et prit plusieurs fois la parole en leur faveur; la famille du maire de Strasbourg *Diétrich*, tombé sous la hache des proscripteurs, lui dut même, en 1795, la restitution de ses biens. Passé de la convention au conseil des cinq-cents, il en sortit en 1798, et y rentra presque aussitôt par suite d'une nouvelle élection. En 1799 il appuya la suppression des lois qui entravaient la liberté de la presse, sortit du conseil par suite des événemens du 18 brumaire an 8, et fut renommé au nouveau corps-législatif, dont il fit partie jusqu'en 1803. Devenu depuis cette époque conseiller de préfecture du département de la Charente-Inférieure, il en cessa volontairement les fonctions en 1810, et fut quelque temps après nommé maire de Saintes. Ses concitoyens lui donnèrent, pendant les *cent jours*, une nouvelle preuve de leur confiance, en le nommant député à la chambre des représentans. Depuis cette époque M. Eschassériaux jeune a vécu dans la retraite.

ESCHEMBACH (Jérôme-Christophe-Guillaume), savant allemand, né, en 1764, à Léipsick, y professa les mathématiques et l'astronomie, sciences dans lesquelles il avait acquis des connaissances très-étendues, jusqu'en 1791, époque où la compagnie hollandaise des Indes orientales l'employa en qualité de capitaine du génie. Bien qu'il n'eût encore que 27 ans, il avait déjà publié un assez grand nombre d'ouvrages, parmi lesquels on distingue : 1° quelques *dissertations latines* sur des sujets de haute géométrie; 2° la *description*, en allemand, de quelques machines astronomiques; 3° une *traduction*, du suédois en latin, de quelques *opuscules* de Bergmann ; 4° l'*Abrégé d'astronomie de Boscovich*, traduit du français en allemand, Léipsick, 1787, in-8°; 5° plusieurs ouvrages *sur l'électricité*, traduits du hollandais en allemand; 6° *Essai sur la manière de mesurer la capacité des tonneaux, en y appliquant une ligne spirale*, par Martin Muller, Léipsick, 1784, in-8°, fig.; 7° *Histoire du comte Guillaume de Hollande, roi des Romains*, par Jean Meermann, 1787-88, 2 parties in-8°; 8° *Voyage en Grande-Bretagne et en Irlande*, par le baron de Dalem, 1789, in-8°. Eschembach a fait aussi insérer, dans la *Gazette littéraire* de Léipsick, plusieurs articles qui ne sont pas sans intérêt. Dès qu'il fut nommé capitaine du génie, il passa, pour en exercer les fonctions, au cap de Bonne-Espérance ; alla ensuite à Batavia, puis à Malac, où il se trouvait lorsque cette dernière ville tomba au pouvoir des Anglais. Il fut fait prisonnier et conduit à Madras, où il mourut le 7 mars 1797.

ESCHEN (F. A.), traducteur d'Horace, enlevé aux lettres dont il était l'espérance avant l'âge de vingt-cinq ans, était né à Evlin en Saxe, vers l'an 1777. Il eut pour premier maître son père, homme instruit, qui ayant reconnu ses heureuses dispositions, lui donna une éducation soignée que perfectionna Voss, connu si avantageusement dans la littérature allemande par ses traductions d'Homère, de Virgile, d'Ovide, et par son excellent poëme de Louise. Le jeune Eschen entra à 20 ans à l'université d'Iéna, où il développa avec succès les connaissances qu'il avait acquises non-seulement dans la poésie, mais dans la philosophie, la jurisprudence, l'histoire naturelle et la physique. Plusieurs dissertations sur les sciences, et des vers pleins de grâce, lui firent à Berne, où il s'était rendu, une réputation distinguée. Il venait de publier dans cette ville sa traduction des *Odes d'Horace*, lorsqu'un jour se promenant, accompagné d'un de ses amis, sur les bords du lac de Genève, une fatale destinée l'entraîna sur la cime de la montagne de Buet. Il la parcourait quand une croûte de neige se détachant tout-à-coup, ouvre sous ses pas un abîme dans lequel il disparaît. Une mort aussi funeste affligea tous les amis des sciences, et est encore vivement ressentie dans toute l'Allemagne.

ESCHENBURG (Jean-Joachim), littérateur allemand, célèbre par sa vaste érudition et les bons ouvrages français et anglais qu'il a fait passer de l'idiome original dans sa langue maternelle, est né à Hambourg, le 1er décembre 1743. Parmi les traductions qu'il a publiées, et ses propres œuvres, on distingue les suivantes : 1° *Théâtre de Shakespeare*, traduit de l'anglais, Zurich, 1775-1782-1798-1807, 13 vol. in-8°, contrefait à Manheim, en 1780; 2° *Musée britannique pour les Allemands*, Léipsick, 1777-1780, 6 vol. in-8°, continué par l'auteur sous le titre d'*Annales de la Littérature britannique*; 3° *Précis d'une théorie et d'un cours de belles-lettres*, Berlin et Stettin, 1783-1805, in-8°; 4° *Manuel de la Littérature classique de l'antiquité et de la mythologie*, ibid., 1782-1808, traduit en français, et généralement estimé comme ouvrage élémentaire; 5° *Sur Shakespeare*, Zurich, 1787, in-8°; 6° *Recueil d'Exemples pour servir à la théorie et au cours des belles-lettres*, Berlin et Stettin, 1788-1795, 8 vol. in-8°; 7° *Manuel de l'étude des Sciences*, ibid., 1792-1800, in-8°; 8° une *traduction* de l'*Esther* de Racine en vers allemands (Esther n'est pas le seul ouvrage français traduit en allemand par M. Eschenburg). Il a encore publié une *Vie de Hagedorn*, à la suite d'une édition qu'il fit des *OEuvres* de ce poète. La traduction du théâtre de Shakespeare passe, sans en excepter celle de M. Wiéland, pour la plus exacte de toutes celles que l'on a faites du célèbre tragique anglais. M. Eschenburg était, depuis l'âge de 23 ans, c'est-à-dire depuis l'année 1767, professeur au *Carolinum*, à Brunswick, lorsque sous le gouvernement de Jérôme Bonaparte, roi de Westphalie, on supprima cet établissement pour y substituer une école militaire; alors le savant professeur qui, depuis 1786, était membre du conseil aulique, obtint la pension à laquelle son ancienneté lui avait donné des droits.

ESCODECA-DE-LA-BOISSONNADE (J. E.), convertisseur italien, ayant le titre d'évêque missionnaire, parcourut la Chine avec d'autres missionnaires de diverses nations européennes, afin d'y prêcher et propager la foi chrétienne. Dans une lettre datée de la province de Sé-Tchuen, le 25 septembre 1818, après avoir fait l'énumération des âmes conquises à la vraie religion, parmi lesquelles il cite notamment 30 prêtres du pays, il attribue l'honneur de ces conversions aux missionnaires français, et ajoute : « Il » n'y a pas long-temps que la per- » sécution nous a privés du vicai- » re apostolique, immolé à la rage » du gouverneur de cette provin- » ce, également ennemi du nom » chrétien et européen. L'évêque » coadjuteur a été obligé de pren- » dre la fuite, et on le croit réfu- » gié dans le Tonquin. Trois prê- » tres du pays, et plusieurs fidèles » de l'un et de l'autre sexe, ont » terminé leur carrière mortelle » par un glorieux martyre. Il y a » encore, dans presque toutes les » prisons de la province, une trou- » pe nombreuse de généreux con- » fesseurs qui souffrent pour cette » cause; et c'est moi, qui n'ai pas » encore mérité la grâce de verser » mon sang, qui suis chargé des » soins spirituels et temporels de » cette mission, qui comptait a- » vant la persécution 60,000 chré- » tiens. » Tout en déplorant cet esprit de prosélytisme, qui trop souvent dégénère en intolérance, on ne peut s'empêcher de reconnaître que de semblables missions, entreprises au mépris des plus grands périls, sont préférables à celles où les distributeurs de la parole de Dieu se font appuyer par des baïonnettes.

ESCOIQUITZ (DON JUAN), ministre-d'état espagnol, commandeur de l'ordre de Charles III, et décoré de plusieurs autres ordres européens, naquit dans la Navarre, vers 1762. Issu d'une antique noblesse, et fils d'un général, jadis gouverneur d'Oran en Barbarie, le jeune Escoiquitz eut à peine terminé ses études qu'il fut nommé page du roi d'Espagne. Appelé ainsi dans la capitale, il s'y distingua par son application aux sciences exactes, et ayant à opter entre l'état militaire et la carrière ecclésiastique, il préféra ce dernier parti, et obtint un canonicat dans le chapitre si renommé de Saragosse. Son zèle et ses lumières lui firent bientôt des protecteurs puissans, qui fixèrent aisément sur lui le choix de la cour, quand il s'agit de nommer un précepteur au prince des Asturies, qui règne aujourd'hui sur l'Espagne sous le nom de Ferdinand VII (*voy.* FERDINAND VII). Par la douceur et la franchise de son caractère, et surtout par un attachement véritable, Escoiquitz gagna sans peine la confiance et l'amitié de son élève, à qui il ne donna jamais que des conseils aussi sages que salutaires, tels que ceux-ci, qu'il répéta même au prince devenu roi, qui sans doute les médite depuis que l'expérience lui en a démontré la justesse. « Il vous convient, lui disait » souvent ce respectable précep-» teur, de vous entourer de con-» seillers fidèles, sages et prudens; » d'adopter sur les affaires d'état » l'opinion la plus naturelle, sans » vous laisser influencer par au-» cun conseiller, pas même par » moi, qui suis sujet à errer beau-» coup plus que des hommes d'un » mérite supérieur, et à être cor-» rompu, bien que je sois homme » d'honneur au moment où je vous » parle. » Bravant les périls où l'exposait, à l'égard des courtisans, la manifestation de sentimens si nobles et si étrangers à ces flatteurs serviles, le vertueux précepteur ne borna pas ses conseils à son élève; il osa même en donner, vers 1797 et 1798, au roi Charles IV et à la reine, qui laissaient diriger les grandes affaires de l'état par le prince de la Paix (*voy.* GODOÏ). Il leur fit pressentir les désastres qui affligeraient bientôt la patrie, si elle restait plus long-temps à la discrétion d'un favori. La voix d'Escoiquitz ne fut point écoutée, et le prince de la Paix, conservant tout son crédit auprès du roi et de la reine, chercha à se venger de son détracteur, et parvint à le faire exiler dans l'ancienne capitale de l'Espagne (Tolède). Le précepteur banni n'en garda pas moins d'influence sur le prince des Asturies, avec lequel il entretint régulièrement une correspondance secrète. A la même époque, il adressa au roi et à la reine divers mémoires, pour leur dévoiler les vues ambitieuses de leur favori. Mais celui-ci avait su aliéner au jeune prince l'amour de ses augustes parens, au point de faire craindre que le monarque ne transmît la couronne à ce favori même. Voulant détourner l'orage qui le menaçait, le prince des Asturies chargea don Escoiquitz, en mars 1807, de se rendre à Madrid pour déjouer les menées du prince de la Paix. Mais tout le zèle de l'ancien précepteur ne put empêcher l'arrestation de son élève; il parvint toutefois à éclairer sur son compte l'opinion publique, qui se prononça par la suite en sa faveur avec tant d'énergie. Devenu enfin roi, par l'abdication de son père, le 19 mars de l'année suivante, Ferdinand voulut récompenser les services d'un si beau dévouement, et proposa au choix de don Escoiquitz, les fonctions de ministre de grâce et de justice, ou le poste d'inquisiteur-général, alors éminent dans ce pays, ou la place de juge des dépouilles, ou bien un évêché, ou enfin le simple titre de conseiller-d'état. Ce dernier emploi, le plus modeste de tous, fut préféré. A cette époque les Français occupaient la capitale de l'Espagne, et les places les plus importantes de ce royaume, où ils avaient d'abord été reçus à titre d'alliés. On consulta don Escoiquitz comme conseiller privé du roi, sur le voyage du nouveau souverain à Bayonne, proposé par Napoléon. Ce conseiller, qui, comme ses collègues et Ferdinand lui-même, était loin de soupçonner qu'on eût le dessein d'enlever ce prince, crut devoir lui persuader de se rendre d'abord à Burgos, puis à Bayonne, et sollicita même la permission de le suivre, permission qui lui fut accordée. Toutefois nous devons faire observer que, dans cette circonstance critique, la sagacité naturelle du peuple se montra plus clairvoyante que l'esprit, la diplomatie et les lumières du roi, de ses ministres et de son conseil; car, plusieurs fois sur la route, et particulièrement à Vittoria, le peuple arrêta spontanément les voitures du cortège, pour empêcher la continuation d'un voyage dont il pressentait les dangers. Arrivé à Bayonne le 20 avril, don Escoiquitz eut avec Napoléon, dans le château de Marrac, plusieurs conversations très-animées, où il ne montra pas moins de patriotisme que de présence d'esprit. «On m'a beaucoup parlé de vous, »lui dit l'empereur étonné de son »énergie. Puis il ajouta, en lui »tirant doucement l'oreille avec »une bienveillance familière : je »vois que vous en savez long. » Pardonnez-moi, sire, lui répondit don Escoiquitz; votre majes- »té en sait encore plus long que »moi, et les faits le prouvent »assez.» Le lendemain, Napoléon ayant repris la conversation, annonça au conseiller espagnol l'intention de changer la dynastie du trône d'Espagne, et le chargea d'engager le roi Ferdinand à accepter le grand-duché de Toscane en échange de ses états. «Sire, »répondit don Escoiquitz, la ré- »solution de votre majesté m'af- »fecte d'autant plus douloureu- »sement, qu'outre le malheur »de mon roi et de ma patrie, »j'aurai à gémir sur la perte de »la réputation de ceux qui é- »taient avec moi auprès du roi, »lorsqu'il s'est décidé à venir à »Bayonne. On nous considérera

» comme en étant les auteurs, et » je serai particulièrement blâ- » mé. Bien que le roi, sans nous » avoir consultés, eût déjà donné » sa parole à votre ambassadeur » de se rendre à votre rencontre, » et qu'il eût même fixé le jour, » nous ne pourrons pas nous sous- » traire à l'accusation de n'avoir » pas réuni nos efforts pour é- » pargner à sa majesté une » aussi grande imprudence. » — « Chanoine, répliqua l'empe- » reur, tranquillisez-vous ; vous » ne pouviez deviner mes inten- » tions, que personne au monde » ne connaît. On vous rendra la » justice qui vous est due : vous » vous êtes comporté en honnête » homme et en sujet fidèle. » Encouragé, sans être séduit, par des éloges aussi flatteurs, don Escoiquitz, toujours dévoué à son prince, fit bientôt une nouvelle tentative auprès de Napoléon, pour le faire désister d'un projet qu'il lui représenta comme contraire à sa gloire même et à ses propres intérêts. Son discours, plein d'éloquence, fit une telle impression sur l'empereur, que craignant de céder à son émotion, il cessa d'écouter l'orateur, et se tournant vers les jeunes princes qui étaient présents, et sur le sort desquels il commençait à s'attendrir : « Ce chanoine, s'écria-t-il, a » beaucoup d'amitié pour vos altes- » ses. » Le même soir, Napoléon dit en plaisantant au duc de l'Infantade : « Le chanoine m'a fait ce ma- » tin une harangue dans le genre » de Cicéron; mais il ne veut absolument point adopter mon » plan. » Bientôt après, Ferdinand ayant assemblé un conseil pour aviser au parti qu'il fallait prendre dans cette circonstance difficile, don Escoiquitz opina d'abord pour l'abdication demandée par l'empereur. Mais il ne tarda pas à changer d'avis, et le 28 avril, il motiva sa nouvelle opinion dans les termes suivans : « En vertu » des ordres de sa majesté qui en- » joignent aux membres de son » conseil d'émettre par écrit leur » opinion sur cette question : *Le* » *roi, dans la position critique où il* » *se trouve, doit-il faire l'abdica-* » *tion qu'on lui demande ?* je décla- » re que je suis d'avis que cette » abdication n'ait point lieu. » Malgré cette opposition énergique, la majorité du conseil ayant voté pour l'abdication, et les princes ayant renoncé à tous leurs droits au trône, par l'ordre de Charles IV, que Napoléon avait su gagner, don Escoiquitz fut chargé de dresser l'acte d'abdication, et de signer, avec le maréchal Duroc, à Bayonne, le 10 mai suivant, le traité qui en fut la suite. C'était en quelque sorte un manifeste adressé à la nation espagnole, et moins propre à la disposer en faveur d'une nouvelle dynastie, qu'à l'engager à défendre l'ancienne : aussi cet appel au peuple, en électrisant les esprits, produisit-il un effet que l'empereur était loin de prévoir. Quoi qu'il en soit, ce prince estimait beaucoup don Escoiquitz, et le lui témoigna hautement dans plusieurs circonstances. Des gendarmes déguisés, s'étant permis un jour de mettre la main sur l'infant don Carlos, excitèrent l'indignation de don Escoiquitz, qui en fit les reproches les plus véhémens à plusieurs Français exerçant de hautes fonctions. « L'Es-» pagne, s'écria-t-il, vengera ses » injures; elle rendra cent fois les » outrages qu'on lui prodigue. » Bien que Napoléon tînt peu de compte de cette menace prophétique que les événemens n'ont que trop malheureusement vérifiée, il chargea toutefois M. de Pradt d'exprimer à don Escoiquitz ses regrets de l'injure faite à la famille royale, et de lui protester que des ordres sévères avaient été donnés pour empêcher que désormais de pareils abus ne vinssent à se renouveler. Toujours fidèle à son roi, don Escoiquitz l'accompagna ensuite à Paris : il s'agissait de détourner l'empereur du projet, bientôt abandonné, de reléguer au Mexique le roi Ferdinand et toute sa famille. Pendant le peu de jours que don Escoiquitz resta dans la capitale de la France, il eut plusieurs entrevues avec les divers ministres de l'Allemagne et de la Russie : elles avaient pour objet principal d'engager tous les potentats de l'Europe à se coaliser contre Napoléon, comme ils l'ont fait depuis. Mais cette trame ayant été découverte, il ne tarda pas à être envoyé en exil, à Bourges, sous le prétexte qu'il ne s'était pas fait présenter à l'empereur par le duc de Frias, ambassadeur de Joseph, alors roi d'Espagne. Pendant son exil, qui dura 4 ans et demi, don Escoiquitz consacra tout son temps aux sciences et à l'humanité, visitant les hôpitaux, et soulageant avec autant de zèle les Français que les Espagnols, s'ils étaient malheureux. Enfin, à l'approche de 1814, Napoléon ayant senti la nécessité de rendre à Ferdinand le trône d'Espagne, don Escoiquitz retourna à Valençay, le 14 décembre 1813, pour diriger les négociations. Mais à peine Ferdinand parut-il affermi sur le trône, que son ministre le plus constamment dévoué fut réduit à s'éloigner de la cour, et se réfugia à Saragosse. On ne douta bientôt plus que ce ne fût une disgrâce réelle, quand on apprit que Ferdinand le faisait détenir dans le château de Murcie. Cet exemple, trop souvent répété, de l'instabilité de la faveur des monarques, qui savent si rarement reconnaître leurs véritables amis, ne justifie-t-il pas bien cette belle pensée du poète-philosophe sur l'amitié ?

Amitié que les rois, ces illustres ingrats,
Sont assez malheureux pour ne connaître pas!
HENRIADE.

Rappelé depuis à la cour, et disgracié de nouveau, don Juan Escoiquitz, relégué cette fois dans l'Andalousie, pour prix de ses longs et fidèles services, mourut enfin sur la terre d'exil, à Ronda, le 19 novembre 1820, dans la 59me année de son âge. Les principaux ouvrages qu'il a laissés sont : 1° *les Nuits d'Young*, traduites en vers espagnols, 2 vol. in-8°, 1797; 2° *Mexico conquis*, un vol. in-8°. 1802; 3° *le Paradis perdu de Milton*, en vers espagnols, 3 vol. in-8° fig., 1812; 4° *Les fameux traîtres réfugiés en France*, in-8°, 1814; c'est une justification de diverses imputations qui lui avaient été faites par quelques-uns de ses compatriotes. 5° *Exposé des motifs qui ont engagé, en*

1808, *Ferdinand VII à se rendre à Bayonne*. Ce mémoire extrêmement précieux pour l'histoire de l'époque, a été traduit dans toutes les langues, et notamment en français, in-8°, 1816; 6° *Réfutation d'un mémoire contre l'inquisition*. On a lieu de s'étonner et de s'indigner même qu'un homme du mérite de don Escoiquitz, se soit fait l'apologiste d'un tribunal de sang si sagement aboli par les cortès. 7° Enfin *M. Botte*, roman français de M. Pigault-Lebrun, réduit, corrigé, et traduit en espagnol.

ESCOULOUBRE (Louis-Gaston de Sottou, marquis d'), chevalier de Saint-Louis, colonel d'infanterie, mainteneur de l'académie des jeux floraux de Toulouse, a laissé peu de souvenirs de sa carrière militaire. Nommé, en 1789, député aux états-généraux, il y garda le plus profond silence; mais il protesta fidèlement, par son vote, contre les opérations de la majorité de l'assemblée. Après la session, il rentra dans ses foyers, et échappa par son obscurité aux proscriptions de 1793. La révolution ne lui enleva qu'une faible portion de sa fortune. Sous le régime impérial, il fit partie de toutes les députations que la ville de Toulouse et le département de la Haute-Garonne envoyèrent au pied du trône, pour y porter les expressions de dévouement de tous les citoyens. Il chercha, mais sans succès, à se faire nommer candidat au sénat-conservateur, ou membre du corps-législatif. Les événemens politiques de 1814 lui furent plus favorables. Le 12 avril de cette année, après la sanglante bataille de Toulouse, qui fit tant d'honneur à la valeur française et aux grands talens du maréchal Soult, lord Wellington se trouvant, par la retraite volontaire du maréchal, maître du pays, nomma le marquis d'Escouloubre maire de Toulouse, en remplacement du baron de Melaret, qui n'avait pas voulu recevoir les ennemis de la France. M. le marquis d'Escouloubre, fier de cette magistrature, qu'il ne devait ni à ses concitoyens ni au gouvernement, vit sa nomination confirmée par M. le duc d'Angoulême. Mais le gouvernement royal ayant acquis plus de fixité, renvoya le baron de Melaret à son poste. M. le marquis d'Escouloubre, qui venait de quitter Paris, fut informé de cette nouvelle à Limoges. Depuis lors, rendu à la vie privée, il s'occupe d'agriculture, et juge les poésies présentées au concours ouvert chaque année par l'académie des jeux floraux. Il travaille à la traduction française des *Lois d'Umors*, rassemblées par le troubadour Guillaume Molinier, en langue romane, et qui contiennent la grammaire et les règles de poésie en usage au 14° siècle.

ESCUDIER (Jean-François), naquit, dans une petite commune des environs de Toulon, en 1760. Il était juge-de-paix de cette ville, lorsque le département du Var le nomma, en septembre 1792, député à la convention nationale. Il y vota la mort du roi, et s'opposa à l'appel au peuple. Il était absent, lorsque la question du sursis fut proposée. Envoyé en mission avec son collègue Gasparin, au mois de juillet 1793, dans les départemens des Bouches-du-Rhône et du Var, et près de l'armée commandée par le général Cartaux, il se montra ouvertement modéré dans l'exécution des mesures ordonnées par le comité de salut public. Il croyait à la possibilité d'apaiser, par des moyens de douceur, les troubles auxquels étaient en proie les départemens du Midi. Dans l'impossibilité où se sont trouvés les rédacteurs de la *Biographie moderne*, de nier ce fait de la vie politique d'Escudier, ils l'ont affaibli, autant qu'il dépendait d'eux, dans un article évidemment dicté par un esprit de malveillance. Escudier, rappelé au sein de la convention, ne put donner suite à ses vues bienfaisantes; mais il parvint, en réunissant ses efforts à ceux de Granet (des Bouches-du-Rhône), à faire annuler les ordres donnés par Fréron pour la démolition des principaux édifices de Marseille et de Toulon. Cette dernière ville devait être rasée en entier ; le port seul devait être conservé. Pendant que Toulon était au pouvoir des Anglais, le comité-général des sections y avait établi le supplice de la potence; et des exécutions, fruit d'un système de réaction et de vengeance, y avaient lieu chaque jour. Escudier les fit cesser en s'adressant directement au général anglais O'Hara, qui commandait la place, et en lui déclarant qu'il ne pourrait empêcher, si de pareilles cruautés se prolongeaient, que l'armée assiégeante n'usât de représailles sur les officiers anglais qui tomberaient en son pouvoir : c'est ce même général O'Hara qui fut pris dans une sortie, quelque temps après, par le 4ᵉ bataillon de l'Ardèche, que commandait alors Suchet, depuis maréchal duc d'Albuféra. Lors des événemens du 9 thermidor an 2 (27 juillet 1794), Escudier contribua à la chute de Robespierre ; mais bientôt on le vit s'opposer aux mesures de rigueur réclamées contre les membres du comité de salut public; et enfin il fut décrété d'arrestation, comme prévenu d'avoir été l'instigateur du mouvement insurrectionnel qui éclata à Toulon dans les premiers jours de prairial an 3. On a su plus tard que le véritable auteur de ce mouvement fut le ministre anglais Wickam, qui résidait alors à Bâle. Il y avait, en rade du port de Toulon, une flotte composée de 16 vaisseaux de ligne, et d'un nombre proportionné de petits bâtimens, que le ministère anglais voulait désorganiser, en provoquant la désertion des équipages, à la faveur de cette insurrection; ce qui ne manqua pas d'arriver. Ce n'est pas la seule fois, dans le cours de la révolution, que de véritables Français ont été recherchés comme auteurs des désordres préparés par la politique des étrangers, ou des traîtres ennemis secrets de leur patrie. Entièrement retiré de la scène politique, depuis cette époque, Escudier vivait paisiblement à Toulon, uniquement occupé des fonctions gratuites d'intendant de la santé, fonctions auxquelles il ne renonça pas durant les *cent jours:* ses ennemis y trouvèrent un pré-

texte pour le faire sortir de France, après la seconde restauration, en 1815. Il fut réduit à aller chercher un asile à Tunis. Mais le roi, considérant que ses fonctions n'avaient rien de politique, et qu'on n'avait pas dû lui appliquer l'article 7 de la loi du 12 janvier 1816, l'autorisa, par une ordonnance du mois de décembre 1818, à rentrer dans sa patrie. Il ne jouit pas long-temps du bonheur de la revoir ; il mourut au mois d'avril de l'année suivante.

ESMENARD (JOSEPH), fils d'Étienne Esmenard, avocat au parlement de Provence, naquit en 1769, à Pélissane, bourg considérable du département des Bouches-du-Rhône : sa famille, l'une des plus anciennes de la province, tire néanmoins plus d'illustration de l'avocat et du poète Esmenard, que des seigneurs Esmenard de *Montdesir*, ou de Vautubières, qui n'ont point dérogé jusqu'à exercer une profession utile ou un art honorable. Joseph Esmenard était l'aîné de huit frères dont six vivent encore. Des voyages maritimes furent les premiers événemens de sa vie, et ce grand spectacle de l'Océan dut laisser des traces profondes dans sa jeune et poétique imagination. Après trois voyages aux îles et sur le continent de l'Amérique, il vint à Paris, où il connut Marmontel: sa liaison avec cet académicien ne tarda pas à développer en lui le goût de la littérature. La révolution poursuivait son cours; Esmenard, qui faisait partie du club des feuillans, fut entraîné dans sa chute, et forcé de s'exiler après le 10 août 1792. Après cinq années d'une vie errante, pendant lesquelles il parcourut l'Angleterre, l'Allemagne et l'Italie, visita Constantinople, et revint à Venise, où il esquissa son poëme de *la Navigation*, il rentra en France en 1797: de nouvelles persécutions l'y attendaient ; incarcéré comme écrivain politique, puis une seconde fois banni, il passa encore deux ans à l'étranger. Le 18 brumaire lui permit de revenir à Paris ; il s'y lia avec La Harpe et Fontanes, et travailla quelques temps avec eux au *Mercure de France*. Esmenard était né pour le mouvement et pour l'intrigue, et la fortune semblait prendre à tâche de l'arracher violemment à chacune des situations où il commençait à trouver le repos. A peine rentré dans ses foyers, il accompagna le général Leclerc à Saint-Domingue, revint occuper une place au ministère de l'intérieur, partit bientôt après pour la Martinique avec l'amiral Villaret-Joyeuse, et ne put se fixer à Paris qu'en 1805. Ces fréquens voyages, cette vie pour ainsi dire ballottée d'un hémisphère à l'autre, n'avait point empêché Esmenard de se livrer à des études classiques, et d'achever son poëme. *La Navigation* parut en 1805, et produisit une assez grande sensation dans le monde littéraire : on n'y trouva point de plan, peu de mouvement dans l'action, peu de variété dans le style; mais une vigueur, une élévation de poésie, une élégance, une pureté de versification, qui classèrent aussitôt l'auteur de ce poëme parmi nos grands écrivains. Élève et quelquefois rival de Delille, Esmenard possédait à un haut degré le talent de peindre fidèlement la nature dans ses plus fougueux, dans ses plus bizarres caprices, et de rendre en vers harmonieux et pittoresques, les détails les plus rebelles à la poésie. Il dut à son poëme de *la Navigation*, les éloges de La Harpe, les critiques des feuilletons, une réputation de poëte, et une foule d'ennemis. En 1808 il fit jouer l'opéra de *Trajan*, qui, bien que soigneusement écrit, dut en grande partie son prodigieux succès, à la faveur du gouvernement et des circonstances. Alternativement, et pendant quelque temps, tout à la fois censeur des théâtres, censeur de la librairie, et chef de la 1ʳᵉ division de la police, il fut reçu de l'institut en 1810; cet honneur, auquel il était du moins appelé par son talent, réveilla contre lui toutes les fureurs de la haine. Son caractère, ses habitudes privées, ses dettes et ses mœurs, furent, à cette occasion, déférées au tribunal de l'opinion publique, qui sut faire la part de l'envie dans le jugement qu'elle eut à prononcer. Parmi ces dégoûts, auxquels Esmenard était moins sensible qu'un autre, il reçut de l'empereur l'ordre de quitter la France: un article de journal, dirigé contre un agent du cabinet de Pétersbourg, était la cause, ou plutôt le prétexte de ce nouvel exil. Esmenard, après trois mois de séjour en Italie, obtint la permission de rentrer en France. Il était parti de Naples depuis quelques heures; aux environs de Fondi, le postillon qui le conduisait négligea d'enrayer à la descente d'une côte rapide; la voiture était entraînée vers un précipice. Esmenard voit le danger, croit s'y soustraire en s'élançant de sa chaise de poste, et va se fracasser le crâne contre un rocher. Il mourut des suites de sa blessure, le 25 juin 1811, laissant une veuve sans fortune, trois filles pleines de talens, dont elles se font un honorable moyen d'existence, et un neveu élève à l'école Polytechnique, qui s'est déjà fait remarquer parmi ses condisciples. Esmenard, au milieu d'une vie orageuse, et que nous sommes loin de croire irréprochable, dut à ses succès et à ses talens, plus encore qu'à ses défauts, les ennemis nombreux qu'une mort déplorable n'a point réconciliés à sa mémoire. Celui qui trace ces lignes ne fut point l'ami d'Esmenard: mais rapproché de lui pendant quelque temps par des relations de travail, il croit prononcer sur son compte un jugement impartial, en disant que cet écrivain célèbre fut d'un commerce doux, facile, aimable; qu'il sacrifia trop souvent à son goût effréné pour les plaisirs, sa considération personnelle et même ses devoirs; mais qu'enfin il n'était point un méchant homme, celui dont la perte excita de si vifs regrets dans sa famille, et parmi ceux qui avaient long-temps vécu dans son intimité. Comme poète, Esmenard atteint souvent à la plus grande beauté d'expression et d'harmonie: comme prosateur, il a fait preuve, dans le style, d'une élégante pureté; dans la discussion, d'une dialectique puissante; et dans la critique, d'un goût pur et sévère. Esmenard est du très-petit nombre des écrivains français qui ont également réussi en prose et en vers. Comme homme public, il eut des torts qui nuisirent à sa réputation, et justifièrent en quelque sorte l'acharnement de ses ennemis; mais le sort dont il fut la victime après en avoir été si long-temps le jouet, n'eût-il pas dû expier à tous les yeux ses erreurs et son talent?

ESMENARD (JEAN-BAPTISTE), ex-colonel au service d'Espagne, est le frère du poète, et comme lui né dans le département des Bouches-du-Rhône. Il fut attaché aux états-majors des armées françaises, du moment où elles entrèrent dans la péninsule en 1808. Employé successivement à Madrid, en Galice et en Portugal, il resta dans ce dernier pays jusqu'en 1810, époque où, chargé d'une mission du maréchal Ney, il se rendit à Paris, et fut arrêté presque en arrivant dans cette ville, par ordre du ministre de la guerre, sans que les motifs de cette arrestation transpirassent dans le public. M. Esmenard, détenu à la Force, n'obtint sa liberté qu'après le 30 mars 1814. Pendant les *cent jours* de 1815, il fut de nouveau employé dans l'état-major de l'armée française. Il paraît ne s'être occupé depuis que de littérature, notamment de la littérature espagnole, dans laquelle il est profondément versé.

ESNUE-LAVALLÉE (F. J.), nommé successivement par le département de la Mayenne à l'assemblée législative en 1791, et à la convention en 1792, se fit remarquer par la violence de ses opinions. Il vota, dans le procès du roi, la mort sans appel et sans sursis. Dénoncé par les administrateurs de son département, il fut mis en arrestation à la suite des insurrections du 1er et du 3 prairial (20 et 21 mai 1795); mais l'amnistie du 4 brumaire ne tarda pas à lui faire recouvrer sa liberté. Il se trouve compris dans la loi du 12 janvier 1816, qui bannit de France les conventionnels dits *votans*.

ESPAGNAC (M. R., ABBÉ D'), fils du baron Jean-Baptiste d'Espagnac. Destiné à l'état ecclésiastique, et ayant même reçu les ordres, l'abbé d'Espagnac montra bientôt peu de goût pour cet état, et se livra avec succès à des travaux littéraires. On a de lui deux ouvrages qui font regretter qu'il n'ait pas exclusivement suivi une carrière pour laquelle il manifestait d'heureuses dispositions. Le premier est un *Éloge de Catinat*, qui fut couronné par l'académie française en 1775; le second a pour titre : *Réflexions sur l'abbé Suger et son siècle*, Paris, 1780, in-8°. Protégé par le ministre Calonne, l'abbé d'Espagnac ne s'occupa bientôt plus que d'entreprises dont l'espérance d'une fortune rapide était le but. La disgrâce de son protecteur le força de s'exiler quelque temps; mais il reparut avec la révolution, persuadé qu'elle allait faire naître une foule d'incidens dont il pourrait tirer parti. Il s'associa d'abord à la réunion connue sous le nom de *Club de 1789*, puis avec les jacobins, hommes influens, qui lui firent obtenir la fourniture de l'armée des Alpes. Cambon le dénonça comme coupable d'avoir passé des marchés frauduleux, et il se justifia mal de cette accusation : comme on avait besoin de lui, néanmoins, on lui rendit la liberté. Il se chargea de l'entreprise des charrois de Dumouriez, et il fonda même un club à Bruxelles, pour se maintenir dans la faveur du peuple. La défection du général auquel il s'était attaché lui devint funeste : il fut arrêté comme complice d'un traître et comme fournisseur infidèle. Un décret ordonna l'apurement de ses comptes, et un autre décret le fit traduire devant le tribunal révolutionnaire, qui le condamna à mort avec Bazire, Chabot, Danton, etc., comme complice d'une conspiration tendant à détruire le gouvernement républicain par la corruption. Il était alors âgé de 41 ans.

ESPAGNE (N.), général de division, tué, d'un coup de canon, à la bataille de Wagram, le 6 juin 1806, était entré de bonne heure au service, et avait parcouru rapidement les premiers grades pendant les campagnes de la révolution, dans lesquelles il développa de grands talens et beaucoup de courage. Il avait successivement commandé la 21me division militaire à Poitiers, et divers autres corps de troupes en Italie, sous les ordres de Masséna, dont il partagea la fortune, par les succès continuels qu'il obtint dans toutes les affaires auxquelles il se trouva sur la fin de 1805. De nouveaux succès obtenus quelque temps après contre les Calabrois, lui méritèrent le commandement de la province de Labour et des deux principautés qui en dépendent. Il commanda, en Prusse, une division de cuirassiers qui mérita les plus grands éloges, notamment le 10 juin 1807, à Heilsberg, où il reçut un coup de feu qui ne l'empêcha point de rester à son poste. Cette affaire lui valut le titre de grand-officier de la légion-d'honneur.

ESPANA (don Carlos d'), général espagnol, fut chargé, au mois d'août 1813, du commandement du blocus de Pampelune. Les Français, dont les forces n'étaient point en proportion avec celles des assiégeans, tentèrent en vain plusieurs sorties; leur position devint même tellement critique qu'ils furent obligés de capituler le 31 octobre suivant. Le général Espana, qui avait été blessé grièvement pendant le blocus, n'avait pas pour cela discontinué de le diriger. C'est toujours avec cet esprit de justice qui caractérise les auteurs de la *Biographie des Contemporains,* qu'ils donnent aux peuples rivaux les éloges que méritent leur bravoure. Depuis longtemps les Français et les Espagnols ont cessé d'être ennemis; depuis surtout que ces derniers veulent être gouvernés par les principes constitutionnels, sans lesquels les peuples sont asservis et dégradés même à leurs propres yeux.

ESPEJO (N.) fut l'un des premiers qui embrassa la cause de la liberté dans l'Amérique méridionale. Il combattit avec courage pour l'indépendance de sa patrie. En 1814, il faisait partie de la garnison de Valéncia, quand les royalistes, sous les ordres du général espagnol Boves, assiégèrent cette ville, qui se rendit par capitulation après avoir fait une résistance aussi vigoureuse qu'honorable. Les vainqueurs, violant ce qu'il y a de plus sacré parmi les nations, mirent à mort les hommes les plus marquans de la garnison. Espejo fut une de leurs victimes. Son éloquence persuasive l'avait fait redouter des dominateurs du Nouveau-Monde.

ESPERT (N.), député, par le département de l'Arriège, à la convention nationale, où il resta à peu près inconnu. Dans le procès, il vota la mort sans appel ni sursis; et après la session conventionnelle, il fut nommé commissaire de directoire, fonctions qu'il remplit jusqu'à la révolution du 18 brumaire an 8. Depuis cette époque, on l'a entièrement perdu de vue.

ESPERT (JEAN-BAPTISTE, BARON), maréchal-de-camp, officier de la légion-d'honneur, chevalier de Saint-Louis, commandeur de l'ordre royal d'Espagne, etc., est né, en juillet 1764, dans les environs de Mirepoix. Son goût le porta de bonne heure vers l'état militaire, et après quelques années de service dans les premières guerres de la révolution, il fut promu au grade de chef de bataillon. Ce fut en cette qualité qu'il fit partie de l'expédition d'Égypte, où il eut occasion de se signaler en diverses rencontres, notamment dans la défense de Faïoum. Le général Desaix l'ayant chargé du commandement provisoire de cette ville, elle fut attaquée à l'improviste par plus de 5,000 Arabes, et un grand nombre de Mamelucks et de Fellahs sous les ordres de Murad-bey. Espert rassembla en un seul point sa garnison de 350 hommes; et tandis que les assaillans se croyaient déjà maîtres de la ville, ouverte de toutes parts, il fondit brusquement sur eux, après avoir partagé sa troupe en deux colonnes, et en fit un massacre d'autant plus grand, que le désordre dans lequel ils furent surpris ne leur permit presque aucune résistance. Cette conduite lui valut des éloges publics du général Desaix. En septembre 1806, Espert fut nommé colonel du 102me de ligne, et à quelque temps de là, il devint maréchal-des-logis de la cour de Joseph Bonaparte. Il se trouva successivement aux batailles de Raab en Hongrie, de Vièle en Catalogne, et d'Ausettla le 2 novembre 1812. L'année suivante, il fut nommé général de brigade, et reçut l'ordre de ravitailler le fort de Balaguer et la ville de Tarragone. Il revint en France en 1814; il fut chargé, en 1815, du commandement du département du Rhône.

ESSEN (JEAN-HENRI, COMTE D'), feld-maréchal suédois, issu d'une ancienne famille livonienne, naquit à Kasioes, en Westrogothie, vers 1775. Après avoir fait ses études aux universités d'Upsal et de Gottingue, il entra jeune dans la carrière militaire. Mandé à Stockholm en 1777, pour prendre part à un tournoi que le roi Gustave III donnait à sa cour, l'adresse et la grâce que le jeune Essen y déploya, ainsi que la beauté remarquable de son physique, frappèrent vivement le monarque. Dès ce moment, la fortune de celui qui possédait tant d'avantages fut assurée. De simple lieutenant de cavalerie, Essen devint bientôt officier supérieur, écuyer de la cour; fut ensuite décoré de plusieurs ordres, et ne quitta presque plus la personne du roi, qui, pendant tout le cours de son règne, le combla de biens et d'honneurs. Mais, quoique favori en titre, le public ne l'accusa point d'avoir trafiqué de son crédit, ni d'en avoir abusé pour nuire à ses concitoyens. Conservant, au sein d'une des cours les plus corrompues de l'époque, un certain ton de franchise et d'abandon, il n'y parut point atteint de cette soif ardente de gains illicites, dont les autres favoris de Gustave étaient dévorés. Essen accompagna le roi dans ses nombreux voyages en Italie, en France et en Allemagne. Au commencement de la guerre de Russie, en 1778, il le suivit aussi en Finlande, et devait orner l'entrée triomphale de ce prince à Saint-Pétersbourg, pour laquelle de brillans costumes étaient déjà préparés. Mais on ne put entrer dans la petite ville de Fredricshamn qui se trouvait sur la route, et l'on échoua même devant la bicoque de Nyslott, faute d'artillerie ou de boulets de calibre pour le peu de canons qu'on avait amenés. Dès la première campagne de cette guerre, entreprise avec audace et conduite avec impéritie, l'armée manqua de munitions et de vivres. Le mécontentement y éclata bientôt d'une manière effrayante. Des généraux, jusque-là zélés royalistes, Armfeldt, Hastfœhz et autres, une foule d'officiers de tous grades, et un parent d'Essen même, se rendirent à Anjala, y signèrent et proclamèrent un acte d'union, par lequel ils s'engageaient à défendre jusqu'au dernier le sol de la patrie; mais, observant que la loi fondamentale réservait aux états-généraux du royaume le droit de déclarer les guerres offensives, ils protestèrent, par le même acte, contre l'irruption faite en Russie, et déclarèrent que, liés par leur serment de fidélité à la constitution, et citoyens avant d'être militaires, ils ne pouvaient plus se prêter à d'injustes envahissemens. Le roi se hâta alors de quitter la Finlande, théâtre de troubles et de revers; et se rendit, suivi du fidèle Essen, à Gothembourg. Cette ville importante se trouvait menacée par une invasion de troupes norwégiennes, entrées dans les provinces du centre du royaume, pour agir comme troupes auxiliaires de la Russie. Le prince royal de Danemark (le roi actuel) servait, comme volontaire, dans cette armée, commandée par son beau-père, le prince Charles de Hesse. M. d'Essen donna, en cette occasion, de nouvelles preuves de dévouement et d'activité. Il réunit à la hâte des troupes, fit des levées de paysans en plusieurs provinces, et amena ces forces au roi. Elles furent efficacement appuyées par les négociations menaçantes des ministres étrangers Elliot et Borch, qui déclarèrent, au nom de leurs cours, qu'une flotte anglaise et une armée prussienne allaient attaquer le Danemark, si les hostilités contre la

Suède ne cessaient à l'instant. Les princes danois cédèrent à ces menaces; le roi de Suède obtint un armistice; Gothembourg fut sauvé, et les troupes norwégiennes se retirèrent. Dans l'année qui précéda cette guerre, le roi avait fait contracter à son écuyer favori un mariage avantageux avec une des plus belles et des plus riches héritières de la Suède. Elle était engagée déjà, disait-on, à un de ses parens, jeune homme que le roi n'aimait pas; et l'influence du monarque obtint ainsi un double triomphe. Le rival éconduit provoqua M. d'Essen en duel, lui donna un grand coup d'épée, mais borna là sa vengeance. Essen accompagnait encore le roi à ce funeste bal masqué, donné le 16 mars 1792, auquel Gustave, vainement averti des dangers dont il était menacé depuis long-temps, se rendit, contre l'avis de son écuyer, et où il fut blessé mortellement par Anckarstroem. Sous le règne des princes qui succédèrent à Gustave III, M. d'Essen conserva toujours un grand crédit à la cour. En 1795, il accompagna le duc de Sudermanie (depuis Charles XIII), et le jeune roi Gustave Adolphe à Pétersbourg, voyage qui se termina si brusquement après le refus inopiné du roi, d'épouser la petite-fille de l'impératrice Catherine. A son retour, M. d'Essen fut nommé gouverneur de Stockholm, et Gustave Adolphe IV lui conféra, en 1800, le gouvernement général de la Poméranie suédoise. En 1807, il eut le commandement en chef de l'armée réunie en cette province; soutint, pendant deux mois et demi, le siége de Stralsund, et conclut un armistice honorable avec le chef de l'armée française. Mais il se retira peu de temps après dans ses terres d'Uplande; le roi Gustave Adolphe, mécontent de ses généraux, ayant pris en personne le commandement de ses armées, résolution héroïque qui faiblit, comme on sait, dans l'exécution, et ne fut couronnée par aucun succès. Après la révolution de 1809 et l'abdication du roi, M. d'Essen se vit rappelé au conseil d'état. Le roi Charles XIII l'envoya, la même année, en qualité d'ambassadeur à Paris, avec le conseiller-d'état Lagerbielke, pour traiter de la paix, qui fut en effet conclue et signée le 17 septembre entre la France et la Suède, et qui rendit momentanément la Poméranie à cette dernière puissance. En 1814, le comte d'Essen eut le commandement en chef de l'armée suédoise destinée à occuper la Norwège. Il y entra au mois de juin, et trouva de grands obstacles à surmonter, dans ce pays coupé de défilés et hérissé de montagnes; il s'empara de Berby et Prestbacka, établit son quartier-général à Hafslund, et reçut, par capitulation, la ville de Fredrichstadt. Nommé aussitôt gouverneur-général de la Norwège pendant la minorité du prince Oscar, le comte d'Essen donna sa démission de cette place en 1816, et devint alors maréchal du royaume de Suède. Son premier mariage n'avait point été heureux. Sa femme mourut d'une maladie de langueur, et le fils unique qu'il eut d'elle, jeune homme de la plus haute espérance, qui avait servi avec distinction sous les ordres du prince royal (le roi actuel), fut emporté en peu d'heures par une maladie aiguë. Le comte d'Essen a épousé, en secondes noces, une de ses nièces.

EST (HERCULE RENAUD D'), mort vers la fin de 1797, fut le dernier duc de Modène. Il était déjà très âgé lorsqu'il succéda à son père en 1780. Le goût dominant qu'il montra sur le trône ducal fut d'amasser de l'argent; ce qui indisposa contre lui ses sujets, et contribua à faire naître parmi eux le désir d'une révolution. En 1796, lorsque les armées françaises entrèrent dans la Lombardie, Hercule Renaud se sauva à Venise avec ses trésors; et le 9 juillet 1797, la maison d'Est fut dépouillée, par le traité de Campo-Formio, des duchés de Modène et de Reggio, qui entrèrent dans la confédération cisalpine. On promit au duc Hercule de lui donner en indemnité le Brisgau, mais il mourut à Trieste avant que cette promesse fût réalisée.

ESTADENS (N.), député à la convention nationale, où il fut nommé en septembre 1792, par le département de la Haute-Garonne. Dans le procès du roi, M. Estadens, homme sage et modéré, et déjà lié au parti avec lequel il fut bientôt proscrit, se rangea parmi les membres qui votèrent l'appel au peuple, la réclusion, le bannissement à la paix, et le sursis. Le parti des *Girondins*, auquel M. Estadens appartenait ouvertement, ayant été renversé par celui de *la Montagne*, au 31 mai 1793, ce député fut l'un des soixante-trois membres décrétés d'arrestation. Il parvint cependant à éviter le sort de la plupart de ses infortunés collègues, et après la mort du chef de parti proscripteur, au 9 thermidor an 2 (27 juillet 1794), il fut rappelé à la convention nationale. En 1795, il entra au conseil des anciens, d'où il sortit en 1798. Il vit aujourd'hui dans une campagne peu éloignée de Toulon.

ESTAING (CHARLES-HECTOR, COMTE D'), naquit en 1729 au château de Ruvel en Auvergne, d'une très-ancienne famille. Le comte d'Estaing débuta dans l'armée de terre : sa naissance lui fit obtenir un grade qu'il mérita par ses services. Nommé colonel d'infanterie, et bientôt après élevé au rang de brigadier des armées du roi, il passa dans les Grandes-Indes sous les ordres du comte de Lally. Il fut pris au siège de Madras en 1759, et relâché sur parole ; mais le désir d'être utile à son pays l'emportant sur toute autre considération, il conduisit 2 bâtimens français contre les possessions anglaises, détruisit le comptoir que possédaient les Anglais à Gourron dans le golfe Persique, s'avança vers les établissemens britanniques de l'île de Sumatra, et s'en empara. Fait prisonnier dans ces parages, il fut traité avec la plus grande sévérité, conduit en Angleterre, et enfermé dans un cachot à Portsmouth. Rendu enfin à sa patrie, il chercha tous les moyens de satisfaire la haine qu'il portait aux Anglais, haine qu'avaient augmentée les mauvais traitemens dont il venait d'être

Le Cte d'Estaing

accablé. Il fut nommé lieutenant-général en 1763, et vice-amiral en 1778. A cette époque, la France conçut le généreux projet de soutenir les Américains soulevés contre le despotisme des Anglais; une escadre de 12 vaisseaux, confiée aux ordres du comte d'Estaing, fut destinée à l'exécution de cette noble entreprise. Il accepta avec joie cette commission et s'embarqua à Toulon : les vents contraires retardèrent tellement la traversée, qu'il ne put arriver à l'embouchure de la Ware que huit jours après le départ de l'amiral Howe. Celui-ci, renforcé par l'escadre de lord Byron, crut vaincre facilement l'amiral français. Il l'attaqua avec vigueur. Le comte d'Estaing eut son vaisseau démâté et rasé comme un ponton : dans cet état, il fut environné par plusieurs vaisseaux ennemis, et ne dut son salut qu'à son courage et à sa présence d'esprit. Il rallia sa flotte à Boston, et à son tour renforcé par le comte de Grasse et Lamothe, il entreprit de secourir les colonies françaises, menacées par les Anglais. Sainte-Lucie était déjà tombée entre leurs mains, et tous les efforts qu'il fit pour s'en emparer demeurèrent infructueux. Il se vengea du mauvais succès de son entreprise, en se rendant maître de la Grenade, à la vue de l'amiral Byron qui arrivait avec des forces considérables pour donner des secours aux assiégés. Le comte d'Estaing, profitant de l'ardeur de ses troupes, attaqua avec 17 vaisseaux les ennemis plus nombreux, et les battit complétement. Il ramena ensuite sa flotte à la Nouvelle-Angleterre, et assiégea Savanah, tentative qui échoua par sa faute. Deux blessures qu'il reçut dans un assaut contribuèrent à le décourager, et lui firent concevoir le dessein de revenir dans sa patrie, ce qu'il exécuta en 1780. Chargé, l'année suivante, de ramener à Brest une escadre stationnée à Cadix, et se trouvant à la tête des forces combinées de la France et de l'Espagne, il était sur le point d'entreprendre des expéditions nouvelles. La paix de 1783 en suspendit l'exécution. En 1787, il fit partie de l'assemblée des notables, et dès cette époque il parut adopter avec franchise les principes de liberté que depuis il a soutenus avec courage. Dans une lettre qu'il écrivit en 1789 à la reine, il engageait cette princesse à profiter de l'influence qu'elle avait sur l'esprit du roi, pour le faire renoncer au projet qu'il avait pris de quitter la France. Il commandait la garde nationale de Versailles depuis le mois d'août, lorsque les événemens des 5 et 6 octobre éclatèrent; mais il ne s'y opposa nullement, vint lui-même à Paris, et servit comme simple grenadier dans la garde nationale de cette ville. Il improuva hautement le départ du roi, et protesta de son dévouement à l'assemblée nationale. Il ne prit aucune part aux événemens des 20 juin et 10 août 1792. Arrêté en 1793, en vertu de la loi dite des *suspects*, et enfermé à Sainte-Pélagie, il en fut extrait momentanément pour venir déposer dans le procès intenté à la reine : tout en avouant qu'il avait à se plaindre de cette princesse, il déclara n'avoir rien à dire contre elle. Traduit à son tour devant le tribunal révolutionnaire, il fut condamné à mort le 9 floréal an 2 (28 avril 1794).

ESTERHAZY (LE PRINCE NICOLAS D'), magnat de Hongrie, feldmaréchal autrichien, né le 11 décembre 1765, a rempli avec distinction plusieurs missions diplomatiques. Nommé en 1796 membre de la députation chargée par la diète de Hongrie, d'aller féliciter le prince Charles, frère de l'empereur, sur ses succès, il ne quitta l'armée qu'après avoir remis à l'archiduc 200,000 fr., premier produit d'une souscription ouverte en faveur des soldats blessés. Vers cette époque, la France menaça d'envahir les pays héréditaires. Le prince d'Esterhazy improvisa, pour ainsi dire, une armée d'insurrection, et fit un appel à ses vassaux. Ceux d'entre eux qui s'enrôlèrent, obtinrent pendant tout le temps qu'ils restèrent sous les drapeaux, la remise entière de leurs redevances. Il fut chargé en 1802 de négociations importantes près la cour de Russie, et remplit ensuite une mission diplomatique auprès du roi Joachim, qui l'accueillit avec la plus grande bienveillance. Il eut une autre mission près du roi des Deux-Siciles en 1816.

ESTERHAZY (PAUL-ANTOINE, PRINCE D'), fils du prince de Gallanta, grand'croix de l'ordre des Guelphes, fut, en 1810, chargé par l'empereur François II d'aller au-devant du prince Berthier, envoyé par l'empereur Napoléon pour demander la main de l'archiduchesse Marie-Louise, et peu de temps après il partit pour la Haye, en qualité d'ambassadeur près la cour de Hollande. De retour à Vienne, en 1814, l'empereur d'Autriche lui confia une nouvelle mission auprès du souverain pontife Pie VII. Le prince Paul d'Esterhazy, allié par sa femme, la princesse de la Tour et Taxis, à la famille régnante d'Angleterre, fut désigné en 1815 pour remplacer le comte de Meenfeldt, en qualité de ministre plénipotentiaire près la cour de Londres. Il était en 1816 à Paris, où il faisait partie de l'ambassade autrichienne.

ESTERHAZY (LE COMTE D'), issu d'une ancienne famille d'Allemagne, dont une des branches s'était fixée en France, fut nommé ministre près la cour de Russie en remplacement de M. de Ségur. C'était un homme imbu des préjugés de la vieille cour, et qui ne put jamais se persuader que l'état n'était pas uniquement le roi. Ministre après le 10 août 1792, et effrayé de la marche rapide des événemens, il rendit bientôt son portefeuille, et se retira en Pologne. Le régiment de hussards dont il avait été colonel avant son ambassade, passa presqu'en entier au service de l'Autriche, du moment que la révolution eut éclaté.

ESTÈVE (JEAN-BAPTISTE, BARON), maréchal-de-camp, né le 2 janvier 1768, prit du service au commencement de la révolution, et mérita, par sa bravoure, le grade de major d'un des régimens de la garde parisienne. Envoyé en Espagne vers 1808, il déploya beaucoup de courage contre les insurgés, et fut nommé colonel.

Il combattit avec avantage le corps d'armée du général Bassecourt, et les troupes destinées à soutenir le siége du fort de Villena, qu'il força à capituler. Désigné pour faire partie de la grande-armée, il prit part aux affaires qui précédèrent la prise de Moscou. De retour en France après cette déplorable campagne, il fut nommé par l'empereur, administrateur-général des postes, et obtint ensuite le grade de maréchal-de-camp. En 1814, il fut nommé chevalier de Saint-Louis. Pendant les *cent jours*, en 1815, Napoléon lui donna un commandement sous les ordres du général Travot; c'est vers le mois de mai de la même année, qu'il attaqua et mit complétement en déroute auprès de Saint-Gilles, un détachement assez considérable de l'armée royale. Le général d'Estève est resté en non activité depuis la seconde restauration.

ESTIENNE (Robert), libraire, né à Paris en 1723, a donné une édition des *Opuscules de Rollin*, 1771, 2 vol. in-12; a composé lui-même plusieurs ouvrages, dont la plupart ont paru sous le voile de l'anonyme. Les principaux sont : 1° *Éloge de l'abbé Fluche*, Paris. 1765, mis en tête d'un ouvrage intitulé. *Concorde de la géographie des différens âges*; 2° *Causes amusantes et connues*, Paris, 1769 et 1770, 2 vol. in-12. 3° *Sermons pour les jeunes dames et les jeunes demoiselles*, traduit de l'anglais, Paris 1778, in-12. 4° *Etrennes de la vertu, contenant les actions de bienfaisance, de courage et d'humanité*, Paris, 1782-94, 12 vol. in-18. Estienne mourut en 1794.

ESTISSAC (François, duc d'), fils ainé du duc de La Rochefoucauld-Liancourt, était colonel des chasseurs de Champagne, au commencement de la révolution. Il quitta la France, après la journée du 10 août 1792, mais ne porta point les armes contre sa patrie, et ne se mit point au service de l'étranger. Retiré d'abord à Hambourg, et puis à Altona, il épousa dans cette dernière ville la fille du baron de Tott, célèbre par les efforts qu'il avait faits pour organiser les troupes ottomanes à l'européenne, par ses mémoires sur la Turquie et par sa détention à la Bastille. Après le 18 brumaire, et sous le consulat du général Bonaparte, M. d'Estissac et ses frères obtinrent l'autorisation de rentrer en France, et leur radiation de la liste des émigrés. Le département de l'Oise élut François d'Estissac, en 1809, député au corps-législatif. En 1814, il commandait les gardes nationales mobiles de la Belgique, lorsqu'il fut réélu par le même département pour siéger à la chambre des représentans. Le roi, à sa rentrée, l'autorisa à prendre le titre de duc d'Estissac, qu'avait porté son grand-père. Nommé, en août 1815, président du collége d'arrondissement de Clermont, il fut, en 1816, désigné pour présider le département de l'Oise, qui l'élut membre de la chambre, pour la session de cette année; il vota avec la majorité. Le duc d'Estissac s'est prononcé pour la restitution aux émigrés des biens non vendus, et contre toutes les restrictions prononcées à cet égard, ne voulant pas, dit-il, qu'on mît de bornes à la générosité nationale. Lors de sa présidence dans le département de l'Oise, il parla avec force contre les funestes réactions de cette époque, et déplorant les divisions intestines qui déchiraient alors la France, il exhortait ses concitoyens à faire au roi et à la patrie le sacrifice de tous leurs ressentimens. Il a été nommé par le roi maréchal-de-camp, et gouverneur du château de Compiègne.

ESTOURMEL (Louis-Marie, Marquis d'), lieutenant-général, naquit le 11 mars 1744, en Picardie, où sa famille possède des propriétés considérables; entra jeune dans les mousquetaires; devint successivement officier supérieur de la gendarmerie, colonel en second du régiment des dragons de Conti, brigadier des armées du roi, et colonel du régiment de Pologne cavalerie. Le marquis d'Estourmel fut membre de la chambre des notables, en 1787, et député par la noblesse du Cambresis aux états-généraux, en 1789; embrassa en homme de bien les principes de la révolution, et vota, pendant l'assemblée constituante, avec les amis de la liberté, qui désiraient la réforme des abus du gouvernement absolu. Dans la fameuse séance du 4 août, il renonça pour lui, et pour la province d'Artois qu'il représentait, aux privilèges héréditaires et à tous les droits féodaux. Le 19 novembre même année, il défendit les états de sa province, accusés de s'opposer sourdement à l'exécution des décrets de l'assemblée. Le 18 mai 1790, il demanda que Robespierre fût rappelé à l'ordre pour avoir insulté à la personne du roi. En septembre, il réclama fortement en faveur des religieux, à qui on ne payait point leurs pensions; en mars 1791, pendant une séance très-orageuse, il demanda la mise en liberté de MM. d'Hautefeuille, arrêtés illégalement à Saint-Germain, et obtint la révocation des ordres donnés à leur égard. Il combatit le projet de loi relatif à la résidence du roi, et à son abdication s'il sortait du royaume, et se plaignit des désordres occasionés par la correspondance des sociétés populaires avec les différens corps de l'armée. Après la session de l'assemblée, il fut employé par le roi en qualité d'inspecteur-général des armées, et servit ensuite à l'armée du Nord, sous les ordres du général Custines. Dénoncé en 1793, par ce général, il fut décrété d'accusation, comme étant la cause des revers de l'armée; mais il parvint à se justifier, et le 26 mai, un nouveau décret déclara qu'il n'y avait pas lieu à accusation contre lui. M. d'Estourmel eut le bonheur d'échapper, sans sortir de France, à la faux révolutionnaire qui, pendant le régime de la terreur, moissonna si largement parmi les membres de l'assemblée constituante. Il fut décoré par l'empereur de la croix de la légion-d'honneur, et nommé par le département de la Somme député au corps-législatif, en 1805. Réélu en 1811, par le même département, il faisait encore partie de la chambre en 1814; il y parla, au mois d'octobre, en faveur de la restitution aux émigrés des biens non vendus. Il a publié : *Recueil des opinions émises à l'assemblée constituante, et comptes rendus à mes commettans*, Paris, 1811, in-8°.

ESTOURMEL (Alexandre, comte d'), fils aîné du précédent, entra fort jeune au service, se distingua par sa bravoure, fut nommé par l'empereur chef d'escadron, et chevalier de la légion-d'honneur. Employé ensuite dans la carrière diplomatique, il remplit avec succès diverses missions, et fut décoré de l'ordre de Bavière. Nommé par le département du Nord, après la seconde rentrée du roi, membre de la chambre des représentans, en 1815, il y vota constamment avec la minorité. Le 13 mars 1813, il prononça sur le budget un discours, qui fut imprimé par ordre de la chambre. Il s'opposa à la proposition faite par la commission de transformer en solde de retraite les demi-soldes et traitemens d'activité des officiers. « Ce serait, dit-il, prononcer, même contre la volonté du roi, l'exclusion définitive de tous les officiers qui n'ont pu être compris dans la nouvelle formation de l'armée ; c'est la destruction radicale de la force la plus positive de l'état; c'est dire à l'Europe : Vous ne verrez plus sous les bannières des lis ces jeunes vétérans dont le courage a forcé votre estime. Ils sont exclus à jamais des rangs de nos braves ; leur expérience ne servira plus à former cette nouvelle armée. Mais êtes-vous bien sûrs que la France n'aura de long-temps des ennemis à combattre ? êtes-vous bien sûrs que le service du roi et de la patrie ne puisse pas réclamer un jour ces bras que vous enchaînez en les mettant à la retraite ? N'aurons-nous jamais besoin d'une armée aguerrie, pour l'opposer à des armées qui ne se sont aguerries qu'en combattant contre elle? La conduite respectueuse de tant de milliers d'officiers récemment licenciés prouve qu'ils ont répondu aux vœux du gouvernement. Les frapper de nullité, c'est les calomnier au moins d'intention : c'est diviser quand il faudrait réunir ; alarmer quand il faut rassurer; repousser quand il faudrait attirer. » M. d'Estourmel est auteur d'une pièce jouée, il y a quelques années, au théâtre Feydeau, intitulée *la Manie des arts*. M. d'Estourmel est membre de la chambre actuelle, où, défenseur fidèle de la cause nationale, il siège au côté gauche.

ESTOURMEL (Joseph, comte), second fils du précédent, membre de la Légion-d'Honneur et chevalier de l'ordre de Saint-Jean-de-Jérusalem, était auditeur au conseil-d'état sous l'empire, et fut nommé, le 2 janvier 1811, sous-préfet de Château-Gonthier. Conservé dans ses fonctions, après la première restauration, en 1814, il fut destitué par Napoléon, lors du retour de ce prince à Paris, en 1815. La seconde restauration fit appeler M. d'Estourmel à la préfecture de l'Aveyron. Il publia, à l'occasion de quelques mouvemens réacteurs qui s'étaient manifestés dans plusieurs parties du département, une proclamation que nous empruntons à des biographes qui rappellent rarement des pièces de cet excellent esprit. «Laissez, dit M. d'Estourmel, aux imaginations ardentes du Midi les passions violentes et les souvenirs haineux. Vous êtes dignes d'entendre le langage de la modération. Quand l'Europe armée a les yeux sur nous, et réclame notre union comme la garantie de notre repos, irons-nous, en perpétuant nos discordes, lui fournir de funestes prétextes? La France épuisée a besoin de la paix; elle la trouve entre les bras de son roi : quel Français peut hésiter à s'y jeter? Les paroles de ce bon roi ne doivent-elles pas toujours être présentes à notre pensée : *Je promets, moi qui n'ai jamais promis en vain, de pardonner à mes enfans égarés.* Est-ce à nous à poursuivre quand le roi pardonne; à condamner quand le roi absout? J'en appelle aux amis de l'ordre et de leur patrie! Qu'ils s'unissent à moi pour empêcher toute réaction de quelque prétexte dont elle se colore, de quelque voile dont elle se couvre! Je me propose de parcourir incessamment nos communes, et d'y porter moi-même les paroles de réconciliation et de paix. » M. d'Estourmel est aujourd'hui préfet du département d'Eure-et-Loire.

ÉTIENNE (Charles-Guillaume), poète dramatique et littérateur, conditions qui ne sont pas fréquemment réunies, est né le 6 janvier 1778, à Chamouilly, près de Saint-Didier, département de la Haute-Marne. Il vint à Paris en 1796, et fut d'abord employé à la rédaction de différens journaux; mais il abandonna bientôt ce genre de travail pour se jeter dans la carrière vers laquelle le portait son génie, la carrière dramatique. M. Étienne avait déjà fait représenter avec succès un grand nombre de pièces, sur des scènes inférieures, quand il donna au Théâtre-Français la jolie comédie de *Brueys et Palaprat.* Dès lors, il fut à sa place : c'est peu de temps après le succès de cette pièce, que le duc de Bassano, ministre et secrétaire d'état, se l'attacha. Appuyé d'un crédit qu'il ne devait au reste qu'à son mérite, M. Étienne vit sa fortune s'améliorer; il fut nommé, en 1810, censeur du *Journal de l'Empire*, à la place de M. Fiévée, qui s'était montré par trop favorable aux doctrines ultramontaines, et quelque temps après il fut chargé, comme chef de la division littéraire, de la police générale des journaux. C'est en 1811 qu'il fit représenter au Théâtre-Français la comédie intitulée *Les deux Gendres.* Cette pièce, aussi bien écrite que bien conçue, et dans laquelle les tartufes de bienfaisance (ce sont ceux de l'époque) sont joués de la manière la plus piquante, obtint un grand succès. Elle ouvrit à M. Étienne les portes de l'institut, lors de la mort de Laujon. L'institut avait gagné à perdre. M. Étienne reçut avis de sa nomination, par un billet qui ne contenait que ce passage des Actes des apôtres: *et elegerunt Stephanum verum plenum spiritu.* Tant de succès ne lui furent pas pardonnés par l'envie. Un homme, que le scandale qu'il provoqua en cette circonstance n'a pas même tiré de l'obscurité, dénonça M. Étienne, comme pla-

Etienne.

giaire, en se fondant sur ce que M. Étienne avait emprunté le sujet des *Deux Gendres,* à un jésuite qui l'avait tiré d'un vieux fabliau. La rumeur fut grande dans la basse littérature. Les gens qui croient avoir acquis la propriété d'un sujet quand ils l'ont gâté, dénoncèrent comme plagiaire un homme qui avait embelli le fond qu'il avait emprunté. Ils firent imprimer et même jouer *Conaxa.* Dès lors leurs traits retournèrent contre eux-mêmes. Le public ayant sous les yeux les pièces du procès, n'hésita pas à se prononcer en faveur de M. Étienne; le larcin dont on l'accusait est de ceux qu'il a intérêt à encourager. De ce qu'un homme médiocre a porté sur un sujet heureux une main indigne, s'ensuit-il que ce sujet ne puisse pas être traité par un homme supérieur? Comme Molière, M. Étienne *a pris son bien où il l'a trouvé.* En 1813, M. Étienne, que *les Deux Gendres* ont placé au premier rang des poètes comiques de notre âge, a fait représenter, sous le titre de *l'Intrigante,* une comédie en 5 actes, qui a, quant au fond, quelques rapports avec une pièce allemande, intitulée *Pas plus de six plats,* mais qui en diffère singulièrement quant aux détails. Malgré les efforts des ennemis que l'auteur s'était faits par son talent et par ses succès, cet ouvrage réussit complétement dès la première représentation : d'heureuses combinaisons, des scènes piquantes, des détails ingénieux, une fidèle peinture des mœurs, assuraient à cette pièce, qui avait déjà été représentée onze fois, u-

ne longue série de représentations, quand les comédiens reçurent la défense de la jouer. L'empereur avait voulu voir la pièce aux Tuileries. Il en avait ri d'assez bon cœur; mais les courtisans, qui s'y croyaient attaqués, prirent la chose moins gaiement; et le prince, sur leur réclamation, suspendit les représentations de *l'Intrigante.* Parmi les traits qui avaient pu donner de l'humeur à la cour on remarque, entre autres, ceux-ci :

LE COURTISAN.
Monsieur, je sers le prince.
LE MILITAIRE.
Et moi, je le défends.
LE NÉGOCIANT.
Je suis sujet du prince, et roi dans ma famille.

De quelque couleur que soit un courtisan, de pareils vers, au fait, ne doivent pas lui plaire. La défense dont *l'Intrigante* fut frappée ne fit au reste qu'en assurer le succès : chacun voulut lire la pièce qu'il n'avait pas pu voir; et les exemplaires se vendirent un prix exorbitant. Tout se compense. Il n'eût tenu qu'à M. Étienne d'obtenir un dédommagement plus éclatant de l'injustice qu'il avait éprouvée. En 1814, le gouvernement qui avait succédé à celui par lequel cette pièce avait été interdite, leva l'interdiction. M. Étienne ne crut pas devoir profiter de cette bienveillance, et publia les causes de son refus dans une lettre pleine de dignité, dans la lettre qui suit : « Une note insérée aujourd'hui » dans votre journal, sur la comé- » die de *l'Intrigante,* me force à » rétablir la vérité des faits relati- » vement à cette pièce. Elle a été » jouée douze fois de suite au mi- » lieu d'une assez grande affluen-

» ce : cela ne prouve rien, je le
» sais, pour le mérite d'un ouvra-
» ge dont je reconnais les nom-
» breux défauts ; mais c'est au
» moins une chose positive, qu'il
» est impossible de révoquer en
» doute. La treizième représenta-
» tion ayant été donnée à la cour,
» le soir même on reçut l'ordre de
» ne plus jouer l'ouvrage. Une cir-
» culaire fut adressée à tous les
» préfets pour en interdire la re-
» présentation, et tous les exem-
» plaires imprimés furent saisis.
» Dans le courant du mois de juin
» dernier, M. le directeur-général
» de la police a bien voulu m'an-
» noncer qu'il avait rapporté cette
» mesure, et qu'il en avait préve-
» nu MM. les préfets par une nou-
» velle lettre. Je n'ai cependant pas
» cru devoir profiter de cette révo-
» cation pour faire reprendre *l'In-
» trigante* à Paris. Dans ma posi-
» tion, il ne me convenait point
» de fonder le succès d'un ouvrage
» sur le souvenir de la proscrip-
» tion dont il avait été frappé par
» un gouvernement sous lequel
» j'étais employé. Quand ces mots:
» *Défendu sous tel ou tel régime*,
» cesseront d'avoir de l'influence;
» quand les ouvrages seront jugés
» indépendamment de toute cir-
» constance politique, peut être
» me déciderai-je à remettre *l'In-
» trigante* sous les yeux du public;
» mais jusque-là je garderai soi-
» gneusement cet ouvrage dans
» mon portefeuille, parce que, en-
» core une fois, je serais au déses-
» poir de donner lieu, par ma fau-
» te, à des réflexions désobligean-
» tes pour ceux dont j'ai reçu les
» bienfaits. La défense d'une co-
» médie n'est pas un malheur pour
» un auteur; mais l'ingratitude est
» un malheur pour tout le monde.»
On conçoit que, dès la première
restauration, M. Etienne ait perdu toutes ses places. Le retour de
Napoléon les lui rendit; de plus,
M. Etienne fut nommé chevalier
de la légion-d'honneur. Président
de l'institut dans cette circonstance difficile, c'est lui qui, au nom
de ce corps, félicita Napoléon.
Dans son discours, qui n'était pas
d'un courtisan, il ne négligea pas
de faire connaître le vœu général
qui alors réclamait déjà hautement la liberté de la presse et toutes les garanties nécessaires à la
sécurité individuelle et à la tranquillité publique. Après la seconde restauration, il n'en fut pas
moins rayé de l'institut; bien plus,
il fut désigné dans le *Moniteur* à
la proscription, comme un des
hommes qui avaient coopéré au
retour de Napoléon. Ce n'est
sans doute que parce qu'il porta
plainte en calomnie contre le
journal où se trouvait cette accusation, qu'il a échappé aux conséquences qu'elle devait provoquer. M. Etienne, étranger à toute fonction publique, se livra depuis ce moment tout entier à la
littérature et à la politique spécu-
lative. C'est lui qui a publié dans
la *Minerve française*, sous le titre
de *Lettres sur Paris*, l'histoire la
plus piquante et la plus véridique
des mouvemens qui ont agité la
ville et la cour depuis 1818 jusqu'en 1820. Dans ces lettres, M.
Etienne sait mettre à la portée de
tout le monde les matières les
plus abstraites qu'embrasse la politique, et sur lesquelles s'exerce
le gouvernement. Quiconque veut

connaître la vérité des faits pendant la période qu'elles embrassent, ne peut se dispenser de les consulter; la lecture en est aussi instructive qu'amusante. Le succès prodigieux de ces lettres annonçait dans leur auteur un esprit également solide et brillant. Il a déterminé évidemment le collége électoral du département de la Meuse, où M. Etienne a établi depuis long-temps son domicile politique, à le nommer en 1820 député, honneur qui lui a été déféré de nouveau en 1822. Cette seconde élection est la juste récompense du courage et du talent avec lesquels ce mandataire du peuple a constamment défendu les intérêts nationaux, dans la première session à laquelle il avait assisté. Le zèle que M. Étienne a mis à remplir ses devoirs de député, ne lui a pas fait suspendre tout-à-fait ses travaux littéraires. En 1821, il a fait représenter au Théâtre-Français une comédie fort spirituelle, intitulée : *les Plaideurs sans procès*, et peu de temps après à l'académie royale de musique, un opéra ayant pour titre *La lampe merveilleuse*. Parmi les nombreux ouvrages publiés par M. Étienne, indépendamment de ceux que nous avons cités, on remarque ceux qui suivent : 1° *Histoire du théâtre français depuis le commencement de la révolution jusqu'à la réunion générale*, 4 vol. in-8°; 2° *Le Pacha de Surène, ou l'Amitié des femmes*, in-8°, 1802 (avec Nanteuil); 3° *Une Heure de mariage*, opéra-comique en un acte; 4° *Un Jour à Paris*, opéra-comique en 3 actes; 5° *Gulistan*, opéra-comique

en 3 actes; 6° *La Jeune Femme colère*, comédie; 7° *Isabelle de Portugal* (avec Nanteuil); 8° *Cendrillon*, opéra-comique; 9° l'*Oriflamme* (avec Baour-Lormian); 10° *Joconde*, opéra-comique; in-8°, 1814; 11° *Jeannot et Colin*, in-8° 1814; 12° *Racine et Cavois*, comédie en 3 actes et en vers; 13° *Le Rossignol*, opéra en un acte; 14° *Les Deux maris*, opéra-comique, in-8°, 1816; 15° l'*Un pour l'autre*, opéra-comique, 1816. M. Etienne, nommé depuis long-temps membre de l'Institut par les suffrages libres de ce corps, en est sorti par ordonnance en 1815.

ETON (WILLIAM), consul d'Angleterre à Bassora, a publié les ouvrages suivans : *Vue de l'empire turc*, in-8°, 1798; *Matériaux authentiques, pour l'histoire du peuple de Malte*, in-8°, 1802, 1807; *Lettres sur les relations politiques de la Russie*, in-8°, 1807.

ÉTOURNEAU (C. A. D.), né à Laroche (Saintonge), en 1768, d'une famille noble, fut forcé par sa mauvaise fortune d'accepter une place de précepteur des enfans du genevois Lebrun, devenu pendant la révolution ministre des affaires étrangères de la république française. Il partagea bientôt la proscription de ce ministre, et s'étant retiré à Bordeaux, il y fut arrêté d'abord comme suspect, traduit ensuite devant la commission militaire, condamné à mort, et exécuté le 17 pluviôse an 2. Sa sentence portait qu'il était contre-révolutionnaire, qu'il avait accepté la place de précepteur des enfans de Lebrun pour les fortifier dans les sentimens de leur père, et qu'en outre il n'avait pas accepté la constitution de 1793.

EULER (JEAN-ALBERT), fils aîné d'un des plus célèbres mathématiciens et astronomes du 18ᵐᵉ siècle, naquit à Pétersbourg, le 27 novembre 1734. Élevé avec soin par son père, il le suivit à l'âge de 7 ans à Berlin, s'y distingua de bonne heure par ses connaissances et ses talens, et devint, à peine âgé de 20 ans, membre de l'académie des sciences de Prusse. Lorsqu'en 1766 l'impératrice Catherine rappela Euler père à Pétersbourg, le jeune Euler l'y accompagna, et fut nommé professeur de physique, secrétaire de l'académie impériale des sciences, avec un traitement considérable, chevalier de l'ordre de St-Waldimir, et bientôt conseiller-d'état. Il remplit avec distinction toutes les places qui lui furent confiées. Les principales académies de l'Europe admirent Albert Euler parmi leurs membres, et il enrichit leurs collections de mémoires précieux sur divers objets scientifiques. Il partagea avec l'abbé Bossut le prix proposé, en 1761, par l'académie des sciences de Paris, sur *la meilleure manière de lester et d'arrimer un vaisseau*. Il concourut l'année suivante avec le même sur la question *de déterminer si les planètes se meuvent dans un milieu dont la résistance puisse produire quelque effet sensible sur leur mouvement*. Son mémoire fut cité avec éloge, mais n'obtint qu'un accessit, le problème n'ayant pas paru suffisamment résolu, et ne pouvant probablement pas l'être avec une certitude géométrique. Il partagea, la même année, avec le célèbre Clairaut le prix proposé par l'académie de Pétersbourg, sur *la théorie des comètes*. En 1770, il remporta, conjointement avec son père, le prix proposé par l'académie des sciences de Paris, sur *la théorie de la lune et la détermination de toutes les inégalités de son mouvement*. Ce travail sur un des problèmes de l'astronomie les plus difficiles à résoudre, parut susceptible de nouveaux développemens et d'une plus grande précision. Léonard Euler ayant repris seul le problème, mais s'étant fait aider pour les calculs de cet immense travail, par son fils Albert, remporta, conjointement avec l'astronome Lagrange, le dernier prix offert par l'académie. Outre les ouvrages cités ci-dessus et insérés dans les Mémoires de l'académie des sciences de Paris, Albert Euler en a composé une foule d'autres, dont les principaux sont : *Enodatio questionis quomodò vis aquæ maximo cum lucro ad molas circumagendas, aliive opera perficienda, impendi possit?* etc., Gottingæ, 1756, in-4°, avec planches; *Meditationes de perturbatione motûs commetarum ab attractione planetarum ortâ*, etc., Petropoli, 1762, in-4°; *Meditationes de motû vertiginis planetarum ac præcipuè Veneris*, etc., Petropoli, 1760, avec planches. Plusieurs autres dissertations intéressantes du même auteur se trouvent dans les Mémoires de l'académie des sciences de Berlin, de l'académie de Munich et autres. Jean-Albert Euler mourut à Pétersbourg, le 6 septembre 1800.

Euler.

EULER (CHARLES), second fils de Léonard Euler, naquit à Pétersbourg, en 1740, et annonça de bonne heure des dispositions à s'illustrer dans la même carrière que son frère parcourait si glorieusement. A l'étude des mathématiques et de l'astronomie il joignit celles de l'histoire naturelle et de la médecine. Il entreprit plusieurs voyages dans l'intérieur de l'Allemagne et de la Belgique, acheva ensuite ses études à l'université de Halle, où il prit le degré de docteur en médecine, revint en 1762 au sein de sa famille alors établie à Berlin, où il obtint la place de médecin principal de la colonie Française. En 1766, il retourna à Pétersbourg avec son père, et fut nommé d'abord médecin de la cour et de l'académie impériale des sciences, et quelques années plus tard, conseiller des colléges suprêmes de la Russie. Savant sans pédanterie, à une érudition prodigieuse, Charles Euler joignit avec les plus grands succès une pratique heureuse de l'art de la médecine, sans négliger l'étude de l'astronomie, pour ainsi dire héréditaire dans sa famille. Il ajouta à la gloire qu'il avait acquise par le prix qu'il remporta en 1760, à l'académie des sciences de Paris, sur la question *d'examiner si le mouvement moyen des planètes conserve toujours la même vitesse, ou si par la succession des temps il ne subit pas quelque changement.*

EULER (CHRISTOPHE), frère des précédens, et troisième fils de Léonard Euler, naquit à Berlin, en 1743. Il montra dès sa jeunesse une grande aptitude à toutes les sciences, s'appliqua particulièrement à l'étude des mathématiques, et entra comme officier dans un régiment d'artillerie au service de Prusse. En 1766, lorsque son père fut rappelé en Russie, par l'impératrice Catherine, Léonard Euler voulut ramener avec lui sa famille entière. Mais le roi Frédéric II s'y opposa, retint Christophe, lui refusa plusieurs fois son congé, et le fit même surveiller de près, de peur qu'il ne parvînt à s'échapper. Après de longues négociations entre les deux monarques, Catherine l'emporta enfin, et Christophe entra à son service, comme major d'artillerie. Elle le nomma ensuite directeur de la grande manufacture d'armes établie à Systerbeck dans la Finlande russe. Christophe Euler, à l'exemple de son père et de ses frères, cultiva l'astronomie. L'académie des sciences de Pétersbourg le choisit avec quelques autres astronomes pour aller observer le passage de la planète Vénus sur le soleil, en 1769, et il se rendit à cet effet à Orsk, sur les bords du fleuve Ural, dans le gouvernement d'Orembourg. Il publia à son retour le résultat de son voyage, pendant lequel il avait établi la position géographique de plusieurs points importans des contrées qu'il avait parcourues.

ÉVAIN (LOUIS - AUGUSTE - FRÉDÉRIK, BARON), maréchal - de-camp, officier de la légion-d'honneur et chevalier de Saint-Louis, né à Angers le 15 août 1775, entra comme élève dans le corps de l'artillerie en 1792, passa à l'armée du Nord l'année suivante, en qualité de lieutenant, et fut nommé capitaine en 1795. Employé dans ce grade sur les côtes de Normandie jusqu'à la fin de 1799, il passa ensuite à l'armée du Rhin où il se distingua; fit la guerre de Hanovre, obtint le grade de chef de bataillon et fut, en 1804, adjoint au général Gassendi, chef de division au ministère de la guerre. L'année suivante, le baron Evain fut chargé du travail relatif à un réglement d'instruction pour l'arme de l'artillerie, et justifia honorablement la confiance qu'on avait eue en ses talens. Nommé, en 1809, colonel et commissaire près de l'administration des poudres et salpêtres, puis membre du comité central d'artillerie, il fut promu au grade de maréchal-de-camp le 12 avril 1813, et nommé chef de la division de l'artillerie au ministère de la guerre. Il conserva ce poste après le retour du roi, jusqu'au 28 octobre 1815, qu'il fut chargé de la direction en chef de l'école d'artillerie de Douay. Le général Evain est estimé non-seulement comme un excellent officier d'artillerie, mais comme un administrateur habile et intègre.

EVANS (CALEB) président et ministre dissident anglais, naquit à Bristol, où son père desservait une congrégation nombreuse. Le jeune Evans fut élevé avec soin dans une académie de dissidens à Londres, devint bientôt assistant et enfin successeur de son père, et se fit une grande réputation par ses sermons. Il était en même temps supérieur d'un séminaire pour l'éducation des jeunes gens qui se destinaient aux fonctions de l'église dissidente. Il fut promu au doctorat en 1789 au collége royal d'Aberdeen. Il a publié un grand nombre d'ouvrages, dont les principaux sont: *Sermons sur la doctrine des écritures pour le Fils et le Saint-Esprit; Recueil d'Hymnes adaptées au culte public; Adresse à ceux qui professent le pur et le vrai christianisme; Le Christ crucifié, ou la doctrine de l'écriture sur le sacrifice et l'expiation.* Le docteur Evans mourut en 1791.

EVANS (EVAN), ecclésiastique anglais, théologien et poète, naquit, en 1730, dans le comté de Cardigan, et fut élevé au collége de Jésus à Oxford. Il ne put jamais obtenir d'autre avancement dans l'église que la petite cure de Llanvair-Talyhaern, dans le comté de Denbigh. Il publia, en 1764, un ouvrage intitulé: *Quelques échantillons de la poésie des anciens Bardes gallois, traduits en anglais, avec des notes explicatives sur les passages historiques, et de courtes notices sur les hommes et sur les lieux mentionnés par les Bardes, dans la vue de donner aux curieux une idée du goût et des sentimens de nos ancêtres et de leur manière d'écrire,* un vol. in-4°. Cet ouvrages intéressant fait connaître les mœurs, usages et productions de ces anciens poètes populaires, qui exerçaient une si haute influence sur l'esprit de leurs concitoyens, qu'Édouard Ier ne trouva d'autre moyen de combattre un pouvoir qu'il redoutait, que celui de détruire ceux qui s'en trouvaient investis. Ce roi féroce donna en effet l'ordre de massacrer tous les Bardes, et porta par cette mesure barbare le dernier coup à l'indépendance et à l'esprit national des Gallois. Evans a encore publié un poëme anglais intitulé : *L'Amour de la patrie*, et deux volumes de *Sermons de Tillotson* et autres, traduits en gallois. Vers la fin de sa vie, il chercha à se consoler de sa mauvaise fortune, par un usage peu modéré des boissons fortes. Il mourut en 1790.

EVANS, père et fils, anglais, se sont trouvés impliqués avec le docteur Watson et autres réformateurs radicaux, dans les troubles de *Spafields*, et ont été long-temps détenus à la Tour de Londres, pendant une des suspensions de l'acte de l'*habeas corpus*. Ils y furent traités, suivant les assertions ministérielles, avec tous les égards dus à l'humanité, mais, selon les journaux de l'opposition et leur propre témoignage, avec une excessive rigueur. Les faits à leur charge n'ayant pu être prouvés, ils furent enfin remis en liberté ; mais ils demandèrent alors avec instance à être traduits devant les tribunaux, et jugés conformément aux lois de leur pays, ce qu'ils ne purent obtenir. Ils ont depuis fait éclater les plaintes les plus véhémentes contre le ministère, qui, après les avoir long-temps retenus dans les fers, leur refusait une procédure légale afin de constater publiquement leur innocence. Une grande partie du public anglais les regarda comme des victimes de l'oppression ministérielle. Ils ont trouvé quelques amis qui ont soulagé leur infortune, et des souscriptions ont été ouvertes à leur profit.

EVANSON (ÉDOUARD), théologien anglais, écrivain fécond, célèbre par sa polémique ingénieuse avec le docteur Priestley, l'évêque Hurd et autres, naquit à Warrington en 1731, fit de bonnes études à Oxford, et se voua pendant plusieurs années à l'instruction publique. Ayant été admis dans les ordres, il obtint plusieurs bénéfices, et fut nommé en 1769 à la cure de Teukesburg, dans le comté de Glocester. Mais un sermon qu'il prêcha en 1771 fut dénoncé comme contenant des opinions opposées à la doctrine de l'église anglicane. Il avait relevé quelques erreurs dans lesquelles, selon lui, cette église était tombée, relativement à l'incarnation et à la résurrection du Christ. Evanson fut poursuivi avec un acharnement que la partie saine et modérée de ses adversaires désapprouva, et sa cure lui fut ôtée en 1778. On a de lui les ouvrages suivans : *Les Doctrines de la trinité et de l'incarnation de Dieu, examinées d'après les principes de la raison et du sens commun, avec une adresse préliminaire au roi, comme la première des trois branches du pouvoir législatif*, un vol. in-8°; *Argumens pour et contre l'observation sabbatique du dimanche, par la cessation de tout travail, avec une lettre au docteur Priestley sur le même sujet*, 1792; *Dissonance des quatre Évangiles généralement reçus, et l'évidence de leur authenticité respective soumise à l'examen*, 1792, un vol. in-8°; *Lettre au D. Priestley*. Evanson mourut à Colford, dans le comté de Glocester, le 25 septembre 1805.

EVERS (Othon Just), né à Iber, dans le diocèse d'Eimbeck, pays d'Hanovre, en 1728, étudia la chirurgie à Berlin, pratiqua longtemps dans les hôpitaux, devint chirurgien-major d'un régiment hanovrien, et ensuite chirurgien aulique. Il est auteur d'un grand nombre d'écrits; nous n'en citerons que les principaux : *Nouvelles observations et expériences propres à enrichir la médecine et la chirurgie*, Goëttingue, 1787, in-8° avec figures; *Instructions pratiques sur la conduite que doit tenir le chirurgien appelé devant les tribunaux, pour des blessures qui sont du ressort de la médecine légale*, Stendal, 1791, in-8°; *Sur les obstructions viscérales*, 1794, in-8°; *Sur une carie de la portion pierreuse de l'os temporal gauche; Sur l'efficacité de la belladone contre les obstructions de la matrice, la mélancolie et la manie; Description et figure d'un bandage pour la fracture de la rotule; Description et figure d'une machine simple et économique, propre à réduire les luxations de l'humérus.* Il a enrichi de ses Mémoires les nombreux recueils scientifiques de l'Allemagne. Ses *Observations sur la teigne* ont été traduites en français dans le journal physico-médical de Desault, et en italien dans celui de Brugnatelli. Evers s'éleva un des premiers contre la barbare calotte de poix de Bourgogne, employée jusqu'alors dans cette maladie, et proposa à la place un emplâtre de gomme ammoniaque, dissoute dans le vinaigre, moyen curatif reconnu comme avantageux. Evers mourut en 1800.

EVERS (Charles-Joseph, baron), lieutenant-général au service de France et ensuite à celui du royaume des Pays-Bas, inspecteur-général de cavalerie, officier de la légion-d'honneur, chevalier de Saint-Louis et commandeur de l'ordre militaire de Guillaume, naquit à Bruxelles le 8 mai 1773, et se voua dès sa jeunesse à la carrière des armes. Il entra, en septembre 1787, comme volontaire dans la cavalerie de la garde nationale de Bruxelles, et s'y étant distingué par son activité et ses talens, il fut bientôt nommé sous-lieutenant dans les dragons de Namur. Au nombre des Belges qui passèrent au service de France, il combattit pour sa nouvelle patrie avec le même zèle et la même valeur qu'il avait montrés pour l'ancienne. Chaque promotion fut pour lui le prix d'une action d'éclat. Il déploya la plus audacieuse bravoure à la prise de Menin, où il entra le premier à la tête de l'avant-garde, et au combat sur les bords de la Lys, le 6 septembre 1792, où, suivi d'un petit nombre de braves, Belges et Liégeois, il se jeta à la nage dans la rivière, et courut délivrer sur l'autre bord des Français faits prisonniers par l'ennemi. Il se distingua de même dans les campagnes suivantes, aux armées du Nord et de Sambre-et-Meuse, sous les ordres des généraux Rochambeau, Labourdonnaye et Jourdan. Les bords du Rhin, l'Helvétie, l'Allemagne et l'Italie lui offrirent successivement de nouveaux théâtres de gloire, et son nom fut aussi souvent qu'honorablement cité par les généraux

Moreau, Jourdan, Masséna, et autres chefs, qui illustrèrent cette époque si féconde en héros. Il organisa en 1803 une légion hanovrienne, à la tête de laquelle il rendit les plus grands services. Il enleva d'assaut la forteresse de Civitella del Fronto, dans le royaume de Naples, malgré la défense acharnée des assiégés. Evers dressa la première échelle, et, suivi de ses chasseurs, escalada les remparts sous le feu le plus meurtrier, accompagné d'un déluge de pierres. Déjà couvert de blessures, il en reçut encore trois en cette occasion, où il eut le bras cassé par une grenade. En Espagne, le 2 janvier 1809, il attaqua l'ennemi retranché sur une montagne, enleva lui-même un drapeau, et fit de sa main prisonnier le général espagnol Maïz, qu'il ramena au quartier-général avec 8000 autres prisonniers, et toute l'artillerie ennemie, glorieux trophées de sa victoire. A la retraite de Braga, en Portugal, il culbuta l'aile droite de l'ennemi; à Oporto, il eut deux chevaux tués sous lui, fut encore blessé, et reçut les plus grands éloges du maréchal Soult. Nommé général de brigade pendant la guerre de Russie, et chargé d'escorter un convoi de onze millions, il le fit entrer à Smolensk à travers toutes les forces ennemies, sans avoir perdu un chariot. Conduisant ensuite un corps de 5000 hommes à la rencontre de Napoléon, pour protéger la retraite, il s'ouvrit un passage à travers l'ennemi, rétablit des ponts brûlés, et joignit le quartier-général à Viazma. Forcé par ses blessures de rester à Kœnigsberg, après la retraite de l'armée française, il y fut retenu prisonnier de guerre en 1813. Le prince royal de Suède lui fit rendre la liberté en 1814. Il retourna alors à Bruxelles, donna sa démission du poste de lieutenant-général, auquel le roi de France venait de l'élever, et entra avec le même grade au service du nouveau souverain, que les puissances coalisées avaient établi dans son ancienne patrie. Le roi des Pays-Bas chargea le lieutenant-général Évers de l'organisation de la cavalerie belge, et il s'en acquitta de manière à mériter les suffrages de tous les militaires. C'est à lui qu'est due la formation de ces beaux corps de cavalerie belge, composés presque entièrement de guerriers qui avaient servi avec distinction en France. Evers conserva constamment à ce pays une vive affection, ainsi qu'à ses anciens frères d'armes témoins et compagnons de sa gloire; il saisit aussi toutes les occasions de rendre service aux proscrits et réfugiés français que les réactions de 1815 et années suivantes avaient jetés en Belgique. Plusieurs lui durent long-temps un asile. Il ne souffrit jamais qu'on essayât en sa présence de porter atteinte à la renommée des armées françaises. On l'entendit souvent réprimer très-énergiquement, dans le salon même du roi des Pays-Bas, la jactance d'un général anglais, qu'une prospérité inespérée avait gonflé du plus ridicule orgueil. Le lieutenant-général Evers commandait la 6me division militaire des Pays-Bas, lorsqu'il fut attaqué au château de Jambes, près de Namur, d'une maladie, suite de ses longs travaux militaires, ainsi que des blessures dont son corps était couvert, et dont quelques-unes n'avaient jamais été bien guéries : il y succomba le 9 août 1818. Sa franchise, sa loyauté, son désintéressement, l'avaient fait chérir de tous ceux qui le connaissaient; et il laissa après lui non-seulement la réputation d'un guerrier intrépide, mais encore celle d'un excellent citoyen.

EWALD (JEAN), célèbre poète danois, naquit dans le duché de Schleswig en 1743. Sa jeunesse fut des plus orageuses; son père, théologien protestant très-sévère, le destinait à l'état ecclésiastique et lui donna une éducation austère, conforme à la carrière qu'il devait parcourir. Le jeune Ewald fit de bonnes études ; mais la mythologie du nord, l'*Edda*, les anciens *sagas* islandais, et les vies de Plutarque, l'occupèrent plus que les théologiens, et exaltèrent sa jeune imagination, au point qu'il se proposa de suivre lui-même l'exemple des héros de l'antiquité. Il s'enfuit de la maison paternelle pour entreprendre un voyage autour du monde. Repris par ses parens, il se mit à étudier les langues de l'Orient pour pouvoir devenir l'apôtre de la religion chrétienne en Égypte et en Arabie. L'amour vint déranger ces projets ; il s'éprit d'une passion romanesque pour une jeune et belle personne dont la possession lui était disputée par de nombreux rivaux. Espérant que la gloire militaire le conduirait à la fortune et le rendrait plus digne de celle qu'il aimait, il s'enfuit de rechef de la maison paternelle, et se livra à Hambourg à des recruteurs prussiens, qui l'engagèrent pour servir dans les hussards de la garde de Frédéric-le-Grand ; mais arrivé à Magdebourg il se trouva forcément relégué dans un régiment d'infanterie, où les traitemens les plus flétrissans, prodigués alors aux soldats prussiens, firent bientôt évanouir ses rêves de gloire et de fortune. Ewald risqua tout pour se soustraire aux rigueurs du service prussien, déserta et devint bientôt sous-officier dans un régiment autrichien. Il se distingua par sa valeur dans plusieurs combats pendant la guerre de *sept-ans*. On lui offrit le grade d'officier s'il voulait abjurer la religion dans laquelle il était né, et dont son père était ministre, pour embrasser la foi catholique ; mais l'apostasie lui répugnait. Il se laissa réclamer et racheter par ses parens, désolés de sa longue absence ; de retour à Copenhague, il y trouva sa maîtresse mariée à un rival préféré. Dès lors plus d'avenir, plus d'illusion, plus de bonheur pour Ewald. Se livrant tour à tour à la mélancolie et à la dissipation, il ne chercha plus qu'à atteindre au plus vite le terme d'une vie qui n'avait plus de prix à ses yeux. Une cantate funèbre qu'il composa après la mort du roi Frédéric V, et où respirait la plus profonde sensibilité jointe à une brillante verve poétique, excita un enthousiasme général. Ewald se consacra alors entièrement et avec le plus grand succès à la culture des lettres. Son âme reprit quelque énergie. Le célèbre auteur de la *Messiade*, Klopstock devint son ami; le comte de Bernstorff, ministre patriote et protecteur éclairé des talens, fut son Mécène; et les sociétés littéraires danoises l'encouragèrent par plusieurs prix. Malheureusement une cruelle maladie nerveuse vint l'accabler de souffrances presque continuelles. Mais au milieu de ses douleurs, il produisit nombre d'ouvrages dont toutes les littératures s'honoreraient, et que le Danemark place à juste titre au rang de ses chefs-d'œuvre. *La mort de Balder*, sujet tiré de la mythologie scandinave, est peut-être son meilleur ouvrage dramatique. Cette tragédie, qu'on représente encore souvent, excite un vif intérêt. *Rollon*, tragédie tirée de l'histoire du Danemark; *Adam et Eve, ou la Chûte de l'homme*, tragédie chrétienne; *Les pêcheurs, Philémon et Baucis*, et plusieurs autres pièces dramatiques sont encore estimées. Ewald était admirateur passionné de Corneille; mais les conseils de Klopstock le détournèrent d'une étude approfondie du Théâtre-Français, qui loin de nuire à l'originalité de son génie, aurait sans doute assuré à ses productions une régularité dont on les accuse de manquer trop souvent. On a encore de lui des odes et des élégies très-remarquables par la verve, la chaleur et la sensibilité qui y règnent. L'élégie *Souvenir et Espérance*, peut être citée comme un modèle en ce genre de composition. Ewald ne reçut que de faibles secours de la munificence royale. La gloire ne le sauva pas du besoin et il fut souvent obligé pour vivre de faire des épithalames, des chants funèbres et autres pièces de circonstance commandées par les favoris de la fortune. Mais sa plume chaste et pure ne fut point aux gages de l'intrigue ou de la haine, et ne se souilla jamais par un écrit immoral. Trop souvent victime de passions ardentes et de sens fougueux, le poète n'en consacra pas moins ses chants à la morale, à la patrie et à la vertu. Ses amis, secondés par un public reconnaissant, venaient enfin de lui assurer un sort indépendant dont la mort ne lui permit point de jouir. Il succomba à ses maux, à peine âgé de 38 ans. On a fait à Copenhague une belle édition de ses œuvres complètes en 4 vol. in-8°.

EWALD, lieutenant-général des armées danoises, officier de la légion-d'honneur et chevalier de l'ordre militaire de Danemark, frère aîné du précédent, naquit à Copenhague en 1725. Il embrassa jeune le parti des armes, entra au service du landgrave de Hesse-Cassel, qui l'envoya en Amérique. Ce prince vendait alors, comme on sait, à l'Angleterre des soldats allemands qui devaient réduire les colonies insurgées, tandis que le prix du sang de ces guerriers servait à l'entretien d'un magnifique opéra italien à Cassel. Ewald perdit un œil dans cette guerre glorieuse pour les Américains, mais obtint l'ordre du Lion de Hesse. Il entra ensuite au service de Danemark, où il parvint au grade de général. Ce fut lui qui, avec une petite troupe de soldats danois et hollandais, poursuivit le fameux major prussien Schill, qui préludant à la défection plus tardive et mieux combinée du général York, avait commencé une guerre de partisan contre la France, et avait déjà battu plusieurs corps envoyés contre lui. Mais, quoique encouragé en secret, il fut désavoué par le roi de Prusse, ainsi que le fut momentanément son successeur York. Le plan de défection n'était pas encore assez mûri, et Schill, enfant perdu de son parti, fut obligé de se jeter avec les débris de sa bande dans la ville de Stralsund, dont il n'eut pas le temps de relever les fortifications, et qui fut emportée d'assaut par le général Ewald. Schill se battit avec courage dans les rues de cette ville; un hussard danois lui cassa la tête d'un coup de pistolet, et la plupart de ses officiers, presque tous nobles prussiens périrent comme lui dans le combat. Les Allemands, qui n'avaient osé seconder ce chef, devinrent plus tard ses panégyristes, et comblèrent d'outrages son vainqueur, qui n'avait cependant combattu que d'après les ordres de son souverain le roi de Danemark. Le général Ewald mourut à Kiel, le 28 mai 1813, âgé de 88 ans. Il a publié un ouvrage très-estimé des militaires, *sur l'organisation et les services des troupes légères en temps de guerre.*

EXCELMANS (REMI-JOSEPH-ISIDORE, BARON), lieutenant-général des armées françaises, né à Bar-le-Duc le 13 novembre 1775. Il entra très-jeune dans la carrière des armes, servit d'abord dans le 3.me bataillon de la Meuse, sous les ordres du général Oudinot, et se distingua par plusieurs actions d'éclat en 1799, dans les différens combats qui précédèrent la conquête de Naples. Il était alors attaché à l'état-major du général Éblé, et devint peu de temps après aide-de-camp du général Broussier. Le grand-duc de Berg (Murat), qui se connaissait au moins en valeur et en mérite militaire, voulut avoir le brave Excelmans auprès de lui, et le choisit pour son aide-de-camp. S'étant de nouveau distingué au passage du Danube et au combat de Wertingen, le 8 octobre 1805, où il eut trois chevaux tués sous lui, il fut chargé de présenter à l'empereur les nombreux drapeaux enlevés à l'ennemi. Napoléon lui fit l'accueil le plus flatteur et lui dit : « Je sais qu'on ne peut être » plus brave que vous; je vous » fais officier de la légion-d'hon- » neur. » Nommé colonel du 1er régiment de chasseurs, à la tête duquel il se signala encore par plusieurs actes de la plus haute valeur, il entra en Pologne, et s'y empara de la ville de Posen en 1806. L'année suivante, après la terrible bataille d'Eylau, il fut nommé général de brigade et attaché à l'état-major du prince Murat, qu'il accompagna ensuite en Espagne. Chargé de protéger le roi Charles et la reine son épouse, détrônés par leur fils, qui devaient se rendre à Bayonne, il les garantit par ses soins et son énergie de toutes les tentatives de leurs nombreux ennemis, et sut les faire respecter pendant ce long voyage à travers un pays violemment agité. Un mois après, le général Excelmans fut arrêté avec les colonels Lagrange (Auguste) et Rosetti, par des insurgés espagnols; et, quoiqu'il n'y eût point alors de guerre déclarée, il fut retenu trois ans prisonnier, et transféré en Angleterre, d'où il eut le bonheur de sortir en 1811. Peu de temps après sa rentrée en France, il retourna auprès de son ancien général, qui était monté sur le trône de Naples. Joachim revêtit le général Excelmans des plus hautes fonctions, le nomma grand-écuyer, etc. Mais ce dernier renonça bientôt à tous ces avantages, quand le prince, mal conseillé, crut pouvoir se détacher des intérêts de la France, pour se dévouer aux puissances ennemies de sa patrie, si prodigues alors envers lui de séductions et de promesses fallacieuses, dont on connaît aujourd'hui le résultat. Excelmans, fidèle au pays qui l'avait vu naître, revint en France, et fut employé pendant la guerre de Russie, où il reçut plusieurs blessures, et fut promu au grade de général de division le 8 septembre 1812. L'année suivante, il servit sous les ordres du maréchal Macdonald en Allemagne, et sa brillante conduite dans les affaires en Saxe et en Silésie lui valut le cordon de grand-officier de la légion-d'honneur. Il commanda l'année suivante le second corps de cavalerie, et ensuite la cavalerie de la garde impériale, dans la mémorable et sanglante campagne qui précéda l'entrée des troupes coalisées à Paris en 1814, et continua de montrer, non-seulement cette rare intrépidité qui avait déjà marqué tous les pas de sa carrière militaire, mais développa de plus les talens d'un tacticien habile, qui, à la brillante pratique de son art, avait joint une étude approfondie de sa théorie. Employé dans son grade après la première restauration, un événement qui fit beaucoup de bruit à cette époque le priva de ses fonctions. La police se saisit des papiers d'un voyageur anglais, lord Oxford, qui se rendait à Naples. On y trouva des lettres particulières dont on viola le secret, et une entre autres du général Excelmans au roi Joachim de Naples, qu'il félicitait sur la conservation de sa couronne; quelques expressions de cette lettre de compliment parurent très-blâmables aux examinateurs. L'ordre fut donné d'en arrêter l'auteur, qui ne crut point devoir se livrer alors à ceux qui le poursuivaient avec tant d'acharnement. Le général Excelmans sortit heureusement de sa maison au moment où la force armée venait s'en emparer. Le 24 décembre suivant, il adressa une réclamation à la chambre des députés, dans laquelle il se plaignait de la violation de son domicile, et s'engageait à se constituer prisonnier aussitôt qu'il serait légalement cité devant un tribunal compétent. Ayant ensuite appris que le ministre avait envoyé son procès devant un conseil de guerre séant à Lille, et présidé par le général comte d'Erlon (Drouot), il écrivit à ce dernier : « Que les » mesures qu'on avait d'abord prises lui ayant paru illégales, il

»avait cru qu'il lui était permis
»de s'y soustraire, mais qu'en
»sortant des mains de ceux qui
»s'étaient constitués ses gardiens,
»il n'en avait pas moins pris l'en-
»gagement de se présenter aussi-
»tôt que le tribunal formé pour
»prononcer sur sa conduite serait
»connu. L'accomplissement de
»cette obligation, que la néces-
»sité de défendre son honneur
»lui avait prescrite, ne lui inspi-
»rait aucune crainte, convaincu
»comme il l'était qu'on ne pou-
»vait justement lui imputer au-
»cun fait criminel. Connaissant
»d'ailleurs les membres du con-
»seil qui devaient prononcer sur
»sa conduite, plein de confiance
»en leur justice et leurs lumières,
»il était prêt à se présenter de-
»vant eux, et à leur confier, avec
»la plus grande sécurité, son
»honneur et sa personne.» Le
général Excelmans se rendit en
effet à Lille, et s'y constitua prisonnier dans la citadelle. Le 23
janvier il fut jugé, et acquitté à
l'unanimité par le conseil de
guerre. Au retour de Napoléon
de l'île d'Elbe, en 1815, il fut nommé d'abord commandant en chef
du 2me corps de cavalerie, et appelé le 2 juin à la chambre des
pairs. Mais son véritable poste lui
parut être celui où il y avait des
ennemis de la patrie à combattre.
Il se rendit à l'armée du Nord, et
développa dans la malheureuse
campagne de cette année une activité, un courage et des talens
dignes d'une meilleure fortune.
Après la désastreuse journée de
Waterloo, il ramena sa division
sous les murs de la capitale, et
continua à résister un des derniers

aux armées coalisées. Il eut
encore, vers la fin de juin, une
affaire des plus brillantes à Versailles, où, avec des forces infiniment inférieures, il battit une division de la cavalerie prussienne,
lui enleva un grand nombre de
chevaux, fit des prisonniers, et dispersa le reste. On ne songea point
à profiter de cet avantage. Ce
fut en effet le dernier exploit de
nos braves; et la capitulation de
Paris, signée peu de jours après,
vint enchaîner leur valeur et fixer
leur destinée, ainsi que celle de la
France. Le général Excelmans é-
tablit son quartier-général à Cler-
mont-Ferrant, et envoya sa soumission au roi, qui venait de rentrer à Paris; il entretint l'ordre
et la plus sévère discipline dans
la division restée sous son commandement. Les habitans du pays
s'empressèrent de rendre justice
aux chefs et aux soldats de ce
corps, et firent les plus grands
éloges de leur conduite. Excelmans n'en fut pas moins compris
dans l'ordonnance du 24 juillet
1815, et banni d'une patrie qu'il
avait si long-temps et si vaillamment servie. Il se réfugia d'abord
à Bruxelles, et y fut bientôt en
butte aux persécutions les plus
odieuses. Il resta quelque temps
caché dans la ville hospitalière
de Liége, où de généreux citoyens,
toujours amis des Français, lui
prodiguèrent leurs soins. Mais
l'asile que lui avait accordé l'a-
mitié fut encore découvert par
les agens du grand comité diplomatique européen, et violé par
les suppôts de la police belge.
Obligé de se réfugier en Allemagne, et d'y errer de contrée en

contrée, poursuivi surtout par la haine des Prussiens qui ne pouvaient lui pardonner leur dernière défaite à Versailles, il venait de trouver une retraite plus calme dans le pays du grand-duc de Nassau, quand les mesures prises contre les 38 exilés de France, sans jugemens, furent enfin adoucies. Il fut aussi permis au général Excelmans de rentrer dans sa patrie. Les emplois tant militaires que civils et administratifs, qu'il a successivement remplis, l'ont toujours été avec un noble désintéressement. Plus occupé de la gloire et de la patrie que de tout autre intérêt, jamais il ne songea à augmenter sa fortune particulière. Père et époux heureux, une nombreuse famille, une femme adorée, l'estime et l'affection de ses concitoyens, à qui ses talens reconnus et sa valeur éprouvée ont rendu et peuvent rendre encore tant d'éminens services, sont des avantages qui compensent des malheurs non mérités, et dont il faut espérer que la source est tarie. Madame Excelmans a fait preuve, dans les circonstances les plus difficiles, d'un dévouement et d'un courage héroïque. Plusieurs fois arrêtée avec ses enfans et traitée comme une criminelle, tous les moyens employés pour faire fléchir son noble caractère sont restés sans effets, et, dans les différens interrogatoires qu'on lui a fait subir, on n'en a jamais pu arracher le moindre indice sur la direction qu'avait prise son mari pour échapper à ses persécuteurs. Admirée dans l'étranger comme en France, les Belges et les Allemands s'étonnaient de trouver réunie à la grâce et à la beauté, mais dans une enveloppe bien délicate, une âme aussi courageuse. Malheureusement les épreuves cruelles auxquelles madame Excelmans fut long-temps soumise, ont fortement altéré sa santé.

EXMOUTH (Edward-Pellew, lord), amiral anglais, baronnet, pair d'Angleterre, commandeur de l'ordre du Bain, de Saint-Ferdinand de Naples, etc., naquit à Douvres, où son père, le capitaine Pellew, de la marine royale, avait obtenu la place lucrative de collecteur. Il reçut une éducation distinguée et entra jeune au service de mer. Nommé lieutenant de vaisseau en 1780, il fit avec distinction la guerre des colonies, et commanda quelque temps le cutter *la Résolution*, avec lequel il s'empara, après une action meurtrière, du corsaire hollandais *le Flessingue*, devenu fameux par le nombre de pertes qu'il avait fait essuyer au commerce anglais. Il prit ensuite le commandement du *Ramler*, et fut nommé capitaine de vaisseau, le 21 mai 1782. En 1791, il commandait le *Salisbury*, à la station de Terre-Neuve, et en 1793, pendant la guerre avec la France, la frégate *la Nymphe*, avec laquelle il livra un combat sanglant à la frégate française *la Cléopâtre*, dont il parvint à s'emparer après la plus vigoureuse résistance. Cet exploit lui valut le titre de chevalier baronnet. Commandant ensuite le vaisseau *le Lançor*, sir Edouard Pellew détruisit, près des côtes d'Irlande, une petite division de bâtimens français, commandée par le capitaine Bompart. En 1802, il fut élu à Barnstale, dans le Dévonshire, représentant de ce comité à la chambre des communes. Il s'y montra ardent partisan du ministère, et défendit avec succès son ami lord Saint-Vincent, alors à la tête de l'amirauté, accusé par l'opposition d'avoir négligé la marine. Sir Pellew fut bientôt récompensé de son zèle, et nommé contre-amiral de l'escadre blanche. Le poste important de commandant en chef des forces navales de la Grande-Bretagne dans l'Inde étant ensuite venu à vaquer, il en fut pourvu en 1804. Créé pair de la Grande-Bretagne en 1814, sous le nom de lord baron Exmouth, et chevalier grand' croix de l'ordre du Bain, il eut, l'année suivante, le commandement en chef des forces navales de la Méditerranée, et reçut, en 1816, l'ordre de négocier avec les puissances barbaresques, pour en obtenir la reconnaissance des îles Ioniennes, comme possessions anglaises. Il était en outre chargé de stipuler les conditions de la paix entre les Barbaresques, les royaumes de Sardaigne et de Naples, et d'exiger des trois régences l'abolition entière de l'esclavage des chrétiens. Lord Exmouth se rendit à cet effet à Alger, avec une escadre assez importante pour appuyer ses négociations. Il conclut effectivement avec le dey un traité dans lequel les conditions qu'il était chargé d'obtenir furent toutes stipulées, à l'exception de la dernière, l'abolition de l'esclavage. Il se rendit ensuite à Tunis et à Tripoli, où il conclut avec les beys qui y régnaient des traités pareils, mais auxquels la clause importante fut ajoutée, qu'à l'avenir, dans toutes les guerres que ces régences entreprendraient, les captifs qui pourraient être faits seraient traités en prisonniers de guerre, et non réduits à l'esclavage. Pendant le cours de ces négociations, l'amiral anglais fut souvent exposé à de grands dangers. Les janissaires et gardes des souverains temporaires de ces contrées, respectant peu le droit des gens, et indignés de l'abolition de l'esclavage, insultaient en toutes occasions le plénipotentiaire européen, et manifestèrent souvent, par leurs imprécations et leurs menaces, qu'ils en voulaient à sa vie. A Tunis, cette soldatesque effrénée l'entoura un jour; les cimeterres étaient déjà levés et les poignards dirigés sur son sein, quand un officier du bey parvint, avec grande peine, à l'arracher des mains de ces furieux. Lord Exmouth opposa constamment à la rage des Barbares un sang-froid imperturbable, et sous le glaive des Musulmans son maintien était aussi calme que sur le pont de son vaisseau. Après avoir terminé ses négociations, lord Exmouth fit voile pour l'Angleterre; mais avant même qu'il fût entré au port, les Algériens avaient déjà violé la foi promise. Des pêcheurs de corail, anglais, français et espagnols, venaient d'être massacrés par eux à Bona. Plusieurs furent égorgés au pied de l'autel, pendant le service divin. Cet attentat excita l'indignation de l'Europe entière; le gouvernement anglais se vit en quelque sorte forcé de céder au cri général, et d'armer contre les barbares, qu'on l'accusait d'avoir si long-temps protégés. L'amirauté prépara donc une nouvelle expédition, mais uniquement destinée à châtier Alger; les beys de Tunis et de Tripoli n'ayant pas encore violé ouvertement les derniers traités. Rien ne fut négligé pour assurer le succès de l'entreprise ; le plus grand mystère en enveloppa les préparatifs, et l'Europe ne devait être instruite que par l'événement de l'éclatante vengeance qu'on avait enfin résolu de tirer du meurtre et du parjure ; lord Exmouth arbora son pavillon sur le vaisseau *la Reine Charlotte*, de 110 canons, et sortit de la rade de Portmouth, le 24 juillet 1816, avec une flotte composée de *la Reine Charlotte*, *le Minden*, *l'Hecla*, *la Furie*, *l'Infernal*, *la Cordelia*, *le Severn*, *le Britomar*, *le Cadmus*, *le Douvres*, *la Tamise* et *le Jaseur*. Une tempête l'obligea de rentrer dans le port de Plymouth, où il fut joint par l'escadre du contre-amiral Milne, qui montait le vaisseau de 74 canons, *le Léandre*, et qui était accompagné de *l'Imprenable*, de plusieurs frégates, corvettes, et du *Belzebuth*, chargés de fusées à la Congrève, que l'amiral désignait sous le nom expressif de *premier ministre du diable*. Le 13 août, lord Exmouth entra dans le port de Gibraltar, où il joignit à ses forces 5 chaloupes canonnières, un brûlot et 6 frégates du royaume des Pays-Bas, commandés par le vice-amiral hollandais Vander Capellen, qui lui offrit sa coopération. Le 26 août cette escadre combinée, forte de 32 bâ-

timens, se trouva en vue d'Alger. L'amiral anglais envoya le lendemain un parlementaire chargé de proposer au dey les conditions suivantes : « 1° La délivrance immédiate et sans rançon de tous les esclaves chrétiens. 2° La restitution des sommes que le dey avait reçues pour le rachat des captifs sardes et napolitains. 3° Une déclaration solennelle qu'à l'avenir les droits de l'humanité seraient respectés à Alger, et que les prisonniers de guerre seraient traités d'après les usages suivis par les nations européennes. 4° La paix avec le royaume des Pays-Bas aux mêmes conditions qu'avec l'Angleterre. » Le dey, pour toute réponse, fit tirer sur la flotte anglaise. Lord Exmouth s'approcha alors jusqu'à la demie-portée des canons, fit embosser ses vaisseaux sous le feu des batteries du fort et de la rade, et se plaça lui-même à l'entrée du port, si près des quais, que le mât de beaupré du vaisseau amiral *la Reine Charlotte* touchait les maisons. Ses batteries pressaient à revers toutes celles de l'intérieur du port, et foudroyaient en même temps la flottille d'Alger. Cette manœuvre, habilement conçue et audacieusement exécutée, eut le plus éclatant succès. Les Algériens n'ayant jamais imaginé qu'ils seraient serrés d'aussi près, se croyaient tellement à l'abri d'une attaque de ce genre, que le peuple s'était porté en foule au port et couvrait cette partie appelée la Marine, espérant de là être tranquille spectateur de la défaite des chrétiens. L'amiral anglais éprouvant de la répugnance à porter la mort dans la foule pressée et désarmée, eut la générosité d'avertir cette multitude imprudente des dangers qu'elle courait; mais les cris et les signaux des Anglais furent ou mal compris ou dédaignés, et les Maures s'obstinèrent à garder le terrain qu'ils occupaient. Le ravage que les premières bordées causèrent, éclaircirent bientôt cette masse, et les Africains se retirèrent en poussant des hurlemens affreux. Les soldats, et particulièrement les canonniers algériens, combattirent avec le courage du désespoir, et, quoique écrasés par le feu meurtrier des vaisseaux, ils remplaçaient sur-le-champ leurs morts, et dirigeaient, non sans quelque succès, contre la flotte anglaise les pièces qu'ils avaient en batterie, et dont plusieurs portaient des balles de 60 livres. Le dey, de sa personne, montra la plus grande valeur, se précipitant au milieu de la grêle des balles et des boulets dans tous les lieux où sa présence pouvait être le plus utile, et d'où il encourageait les combattans par son exemple. Il venait dès le commencement de l'action, de faire trancher la tête à son ministre de la marine, accusé d'avoir, par de mauvaises dispositions, laissé l'ennemi approcher si près et embosser tranquillement ses vaisseaux à l'entrée du port; mais cette faute était déjà devenue irréparable. Le combat continuait depuis six heures avec le même acharnement, quand deux officiers anglais offrirent à l'amiral Exmouth d'aller attacher une chemise soufrée à la première frégate algérienne qui barrait l'entrée du port. Leur proposition ayant été acceptée, ils se jetèrent dans une frêle embarcation, et exécutèrent leur audacieuse entreprise avec un succès qui surpassa toutes les espérances. Non-seulement la frégate fut enflammée, mais un vent d'ouest assez fort, s'étant élevé, le feu se communiqua à toute l'escadre algérienne, et 5 frégates, 4 corvettes et chaloupes canonnières devinrent en peu de temps la proie des flammes. Au milieu du combat l'amiral Exmouth placé près du grand mât de *la Reine Charlotte*, s'entretenait tranquillement avec le capitaine Brisbane, commandant du vaisseau, quand une balle morte vint frapper ce dernier qui tomba aux pieds de son chef. L'amiral sans s'émouvoir, appela aussitôt le lieutenant et lui dit : « Voilà le pauvre Brisbane mort, prenez le commandement du vaisseau ! » — « Pas encore, mylord, pas encore, » reprend Brisbane en soulevant la tête et en se remettant sur son séant. Un moment après il reprit en effet le commandement, comme si rien n'était arrivé. L'amiral reçut à son tour deux blessures, l'une au visage et l'autre à l'os de la jambe. Son bâtiment était jonché de morts. Pendant cinq heures et demie, il avait servi des deux bordées sans interruption, de tribord sur le môle d'Alger, et de bâbord sur la flotte algérienne. Le soir, à neuf heures et demie, ce bâtiment courut un nouveau danger; une frégate ennemie tout en feu vint l'aborder, et l'on ne parvint qu'avec la plus grande peine à sauver le vaisseau amiral des flammes. A dix heures la destruction du môle étant achevée, lord Exmouth se retira pour la nuit dans la rade, mais dès le lendemain matin 28 août il entra en vainqueur dans le port d'Alger. Le capitaine Brisbane eut la flatteuse mission d'aller porter à Londres les dépêches datées de ce port même, et dans lesquelles l'amiral anglais, sans parler de soi, rendit avec les plus grands éloges un compte détaillé des services du vice-amiral Milne, du contre-amiral hollandais van der Capellen, du capitaine Brisbane, et des autres marins dont la haute valeur s'était si éminemment distinguée dans cette sanglante lutte. A ces dépêches était jointe la lettre que lord Exmouth avait envoyée le même jour au dey, par laquelle il lui annonçait que si dans deux heures les conditions proposées la veille avant le combat n'étaient acceptées, les opérations de la flotte anglaise allaient recommencer. « Pour prix de vos » atrocités à Bona, écrivait-il, et » de votre mépris insultant pour » les propositions que je vous ai » faites hier, au nom du prince-ré- » gent d'Angleterre, la flotte sous » mes ordres vous a infligé un châ- » timent signalé, par la destruc- » tion totale de votre marine, de » vos arsenaux, de la moitié de vos » batteries, etc. » Le dey céda, et le lendemain 30 août un traité fut conclu aux conditions suivantes : 1° L'abolition perpétuelle de l'esclavage des chrétiens; 2° la remise de tous les esclaves dans les états du dey, à quelque nation qu'ils appartinssent, le lendemain à midi; 3° la remise de toutes les sommes d'argent reçues par le dey depuis le commencement de cette année pour le rachat des esclaves; 4° des indemnités au consul britannique, pour toutes les pertes qu'il a subies à la suite de sa mise en prison; 5° le dey fera des excuses publiques, en présence de ses ministres et officiers, et demandera pardon au consul dans les termes dictés par le capitaine de *la Reine Charlotte*. Enfin le royaume des Pays-Bas, en raison de la part que l'escadre hollandaise avait prise à l'expédition, participait à ce traité avec la Grande-Bretagne. La perte des escadres combinées se montait à 900 hommes environ; celle des Algériens fut évaluée à plus de 6000. Les esclaves chrétiens qui se trouvaient à Alger et dans les environs furent délivrés; 357,000 piastres furent rendues à Naples, et 25,000 à la Sardaigne; lord Exmouth écrivit au pape une lettre qui fut vivement censurée par les journaux anglais. Elle finissait ainsi : « J'ai » le bonheur de renvoyer à leurs » familles 173 esclaves vos sujets. » J'espère qu'ils seront un don a- » gréable pour V. S., et qu'ils me » donneront un titre à l'efficacité » de vos prières. » On trouva encore inconvenant le commencement de sa lettre au roi de Naples : « Si- » re, un des chevaliers de votre » ordre de Saint-Ferdinand, etc. » Mais le blâme qu'encourut la simple rédaction de ces lettres, prouvait l'importance qu'on attachait à tout ce qui émanait du héros de l'Angleterre. L'habileté d'un marin consommé et la valeur la plus héroïque avaient en effet signalé la conduite de lord Exmouth à Alger. Le guerrier est non-seulement sans reproches, mais digne des plus grands éloges. En est-il de même du négociateur? C'est une question affirmativement résolue par la haute diplomatie du cabinet de Saint-James, mais qui l'est différemment dans le reste de l'Europe. On a cependant blâmé, même dans la Grande-Bretagne, son négociateur armé d'avoir le premier reconnu par un traité l'existence individuelle de l'état d'Alger, comme puissance indépendante et en droit de traiter, tandis que les trois régences barbaresques avaient été considérées jusque-là comme des feudataires, et leurs chefs temporaires comme les vassaux de la Porte-Ottomane. On l'a encore accusé d'avoir négligé de demander une garantie de l'exécution des traités conclus avec les pirates; de n'avoir pas exigé la remise de ce qui restait de la marine d'Alger, et de n'avoir pas détruit toutes ses fortifications. L'Europe entière a retenti de plaintes plus graves encore. Les intérêts du moment, ceux de l'Angleterre du moins, disait-on, ont été soignés, mais ceux de l'avenir sont totalement négligés. En effet, le repaire des pirates n'a pas été détruit; les remparts et les forts d'Alger ont été relevés et augmentés; ses corsaires ont reparu sur les mers; sa marine se renouvelle; toutes les nations commerçantes, l'Angleterre exceptée, sont forcées comme par le passé de lui payer tribut, et des esclaves chrétiens traînent de nouveau leurs chaînes sur les côtes brûlantes de l'Afrique. Le dey, momentanément soumis aux lois imposées par l'Angleterre, en a bientôt été puni et mis à mort par ses sujets; la soldatesque turque a repris ses fureurs et son insolence, et cette leçon qu'Alger a reçue est déjà oubliée. L'Angleterre sera peut-être obligée sous peu d'infliger de nouveau avec des frais énormes, et avec bien moins de chances de succès, le *châtiment signalé* dont le lord Exmouth se vantait, dans sa lettre au dey, d'avoir été le ministre. Mais il est juste de convenir, avec les nombreux amis et admirateurs de l'amiral anglais, que, s'il n'en a pas fait davantage pour les intérêts des autres peuples et pour ceux de l'humanité en général, c'est qu'il ne l'a pas pu. L'amiral avait les mains libres, mais le négociateur était lié par les instructions précises des ministres de la Grande-Bretagne. Bien loin de vouloir consommer la ruine des forbans en détruisant leur repaire, le machiavélisme anglais veillait encore à leur conservation. Harceler sans cesse le commerce des autres états européens; garder en réserve à sa disposition une meute affamée de proies et de carnage, qu'on peut lâcher à volonté sur ses concurrens commerciaux, telle fut de tout temps la politique secrète de l'Angleterre; et l'entreprise contre Alger, qui se montrait sous les dehors les plus imposans, et pour laquelle on exigeait la reconnaissance des nations, n'avait nullement le but de leur donner plus de sécurité à l'avenir, ou de contribuer à la prospérité de leur commerce.

Lord Exmouth revint le 15 septembre à Londres, et y fut accueilli en triomphateur. Le prince-régent le complimenta, l'admit à sa table; le conseil de la Cité vota, le 26 du même mois, des remercîmens publics au noble lord, et lui décerna une épée d'or. Le 2 octobre, dans une adresse des citoyens de Londres au prince-régent, il était dit : « C'est avec un » bien doux orgueil que nous » voyons le génie qui animait les » Howe, les Duncans, les Saint-» Vincent, les Nelson, revivre dans » leur successeur. » Le prince-régent, dans son discours d'ouverture au parlement, en janvier 1817, cita le lord Exmouth avec les plus grands éloges, et les deux chambres du parlement lui votèrent à l'unanimité des remercîmens publics.

EXPERT, avocat avant la révolution, fut député à la convention nationale par le département de l'Arriège. Il y vota la mort de Louis XVI, et fut envoyé successivement aux armées des Pyrénées et à Lyon. Ses opinions furent très-prononcées en faveur de la démocratie; il siégea constamment parmi les députés de la *montagne*. Aucun acte répréhensible ne lui a cependant été personnellement imputé. Après la session de cette assemblée, il fut employé par le directoire en qualité de commissaire, mais donna sa démission à l'avénement du général Bonaparte au consulat, et n'a plus exercé, depuis, de fonctions publiques.

EXPILLY (L. A.), membre de l'assemblée constituante, était curé de Saint-Martin de Morlaix à l'époque de la révolution, et fut nommé député du clergé de Saint-Pol de Léon aux états-généraux de 1789. Il fut élu, l'année suivante, membre du comité chargé d'examiner et de publier *le livre rouge*. Le 22 juillet, il fit un rapport à l'assemblée, et se prononça contre le droit de propriété du clergé sur les biens-fonds. En décembre, il prêta son serment civique et religieux, et fut appelé, en février 1791, à l'évêché constitutionnel du Finistère, dont le siège était à Quimper. Arrêté en 1793, et accusé de fédéralisme, il périt sur l'échafaud à Brest avec les membres de l'administration départementale du Finistère.

EXPILLY (JEAN-JOSEPH), né à Saint-Remy, en Provence, embrassa l'état ecclésiastique, et devint chanoine-trésorier du chapitre de Sainte-Marine à Tarascon. Il avait annoncé de bonne heure un goût décidé pour les voyages et l'étude de la géographie, et consacra bientôt, pour le satisfaire, sa fortune particulière et tous les fruits de ses épargnes. Après avoir parcouru l'Europe presque entière et une partie de l'Afrique, il revint dans sa patrie, et publia les observations intéressantes qu'il avait recueillies sur la statistique des diverses contrées qu'il avait visitées. Ses ouvrages lui valurent l'association aux académies de Stockholm, de Madrid et de Berlin. On a de lui : *Cosmographie*, in-fol., 1749; *Della casa Milano*, in-4°, 1753; *Polychorographie*, in-8°, Avignon, 1755; *Topographie de l'univers*, 2 vol. in-8°, 1758; *Description de l'Angleterre, de l'Écosse et de l'Irlande*, in- 2,

1759; *de la Population de la France*, in-fol., 1765, ouvrage important qui fit oublier tous les écrits d'économie politique relatifs à la population, publiés avant lui, et qui renferme des notions précieuses sur les produits et les consommations, ainsi que sur l'industrie française à cette époque. *Dictionnaire géographique des Gaules et de la France*, 6 vol. in-fol., 1762-1770. Cet ouvrage n'a point été terminé par l'auteur, et s'arrête à la lettre S; mais d'abondantes recherches et un grand nombre d'articles curieux le rendent intéressant. *Le petit Manuel géographe*, in-18, a eu un grand nombre d'éditions, dont la dernière est de 1782. C'est un précis bien fait, et utile à tous ceux qui s'adonnent à l'étude de la géographie. L'abbé Expilly mourut en 1793, laissant la réputation d'un citoyen bienfaisant, laborieux, et utile à ses semblables.

EXSTEIN ou ECKSTEIN, baron allemand, commissaire de police belge et français, parut pour la première fois sur la scène politique, en 1814, à la suite des armées alliées, lors de leur entrée en Belgique. Ses antécédens sont inconnus, et le modeste titre de baron qu'il prend ne saurait ainsi lui être contesté. Mais on a publié en Belgique qu'il s'occupa, dès son arrivée en ce pays, d'opérations majeures qui avaient pour objet de rappeler au souvenir des peuples une ancienne domination, et de faire déclarer les habitans de quelques villes des Pays-Bas en faveur de la maison d'Autriche. Les liens de la sainte-alliance n'étant pas alors aussi solidement tissus qu'ils l'ont été depuis, et le feld-maréchal Blucher, commandant des troupes prussiennes, ayant trouvé quelque chose à reprendre à un zèle trop ardent, quoique employé au service de l'allié de son maître, donna l'ordre de s'assurer sur-le-champ de la personne du baron Eckstein. Celui-ci, informé à temps d'une mesure aussi fâcheuse, eut le talent, en changeant souvent de domicile et en choisissant judicieusement ses retraites, d'échapper aux gendarmes prussiens qui le poursuivaient avec acharnement. Ce ne fut qu'après que Blucher eut transporté son quartier-général en France, que M. d'Eckstein osa reparaître. Mais, abandonnant alors les intérêts de la maison d'Autriche, qui n'avait point avoué sa mission ni protégé sa personne, il rechercha dans la Belgique même de plus puissans protecteurs, et il eut bientôt le bonheur d'en trouver. Nommé par eux commissaire-général de police à Gand, il déploya, dans cette ville, des talens au-dessus de tout éloge, pour aider aux vainqueurs et leur assurer toutes les jouissances du triomphe en complétant la défaite et l'humiliation des vaincus. Ses travaux administratifs ne suffisant pas à son activité extraordinaire, il joignit encore la littérature à la police, et consacra une partie de son temps à la rédaction de nombreux articles de circonstance, en faveur du pouvoir suprême, qu'il fallait dégager de toutes entraves, articles que les journaux belges furent invités à publier. Il paraît que le zèle du baron d'Eckstein l'entraînait parfois un peu loin dans l'exercice du pouvoir d'arrêter les individus qui lui paraissaient suspects. Une fois au moins, il fut désavoué et fortement réprimandé. M. Fauche-Borel, libraire de Neufchâtel en Suisse, royaliste éprouvé, qui avait long-temps été chargé des négociations les plus périlleuses, tant avec le général Pichegru que dans l'intérieur de la France, s'était rendu à Gand en 1815, auprès de S. M. Louis XVIII, alors retiré dans cette ville. Ce concurrent parut sans doute dangereux; et pour l'empêcher de communiquer avec les personnes marquantes de l'époque, on prit le moyen facile de jeter le voyageur en prison. Heureusement pour M. Fauche-Borel, il était né sous la domination du roi de Prusse. Les Prussiens furent toujours funestes au baron d'Eckstein; le ministre de cette puissance réclama si énergiquement M. Fauche, qu'on fut obligé de se dessaisir d'une proie sur laquelle on s'était jeté avec plus d'avidité que de prudence. Le commissaire-général de police de Gand fut, peu de temps après, obligé de quitter ce théâtre de ses exploits; mais il fut employé en la même qualité dans le grand-duché de Luxembourg, où il trouva encore l'occasion de se distinguer. Un Français, nommé Simon, s'y était réfugié, et y avait acquis des propriétés. Sur la demande de la France, il lui fut livré, et ce premier exemple d'extradition dans le nouveau royaume des Pays-Bas y fit une sensation extraordinaire. La conduite de Simon avait été irréprochable dans l'asile d'où l'on vint l'arracher : il paraît même que les torts qu'on lui imputait en France n'étaient qu'imaginaires, car il y fut acquitté par les tribunaux peu indulgens de cette époque. M. le baron d'Eckstein est entré depuis au service de France. Il poursuit maintenant avec succès, dans le Midi, cette belle carrière, où le génie de l'observation, le talent de pressentir, le courage de dénoncer et la promptitude de saisir, sont également nécessaires. Il est commissaire de police à Marseille.

EYMARD (L'ABBÉ D'), était prévôt de Neuviller, en Alsace, lorsqu'il fut élu député du bailliage de Haguenau et de Weissembourg aux états-généraux, en 1789. Ami des priviléges et défenseur zélé de toutes les prérogatives dont le premier ordre de l'état jouissait à cette époque, il se réunit un des derniers au tiers-état, et s'opposa constamment aux améliorations proposées. Il demanda que la religion catholique fût déclarée religion de l'état, et résista de tout son pouvoir au décret qui déclarait que les biens-fonds, dont le clergé était en jouissance, appartenaient à la nation. Le 14 septembre 1789, M. l'abbé d'Eymard fut nommé secrétaire de l'assemblée nationale, mais il fut aussi, peu de jours après, accusé de partialité dans la rédaction de ses procès-verbaux. Le 13 février 1790, il protesta contre la suppression des moines et religieuses, réclama la conservation des couvens au nom de la Basse-Alsace, vota ensuite contre la suppression des dîmes, et reproduisit l'offre d'un emprunt de 400 millions, au nom du clergé. Accusé, par le député Salles, de manœuvres contre-révolutionnaires pratiquées en Alsace, il chercha à se justifier ainsi que le clergé de cette province, et entreprit aussi la défense du cardinal de Rohan, à qui le même délit était imputé. Enfin, le 30 novembre 1790, il donna sa démission de député à la représentation nationale, passa de suite à l'étranger, et s'établit auprès des princes français émigrés. Il se trouvait, en 1804, à Offembourg, auprès du duc d'Enghien, et fut arrêté avec ce malheureux jeune prince, mais l'abbé d'Eymard fut bientôt relâché.

EYMAR (A. M., COMTE D'), élu par la noblesse de Forcalquier et de Sistéron, député aux états-généraux de 1789, s'y montra partisan de la liberté et d'une sage réforme politique. Il se réunit un des premiers de son ordre au tiers-état. Il fit décerner les honneurs du Panthéon à J. J. Rousseau, dont il avait été l'ami et pour les écrits duquel il conserva toujours une admiration passionnée. Éloigné des affaires publiques pendant le règne de la terreur, il eut le bonheur d'échapper aux poursuites sanglantes dont presque tous les membres patriotes de l'assemblée constituante devinrent les victimes. Pendant le gouvernement du directoire, Eymar fut nommé ambassadeur à Turin. Il découvrit que le roi de Sardaigne venait de conclure un traité secret avec les puissances coalisées contre la France, et en arracha l'aveu aux ministres de ce monarque, en feignant de connaître déjà tous les articles du traité. Cette découverte força le roi à quitter le Piémont et à se retirer en Sardaigne. Eymar, rappelé par le directoire, fut nommé, sous le gouvernement consulaire, préfet du Léman. Il porta, dans l'administration de ce département, la sagesse et la douceur qui de tout temps honorèrent son caractère, y encouragea les hommes de lettres et les artistes, et sut se concilier, par l'aménité de ses mœurs et la simplicité de ses manières, l'estime et l'affection de toutes les classes de la société. Eymar mourut à Genève, le 11 janvier 1803, très-regretté. Il a publié plusieurs opuscules écrits avec chaleur, et qui ont tous de l'intérêt. Il a traduit de l'espagnol : *El delinquente honorado de Jovellanos*, 1777, in-8°. On lui doit encore : *De l'influence de la sévérité des peines sur les crimes*, 1787, in-8°; *Réflexion sur la nouvelle division du royaume*, 1790, in-8°; *Anecdotes sur Viotti*, in-12; *Notice historique sur la vie et les ouvrages de Dolomieu*. Eymar avait été l'ami de ce naturaliste célèbre, et l'avait accompagné dans ses excursions sur les Alpes.

EYRIÈS (JEAN-BAPTISTE-BENOÎT), homme de lettres, voyageur et traducteur de voyages, naquit à Marseille en 1767. Après avoir parcouru le nord de l'Europe, dont il a étudié toutes les langues, il a publié : *Voyage et découvertes dans la partie septentrionale de l'océan Pacifique, par le capitaine Broughton*, traduit de l'anglais, 1806, 2 vol. in-8°; *Tableaux de la nature, ou considérations sur les déserts, sur la phy-*

sionomie des végétaux, etc., de l'*Amérique*, traduit de l'allemand de A. de Humboldt, 1808, 2 vol. in-12; *Barnek et Saldorf*, traduit de l'allemand d'Auguste Lafontaine, 1810, 5 vol. in-12; *Histoire des naufrages*, par Perthes, nouvelle édition, 1815, 3 vol. in-8°; *Voyage en Perse*, par Morier, traduit de l'anglais, Paris, 1813, 3 vol. in-8°; *Voyage dans l'intérieur du Brésil*, etc., traduit de l'anglais de S. Mawe, Paris, 1816, 2 vol. in-8°.

EZPELETA DE VEYRE (LE COMTE), lieutenant-général espagnol, issu d'une ancienne famille de Navarre, fut nommé, en juin 1814, par le roi Ferdinand VII, vice-roi de cette province. Ce fut lui qui fit échouer les premières tentatives du général Mina, qui avait résolu, disait-il, de s'emparer de la ville et forteresse de Pampelune. L'audace, les talens de Mina, et l'attachement que lui avaient voué un grand nombre de militaires, le rendaient suspect au pouvoir. L'entreprise sur Pampelune, dont on l'accusait, ne fut cependant jamais légalement prouvée. Le comte Ezpeleta prétendit avoir été informé de ce projet par un des conjurés, et fit arrêter une portion des partisans de Mina, qui lui-même, avec quelques autres amis, se réfugia en France. On sait de quelle manière il est rentré en Espagne, et qu'il a été nommé par le roi gouverneur de cette même province de Navarre qu'on l'accusait d'avoir voulu insurger (*voy.* MINA). Le général Ezpeleta de Veyre est aussi employé aujourd'hui par le roi Ferdinand, qui paraît avoir toujours conservé en lui une grande confiance.

FIN DU SIXIÈME VOLUME.

SUPPLÉMENS.

TROISIÈME VOLUME.

BOMBELLES (Marc-Marie, marquis de). Dans le tome III, page 135 de la Biographie nouvelle des Contemporains, il est dit à l'article Bombelles, qu'il se lia à Montauban avec la demoiselle Camp, qu'il épousa suivant le rit protestant. Ce fait est faux : M. le marquis de Bombelles, dont il est question dans cet article, n'eut jamais d'autre femme que mademoiselle Angélique de Mackau qu'il épousa en 1778, et qu'il perdit en 1800. La personne qui épousa Mademoiselle Camp s'appelait Jean Louis Frédéric Charles, vicomte de Bombelles, qui épousa plus tard Marie Françoise de Carvoisin.

QUATRIÈME VOLUME.

Nous avons omis de parler, à l'art. CHAPTAL père, de deux découvertes que nous lui devons, et dont les résultats sont trop heureux et trop importans pour ne pas nous hâter de réparer cette omission. C'est lui qui a trouvé le moyen d'extraire le sucre de betterave : véritable service rendu à la France. Ce sucre, décomposé par des procédés chimiques, contient les mêmes élémens que celui qu'on extrait de la canne, et a par conséquent le même goût et les mêmes propriétés. Le prix auquel il revient nous affranchit d'un tribut qu'en temps de guerre nous payons à l'étranger. Ce bienfait est entièrement dû à la persévérance de M. Chaptal, qui, en 1817 surtout, eut à combattre d'anciens préjugés. C'est encore lui qui le premier a indiqué le moyen d'extraire l'indigo du pastel, découverte non moins heureuse, et non moins importante.

Indépendamment de cette omission, il s'est glissé une erreur de typographie qu'il est utile de relever. Nous avons dit que M. Chaptal fit fabriquer à la poudrerie de *Grenoble* 35 milliers de poudre par jour, c'est à la poudrerie de *Grenelle* qu'il faut lire.

SIXIÈME VOLUME.

DARCET (Jean-Pierre-Joseph), fils de Jean Darcet, membre de l'institut et du sénat conservateur, et petit-fils du célèbre Rouelle, le premier restaurateur de la chimie; né à Paris le 31 août 1787.

DARCET (M.J.P.J.), a suivi les traces de son père et de son

aïeul, et il a fait des découvertes chimiques un patrimoine de sa famille. M. Darcet a perfectionné les procédés, et multiplié les résultats de cette science encore si récente et déjà si féconde. Il est un de ceux qui ont le plus contribué, par leurs heureux efforts, à la faire servir au progrès des arts. Élevé dans l'étude des mathématiques et des sciences naturelles, préparateur du cours de chimie de son père au collége de France, devenu après sa mort celui de M. Vauquelin, M. Darcet s'est ensuite jeté dans cette carrière des découvertes pratiques, qui ont illustré et enrichi notre pays. Arrivé à la seconde époque de la chimie, à son époque d'application, il a puissamment aidé, par ses travaux, ce déplacement de l'industrie tenté de nos jours avec tant de hardiesse et de succès, qui a donné à nos manufactures un si brillant essor, et qui a soustrait la patrie à la dépendance de la fabrication étrangère. Après avoir obtenu au concours, dès l'âge de 24 ans, la place d'essayeur des monnaies, après avoir exécuté en grand de nouveaux procédés pour la confection de la poudre, après avoir indiqué des perfectionnemens pour la peinture au lait, M. Darcet dirigea ses expériences sur la décomposition du sel marin. Il parvint à fabriquer en grand, et à bas prix, l'hydrate de protoxide de barium, et il reçut pour cette application de la chimie, la grande médaille d'or décernée en l'an 10. Outre ce résultat avantageux pour le commerce, M. Darcet en obtint un tout aussi important pour la science, ses opérations l'ayant conduit à de nouvelles découvertes sur les affinités chimiques. M. Darcet répéta en grand la décomposition du sel marin, il perfectionna les anciens procédés, et fut ainsi le véritable créateur des manufactures de soudes factices. Cette branche d'industrie a opéré les plus heureux changemens dans notre commerce. M. Darcet passa de la fabrication des soudes à l'art du clichage, dont il recula les bornes, et de l'art du clichage à celui du savonnier, dont il perfectionna les procédés, et augmenta les produits. C'est à lui qu'on doit la découverte du savon de suif marbré, qui a opéré une espèce de révolution dans le commerce des savons, et qui a fait descendre le prix de cette denrée. M. Darcet a publié d'autres découvertes dont les unes sont curieuses, et les autres bienfaisantes. Il a créé l'art inconnu de faire les cymbales, a résolu le problème de la trempe des armes anciennes, et des alliages de cuivre et d'airain; il a découvert la manière d'extraire la potasse des fruits du marronier d'Inde, et le sucre de la châtaigne; il a donné l'analyse des fusées à la Congrève; et conjointement avec M. Guyton de Morveau, il a fait des expériences pleines d'intérêt sur le diamant. Mais des découvertes plus utiles à l'humanité, honorent la science de ce chimiste. C'est lui qui a indiqué l'art d'extraire en grand la gélatine des os, au moyen d'un acide. Cet art, qui n'existait point, est maintenant un des plus parfaits de nos fabriques. M. Darcet y a trouvé une nourriture saine, auparavant perdue pour les classes pauvres, et de plus un perfectionnement pour la fabrication des colles. Mais ce bienfait n'est pas le seul. M. Darcet a construit, pour le gouvernement, les appareils de l'hôpital Saint-Louis, dans lesquels on peut traiter 2000 malades par jour, et qui forment le seul établissement complet de bains et de fumigations de tout genre, ouvert au public. Il a découvert un moyen de blanchir, dans les hôpitaux, le linge taché par les onguens mercuriels. Il était cruel de penser que les hommes qui s'occupaient de l'art de dorer les métaux, altéraient rapidement leur santé, et ne résistaient que quelques années à leurs travaux. M. Ravrio, dont le nom ne peut être prononcé sans éloge, fonda en mourant un legs de 3000 fr., pour celui qui trouverait le moyen de garantir les ouvriers doreurs de l'insalubrité des émanations du mercure. Il appartenait à M. Darcet de rendre ce nouveau service à l'humanité. Les procédés qu'il a indiqués et qui ont remporté le prix, remplissent parfaitement le but proposé; et grâce à lui maintenant les doreurs n'ont rien à redouter des exhalaisons mercurielles. Il a encore construit un appareil salubre pour la fabrication du bleu de Prusse, et il a contribué, par de nouveaux procédés, à refaire en France la porcelaine à bas prix. Travaillant sans relâche au perfectionnement des arts chimiques, il s'est étroitement lié avec M. Chaptal fils, et c'est de leur association qu'est résulté un si grand nombre de découvertes pour l'art du teinturier, du verrier et du blanchisseur. On doit s'étonner que M. Darcet, après avoir obtenu du concours la place de vérificateur-général des monnaies, après avoir mérité, comme prix de ses travaux, son admission dans plusieurs sociétés savantes, ne soit pas encore membre de l'institut. Il ne peut manquer d'y être bientôt appelé comme l'a été son père, en récompense de nombreuses inventions, d'infatigables recherches, et d'une vaste science. M. Darcet est membre de la légion-d'honneur, et le roi lui a conféré le cordon de Saint-Michel, lors de l'exposition des produits de l'industrie en 1819.

DEWARENGHIEN (N. BARON), d'une famille noble, était conseiller au parlement de Douai, lorsqu'en 1789 le roi le nomma l'un des trois commissaires chargés de l'organisation départementale dans le Nord. Il exerça successivement les fonctions de procureur-général-syndic près de l'administration du département du Nord, celle de commissaire du roi près le tribunal criminel de ce département, et celle d'agent national de l'administration centrale de la Belgique; en 1793 il fut arrêté comme noble. Rendu à la liberté, M. Dewarenghien fut nommé, quelques années après, membre du collége électoral, et président du conseil général du département du Nord. Désigné par le gouvernement pour une place de conseiller vacante à la cour de cassation, le sénat-conservateur choisit M. Favard son concurrent. Peu de temps après,

Dumouriez

G.^{al} en Chef des Armées Françaises.

il fut nommé membre de la légion-d'honneur, baron de l'empire, enfin procureur-général près la cour impériale de Douay. Il exerçait les fonctions de premier président de cette cour, lors de la première restauration. Maintenu sous le gouvernement du roi, pendant les *cent jours,* il fut nommé membre de la chambre des représentans; mais après la seconde rentrée du roi, M. Dewaringhien fut mis à la retraite, ainsi que les autres membres de la cour de Douay, et en général tous les magistrats qui avaient siégé à la chambre des représentans. Cet honorable citoyen, d'ailleurs très-versé dans la science du droit, possède des connaissances très-variées. Ami d'une sage liberté, il est sincèrement attaché à la charte, persuadé que sa franche exécution assurerait le bonheur de la France, et le maintien des institutions libérales.

DUMOURIEZ (Charles-François), né en 1739, à Cambrai, d'une famille parlementaire de Provence, nommée Duperrier. Un des membres de cette famille prit dans le 16ᵐᵉ siècle le nom de Dumouriez, qui était celui de sa femme. Dumouriez fut élevé au collége de Louis-le-Grand, et en 1757, suivit son père à l'armée du comte d'Estrées, où, malgré sa jeunesse, il succéda à son père dans la place de commissaire des guerres. Ennuyé bientôt du travail administratif, il prit du service, comme cornette dans le régiment d'Escars cavalerie, se distingua aux affaires d'Amstetten et de Kloterskamp, et fut nommé capitaine en 1761. En 1763, Dumouriez, alors âgé de 24 ans, quitta le service à cause de la paix, avec la croix de Saint-Louis et 22 blessures. Rendu à la vie privée, son repos lui devint insupportable, et pour donner un aliment nouveau à l'activité dévorante dont la nature l'avait doué, il résolut d'aller hors de France étudier les mœurs, les intérêts et les caractères des différens peuples de l'Europe. Après quelque séjour en Espagne, en Portugal, dans l'état de Gènes et en Corse, où il écrivit plusieurs mémoires dont les idées furent depuis adoptées, le gouvernement seconda les intentions de Dumouriez en l'attachant à l'état-major de l'armée, et l'envoya en Corse, où il fit, sous M. de Chauvelin, la campagne de 1768, et sous M. de Vaux, celle de l'année suivante. Il fut nommé colonel, et en 1771 chargé par le duc de Choiseul d'aller servir la cause malheureuse des confédérés de la Pologne. En 1772, le roi Louis XV lui donna personnellement une mission pour la Suède; mais comme cette mission n'était pas de l'aveu du duc d'Aiguillon, Dumouriez fut arrêté à Hambourg, et enfermé à la Bastille. Il était lié alors avec le comte de Broglie et Favier, qui avaient avec Louis XV une correspondance secrète. Malgré cette liaison, et malgré le roi, Dumouriez resta en prison jusqu'à l'avénement de Louis XVI. Il dut penser, dans les cachots de la Bastille, où il parvint à écrire quelques mémoires sur la guerre, la politique et l'administration, qu'il était odieux de subir un gouvernement où le despotisme d'un ministre incapable s'étendait sur le roi lui-même. Réintégré par Louis XVI dans son grade de colonel, Dumouriez fut envoyé à Lille, pour faire exécuter les manœuvres que les faiseurs du temps avaient importées de la Prusse. C'était l'application du mécanisme militaire introduit par Frédéric. La manie de la mode prussienne avait été jusqu'à vouloir nationaliser en France les coups de bâton, dont ce grand homme avait enrichi sa discipline guerrière. Le soldat français refusa d'adopter cette partie si importante du système prussien. En 1778, le commandement de Cherbourg fut donné au colonel Dumouriez, d'après l'opinion qu'il avait émise, sur la supériorité de la localité de Cherbourg pour un grand établissement maritime dans la Manche. Il était alors question d'une descente en Angleterre. Dumouriez, chargé de la surveillance des travaux du nouveau port, s'occupait en même temps des moyens de s'emparer des îles de Jersey, de Guernesey et de Wight. Les plans qu'il soumit pour le succès de ses opérations restèrent, suivant l'usage, dans les cartons de l'inhabile ministère de Louis XVI. La révolution mit fin au service sédentaire de Dumouriez, qui depuis long-temps l'avait devinée avec tous les gens d'esprit, et qui l'espérait avec les bons citoyens. C'était la mémorable et à jamais illustre époque de 1789. Il se rendit à Paris, où il se fit connaître du public par une brochure piquante, intitulée, *Cahiers d'un bailliage qui ne députera pas aux états-généraux*. Il était probablement de ce bailliage, et ne fut pas nommé député; mais on lui donna à Cherbourg une place qui alors était très-importante, c'était le commandement de la garde nationale. A cette époque, il fallait toujours retenir le peuple, avide de sa révolution. Dumouriez déploya dans ses fonctions l'énergie de ce caractère qui ne l'a jamais abandonné depuis. De retour à Paris à la fin de la même année, il fut reçu dans la société des amis de la constitution, devenue depuis si célèbre sous le nom de club des jacobins. Elle offrait alors la réunion de tous les hommes distingués qui présidaient aux destinées de la patrie et qui guidaient les premiers pas de la liberté. C'était l'époque de la grande insurrection de la Belgique, qui avait eu le tort, si naturel aux nations opprimées, de lever trop tôt l'étendard de l'indépendance; Dumouriez fut envoyé pour suivre et observer la marche des troubles révolutionnaires. Sa mission remplie, il revint à Paris, en 1790, où il fut nommé maréchal-de-camp, attaché à la 12me division militaire. Ce fut là que commença sa liaison avec Gensonné, qui était commissaire civil du gouvernement à Niort, où Dumouriez commandait militairement. Le parti girondin, dont Gensonné était un des chefs les plus influens, adopta Dumouriez, qui l'année suivante fut fait lieutenant-général, par droit d'ancienneté. La faveur de ce parti se déclara hautement pour lui en le faisant nommer, le 9 mars 1792, au ministère des affaires étrangères, après la chute de M. Delessart et de ses collègues. La question de la guerre occupait alors tous les esprits et les divisait toutefois. Les girondins, et une partie des jacobins, voulaient qu'on prévînt les puissances étrangères, dont les projets hostiles étaient suffisamment connus. L'autre fraction des jacobins, dont faisait partie Robespierre, était d'avis de les attendre et de les laisser attaquer. Dumouriez l'emporta, et détermina le roi à déclarer la guerre à l'Autriche. C'était le seul moyen vraiment national et généreux d'attacher au roi et à son fils la cause de la liberté, et d'assurer la puissance du trône constitutionnel. Les frères du roi et les princes de la maison de Condé, à la tête de l'émigration armée sur le bord du Rhin, étaient alors confondus dans l'opinion de ceux qui votèrent pour la guerre, parmi les ennemis que la France avait à combattre. On a prétendu, depuis, que Louis XVI avait fait cette déclaration de guerre avec répugnance. Si cela est, comment expliquer ce que Dumouriez affirme dans ses mémoires, que le roi, bien persuadé que la guerre était inévitable, non-seulement approuva le rapport qui lui fut soumis, mais même qu'il le garda toujours, le corrigea lui-même, avant qu'il fût lu à l'assemblée, enfin en composa le discours qu'il prononça à cette occasion ? n'est-il pas plus noble et plus naturel de croire à la bonne foi de ce prince ? Lié d'une manière plus intime avec les girondins, par cet acte solennel, qui changea tout-à-coup la révolution du salut de la patrie, Dumouriez, d'accord avec eux, persuada au roi de renouveler une partie de son conseil. Il ne resta de l'ancien ministère que M. de Grave, auquel succéda bientôt le général Servan, comme ministre de la guerre. Le crédit de la Gironde et l'influence de Dumouriez firent nommer à l'intérieur le républicain Roland, Clavière aux finances, La Coste à la marine, et Duranton à la justice. Dumouriez avait fait un plan de campagne pour entrer en Belgique, aussitôt après la déclaration de guerre, qui avait eu lieu, le 20 avril 1792. Ce plan, le même que celui qui réussit pleinement au mois de novembre suivant, échoua complétement en avril, et en juin, parce qu'aucun de ceux à qui son exécution était confiée ne voulait qu'il réussît. Cette grave circonstance divisa les ministres, et les brouilla avec la Gironde, alors toute-puissante. D'un autre côté, le roi supportait impatiemment l'amertume de la censure de ses ministres, et s'en expliqua avec Dumouriez, qu'il chargea de l'en débarrasser. L'occasion en fut trouvée à l'occasion de la discussion relative au *veto* appliqué par le roi sur le décret relatif aux prêtres, et sur celui proposé par Servan pour la formation d'un camp de 20,000 hommes fédérés à Paris. Le roi refusa à Dumouriez la révocation du veto, malgré l'intérêt populaire dont était cette révocation ; refusa également sa sanction au décret proposé par Servan, et congédia Roland, Clavières et Servan, *qui étaient,* disait-il, *trois républicains qui le tuaient à coups d'é-*

pingles. Aussitôt après le renvoi de leur protégé, les girondins ne virent plus dans Dumouriez qu'un ambitieux, qu'ils ne ménagèrent encore que par crainte des jacobins. Il était haï également des jacobins, comme créature de la Gironde, et des hommes à privilèges, comme auteur de la révolution, qui venait de les détruire. Le roi, à qui Dumouriez était devenu à charge, vit avec plaisir que le mécontentement de l'assemblée ne lui permît pas de garder son ministre. Enfin, deux jours après le renvoi de ses collègues, Dumouriez fut obligé de quitter le ministère, en butte aux accusations de la cour, de l'assemblée et de tous les partis de la révolution. Cependant le plan qu'il avait conçu pour Louis XVI était le seul qui pût le sauver; mais il ne convenait pas au caractère indécis de ce monarque, qui ne se fût jamais prêté franchement à son exécution. Dumouriez voulait, avec raison, que le roi se soumît entièrement à la direction de l'assemblée, pour la marche des affaires intérieures, et qu'il ne s'occupât qu'à rassurer la nation sur les craintes que lui causait l'extérieur. Il voulait que le roi fît aux puissances étrangères la guerre la plus forte, la plus active, et que ce fût au roi que la France fût redevable des victoires dont il prévoyait la possibilité. « Alors, disait-il au roi, la fièvre » démocratique se calmera, la con- » fiance en vous s'établira, et tous » les dangers que vous courez au- » jourd'hui disparaîtront avec les » maux dont la France est mena- » cée. » Dumouriez, renvoyé du ministère, se décida alors à suivre pour lui même un plan analogue à celui qu'il avait inutilement conseillé au roi. Il résolut de se livrer exclusivement à la carrière militaire, et se donna lui-même, avant de quitter le ministère, une lettre de service pour l'armée du Nord. A la fin de juin, il se rendit à Valenciennes, au quartier-général du maréchal Luckner, qui le reçut très-mal, et ne voulut pas faire mettre sa lettre de service à l'ordre de l'armée. Mais Dumouriez ne se rebuta point, et l'y força; puis, il se chargea sans difficulté du seul commandement que Luckner voulut lui donner, celui d'un petit camp volant à Maulde sur l'extrême frontière. Il n'est pas douteux qu'on n'eût le projet de mettre Dumouriez dans l'embarras, en lui donnant ce poste aussi faible que dangereux. Mais il n'est pas de petit théâtre pour un grand talent, et l'audace de Dumouriez attira bientôt sur lui les regards de l'armée. Il repoussa vigoureusement les Autrichiens, leur fit des prisonniers, et habitua sa troupe à la petite guerre, genre d'escarmouches auquel les Français, naturellement improvisateurs sur le terrain, sont éminemment propres. Les gens du pays y prirent part pour défendre leurs propriétés, et ce fut là que mesdemoiselles Fernig, natives de Maulde, donnèrent à l'armée le spectacle de deux jeunes et belles héroïnes, qui partagèrent tous les dangers et toute la gloire de la belle campagne de Dumouriez. Cet exemple a été souvent imité dans la guerre de la révolution. La défense du

camp de Maulde rendit à Dumouriez ce que méritait sa valeur, sa popularité; elle fut portée au comble lorsqu'après les événemens du 10 août 1792, il se soumit sans réserve aux ordres du conseil exécutif et de l'assemblée, et qu'il accepta audacieusement la redoutable responsabilité de remplacer M. de La Fayette, dans le commandement qu'il venait de quitter ou de perdre. Dumouriez partit aussitôt pour Sedan : il y trouva une armée dégarnie de généraux, et qui, regrettant amèrement ceux que la proscription venait de lui enlever, voyait de mauvais œil leurs successeurs. Il ne se laissa point rebuter par ces difficultés; il savait qu'il avait en lui de quoi se faire aimer du soldat français. Un autre obstacle plus important, celui de la faiblesse de cette armée, ne l'arrêta point. En effet, cette armée n'était que de 23,000 hommes, et le duc de Brunswick, qui avait déjà pris Longwi le 23 août, marchait sur Verdun à la tête de 110,000 combattans, dont 60,000 Prussiens, 30,000 Autrichiens, les Hessois, quelques troupes de l'empire et les émigrés. Honneur éternel, honneur au général Dumouriez! ici commence la gloire des armes de la révolution. Dumouriez a vu d'un coup d'œil le seul moyen qui existe d'arrêter la marche du duc de Brunswick. « Voici mes Ther-
» mopyles, dit-il au colonel Thou-
» venot, en lui montrant sur la
» carte la forêt d'Argonne. Si j'ar-
» rive avant les Prussiens, la
» France est sauvée. » Ce mot é-
tait du génie, l'exécution en fut aussi. Le 28 août, il est à Sedan; le 29 il fait maréchal-de-camp le lieutenant-colonel d'artillerie Galbaud, lui donne un petit corps d'infanterie, lui prescrit d'entrer à Verdun; s'il le peut, sinon de se replier sur la forêt d'Argonne, ce qui a lieu. En trois jours Dumouriez avait réorganisé son état-major et sa petite armée. Le 1ᵉʳ septembre, il dirigea son artillerie et ses équipages sur Grandpré, et avec environ 20,000 hommes, il se porte sur Stenay, afin de faire croire à l'ennemi qu'il voulait lui disputer le passage de la Meuse. Stenay était déjà occupé par 30,000 Autrichiens sous les ordres du général Clairfayt, qui toutefois n'attaque point Dumouriez, et le laisse se replier tranquillement sur Grandpré, où il eut le temps de se retrancher. En y arrivant, c'était le 4 septembre, il apprit la prise de Verdun par les Prussiens, et ce fut ce jour même qu'il écrivit au conseil exécutif ces mots dignes des âges héroïques de l'histoire. « Grandpré, le
» 4 septembre 1792. Verdun est
» pris; j'attends les Prussiens. Les
» défilés de l'Argonne sont les
» Thermopyles de la France: mais
» je serai plus heureux que Léo-
» nidas. Dumouriez. » Il le fut en effet; mais les bornes d'une notice biographique ne permettent pas de mettre sous les yeux du lecteur tous les combats que Dumouriez eut à soutenir dans les journées des 8, 10 et 12 septembre, ni de retracer les difficultés sans nombre contre lesquelles il avait à lutter dans sa propre armée, dont le dénuement, l'igno-

rance, l'indiscipline, les soupçons, indépendamment de l'impéritie de ses chefs, et de sa terreur qui demandait hautement la retraite derrière la Meuse, mettaient à chaque instant en péril le salut de la France et la cause de sa révolution. Le 14 septembre, le défilé de la Croix-aux-Bois fut forcé par les Autrichiens. Dumouriez, qui attendait vainement des renforts, dut abandonner Grandpré, fit d'abord sa retraite en bon ordre, et passa l'Aisne heureusement : mais malgré les terreurs paniques qui, le 15 et le 16, revinrent troubler sa résolution, il ne persista pas moins dans son plan de tenir la forêt d'Argonne, dont il occupait encore les défilés et la grande route. Il se contenta seulement de faire un grand quart de conversion en arrière, et le 17 septembre, il établit son quartier général à Sainte-Menehould, fit camper son armée devant cette place, ayant sa droite aux Islets sous les ordres du général Dillon, son avant-garde à Vienne-le-Château, et sa gauche à Breux-Sainte-Cohère. L'armée prussienne, qui marchait par Grandpré, fut retardée par les mauvais chemins et le défaut de fourrage, et donna le temps à l'armée de Kellerman, que des ordres contradictoires du conseil exécutif avaient retenue à Saint-Dizier et à Vitry-le-François, d'opérer enfin sa jonction avec celle de Dumouriez. Cette heureuse opération eut lieu le 19 septembre, et le corps de Kellerman, fort de 27,000 hommes, prenant la gauche de Dumouriez, occupa les hauteurs de Valmy. Dans la nuit du 19 au 20, Beurnonville arriva de la Flandre avec 10,000 hommes, en sorte que l'armée française présenta alors aux Prussiens 50,000 combattans. Le jour même de cette jonction, l'armée prussienne attaqua la gauche qu'elle avait tournée, et dont elle coupait les communications avec Châlons et Paris. La glorieuse journée du 20 septembre, si belle dans nos fastes, a donné, depuis, justement au général Kellerman le titre de maréchal duc de Valmy. Les contemporains de cette première époque de notre gloire militaire s'étonnent sans doute que le titre de maréchal duc d'Argonne n'ait pas été donné à Dumouriez. L'audacieuse ténacité du général Dumouriez à se maintenir dans la position de Sainte-Menehould et de la forêt d'Argonne, malgré les clameurs de Paris, celles de son armée et les ordres du conseil qui lui prescrivaient la retraite, fut la cause principale qui arrêta la marche des Prussiens, qui étaient placés entre son armée et la capitale. Aussi quand le lendemain, à la pointe du jour, ses avant-postes ne virent plus les ennemis, Dumouriez reçut de ses soldats la récompense que méritait l'immense service qu'il venait de rendre à sa patrie. Tous les rangs retentirent de ces mots, *ils sont partis; vive la république, vive notre petit bonhomme*. La petite taille de Dumouriez justifiait le sobriquet, qu'il prenait plaisir à entendre. Ce résultat était si imprévu, qu'il donna lieu à une foule de conjectures dont s'occupèrent bientôt les ennemis de Dumouriez à l'intérieur, et les ennemis de la gloire française au dehors. On osa même envelopper le roi dans cette proscription toute nouvelle; et l'on prétendit, qu'indépendamment des sommes considérables qui avaient été le prix de la retraite du duc de Brunswick, Louis XVI lui avait écrit que sa perte et celle de sa famille était certaine, si l'armée prussienne marchait sur Paris. Toutes ces calomnieuses suppositions sont tombées depuis, avec les intérêts de ceux qui les accréditèrent alors. La retraite du duc de Brunswick n'eut d'autre motif que l'alternative où il se trouva tout-à-coup, par l'inattendue victoire de Valmy et la continuité de l'occupation des défilés d'Argonne, d'être toujours sur la défensive, ou de se retirer. Mais il arriva alors, ce qui est le propre des républiques en danger, que le salut de l'armée et de la France ne contenta point ceux qui en avaient d'abord ouvertement désespéré, et qu'ils osèrent reprocher aux généraux Dumouriez et Kellerman d'avoir laissé échapper l'ennemi. L'évacuation totale du territoire français de la part de l'ennemi, fit justice de toutes ces imputations et de la belle conduite de Dumouriez, qui se contenta de suivre les Prussiens jusqu'à Buzancy. Là, il renforça l'armée de Kellerman d'un corps de troupes sous les ordres du général Valence, et réduisit la sienne à 25,000 hommes, qu'il divisa en deux colonnes, l'une sous les ordres du général Beurnonville, l'autre sous ceux du duc de Chartres. Il leur ordonna de se diriger sur Valenciennes, pour la campagne de Flandre, où l'attendait une nouvelle victoire, et il se rendit à Paris afin d'y concerter avec le gouvernement les opérations qu'il méditait. Dumouriez reçut à Paris tant à la convention qu'aux jacobins et dans les spectacles, tous les honneurs du triomphe; mais il ne parvint pas à désarmer l'envie que les souvenirs de son ministère soulevaient contre sa gloire elle-même. Le 26 octobre il arriva à Valenciennes, fit camper le même jour son armée derrière Quiévrain, qui fut occupé par l'avant-garde aux ordres de Beurnonville. Là il apprit que, malgré la rapidité de la marche de ses colonnes, le général Clairfayt les avait devancées, et qu'il était déjà à Mons avec un renfort de troupes venues de la Champagne; que les hauteurs de Jemmapes étaient retranchées, et que le duc Albert de Saxe-Teschen les occupait avec une armée de 30,000 hommes. Dumouriez avait environ 27,000 hommes qu'il partagea en trois corps, l'avant-garde sous Beurnonville, la droite, de 24 bataillons, sous le duc de Chartres; et la gauche sous Miranda, qui fut remplacé, pour cause de maladie, par le général Ferrand, le plus ancien maréchal-de-camp de l'armée. Cette armée manquait de tout, et l'on fut obligé de prendre des draps de toute couleur, à Paris, pour lui faire des capotes. Les souliers manquaient également; mais elle avait à discrétion, de la valeur, des armes et de l'artillerie. La cavalerie consistait en quelques régimens de chasseurs et de hussards, et l'on dut prendre les chevaux des paysans pour atteler l'artillerie. Les routes avaient été tellement détruites par les Autrichiens, qu'il fallait mettre 24 chevaux sur une pièce de seize. Aucun de ces obstacles n'arrêta l'imperturbable ténacité de Dumouriez. Son génie entreprenant avait déjà choisi le champ de la victoire. Le 2 novembre, une partie de son avant-garde avait reçu un échec dans le village de Thulin; le 3, il la renforça de 6 bataillons, sous les ordres du duc de Chartres, et de quelques pièces de gros calibre, puis il en prit lui-même le commandement. Le village de Thulin fut bientôt repris; et tandis que les généraux Beurnonville et Dampierre délogeaient les Autrichiens de celui de Boussu, le duc de Chartres s'emparait de la batterie du moulin et des bois qu'elle défendait. D'après ce succès important, Dumouriez décide son attaque générale sur la grande position de Jemmapes. Le 4 novembre, il mit en mouvement toute son armée, et fit donner l'ordre au général Harville de quitter le camp retranché de Maubeuge avec 6000 hommes, pour opérer sur sa droite. Le 5, l'armée française, forte de 27,000 hommes seulement, arriva devant les hauteurs de Jemmapes, d'où les Autrichiens commencèrent la canonnade le soir même. Interrompue par la nuit, elle recommença le 6 avec le jour. Dumouriez voulait attendre la division Harville avant de donner le signal de l'assaut; mais quelques mouvemens de l'armée autrichienne lui ayant fait craindre l'abandon de sa position, et la nécessité d'un combat de plaine, que le défaut d'instruction eût peut-être rendu désavantageux à l'armée française, il ordonna l'attaque immédiate des redoutes de l'ennemi. Après un peu d'indécision, causée par le feu continuel des redoutes, elles furent emportées au second assaut, et une partie de l'artillerie autrichienne fut prise. L'ennemi se retira sur Mons, qu'il évacua pendant la nuit, et où Dumouriez fit son entrée le 7, aux acclamations des habitans. Le pinceau national d'Horace Vernet vient de ressusciter le souvenir de la bataille de Jemmapes. Ce beau monument de notre histoire militaire fait partie de la galerie de M. le duc d'Orléans. Le général Dumouriez se disposa à tenir la campagne dans le pays ennemi; mais un décret de la convention qui ordonnait de payer l'armée en numéraire au-delà des frontières, l'obligea à faire un emprunt aux états de Hainaut pour la solder, et le commissaire ordonnateur Malen fit des marchés pour les subsistances. Le 9, l'armée se remit en marche; le 13, elle combattit à Anderlecht devant Bruxelles, le 9 à Tirlemont, et le 27 à Varoux près de Liége, où elle entra le 28. Dumouriez fit occuper Aix-la-Chapelle par son avant-garde, pendant que les généraux Miranda et Valence assiégeaient et emportaient, l'un la citadelle d'Anvers, l'autre les châteaux de Namur. Malheureusement le plan de campagne de Dumouriez ne fut pas suivi. Les succès de Custines, qui devait opérer avec lui.

exaltèrent le gouvernement, et assurèrent à ce général une indépendance qui bientôt fut fatale à l'armée. Le successeur de Servant à la guerre était le ministre Pache, qui haïssait Dumouriez, et qui attribuait à son ambition ou à sa jalousie, la marche qu'il avait tracée aux opérations de Custines. Outre cela, l'armée se trouva subitement frappée, au milieu de ses succès, d'une sorte de désorganisation, par l'envoi de commissaires civils qui tyrannisaient les troupes et les habitans, et par le refus que fit le conseil exécutif de ratifier les marchés passés par les ordonnateurs. La désertion à l'intérieur se mit dans les troupes, qui s'en allaient par bandes. Enfin la plus grande mésintelligence éclata entre le ministre Pache et le général en chef, et il s'ensuivit entre eux la plus amère correspondance, qui fut imprimée dans le temps. Dumouriez tenta inutilement d'obtenir le renvoi des commissaires de la convention, dont il ne pouvait comprimer la tyrannie, et se rendit à Paris en décembre 1792, pour y plaider auprès du conseil exécutif la cause des Belges, celle de l'armée et la sienne. Mais c'était la fatale époque du procès de Louis XVI, dont l'orageuse discussion absorbait tous les partis de la convention, et frappait de nullité le conseil exécutif lui-même. L'abîme de la terreur allait s'ouvrir. Dumouriez devina les symptômes de cette monstrueuse anarchie, qui menaçait de dévorer la France et de tuer la liberté. Il avait vu de près *la Montagne* et *la Gironde* pendant son séjour à Paris, et il était revenu à son armée, profondément persuadé que le seul moyen de sauver la France était de rétablir, en faveur du fils de Louis XVI, la royauté constitutionnelle et la religion politique de 1791. On a supposé malignement dans le temps, et la source de cette inculpation ne peut être méconnue, que Dumouriez ne travaillait pas pour M. le dauphin; mais pour le duc de Chartres, aujourd'hui duc d'Orléans, lieutenant-général dans son armée, et que la bravoure y avait rendu populaire. Dumouriez l'a nié constamment et avec raison. Il n'y eut jamais aucune relation de ce genre entre lui et le jeune prince, à qui ses amis ne connaissaient d'autre passion que celle de la liberté, et aucune ambition personnelle. On dit également alors avec la même perfidie, que Dumouriez avait le projet de se faire duc de Brabant, stathouder de Hollande. Ses rapports très-intimes avec les Belges et les Hollandais n'avaient pour but, que d'intéresser ces peuples au succès du plan qu'il avait formé de rétablir la constitution de 1791, qui n'a cessé d'être, et qui est peut-être encore à présent toute l'opinion politique du vainqueur d'Argonne et de Jemmapes. Ce fut le 26 janvier qu'il quitta Paris pour reprendre la route d'Anvers. Tous les efforts qu'il avait faits dans la capitale auprès des puissances de chaque parti pour sauver le roi avaient été inutiles, et ne le portaient que davantage à précipiter l'action de la contre-révolution libérale qu'il avait entreprise. Mais arrivé le 2 février à

Anvers, il y apprit, peu après, la rupture entre la France, l'Angleterre, et par conséquent la Hollande, liée au cabinet de Londres par un traité offensif et défensif. Cette circonstance le priva d'une partie de ses auxiliaires, et il dut manœuvrer en conséquence pour la réussite de son projet. Aussitôt la déclaration de guerre, Dumouriez fit investir Maestricht par les généraux Miranda, Leveneur et Valence. Un mouvement général était combiné entre lui et ces généraux pour l'invasion en Hollande. Lui-même, il se mit en marche d'Anvers, et entra en Hollande avec 13,500 hommes qui manquaient de tout, et surtout d'argent. Obligé de masquer plusieurs places importantes, entre Berg-op-Zoom, Dumouriez osa se présenter avec 5000 hommes seulement devant Bréda, ville très-forte, défendue par une inondation, 2000 hommes de garnison, une nombreuse artillerie, et une grande abondance en vivres et en munitions. Après trois jours de bombardement, il ne restait plus au général d'Arçon, qui dirigeait le siége, que 60 bombes à tirer, quand il imagina de faire une nouvelle sommation au gouverneur hollandais, comte de Begland, l'informant que le général Dumouriez arrivait en personne à la tête de toute l'armée, et qu'il n'y aurait plus à espérer aucune capitulation. Begland donna dans le piège, capitula, et Dumouriez entra dans Bréda, où il trouva 250 bouches à feu, 300 milliers de poudre et 3000 fusils, dont il avait le plus grand besoin. Ce fut avec ces munitions que furent prises les places de Klemdort et de Gertruydemberg. Ces villes avaient aussi un matériel considérable; et la dernière avait de plus un grand nombre de bateaux que le général en chef fit conduire au Mordick, tandis que d'Arçon assiégeait Willemstadt. Dumouriez se flattait qu'il ferait insurger les Hollandais contre le stathouder, et que devenus indépendans, ils serviraient au rétablissement du trône constitutionnel de la France; mais les opérations militaires des Autrichiens détruisirent ses espérances. Le 1ᵉʳ mars 1793, l'armée du prince de Cobourg s'était mise en mouvement; elle avait repoussé les Français sur Liége d'un côté, et de l'autre les avait chassés du blocus de Maëstricht. Ces deux corps d'armée se réunirent à Louvain, où Dumouriez, qui était au Mordick, reçut ordre de se rendre pour en prendre le commandement en chef. Arrivé à Bruxelles le 11 mars, il y apprit que plusieurs villes et la Westflandre s'étaient soulevées contre les Français, et que de forts rassemblemens d'insurgés menaçaient de marcher sur Bruxelles. Dans ce danger imminent, Dumouriez prit sur lui de suspendre le décret de la convention du 15 décembre, relatif au gouvernement des provinces belgiques, et à l'autorité des commissaires civils. Il annonça par un vigoureux ordre du jour cette disposition aux Belges et à son armée, renvoya les commissaires, et fit même arrêter ceux qui refusèrent de lui obéir. Le 12 mars, il se rendit lui-même au sein de l'assemblée des représentans du peuple belge, y prononça un discours remarquable, et, le même jour, adressa à la convention cette fameuse lettre qui fut trouvée si forte par les comités, qu'ils défendirent au président d'en faire lecture à la tribune. Tout réussit, tout fut calmé, et il ne fut plus question d'insurrection. Mais les commissaires de la convention firent d'assez vives remontrances à Dumouriez, et ce fut dans une de ces conférences que l'un d'eux, le citoyen Camus, lui dit: « Général, on vous accuse de vouloir jouer le rôle de César; si cela vous arrivait, je prendrais celui de Brutus, et je vous poignarderais.—Ah! mon cher Camus, répondit Dumouriez en riant, vous n'êtes pas plus fait pour le rôle de Brutus que moi pour celui de César, et la menace de mourir de votre main est un brevet d'immortalité. » Les commissaires partirent pour Paris, décidés à perdre Dumouriez; et Dumouriez partit pour Louvain, décidé à donner une grande bataille. Ce fut celle de Nerwinde, où, 100 ans auparavant, l'armée française sous les ordres du maréchal de Luxembourg avait battu l'armée de Guillaume III. Après des avantages importans à Tirlemont et à Goëtzenhoven, la bataille fut livrée par les Français le 18 mars. L'avant-garde était aux ordres du général Lamarche, dont l'infortuné maréchal Ney était aide-de-camp; l'aile droite était commandée par le général Valence, qui reçut trois coups de sabre à la tête, dont il a conservé jusqu'à sa mort les glorieuses cicatrices; le centre était commandé par le duc de Chartres, qui se trouvait le plus ancien lieutenant-général depuis l'arrestation du général Lanoue; et l'aile gauche était sous le général Miranda. Cette bataille eut ses revers et ses trophées; l'aile gauche de Miranda avait été enfoncée et repoussée. Le général Valence enleva les villages d'Oberwinde et de Nerwinde, que les Autrichiens parvinrent à reprendre; le duc de Chartres, qui venait de s'emparer de Laer, rentra à Nerwinde avec 16 bataillons; mais les troupes ennemies, qui venaient de battre notre aile gauche, vinrent au secours des troupes de leur centre. Quelques bataillons de volontaires nationaux, se croyant tournés, se débandèrent au cri si funeste de *sauve qui peut!* et toute l'infanterie française évacua Nerwinde, à l'exception du 99ᵉ de ligne, qui épuisa toutes ses cartouches sur les Autrichiens. La cavalerie aux ordres du général Neuilly se couvrit de gloire, et le feu de quelques bataillons dirigés par le duc de Chartres ayant donné le temps à l'infanterie de se rallier, l'armée autrichienne fut vaincue à son tour, et l'armée française demeura maîtresse du champ de bataille. Mais Dumouriez, que l'échec de son aile gauche avait subitement dégarni, sentit qu'il était hors d'état de continuer l'offensive, et ordonna la retraite, qui fut une bataille continuelle, pendant 4 jours et 4 nuits. Le 22, son armée, épuisée par tant de combats, était à peu près débandée et tout à fait hors d'état de soutenir une nouvelle attaque. Les commissaires de la convention, Danton et Lacroix, avaient paru à l'armée dans la journée du 20. Leur but était d'engager Dumouriez à rétracter sa lettre du 12 mars, et à faire quelque acte de soumission aux décrets de la convention : mais sur son refus, ils étaient repartis pour Paris. Cependant, le 22 mars au soir, Dumouriez, placé entre la convention qui le menaçait, et une armée qui était en pleine dissolution, poursuivi plus que jamais par la chimère du rétablissement du trône constitutionnel, poussa l'égarement au point de faire des ouvertures au prince de Cobourg et au baron de Mack, son chef d'état-major, avec lesquels il paraît constant que jusqu'alors il n'avait eu aucune communication. Les ouvertures ayant été bien accueillies, il leur confia le projet qu'il avait formé d'enlever la famille de Louis XVI détenue au Temple, de proclamer le prince royal roi des Français, et de rétablir la constitution de 91, après avoir forcé la convention nationale à se dissoudre, et l'avoir remplacée par une autre assemblée. Il leur proposa en conséquence de convenir d'une cessation d'hostilités jusqu'à la réussite de son projet, dont résulterait nécessairement la paix; mais, en cas de non-succès, tout engagement serait annulé, et l'Autriche pourrait, si elle le voulait, recommencer la guerre. Ces propositions furent acceptées par le prince de Cobourg. Non-seulement Dumouriez obtint que la retraite de son armée jusqu'aux frontières ne serait pas troublée, mais encore que toutes les troupes et toute l'artillerie laissées en Hollande reviendraient en France. Telle fut ce que l'on appela alors la trahison de Dumouriez, crime douteux qui tuait la convention et sauvait la France. Mais toutefois une telle négociation, ainsi que l'entreprise dont elle était le mobile, ne pouvait être légitimée que par le succès. Dans des affaires semblables, c'est la fortune qui est la justice. Quand Dumouriez eût été plus discret qu'il ne paraît l'avoir été, il était difficile que ses projets ne transpirassent pas dans le public, et ne fussent pas connus à Paris. La retraite paisible et non interrompue d'une armée en déroute, et la libération des garnisons de la Hollande, coupées par l'occupation autrichienne de la Belgique, suffisaient sans doute pour donner l'éveil sur les intentions du général en chef. Effectivement on envoya bientôt de Paris à l'armée trois commissaires du parti jacobin, Proly, Dubuisson et Pereira, avec ordre de sonder Dumouriez, et de s'assurer de ses projets. Il était entré le 28 mars à Tournay; les commissaires y arrivèrent le 29, et apprirent de lui au-delà de ce qu'ils voulaient savoir. L'imprudence et l'indiscrétion naturelle au caractère de Dumouriez, devaient elles seules l'empêcher de jouer le rôle supérieur auquel le portaient sans cesse d'autres qualités également naturelles, la hauteur de ses conceptions, l'intrépidité, la ténacité, l'audace et l'amour de la patrie. « Point de paix pour » la France, leur dit-il, jusqu'à ce » que votre convention soit dé- » truite; tant que j'aurai quatre » pouces de fer, je ne souffrirai pas

»qu'elle règne, et qu'elle verse le »sang par ce tribunal révolution- »naire qu'elle vient de créer.» Dubuisson, dans le dessein de faire tourner au profit des jacobins l'irritation de Dumouriez, convint des torts de la convention à son égard, et lui proposa, pour sauver la république, de substituer les jacobins au corps-législatif. Cette proposition n'était pas heureuse. Aussi Dumouriez ne put se contenir, et après avoir exhalé avec la dernière violence toute la haine qu'il portait à cette société, qu'il regardait comme la source de tous les maux de la France, il ajouta. « Quant »à la république, c'est un vain » mot. J'y ai cru trois jours. De- »puis Jemmapes, j'ai regretté » tous les succès que j'ai obtenus »pour une si mauvaise cause. Il » n'y a plus qu'un moyen de sau- » ver la patrie; c'est de rétablir la »constitution de 1791, et un roi. » — Y songez-vous, général? répon- »dit Dubuisson; les Français ont »en horreur la royauté, et le seul »nom de Louis. — Eh, qu'impor- »te que ce roi se nomme Louis, »Jacques ou Philippe? — Mais »votre projet compromet le sort » des prisonniers du Temple. — Le »dernier des Bourbon serait tué, »ceux mêmes de Coblentz n'exis- »teraient plus, que la France »n'en aurait pas moins un roi; et » si Paris ajoutait le meurtre que »vous paraissez craindre à ceux »dont il s'est déjà souillé, je mar- »cherais à l'instant sur Paris. » Cette incartade fut une des principales causes de la perte de Dumouriez. Si, au lieu d'outrager ces commissaires, il les eût flattés; s'il eût substitué la politique à la violence, et l'intérêt général à la passion particulière, peut-être eût-il obtenu l'appui des jacobins. Peut-être aussi serait-il permis de croire, d'après les données connues sur les affections humaines, que les jacobins, dont l'association était formée par un lien politique très-fort, se voyant maîtres par le secours d'un chef et d'une armée dévouée, soit de la puissance, soit de leur propre amnistie, ne se seraient pas refusés à être les fondateurs de ce gouvernement, qui conciliait tout-à-coup, et assurait à jamais, tous les intérêts de la révolution. Vingt-quatre heures après le départ des commissaires, que par suite de son audace et de son imprudence ordinaire, Dumouriez laissa retourner à Paris, la convention et les jacobins furent suffisamment instruits des projets du général en chef, et du sort qu'il leur destinait. Le 30 mars, Dumouriez passa la frontière, rentra en France, et partagea son armée en deux camps, l'un à Maulde qu'il avait illustré, l'autre à Brecille. Il plaça son quartier-général à Saint-Amand. Son dessein était de s'emparer de Lille, Condé et Valenciennes, et d'y publier un manifeste pour le rétablissement de la constitution de 1791; idée juste sans doute, mais fixe, qui avait dégénéré chez lui en une sorte de monomanie. Il ne prévoyait pas, ce qui était facile à prévoir, qu'il ne produirait que la guerre civile. Les tentatives qu'il fit pour l'occupation de ces places échouèrent toutes, parce que l'opinion alors était, si l'on veut, révolutionnaire. La convention décréta que Dumouriez serait traduit à la barre pour rendre compte de sa conduite ; ce qui voulait dire, pour être condamné à mort. Les commissaires Camus, La Marque et Bancal, et le ministre Beurnonville, furent chargés par elle de l'exécution de son décret. Le 2 avril, ils arrivèrent à Saint-Amand, où ils notifièrent le décret et leur mission à Dumouriez. Celui-ci leur demanda d'en suspendre l'exécution, en raison du mécontentement de l'armée dont la dissolution serait prochaine. Il leur offrit sa démission. « Que » ferez-vous, lui dit Camus, a- » près avoir donné votre démis- » sion ? — Ce qui me conviendra, » répondit Dumouriez. Mais je » vous déclare sans détour, que » je ne me rendrai pas à Paris pour » me voir avili par la frénésie, et » condamné par un tribunal révo- » lutionnaire. — Vous ne recon- » naissez donc pas ce tribunal ? — » Je le reconnais pour un tribunal » de sang et de crimes.... » Les autres commissaires parlèrent à Dumouriez avec plus de modération, l'engagèrent à obéir à la convention, et l'assurèrent que loin de courir aucun danger, sa présence seule le ferait triompher de tous ses ennemis. Bancal renchérit encore sur ces idées, et crut les fortifier par les exemples des plus fameux généraux de l'histoire grecque et romaine. « .... Les Romains » n'ont pas tué Tarquin, lui répondit Dumouriez. Ils n'avaient » ni club de jacobins, ni tribunal » révolutionnaire. Nous sommes » dans un temps d'anarchie. Des » tigres veulent ma tête, je ne » veux pas la leur donner... Je » vous déclare que j'ai joué sou- » vent le rôle de Décius, mais que » je ne jouerai pas celui de Curtius, » en me précipitant dans le gouf- » fre. » Il ajouta, que quand la France aurait un gouvernement, il demanderait lui-même des juges. Les commissaires passèrent dans une pièce voisine, pour délibérer et rentrèrent. « Voulez- » vous, dit brusquement Camus » à Dumouriez, obéir à la conven- » tion, et vous rendre à Paris ! — » Pas dans ce moment, répondit » le général. — Hé bien je vous » déclare que je vous suspends de » vos fonctions. Vous n'êtes plus » général. Je défends qu'on vous » obéisse ; j'ordonne qu'on s'em- » pare de vous , et je vais » mettre les scellés sur vos pa- » piers. » Dumouriez, redoutant quelque violence de l'indignation de son état-major, ordonna en allemand à des hussards de Berchiny de s'emparer des commissaires ; il avait excepté Beurnonville, son ancien général ; mais celui-ci lui dit tout bas : *Tu me perds* ; et Dumouriez le fit également arrêter. Il donna ordre de les conduire tous comme *otages* au général autrichien Clairfayt, à Tournai ; action violente et coupable que rien ne peut justifier. Ensuite il écrivit à la convention pour l'informer de cet événement, et lui déclarer qu'il allait marcher sur Paris. « Dussé-je , é- » crivait-il, être appelé César, » Cromwell où Monck, malgré les » jacobins, je sauverai la patrie. » Pressé par de telles circonstances, Dumouriez redoubla d'activité et d'audace. Il voulait, il croyait pouvoir réparer ses fautes et celles de ses agens. Il demanda un rendez-vous au colonel Mack pour terminer leur traité, et la nuit même il publia un manifeste justificatif de sa conduite envers les commissaires. Le 3 avril au matin, il harangua ses troupes qui d'abord parurent l'approuver, et qui se soulevèrent bientôt après, parce qu'il faut du temps et d'autres moyens pour soustraire à l'obéissance au pouvoir légal, des hommes que l'habitude de la discipline rend essentiellement passifs, et amis de l'autorité dont ils sont les instrumens. Dumouriez voulait transporter son quartier-général à Orchies, d'où il eût tourné à la fois Lille, Douai et Bouchain, mais auparavant il voulut s'emparer de Condé. Il s'approchait de cette ville sans escorte, lorsqu'il fut rencontré par 3 bataillons de volontaires, qui s'y rendaient de leur chef. Tout à coup cette troupe se précipita sur lui, il n'eut que le temps de se sauver avec ses officiers au milieu d'une grêle de balles. Coupé de son camp par la direction dans laquelle les volontaires le poursuivaient à toute course, et poussé sur l'Escaut, Dumouriez fut obligé de le passer dans un bateau et de se réfugier sur le territoire belge. Il arriva à pied à un poste autrichien, où le colonel Mack s'empressa de se rendre près de lui. Dumouriez ayant reçu l'assurance que le prince de Cobourg persisterait dans la résolution de soutenir le rétablissement de la constitution de 1791, consentit à rédiger avec lui-même un projet de proclamation qui fut en entier adoptée par le prince de Cobourg, et publiée le lendemain 5 avril. Plusieurs officiers français étaient venus pendant la nuit trouver Dumouriez, et lui avaient assuré que les troupes du camp de Maulde, désapprouvant hautement la tentative faite la veille sur sa personne, le redemandaient. Il prit aussitôt la téméraire résolution de s'y rendre, fut d'abord bien accueilli; mais s'étant mis en route pour Saint-Amand, il apprit que l'artillerie, qui était dans cette ville, s'était décidée à rejoindre à Valenciennes les commissaires de la convention. Sur cet avis, Dumouriez se retira à Rumégies, village français, où le 5me régiment de hussards était cantonné. Il y sut bientôt que toute l'armée suivait l'exemple de l'artillerie et se rendait à Valenciennes. Son alliance avec l'étranger avait dû produire cette révolution, qu'il n'avait pas prévue, et qu'il devait payer si cher. Il reconnut alors qu'il n'avait plus d'autre parti à prendre que de repasser la frontière, et il s'y décida. Arrivé aux postes avancés des Autrichiens, il fut conduit à Tournai au général Clairfayt, avec le petit nombre d'officiers qui l'accompagnaient, de là il fut envoyé à Mons au prince de Cobourg. Ce fut alors que Dumouriez connut toute la ruine des espérances qu'il avait puisées dans la proclamation du 5 avril, relativement au rétablissement de la constitution de 1791, avec le concours des Autrichiens, et à leur renonciation à tout projet de conquête. Un congrès de tous les ministres des puissances ennemies de la France s'assembla à Anvers, et décida d'abord que cette proclamation du prince de Cobourg serait désavouée. L'Autriche déclara qu'elle agirait désormais pour son propre compte et qu'elle s'emparerait, à titre d'indemnités et de conquêtes, de toutes les places qu'elle pourrait soumettre. Alors Dumouriez éclairé trop tard sur les sentimens de ceux à qui il s'était confié, refusa de prendre part aux opérations de l'armée autrichienne, et partit pour Merguesheim, en Franconie, où il espérait que l'électeur de Cologne lui donnerait asile; mais il lui fut refusé par une lettre fort dure qui fut insérée dans les gazettes. De là il arriva à Stuttgard, où il ne fut pas mieux traité. Ensuite, sous un nom supposé, il parcourut la Suisse, l'Italie et l'Angleterre; mais une fois reconnu, tout séjour dans ces pays lui fut interdit. A Heidelberg, le gouverneur eut besoin de faire emploi de son autorité pour le soustraire aux violences des émigrés. La haine des émigrés pour Dumouriez s'explique par la campagne de 1792, et il disait lui-même qu'ils ne pouvaient supporter sa vue, parce qu'ils voyaient le mot *Champagne* gravé sur son front en gros caractères. Il écrivait, en 1794, en parlant de la noblesse : « Cette classe » a conservé toute sa fierté et tou- » tes ses prétentions. Elle veut tout » ou rien. Le moindre succès des » armées combinées lui inspire » une joie bruyante qu'elle fait é- » clater devant les étrangers, scan- » dalisés de ses projets de ven- » geance et d'ambition personnel-

» le : si les opérations se ralentis- » sent, elle se croit trahie. Elle » éclate en plaintes indirectes, tan- » tôt contre le roi de Prusse et ses » généraux, tantôt contre l'empe- » reur. Toujours extrême, et tou- » jours désobligeante pour les na- » tions qui l'observent froidement » et qui jugent sur ses apparen- » ces, peut-être trop sainement, » qu'il n'entre que de l'égoïsme » dans tous ses mouvemens, elle » a l'air de croire que l'Europe en- » tière n'est armée que pour elle, » et qu'une fois rentrée en Fran- » ce, où elle ne reconnaîtrait plus » rien, pas même la trace de ses » châteaux démolis, elle va retrou- » ver ses hôtels, ses petites mai- » sons, ses aises, ses valets et ses » clients, surtout son pouvoir et » son crédit........ Il est au moins » imprudent, dit-il ailleurs, de » traiter de rebelles 20 millions » d'hommes qui s'élèvent contre » 100,000. Ces 20 millions font u- » ne majorité si immense, que ce » sont les 100,000 qui peuvent être » appelés rebelles. » Tandis que Dumouriez éprouvait ces persécutions au dehors, il était mis hors la loi dans sa patrie. Sa tête y était à prix, et une récompense de 300,000 francs était promise à quiconque le livrerait mort ou vif. Il parvint cependant à tromper les desseins de ses persécuteurs, et à se faire oublier. Mais dénué tout-à-fait de ressources, il fut long-temps réduit à vivre du produit de ses écrits. Il en publia beaucoup à Hambourg, pendant le long séjour qu'il fit dans les environs de cette ville. Enfin, en 1804, le gouvernement anglais lui ayant accordé un asile et une pension, Dumouriez alla s'établir en Angleterre, que depuis cette époque il n'a pas quittée. On ignore jusqu'à présent pourquoi la restauration qui a ramené en France un si grand nombre de Français expatriés depuis longtemps, n'y a point ramené le général Dumouriez qui fut au moins la victime de son dévouement à la monarchie constitutionnelle, dont nous jouissons aujourd'hui. Mais il est permis sans doute de regretter, avec le maréchal Macdonald, son ancien aide-de-camp, qui a rendu la chambre des pairs dépositaire de ses sentimens à cet égard, que le défenseur de l'Argonne et le vainqueur de Jemmapes soit privé du bonheur de revoir sa patrie et d'y achever ses jours. Toujours fidèle à ses premiers principes, et réveillé tout récemment par le mouvement d'un peuple méridional pour son indépendance, le vieillard de la révolution française avait repris la plume et tracé aux Napolitains un plan de défense. Écrit par une main plus qu'octogénaire, cet ouvrage porte encore l'empreinte d'une âme forte et d'un esprit libre, que les malheurs, les injustices, les années, et l'exil sur la terre étrangère, n'ont pu ni affaiblir ni ébranler.

DUPERRÉ (Victor-Guy), baron, chevalier de Saint-Louis, grand-officier de la légion-d'honneur, contre-amiral des armées navales, né à la Rochelle le 20 février 1775: son père y était receveur des tailles et trésorier de la guerre. Il a été élevé à la maison de l'oratoire de Juilly. Peu après sa sortie du collège, il se voua au métier de la mer. Il fit son premier voyage dans l'Inde en 1791 et 1792, sur un bâtiment du commerce. A son retour, la guerre s'étant déclarée entre la France et la Hollande, il entra dans la marine militaire. Promu au grade d'enseigne de vaisseau en 1795, il fut fait prisonnier et conduit en Angleterre en 1796, sur la frégate *la Virginie*, capturée par une division anglaise, après un combat opiniâtre contre le vaisseau rasé l'*Infatigable*, monté par sir Edward Pelew (depuis lord Exmouth). Après son échange et son retour en France en 1799, il fut appelé au commandement d'un brick de guerre, et employé à l'escorte des convois sur les côtes de Bretagne. A la suite de la paix d'Amiens, il fut chargé avec son bâtiment de diverses missions. La déclaration de guerre en 1803 le trouva attaché à la station des Antilles. Le désir de courir avec avantage les chances de cette nouvelle guerre, et le besoin de rétablir sa santé, le portèrent à quitter son commandement. Il revint en France avec le grade de lieutenant de vaisseau, et fut aussitôt employé à l'état-major-général de la flottille à Boulogne. Lors de son désarmement en 1805, il fut choisi pour faire partie de l'état-major du vaisseau monté par le prince Jérôme, frère de l'empereur. Au retour d'une campagne de 8 mois dans les mers d'Afrique et d'Amérique, il fut promu au grade de capitaine de frégate, et destiné au commandement de *la Sirène*. En 1808, il fut chargé de porter des troupes avec cette frégate à la Martinique, de compagnie avec une autre : à son retour, il fut coupé devant Lorient par une division anglaise. Après cinq quarts d'heure d'engagement bord à bord, avec le vaisseau *le Gibraltar* et la frégate *l'Aigle*, il força le passage, et parvint à se réfugier sous l'île de Groix, d'où, trois jours après, il gagna le port de Lorient en présence de la division ennemie. Elevé au grade de capitaine de vaisseau après ce combat, il prit le commandement de la frégate *la Bellone*, en armement à Saint-Malo. En janvier 1809, il partit pour l'île de France, où il arriva en mai. Durant sa première croisière dans les mers de l'Inde, il captura la corvette anglaise *le Victor*, de 20 canons, et plusieurs navires du commerce; il s'empara, après deux heures d'engagement, de la frégate portugaise *la Minerva*, de 48 canons, et rentra à l'île de France avec ses prises, le 1ᵉʳ janvier 1810, en présence de l'escadre ennemie chargée du blocus de l'île. Au mois de mars suivant, il reprit la mer avec une division composée de *la Bellone*, *la Minerva* et *le Victor*. Dans le cours de cette nouvelle croisière, il fit rencontre de 3 vaisseaux de la compagnie des Indes, ayant à bord le 24ᵉ régiment d'infanterie. Il les combattit, les fit amener, et ne put en amariner que deux, l'obscurité de la nuit ayant favorisé la fuite du troisième. Lorsqu'il parut devant l'île de France, l'ennemi, avec des forces supérieures, bloquait le nord-ouest; il convenait d'entrer au grand port pour y mettre les prises en sûreté; mais le fort qui en commande et défend l'entrée avait été surpris, et se trouvait au pouvoir de l'ennemi, qui de plus avait une de ses frégates au mouillage dans ce même port. Espérant reprendre ce poste important, il force le passage sous le feu du fort et de la frégate, et introduit sa division dans la baie; deux jours après il y est assailli par 4 frégates ennemies, *le Syrius*, *la Magicienne*, *la Néréide* et *l'Iphigénie*. Après une série de combats sanglans, toutes quatre sont prises et détruites, et le fort se rend à discrétion; équipages et garnison sont prisonniers de guerre. L'ennemi, voulant mettre fin aux succès de nos croiseurs, se décide à tout tenter pour s'emparer d'un point militaire aussi nuisible aux intérêts de son commerce. Le 29 novembre 1810, il se présente devant l'île de France avec une expédition de plus de 20,000 hommes de troupes européennes, embarqués sur cent et quelques bâtimens de transport, sous l'escorte d'une escadre de guerre. Le débarquement a lieu, et, après une vaine résistance, l'île, dépourvue de garnison et de moyens de défense, capitule honorablement. A son retour en France, M. Duperré se trouva récompensé de ses services. Il avait été successivement créé baron, chevalier de la légion-d'honneur, puis élevé, par une exception à peu près unique dans l'ordre, de ce grade à celui de commandant. Peu de temps après, il fut promu au grade de contre-amiral, et destiné au commandement de l'escadre légère de l'armée navale de la Méditerranée. Après y avoir servi activement pendant quelque temps, il fut appelé, vers le commencement de 1812, au commandement en chef des forces navales françaises et italiennes dans l'Adriatique. Des travaux considérables se faisaient à Venise; une escadre s'y formait. A l'évacuation de l'Italie, plusieurs vaisseaux et frégates étaient armés, d'autres étaient en construction; un personnel de bons officiers et marins avait été créé et organisé. Pendant le blocus de Venise par les Autrichiens en 1813 et 1814, l'amiral organisa le système de défense maritime des lagunes, et en prit le commandement en chef. La défense de terre fut divisée en quatre arrondissemens; chacun était sous les ordres d'un officier-général; le vice-roi daigna en confier un à l'amiral. Par suite d'une convention passée entre le vice-roi et le général en chef autrichien, le 20 avril 1814, l'armée française dut évacuer l'Italie, et la place de Venise dut être remise. Cette convention ne faisant nulle mention de la marine, l'amiral, dans l'intérêt de la France, crut devoir se refuser à la remise de l'escadre, et surtout des vaisseaux français, sans y être contraint par un article supplémentaire et spécial, et sans de nouveaux ordres du vice-roi; il les reçut et s'y conforma. Il rentra en France à la tête d'une colonne de marins, qu'il ne voulut quitter que de retour dans leur patrie. En juillet 1814, il fut nommé chevalier de Saint-Louis. Préfet maritime en 1815 à Toulon, il préserva par son influence la place de toute attaque, par un corps de troupes anglo-siciliennes débarquées à Marseille, et conserva ainsi intacts l'arsenal et la flotte. En 1818, il fut appelé au commandement des forces navales stationnées aux Antilles, et l'exerça jusque vers la fin de 1821. Pendant tout ce temps, le commerce français a été protégé contre toutes les tentatives des pirates qui infestent les mers d'Amérique. Ils ont été partout poursuivis, souvent atteints et détruits. Il a entretenu avec tous ses voisins des relations amicales. Pendant cette campagne, il a été élevé au grade de grand-officier de la légion-d'honneur.

FIN DES SUPPLÉMENS.

www.ingramcontent.com/pod-product-compliance
Lightning Source LLC
Chambersburg PA
CBHW050246230426
43664CB00012B/1841